Patrick Bormann
Joachim Scholtyseck

DER BANK- UND
BÖRSENPLATZ ESSEN

Patrick Bormann
Joachim Scholtyseck

DER BANK- UND
BÖRSENPLATZ ESSEN

Von den Anfängen
bis zur Gegenwart

C.H.Beck

Mit 123 Abbildungen und 2 Stammtafeln

© Verlag C.H.Beck oHG, München 2018
Satz: Janß GmbH, Pfungstadt
Druck und Bindung: CPI – Ebner & Spiegel, Ulm
Umschlaggestaltung: Kunst oder Reklame, München
Gedruckt auf säurefreiem, alterungsbeständigem Papier
(hergestellt aus chlorfrei gebleichtem Zellstoff)
Printed in Germany
ISBN 978 3 406 71414 6

www.chbeck.de

Inhalt

299   Die Essener Banken seit 1945

Grußwort

Bankhistorische Forschungen haben in den letzten Jahrzehnten signifikant an Bedeutung gewonnen. Waren es in den 1980er- und 1990er-Jahren des vergangenen Jahrhunderts zunächst eher allgemein gehaltene Darstellungen der Banken- und Sparkassengeschichte, haben sich bis heute im Wesentlichen drei Forschungsstränge herausgebildet: Der erste nimmt Bezug auf die Entwicklungsgeschichte einzelner Institute und knüpft hierfür überwiegend an Jubiläen an. Im Mittelpunkt der Untersuchungen stehen dabei zumeist das unternehmensindividuelle Verhalten und die organschaftliche Schuld während der Zeit der nationalsozialistischen Terrorherrschaft. Der zweite Forschungsstrang stellt das Leben und Wirken großer Bankiers in den Mittelpunkt. Beispiele hierfür sind die Arbeiten von Lothar Gall zu Hermann Josef Abs (2004), Avraham Barkai zu Oscar Wassermann (2005) oder die vom Institut für bankhistorische Forschung 2016 herausgegebenen biographischen Skizzen aus der Geschichte des Kreditgenossenschaftswesens. Der dritte und letzte Schwerpunkt bezieht sich auf die Erforschung wesentlicher Finanzplätze in Deutschland. Diese Entwicklung begann 1986 mit der von Manfred Pohl verfassten Hamburger Bankengeschichte und setzte sich 1999 mit der historischen Untersuchung des Finanzplatzes Frankfurt durch Carl-Ludwig Holtfrerich fort. Es folgten Berlin, unter anderem durch das von Hans Pohl herausgegebene Sammelwerk (2002) sowie eine durch Annett Ullrich an der Universität Potsdam 2005 geschriebene Dissertation. Weitere Geschichten anderer deutscher Finanzplätze folgten schon bald.

Die Geschichte des Bank- und Börsenplatzes Essen stand allerdings bislang nicht im Forschungsinteresse. Trotz der 1921 in Berlin durch die Christliche

Gewerkschaftsbewegung erfolgten Gründung unseres Hauses lag es für uns als zwischenzeitlich in Essen beheimatetes Institut auf der Hand, im Rahmen unseres kulturellen und gesellschaftlichen Engagements die facettenreiche Geschichte des Finanzplatzes Essen unabhängig untersuchen zu lassen. Dies vor allem deshalb, weil unsere NATIONAL-BANK als in der Mitte der Gesellschaft verankertes und Nordrhein-Westfalen besonders verbundenes Institut ein vitales Interesse an der zutreffenden Einordnung der historischen Relevanz ihres Bank- und Börsenplatzes hat. Viel zu häufig wird die Stadt in ökonomischer Hinsicht und kommunikativ-medialer Wahrnehmung auf Kohle, Stahl und Energieerzeugung reduziert. Das spiegelt ein Bild wider, das der historischen Bedeutung des Finanzplatzes nicht gerecht wird. Diese Wahrnehmungsdissonanz zu beseitigen, war uns ein Anliegen. Die vorliegende Untersuchung leistet dazu einen wichtigen Beitrag.

Die Idee zu dieser Dokumentation entstand im Anschluss an die Erforschung der Geschichte unserer NATIONAL-BANK, mit der wir Joachim Scholtyseck aus Anlass unserer neunzigjährigen Gründung betraut hatten. Das Buch wurde 2011 vorgelegt und erscheint zwischenzeitlich in der 2. Auflage. Nun geht es um die Geschichte des Bank- und Börsenplatzes Essen. Die Analyse der beiden Autoren Joachim Scholtyseck und Patrick Bormann beruht ebenfalls zum ganz überwiegenden Teil auf unveröffentlichtem, noch nie ausgewertetem Quellenmaterial. Allein dies erfüllt den gemeinsam gestellten Anspruch, einen wissenschaftlich profunden Beitrag zur bankhistorischen Grundlagenforschung zu leisten. Gleichwohl handelt es sich um keine abschließende Untersuchung. Die Autoren betten die Geschichte und die Entwicklung des Finanzplatzes Essen in die historischen Zusammenhänge ein. Spätere Arbeiten werden vermutlich einen Fokus auf die vielschichtigen wirtschafts- und gesellschaftspolitisch wirkmächtigen Zusammenhänge legen, die für Essen als einer der ökonomischen Motoren sowohl der Weimarer Republik als auch der jungen Nachkriegsbundesrepublik so bezeichnend gewesen sind.

Bei diesem Forschungsvorhaben war, ebenso wie bei der Untersuchung der Geschichte der NATIONAL-BANK, die wissenschaftliche Unabhängigkeit der Historiker eine conditio sine qua non unserer Entscheidung, den Auftrag zu erteilen und die erforderlichen Mittel zur Verfügung zu stellen. Joachim Scholtyseck und Patrick Bormann sind hierfür Garanten und Gewährträger zugleich. Wir danken ihnen sehr, dass sie sich diesem Vorhaben gleichermaßen couragiert und außerordentlich engagiert gewidmet haben. Möge das Buch die Aufmerksamkeit finden, die der Bedeutung der Geschichte des Bank- und Börsenplatzes Essen zu Recht entspricht. Wir haben es initiiert und deshalb sehr gern ermöglicht.

NATIONAL-BANK Aktiengesellschaft
– Vorstand –

Essen 1829, 1867, 1963.

Einleitung – Die Geschichte des Bank- und Börsenplatzes Essen

Die Definition einer Bank ist verhältnismäßig einfach. Nach dem Gesetz über das Kreditwesen handelt es sich um Kreditunternehmen, wenn diese «Bankgeschäfte betreiben» und «der Umfang dieser Geschäfte einen in kaufmännischer Weise eingerichteten Geschäftsbetrieb erfordert». Zu definieren, was ein Bank-, Börsen- und Finanzplatz ist, fällt schon nicht mehr so leicht.[1] Unbestritten sind Bank-, Börsen- und Finanzplätze – oder im angloamerikanischen Sprachgebrauch «financial centres» – ein Signum der modernen Arbeitswelt. Die dort gehandelten Produkte sind vielgestaltig: Sie umfassen in einem heutzutage diversifizierten globalen Kapitalmarkt Geld, Schulden, Versicherungen, andere Finanzdienstleistungen, aber auch Gold, Silber und andere Wertmetalle. Faktoren für einen erfolgreichen Bankplatz sind das Arbeitskräftepotenzial, infrastrukturelle Gegebenheiten und Kapitalangebote bzw. Finanzierungsmöglichkeiten, die schließlich eine «Sogwirkung» ausüben.[2]

Angesichts des fortwährenden Wandels – allein in den letzten 150 Jahren von der sogenannten Ersten zur Zweiten Globalisierung – ändert sich das Verständnis dessen, was in verschiedenen historischen Perioden unter einem Bankplatz verstanden worden ist.[3] Historisch betrachtet dienten Bankplätze, einem Stufenmodell von Charles P. Kindleberger folgend, zunächst den Anforderungen der Fürsten und des Adels, anschließend beförderten sie den wachsenden Handel, dienten daraufhin zunehmend den Bedürfnissen von Regierungen sowie den Notwendigkeiten des Transportsektors, indem sie den Kanal- und Straßen- sowie den Eisenbahnbau finanzierten. Schließlich waren und sind sie, in einer bis heute andauernden Phase, auch für Hypotheken- und Verbraucherkredite zuständig. Bankzentren ermöglichen somit den Transfer von Ersparnissen und Investitionen Einzelner, aber auch den Austausch von Kapital zwischen verschiedenen Orten. Finanzzentren sind volkswirtschaftliche «Knotenpunkte» des internationalen Geld- und Kapitalverkehrs, an denen sich Institutionen konzentrieren, deren Aufgabe es ist, die Geldwirtschaft in Gang zu halten: «Banken, Börsen, Versicherungen, Treuhandfirmen, Nachrichtenagenturen, Softwareschmieden, Beratungsunternehmen und Anwaltskanzleien».[4] Diese «Knotenpunkte» umfassen auch nicht-finanzielle Institutionen wie Anwaltskanzleien, Steuerberatungsbüros und andere Dienstleistungsfirmen. Die vorliegende Studie verzichtet aus pragmatischen Gründen auf die Betrachtung dieser Finanzdienstleister, Versicherungsvermittler und Agenturen und konzentriert sich auf Kreditinstitute mit Sitz in Essen sowie die überregionalen und internationalen Großbanken, die in der Stadt mit Zweigstellen oder Niederlassungen vertreten waren oder aktuell sind.

Kurz- wie langfristiger Zahlungsverkehr lässt sich am effektivsten abwickeln, so hat sich in einer jahrhundertelangen Praxis in der westlichen und zunehmend globalisierten Welt herausgestellt,[5] wenn dies von einem oder mehreren zentralen Orten aus erfolgt.[6] Auf diese Weise kann man eine hierarchische Definition von Finanzplätzen vornehmen: 1. lokale Finanzzentren («domestic financial centres»), 2. regionale Finanzzentren («regional financial centres»), die gegebenenfalls über die nationalen Grenzen ausgreifen können, 3. sog. «offshore centres» wie die Cayman Islands, die mit niedrigen Steuern und geringer Regulierung locken, sowie 4. globale Finanzzentren, die internationalen Bedürfnissen gerecht werden.[7] Staaten, die früh eine Zentralisierung erfahren hatten, wie Frankreich und Großbritannien, verfügten mit Paris und London eher über Bankplätze überregionalen Ranges als das durch Kleinstaaterei gekennzeichnete Deutschland, wo sich über Jahrhunderte hinweg konkurrierende regionale Finanzzentren wie Düsseldorf, Hamburg, München, Stuttgart, Köln, Leipzig, Frankfurt am Main und Berlin gegenüberstanden und sich den Rang streitig machten.[8] In Deutschland entstanden wirkliche zentrale Finanzplätze erst in der ersten Hälfte des 19. Jahrhunderts im Zuge der Industrialisierung.[9]

Beim Bankplatz Essen handelte es sich am Beginn des 19. Jahrhunderts noch um ein rein lokales Finanzzentrum, das sich aus dem Handel heraus entwickelte und dabei zwar erste regionale Vernetzungen knüpfte, die jedoch nahezu ausschließlich zur Finanzierung Essener Unternehmen dienten. Doch spätestens mit der Reichsgründung 1871, der Entstehung mittelgroßer Privatbanken und der Etablierung der Essener Credit-Anstalt als universeller Aktienbank entwickelte sich Essen zu einem Zentrum, das in die Region wirkte und einen erheblichen Beitrag zur Finanzierung der Ruhrindustrie leistete.

Der Erfolg eines solchen Bankplatzes hing von zahlreichen Bedingungen ab: Neben der Verfügbarkeit qualifizierter Arbeitskräfte wird, mit am wichtigsten, «the potential for external savings» genannt.[10] Er bedarf aber auch einer starken Währung, einer funktionierenden Infrastruktur, er benötigt politische Stabilität, möglichst niedrige Zinsen auf Finanztransaktionen, möglichst geringe Staatsinterventionen und Regulierungen sowie die weitgehend liberale Ausgestaltung des Handelsumfelds.[11] An diesen Plätzen muss aber auch differenziertes technisches Know-how für Beratungszwecke zur Verfügung stehen.[12] Nicht zu vergessen ist der Faktor Kunst, Kultur und Unterhaltung, die einen Bankplatz attraktiv machen können, denn, um den Titel einer einschlägigen Festschrift zu zitieren, «Bankiers sind auch Menschen».[13] Bezeichnenderweise spielen im Nachhall der im Jahr 2016 diskutierten Frage, welcher Finanzplatz nach der «Brexit»-Entscheidung einen adäquaten Ersatz bzw. eine Ergänzung für London bieten könne – etwa Amsterdam, Paris oder Frankfurt am Main –, auch die Lebensqualität, die Verfügbarkeit von angemessenem und bezahlbarem Wohnraum, internationale Schulen sowie die Verkehrslage als Faktoren eine Rolle. Bank- und Finanzplätze müssen ständig darauf achten, attraktiv zu bleiben, denn der Wettbewerb in einer globalisierten Welt ist hart: In historischer Sicht muss man nur an Städte wie Venedig, Genua und Florenz bzw. in der Frühen Neuzeit an Brügge und Antwerpen erinnern, um sich zu vergegenwärtigen, wie schnell sich eine mühsam aufgebaute Reputation als Geld- und Handelszentrum unwiederbringlich verflüchtigen kann. Im 20. Jahrhundert ist Detroit ein erschreckendes Beispiel, wie rasch mit dem Niedergang von Finanzfunktionen auch ein Wohlstandsverlust einhergehen kann.

In einer Untersuchung des Bankplatzes Berlin wurde vorgeschlagen, auf die Bezeichnungen «Finanzplatz» bzw. «Bankzentrum» zu verzichten, weil andernfalls eine Analyse der Geld- und Kapitalmarktverhältnisse notwendig sei. Man solle lieber von einem «Bankplatz» sprechen als einem «Ort, an dem durch Banken und Bankiers Bankgeschäfte getätigt werden»; hierzu zählten alle diejenigen Kreditinstitute, «die diesem Platz seine Charakteristik gegeben und zu seinem Bedeutungszuwachs beigetragen haben».[14] Um diesem Missstand abzuhelfen, lohnt sich eine Definition der Umstände, die ausdifferenzierte Finanzmärkte wie etwa New York oder London ausmachen: erstens ein Geldmarkt mit Segmenten für weitreichende Handelsgeschäfte wie Anleihen und Schatzanweisungen, zweitens ein sowohl staatlicher wie privater Kapitalmarkt, der sich um die Distribution der Mittel sorgt, und schließlich drittens der Handel mit Rohstoffen und Währungen. Solche Zentren entwickelten sich zunächst regional. Sie konnten historisch und können aktuell, wenn die Umstände es erlauben, nationale und sogar internationale Dimensionen annehmen.[15]

Diese Definition eines geografisch verorteten internationalen Geld- und Kapitalmarkts ist, mit geringen Variationen, inzwischen fast Gemeingut geworden. Dabei lag der Fokus der Forschung meist auf den «global playern» der Finanz- und Bankplatzarena, obwohl regionale Plätze eine notwendige Ergänzung einer zentralisierten Finanzwirtschaft sind. Die Entstehung und das Fortbestehen regionaler Finanzplätze ist wesentlich das Resultat des Informationsvorteils, den diese dezentralen Orte haben: Sie können die Vorteile ausspielen, die sie – anders als die großen zentralen und notgedrungen anonymen Finanzplätze – in der Region bei Unternehmen und Verwaltungsbehörden haben: persönliche Kenntnisse des Umfelds, persönliche Kontakte zu den Entscheidern vor Ort und allgemein ein besseres Wissen um die Geschäftskultur und die Marktchancen auf der regionalen Ebene.[16]

Was bedeutet dies konkret für den Bankplatz Essen? Die Stadt- und Regionalgeschichte beschäftigt sich in der Regel mit Handel und Industrie sowie mit einzelnen Unternehmen, aber weniger mit der Finanzwelt. Selbst grundlegende Werke über Kapital und Märkte interessieren sich kaum für die geografischen Aspekte von Finanzplätzen.[17] Eine weiterführende Problematisierung dieses Umstands hat schon in den 1930er-Jahren der Betriebswirtschaftler Hanns Linhardt vorgenommen und zahlreiche Aspekte analysiert, die auch heute noch bedenkenswert sind. Man müsse sich mit dem beschäftigen, «was aus Folgerichtigkeit und Zufall, geographischer Lage, wirtschaftlicher und politischer Geltung zur Rolle als Finanzplatz geführt hat». Es müsse erklärt werden, so Linhardt weiter, «warum London Manchester überflügelt hat, genau so wie vorher Hamburg und Amsterdam, warum der deutsche Finanzplatz internationaler Bedeutung Berlin ist und nicht Frankfurt oder Essen, warum der amerikanische Finanzplatz nicht in Richmond und in Philadelphia liegt, wo sich die ersten Ansätze dazu finden, sondern in dem gänzlich neuen ‹New›-York. Das Gleiche wäre zu erklären bezüglich Paris gegenüber Lyon, bezüglich Mailand gegenüber Florenz usw. usw. Hier handelt es sich um reale Geschehnisse, nicht um begriffliche Erörterungen. Der Finanzplatz hat Schicksal, er erlebt Aufstieg und Niedergang – siehe Augsburg, Venedig, Frankfurt, Amsterdam, Wien –, der Geld- und Kapitalmarkt hat eine Aufgabe, die ihm zugedacht ist, und diese erfüllt er mehr oder weniger, er funktioniert, gut oder schlecht, während der Finanzplatz existiert.»[18] Bei der Untersuchung des Bankplatzes

Essen wird es daher immer auch um das Verhältnis zu anderen Plätzen gehen, namentlich Köln oder Düsseldorf als Konkurrenten in der Rheinprovinz, oder Berlin und Frankfurt als die beiden zentralen Bankplätze des Deutschen Reichs beziehungsweise der Bundesrepublik. Auch der Bankplatz Essen hat Auf- und Niedergang erlebt, hat Hochphasen oder Phasen, in denen er lediglich am Rand des Geschehens steht.

Klärungsbedürftig ist die Frage nach den räumlichen Grenzen: Ist nur Essen als Stadt gemeint, oder sind auch die Einzugsgebiete von Belang, eventuell sogar das ganze Ruhrgebiet mit seinen Industrie- und Handelskammerbezirken Bochum, Dortmund, Duisburg, Essen, Krefeld und Münster? Üblicherweise wird eine pragmatische Definition für einen Bankplatz gewählt, als ein Gebiet, das durch äußere Grenzen abgesteckt ist und in dem «Finanzdienstleistungen produziert und angeboten werden», die sich «mit der Annahme, Anlage und Vergabe finanzieller Mittel» befassen.[19] Auf der anderen Seite braucht es eine kritische Masse, um überhaupt agieren zu können: «Die Ansammlung von einer Sparkasse, einer Volksbank und drei Bankfilialen an dem Hauptplatz einer Kleinstadt macht diese nicht zum Finanzplatz!»[20] Bankplätze sind nicht «Plätze» im geografischen Sinn, sondern eher im übertragenen Sinn zu verstehen. Räumliche Nähe war stets vorteilhaft, auch wenn in der heutigen Zeit des Echtzeithandels und der elektronischen Finanzströme diese Vorzüge an Bedeutung verloren haben.[21] Es kommt zugleich auf die jeweiligen Perioden und Perspektiven an, denn bankmäßige Leistungen sind grundsätzlich nicht lokal gebunden und «außerhalb des Reviers domizilierende Institute machen Geschäfte im Revier und umgekehrt».[22] Die Skaleneffekte der Ruhrindustrie waren zweifellos ein Motiv für die Zentralisierung der Bankgeschäfte. Hinzu trat im Sinne von Adam Smith die «unsichtbare Hand», die gewissermaßen in Eigenregie und automatisch angesichts des vorhandenen Kapitalstocks zu einer Zentralisierung führte. In bestimmten Phasen der Essener Geschichte bedienten sich lokale Akteure der Finanzinstrumente, um vom eigentlichen Banken- und Dienstleistungszentrum aus zu expandieren, etwa an den Niederrhein, aber, beispielsweise in der NS-Zeit, auch jenseits der Grenzen in die Niederlande und versuchsweise sogar bis Italien. Dieses Phänomen ist nicht sonderlich verwunderlich. Selbst eine typische Regionalbank wie die Bayerische Hypotheken- und Wechselbank mit einer Beschränkung auf den bayerischen Raum unterhielt beispielsweise seit den 1920er-Jahren Zweigbüros in außerbayerischen Städten, nämlich in Berlin, Düsseldorf und Leipzig, was jedoch «nichts an der eindeutig bayerischen Ausrichtung des Bankgeschäfts» änderte.[23] Zweigstellen konnten und waren im Einzelfall im Positiven wie im Negativen ausschlaggebend für das Schicksal von Banken, und so sind sie auch in diese Betrachtung des Bankplatzes Essen einbezogen, der ansonsten pragmatisch innerhalb der heutigen Stadtgrenzen untersucht wird.

Die Region mit ihrer ausgeprägten Industrielandschaft bestimmte die bis heute diversifizierte und im starken Wettbewerb miteinander stehende Essener Bankenlandschaft. Neben den Privatbankiers, die zunächst ihren Schwerpunkt im Handelsgeschäft hatten, waren es zunehmend Industrielle des Reviers, die bei der Formierung des Bankplatzes mitwirkten und ihm eine ganz eigene Prägung gaben. Die häufig beschworenen Pfadabhängigkeiten spielen hier eine Rolle: Die Region Essen konnte trotz mannigfacher Krisen und Brüche immer wieder an bestehende Strukturen, und seien sie nur geistiger Art, anknüpfen.

Historisch variiert die Zahl der in Essen tätigen Banken vom Einmannbetrieb bis zu Einrichtungen mit mehreren hundert Beschäftigten, die seit dem 19. Jahrhundert das klassische deutsche Drei-Säulen-Prinzip spiegeln. Essen war und ist das Gebiet für private Geschäftsbanken, für öffentlich-rechtliche Kreditinstitute und für Kreditgenossenschaften, die hier nach einem schwierigen Start im 19. Jahrhundert sogar einen Schwerpunkt haben, während der Sektor der Privatbanken in den letzten Jahrzehnten signifikant an Marktanteilen verloren hat. Dem spezifischen Charakter des Finanzsektors im Ruhrgebiet entsprechend verstanden und verstehen sich viele Banken und Sparkassen dezidiert als Regionalbanken, also als Universalbanken, «deren Sitz innerhalb Deutschlands liegt und deren Geschäftsgebiet ausgeprägt regional begrenzt bzw. konzentriert ist».[24] Ausnahmen bestätigen auch in diesem Fall die Regel: Manche Regionalbanken beschränkten sich, selbst wenn sie über weniger Ressourcen verfügen als z. B. Großbanken oder in neuerer Zeit die Direktbanken, zu bestimmten Zeiten nicht immer auf ein abgegrenztes Geschäftsgebiet, das jedoch immer das Zentrum ihres Wirkens bleibt. Sparkassen agieren regional beschränkt, weil sie durch die Sparkassengesetze der Länder hierzu angehalten sind – allen Konsolidierungstendenzen im Sparkassensektor zum Trotz, die jüngst zu zahlreichen Sparkassenverbünden geführt haben.

Verkehrstechnisch günstig gelegene Städte haben bei der Herausbildung von Bankplätzen einen Standortvorteil. Hier finden sich in der Regel nicht nur auf den Finanzhandel spezialisierte Unternehmen, sondern auch gut miteinander vernetztes Fachpersonal. Aus diesem Grund sind Bankplätze häufig entlang von Handelsstraßen oder Flüssen entstanden, wo Städte «mit wohlhabendem Bürgertum und [...] wirtschaftlich prosperierendem Hinterland» weitere Vorteile boten.[25] Auch ein Verkehrsflughafen ist wichtig, aber

Der Flughafen Essen-Mülheim in den 1930er-Jahren.

Essen gelang es zu Beginn des Jet-Flugzeugalters trotz mancher Anstrengungen niemals, den wenig genutzten Flughafen Essen-Mülheim als ernsthafte Konkurrenz zum Düsseldorfer Flughafen in Lohausen aufzubauen, der jedoch für Essener Geschäftsleute vergleichsweise gut erreichbar ist. Essen lag ebenfalls an einer bedeutenden Handelsstraße, dem bereits in vorrömisch-germanischer Zeit etablierten «Hellweg», der sich zugleich mit Handelswegen in nord-südlicher Richtung kreuzte. Dennoch war die Bedeutung Essens als Handelsstadt vor der Entwicklung der Montanindustrie gering.

Diese frühe Abhängigkeit von der Entwicklung der Montanindustrie ist ein wesentlicher Grund für die spezifischen Besonderheiten, die den Bankplatz Essen von anderen regionalen Zentren unterscheidet. Als er sich in der Mitte des 19. Jahrhunderts langsam entwickelte, musste er sich als Nachzügler neben bereits etablierten regionalen Plätzen wie Köln und Düsseldorf behaupten. Dieser verzögerte Prozess verursachte im Vergleich mit anderen Finanzplätzen zahlreiche Verwerfungen. Die Essener Börse, die seit 1905 mit der Düsseldorfer Börse eng kooperierte, entwickelte sich niemals wirklich zu einer vollwertigen und ebenbürtigen Börse, dennoch konnte sie sich unter Ausnutzung ihres außergewöhnlichen Wirtschaftsumfelds als Haupthandelsplatz für Kuxe etablieren, einem spezifischen Finanzinstrument des Bergbaus. Die vergleichsweise geringe Bedeutung von Privatbanken ist wohl ebenfalls in erster Linie auf diese Spätentwicklung zurückzuführen. Andernorts hatte das Privatbankwesen eine wesentlich ältere, auf Hoffaktoren oder

Handelszentren zurückgehende Tradition. Die einzige Privatbank Essens, die über mehrere Generationen hinweg von zumindest regionaler Bedeutung war, das Bankhaus Simon Hirschland, wurde erst 1841 gegründet. Weil Essen zudem niemals ein politisches Machtzentrum war, spielte der Handel mit staatlichen Papieren wie Staatsanleihen nur eine äußerst untergeordnete Rolle, lediglich Kommunalpapiere hatten einige Bedeutung. Der Schwerpunkt lag vielmehr auf der Industriefinanzierung, die im Ruhrgebiet seit der Phase des Ausbaus des Eisenbahnschienennetzes und des industriellen «take-off» eine besondere Bedeutung erlangte. Diese Ausrichtung auf die regionale Wirschaft ermöglichte eine tiefe Verwurzelung innerhalb des Reviers, aus der der Bankplatz noch heute seine Kraft zieht, die jedoch auch wesentlich dafür verantwortlich war, dass Essen, anders als Köln bzw. Düsseldorf, aber auch Hamburg und Berlin bzw. heute Frankfurt am Main, nur eine geringe internationale Bedeutung gewinnen konnte.

Aus diesen Grundvoraussetzungen ergibt sich die weitgehend chronologische Schwerpunktsetzung dieses Bandes. Im Gegensatz zu traditionellen Bankplätzen wie beispielsweise Frankfurt oder Köln existierten in Essen am Beginn des 19. Jahrhunderts noch keine Bankhäuser. Erst 1814 siedelte sich mit T. C. Sprenger ein kleines Bankgeschäft in Essen an, das zunächst nur als ein Nebenerwerbszweig des Warenhandels- und Speditionsgeschäfts geführt wurde. In den 1830er-Jahren folgte die Wollhandlung Wilhelm & Conrad Waldthausen, deren Finanzgeschäfte sich aus dem Hauptgeschäft heraus entwickelten. Die 1841 gegründete Simon Hirschland Bank fungierte als Nebenerwerb eines Textil- und Lebensmittelhandels. Der Schwerpunkt dieser frühen Privatbanken lag im Wechselgeschäft, vor allem Simon Hirschland betätigte sich jedoch auch im Wertpapierhandel und entwickelte sich zur bedeutendsten Essener Privatbank. Mit der Ausbreitung des Bergbaus und der Eröffnung der Essener Börse in den 1860er-Jahren etablierten sich weitere Privatinstitute, die vor allem Effektenhandel betrieben. In die frühe Entwicklungsphase des Bankplatzes fiel auch die Gründung der Sparkasse 1841 und der Genossenschaftsbanken in den 1860er-Jahren. Für diesen Zeitraum geht es zunächst auch darum zu analysieren, welche Rolle das sich langsam konturierende Finanz- und Banksystem für die sich aus dem Handel entwickelnde örtliche Industriefinanzierung gespielt hat. Die Entstehung eines Sparkassennetzes im Essener Raum seit den 1840er-Jahren verweist in diesen Jahren zugleich auch auf den Aspekt der Stadtentwicklung, die bei aller regionalen Vernetzung ebenfalls zu den Aufgaben eines Bankplatzes gehört.

Das Ende der territorialen Zersplitterung Deutschlands durch Bismarcks «Revolution von oben» 1870/71 hatte schließlich erhebliche Auswirkungen auf die Essener Geschäfte. Das Münzgesetz und die Gründung der Reichsbank gehörten ebenso zu den innovativen Elementen wie die Novellierung des Aktiengesetzes und die Schaffung der Reichsgewerbeordnung. Die insgesamt sieben Währungsgebiete – und sage und schreibe 33 Notenbanken – fanden mit einem Federstrich ein Ende und hatten einen atemberaubenden «Durchbruch der bürgerlichen Gesellschaft» zur Folge: «des großen Marktes, des freien Wettbewerbs, des Kapitalismus, der Mobilität, des Leistungsprinzips, gegen alle ständischen und bürokratischen Beschränkungen.»[26] Nach 1870/71 setzten der Siegeszug der Aktienbanken und die Ausbildung eines Universalbankensystems ein, zugleich wurde aber auch die zentrale Rolle der Reichshauptstadt Berlin ein hemmender Faktor für die Entwicklung Essens zum erstrangigen Bank- und Börsenplatz. Um den steigenden Kapitalbedarf für die Schwerindustrie zu befriedigen, wurden im gesamten rheinisch-westfälischen Raum verschiedene Regionalbanken als Aktiengesellschaften gegründet, deren bedeutendste die 1872 eröffnete Essener Credit-Anstalt war, die sich in ständiger regionaler Konkurrenz mit Instituten wie dem A. Schaaffhausen'schen Bankverein und dem Barmer Bank-Verein befand, sich zugleich aber auch mit dem sich verstärkenden Engagement der Berliner Großbanken im Industrierevier auseinanderzusetzen hatte. Neben der Essener Credit-Anstalt gewannen zwischenzeitlich auch der Essener Bankverein und die Rheinische Bank eine größere regionale Bedeutung. Die Gründung von Aktiengesellschaften war in dieser Phase im gesamten Deutschen Reich üblich, in Essen lag die Initiative jedoch im Gegensatz zu anderen Bankplätzen weit stärker bei Unternehmern als bei Privatbankiers, die vor Ort relativ selten und vor allem nicht sonderlich finanzstark waren. Seit der Jahrhundertwende wurde das Angebot durch die Gründung von Spezialbanken ergänzt, beispielsweise Hypothekenbanken oder die gewerkschaftliche Deutsche Volksbank. Dieses Institut wurde zwar als Vereinsbank für deutsche Arbeit AG in Berlin gegründet, siedelte aber bald nach Essen um und war, nun unter dem Namen «Deutsche Volksbank AG», bis 1933 die zentrale Verwaltungsbank der christlich orientierten Arbeitnehmerverbände. Es fand also eine Diversifizierung des Bankensektors statt, allerdings sind die Geschäftsumfänge bei den Spezialbanken kleiner als bei den regionalen Aktienbanken.

Schon vor dem Ersten Weltkrieg waren auch die Berliner Großbanken zunehmend in das Ruhrgebiet und Essen eingedrungen. Dies geschah zunächst oft auf dem Wege einer Kooperation, beispielsweise zwischen der Essener Credit-Anstalt und der Deutschen Bank. Bald wurden jedoch auch Filialen gegründet, meist durch Übernahme einer lokalen Privatbank. Die Essener Credit-Anstalt, die unter der Ruhrbesetzung 1923 und der Inflations-

krise besonders gelitten hatte, ging als letzte traditionelle regionale Aktienbank Essens ebenfalls in der Deutschen Bank auf. Aufgrund der hohen
wirtschaftlichen Bedeutung des Ruhrgebiets behielten die Filialen der Großbanken im Regelfall eine relativ hohe Eigenständigkeit, die sich jedoch bei
steigendem Risiko eines konkreten Geschäftes schnell vermindern konnte.

An der Lindenallee entwickelte sich ein erkennbar konturiertes und auch
in architektonischer Hinsicht markantes Bankenviertel, eine «Geldader der
Ruhrmetropole», das sich bis heute in einem Dreieck zwischen Hauptpost,
Waldthausenpark und Hirschlandplatz befindet. Mit der Essener Credit-
Anstalt, der Disconto-Gesellschaft sowie der Mitteldeutschen Creditbank
wurde Essen zu einem wichtigen Bankenstandort im Ruhrgebiet.

Der Erste Weltkrieg als «Urkatastrophe» des 20. Jahrhunderts läutete
eine Zeit der Krisen ein, die mit der Niederlage 1918 und besonders den
Jahren der Hyperinflation bis 1923 das Essener Bankensystem erschütterte,
aber auch manche Chance bot, die insbesondere die Simon Hirschland Bank
zu nutzen suchte. Die Weltwirtschaftskrise Ende der 1920er-Jahre, eine
Finanz- und Bankenkrise bislang ungekannten Ausmaßes, veränderte mit
seinen zahlreichen Bankpleiten und erzwungenen Fusionen die Essener
Bankenlandschaft fundamental. Das Ende der Essener Börse im Jahr 1934
gehört ebenso noch zu diesem Kapitel wie manche bankenaufsichtsrechtliche
Regulierungsmaßnahme jener Zeit. Die noch in der Krise erfolgende nationalsozialistische «Machtergreifung» bedeutete einen weiteren radikalen
Schnitt. Banken- und Weltwirtschaftskrise hatten auch auf die Essener Bankenlandschaft dramatische Auswirkungen. Die Schließung der Börse Essen,
reduzierte Geschäftätigkeit der Institute, Unsicherheiten aufgrund der möglichen Schaffung von nationalsozialistischen «Gaubanken» und «Regionalbanken», die gewaltsame Schließung von Gewerkschaftsbanken, ein weiterer
Rückgang der Privatbanken waren die weitreichenden Folgen. Alle jüdischen
Bankhäuser wurden «arisiert» und liquidiert, lediglich die größte jüdische
Privatbank, das Bankhaus Simon Hirschland, blieb erhalten und wurde als
«arisches» Institut weitergeführt. Die Gewerkschaftsbanken wurden ebenfalls gewaltsam ausgeschaltet. Trotz der propagierten Regionalisierung des
Bankwesens schmälerte dessen weitgehende Zentralisierung auf die Reichshauptstadt Berlin die Bedeutung des Bankplatzes Essen. Die oktroyierte ge-
lenkte Marktwirtschaft mündete in einer weitgehenden «Gleichschaltung»
des Essener Bankensystems, in dem die einzelnen Akteure, also öffentlich-
rechtliche Kreditanstalten, Genossenschafts- und Privatbanken, zwar formal
selbstständig blieben und sogar manche regionalen Handlungsspielräume
behalten konnten, aber nun insgesamt den Interessen des NS-Systems

dienten und zur «geräuschlosen» Aufrüstung und zur Kriegsfinanzierung beitrugen.

Der Rüstungsboom wurde von den Essener Kreditinstituten mitgetragen. Die Kriegsfinanzierung, auf die bald im Alltagsgeschäft eine deutliche Reduzierung des Filialnetzes der einzelnen Banken folgte, war die unerbittliche Konsequenz, bevor Essen mit einem vergleichsweise starken Zerstörungsgrad im Bombenkrieg eindrücklich die «Trümmergesellschaft» des untergehenden «Dritten Reiches» symbolisierte. Der Zweite Weltkrieg zerstörte zwar nicht die Grundstrukturen des Essener Bankensystems, aber Einberufungen, Banken- und Filialschließungen sowie Bombenangriffe brachten schließlich das endgültige Aus für zahlreiche vor allem kleinere Essener Kreditinstitute. Die angebliche «Stunde Null» des Jahres 1945 war dennoch eine weniger starke Zäsur für den Bankplatz, als man annehmen möchte, denn viele Institute öffneten, wenn auch aus bescheidenen Anfängen heraus, wieder ihre Pforten. Entscheidender war in mancher Hinsicht die Währungsreform des Jahres 1948 und der wenig später einsetzende Boom des «Wirtschaftswunders». Mehrere mit- und gegenläufige Tendenzen wurden noch in der Phase dieses ungeahnten Wiederaufstiegs wirksam: das kontinuierliche Wachstum des Sparkassensektors, der sich jenseits der angestammten Bereiche neue Geschäftsfelder erschloss; ein bemerkenswerter Trend zum Privatkundengeschäft, verbunden mit technologischen Innovationen, die das Bankgeschäft geradezu revolutionierten; ein deutlicher Strukturwandel des Ruhrgebiets infolge der Krisen der Eisen- und Stahlindustrie bzw. des Steinkohlenbergbaus und die bemerkenswerte Expansion des tertiären Sektors mit tiefgreifenden Auswirkungen auf die Essener Bankenlandschaft: «Ruhrbarone», eine nicht ganz zufällige Bezeichnung für die mächtigen Unternehmer vor 1945 und selbst noch in den 1950er-Jahren, mochte es zwar noch geben, aber sie waren weniger sichtbar. Vor dem Hintergrund der stabilen Aufwärtsentwicklung der Bundesrepublik – die Stichworte Deutschland AG und die Boomphase nach der Wiedervereinigung mögen an dieser Stelle genügen – war der Bankplatz Essen stark genug, um strukturelle und konjunkturelle Krisen bis heute zu meistern und auch gegenüber den seit dem Mittelalter etablierten Konkurrenten am Handels- und Finanzstandort Köln und dem «Newcomer» in der Landeshauptstadt Düsseldorf zu bestehen – all dies eingedenk der Tatsache, dass Finanzplätze sich auch auflösen und abwandern können und zudem in einer global vernetzten Welt und angesichts der «Virtualisierung» der Bankgeschäfte die Frage nach der Notwendigkeit eines «geografisch» vorhandenen Finanzplatzes gestellt wird.[27] Nach der Unsicherheit, die infolge der Kriegszerstörungen, der Krupp-Demontagen und der

Einschränkungen des Kreditgeschäfts bis zur Währungsreform 1948 die frühen Nachkriegsjahre kennzeichneten, war der Neuanfang geprägt von einem kontinuierlichen Aufschwung im Zeichen des «Wirtschaftswunders», in der die Eisen- und Stahlindustrie den Essener Banken eine solide Erholung und forciertes Wachstum ermöglichte. Der Boom des Konsumgeschäfts mit bislang weitgehend ungekannten Finanzierungen – vom Auto über Möbel bis zu Immobilien – führte vor dem Hintergrund der Ausweitung des Privatkundensegments zu bedeutenden Geschäftsausweitungen, zur Eröffnung zahlreicher Filialen und Niederlassungen und sogar zur Entstehung neuer Bankhäuser wie der Gallinat Bank und anderen Instituten, die sich ebenfalls dem Kleinkredit öffneten.

Die Festigung und Konsolidierung der Essener Bankenlandschaft – und Neugründungen wie etwa die Bank im Bistum Essen – in einer Phase einer relativ sorgenfreien Entwicklung fanden vor dem Hintergrund einer langfristigen Strukturkrise des Ruhrgebiets und insbesondere des Steinkohlenbergbaus statt. Dass sich die meisten Essener Banken trotzdem behaupten konnten, war vor allem der Strategie zu verdanken, sich weiterhin auf den regionalen Bereich zu beschränken und nicht der Versuchung zu erliegen, die vergleichsweise gute ökonomische Gesamtsituation zu einer nationalen oder gar internationalen Expansion zu nutzen – Verlockungen, denen andere Banken an Rhein und Ruhr nicht widerstanden, die später aufgrund ihrer finanziellen Überbürdung zum Teil von anderen Bankinstituten übernommen wurden.

Die Wiedervereinigung 1990 und die Einführung des Euro hatten für das Geschäft der Essener Banken, das durch solides Wachstum geprägt war, weniger Konsequenzen, als man annehmen könnte. Nimmt man lange Linien in den Blick, ist die Veränderung der Bankenlandschaft Essens im neuen Jahrtausend wenig dramatisch: Die spezifische Entwicklung im Kontext der Entwicklung Essens, der Finanzregion Ruhrgebiet und Deutschlands bleibt durch Kontinuität geprägt. Die Finanzkrise der Jahre seit 2007 hat zu konsequenten Bemühungen beigetragen, sich auch in Essen auf die neuen veränderten Anforderungen einzustellen. Die damit verbundenen strategischen und operativen Entscheidungen der Essener Banken haben häufig dazu geführt, zentrale Steuerungsfunktionen von operativen Vertriebsaufgaben zu trennen. In einem soliden finanziellen Umfeld bleiben «Mergers & Acquisitions», Eröffnung und Schließung von Zweigstellen und Filialen in Essen ein Signum der Zeit und zeigen die Lebendigkeit des Bankplatzes Essen.

Die Forschungslage zur Essener Bankengeschichte ist disparat. Für die Jahre bis zur Reichsgründung 1871 stehen im Grunde lediglich einige wirtschaftshistorische Arbeiten – insbesondere von den beiden lokalen Wirtschaftshistorikern Walther Däbritz und Karl Mews – aus den ersten Jahrzehnten des 20. Jahrhunderts zur Verfügung, in denen noch das kollektive Gedächtnis der Essener Stadtgemeinde tradiert wurde. Die Geschichte der 1872 gegründeten Essener Credit-Anstalt als das bedeutendste Institut des Platzes ist durch eine Festschrift anlässlich des 50-jährigen Bestehens der Bank 1922 in einer für das Genre ungewöhnlich tiefgehenden Weise analysiert worden.[28] Das Archiv der Deutschen Bank, in der die Essener Credit-Anstalt aufging, die aber auch zuvor bereits intensive Geschäftskontakte mit der Regionalbank pflegte, gibt nicht nur weiteren Aufschluss über die Geschicke dieser Bank, sondern immer wieder auch über Entwicklungen anderer, im Industriegeschäft engagierter Banken. Über die im Stadtarchiv Essen aufbewahrten Bestände ließen sich darüber hinaus Eindrücke zu vielen kleinen Banken gewinnen. Oftmals liegen jedoch ausschließlich Geschäftsberichte vor, die stets nur dasjenige verraten, was der Vorstand eines Instituts preisgeben wollte, und so lassen sich viele Banken nur anhand kurzer Impressionen beschreiben, die eine echte Analyse nicht zulassen, aber doch eine Vorstellung von der Vielgestaltigkeit des Bankplatzes vermitteln. Für den Abschnitt nach 1933 gilt, dass manche Vorgänge, beispielsweise die «Arisierungen», inzwischen befriedigend rekonstruiert werden können. Andererseits klaffen noch erhebliche Lücken, weil bis heute nur die National-Bank sowie der Nachfolger von Trinkaus & Burkhardt ihre Archive geöffnet und für eine umfassende historische Analyse gesorgt haben. Zum Teil kann man auf Geschäftsberichte zurückgreifen, zum Teil auf Material in den verschiedenen Archiven. Allgemein gilt jedoch der Befund, den Ralf Ahrens im Jahr 2016 festgestellt hat: «Wir wissen fast nichts über die Rolle der Banken bei strategischen Personalentscheidungen in der Industrie, die immerhin eine Kernfunktion von Aufsichtsräten sind. Wir wissen inzwischen viel über die Kreditpolitik der Großbanken bei ‹Arisierungen› und Rüstungsgeschäften, aber sehr wenig über den Zusammenhang zwischen Aufsichtsratspräsenz, Kreditvergabe und Investitionsentscheidungen in den späteren Jahren. Und schließlich fehlt es für diese Zeit an substanziellen Zahlen über die Industriebeteiligungen der einzelnen Banken, vor allem aber an Wissen, wie mit diesen Beteiligungen umgegangen wurde.»[29]

Das Buch wurde von zwei Autoren verfasst, die in enger Abstimmung jeweils einen eigenen Zeitraum bearbeitet haben. Die Entwicklung des Bank- und Börsenplatzes Essen bis zum Ende der Weimarer Jahre verantwortet Patrick Bormann, während die Entwicklung seit der Machtübernahme durch die Nationalsozialisten und in der Bundesrepublik von Joachim Scholtyseck geschildert wird.

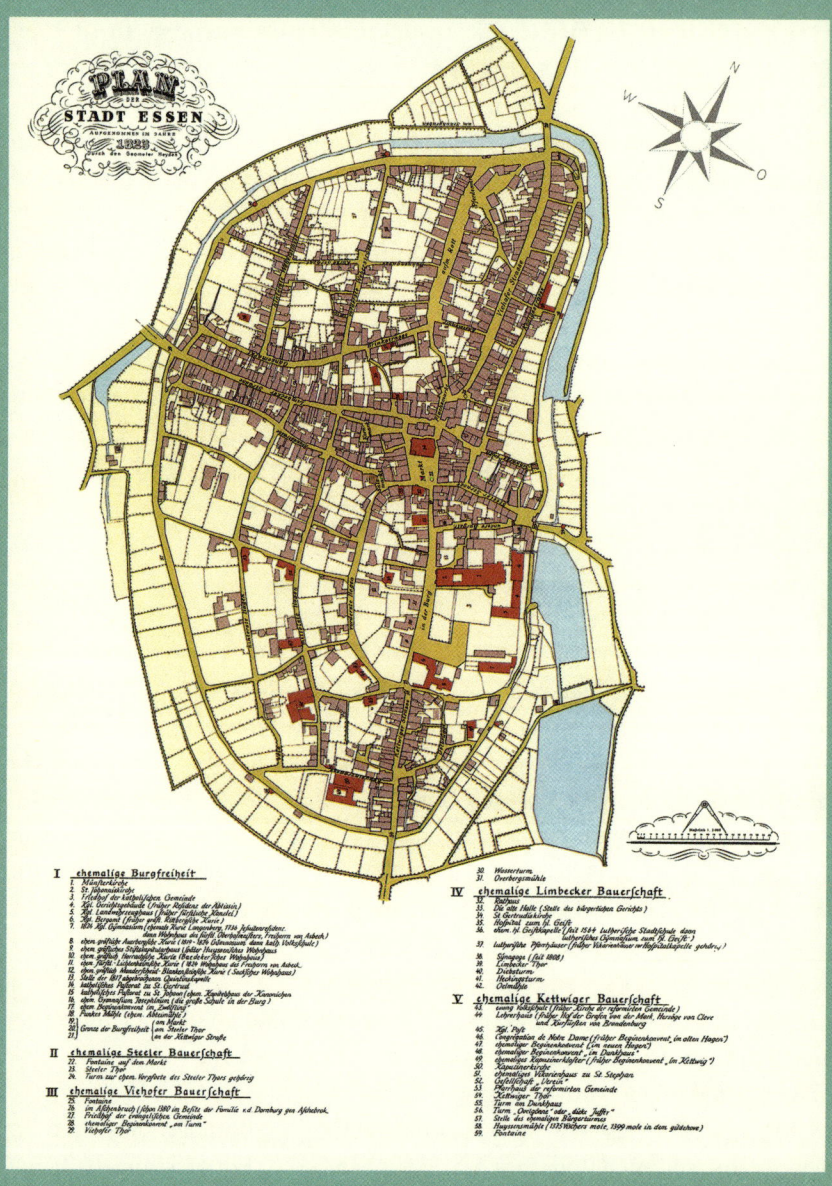

Stadtplan Essens von 1823.

Die Anfänge der Essener Finanzwirtschaft
1800–1870

Stadt und Wirtschaft in Essen

Bis in das 19. Jahrhundert hinein war Essen eine ländliche Kleinstadt mit etwa 3500 Einwohnern, deren Manufakturbetriebe in der Frühen Neuzeit zunächst auf die Herstellung von Pistolen und Gewehren spezialisiert waren, bevor im 18. Jahrhundert das Textilgewerbe in den Vordergrund trat. Um die Jahrhundertwende zeichnete sich die Stadt durch einen relativ hohen Anteil an Händlern aus. 1807 gab es immerhin 43 Kaufleute und 33 Krämer.[1] Trotzdem war Essen eine arme Stadt. In einem Magistratsbericht der damaligen Zeit heißt es: «Industrie und Handel sind namenlos unbedeutend. – Handel und Fabrikwesen sind erbärmlich, und ein Haus stürzt nach dem andern.»[2] Politisch war die napoleonische Zeit für das bislang unabhängige Essen ebenso wechselhaft wie für den Rest Europas. Zunächst wurde die Stadt 1803 infolge des Reichsdeputationshauptschlusses erstmals unter preußische Herrschaft gestellt, nach der preußischen Kriegsniederlage 1806 übernahm Frankreich die Oberherrschaft. Erst mit der Eroberung durch preußische Truppen am 11. November 1813 ging Essen dauerhaft in preußische Regierungsgewalt über.[3]

Bevor die Montanindustrie das Ruhrgebiet prägte, entwickelte sich die Textilwirtschaft zum wichtigsten Wirtschaftszweig des Essener Raums. Die Ursprünge können bis ins frühe 15. Jahrhundert zurückverfolgt werden, als ein Wollenamt zur Förderung des Webehandwerks gegründet wurde und die Ansiedlung von Tuchwebern an der Ruhr anregte. Während sich die Tuchproduktion auf die heute eingemeindeten Gebiete Werden und Kettwig konzentrierte, war Essen selbst ein Zentrum des Wollhandels.[4] Die Entwicklung zur Industriestadt nahm hingegen erst in den 1840er-Jahren

Seit der Mitte des 19. Jahrhunderts entwickelte sich Essen zu einem regionalen Wirtschafts- und Verwaltungszentrum. Hierzu gehörte auch der 1858 gegründete Bergbau-Verein.

ihren Ausgang, als der Bergbau am Hellweg und an der Emscher vorangetrieben wurde. Mit der Gründung der Handelskammer Essen 1840 und der Einrichtung einer Sparkasse 1841 erfolgten erste wirtschaftsorganisatorische Schritte, die für spätere Jahrzehnte von hoher Bedeutung waren. Auch das bedeutendste Privatbankhaus der Essener Geschichte, die Simon Hirschland Bank, hatte in diesem Jahrzehnt seinen Ursprung. Die spätere wirtschaftliche Bedeutung der Stadt war zu diesem Zeitpunkt allerdings noch nicht abzusehen und auch das Stadtbild änderte sich zunächst kaum, da sich die Entwicklung weitgehend auf den Landkreis beschränkte, während die Einwohnerzahl Essens noch immer deutlich unter 10 000 blieb.[5]

Essen stand in der ersten Hälfte des 19. Jahrhunderts im Schatten des benachbarten Mülheim, doch das änderte sich bald. Als Ende 1839 die Gründung eines Handelskammerbezirks für Mülheim, Essen, Werden, Kettwig und Steele diskutiert wurde, sprachen sich sowohl Mülheim als auch Essen für eine jeweils eigene Handelskammer aus.[6] Die Essener Kaufleute und Gewerbetreibenden erklärten selbstbewusst: «Wir sind nämlich der Meinung, daß mit Rücksicht auf die Bevölkerungszahl von 6000, welche

Steinkohlenbergbau im Ruhrtahl vor dem 19. Jahrhundert.

durch den vermehrten Kohlenhandel noch sehr in Zunahme begriffen ist, sowie in Beziehung auf die hier bestehenden bedeutenden Woll-, Material- und Weinhandlungen, dann Gußstahl-, Eisen- und Lederfabriken etc. hierselbst ebensowohl und mit gleichem Rechte eine eigene Handelskammer konstituiert werden möge, wie dies in Duisburg geschehen ist.»[7] Entgegen diesem Wunsch wurden allerdings Kettwig und Werden mit Essen in einer Handelskammer zusammengeschlossen. Eine der ersten erfolgreichen Eingaben der neuen Institution an den Finanzminister galt der Beibehaltung der Stempelsteuerfreiheit für kaufmännische Wechsel unter 50 Talern, die einen wichtigen Anteil am Geschäft der Essener Privatbankiers hatten.[8]

Die großen bergbaulichen Unternehmungen ließen Essen bald zu einer Industriestadt wachsen. Schon vor dem 19. Jahrhundert war in der Region Bergbau betrieben worden, jedoch stand das Ruhrgebiet technisch deutlich hinter dem frühneuzeitlichen Erzbergbau in Sachsen zurück und lag daher weitgehend brach. Kapital wurde nicht gebunden, vielmehr betrieben die Bauern den Abbau als Saisongewerbe.[9] Dies änderte sich, als in den 1830er-Jahren der Unternehmer Franz Haniel an der Grenze zwischen Mülheim und Essen technisch den Durchbruch durch die Mergelschicht erreichte, unter der die tiefer liegenden Steinkohlenschichten lagerten. Obwohl die beiden Schächte «Franz» und «Kronprinz von Preußen» keinen wirtschaft-

Der Gewerke Mathias Stinnes (1790–1845) gehörte zu den Pionieren des Ruhrbergbaus.

lichen Erfolg darstellten, entfalteten sie eine starke Vorbildwirkung. Schon kurz darauf gelang es dem Unternehmer Mathias Stinnes 1839 unter der technischen Leitung des Berggeschworenen Ernst Honigmann auf den Essener Feldern «Ernst» und «Mathias» ebenfalls, die Mergelschicht zu durchbrechen und die darunter liegende Steinkohle zu fördern. Die Zahl der Kohlengruben im Essener Gebiet nahm nun rasant zu. Schon in ihrem ersten Jahresbericht konstatierte die Handelskammer 1841: «Die Hauptindustrie der Stadt Essen und Umgegend besteht unstreitig in dem Handel mit Steinkohlen und resp. in der Förderung dieses notwendigen Lebensbedürfnisses aus dem Innern der Erde.»[10]

In den folgenden Jahrzehnten entwickelte sich Essen hin zu einer monoindustriellen Großstadt, die im Wesentlichen durch den Bergbau geprägt wurde. 1867 betrug der Anteil der Industriearbeiter nebst Familien in Essen 78 Prozent. Fast 95 Prozent von ihnen arbeiteten bei der Gussstahlfabrik. 10,6 Prozent arbeiteten im Handel und Verkehrswesen, weitere 11,2 Prozent gehörten anderen Beschäftigungsgruppen an, waren also vor allem Beamte, Gebildete oder Freiberufler.[11] Allerdings wurden die Bergbauinteressen nicht von der Handelskammer vertreten. Erst im November 1858 fanden sich im Essener Hotel Berghaus Repräsentanten und Vertreter von 51 Bergbaugesellschaften zusammen, die unter der Führung des Duisburger Unternehmers Hugo Haniel und des Essener Unternehmers und Politikers Friedrich Hammacher den Verein für die bergbaulichen Interessen im

Oberbergamtsbezirk Dortmund mit Sitz in Essen gründeten. Hammacher übernahm den Vorsitz, den er bis 1889 innehatte.[12]

Der Finanzierungsaufwand der Schwerindustrie übertraf das bis dahin für industrielle Betriebe übliche Niveau bei Weitem. Die Errichtung einer Schachtanlage dauerte je nach geologischen Verhältnissen in der Regel zwischen zwei und vier Jahren. Zu den reinen Kosten für die Abteufarbeiten kamen noch Ausgaben für einen Eisenbahnanschluss, Dampfmaschinen und Gebäude. Zudem mussten auch noch Mutungsrechte erworben werden. Anfang der 1860er-Jahre betrugen allein die Abteufungskosten etwa 200 000 Taler, bis 1873 stiegen sie auf etwa 500 000 Taler an. Die Gesamtkosten für die Errichtung einer Anlage in der Gründerperiode schätzte der Historiker Toni Pierenkemper auf mindestens 500 000 Taler über einen Zeitraum von vier Jahren. Für die Errichtung von Hochofenwerken mussten ähnliche Beträge veranschlagt werden.[13]

Trotz des offenkundigen Kapitalbedarfs dauerte es mehrere Jahrzehnte, bis sich in Essen eine Bankenstruktur entwickelte, die maßgeblich zur Finanzierung des Bergbaus beitragen konnte. Der Mangel war früh benannt worden: Bereits Anfang der 1850er-Jahre hatte die Handelskammer die Einrichtung einer großen Investitionsbank auf Aktienbasis mit dem Recht zur Notenausgabe gefordert.[14] Dem standen allerdings die gesetzlichen Rahmenbedingungen entgegen, weshalb sich die Handelskammer im Sinne einer Soforthilfe für die Einrichtung einer Filiale der Preußischen Bank einsetzte, dem Vorläufer der Reichsbank. Nachdem diese zuvor schon Niederlassungen in Dortmund, Düsseldorf und Duisburg eröffnet hatte, richtete sie 1857 eine solche auch in Essen ein. Die zunächst «Agentur» genannte Institution entwickelte sich sehr positiv. Zunächst betrieb sie vor allem Wechseldiskontgeschäfte, dann auch im geringeren Umfang Warenlombardgeschäfte, und schließlich nahm sie den Giroverkehr auf. 1857 diskontierte sie Wechsel und zog solche im Wert von umgerechnet sechs Millionen Mark ein. In den letzten Vorkriegsjahren lag der Umsatz im Wechselverkehr bereits bei über 400 Mio. Mark. Der 1876 aufgenommene Giroverkehr stieg bis 1913 von 57 Mio. Mark auf acht Milliarden Mark.[15] Bereits 1863 war die Agentur aufgrund des umfangreichen Geschäftsbetriebs in eine Filiale umgewandelt worden.[16]

Die Industriefinanzierung hingegen lag zunächst vor allem in den Händen wohlhabender Familien, die meist während des gesamten 19. Jahrhunderts und sogar darüber hinaus im Revier führend blieben: Franz Haniel oder Mathias Stinnes sind als Pioniere bereits benannt worden, etwas später folgten Friedrich Grillo und Carl Funke, auch Alfred Krupp oder August

Essener Kohlenzeche in den 1860er-Jahren.

Thyssen – mit Ausnahme von Krupp gründeten die letztgenannten Industriellen in den Jahren des Kaiserreichs jeweils eine Bank zur leichteren Finanzierung ihrer eigenen Vorhaben. Der Geldbedarf der neuen Industrie
war allerdings so enorm, dass er nicht allein aus der Region befriedigt werden konnte. So finden sich unter den Kapitalgebern Bankiers aus dem nahe
gelegenen Aachen, Elberfeld und vor allem Köln, aber auch internationale
Geldgeber aus Belgien, den Niederlanden, Frankreich und England investierten in die neue Industrie.[17] Dies gilt ebenso für den Eisenbahnbau, den
Wachstumsmotor der Montanindustrie schlechthin, dessen Kapitalbedarf
zur Ausbildung neuer Finanzierungsmethoden und zur Entwicklung der
Universalbanken maßgeblich beitrug. Er wurde im Industrierevier maßgeblich von Kölner Banken finanziert, während Essen an diesen Prozessen
noch keinen Anteil nahm.[18]

Der Handel als Ursprung des Essener Privatbankwesens

Die Anfänge der ersten Essener Privatbanken, die den Grundstein für den Bankplatz der Stadt legten, sind in der nachnapoleonischen Ära zu verorten. Meist werden für das moderne Privatbankwesen drei Ursprünge unterschieden: die an den Fürstenhäusern tätigen Hoffaktoren, die an wichtigen Messe- und Handelsplätzen tätigen Geldwechsler und die aus dem Warenhandels- und Speditionsgeschäft hervorgegangenen Banken, die vor allem auf ihren Reisen für ihre Kunden Geld- und Kreditgeschäfte abwickelten.[19] Einen Hof gab es in Essen nicht, und obwohl der Handel zu den wichtigsten Geschäftszweigen der Stadt gehörte, war der Handelsplatz nicht so ausgeprägt, dass sich hier Geldwechsler etablierten. Anders als in Städten wie Köln, Krefeld oder Wuppertal konnte das moderne Privatbankwesen daher nicht auf ältere Banken aufbauen, sondern musste sich völlig neu entwickeln. Die Grundlage hierfür waren das Speditionsgeschäft und der Warenhandel, denen der Hellweg und die nordsüdlichen Routen von den Niederlanden nach Siegen und Frankfurt, die sich in Essen kreuzten, die nötigen Verbindungen boten. Nicht der Handel vor Ort, sondern der Handel zwischen den Orten ermöglichte es Essener Kaufleuten, erste Bankgeschäfte zu betreiben.[20] Als das früheste Bankhaus Essens gilt die Firma Theodor Cornelius Sprenger, die 1804 aus einem von ihrem Gründer betriebenen Warenhandels- und Speditionsgeschäft in Wesel hervorgegangen war und 1814 nach Essen verlegt wurde, wo Sprenger verwandtschaftliche Beziehungen hatte.[21] Zwar wurde das Handelsgeschäft noch bis in die Mitte des 19. Jahrhunderts fortgesetzt, doch das umfangreiche Kontokorrent- und Wechselgeschäft nahm in den Jahren des Vormärz rasch zu, und T. C. Sprenger galt in dieser Zeit als das bedeutendste Diskontgeschäft Essens. Industrielle Beziehungen pflegte es nicht, sondern widmete sich ganz dem Handel in Essen selbst, im Bergischen und im Niederrheinischen. In den 1830er-Jahren findet sich Theodor Conrad Sprenger wie viele andere wohlhabende Bürger unter den Kreditgebern der Stadt.[22] Über die Geschäfte des Bankhauses ist kaum etwas bekannt. In den 1840er-Jahren weist das Hauptbuch des Essener Bankhauses Simon Hirschland rege Wechselgeschäfte mit einem Conrad Sprenger nach, vermutlich der Sohn von Theodor Conrad.[23] 1890 wurde das Bankgeschäft liquidiert, doch schon in den vorangegangenen Jahrzehnten hatte es an Bedeutung verloren.[24] Wohl in den 1840er/1850er-Jahren betrieb auch Ferdinand Wilhelmi Bankgeschäfte und wurde als «Bankier in Essen» bezeichnet, über seine Tätigkeiten finden sich jedoch keine Informationen mehr. Es dürfte sich wohl um Fortsetzungen erster Darlehnsgeschäfte gehandelt haben, die sein Vater, Johann Wilhelmi, im Rahmen seiner Kurz- und Galanteriewarenhandlung getätigt hatte.[25]

Eine der ältesten Essener Privatbanken wurde von der Familie Waldthausen gegründet. Die um 1700 aus dem braunschweigischen Raum nach Essen eingewanderte Familie gehörte zu den bedeutendsten Unternehmerfamilien der Stadt. Ausgangspunkt ihres wirtschaftlichen Erfolgs war das 1779 gegründete Wollgeschäft Justus & Wilhelm Waldthausen. Entsprechend der Familienüberlieferung hatte zuvor Justus Waldthausen über einen Fuhrmann einen Ballen Wolle in den Niederlanden erworben und diesen an das Unternehmen Scheidt in Kettwig weiterverkauft. Nachdem er dieses Geschäft verschiedentlich erfolgreich wiederholt hatte, gründete er gemeinsam mit seinem Bruder Wilhelm das die beiden Namen der Brüder tragende Wollhandelsgeschäft. Vor allem in Amsterdam kauften sie spanische Merinowolle, gelegentlich auch portugiesische und italienische Wollen, in Mitteldeutschland versorgten sie sich mit sächsischen Wollen, darüber hinaus entwickelten sie ihr Handelsnetzwerk bis nach Breslau.[26] Nach mehreren Umwandlungen der Firma in den Jahren der Napoleonischen Kriege, in denen nicht zuletzt die Kontinentalsperre gegen England zu einer schweren Krise der Textilindustrie beitrug, wurde das Unternehmen in zwei neue Firmen getrennt. Während Justus' Sohn Burchard, sein Schwager Gottfried Waldthausen sowie dessen Sohn Martin Wilhelm die Wollhandlung Justus Waldthausen Söhne gründeten, riefen Johann Wilhelm Waldthausen und sein Sohn Johann Conrad die Wollhandelsfirma Wilhelm & Conrad Waldthausen ins Leben, die für die weitere wirtschaftliche Entwicklung der Familie von hoher Bedeutung wurde.[27] Nach einigen schwierigen Jahren belebte sich das Geschäft zunehmend, entwickelte sich in den folgenden Jahrzehnten stabil und dehnte sich kontinuierlich aus. Mit 30 Talern im Jahr gehörte die Wollhandlung Mitte der 1840er-Jahre noch vor den Produktionsbetrieben zu den größten Gewerbesteuerzahlenden im Kammerbezirk Essen.[28] Johann Wilhelm Waldthausen fand sich 1838, gemeinsam mit zahlreichen anderen wohlhabenden Bürgern, auch unter den Gläubigern der Stadt Essen.[29] Mitte der 1860er-Jahre beschäftigte das Unternehmen allein in der Sortiererei 60 Leute, darunter die Hälfte jugendliche Arbeiter.[30] Zur selben Zeit dynamisierte sich auch der Import der eingekauften Wolle.[31]

Der saisonale Rhythmus des Wollhandels legte den Einstieg in ein kurzfristiges Kreditgeschäft nahe. Das Geschäftsjahr begann im Mai oder Juni des Jahres mit einer Einkaufsreise, die sich am Zeitpunkt der Schafschur orientierte. Es folgte die Einlagerung der Waren in Essen, an die sich der Verkauf anschloss. Danach mussten zwar die Gelder erst eingefordert

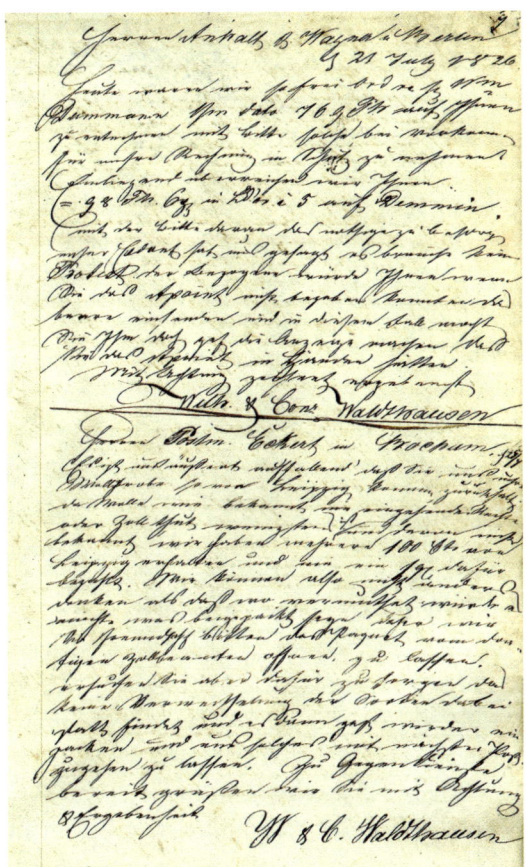

*Kopierbuch der Wollhandels-
firma Wilhelm & Conrad
Waldthausen.*

werden, doch es blieb meist ein halbes Jahr Zeit, in der das Kapital möglichst gewinnbringend angelegt werden sollte.[32] Zu diesem Zweck nutzte die
Familie Waldthausen ein ausgedehntes Familien- und Beziehungsnetz-
werk, das seinen Ausgangspunkt im Wollhandel fand und sich über die
Finanzbeziehungen vertiefte. Ein Großteil der Bankgeschäfte diente weiterhin der Finanzierung des Handels. Da der Transport großer Geldmengen
auf langer Strecke zu unsicher war, bedienten sich die Waldthausens der
Privatbanken Herstatt in Köln, Heydt-Kersten in Elberfeld sowie Anhalt
und Wagner in Berlin, um Wechsel auf die wichtigsten Handelsmärkte –
namentlich Breslau – aufzukaufen, mit denen der Wolleinkauf finanziert
werden konnte. Diese Gelder wurden auch an den Handelsplätzen selbst zu
einem Zinssatz zwischen drei und fünf Prozent angelegt. In den Niederlanden suchten die Waldthausens auch die Unterstützung der Haniels, die in

dem Nachbarland durch den Kohlenverkauf zahlreiche Devisen einnahmen. Die sich aus dieser Verbindung ergebenden Geschäfte waren Grundlage des späteren umfangreichen Devisenhandels der Familie.[33]

Bereits in den 1830er-Jahren finden sich verschiedene Darlehen an
Honoratioren der Stadt oder der Umgebung. Unter denjenigen, die Johann
Conrad Waldthausen persönlich kannte, fand sich auch der Essener Bürgermeister Heinrich Huyssen, der 1808 gemeinsam mit seinen Schwagern
Franz und Gerhard Haniel sowie deren weiterem Schwager Gottlob Jacobi
die Hüttengewerkschaft und Handlung Jacobi, Haniel & Huyssen gegründet hatte. Der Hüttenbetrieb bildete die Keimzelle der Gutehoffnungshütte,
die wiederum der Ausgangspunkt des heutigen MAN-Konzerns ist.[34] Waldthausen stellte dem Unternehmen über Huyssen wiederholt Geldbeträge von
bis zu mehreren tausend Talern zur Verfügung.[35] Allerdings beschränkte
sich das Kreditgeschäft nicht auf Essener Bürger, zu den größten Kunden
gehörten auch die Haniels in Ruhrort.[36] In der Regel handelte es sich um
kurzfristige Kredite über einen Zeitraum von wenigen Monaten, teilweise
gewährte man Kunden der Wollhandlung jedoch auch ein Zahlungsziel
von einem Jahr. Kam es dabei zu monatelangen Überziehungen, lehnte
Waldthausen eine weitere Verlängerung der Kredite ab: Einen Kredit über
zwei Jahre könne er nicht vergeben, selbst «wenn Sie uns auch die Zinsen
vergüten. Das Geschäftskapital können wir nicht auf Zinsen stehen lassen».[37] Um seinerseits nicht Fremdkapital für den Ankauf von Wolle aufnehmen zu müssen, war Waldthausen auf die Rückzahlung der Kredite
angewiesen, die lediglich ein Zusatzgeschäft darstellten. Die Übernahme
von Inkassogeschäften[38] diente hingegen ausschließlich der Netzwerkpflege
und beruhte auf Gegenseitigkeit, erfolgte jedoch aufgrund des unter Umständen hohen Arbeitsaufwands eher widerwillig.

Eine Geschichte der Familie Waldthausen im 19. Jahrhundert wäre eine
wertvolle Ergänzung der Essener Wirtschaftsgeschichte. Sie verband ganz
unterschiedliche Familienzweige, die sich teilweise bereits im 18. Jahrhundert aufgespalten und ihren Ursprung im Handelsgeschäft hatten. Im
19. Jahrhundert wurde sie zu einer der bedeutendsten Gewerkenfamilien
des heutigen Ruhrgebiets. Berührungspunkte mit dem Bergbau hatte es
schon früh gegeben. 1773 wurde bei der Essener Zeche «Vereinigte Hoffnung und Secretarius Aak» ein Gewerke namens Johann Heinrich Waldthausen geführt. Zudem war die Familie im Altendorfer Gebiet bei der Förderung des Bergbaus aktiv.[39] Bereits bei diesen frühen Investitionen hielten
sich die Familienvertreter eher im Hintergrund, ihre Beteiligungen dienten
vorwiegend der Vermögensverwaltung. In den 1850er-Jahren findet sich

Stammbaum der Familie Waldthausen

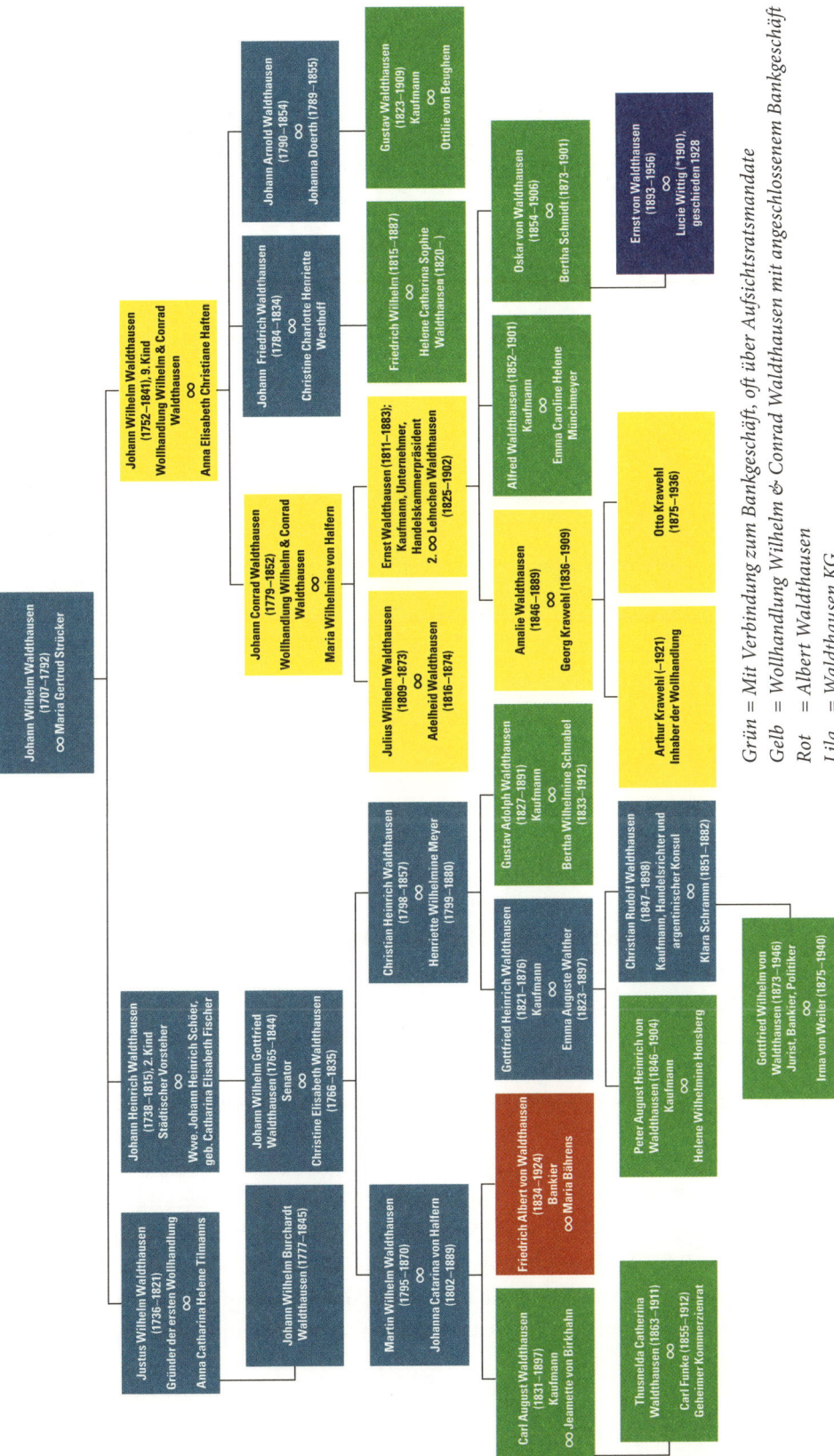

Johann Wilhelm Waldthausen (1707–1792) ∞ Maria Gertrud Strücker

Johann Heinrich Waldthausen (1738–1815), 2. Kind Städtischer Vorsteher ∞ Wwe. Johann Heinrich Schöer, geb. Catharina Elisabeth Fischer

Johann Wilhelm Waldthausen (1752–1841), 9. Kind Wollhandlung Wilhelm & Conrad Waldthausen ∞ Anna Elisabeth Christiane Haften

Justus Wilhelm Waldthausen (1736–1821) Gründer der ersten Wollhandlung ∞ Anna Catharina Helene Tinnams

Johann Wilhelm Gottfried Waldthausen (1765–1844) Senator ∞ Christine Elisabeth Waldthausen (1766–1835)

Johann Wilhelm Burchardt Waldthausen (1777–1845)

Johann Conrad Waldthausen (1779–1852) Wollhandlung Wilhelm & Conrad Waldthausen ∞ Maria Wilhelmine von Haffern

Johann Arnold Waldthausen (1790–1854) ∞ Johanna Doerth (1789–1855)

Johann Friedrich Waldthausen (1784–1834) ∞ Christine Charlotte Henriette Westhoff

Gustav Waldthausen (1823–1909) Kaufmann ∞ Ottilie von Beughem

Friedrich Wilhelm (1815–1887) ∞ Helene Catharina Sophie Waldthausen (1820–)

Ernst Waldthausen (1811–1883); Kaufmann, Unternehmer, Handelskammerpräsident, 2. ∞ Lehnchen Waldthausen (1825–1902)

Julius Wilhelm Waldthausen (1809–1873) ∞ Adelheid Waldthausen (1816–1874)

Oskar von Waldthausen (1873–1901) ∞ Bertha Schmidt (1873–1901)

Ernst von Waldthausen (1893–1956) ∞ Lucie Wittig (*1901, geschieden 1928

Alfred Waldthausen (1852–1901) Kaufmann ∞ Emma Caroline Helene Münchmeyer

Amalie Waldthausen (1846–1889) ∞ Georg Krawehl (1836–1909)

Otto Krawehl (1875–1936)

Arthur Krawehl (–1921) Inhaber der Wollhandlung

Martin Wilhelm Waldthausen (1795–1870) ∞ Johanna Catarina von Haffern (1802–1889)

Christian Heinrich Waldthausen (1798–1857) ∞ Henriette Wilhelmine Meyer (1799–1880)

Gustav Adolph Waldthausen (1827–1891) Kaufmann ∞ Bertha Wilhelmine Schnabel (1833–1912)

Gottfried Heinrich Waldthausen (1821–1876) Kaufmann ∞ Emma Auguste Walther (1823–1897)

Christian Rudolf Waldthausen (1847–1898) Kaufmann, Handelsrichter und argentinischer Konsul ∞ Klara Schramm (1851–1882)

Friedrich Albert von Waldthausen (1834–1924) Bankier ∞ Maria Bährens

Carl August Waldthausen (1831–1897) Kaufmann ∞ Jeanette von Birkhahn

Thusnelda Catherina Waldthausen (1863–1911) ∞ Carl Funke (1855–1912) Geheimer Kommerzienrat

Peter August Heinrich von Waldthausen (1846–1904) Kaufmann ∞ Helene Wilhelmine Honsberg

Gottfried Wilhelm von Waldthausen (1873–1946) Jurist, Bankier, Politiker ∞ Irma von Weiler (1875–1940)

Grün = Mit Verbindung zum Bankgeschäft, oft über Aufsichtsratsmandate
Gelb = Wollhandlung Wilhelm & Conrad Waldthausen mit angeschlossenem Bankgeschäft
Rot = Albert Waldthausen
Lila = Waldthausen KG

Zu den Stammunternehmen der Familie Waldthausen gehörte auch die Arenberg'sche AG für Bergbau u. Hüttenbetrieb.

der Name Waldthausen bereits bei verschiedenen Bergbauunternehmen, so bei der Bergbaugesellschaft Neuessen, bei der Arenberger Bergbau- und Hüttengesellschaft und vor allem bei der Zeche Zentrum, die eine Weile als Hauptfamilienwerk galt.[40]

Die Wollhandlung Conrad & Wilhelm Waldthausen dürfte bereits in dieser Zeit bei der Vermögensverwaltung der Familie geholfen haben, sie war jedoch nicht das einzige Finanzinstitut, das ihr zu diesem Zweck zur Verfügung stand. Albert (von) Waldthausen, ein Ururenkel Johann Wilhelm Waldthausens, gründete 1859 das Bankgeschäft Albert Waldthausen, das sich selbst als Bank-, Diskonto- und Inkassogeschäft bezeichnete, aber vor allem den Handel mit Bergwerksanteilen betrieb. Über die Geschäfte ist im Detail heute nichts mehr bekannt. Man wird in ihnen wohl nicht zuletzt die Funktion der Vermögensverwaltung der Familienmitglieder sehen dürfen. Sein eigenes Vermögen belief sich auf einen zweistelligen Millionenbetrag, bei der Disconto-Gesellschaft in Berlin hatte er stets etwa zwei Millionen Mark deponiert, um günstige Anlagegelegenheiten zu nutzen.[41] Albert von Waldthausen beteiligte sich an zahlreichen

Bergwerksunternehmen und gehörte verschiedenen Vorständen an.[42] Die Liquidation seines Bankgeschäfts erfolgte wohl spätestens nach dem Tod Waldthausens 1924.

Der bedeutendste Spross der Familie im 19. Jahrhundert war der 1811 als Sohn von Johann Conrad Waldthausen geborene Ernst Waldthausen. Gemeinsam mit seinem zwei Jahre älteren Bruder Julius Wilhelm Waldthausen trat er 1836 in die elterliche Wollhandlung sowie das damit verbundene Bankgeschäft ein und trug maßgeblich zu der Internationalisierung des Unternehmens bei. Schon bald genügte ihm das Wollhandelsgeschäft nicht mehr, und er ergriff vielfältige andere Tätigkeiten. Seine herausragende Bedeutung für die Entwicklung Essens zur Industriestadt wird durch seine jahrzehntelange Präsidentschaft über die Handelskammer Essen von 1848 bis zu seinem Tod 1883 – die bis heute längste Amtszeit eines Präsidenten – symbolisiert. In dieser Funktion kämpfte er nachhaltig für eine Verbesserung der Infrastruktur Essens, insbesondere für günstige Anschlüsse an Eisenbahn und Wasserwege. Zu seinen Lieblingsprojekten gehörten der Bau eines Kanals vom Ruhrgebiet zur Nordsee und die Schaffung eines Emscherkanals. Beide Wasserstraßen wurden in abgewandelter Form in späteren Jahren tatsächlich gebaut. Weitere Projekte waren die Gründung der Essener Börse 1864, der Essener Bergschule 1868 und der Westdeutschen Versicherungs-Anstalt 1866, deren Aufsichtsratsvorsitz er bis zu seinem Tode übernahm.[43]

Ernst Waldthausen gehörte zu den bedeutenden Finanziers der Ruhrindustrie. 1857 unterstützte er gemeinsam mit seinem Bruder Julius seinen Jugendfreund Alfred Krupp, als dieser Schwierigkeiten bei der Geldbeschaffung bekam, sich aber gegen die Umwandlung des Unternehmens in eine Aktiengesellschaft sperrte. Für einige Jahre wurde Waldthausen gegen eine Einlage von 250 000 Talern stiller Teilhaber des Unternehmens Krupp. Die Einzahlung erfolgte nicht über die Wollhandelsfirma, sondern als private Einlage, denn Krupp wollte keine Bankiers in sein Unternehmen holen, sondern setzte auf die persönliche Loyalität durch Freundschaftsbande. Krupp pflegte entschiedene Vorbehalte gegen Bankiers, nachdem viele Banken in der Mitte des 19. Jahrhunderts während der Konjunkturkrisen den in diesen Phasen besonders dringenden Finanzbedarf nicht hatten bedienen können.[44] Der bis 1861 laufende Vertrag wurde jedoch nicht verlängert, da sich Ernst Waldthausen nach Ansicht Krupps zu sehr in die Geschicke der Firma einmischte, während Krupp seine Unabhängigkeit gewahrt wissen wollte. Obwohl das Freundschaftsverhältnis der beiden durch diese Episode belastet wurde, betrieb Alfred Krupp in späteren Jahren mit Wilhelm & Conrad Waldthausen größere Devisengeschäfte. Die Wollhandelsfirma be-

Ernst von Waldthausen (1811–1883), lang-jähriger Präsident der Essener Handels-kammer.

nötigte diese zur Bezahlung der im Ausland gekauften Wollen, was auf die enge Verflechtung von Bankgeschäft und Wollhandelsfirma auch noch in späteren Jahrzehnten verweist.[45]

Etwa zeitlich parallel mit dem eher kurzzeitigen Engagement bei Krupp begann Ernst Waldthausen, sich im Bergbau zu engagieren. Gemeinsam mit seinem Bruder Justus hatte er Mitte der 1850er-Jahre im arenbergischen Bergregal nördlich der Emscher auf dem heutigen Gebiet Bottrops erfolgreich Bohrversuche unternommen und Mutungen eingelegt. Im Januar 1856 gründete er mit 26 weiteren privaten Geldgebern in Essen die Arenbergsche Actiengesellschaft für Bergbau und Hüttenbetrieb mit einem Grundkapital von einer Million Talern.[46] Wilhelm & Conrad Waldthausen dienten hier in den ersten Jahren als führende Bankverbindung.[47] Mit Ernst Waldthausen und seinem Sohn Oscar von Waldthausen übernahmen gleich zwei Familienvertreter im 19. Jahrhundert den Verwaltungsratsvorsitz.[48] Auch an anderen Zechen beteiligte sich Ernst Waldthausen. Obwohl bei seiner Tätigkeit die Finanzierung des Bergbaus im Vordergrund stand, kontrollierte er die Betriebe regelmäßig höchstpersönlich vor Ort.[49]

Jüdische Bankiers haben bei der frühen Finanzierung des Ruhrgebiets eine nicht unbedeutende Rolle gespielt, namentlich die Kölner Privatbanken Sal. Oppenheim jr. & Cie., J. H. Stein und Abraham Schaffhausen. Sie fungierten als Kapitalvermittler für die Industrie und waren im Eisenbahn-

bau, bei vielen frühen Montanunternehmen und im Effektenhandel engagiert.[50] Während die jüdischen Privatbanken Kölns eine bis ins 18. Jahrhundert zurückreichende Tradition vorzuweisen hatten, fehlte eine solche in
Essen. Erst in den 1840er-Jahren wurden mit den beiden Privatbanken
Simon Hirschland und Levi Hirschland zwei bedeutende jüdische Bankhäuser ins Leben gerufen, die allerdings erst nach der Reichsgründung im
größeren Umfang an der Industriefinanzierung mitwirkten. Während sich
im Laufe des 19. Jahrhunderts viele jüdische Privatbankiers des Deutschen
Kaiserreichs vom Judentum entfernten, sich assimilierten oder teils, wie die
Familie Oppenheim, schon früh zum Christentum konvertierten, pflegten
die Hirschlands ihre Religion bis zu ihrer Vertreibung durch die Nationalsozialisten, wirkten führend in der jüdischen Gemeinde Essens mit und
unterstützten verschiedene jüdische Sozialeinrichtungen.[51]

Der Essener Stammvater der Hirschlands war der 1815 aus dem westfälischen Steinheim nach Essen zugewanderte Metzger und Händler Salomon Herz Hirschland. Zwar erhielten Juden 1812 in Essen das Bürgerrecht,
dennoch drohte Hirschland 1824 zwischenzeitig die Ausweisung, da seine
preußische Staatsangehörigkeit umstritten war.[52] In der jüdischen Gemeinde der Stadt, die keinen eigenen Rabbiner hatte, nahm er als Vorsänger, Vorbeter, Kassierer und Aufwärter eine herausragende Rolle ein und
begründete damit eine lange Tradition der Familie. Die Gründe für den
Umzug Hirschlands nach Essen sind nicht bekannt. Seine Frau Judith ließ
er mit einigen Kindern in Steinheim zurück, darunter auch den 1807 gebo-
renen Simon Hirschland, den späteren Begründer der wichtigsten Essener
Privatbank. Beim Tod seiner Mutter 1815 wurde er von seinem Vater nach
Essen geholt, die Wegstrecke von immerhin 150 Kilometern musste der gerade einmal acht Jahre alte Junge zu Fuß bewältigen.[53] Ob sein drei Jahre
älterer Bruder Levi Hirschland, auch er der Begründer einer über mehrere
Generationen aktiven Privatbank, zu dieser Zeit bereits bei seinem Vater
aufwuchs, ist unbekannt.

Zwei Jahre nach dem Tod seines Vaters heiratete Simon Hirschland am
1. September 1841 Marianne Isaac aus Ruhrort. Dieses Datum wurde von
seinen Nachkommen als Gründungsdatum des Bankhauses tradiert, und
tatsächlich eröffnete Simon Hirschland 1842 das «Hauptbuch Nr. 1», das
einen Neuanfang symbolisieren sollte.[54] Allerdings gab es in den 1940er-
Jahren noch Geschäftsunterlagen, die bis 1829 zurückreichten. Simon
Hirschland hatte seine geschäftliche Karriere demnach mit einem kleinen
Warengeschäft begonnen, in dem Textilien, Strümpfe, Uhren und Schmuck-
gegenstände gehandelt wurden. Bereits in dieser Zeit betrieb Hirschland

*Der Gründer der bedeutendsten Essener
Privatbank Simon Hirschland (1807–1885).*

auch Darlehnsgeschäfte gegen Pfand und Bürgschaften. Unter dem 1. Juli 1831 hieß es in dem ältesten Hauptbuch: «einen Wechsel, welchen Schmitz akzeptiert und am 2. Sept. bezahlen muss 350 Thaler Levi hat 175 daran zu fordern [sic!]». Auch Simons Bruder Levi Hirschland, dessen Bankhaus offiziell 1845 gegründet wurde, betrieb also schon zu dieser frühen Zeit Wechselgeschäfte. Gesichert war das Geschäft mit Sachwerten, denn im folgenden Jahr wurden Schmitz «alle seine Sachen (silberne Löffel) wieder-gegeben».[55] Warum beide Banken offiziell erst nach dem Tod Salomon Herz Hirschlands und damit für damalige Zeit sehr spät im Leben der beiden Brüder gegründet wurden, lässt sich nicht mehr nachvollziehen.

Der Geschäftsschwerpunkt der Simon Hirschland Bank lag wie bei den meisten kleineren Privatbanken im Wechselgeschäft, daneben wurde aber auch das Geldwechsel- und Darlehnsgeschäft betrieben, auch Warenlom-bardgeschäfte kamen vor. Dass hinter dieser Gründung «eine kluge Vor-ahnung für die kommende Bedeutung des Ruhrgebiets, der Kohle und des Eisens»[56] stand, wie es 1959 in einem Zeitungsartikel hieß, ist sicherlich zu weitführend. Immerhin gab es jedoch bereits in den 1840er-Jahren erste Ansätze einer industriellen Kreditgewährung. Im Zeitraum zwischen 1845

Stammbaum der Familie Hirschland

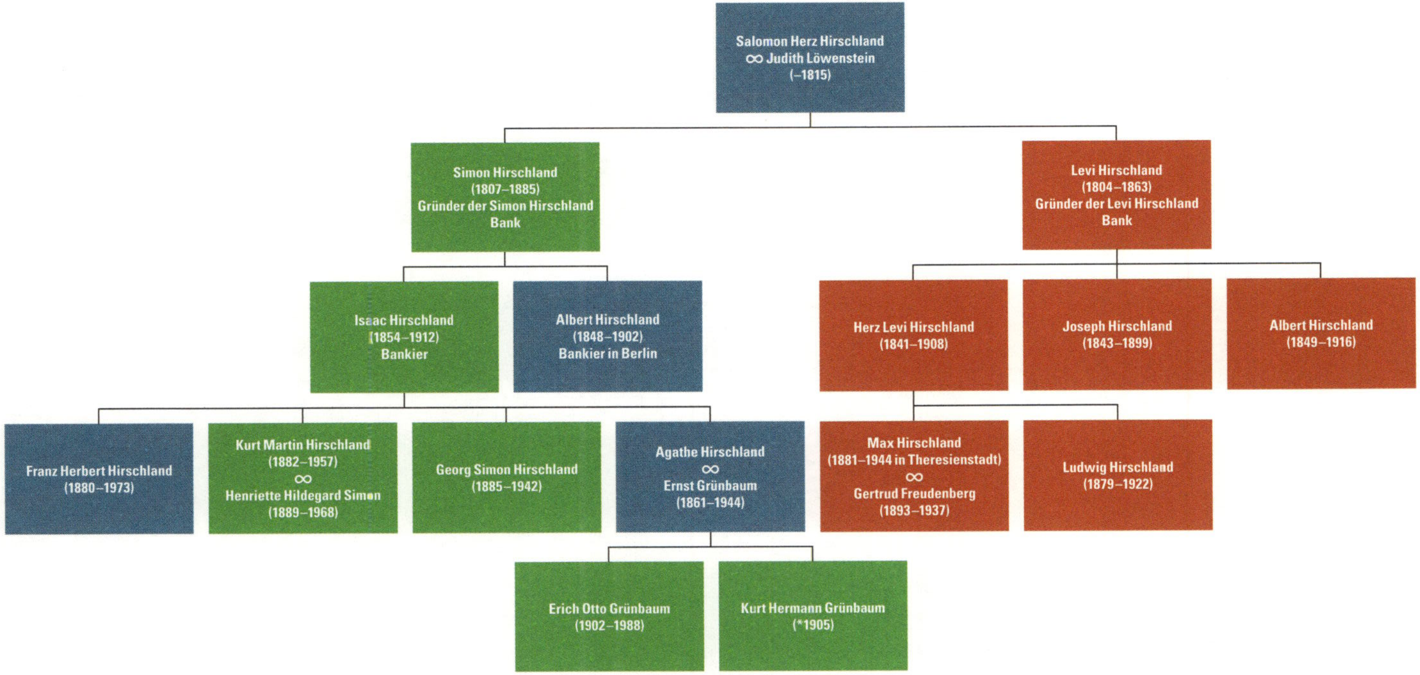

Salomon Herz Hirschland
∞ **Judith Löwenstein**
(–1815)

Levi Hirschland
(1804–1863)
Gründer der Levi Hirschland Bank

Albert Hirschland
(1849–1916)

Joseph Hirschland
(1843–1899)

Herz Levi Hirschland
(1841–1908)

Ludwig Hirschland
(1879–1922)

Max Hirschland
(1881–1944 in Theresienstadt)
∞
Gertrud Freudenberg
(1893–1937)

Simon Hirschland
(1807–1885)
Gründer der Simon Hirschland Bank

Albert Hirschland
(1848–1902)
Bankier in Berlin

Isaac Hirschland
(1854–1912)
Bankier

Agathe Hirschland
∞
Ernst Grünbaum
(1861–1944)

Georg Simon Hirschland
(1885–1942)

Kurt Hermann Grünbaum
(*1905)

Erich Otto Grünbaum
(1902–1988)

Kurt Martin Hirschland
(1882–1957)
∞
Henriette Hildegard Simon
(1889–1968)

Franz Herbert Hirschland
(1880–1973)

Blau: Ohne bekannte Mitwirkung in einer der beiden Hirschland-Banken
Grün: Simon Hirschland Bank
Rot: Levi Hirschland Bank

und 1853 war Mathias Stinnes der häufigste Wechselaussteller. In der Regel lautete die Summe 49 Taler, 29 Silbergroschen und elf Pfennige, womit die für einen Wechsel über 50 Taler fällige Steuer umgangen wurde. Es gab jedoch auch Wechsel über höhere Summen, in einem Fall sogar über 763 Taler. Friedrich Krupp stellte ebenfalls verschiedene Wechsel in dreistelliger Höhe aus, der Bezogene war hier oft J. A. Herstatt in Köln. Unter den übrigen Wechselausstellern finden sich weitere bekannte Industrielle der Region. In den meisten Fällen handelte es sich wohl um Lieferkredite, mit denen zum Beispiel die Anschaffung von Maschinen finanziert wurde. Ab 1850 fand zudem ein regulärer Kontokorrentverkehr statt.[57]

Der Geschäftsumfang war noch recht bescheiden. Hauptgeschäftszweig blieb für Jahrzehnte das Wechselgeschäft, das 1843 lediglich einen Umsatz von knapp 10 000 Talern erreichte.[58] In den kommenden Jahren stieg dieser Umsatz kontinuierlich und in der zweiten Hälfte der 1860er-Jahre können weit größere Umsätze beobachtet werden. So diskontierte Simon Hirschland 1865 bei der Königlichen Bankkommandite in Düsseldorf immerhin schon Wechsel in Höhe von 153 000 Talern, bis 1868 stieg dieser Betrag auf 391 000 Taler an. Nach einem vermutlich kriegsbedingten Einbruch 1870 auf nur noch 81 000 Taler stieg die Summe bis 1874 erneut auf 445 000 Taler an.[59]

Von weit geringerer Bedeutung war in den ersten Jahrzehnten des Bestehens das Wertpapiergeschäft. Erstmals Erwähnung findet es 1842, als Simon Hirschland von einem Theodor Grillo für 75 Taler drei Kuxe unbekannter Herkunft kaufte.[60] Ob es sich bei Theodor Grillo um Wilhelm Theodor Grillo, dem Begründer der Grillo-Werke, handelte oder um einen weiteren Verwandten, ist nicht klar.[61] Ende der 1850er-Jahre hatte Simon Hirschland auch Kuxe der Zeche Hoffnung gekauft, auf die zunächst Zubußen fällig wurden, bevor 1864 Ausbeuten eingingen.[62] Aber auch in den 1860er-Jahren waren Effektengeschäfte selten. In der Regel wurden Wertpapiere nur zur Deckung von Diskontkrediten angenommen.[63] Eine aus dem Jahr 1876 überlieferte Bilanz wies in ihren Aktiva bei einer Bilanzsumme von 1,27 Mio. Mark immer noch ein Wechselkonto von 488 000 Mark und ein Kontokorrent-Debitoren-Konto von 731 000 Mark aus. Der Effektenbestand machte nicht einmal 50 000 Mark aus.[64]

Kontinuierlich erweiterte Simon Hirschland in den ersten Jahrzehnten den geografischen Tätigkeitsbereich. Bereits 1846 verlieh er an den Düsseldorfer Direktor Ludwig Jacobi einen Betrag von 2100 Talern.[65] In den 1850er-/1860er-Jahren intensivierte Hirschland zudem die Beziehungen zu anderen Banken. Am 8. März schrieb er an die Kölner Privatbank: «Hier-

*Das erste Bankgebäude von
Simon Hirschland 1841.*

mit erlaube ich mir, bei Ihnen anzufragen, ob Sie wohl geneigt sind, mir zum Diskontieren von Wechseln auf rheinische Wechselplätze ein Conto in Ihren Büchern zu eröffnen. Da Ihnen wahrscheinlich meine Creditverhältnisse nicht bekannt sein werden, so wollte ich Ihnen die Herren Gottschalk Benjamin von hier sowie Hermann Isaak und Salomon Philipps von Ruhrort vorschlagen, bei welchen Sie sich gefl. nach denselben erkundigen wollen und ich bin im voraus überzeugt, dass diese Auskunft zu Ihrer Zufriedenheit ausfallen wird.»[66] 1862 trat Simon Hirschland an das Krefelder Bankhaus Gebrüder Molenaar heran, um mit diesem im Wechselgeschäft zu kooperieren. Hirschland wollte zum einen zukünftig Wechsel auf die Gebr. Molenaar ausstellen, zum anderen bot er sich selbst als Inkassostelle für Essen und das Umland an und betonte, dass er «in allen hier liegenden kleinen Plätzen gute Verbindungen habe, sodass ich Ihnen das Incasso natürlich franco Provision, auf die billigste Weise besorgen kann».[67] Als

Referenzen gab er die Düsseldorfer Bankhäuser S. H. Prag und D. Flock & Scheuer sowie The. E. Sprenger aus Essen an. Wenn sich der Geschäftsverkehr mit Firmen intensivierte, richtete Simon Hirschland laufende Konten ein. Als 1866 die Cholera-Epidemie über Essen hereinbrach, erwies sich Simon Hirschland als Retter in der Not. Die städtischen Kassen waren mit den Kosten bald überfordert und die Bürgermeisterei von Altenessen versuchte vergeblich, bei den Sparkassen in Essen und Steele neue Gelder zu erhalten. Nur Simon Hirschland zeigte sich bereit und in der Lage, mit Wechselkrediten auszuhelfen.[68]

Sowohl der durch die Wirtschaftsexpansion angestoßene erhöhte Zirkulationsprozess als auch der durch die Industrieentwicklung gestiegene Kapitalbedarf belebte das Privatbankgeschäft in den 1860er-Jahren. Es kam zu zahlreichen Neugründungen im gesamten Ruhrgebiet. Insbesondere der Handel mit Kuxen, Aktien und Obligationen erfuhr in diesen Jahren einen enormen Aufschwung. Verschiedene Bankiers versuchten sich auch selbst im Gründungsgeschäft.[69] In Essen gründete der Kaufmannssohn und Gewerke Ludwig von Born 1863 eine Privatbank, die sich rasch etablierte und 1872 die Basis für die Etablierung der wichtigen Essener Aktienbank Essener Credit-Anstalt bot.

Ein weiteres wichtiges jüdisches Bankhaus waren die 1869 gegründeten Gebr. Beer. Wie viele Privatbankhäuser hatte auch dieses seinen Ursprung in einem Handelsgeschäft. Als 1865 die Essener Börse eröffnet wurde, begann der Essener Manufakturhändler Moritz Beer mit einem umfangreichen Effektengeschäft, das er 1869 in die mit seinem Bruder Bernhard geführte Privatbank Gebr. Beer ausgliederte. 1879 verkaufte Moritz Beer das Manufakturgeschäft und widmete sich alleine dem Bankgeschäft.[70] Auf seinem Briefkopf warb er für sein Spezialgebiet, die Industrieeffekte.[71] Mit dem Tod Moritz Beers wurde das Bankgeschäft 1903 aufgelöst.[72]

Moritz Beer war im Essener Wirtschafts- und Gesellschaftsleben tief verankert und hatte bis zu seinem Tod zahlreiche Ämter inne. 1826 in Warendorf geboren, war er schon knapp vierzig Jahre alt, als er sich dem Bankgeschäft widmete. Bereits 1872 wurde er in den Vorstand der Börse gewählt und übernahm 1896 bis zu seinem Lebensende das Amt des Börsenvorsitzenden.[73] Dem Aufsichtsrat der Essener Credit-Anstalt gehörte er seit 1877 an, dessen Vorsitz ihm 1902 übertragen wurde. Zudem war er Aufsichtsratsmitglied verschiedener Unternehmen wie der Schalker Glas- und Spiegelmanufaktur, der Harpener Bergbau AG, Dortmund und der kölnischen Rheinisch-Westfälischen Bodenkreditbank. Über seine wirtschaftlichen Aktivitäten hinaus nahm er eine wichtige Rolle im gesellschaftlichen

Leben der Stadt ein. Als zweitgrößter Steuerzahler nach Krupp wählte er gelegentlich mit diesem alleine in der ersten Wählerklasse des preußischen Dreiklassenwahlsystems, und so verwundert es nicht, dass er für die Liberaldemokraten von 1896 bis 1902 Stadtverordneter war.[74] Er wirkte zudem als Repräsentant der Synagogengemeinde und gründete die Moritz-Beer-Stiftung für Wohlfahrtszwecke. Für seine Mildtätigkeit wurde er 1897 zum Kommerzienrat ernannt. Aus seinem Erbe spendete seine Witwe zudem 100 000 Mark zur Verwendung für bedürftige Rekonvaleszenten.[75] In einem Nachruf heißt es, er habe seine Wohltätigkeit im Stillen ausgeübt und dabei «viele Tränen getrocknet».[76]

Von Bedeutung war auch die Privatbank H. Middendorff & Co. Die 1872 vom Kaufmann Hermann Middendorff gegründete Bank betrieb offenbar vor allem Effektenhandel und beteiligte sich am Gründungsgeschäft. Allem Anschein nach genoss Middendorff bereits früh ein hohes Ansehen, denn er wurde beim Konkurs von Gustav Adolf Waldthausen, der Ende 1873 zu den Opfern des Gründerkrachs gehörte, von den Gläubigern in eine namhafte Kommission zur Überwachung der Liquidation gewählt.[77] 1874 trat er der Handelskammer bei, der er bis 1882 angehörte. Zudem war er langjähriges Mitglied des Börsenvorstands. Der Wirtschaftshistoriker Walther Däbritz berichtete, dass die Privatbank H. Middendorf & Co. im August 1900 aufgrund von Kreditverlusten im Diskont- und Effektengeschäft in die zwangsweise Liquidation treten musste.[78] Vermutlich zog sich diese einige Jahre hin, denn Hermann Middendorff jun. wurde noch 1909 als Prokurist geführt.[79] Spätestens bis zum Ersten Weltkrieg wurde das Bankgeschäft jedoch aufgegeben, denn weitere Erwähnungen fehlen. Auch die Essener Credit-Anstalt zählte zu den Kreditoren der Bank mit einem ungedeckten Betrag von 352 000 Mark. Allerdings war sie optimistisch, dass die Liquidation keine oder nur eine geringe Unterbilanz ergeben, die Verluste also überschaubar bleiben würden.[80] Hermann Middendorff jun. blieb dem Bankgeschäft treu. Bereits für 1906 und wieder für 1909 wurde er im Bankier-Handbuch als stellvertretender Direktor der Rheinischen Bank geführt, allerdings scheint er seine Stellung dort in der Folge aufgegeben zu haben. 1926 taucht er noch einmal als Prokurist des Rheinisch-Westfälischen Kassenvereins auf.

Wie die beiden letztgenannten, für einige Jahrzehnte überaus erfolgreichen Privatbanken zeigen, bildete sich zur Zeit der Reichsgründung in Essen ein respektables Privatbankiersegment aus, das allerdings im nationalen Maßstab unbedeutend blieb. Das Kreditgeschäft spielte sich fast vollkommen innerhalb bestehender familiärer, geschäftlicher und gesellschaftlicher Netzwerke jenseits des sich langsam entwickelnden Bankwesens ab, jedoch dynamisierten sich die Finanzgeschäfte innerhalb dieser Netzwerke so stark, dass sie – wie zum Beispiel bei der Familie Waldthausen – nahtlos in ein eigenständiges Bankgeschäft übergingen.[81] Das wichtigste Finanzierungsmittel Essens wie des gesamten Ruhrgebiets blieb der Wechsel, der vor allem im Handelsgeschäft seine Vorzüge ausspielen konnte, der aber auch für mittel- und langfristige Darlehen genutzt wurde, die regelmäßig prolongiert wurden.[82] Der Hypothekarkredit war von geringer Wichtigkeit und wurde – mit Ausnahme von Privatkrediten, die ebenfalls hypothekarisch abgesichert werden konnten –[83] allenfalls von der Sparkasse betrieben. Die Kapitalbasis der frühen Essener Banken war trotz erster Mitwirkungen in der Industriefinanzierung zu schwach, um wie die bedeutenden Privatbanken Kölns, Frankfurts oder Berlins bei den großen Anleihegeschäften mitzuwirken, seien es Staats-, Kommunal- oder Industrieanleihen.

Die Gründung der Essener Sparkassen

Neben dem Privatbankwesen entwickelte sich mit den ersten Sparkassen noch vor der Reichsgründung ein weiterer wichtiger Zweig der Essener Bankenwelt. Die Anfänge des Sparkassenwesens liegen in der zweiten Hälfte des 18. Jahrhunderts, als der Ökonom Johann Heinrich Justi 1761 den Plan entwickelte, in jeder großen Stadt eine «Manufaktur-Armen-Casse» einzurichten, in die jeder Arbeiter wöchentlich einen kleinen Betrag einzahlen sollte. 1778 wurde in Hamburg von der «Gesellschaft zur Beförderung der Künste und nützlichen Gewerbe» die «Allgemeine Versorgungs-Anstalt» ins Leben gerufen, die unter anderem eine «Ersparungs-Classe» genannte Sparkasse führte. Vor allem in Norddeutschland fand dieses Beispiel Nachahmer, wenn auch zunächst als rein private Gründungen. Die erste kommunale Sparkasse wurde 1801 in Göttingen eingerichtet, allerdings blieb es bis zum Ende der napoleonischen Zeit bei wenigen Kassengründungen. Erst nachdem sich in Großbritannien die Saving Banks rasant verbreiteten, erlebte die Sparkassenbewegung auch in Deutschland wieder neuen Aufschwung. 1836 existierten bereits 281 Institute, die allerdings noch keine flächendeckende Versorgung darstellten.[84]

Sparkassengründungen erfolgten vor allem aus sozialpolitischen Motiven. Von einem paternalistischen Verständnis ausgehend und um die Kommunen finanziell zu entlasten, sollten sie die Armut eindämmen, indem sie nach dem Gedanken der Hilfe zur Selbsthilfe Möglichkeiten zur individuellen Vorsorge schufen. Zudem sollte die Verwendung überschüssiger Gelder für «unmoralische» Zwecke, beispielsweise den Alkoholkonsum, reduziert werden.[85] Auch das preußische «Reglement, die Einrichtung des Sparkassenwesens betreffend» vom 12. Dezember 1838 hob die soziale Komponente hervor, indem es von den Sparkassen forderte, «hauptsächlich auf das Bedürfniß der ärmeren Klasse, welcher Gelegenheit zur Anlegung kleiner Ersparnisse gegeben werden soll, berechnet» zu sein.[86]

Preußen hatte zwar bereits 1808 in der Städteordnung die rechtlichen Grundlagen zur Einrichtung von Sparkassen gelegt, eine Gründungswelle löste jedoch erst das genannte Sparkassenreglement von 1838 aus, das bis ins 20. Jahrhundert für die preußischen Sparkassen maßgebend bleiben sollte.[87] Auch in Essen (1841) sowie in den damals noch eigenständigen Kommunen Werden (1839/1842) und Kettwig (1842) wurden in dieser Zeit Sparkassen eingerichtet. Bei der Gründung in Werden ging die Initiative vom Oberlandgerichtsassessor Loebecke vom Dortmunder Land- und Stadtgericht aus, der bereits vor dem Erlass des Reglements dem Werdener Bürgermeister Theodor Märcker die «wohltätige Wirkung» der Sparkassen darlegte und einen Satzungsentwurf beifügte, der sich an verschiedenen Sparkassen in der Region orientierte. Märcker nahm sich daraufhin der Sache an und wurde im folgenden Gründungsprozess zur bestimmenden Figur. Die zunächst am 19. Januar 1839 erfolgte Gründung der Sparkasse war jedoch rechtswidrig, da keine Genehmigung der Statuten vorlag. Das hinderte sie freilich nicht daran, ihre Geschäfte trotzdem weiterzuführen. Nach mehreren gescheiterten Versuchen wurde die Sparkasse Werden am 23. Juni 1842 förmlich eröffnet. Zu den verschiedenen Hemmnissen gehörte unter anderem die Weigerung der Sparkassenvorstände, persönlich für alle selbst verschuldeten oder zumindest nicht verhinderten Verluste der Sparkasse haftpflichtig zu sein.[88]

Wie in Werden nahm auch in Essen der dortige Bürgermeister Bertram Pfeiffer eine Schlüsselrolle bei der Gründung der Sparkasse ein. Ob er selbst die Initiative ergriffen oder zuvor eine Anregung von außen erhalten hatte, lässt sich hingegen nicht mehr klären. Die eigentlich für den Königsgeburtstag am 15. Oktober 1840 geplante Gründung musste verschoben werden, weil es Zweifel an der Solidität des städtischen Haushalts gab. Erst am 20. Januar 1841 war es so weit. Eine Besonderheit der Essener Gründung war die Berufung des hochangesehenen Kaufmanns Theodor Söllings zum Rendanten – in etwa Geschäftsführer – der Sparkasse. Üblicherweise nahmen Kommunal- oder Finanzbeamte diese Stellung ein.[89] Von 1866 bis 1889 leitete mit August Sölling ein jüngeres Mitglied der Familie die Sparkasse.[90] Schon nach einem Jahr wurde der Geschäftsbe-

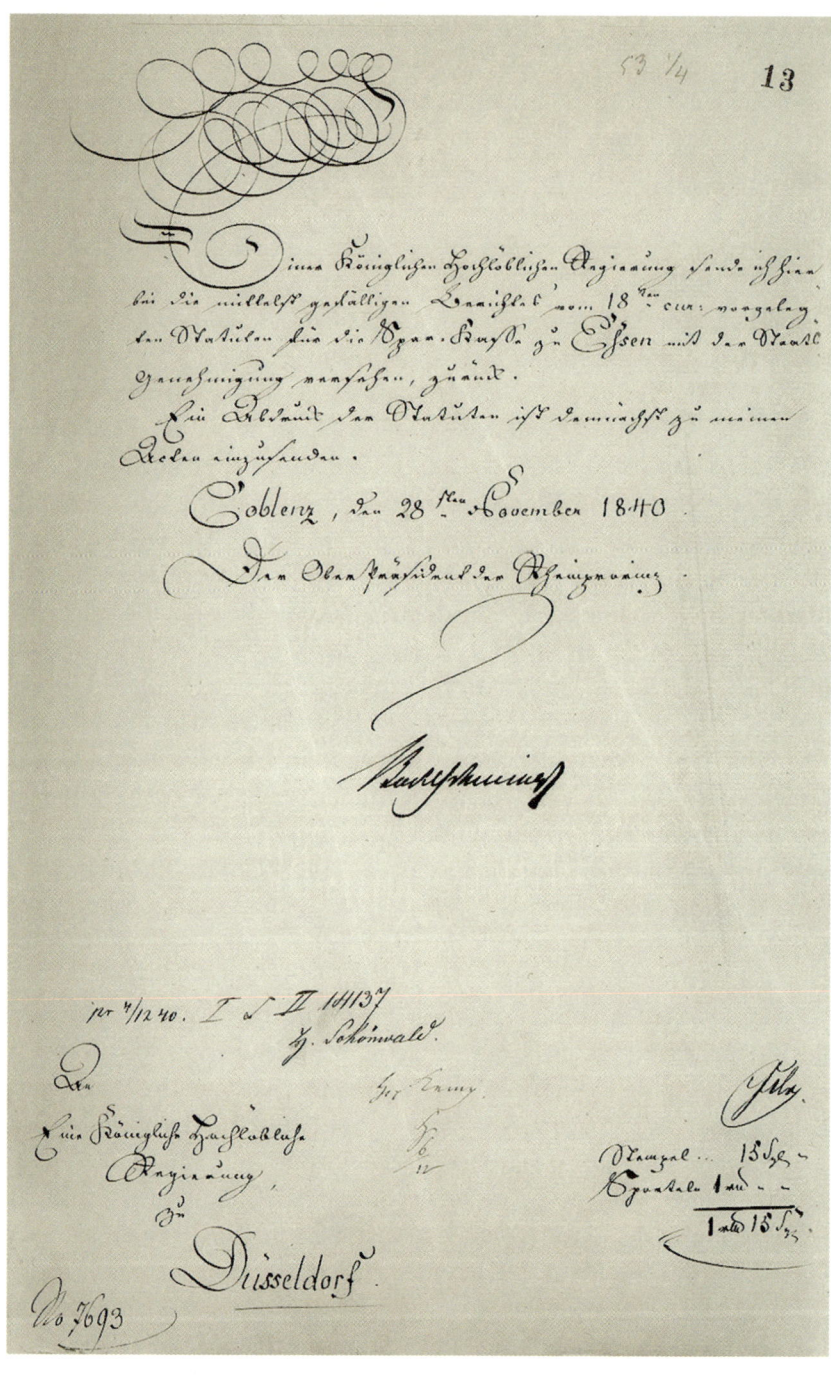

Die Gründungsurkunde der Sparkasse Essen.

reich der Sparkasse auf die Außenbezirke Steele, Altenessen und Borbeck ausgedehnt, «um mehr an die Wohnbezirke der Bergleute der umliegenden Zechen heranzukommen».[91]

Die dritte Sparkassengründung auf dem heutigen Stadtgebiet Essens, dieses Mal in Kettwig, erfolgte 1842.[92] Eine erste Initiative ging Anfang 1842 vom Düsseldorfer Regierungsrat Mathieu aus, am 7. Juni 1842 brachte eine Regierungsverfügung den Gründungsprozess endgültig in Gang und am 27. Dezember 1842 wurde das Statut genehmigt. Ende März 1843 nahm die Sparkasse die Geschäfte auf,[93] scheiterte aber etwa 1858/59. Vermutlich aufgrund einer unzureichenden personellen Führung hatte sie es nicht vermocht, im größeren Umfang Anleger zu gewinnen. Lediglich sieben Sparer waren 1858 bei der Sparkasse verzeichnet, die daher auf die Einlagen der Stadt Kettwig angewiesen blieb. Als diese ihrerseits in Geldnöte geriet, wurde die Sparkasse aufgelöst.[94]

Wie alle Sparkassen der Zeit erfolgten auch die Gründungen auf Essener Boden zunächst wenig systematisch und geradezu organisatorisch ungeordnet. Es fehlte in der Regel an eigenen Räumlichkeiten, oftmals dienten das Rathaus oder ein Wirtshaus dem Rendanten als Geschäftsort für die wöchentlich vorgenommenen Sparkassengeschäfte.[95] In Essen wurden die Geschäfte nicht einmal an einem öffentlichen Ort abgewickelt, sondern in Söllings Privathaus.[96] Die Stadt war in den ersten Jahren mit der Entwicklung der Sparkasse Essen nicht recht zufrieden. In den *Essener Allgemeinen Politischen Nachrichten* beklagte Bürgermeister Bertram Pfeiffer am 10. Oktober 1841 das Fehlen der «geringen» Arbeiter, Tagelöhner, Gesellen, Mägde und Knechte unter den Sparern und bat, «alle Fabrikanten und Herrschaften, die in ihrem Lohn und Brot stehenden Arbeiter und besonders das Gesinde bei der bevorstehenden Auslöhnung auf die Vorteile aufmerksam machen zu wollen, welche denselben durch die Belegung ihrer Gelder bei der Sparkasse erwachsen können».[97] Neben den Lohnverhältnissen[98] dürfte das Misstrauen gegen eine behördliche Kasse bei der Zurückhaltung von Bedeutung gewesen sein. Obwohl in den folgenden Jahrzehnten zunehmend auch Kleinsparer gewonnen werden konnten,[99] nahm die Sparkasse entgegen der Bestimmungen, aber durchaus vergleichbar mit anderen Kassen auch größere Einlagen von wohlhabenderen Sparern an.[100] Dies führte im Zuge des Konjunktureinbruchs 1858 zu einer zwischenzeitlichen Krise, als im ersten Quartal 1859 14 112 Taler Einlagen abgezogen wurden. Die Sparkasse war in dieser Situation gezwungen, eine Regierungsgenehmigung über die Aufnahme eines Kredits bei der Königlichen Bank in Höhe von 10 000 Talern gegen Verpfän-

*Der erste Rendant der Essener Sparkasse
Theodor Sölling (1802–1886).*

dung aller Staatspapiere einzuholen. Die preußische Regierung gab die
Bedingung auf, das Darlehen bis zum 1. Oktober 1859 zurückzuzahlen
und empfahl die Kündigung der höheren Bürgschaftskredite. Zwar erfolgte diese Kündigung unter anderem für Kredite an die Gewerke Friedrich Funke oder Friedrich Grillo, jedoch wurden die meisten Kredite nicht
zurückgezahlt, sondern eine dingliche Sicherheit dagegengestellt. Nachdem in den 1860er-Jahren wieder ein Einlagenanstieg verzeichnet und
die Krise überwunden werden konnte, löste 1866 der Ausbruch des preu-
ßisch-österreichischen Krieges einen erneuten Einlagenabzug aus, der die
Sparkasse zwang, Eisenbahn-Obligationen zu verpfänden, um die nötige
Liquidität zu sichern.[101]

In den ersten Jahren beschränkte sich die Sparkasse Essen in ihrem
Aktivgeschäft auf die Ausgabe von Bürgschaftsdarlehen. Bereits das erste
Darlehen über 200 Taler wurde freilich von der Revision beanstandet,
weil der Darlehensnehmer Theodor Baehrens, zu dessen Bürgen auch
Bürgermeister Pfeiffer zählte, stellvertretender Sparkassenrendant war. Er
musste daraufhin das Darlehen zurückzahlen.[102] Vor allem für den
handwerklichen Mittelstand waren die Darlehen der Sparkasse von Bedeutung. Vereinzelt wurden in den 1850er-Jahren jedoch auch Industriekredite auf Basis von Personalkrediten vergeben, die über Bürgschaften
abgesichert wurden. So erhielten in den späten 1850er-Jahren wie erwähnt
Friedrich Grillo und Fritz Funke Personalkredite in Höhe von 4000
Mark.[103] Hypothekendarlehen waren erst nach der Aufhebung der Ge-

nehmigungspflicht durch die Düsseldorfer Provinzialregierung 1848 von Bedeutung und entwickelten sich zum wichtigsten Bestandteil des Aktivgeschäfts. Sie wurden wie überall in Preußen zunächst gleichmäßig für städtischen und ländlichen Grundbesitz vergeben, seit 1858 dominierte das städtische Hypothekendarlehen.[104]

Das Hauptgebäude der Essener Kreditanstalt, vor 1904.

Die Essener Finanzwirtschaft im Deutschen Kaiserreich 1871–1914

Entwicklungstendenzen und Konkurrenzsituationen der Essener Finanzwirtschaft

In den Jahren des Deutschen Kaiserreichs entwickelte sich Essen endgültig zur industriellen Großstadt. Während eine Volkzählung 1871 noch 51 513 Einwohner ausmachte, überstieg die Bevölkerungszahl 1896 erstmals die 100 000er-Grenze. Maßgebliche Wachstumsfaktoren waren der Aufschwung der Montanindustrie, der Ausbau der Bahnverbindungen und der Aufstieg der Firma Krupp zu einem Weltunternehmen. Auch zahlreiche Nachbargemeinden wuchsen zu kleinen Städten heran. Mit der Eingemeindung Altendorfs stieg die Einwohnerzahl Essens bereits 1901 auf 185 000, womit die Stadt alle Konkurrenten im Ruhrgebiet übertraf und in der Rheinprovinz nur hinter Köln und Düsseldorf zurückstand. Das Wachstum erfolgte so rasch, dass an eine geordnete Stadtentwicklung kaum zu denken war.[1] Erst mit Oberbürgermeister Erich Zweigert, der zwischen 1886 und 1906 die Geschicke Essens lenkte, nahm die Stadt dringend benötigte Infrastrukturmaßnahmen in Angriff, erweiterte die stadtplanerischen Gestaltungsmöglichkeiten durch Eingemeindungen und wandelte sich zum Verwaltungs- und Dienstleistungszentrum für das gesamte Ruhrgebiet.[2] Der wichtigste Schritt in diesem Prozess war 1893 die Gründung des Rheinisch-Westfälischen Kohlensyndikats, das auf Initiative des Direktors der Essener Credit-Anstalt, Albert Müller, seinen Sitz in Essen nahm und fortan zu den wichtigsten Großkunden der Essener Banken gehörte.[3] Mit dem Beitritt des Koks- und des Brikett-Syndikats zum Kohlensyndikat wurde die Stadt im Jahr 1903 «endgültig zur Hauptstadt der Kohle».[4] Allerdings hatte Essen innerhalb der Rheinprovinz stets mit der Konkurrenz von Köln und

Düsseldorf zu rechnen.[5] Dies galt gerade auf dem Finanzsektor, der in beiden Städten von regionaler Bedeutung war. Auch der doppelte Standort der Börse in Essen und Düsseldorf unterstreicht diesen Umstand.

Trotz der Stärkung des tertiären Sektors blieb die Ruhrmetropole bis zum Ersten Weltkrieg in erster Linie eine Stadt der Montanindustrie und der Steinkohlenförderung. Über zwei Drittel der Essener gehörten der Arbeiterschicht an. Im Jahr 1907 waren von 130 000 Beschäftigten im Stadt- und Landkreis Essen 38 Prozent im Bergbau, 23 Prozent im Eisen- und Metallgewerbe und 14 Prozent im Baugewerbe beschäftigt.[6] Verbunden war das Essener Wachstum mit einer Spezialisierung: Aus «Gemischt-, Kolonial- und Manufakturwarenhandlungen» wurden Spezialgeschäfte. Dies gilt jedoch nur im eingeschränkten Maße für das Textilgewerbe, da sich die Nachfrage von großen Teilen der Einwohnerschaft weniger auf hochwertige Konfektion als vielmehr auf preiswerte Fertigfabrikate richtete. So waren es vor allem die Textilwarengeschäfte, denen Essen in den 1930er-Jahren seinen Ruf als «wohlfeilste Stadt» im Ruhrgebiet verdankte; dies führte nicht nur zu beträchtlichen Umsatzsteigerungen in dieser Branche, sondern auch zu Geschäftserweiterungen und Neueinstellungen.[7]

Die Wirtschaftsentwicklung verlief allerdings keineswegs gleichmäßig, sondern war mal stärkeren, mal schwächeren Konjunkturen ausgesetzt. Mit der Reichseinigung 1871 ging zunächst ein enormer Wirtschaftsaufschwung einher, der als «Gründerboom» bekannt wurde. Die Konjunktur hatte sich bereits seit etwa 1866/67 positiv entwickelt, und ein Teil der nun umgesetzten Investitionen war fraglos schon vor der Reichsgründung geplant worden. Die Entstehung eines großen Wirtschaftsraums bot nun weitere Chancen, und ein grenzenloser Optimismus förderte Großprojekte, die sich bald als überdimensioniert erwiesen. Zudem wirkte die allerdings erst Ende 1872 in größeren Tranchen transferierte französische Kriegsentschädigung konjunkturfördernd. Zu den wichtigsten Wachstumsbeschleunigern der Ruhrindustrie gehörte der Eisenbahnbau, der zu einem enormen Anstieg der Roheisen- und Steinkohlenproduktion führte. Das rheinisch-westfälische Industriegebiet war einer der zentralen Profiteure der Wirtschaftsentwicklung dieser Jahre. Namentlich die Firma Friedrich Krupp erreichte enorme Wachstumszahlen.[8]

Dem Boom folgte jedoch schon bald ein mindestens ebenso heftiger Einbruch, der die Wirtschaftsentwicklung in den folgenden Jahren prägte. Erste Anzeichen hatte es bereits im Winter 1872/73 gegeben, doch die entsprechenden Mahnungen konnten die noch immer verbreitete Euphorie und den Optimismus nicht durchdringen. Seit März 1873 verschlechterten

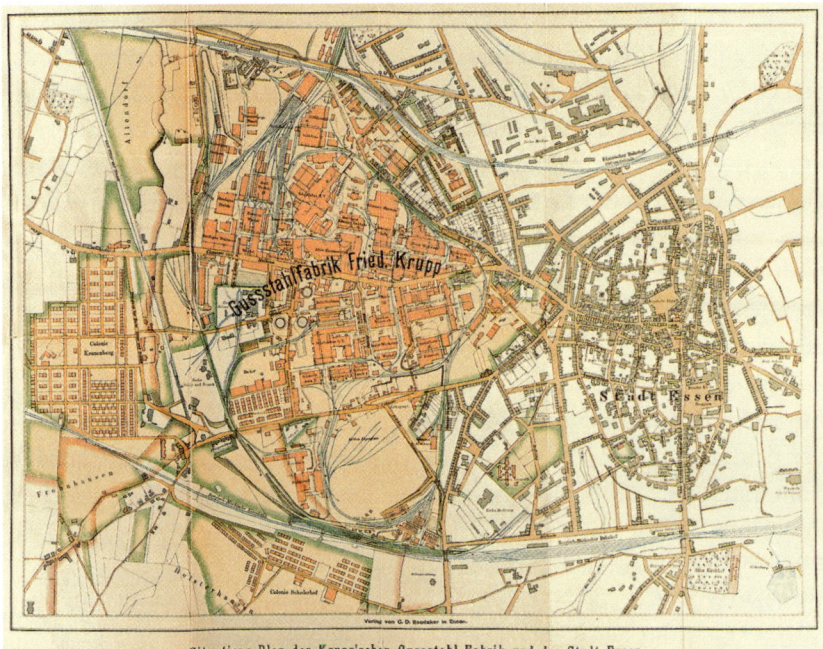

Das Gelände der Krupp Gussstahlfabrik. Westlich davon die Stadt Essen, 1878.

sich die Börsenmeldungen stetig, die Kurse begannen zu sinken, und mit dem Einbruch der Wiener Börsenkurse Ende April 1873 verstärkte sich der Prozess noch. Sämtliche Industriewerte verloren 1873/74 bedeutend an Wert, Kursverluste von 50 Prozent und mehr waren keine Seltenheit. Hinzu kam ein rapider Preisverfall für Industrieprodukte, der gerade das rheinisch-westfälische Industrierevier traf. Nach den Jahren der Expansion war der Einbruch wohl nur folgerichtig. Zwar hatte der vorherige Aufschwung durchaus reelle Grundlagen, die auch weiterhin wirksam waren, man denke nur an den Eisenbahnbau oder die durch die Urbanisierung getragene Bauwirtschaft. Allerdings waren viele Industrieanlagen zu optimistisch geplant, und allseits wurden Überkapazitäten geschaffen, welche auf lange Zeit auch diejenigen Unternehmen belasteten, die die Krise überlebten.[9]

Zu ihnen gehörte die Firma Krupp, die ihren rasanten Expansionskurs vor allem mit Krediten internationaler Banken finanziert hatte. Allein im ersten Halbjahr 1873 stieg die Schuldenlast von 13,5 Millionen auf 32 Millionen Mark an und verdoppelte sich nochmals im Folgejahr. Ernst Eichhoff, Schwager von Alfred Krupp und zugleich Prokurist der Firma, schrieb bereits am 24. April 1873 an Krupp: «Wir brauchen Geld[,] viel Geld und bald, das ist die nackte Thatsache; bei der stetigen Flauheit der Börse mit knappen Gelde und Furcht vor einer Geldkrisis sind die Banquiers ängstlich geworden.»[10] Angesichts des enormen Geldbedarfs war eine Finanzierung durch die eher finanzschwachen lokalen oder regionalen Banken keine Option. Allenfalls die Kölner Privatbanken wären hierfür infrage gekommen, doch Alfred Krupp, der Banken weiterhin im Allgemeinen sehr kritisch gegenüberstand, schloss das führende Bankhaus Oppenheim von vornherein aus, wohl weil ihm dessen Geschäftspolitik zu vorsichtig war. Stattdessen sondierte er in London und vor allem in Berlin nach möglichen Geldgebern. Dabei kehrte er von Beginn an geschickt die nationale Bedeutung des Unternehmens als Waffenschmiede des jungen Reichs hervor. In der deutschen Hauptstadt wurde er letztlich fündig. Ein Bankenkonsortium unter der Leitung der Preußischen Staatsbank Seehandlung gewährte ihm einen Kredit über zehn Millionen Thaler, etwa 30 Millionen Mark. Essener Banken waren nicht beteiligt.[11]

Die Wirtschaftskrise riss auch viele gerade erst gegründete Banken mit in den Abgrund. Anfang Oktober 1873 brachen das Berliner Bankhaus Quistorp sowie die 14 mit seiner Hilfe gegründeten Unternehmen zusammen. Es folgte eine beispiellose Zusammenbruchswelle, in deren Folge allein Anfang 1874 61 Banken in Liquidation gingen.[12] Die Krise erreichte auch den noch kaum ausgeprägten Bankplatz Essen, aber immerhin waren keine Bankrotte zu verzeichnen. Allerdings geriet die erst 1872 gegründete Essener Credit-Anstalt in eine schwere Krise, die das Institut auf Jahre hinaus lähmte. Immerhin wurde noch während der Krise 1875 mit Rebling & Co. ein neues Privatbankhaus gegründet, das eine lange, wechselvolle Geschichte vor sich hatte.

Indiz einer allmählichen Verbesserung der Situation war die 1879 aus einer Manufakturhandlung heraus erfolgte Gründung eines Bankgeschäfts durch Albert Cosmann und seinen Sohn Leopold, das bis in den Ersten Weltkrieg hinein Bestand hatte. Die Geschäftsführung lag wohl in erster Linie bei Leopold Cosmann, der 1877 nach Essen übergesiedelt war, wo er gemeinsam mit seinem Schwager Albert Weinberg ein Manufakturwarengeschäft übernommen hatte. Verheiratet war er mit Bertha Katzenstein, die möglicherweise mit einem anderen jüdischen Bankier, Moritz Katzenstein, verwandt war, über dessen Privatbank jedoch nichts mehr bekannt ist. Nach der großen Inflation in den 1920er-Jahren half Leopolds Sohn Carl Cosmann seinem Vater bei rechtlichen Auseinandersetzungen mit der Düsseldorfer Baubank, als Cosmann im Zuge einer Kapitalerhöhung seine Rechte als Aktionär nicht ausreichend gewürdigt sah.[13] All dies deutet auf ein relativ erfolgreiches Unternehmerleben hin, wobei der Anteil des Bankgeschäfts unklar bleibt.

Cosmann & Sohn ist ein Beispiel für die vielen kleinen Privatbanken, die in den folgenden Jahrzehnten in Essen gegründet wurden, über deren Tätigkeiten aber so gut wie nichts mehr zu erfahren ist und die in den wenigsten Fällen in die zweite Generation gingen. Viele von ihnen spezialisierten sich auf den Effekten- und insbesondere den Kuxenhandel, der die besondere Stärke der 1865 gegründeten Essener Börse darstellte. Prägend wurden jedoch andere Institute: Mit der regionalen Großbank Essener Credit-Anstalt (1872), den beiden Industrieaktienbanken Essener Bankverein (1898) und Rheinischer Bank (in Essen seit 1905), den Filialen der Frankfurter Mitteldeutschen Creditbank (1908) sowie der Berliner Disconto-Gesellschaft (1911) und dem sich zu einer der bedeutendsten rheinisch-westfälischen Privatbanken entwickelnden Bankhaus Simon Hirschland wurde Essen bis zum Ersten Weltkrieg zum wichtigsten Bankenstandort im Ruhrgebiet. Die Fortentwicklung der Sparkasse sowie die Gründung von Genossenschaftsbanken und von privaten Hypothekenbanken differenzierten den Bankplatz entsprechend der Entwicklung im gesamten Deutschen Reich immer weiter aus.[14]

Nach dem Boom und der folgenden tiefen Krise in den 1870er-Jahren entwickelte sich die Wirtschaft des Kaiserreichs bis zum Ersten Weltkrieg trotz aller Konjunkturschwankungen positiv und Deutschland stieß in die erste Reihe der Industriestaaten vor. Schwerere Erschütterungen des Bankwesens waren in dieser Zeit selten. Eine Ausnahme stellte lediglich der 1900 einsetzende und wesentlich konjunkturbedingte wirtschaftliche Abschwung dar, der auch in Essen einige Wirkung zeigte. Die Liquidation des Bankhauses H. Middendorf nach Kreditverlusten infolge der Krise wurde bereits erwähnt.[15] Der Rheinischen Bank, die 1905 ihren Sitz aus Mülheim nach Essen verlegte und ein wichtiges Finanzierungsinstrument für die Ruhrindustriellen August Thyssen und Hugo Stinnes war, drohte der Zusammenbruch, nachdem sie in den Jahren 1900 bis 1902 einen Verlust im Effektengeschäft von sechs Millionen Mark zu tragen gehabt hatte. Ein Konsortium mit der Reichsbank an seiner Spitze musste sie mit einer Kapitalhilfe in Höhe von drei Millionen Mark sanieren.[16]

Paul Brandi, Leiter der 1911 neu gegründeten Filiale der Disconto-Gesellschaft, der als langjähriger Beigeordneter der Stadt die Verhältnisse außerordentlich gut kannte, gab in seinen Erinnerungen eine knappe Schilderung der Wettbewerbssituation in den letzten Vorkriegsjahren: «In Essen selbst war im Laufe der letzten Jahre doch schon eine erhebliche

Bankenkonkurrenz entstanden, wenn auch der Löwenanteil bei der Essener Credit-Anstalt verblieben war. Neben ihr suchten der Essener Bankverein, eine Gründung des Kommerzienrats Carl Funke, und die Rheinische Bank [...] sich in Essen eine Geschäftsbasis zu schaffen. Und sogar die Mitteldeutsche Kreditbank aus Frankfurt hatte durch Übernahme eines kleinen Essener Bankhauses hier eine Niederlassung begründet. Hierzu kamen außer ein paar meist jüdischen Privatbanken noch eine größere Anzahl kleiner Bankfirmen, zum Teil Zweigniederlassungen auswärtiger Häuser, die allerdings im wesentlichen von der Betätigung an der Essener Börse lebten.»[17] Brandis Beschreibung orientiert sich fraglos am Industriegeschäft, denn weder Sparkasse noch Genossenschaften wurden von ihm erwähnt. Dass er die bedeutende Privatbank Simon Hirschland relativierend in den nachrangig erwähnten jüdischen Privatbanken versteckt, dürfte der Entstehungszeit des Textes während des Zweiten Weltkriegs geschuldet sein. Mit diesen Ergänzungen handelt es sich aber um eine zutreffende Beschreibung des Bankplatzes in der späten Wilhelminischen Zeit.

Die bedeutendsten Essener Banken siedelten sich um die Jahrhundertwende in der Lindenallee an, die sich zu einem eigenständigen Bankenviertel entwickelte, das durch die kurzen Wegstrecken zwischen den Instituten die Vernetzung innerhalb der städtischen Finanzwirtschaft förderte und die Kommunikation beschleunigte. Solche Synergieeffekte sind für die Entstehung von Finanzzentren von großer Bedeutung. Den Anfang machte 1886 Simon Hirschland. Das Bankhaus zog an die Ecke Lindenallee/Kettwiger Straße. Die Bürogebäude galten als ausgesprochen modern und die Tresoranlage als Sehenswürdigkeit. Doch schon bald erwies sich das Gebäude als zu klein und die Bank errichtete 1912 in der Lindenallee 7–9 einen Neubau. Vorsorglich wurden die Geschäftsräume so großzügig angelegt, dass sie trotz des weiter gesteigerten Geschäftsvolumens noch in den 1930er-Jahren ausreichend Platz boten.[18] Die gute Geschäftslage Anfang der 1890er-Jahre erlaubte es auch der Essener Credit-Anstalt, in der Lindenallee eine neue Zentrale zu errichten. Der Aufsichtsrat beauftragte zu diesem Zwecke Dortmunder Architekten mit der Entwicklung der Pläne, die von einer Sachverständigenkommission geprüft werden sollten. Die vom Aufsichtsrat vorgegebenen Grundsätze beschränkten sich auf eine Fassade in «ächtem Material» sowie die Einrichtung einer Zentralheizung. Funktionale Aspekte wurden nicht vorgegeben. Die Gesamtkosten sollten 150 000 Mark nicht überschreiten.[19] Das repräsentative Gebäude in der Lindenallee Nr. 5 legte einen Grundstein für die Umwandlung der Straße in ein Bankenviertel, in dem die meisten größeren Institute in den folgenden Jahren ihren Sitz nahmen.[20] Allerdings erwies sich das Gebäude sehr bald als zu klein. Schon 1901 begann die Credit-Anstalt nach Plänen des Essener Architekten Peter Zindel mit einem Erweiterungsbau, der 1908 durch den Baurat Wilhelm Martens fertiggestellt wurde.[21] Unmittelbar vor dem Weltkrieg zog es auch die Filiale der Disconto-Gesellschaft an die heutige Lindenallee/Ecke Rathenaustraße. Die feierliche Eröffnung des repräsentativen Neubaus, der von der Berliner Architekturfirma Bielenberg & Moser entworfen wurde, fand Anfang Juni 1914 statt, also nur zwei Monate vor Kriegsausbruch.[22] Die Entwicklung des Bankenviertels geschah unter gezielter Förderung durch die Stadt, die auch den Umzug der Reichsbankfiliale in die Lindenallee unterstützte.[23]

Allerdings sahen sich die Essener Banken gerade bei der Industriefinanzierung starker auswärtiger Konkurrenz ausgesetzt. In den Anfangsjahren des Industriebezirks war der Beitrag Essener Banken nur marginal. Zwar betrieben die wenigen Privatbanken mit den Pionieren der Montanindustrie im kleinen Umfang Geschäfte, bei der Finanzierung des Bergbaus und des Hüttenwesens waren sie jedoch schon aufgrund ihrer geringen Größe im Wesentlichen außen vor. Bei der alles dominierenden Firma Krupp fehlten in der Finanzierung Essener Banken – mit den beiden erwähnten Ausnahmen der frühen Wechsel bei Simon Hirschland und der kurzen Teilhaberschaft von Ernst und Julius Waldthausen – lange Zeit vollständig.[24] Die besonders kapitalhungrige Montanindustrie musste sich andernorts finanzielle Unterstützung suchen und fand sie in den Jahrzehnten zwischen 1830 und 1870 zunächst vor allem bei Kölner Banken, namentlich beim A. Schaaffhausen'schen Bankverein (bis 1848 A. Schaaffhausen) und der Privatbank Oppenheim, seit 1858 zudem beim neu gegründeten Bankhaus Deichmann & Co. Vor allem nach 1850 ließen sich viele Gründungen nicht mehr von einzelnen Unternehmern finanzieren, sondern benötigten die Unterstützung kapitalstarker Banken. Allerdings zeigte sich schnell, dass auch der Kölner Bankplatz den Kapitalbedarf des Reviers nicht vollständig decken konnte. Da die Kölner Börse sich auf Versicherungspapiere spezialisierte, wickelten die Kölner Banken ihre Industriegeschäfte zunehmend über die Börsen in Berlin, Frankfurt und Paris ab. Gerade die Berliner Banken profitierten von diesen Tendenzen und verdrängten nach der Reichsgründung die Kölner Konkurrenz als wichtigste auswärtige Finanzier der Ruhrindustrie.[25] Trotzdem blieben die Kölner Banken in der Industriefinanzierung präsent. Vor allem der A. Schaaffhausen'sche Bankverein kooperierte dabei intensiv mit den Essener Banken, namentlich der Essener Credit-Anstalt. Als diese Beziehung infolge des Weggangs von Carl Klönne

Gruß aus Essen, Postkarte.

zur Deutschen Bank um die Jahrhundertwende weitgehend zusammenbrach, eröffnete der Bankverein 1902 eine Filiale in Essen, die sich allerdings nur wenige Jahre halten konnte, bevor sie 1905 von der Rheinischen
Bank übernommen wurde.[26]

Neben den Kölner Banken und der vor allem ab der Jahrhundertwende
spürbaren Berliner Konkurrenz, die noch gesondert behandelt wird, hatte
sich der Essener Bankplatz nach der Reichsgründung auch mit anderen
regionalen Wettbewerbern zu messen. Hierzu zählen beispielsweise die
Bergisch-Märkische Bank und der Barmer Bankverein. Die Bergisch-Märkische Bank, auch Bergbank genannt, hielt sich aufgrund eines Freund-
schaftsverhältnisses mit der Essener Credit-Anstalt beim Aufbau des eigenen Filialnetzes weitgehend aus dem Kerngebiet des Reviers fern. Allerdings
war es dem Essener Institut im Gegenzug weitgehend verwehrt, ins Rheinland oder das Märkische Land einzudringen.[27] Ähnlich verhielt es sich mit
dem Barmer Bankverein, der im Rahmen einer seit 1886 expansiven Strategie vor allem mittelgroße Städte ins Visier nahm und eher mit der Bergbank als mit der Essener Credit-Anstalt konkurrierte.[28] In Essen trat der
Bankverein erst 1919 mit einer eigenen Filiale hervor.

Die Essener Börse als Kuxenhandelsplatz

Zu den wichtigen institutionellen Rahmenbedingungen, die den Aufstieg Essens zum zentralen Bankplatz des Ruhrgebiets ermöglichten, gehörte die Einrichtung der Essener Industriebörse. Nachdem sich Ende des 18. Jahrhunderts eine Börse in Frankfurt konstituiert hatte, entwickelten sich auch an anderen Handelsplätzen börsenartige Geschäfte, die in der Regel von den Landesherren zur Ausgabe territorialer Papiere gegründet wurden, also der deutschen Bundesstaaten, Landschaften und Ritterschaften. Zugleich entstand eine während des gesamten Jahrhunderts gültige Arbeitsteilung zwischen Zentrum und Region, bei der Frankfurt und nach der Reichsgründung Berlin die großen europäischen und amerikanischen Werte übernahmen, während die Regionalbörsen kleinere Papiere handelten. Belebt wurde das Geschäft der Regionalbörsen in den 1860er-Jahren durch die Eisenbahnemissionen und erste Industrieaktien. In diese Phase fällt auch die formale Gründung der Essener Börse, die zu einem der wichtigsten deutschen Handelsplätze für Kuxe werden sollte.[29]

Kuxe waren die Anteilsscheine von bergbaulichen Gewerkschaften, nicht zu verwechseln mit den gleichnamigen Arbeitnehmerorganisationen. Sie besaßen keinen Nennwert, sondern entsprachen einem relativen Anteil am Unternehmen. Meist wurden die Gewerkschaften aus 100 oder 1000 Kuxen gebildet. Die Kuxeneigentümer (Gewerken) waren verpflichtet, bei Kapitalbedarf eine Zubuße zu leisten, und empfingen im Gegenzug bei Gewinnen eine Ausbeute. War dem Gewerken die Leistung der Zubuße nicht möglich oder lehnte er sie ab, blieb ihm nur die Möglichkeit der Veräußerung seiner Kuxe, andernfalls fielen diese an die Gewerkschaft zurück. Die Einforderung einer Zubuße hatte daher oftmals schwere Kursverluste zur Folge, weil sich Gewerken von ihren Kuxen trennten. Der Handel mit Kuxen erfolgte vor allem seitens Privatbankiers. Auch viele der in Essen sitzenden Privatbanken, zu deren Geschäftstätigkeit nichts mehr bekannt ist, dürften auf diesem Feld tätig gewesen sein.[30] Die Zahl der als Gewerkschaften organisierten Bergbaubetriebe schwankte regelmäßig, doch auch nach Einführung der Aktiengesellschaften behielten viele Gewerkschaften ihre Gesellschaftsform bei. Noch 1885 wurden 57 Prozent des niederrheinisch-westfälischen Kohlenbergbaus durch Gewerkschaften betrieben.[31] Erst 1985 wurde die Rechtsform der Gewerkschaft in Deutschland abgeschafft.

Der Prozess bis zur endgültigen Einrichtung einer Börse in Essen zog sich über mehrere Jahrzehnte hin. In den 1830er- und 1840er-Jahren trafen sich Interessenten an Sonntagen oder wochentags abends informell zum Kuxenhandel. Eine erste Formalisierung erfolgte am 20. Januar 1855 mit der Gründung des Essener Börsenvereins. Sie basierte auf einer rein privaten Initiative. Der Handel war auf den Sonntag beschränkt; die noch informellen Kurszettel wurden in den Provinzblättern abgedruckt. Die Wirtschaftskrise von 1857 bedeutete jedoch schon wieder das Ende dieser ersten recht provisorisch anmutenden Essener Börseneinrichtung.[32] Als das «Allgemeine Berggesetz für die Preußischen Staaten» im Juni 1865 den Handel mit Kuxen erleichterte, bot dies auch die Gelegenheit für eine kontinuierliche und professionellere Börsentätigkeit in Essen. Ein halbes Jahr später, am 21. Dezember 1865, initiierte der Bergbauverein gemeinsam mit der Handelskammer Essen unter Führung ihres Vorsitzenden Ernst Waldthausen die Neugründung der Essener Börse. Der Anspruch war überregional: Es sei unzweifelhaft, heißt es im Jahresbericht der Handelskammer, dass eine Börse, die sich vorzugsweise der Montan-Industrie widme, nicht nur ein Bedürfnis des Handelskammerbezirks Essen, sondern ganz Preußens befriedige, da es bislang an einem Anhaltspunkt für Bergwerkswerte mangele.[33] Gerade das Fehlen einer großen regionalen Bank im Industrierevier ließ die Gründung einer Börse zur Förderung des Effektenverkehrs sinnvoll erscheinen.[34] Zeitgenössisch wurde ihr eine große Zukunft vorausgesagt: «Die Frequenz der bisher abgehaltenen Börsentage scheint der Institution Dauer zu prognostizieren, und sie kann sehr nützlichen Einfluss auf den Kohlenabsatz, namentlich nach entfernten Gegenden gewinnen.»[35] Allerdings scheiterte der Versuch, die Börse Essen auch amtlich einzutragen, da die zuständige Behörde das Bedürfnis zur Einrichtung nicht anerkannte. Immerhin wurde ihr gestattet, die Börsen-Versammlungen als «freie Vereinigung» fortzuführen.[36] Erster Vorsitzender der Essener Börse wurde Ernst Waldthausen. Bereits zur ersten Börsenversammlung am 21. Dezember 1865 schrieben sich 200 Börsenmitglieder ein.[37] Gehandelt wurden in Essen in erster Linie Werte des rheinisch-westfälischen Industriegebiets. 1866 erfasste der Kurszettel 77 Werte aus der Region. Insgesamt wurden 45 Kohlenkuxe, 21 Kohleaktien und 11 Eisenaktien geführt.[38] Im Mai 1873 erreichte die Gründerkrise allerdings auch die Essener Börse, die seit Mai 1873 fast vollständig stillstand. Mehrfach wurde sogar darauf verzichtet, Kurszettel auszugeben.[39]

Der Handel fand zunächst nur alle vier Wochen statt. In der Zwischenzeit wandten sich die Interessenten, meist Gewerken, an die Bankiers und gaben Wünsche oder Gebote ab. Die nach den Handelstagen veröffentlichten Börsennotierungen dienten weniger der Information der Händler als der breiteren Öffentlichkeit. Auch als die Zahl der Handelstage erhöht wurde, erfolgte der Handel insbesondere von Kuxen oftmals durch mündliche Absprachen außerhalb der Börse. Handel auf Basis amtlicher Notierungen spielte eine geringere Rolle. Hierzu trugen der hohe Wert der einzelnen Kuxe und die geringe Stückzahl maßgeblich bei, da Vermittler nur schwer Käufer oder Verkäufer an der Börse selbst antreffen konnten. Zudem kamen ohnehin nur verhältnismäßig wenige Kuxe in den Handel, da sich diese teils über Jahrzehnte im Besitz von Gewerkenfamilien befanden.[40] Dennoch wurde die «Börse für die Stadt Essen» 1880 offiziell anerkannt, der Handelskammer unterstellt und von dieser beaufsichtigt. Zugleich erhielt sie eine Börsenordnung, die die Öffnung alle 14 Tage vorsah. 1890 wurde der wöchentliche Börsenhandel eingeführt.[41]

Seit der Gründung des Düsseldorfer Börsen-Vereins 1874 entwickelte sich auch in der zweitgrößten Stadt der Rheinprovinz eine Industriebörse mit einem dem Essener Beispiel recht ähnlichen Profil: Die gehandelten Werte und ihre Kurse differierten kaum, viele Besucher waren in beiden Städten anzutreffen.[42] So lag es nahe, dass beide Börsen 1905 eine Allianz schlossen. Seit November des Jahres wurden die turnusmäßigen Börsenversammlungen abwechselnd in beiden Städten abgehalten. Sie galten mittlerweile als die wichtigsten deutschen Spezialbörsen für den Kuxenhandel, der sonst im bedeutenden Umfang nur in Zwickau und in Hannover betrieben wurde.[43] Diese Konzentration des Kuxenhandels auf wenige Standorte ergab sich aus den rechtlichen Eigenheiten der Gewerkschaften. Die stets drohende Verpflichtung, Zubußen leisten zu müssen, erforderte für die Gewerken ein höheres Maß an Einsicht in die Geschäftslage einer Gewerkschaft, als dies für gewöhnlich bei einer Aktiengesellschaft der Fall war. Räumliche Nähe bzw. die persönliche Vernetzung innerhalb einer Informationsgemeinschaft verbesserten die Kontrollfähigkeit, und so ist es nicht verwunderlich, dass die Gewerken des Industriereviers zum größten Teil auch in demselben ihren Wohnsitz hatten.[44] Um den korrekten Ablauf des außerhalb der Börse getätigten Kuxenhandels zu sichern, wurde 1905 in Essen der Verein zur Wahrung der Berufsinteressen der am Kuxenhandel beteiligten Bankgeschäfte Rheinlands und Westfalens («Kuxenverein») gegründet. Dem Verein gehörten alle Händler der Essener und Düsseldorfer Börsen an, und er spiegelte in der Besetzung sowohl des Vorstandes als auch des Ehrengerichts stark die beiden Börsenvorstände.[45]

Ein Größenvergleich der deutschen Börsen fällt aufgrund fehlender Zahlen schwer, zumal jede gewählte Bezugsgröße nur einen Teil des Börsenhandels abdeckt.[46] Erich Marx hat dennoch eine Übersicht über die

Emissionsziffern der deutschen Börsen im Jahr 1911 zusammengestellt, die einen groben Eindruck vermittelt. Hier steht Essen mit 55 Millionen Mark von den 18 deutschen Börsen auf Platz 13. Selbst mit Düsseldorf zusammengenommen kamen die beiden Börsen mit 100 Millionen Mark lediglich auf Platz zehn, noch hinter der Kölner Börse mit 150 Millionen Mark. Führend war Berlin mit einer Emission in Höhe von 3,2 Milliarden Mark vor Hamburg mit 2,6 Milliarden Mark und Frankfurt mit 2,2 Milliarden Mark.[47] Obwohl es schon zeitgenössisch an verlässlichen Zahlen fehlte, ist es sicher, dass sich der Umsatz an der Essener Börse in den Jahrzehnten bis zum Ersten Weltkrieg – von konjunkturellen Schwankungen abgesehen – verbesserte: Die Banken steigerten ihren Umsatz im Effektenverkehr, es siedelten sich immer mehr Effektenhändler in Essen an, und nicht zuletzt die täglichen Öffnungen der Essen-Düsseldorfer Börse verweisen auf ein lebendiges Geschäft.[48] Im Juli 1914 wurden an der Börse 164 Wertpapiere gehandelt, darunter immerhin 42 Kuxe und 29 Aktien. Bei den übrigen Werten handelte es sich um Obligationen und Grundschuldbriefe.[49]

Der 1897 aufgenommene Handel mit Kalikuxen war die besondere Spezialität der Essen-Düsseldorfer Börse, lediglich in Hannover wurden noch in einem erheblichen Umfang Kalikuxe gehandelt.[50] Das Deutsche Reich besaß bis zum Ende des Ersten Weltkriegs ein Weltkali-Monopol, da alle bekannten Kalivorkommen auf deutschem Boden lagen. Zwar befanden sich die Hauptvorkommen im mitteldeutschen Gebiet, aber viele Gewerken aus dem rheinisch-westfälischen Industriegebiet nutzten ihre Bergbauexpertise und die auf diesem Gebiet entwickelten Finanzierungsmethoden, um in diesem lukrativen Segment aktiv zu werden. Den Anfang machte der umtriebige Gewerke Friedrich Grillo, der im Zuge seines Investments bei der Mathildenhütte in Harzburg 1880 auf mögliche Kalistätten in der Vienenburger Gegend aufmerksam gemacht worden war. Gemeinsam mit einigen Geschäftspartnern begann er 1884 mit den Bohrungen, deren Erfolg die Basis für die Gründung des Kalibergwerks Hercynia 1886 legte.[51] Die Banken des Reviers handelten nun immer häufiger Kalibohranteile und Kalikuxe, und 1897 wurden erstmals neun Kalikuxe an der Essener Börse notiert. Im selben Jahr behandelte die Essener Credit-Anstalt in ihrem Kuxenjahresbericht erstmals Kalipapiere neben Kohlepapieren.[52] Zusammen mit dem Essener Bankverein und der in Elberfeld sitzenden Bergisch-Märkischen Bank bildete die Essener Credit-Anstalt einen wichtigen Rückhalt für die junge und dynamische Industrie, wobei den drei Banken die Erfahrung mit dem Kohlenbergbau und mit der Gewerkschaft als Finanzierungsform wertvoll war. Zu den wichtigsten Kunden der beiden Essener Banken gehörte die u. a. vom Aufsichtsrat

Langenbrahm-Kux von 1886.

der Essener Credit-Anstalt, Heinrich Grimberg, gegründete Gewerkschaft Wintershall, der spätere Branchenprimus, der in den ersten Jahren seines Bestehens zahlreiche Krisen zu überwinden hatte.[53] Als Wintershall in den Weimarer Jahren einen aggressiven Expansionskurs verfolgte, war der Kapitalbedarf jedoch so groß, dass die Dresdner Bank zumindest in der ersten Hälfte der 1920er-Jahre zur Hausbank aufstieg.[54]

Die Kaliwirtschaft war eine besonders dynamische, aber auch eine sehr unruhige Branche, die den Essener Großbanken gelegentlich Sorgen bereitete. Seit 1888 waren die Unternehmen in einem Syndikat organisiert, dessen Leitung entsprechend einer Produktionsquote die Fördermenge und die Verkaufspreise festlegte. Hohe Preise bei fehlender nationaler und internationaler Konkurrenz machten die Kaliindustrie äußerst lukrativ und luden zum Bau immer neuer Kaliwerke ein, die meist rasch in das Syndikat aufgenommen wurden, um einen Preiskampf zu verhindern. Die Folge dieser Entwicklung war eine immer größere Überkapazität, die selbst durch kontinuierlich steigende Absatzzahlen nicht ausgeglichen werden konnte. Allein zwischen 1900 und 1910 wuchs die Zahl der Kaliwerke von 15 auf 72. Bis zum Weltkrieg kam es noch einmal zu einer Verdoppelung auf

149 Werke. Nach Schätzungen wurden 1910 allerdings lediglich 20 Prozent der vorhandenen Kapazitäten genutzt, was nicht nur eine ungeheuer unproduktive Kapitalbildung bedeutete, sondern zugleich die Gewinne der Unternehmen pro Produktionseinheit schmälerte, da sich die Fixkosten der Bergwerke nicht senken ließen. Die hohen Kalipreise, die dem Ausland aufgezwungen wurden – im Inland waren die Preise aus politischen Rücksichten moderater –, garantierten noch hohe Gewinne.[55]

In den Jahren seit 1905 wurden die Krisensymptome der Branche immer sichtbarer und von den Essener Banken thematisiert. Sorgen bereiteten dabei vor allem Exporte außerhalb des Syndikats. Diese drohten, die Wirtschaftsgrundlage zahlreicher Werke zu zerstören.[56] Der Essener Bankverein forderte bereits 1908 ein Ende solcher Verkäufe und empfand das Scheitern der Verhandlungen über eine Erneuerung des Kalisyndikats Ende Juni 1909 als große Enttäuschung.[57] Entsprechend unterstützte die Bank trotz grundsätzlicher Vorbehalte gegen staatliche Eingriffe das Reichskaligesetz von 1910, das ein Zwangssyndikat vorsah, um vor allem Exporte außerhalb des Syndikats zu unterbinden.[58] Ähnlich positionierte sich die Essener Credit-Anstalt, die sich von dem Gesetz eine «ruhige Fortentwicklung» der Kaliindustrie erhoffte.[59]

Die hohen Gewinnmargen in der Branche lockten auch einige windige Geschäftsleute an. Spekulationsgeschäfte standen im Deutschen Reich stets im Geruch des Unseriösen,[60] der Handel mit Kaliwerten stand besonders im Verruf. Üblicherweise wurden zunächst von einem kleinen Kreis an Investoren Bohrgesellschaften gegründet, die mögliche Lagerstätten erkundeten. Wurden sie fündig, bildeten sie die Bohrgesellschaft in eine Gewerkschaft um, verkauften einen Teil der Kuxe und begannen mit dem Schachtbau. Angesichts des Kalibooms verkauften jedoch immer mehr Investoren bereits Anteile an den Bohrgesellschaften, obwohl deren Geschäft einem hohen Risiko unterlag. Nach einem zeitgenössischen Bericht setzte das Publikum «Kali gleich Gold und begann sein sauer erspartes Geld in diesen spekulativen Werten anzulegen».[61] Der Essener Bankverein beklagte «viele lediglich spekulative, ungesunde Gründungen, die von vornherein den Todeskeim in sich trugen».[62] Vor allem Bankiers aus der Provinz gründeten unzählige Bohrgesellschaften und verkauften diese Anteile an der Berliner Börse. Oftmals blieben die Bohrungen jedoch ohne Erfolg und die Papiere verloren ihren Wert. In anderen Fällen wurden die Kuxe für einen relativ geringen Betrag an Kleinanleger verkauft, dann aber regelmäßig Zubußen eingefordert. Entsprechend warnten sowohl Handelskammern als auch verschiedene Zeitungen bald vor deren Kauf.[63] In welchem Umfang die kleinen Essener Privatbanken an diesen unlauteren Methoden beteiligt waren, ist ungewiss. Angesichts der hohen Bedeutung des Geschäfts mit Kalikuxen an diesem Bankplatz ist es jedoch sehr wahrscheinlich, dass sich auch hier entsprechende Geschäftsmodelle entwickelten.

Zu den wichtigen Akteuren auf dem Gebiet der Kalifinanzierung gehörte neben den bekannten Großbanken die 1896 von Wilhelm Laupenmühlen in Essen gegründete Privatbank Laupenmühlen & Co. Sie verlegte zwar schon nach wenigen Jahren ihre Zentrale nach Berlin, behielt jedoch bis mindestens 1931 eine Filiale in Essen. Ihre Geschäftsaktivitäten lassen sich nur noch vereinzelt rekonstruieren. Ein großer Erfolg war jedoch die 1899 vollzogene Gründung der Deutschen Tiefbohrgesellschaft. Investoren aus dem Rheinland hatten Laupenmühlen mit deren Gründung beauftragt; sie sollte im gesamten Reich tätig werden. Da in der Nähe von Kalifeldern aus geologischen Gründen meist auch Ölfelder zu finden sind, sollte sie sich von Beginn an beidem widmen. Von dem Grundkapital von 400 000 Mark zeichnete Laupenmühlen allein 394 000 Mark. Schon binnen eines Jahres erfolgte in zwei Schritten eine Erhöhung des Grundkapitals auf 1 050 000 Mark. Die Gesellschaft übernahm Bohrungen auf eigene Rechnung und veräußerte die erbohrten Felder gewinnbringend, ohne selbst in den Abbau einzusteigen. Das Geschäft entwickelte sich so gut, dass das Grundkapital in der Folge regelmäßig erhöht und zweistellige Dividenden gezahlt werden konnten. Die Steuerung des Unternehmens, das 1911 in Deutsche Erdöl-AG umbenannt wurde, lag dabei in den Händen des Bankhauses Laupenmühlen.[64] Zu den späteren Geschäftspartnern des Unternehmens gehörte auch die Essener Credit-Anstalt.[65]

Auch außerhalb der Kaliindustrie lassen sich einige Aktivitäten von Laupenmühlen & Co. nachweisen. So übernahm das Bankhaus bei der Gründung der Essener Bergwerksgesellschaft Westfalen im Jahr 1902 715 von 1000 Kuxen. Zweck der Gesellschaft war die Fortführung von bereits in den 1890er-Jahren erfolgten Bohrungen in Ahlen. Bis 1907 erfolgten 33 weitere Bohrungen mit einer Gesamtteufe von 30 000 m, die zwar allesamt fündig wurden, jedoch mit einer Zubuße von drei Millionen Mark bis 1908 die Gewerken auch enorm finanziell belasteten. Entsprechend trennten sich die sechs Gesellschafter zunehmend von ihren Anteilen, sodass sich ihre Zahl verzehnfachte. Laupenmühlen verkaufte einen Großteil der Kuxe, sodass die Harpener Bergbau-AG mit einem Viertel der Kuxe zum größten Anteilseigner aufstieg. Nach einer Neuorganisation der Gewerkschaft 1910 gehörte Wilhelm Laupenmühlen jedoch noch immer als einfaches Mitglied dem Grubenvorstand an, besaß demnach also weiterhin einen bedeutenden Anteil.[66]

Die Regionalbanken

Der regionale Branchenprimus – Die Essener Credit-Anstalt

In der Mitte des 19. Jahrhunderts wurden in Deutschland die ersten Aktienbanken gegründet, die sich rasch zu einem wichtigen Element für die Finanzierung der Industrialisierung entwickelten. Einen ersten Schritt stellte 1848 die Umwandlung der illiquiden Kölner Privatbank Abraham Schaaffhausen in eine Aktienbank dar. Die Anwendung dieses modernen Finanzierungsinstruments ging auf die preußische Revolutionsregierung und insbesondere die beiden liberalen Rheinländer Ludolf Camphausen, der im März 1848 zum Ministerpräsidenten berufen worden war, und seinen Finanzminister David Hansemann zurück. Die Aktiengesellschaft blieb zunächst eine Ausnahme: Nach der Niederschlagung der Revolution wurde auch die liberale Finanzpolitik zunächst nicht weiterverfolgt. Einen neuen Anstoß brachte die 1852 in Frankreich gegründete Crédit Mobilier, die sowohl Depositen aufnehmen als auch neue Gesellschaften gründen und deren Aktien auf den Kapitalmarkt bringen konnte. Sie diente als Vorbild für die nun in Deutschland ins Leben gerufenen Aktienbanken, die als Universalbanken fungierten und jede Art des Finanzgeschäfts in das Angebot aufnahmen. Die erste deutsche Neugründung erfolgte 1853 in Darmstadt, wo sich verschiedene Privatbankiers auch aus dem rheinisch-westfälischen Wirtschaftsgebiet (aber noch ohne Essener Beteiligung) zur Bankgründung zusammentaten. Dies bedeutete gleichzeitig den Durchbruch im übrigen deutschen Gebiet. Zwar erteilte Preußen noch immer keine Genehmigung für die Einrichtung von Aktienbanken, allerdings wurde dieses Hindernis durch die Bildung von Kommanditgesellschaften auf Aktienbasis erfolgreich umgangen. 1856 gaben unter anderem die Disconto-Gesellschaft und die Berliner Handels-Gesellschaft, zwei der später bedeutendsten Banken des Kaiserreichs, Aktien aus.[67] Zwar wurde die Entwicklung durch die Wirtschaftskrise 1857 noch einmal gebremst, doch nach der Reichsgründung erlebten die Aktienbanken einen beeindruckenden Aufstieg und verzeichneten bis zum Ersten Weltkrieg einen Vermögenszuwachs von 600 Millionen Mark auf über 17,5 Milliarden Mark. 17 der 25 größten deutschen Unternehmen waren Banken.[68]

An Essen ging die Entwicklung zunächst noch vorbei. Die ersten universellen Aktienbanken waren durch die Kooperation verschiedener Privatbanken gegründet worden, die in Essen jedoch nur in geringer Anzahl und

nur mit bescheidener Kapitalkraft existierten. Den Berichten der Handelskammer folgend, konnte auch das Kapitalbedürfnis trotz des Vordringens
des Bergbaus und in der Folge der gesamten Montanindustrie ausreichend
befriedigt werden. Zwar forderte die Kammer in der ersten Hälfte der 1850er-
Jahre die Gründung einer privaten Aktienbank mit Notenemissionsrecht, die
Einrichtung einer Agentur der Preußischen Bank 1856 stellte die Handelskammer jedoch bereits vollkommen zufrieden, zumal die im Folgejahr eintretende Wirtschaftskrise die Entwicklung dämpfte. 1860 hieß es ausdrücklich, dass die bestehenden Gesellschaften ausreichend Kapital zum Betrieb
und zur Fertigstellung der gewerblichen Anlagen erhalten hätten.[69]

Erst der Gründerboom weckte in Essen das Bedürfnis nach einer eigenen
Aktienbank. Im Herbst 1871 kursierten Gerüchte über die Absicht der Berliner Bank, in Essen ein neues Institut zu errichten, was sich allerdings nicht
manifestierte.[70] Stattdessen führte eine lokale Initiative zum Erfolg, und es
entsprach den Gegebenheiten des Platzes, dass diese in Person von Friedrich
Grillo von industrieller Seite ausging. Der 1825 in Essen geborene Grillo war
eine der schillerndsten Figuren der rheinisch-westfälischen Industrie. Seine
seit der zweiten Hälfte des 18. Jahrhunderts in der Stadt ansässige, ursprünglich aus Italien stammende Familie gehörte zu den örtlichen Honoratioren
und hatte wiederholt Stadträte gestellt.[71] 1848 übernahm er die Eisen- und
Tuchwarenhandlung seines bereits 1827 jung verstorbenen Vaters Wilhelm
Grillo. Bereits verwandtschaftlich mit der Gewerkenfamilie Funke verbunden, heiratete Friedrich Grillo 1850 Wilhelmine von Born, deren Vater als
Beamter am Essener Bergamt wirkte und sich zugleich selbst im Bergbau betätigte.[72] Spätere Legenden von engen wirtschaftlichen Verhältnissen[73] waren
offenkundig übertrieben. Vielmehr boten Grillo seine verwandtschaftlichen
Verbindungen die Grundlage für seine seit den 1850er-Jahren in Angriff ge-
nommenen Bergwerksgründungen, für die er immer wieder neue Kooperationspartner fand. Bereits in dieser Zeit war er bei der Bergwerksgesellschaft
Neuessen, dem Magdeburgischen Bergwerksverein, den Vorläufern der späteren Zeche Consolidation und der Zeche Hercules aktiv. Besonders umtrie-
big war er auf dem Gebiet des heutigen Gelsenkirchener Stadtteils Schalke,
den Grillo im Wesentlichen begründete.[74] Die dichte Vernetzung Grillos in
der Ruhrindustrie zeigte sich auch in der hohen Zahl von Aufsichtsrats- oder
Grubenvorstandsposten, mehr als 30 allein im Zechenwesen, 20 weitere in
sonstigen Industrieunternehmen.[75] Allerdings begriff er sich nie als Unternehmer im engeren Sinne und überließ das Tagesgeschäft seiner Gesellschaften anderen. Auch trennte er sich emotionslos von einzelnen Beteiligungen,
wenn ihm dies aus strategischen Gründen sinnvoll schien. Nachdem viele

Der Gewerke Friedrich Grillo (1825–1888) und seine Frau Wilhelmine von Born (1829–1904).

von Grillos Unternehmungen in den Gründerjahren Schiffbruch erlitten hatten, gehörte er in der folgenden Zeit zu den Wegbereitern größerer Unternehmenszusammenschlüsse und Verkaufssyndikate, mit denen die Zersplitterung des Bergbaus und die von den Unternehmern als schädlich empfundene Konkurrenz eingedämmt werden sollte.[76]

Bis zur Reichsgründung stützte sich Grillo bei seinen unternehmerischen Aktivitäten vor allem auf Kölner sowie Berliner Bankinstitute und «besaß eine hohe Meisterschaft, die eine gegen die andere auszuspielen, sich keiner ganz zu verschreiben und alle einzeln oder wohl auch vereint vor seinen Wagen zu spannen».[77] Ein erbitterter Kontrahent Grillos sagte über diesen: «Die Bankwelt war bereit, ihn zu tragen. Schaaffhausen folgte ihm, wohin er führte. Mit der Disconto-Gesellschaft, die eine hohe Meinung von ihm hegte, war er eng alliiert. Die Disconto-Gesellschaft tat nichts auf diesem Gebiet ohne Grillo.»[78] Oder auch: «Adlige, Banquiers und Kaufleute umringten ihn, um von ihm etwas zu erfahren und von ihm beteiligt zu werden. Man möge nicht denken, daß ich übertreibe: sobald Grillo an die Börse kam, waren Dortmunder, Gelsenkirchener, Harzer Union und wie die Sachen alle heißen, sofort im rapiden Steigen.»[79] Es finden sich in Grillos Kreis jedoch auch viele private Geldgeber, die sich an seinen Gründungen beteiligten. Dazu zählte beispielsweise Fritz Funke, der gemeinsam mit seinem Schwager Wilhelm Schürenberg das Bauunternehmen Funke & Schürenberg gründete, das Mitte der 1860er-Jahre rund 2000 Menschen beschäftigte, an zahlreichen Industrie- und Zechenbauten beteiligt war und auch die Villa Hügel errichtete. Die Familie Funke gehörte in den folgenden Jahrzehnten ebenfalls zu den bestimmenden Figuren der Stadt Essen.

Es überrascht nicht, dass ein Mann wie Friedrich Grillo während des Gründerbooms besonders aktiv war. Zur Finanzierung neuer Gesellschaften wollte er schon bald eine «Montanbank» als Geld- und Kreditzentrale ins Leben rufen.[80] Dies war die erste bedarfsorientierte Bankgründung in Essen, nachdem sich die früheren Privatbanken vor allem aus dem Handel fortentwickelt hatten. Allerdings schien auch ihm die Umgründung einer bestehenden Privatbank sinnvoll: Das weitverbreitete Vorgehen hatte den Vorteil, sowohl einen bestehenden Kundenstamm als auch die räumlichen und organisatorischen Grundlagen übernehmen zu können.[81] Grillo wandte sich zu diesem Zweck an den Vetter seiner Frau Ludwig von Born, der eine Privatbank gleichen Namens führte. Er hatte die Bank 1863 im Haus seines Schwiegervaters Lührmann in der Akazienallee gegründet. Das Grundkapital hatte zunächst 64 799,19 Taler betragen und war 1868 auf 70 000 Taler aufgerundet worden. Woher dieses Kapital stammte, ist unbekannt, allerdings gab es Beziehungen der Familie zur Eisenhütte Westphalia in Lünen. Da in dem Haus neben dem Bankgeschäft auch ein Tuchladen zu finden war, der Borns Schwiegervater gehört haben dürfte, wäre jedoch auch an eine Ausgliederung aus dem Tuchgeschäft zu denken. Das bescheidene Geschäftszimmer wurde bald zu klein, und Born errichtete schon seit 1864 ein Privathaus mit einem seitlich angebauten Geschäftsraum an der Ecke Kettwiger Straße/Lindenallee, das zwei Jahre später bezogen wurde.[82]

Nachdem sich die Gewinne des Bankhauses in den ersten Jahren nur langsam entwickelt hatten, stiegen sie seit 1868 sprunghaft an. Die Bilanzsumme hatte sich während des kurzen Bestehens der Bank von 233 111 Talern im Gründungsjahr bis 1871 auf mindestens das Fünffache erhöht.[83] Damit gehörte das Geschäft bereits bei der Reichsgründung zu den führenden Essener Privatbanken. Das wichtigste Geschäftsfeld bildete dabei das Wechselgeschäft. Weitere Gewinnquellen waren Provisionen und Einnahmen aus dem allerdings nur im geringen Umfang betriebenen Effektengeschäft. Der Geschäftskreis war regionaler Natur. Bereits für den Aufstieg der Bank dürften die engen Beziehungen zu Friedrich Grillo von ausschlaggebender Bedeutung gewesen sein. So gehörte Ludwig von Born verschiedenen Grubenvor-

*Der Privatbankier Ludwig von Born
(1832–1899).*

ständen und Aufsichtsräten von Unternehmen an, die Grillo gegründet hatte. Zudem waren zahlreiche führende Mitarbeiter Grillos Geschäftspartner des Bankhauses. Unter den Kreditoren und Debitoren der Bank fanden sich ebenfalls viele von Grillo ins Leben gerufene Unternehmen.[84] Der Wirtschaftshistoriker Walther Däbritz sah in diesem daher «die weit stärkere Persönlichkeit» der Zweierbeziehung. Ludwig von Born habe hingegen einen «weicheren, liebenswürdigeren, weniger robusten Lebensstil» gepflegt und sich Grillo untergeordnet.[85] Allerdings hatte auch Born die Grenzen eines auf Akzeptkredit beruhenden Gründungs- und Effektengeschäfts gespürt, sodass eine Umwandlung der Bank auf Aktienbasis sich auch mit seinen eigenen Interessen deckte.

Um der neuen Bank einen größeren Kapitalgrundstock zu bieten, suchte Grillo die Unterstützung weiterer Geldhäuser und wandte sich über den Kölner Bankier Jakob Loeb Eltzbacher an den A. Schaaffhausen'schen Bankverein, der sich allerdings keine neue regionale Konkurrenz schaffen wollte.[86] Gespräche mit der Darmstädter Bank, die sich bis dahin aus dem Ruhrgebiet ferngehalten hatte, verliefen ergebnislos. Eine Zusammenarbeit mit der Disconto-Gesellschaft – mit der Grillo in anderen Zusammenhängen wiederholt kooperiert hatte – ergab sich nicht, da diese mit der von ihr erst gerade geschaffenen Provinzial Disconto-Gesellschaft selbst im Revier tätig werden wollte.[87] Stattdessen wandte er sich an den Barmer Bankverein und an die erst im Frühjahr 1870 gegründete Deutsche Union Bank, in deren Aufsichtsrat der Essener Reichstagsabgeordnete Friedrich Hammacher saß. Die Bank hatte in der kurzen Zeit ihres Bestehens bereits zahlreiche Unternehmensgründungen finanziert und wollte ihre Tätigkeiten auf diesem Gebiet auch im Ruhrgebiet ausdehnen. Der Barmer Bankverein wiederum hatte bereits 1870 die Gründung von Filialen in den westfälischen Wirtschaftszentren ins Auge gefasst und war nur vorübergehend durch den Deutsch-Französischen Krieg von diesem Vorhaben abgehalten worden. Nach dem Krieg ging die Bank einen Umweg über Berlin, wo ihr Direktor Mathias Hinsberg gemeinsam mit dem befreundeten Kollegen vom A. Schaaffhausen'schen Bankverein, August Lübke, die Bank Hinsberg, Lübke & Co. gründete. Diese wiederum rief die Bergisch-Märkische Industrie Gesellschaft, Barmen ins Leben.[88]

Die Essener Credit-Anstalt wurde mit einem Aktienkapital von sechs Millionen Talern (etwa neun Millionen Mark) eingetragen, von denen zunächst lediglich drei Millionen Taler gezeichnet und wiederum nur die Hälfte eingezahlt wurden. Von diesen entfielen auf Grillo und Born zunächst jeweils 600 000 Taler, die Deutsche Unionbank 1 150 000 Taler und den Barmer Bankverein mit seinen Tochtergesellschaften 650 000 Taler, wovon das Mutterunternehmen wie auch die Bergisch-Märkische Industrie Gesellschaft je 100 000 Taler zeichneten und Hinsberg, Lübke & Co. die übrigen 450 000 Taler.[89] Das Aktienkapital blieb damit zwar deutlich hinter den zweistelligen Millionenbeträgen beispielsweise der Darmstädter Bank oder des A. Schaffhausen'schen Bankvereins zurück, lag aber oberhalb anderer in dieser Zeit gegründeter Banken wie der Deutschen Bank (5 Millionen Taler) und der Dresdner Bank (3,2 Millionen Taler). Andere westdeutsche Aktiengesellschaften bewegten sich in einer ähnlichen Größenordnung.[90] Neben Essen als Sitz der Gesellschaft wurde im Statut die Möglichkeit vorgesehen, Zweigniederlassungen, Agenturen und Kommanditen in der Rheinprovinz und in Westfalen einzurichten. Als Gesellschaftszweck wurde der Betrieb von Bank-, Handels-, Industrie-, Mobiliar- und Immobiliengeschäften vorgesehen. Die Bank wurde also von Beginn an als regionale Universalbank für das gesamte rheinisch-westfälische Industrierevier konzipiert.[91]

Ludwig von Born übernahm als alleiniger Vorstand gemeinsam mit den Prokuristen Heinrich Gerke und Otto Huyssen die Geschäfte. Gerke war bereits zuvor Prokurist bei Born gewesen, verließ die neu gegründete Bank jedoch noch vor Jahresfrist. Der dreißigjährige Huyssen entstammte einer weitverzweigten und hochangesehenen Essener Familie und war bestens vernetzt. Vorübergehend war er bei Grillo, Funke & Co. in Schalke beschäftigt gewesen und wirkte dort als Bevollmächtigter des einflussreichen Essener Reichstagsabgeordneten Friedrich Hammacher. Wenige Monate nach der Gründung der Bank erhielt auch der von Wilhelm & Conrad Waldthausen kommende Paul Carney Prokura – ein Indiz für den frühen Einfluss der Familie Waldthausen auf das neue Institut.[92] Diese Personalkonstellation erwies sich jedoch schon bald als Provisorium, das durch ein Direktorium abgelöst wurde. Born wechselte an die Spitze des Aufsichtsrates mit Grillo als seinem Stellvertreter. Otto Huyssen und Paul Carney wurden zu Direktoren ernannt, Hermann Doebel, zuvor Kassierer der Bank, wurde Prokurist.[93]

Obwohl die Essener Credit-Anstalt mit einem gegenüber dem Bankhaus Ludwig von Born deutlich erweiterten Grundkapital arbeiten konnte, erfolgte die Finanzierung zu einem großen Teil über den Akzeptkredit, der in der Bilanz mit beinahe 50 Prozent der Bilanzsumme ausgewiesen wurde, wobei die Kreditoren nicht extra angeführt, sondern von den Debitoren abgezogen wurden.[94] Reichsweit lag der Schnitt bei etwa 12 Prozent.[95] Um die Finanzierung auf eine breitere Grundlage zu stellen, wurde bereits im November 1872 die Einzahlung der zweiten Hälfte des gezeichneten Stammkapitals von neun Millionen Mark beschlossen.[96] Schon im März 1873 entschied sich der Aufsichtsrat für die Zeichnung der zweiten Hälfte des Grundkapitals, das nun seine volle Höhe von 18 Millionen Mark erreichte. Das Effektengeschäft nahm deutlich zu und war nun für mehr als 80 Prozent der Gewinne verantwortlich, was weit über dem Reichsdurchschnitt von 38,44 Prozent lag. Die Bilanzsumme stieg unterdessen binnen eines Jahres von 11,8 Millionen Mark Ende 1872 auf 35 Millionen Mark an.[97] Insgesamt zeigte sich «der überstürzte Geschäftsgang der Gründerjahre» nur bei wenigen Instituten so ausgeprägt wie bei der Essener Credit-Anstalt. Dies sah offenbar auch Paul Carney so, der aus Protest gegen diese Geschäftspraxis sein Vorstandsamt wieder aufgab und zur Privatbank Wilhelm & Conrad Waldthausen zurückkehrte.[98]

Der im Frühjahr 1873 einsetzende Gründerkrach erfasste die Essener Credit-Anstalt mit voller Wucht. Bereits im Juli 1873 sank der Aktienkurs unter Pari, bis März 1874 fiel er auf unter 60 Prozent. Auf der Aufsichtsratssitzung vom 13. Dezember 1873 musste die Entscheidung über die auszuzahlende Dividende vertagt werden, zudem wurde dem Vorstand aufgetragen, sämtliche Spekulationsgeschäfte zu unterlassen.[99] Eine Revisionskommission aus dem Kreis der Großaktionäre, bestehend aus Moritz Beer, Friedrich Funke und Ernst Nedelmann, nahm eine Prüfung der Geschäfte vor und berechnete einen Verlust von 1,4 Mio. Mark im Effekten- und Konsortialgeschäft. Die Gewinne im laufenden Geschäft reichten nicht aus, die Verluste zu decken, sodass ein Betrag von etwa 300 000 Mark aus dem Reservefonds entnommen werden musste.[100] Doch dies war nur der Anfang. Umsatz und Bilanzsumme brachen im Folgejahr ein: der Umsatz von 484 Millionen Mark auf 338 Millionen Mark, die Bilanzsumme von 35 Millionen Mark auf 25 Millionen Mark. Bis 1878 folgte ein weiterer Rückgang auf 228 Millionen Mark bzw. 18 Millionen Mark. Der Gesamtverlust über diesen Zeitraum lag bei etwas mehr als fünf Millionen Mark, die aus den laufenden Gewinnen, den Reserven und den Gewinnen aus Aktienrückkäufen gedeckt werden mussten.[101]

Die schwere Krise der Essener Credit-Anstalt war eine Folge der engen Verbindungen zu den Unternehmen Friedrich Grillos, die ebenfalls in heftige Turbulenzen geraten waren. Sie hatten von der Bank «exorbitant hohe Einzelkredite» erhalten, die «vielfach die Grundsätze einer gesunden, vorsichtigen, das Risiko teilenden Kreditpolitik im Taumel der Hochkonjunktur» außer Acht gelassen hatten.[102] Im Einzelnen sind diese Geschäfte oft nicht mehr nachvollziehbar, jedoch dürfte sich die Essener Credit-Anstalt nicht allzu sehr von anderen jungen Aktienbanken während der Gründerzeit unterschieden haben, die vor allem die Gelder für die industriellen Neugründungen beschaffen und rasche Kursgewinne ermöglichen sollten. Dabei wurde den Gründern neuer Aktiengesellschaften Kapital zur Gesellschaftsgründung geliehen und die intensiv beworbenen Aktien wurden zu überhöhten Preisen an der Börse angeboten.[103] Teilweise schalteten die Gründer Finanzierungsgesellschaften dazwischen. Ein solches Modell findet sich bei der 1871/72 von Ernst Waldthausen und Friedrich Grillo gegründeten Zeche Victor, deren Kuxe an die AG für Rheinisch-Westfälische Industrie abgetreten wurden, die damit wiederum Kredite bei der Essener Credit-Anstalt absicherte, welche somit als Finanzier der Zechengründung fungierte.[104] Die AG für Rheinisch-Westfälische Industrie war ihrerseits erst 1871 mit einem Kapital von sechs Millionen Mark in Köln gegründet worden und beendete bereits 1875 ihre Geschäftstätigkeit.[105] Bei der Aufnahme des Anleihegeschäfts in den 1880er-Jahren wurde bei der Essener Credit-Anstalt von der Zeche Victor noch immer als einer «befreundeten Zeche» gesprochen, die Geschäftsverbindungen waren also auch über die Krisenjahre, in denen sich die Besitzverhältnisse ständig geändert hatten, nicht aufgegeben worden.[106] Die Zeche Victor ist nur eines von vielen Beispielen von Unternehmensgründungen Grillos aus dieser Zeit, welche die Bilanz der Essener Credit-Anstalt in den kommenden Jahren belasteten. Die Aufsichtsratssitzungen in den 1870er-Jahren waren geprägt von Diskussionen über zweifelhafte Debitoren, die nicht selten Gründungen Grillos waren.[107] Dazu zählten beispielsweise die Friedrichshütte in Porta bei Minden, die Aktiengesellschaft für Bergbau, Eisen- und Stahlindustrie, die AG Schalker Verein für Kesselfabrikation, die Schalker Eisenhütte Maschinenfabrik GmbH, der Schalker Gruben- und Hüttenverein und weitere mehr. Allerdings war Grillo nicht der einzige Nutznießer der freigiebigen Kreditpraxis gewesen. Im August 1877 diskutierte der Aufsichtsrat über ein Verzeichnis der größten Debitoren, unter denen sich neben größeren Industrieunternehmen wie den Zechen Blankenburg, Dannenbaum und König Wilhelm, der Erzgrube Aurora, der Styrumer Eisenindustrie AG oder der Rheinisch Westfälische Industrie AG auch Privatkonten von Ludwig von Born sowie Heinrich Grimberg befanden. Funke & Schürenberg, das etwa 2000 Mitarbeiter beschäftigende Bauunternehmen, war ebenfalls mit gleich mehreren Konten vertreten.[108] Die Firma war nicht nur für die Errichtung zahlreicher Industrieanlagen verantwortlich. Fritz Funke zählte auch zu den bedeutenden Gewerken dieser Zeit und beteiligte sich an zahlreichen Zechengründungen.[109] Die Kredite von Funke & Schürenberg waren mit Kuxen von frisch gegründeten Gewerkschaften abgesichert, die noch gar nicht mit der Förderung begonnen hatten.[110]

Grillo und seine Partner, die wie Ludwig von Born und Ewald Hilger ebenfalls teilweise dem Aufsichtsrat der Essener Credit-Anstalt angehörten, hatten die junge Bank für ihre Unternehmungen nutzen können, da das Aktienrecht bis zur Aktienrechtsnovelle von 1884 einen sehr konkreten Einfluss des Aufsichtsrats auf das Tagesgeschäft der Bank zuließ. Hingegen fehlte eine klar abgegrenzte Aufsichtsinstanz. Angesichts der engen Verflechtung von Grillos Privatinteressen mit denen des Instituts erwies sich dies als ausgesprochen problematisch.[111] Die negativen Folgen durften bei der Sanierung der Bank nicht ignoriert werden, weshalb sich die im Zuge der Kapitalerhöhungen hinzugetretenen Aktionäre zu einem personellen Kurswechsel entschieden. Ludwig von Born und Friedrich Grillo mussten ihre Funktionen als Vorsitzender beziehungsweise stellvertretender Vorsitzender des Aufsichtsrates aufgeben, sie blieben allerdings Aufsichtsratsmitglieder.[112] Dennoch wurden beide keineswegs ruhiggestellt. Grillo übernahm 1876–1877 sogar noch einmal den stellvertretenden Aufsichtsratsvorsitz. Seinen bleibenden, wenn auch nicht mehr dominierenden Einfluss auf die Geschicke der Bank belegt zudem der 1879 erfolgte Eintritt seines Bruders Wilhelm Grillo, des Begründers der heutigen Grillo-Werke, in den Aufsichtsrat.[113]

*Der langjährige Aufsichtsratsvorsitzende
der Essener Credit-Anstalt Louis Huyssen
(† 1902).*

Neuer Aufsichtsratsvorsitzender wurde der frühere Bürgermeister Essens Ernst Lindemann. Dieser war eng mit Grillo verbandelt und agierte beispielsweise in seiner Funktion als Vorstandsvorsitzender bei der Westdeutschen-Versicherungs-Aktien-Bank als dessen Generalbevollmächtigter. Stellvertreter wurde der Kaufmann Ewald Hilger, der bei einigen von Grillos Unternehmungen der Gründerzeit als Gesellschafter fungiert hatte, so bei der Friedrichshütte und dem Schalker Gruben- und Hüttenverein. Es wäre innerhalb der Essener Wirtschaftselite allerdings auch schwer gewesen, gänzlich unabhängige Personen zu berufen. Immerhin waren Lindemann und Hilger eigenständige Persönlichkeiten, die die Interessen des Instituts gegenüber denjenigen Grillos zu wahren wussten. Personelle Änderungen im Aufsichtsrat ergaben sich aus der Entwicklung der beiden an der Gründung beteiligten Banken Hinsberg, Lübke & Co. und Deutsche Union Bank. Erstere wurde von der Wirtschaftskrise so schwer erfasst, dass sie liquidiert werden musste, die Deutsche Union Bank wurde hingegen von der Deutschen Bank übernommen.[114] Damit schieden ihre Vertreter aus dem Aufsichtsrat aus und der regionale Charakter des Instituts wurde gestärkt. Friedrich Grillo fädelte zwar 1877 den Eintritt von Wilhelm Kopetzky von der Deutschen Bank in den Aufsichtsrat ein. Dies blieb allerdings nur ein einjähriges Intermezzo. Bis zur Jahrhundertwende waren keine engeren Beziehungen zwischen den beiden Instituten zu beobachten.[115]

Statt auswärtiger Aufsichtsratsmitglieder wurde nach und nach das lokale Element gestärkt. Louis Huyssen trat 1875 ein und übernahm 1878 den Vorsitz von Lindemann, als dieser zum Dortmunder Oberbürgermeister ernannt wurde. Huyssen war ein vielfach vernetzter Kaufmann, der unter anderem zu den Gründern der Arenbergschen Actiengesellschaft für Bergbau und Hüttenbetrieb gehörte und Mitglied des Aufsichtsrats der Westdeutschen-Versicherungs-Aktien-Bank war. Mehr als 40 Jahre wirkte er als Stadtverordneter. Die von ihm gehegten Hoffnungen auf eine Ehrenbürgerschaft für diese Dienste erfüllten sich jedoch nicht, da er nach Ansicht der Stadt zu wenige weitere Verdienste erworben hatte.[116] Bemerkenswert ist der 1877 erfolgte Eintritt der Familie Waldthausen in den Aufsichtsrat in Person von Friedrich Wilhelm Waldthausen, der bereits im Folgejahr den stellvertretenden Vorsitz übernahm. Die Familie gehörte mittlerweile zu den Großaktionären und übte einen erheblichen Einfluss auf die Geschicke der Bank aus. Nach dem Tod Friedrich Wilhelms 1887 trat Heinrich [von] Waldthausen in den Aufsichtsrat ein und 1889 folgte mit Gottfried Conze ein weiterer Verwandter. Der Einfluss der Familie Waldthausen kam 1878 durch die Wiedereinstellung von Paul Carney vom Bankhaus Wilhelm & Conrad Waldthausen als Direktor der Credit-Anstalt zum Ausdruck, nachdem dieser das Institut zwischenzeitlich aus Protest gegen die Geschäftspolitik des Kreises um Grillo verlassen hatte.

Mit den personellen Umbesetzungen wurden erste Maßnahmen für den allmählichen Aufschwung der Essener Credit-Anstalt ergriffen, doch die Krisensymptome ließen sich nicht so leicht überwinden. Noch bis Ende des Jahrzehnts waren Umsatz sowie Bilanzsumme stark rückläufig, und es mussten in den Jahren 1874 bis 1878 insgesamt 3,3 Mio. Mark abgeschrieben werden.[117] Im Zuge der nötigen Konsolidierung wurde das Aktienkapital des Instituts in drei Schritten zu einem Durchschnittskurs von 74,15 Prozent um 7,5 Mio. Mark auf 10,5 Mio. Mark reduziert.[118] Zu den vordringlichen Aufgaben gehörten die Bereinigung der Bilanz und insbesondere die Rückführung der Debitoren, die sich vor allem aus den Unternehmen Grillos und seiner Partner zusammensetzten. Dies erwies sich als äußerst langwieriger Prozess, der die Bank auf Jahre beschäftigte. Noch im zweiten Halbjahr 1877 betrug allein die Summe der größten Debitoren 6,5 Millionen Mark.[119] Es ist nicht mehr ganz ersichtlich, ob die Rückführung notgedrungen so langsam vollzogen wurde, weil die Kredite nicht früher zurückgeführt werden konnten, oder ob die Bank bewusst die Interessen Grillos schonte. Es ist allerdings auffällig, dass die Essener Credit-Anstalt nach dem Eintritt Moritz Beers in den Aufsichtsrat resoluter vorging, die (Teil-) Rückzahlungen von Krediten binnen weniger Wochen einforderte und im Zweifelsfall Klagen vorbereitete. Selbst gegen Funke & Schürenberg wurde der Klageweg frühzeitig in Aussicht genommen.[120]

Ein weiteres strategisches Ziel war die Reduzierung des Anteils von Akzeptkrediten zur Finanzierung der Kreditgeschäfte. Die Essener Credit-Anstalt führte die hohe Verbreitung von Akzeptkrediten im rheinisch-westfälischen Industriegebiet vor allem auf die entsprechende Vergabe-praxis der Privatbankiers zurück. Für diese war angesichts der geringen Kapitalbasis und des eingeschränkten Depositengeschäfts der Akzept-kredit eine günstige Möglichkeit zur Geldbeschaffung, zugleich gaben sie diese vorteilhaften Bedingungen an die Industrie weiter. Bemühungen der Essener Credit-Anstalt, hier gemeinsam eine Reform anzugehen, wurden nicht aufgenommen. Mit der Einführung des Depositengeschäfts sowie 1883 des Scheckverkehrs gelang ihr aber die Reduzierung des Anteils von Akzeptkrediten von 27 Prozent der Passiva 1879 auf nur noch knapp sechs Prozent 1893,[121] zugleich verlagerte die Bank seit den 1880er-Jahren die Industriefinanzierung auf die Ausgabe von Anleihen.

Ihr Engagement im Effektengeschäft fuhr die Essener Credit-Anstalt ebenfalls deutlich zurück. Der eigene Effektenbesitz sollte bei günstiger Gelegenheit veräußert, neue Effekten sollten nur in Ausnahmefällen über-nommen werden. Allerdings konnten zahlreiche Werte, die ursprünglich der Kreditsicherung gedient hatten, aufgrund der niedrigen Aktienkurse nur mit Verlust veräußert werden. Auch andere Geschäfte wurden radikal beschränkt: Neukredite für im Aufbau befindliche Zechen wurden auf 50 000 Mark begrenzt, die Übernahme von Anleihen abgelehnt. Als Finan-zierungsinstrument für Friedrich Grillos Gründungsprojekte schied die Bank somit weitgehend aus und er konzentrierte sich wieder auf das Ge-schäft mit den Berliner Großbanken.[122] Das Institut hingegen legte seinen Schwerpunkt auf den Kontokorrentverkehr mit der regionalen Wirtschaft und den Wechseldiskont, die «die Garantien für eine dauernde Rentabili-tät» geben sollten.[123] Die deutliche Zurückführung des Geschäfts in den Jahren 1873 bis 1877 schlug sich auch in der Zahl der Geschäftskunden nie-der. So sank die Zahl der Konten auf laufende Rechnung von 717 auf 502, was einen Rückgang von 29,9 Prozent bedeutete. Die Debitoren gingen um 20,8 Prozent zurück, die der Kreditoren um 14,5 Prozent.[124]

Der langsame, sich aber beschleunigende Aufstieg der Essener Credit-Anstalt zur führenden Universalbank des Industrieviers war eng verknüpft mit zwei Personalentscheidungen in den Jahren 1877 und 1881. 1877 trat Moritz Beer in den Aufsichtsrat ein und wurde 1887 dessen stellvertretender Vorsitzender. Beer war – wie erwähnt – Inhaber des auf den Effektenhandel spezialisierten Bankhauses Gebr. Beer in Essen.[125] Er verstärkte nicht nur erneut das regionale Element im Aufsichtsrat, er war zwischenzeitlich auch der einzige Bankier in dem Gremium, was seiner unzweifelhaften Expertise weiteren Nachdruck verlieh.[126] Er gehörte bis zu seinem Tod 1903 zu den herausragenden Essener Bankiers und fungierte – neben seinem eigenen Bankgeschäft und seiner Aufsichtsfunktion bei der Essener Credit-Anstalt – seit 1872 auch als Mitglied des Börsenvorstands, dessen Vorsitz er 1896 übernahm. Zudem war er stellvertretender Handelskammerpräsident. Seine umfangreichen Geschäftsbeziehungen brachten ihm zahlreiche Aufsichtsratsmandate in der regionalen Wirtschaft ein.

Mindestens ebenso wichtig war 1881 die Berufung Albert Müllers in den Vorstand der Bank. Er gehörte dem Gremium bis 1905 an und war gemeinsam mit Moritz Beer fraglos die entscheidende Figur beim Aufstieg der Essener Credit-Anstalt zu einer der führenden deutschen Regionalbanken. Der Mindener Müller entstammte kleinen Verhältnissen und erwarb sich bei der Industrie den Ruf der Solidität und Konsequenz.[127] Bereits mit 25 Jahren war er 1872 zum Direktor der Herforder Disconto-Bank berufen worden, bevor er drei Jahre später gemeinsam mit dem drei Jahre jüngeren Carl Klönne die Sanierung der Westfälischen Bank in Bielefeld übernahm. Die in dieser gemeinsamen Erfahrung begründete Freundschaft erwies sich für die Essener Credit-Anstalt in späteren Jahren als äußerst fruchtbar und schicksalhaft. 1879 trennten sich die Wege vorübergehend, als Müller Direktor der Gewerkschaft Friedrich der Große wurde und auf diese Weise praktische Erfahrungen in der Bergbauindustrie sammelte.[128] Nach Müllers Eintritt in die Essener Credit-Anstalt blieb er bis zu seinem Tod 1925 bei dem Institut, zunächst für ein Vierteljahrhundert als Vorstand, 1906 wechselte er an die Spitze des Aufsichtsrats. Als ihn 1922 die Erblindung zum Rücktritt zwang, blieb er einfaches Mitglied des Gremiums.

Bei der Essener Credit-Anstalt begann Müller mit einer gründlichen Prüfung der Geschäftslage, nahm umfangreiche Abschreibungen vor und förderte die nachhaltige Reservebildung, auf die sich die Bank schon zuvor festgelegt hatte. Die Entscheidung, dem Beispiel zahlreicher anderer Aktienbanken[129] zu folgen und die Kreditgewährung sowie das Kontokorrentgeschäft in den Vordergrund zu rücken, ging maßgeblich auf Müller zurück, der sich auf diese Weise einen zuverlässigen Eindruck von der Entwicklung

*Der langjährige Vorstand und Aufsichts-
ratsvorsitzende der Essener Credit-Anstalt
Albert Müller (1847–1925).*

eines Unternehmens erwartete.[130] Dieser auf den ersten Blick recht konservative Ansatz ermöglichte es der Bank, die in den folgenden Jahren auch in zahlreiche Aufsichtsräte der Unternehmen der Region einzog, sich langfristig einen Informationsvorteil gegenüber den überregionalen Wettbewerbern zu verschaffen, was die Essener Credit-Anstalt trotz einer zunehmenden expansiven Geschäftspolitik unter Müllers Leitung von aufsehenerregenden Fehlspekulationen verschonte.

Gründliche Kenntnis der Ruhrindustrie war eine Grundbedingung für das in den 1880er-Jahren aufgenommene Konsortialgeschäft, das sich zu einem wichtigen Tätigkeitsfeld der Essener Credit-Anstalt entwickelte. Die Initiative ging von Moritz Beer aus, der in seiner Privatbank das Effektengeschäft intensiv kennengelernt hatte, bevor er die Essener Credit-Anstalt auf neue Wege führte. Unterstützung erhielt er dabei von Müller, der es sich zur Aufgabe gemacht hatte, bei der Industriefinanzierung den Schwerpunkt vom Akzeptkredit zur Industrieanleihe zu verlagern. Unter seiner Führung kam es 1882 zu einem ersten Anleihegeschäft im Bergbaubereich, wo die Bank in den folgenden Jahrzehnten oft als Konsortialführer auftrat. Rasch nutzte die Essener Credit-Anstalt das neue Finanzierungsinstrument auch für andere Branchen: 1884 wurde die erste fünfprozentige Anleihe für ein Unternehmen der Eisenindustrie ausgegeben. Am Ende des Jahrzehnts ergänzte die Essener Credit-Anstalt ihr Portfolio noch um Stadtanleihen, unter anderem für Essen, Bochum und Duisburg.[131]

Beer erkannte zudem die Notwendigkeit, sich aufgrund des Umfangs der Geschäfte im Sinne der Risikosteuerung zu größeren Konsortien zusammenzuschließen. Neben den engen Beziehungen zu Beers eigenem Bankhaus Gebr. Beer etablierte sich vor allem die Partnerschaft mit dem A. Schaaffhausen'schen Bankverein in der Person von Carl Klönne. Der 1850 in Solingen geborene Klönne war für die weitere Entwicklung der Essener Credit-Anstalt von besonderer Bedeutung, da er nach seinem Wechsel zur Deutschen Bank 1900 deren Fachmann für das Industrierevier die Beziehungen zwischen den beiden Banken wurde und damit den Grundstein für die spätere Übernahme legte. Klönne war 1879 nach der Zusammenarbeit mit Müller bei der Westfälischen Bank in Bielefeld zum Bankverein gewechselt, um diesen zu sanieren und das Geschäft der Industriefinanzierung voranzutreiben. Als er die 1890 gegründete Berliner Filiale, deren Leitung er übernommen hatte, dazu nutzen wollte, die Zentrale der Bank in die Hauptstadt zu verlegen und das Institut von hier aus in die Reihe der Berliner Großbanken zu überführen, kam es zum Bruch mit seinem Institut, das er im Dezember 1899 in Richtung Deutsche Bank verließ. Klönne hatte richtigerweise erkannt, dass der Konzentrationsprozess in der Kohle- und Stahlindustrie in Westdeutschland so weit vorangeschritten war, dass die Industrieunternehmen Zugang zu großen Kapitalmärkten benötigten. Diesen konnten jedoch nur die in Berlin beheimateten Großbanken oder jene Regionalbanken eröffnen, die mit einer Großbank in Form einer Interessengemeinschaft kooperierten. Tatsächlich reagierte A. Schaaffhausen zu spät und fusionierte – nach einer kurzzeitigen Interessengemeinschaft mit der Dresdner Bank 1903 – schließlich 1914 mit der Disconto-Gesellschaft.[132]

Die drei Partner Müller, Beer und Klönne entwickelten die Grundbedingungen für das Emissionsgeschäft, wie sie im Bergbau für die kommenden Jahrzehnte üblich werden sollten. Sie sahen vor, dass die Anleihen für jede Eventualität ausreichend mit Bergwerks- und Grundeigentum gesichert werden mussten. Des Weiteren sollte die ausgebende Zeche das erste Ausbaustadium bereits überwunden und ihre Kohlenlager so weit aufgeschlossen haben, dass aus ihren Erträgen die jährlichen Zins- und Tilgungshypotheken bestritten werden konnten. Die übernehmende Bank sollte zudem als Vertreterin der Partialgläubiger in Hinsicht auf die bestellten Hypotheken als Treuhänderin in das Grundbuch eingetragen werden. Zudem wurden Zinsdienst, Tilgungspläne und sonstige Regularien im Vorfeld detailliert geregelt, um eine vollständige juristische Sicherheit zu erreichen.[133] Die Kooperation der Essener Credit-Anstalt mit

*Der Bankier Carl Klönne (1850–1915) war
der wichtigste Geschäftspartner der
Essener Credit-Anstalt.*

der Deutschen Bank ermöglichte Ersterer den Zugang zur Berliner Börse,
während die Deutsche Bank die lokale Expertise der Regionalbank nutzen
konnte. Zwischen beiden Banken entwickelte sich ein vertrauensvolles
Einvernehmen, wesentlich erleichtert durch die persönliche Freundschaft
zwischen Müller und Klönne. Zugleich sicherte die 1903 erfolgte Kapital-
beteiligung der Deutschen Bank an der Credit-Anstalt auch einen formalen Einfluss.

In den 1880er-Jahren belebte sich das Geschäft der Essener Credit-
Anstalt, was sich unter anderem in einer Steigerung der Bilanzsumme von
17,7 Millionen Mark auf 28,2 Millionen Mark ausdrückte,[134] doch im Grunde
dauerte der Erholungsprozess nicht zuletzt aufgrund der schwierigen konjunkturellen Lage bis in die 1890er-Jahre. Nachdem die Essener Credit-Anstalt zwei Jahrzehnte lang an den Folgen des Gründerkrachs laboriert hatte,
legte die konservative Geschäftspolitik der Bank eine gesunde Grundlage
für den folgenden Aufstieg. Dieser durchlief zwar gelegentliche konjunkturelle Schwächephasen – so waren 1907 und 1908 im bescheidenen Umfange
Stützungskäufe eigener Aktien nötig, woran sich auch die Deutsche Bank
beteiligte –,[135] beschrieb aber insgesamt die Entwicklung zur führenden
Bank im Industrierevier. Wichtigster Gewinnfaktor blieben die Zinsein-
nahmen, die mit Ausnahme von 1895 um die 60 Prozent zum Geschäftsge-

winn beitrugen. Provisionen machten etwa ein Viertel des Ergebnisses aus, die Effektengewinne lagen seit 1898 bei etwa sieben Prozent, zuvor waren sie durch den Verkauf von Altbeständen teilweise deutlich höher gewesen.[136] Nachdem die Dividende bis 1891 aufgrund der langen Sanierungsphase unterhalb des Reichsdurchschnitts gelegen hatte, bewegte sie sich nun oberhalb desselben. Der vorsichtigen Geschäftspolitik dieser Jahre, in denen sie die Dividende auf sieben Prozent festlegte, entsprach es, dass das Institut mit dem Anstieg der Konjunktur 1894 zunächst wieder unter den Durchschnitt rutschte, seine Dividende aber nach und nach anpasste und in den Krisenjahren 1900 und 1901, die die Bank besonders gut überstand, mit 8 bzw. 8,5 Prozent weit oberhalb des Durchschnitts von 7,19 bzw. 5,66 Prozent belassen konnte.[137] Eine Steigerung erlebte seit 1894 das Effektenkommissionsgeschäft, das allerdings stark konjunkturabhängig blieb. Die Umsätze auf dem Effektenkonto stiegen von 27 Mio. Mark 1894 auf 96 Mio. Mark 1899 an, um dann im Zuge der folgenden Börsen- und Wirtschaftskrise bis 1901 auf 41 Mio. Mark zu sinken. Die Gewinne aus diesem Segment stiegen zwischen 1894 und 1901 von 141 000 Mark auf 324 000 Mark, wobei Verkäufe von Altbeständen 1895 sogar ein höheres Ergebnis erreichten. Die Anteile am Gesamtumsatz und am -gewinn des Instituts blieben jedoch meist im einstelligen Bereich.[138]

Die Bank befand sich mittlerweile in ruhigen Gewässern und entschloss sich 1899, Gründungs- und Finanzgeschäfte wie die Umwandlung von Privatfirmen oder Kapitalerhöhungen, mit denen die Essener Credit-Anstalt in ihren ersten Jahren so schmerzvolle Erfahrungen gemacht hatte, wieder aufzunehmen. So hieß es im Beschluss des Aufsichtsrats, dass die Bank «innerhalb unseres engeren Geschäftskreises und behufs Erhaltung u. Entwicklung unseres Conto-Corrent-Geschäfts sich an der Errichtung von Aktiengesellschaften, Übernahmen der Aktien und sonstigen Werten beteiligt – Alles selbstverständlich nur bei streng soliden Unternehmungen, in beschränktem Umfange und mit Zustimmung des Ausschusses».[139] Allerdings konzentrierte sich das Institut auf den bereits bestehenden Kundenkreis und betonte zugleich, «daß wir auf dem Gebiet der Gründungstätigkeit nur insoweit tätig sind, als zur Erhaltung unserer Beziehungen zur rheinisch-westfälischen Industrie unbedingt notwendig ist». Es fällt ins Auge, dass unter den Gesellschaftsgründungen und unter den von der Bank betriebenen Kapitalerhöhungen Bergbauunternehmen fehlten. Neben dem Umstand, dass von diesen viele weiterhin als Gewerkschaften organisiert waren, dürften hier die negativen Erfahrungen aus den 1870er-Jahren weiterhin prägend gewesen sein.[140]

Nachdem die schwierige Geschäftslage der Essener Credit-Anstalt bis in die 1880er-Jahre hinein die Gründung von Zweigstellen und Filialen undenkbar gemacht hatte, beschloss der Aufsichtsrat 1887 auf Vorschlag Müllers die Eröffnung einer Wechselstube in Gelsenkirchen. Die Wahl des Standortes war nicht dem Zufall geschuldet, schließlich stellte die im Nordosten Essens liegende Nachbarstadt das Haupttätigkeitsgebiet von Friedrich Grillo dar, und die Credit-Anstalt hatte über diesen Weg zahlreiche Geschäftsverbindungen knüpfen können. Zwischenzeitlich wurde das Vorhaben zwar aufgegeben, da Grillo ankündigte, in Schalke eine Industriebank zu gründen, die freundschaftliche Beziehungen zur Credit-Anstalt pflegen sollte. Doch seine unmittelbar folgende schwere Erkrankung verhinderte diesen Plan, und schon im Folgemonat wurde in Gelsenkirchen eine Agentur der Essener Credit-Anstalt ins Leben gerufen.[141] Dies bildete den Auftakt zu einem Expansionskurs, an dessen Ende ein dichtes Filialnetz über das gesamte rheinisch-westfälische Industrierevier gespannt war. Diese Strategie war allem Anschein nach zumindest zu Beginn im Aufsichtsrat nicht völlig unumstritten. In einer der sehr seltenen Kampfabstimmungen beschloss der Aufsichtsrat im Juni 1890 mit fünf zu zwei Stimmen die Errichtung einer Filiale in Dortmund, die mittels einer Kapitalerhöhung finanziert werden sollte. Neben Gustav Waldthausen stimmte auch der Aufsichtsratsvorsitzende Louis Huyssen gegen diesen Schritt.[142] Dies unterstreicht den in der älteren Literatur immer wieder vermittelten Eindruck, dass Albert Müller und Moritz Beer die eigentlichen Schrittmacher der Credit-Anstalt waren, während von Huyssen kaum einmal die Rede ist. Es ist jedoch anzunehmen, dass Huyssen durch sein bedächtiges Wirken zur Stabilisierung in der Krisenphase beitrug. Er verhinderte auch, dass die Essener Credit-Anstalt erneut durch überspannte Pläne in Schieflage geriet. Die Eröffnung der Dortmunder Filiale verzögerte sich noch vier Jahre, wobei die Ursachen nicht mehr rekonstruierbar sind. Bei der Einrichtung einer Filiale in Bochum 1896, die zunächst nur mit eingeschränkten Befugnissen versehen wurde, gab es über die Ausdehnung keine Diskussion mehr.[143] Der zunächst umstrittene dynamische Kurs von Müller und Beer, die das Institut professionalisierten, hatte sich als erfolgreich erwiesen.

Der gesteigerte Geschäftsumfang und die nun rasch vorangetriebene Ausdehnung der Essener Credit-Anstalt in die Region machten Kapitalerhöhungen notwendig. Die am 20. September 1894 beschlossene erste Kapitalerhöhung um 4,5 Mio. Mark auf insgesamt 15 Mio. Mark, die im Folgejahr umgesetzt wurde, war gewissermaßen Sinnbild für die überwundene

Krise. Die eine Hälfte der Aktien wurde statutengemäß den bisherigen Aktionären zum Nennwert angeboten, die andere Hälfte zu einem Kurs von 118,5 Prozent von einem Bankenkonsortium ausgegeben. Zu diesem gehörte aus Essen das Bankhaus des Aufsichtsratsmitglieds Moritz Beer, die Führung des Konsortiums hatte die Deutsche Bank übernommen. Weitere Mitglieder waren die Disconto-Gesellschaft und der A. Schaaffhausen'sche Bankverein. Beide Beziehungen gingen noch auf Friedrich Grillo zurück, bei dem A. Schaaffhausen'schen Bankverein waren sie allerdings durch die Kooperation mit Carl Klönne bedeutend vertieft worden. Die Platzierung der Aktien verlief problemlos, die Einzahlung des Nominalbetrags erfolgte jedoch zunächst lediglich in einer Höhe von 25 Prozent. Ein weiteres Viertel wurde 1895 eingezogen, bevor 1896 der vollständige Betrag eingefordert wurde.[144] Das frische Geld konnte umgehend gewinnbringend eingesetzt werden. Es erwies sich zudem schnell als ungenügend, weshalb das Kapital in zwei voneinander unabhängig geplanten und vollzogenen Schritten bis 1898 auf 30 Millionen Mark erhöht wurde.

Selbst die Wirtschaftskrise der Jahre 1900/1901, die auch den Bankensektor ergriff, konnte die Essener Credit-Anstalt nicht erschüttern, wie sie ausgesprochen selbstbewusst in ihrem Geschäftsbericht von 1901 kundtat: «Ein allgemeines, stark übertriebenes Gefühl der Unsicherheit bemächtigte sich des Geschäftslebens, das Creditwesen wurde erschüttert und vielen Geschäftsleuten wurde es schwer, den ihnen entzogenen Credit anderweitig zu finden, der ihnen in der Hochflut infolge verschärften Wettbewerbs auf dem Bankgebiete vielfach bereitwilligst gewährt worden war. Dass diese Krisis nicht schließlich doch noch größere Opfer gefordert hat, ist neben der Reichsbank auch denjenigen Banken zuzuschreiben, die vermöge ihrer vorsichtig conservirten Mittel nicht nur die alten Credite voll aufrecht erhielten, sondern auch neue zu gewähren vermochten. Zu unserer Genugthuung waren auch wir hierzu ununterbrochen in der Lage, sodass wir den verstärkten Ansprüchen der kritischen Periode voll gerecht werden und häufig da, wo andere finanzielle Kräfte versagten, helfend eintreten konnten.»[145] Im Effektenverkehr war der Bank kein Verlust entstanden. Lediglich die insolvente Privatbank H. Middendorff & Co. hatte ungedeckte Kredite bei der Credit-Anstalt in Höhe von 352 000 Mark. Albert Müller übernahm im Liquidationsprozess die Vergleichsverhandlungen, die rasch beendet werden konnten. Um weitere Verwerfungen zu vermeiden, hatte er sein Institut für eine Hilfsaktion zugunsten der Kleinanleger zur Verfügung gestellt, deren Forderungen an die Liquidationsmasse die Credit-Anstalt übernahm. Verluste entstanden aus dieser Aktion nicht.[146]

Die Kettwiger Straße 1896.

Bis zur Jahrhundertwende war die Bankenlandschaft des rheinisch-westfälischen Industriegebiets von zahlreichen Privatbanken unterschiedlicher Größe sowie kleinen Aktienbanken geprägt gewesen. Letztere fielen in den folgenden Jahren zunehmend einem umfassenden Konzentrationsprozess zum Opfer, von denen vor allem Regionalbanken mittlerer Größe profitierten. Die Essener Credit-Anstalt, deren Entwicklung lange Zeit äußerst ruhig verlaufen war, entfaltete gerade noch rechtzeitig die nötige Dynamik, um daran aktiv mitzuwirken. Nach den früheren Filialgründungen in Gelsenkirchen, Dortmund und Bochum erfolgte der erste Schritt in diesem Konzentrationsprozess in Recklinghausen. Um der Expansion der Bochumer Bank in den Norden des Ruhrgebiets zuvorzukommen, betrieb die Essener Credit-Anstalt 1902 die Fusion mit der Creditbank Recklinghausen, einer 1894 errichteten Aktienbank, die sich in den folgenden Jahren gut entwickelt und ihr Aktienkapital gerade erst auf drei Millionen Mark erhöht hatte. Da die Creditbank für sich wenig Chancen in einer Konkurrenz zur Essener Credit-Anstalt sah, gestalteten sich die Verhandlungen unproblematisch. Ein Aktientausch besiegelte im Mai 1902 den Zusammenschluss. Das Aktienkapital der Credit-Anstalt wurde um die drei Millionen Mark der Creditbank Recklinghausen erhöht. Der vorherige Direktor der Creditbank, J. Heitmann, übernahm die Leitung der weiterhin im bisherigen Geschäftsgebäude der Bank residierenden Filiale, die auch den Namen Creditbank Recklinghausen unter Zusatz des Filialhinweises fortführte.[147]

Bereits im Folgejahr unternahm die Essener Credit-Anstalt einen weiteren Expansionsschritt, der zugleich die Kooperation mit der Deutschen Bank weiter vorantrieb. Diese hatte 1902 im Zuge der Sanierung der Duisburg-Ruhrorter Bank beinahe deren gesamtes Aktienkapital in Höhe von zwölf Millionen Mark übernommen. Das Geschäft war im Wesentlichen das Werk Carl Klönnes, der seine früheren Kontakte aus seiner Zeit beim A. Schaaffhausen'schen Bankverein gewinnbringend ausspielte. Da es der Deutschen Bank insgesamt jedoch an regionaler Expertise fehlte, suchte sie von Beginn an die Kooperation mit der Essener Credit-Anstalt, die 1903 ein Drittel der Aktien der Duisburg-Ruhrorter Bank gegen neu ausgebrachte eigene Aktien eintauschte. Albert Müller wurde zudem in den Aufsichtsrat der mittelgroßen Regionalbank gewählt.[148] Die Hoffnungen auf eine gedeihliche Entwicklung erfüllten sich allerdings nicht, in den Folgejahren mussten regelmäßig Abschreibungen von bis zu 275 000 Mark vorgenommen werden. Essener Credit-Anstalt und Deutsche Bank beschlossen daher, die Duisburg-Ruhrorter Bank 1909 vollständig in die Essener Credit-Anstalt zu überführen.[149]

Ebenfalls 1903 erörterte die Essener Credit-Anstalt eine mögliche Fusion oder eine Interessengemeinschaft mit dem Dortmunder Bankverein, um in diesem zweiten Zentrum des Ruhrgebiets Fuß zu fassen und zugleich andere Großbanken von einem solchen Schritt abzuhalten. Albert Müller holte zu diesem Zweck die Einschätzung des Dortmunder Holzhändlers Louis Brügmann ein, der im Aufsichtsrat der Essener Credit-Anstalt saß. Dieser riet jedoch von jedem Zusammengehen ab, da sowohl die Qualität des Geschäfts als auch die Fähigkeiten der meisten leitenden Personen unzureichend seien. Müller nahm daraufhin Abstand von den Plänen. Auch die Erfüllung des strategischen Hauptzwecks, nämlich andere Banken von einem Schritt nach Dortmund abzuhalten, erschien ungewiss.[150] Der Dortmunder Bankverein wurde später vom Barmer Bankverein übernommen.

Die Essener Credit-Anstalt orientierte sich stattdessen in Richtung Münsterland. Hier wurde ihr 1906 eine kommanditarische Beteiligung an dem renommierten Münsteraner Bankhaus Alb. Henr. Rost angeboten. Bereits seit 1904 war man jedoch an der Westfälischen Bank in Münster beteiligt und hatte im Zuge einer Kapitalerhöhung ihren Anteil auf nun etwa 2,5 von acht Millionen Mark erhöht. Die Essener Credit-Anstalt wollte einen

Der 1902 eröffnete, repräsentative Essener Hauptbahnhof spiegelt die Entwicklung Essens zur Großstadt wider.

Wettbewerb zweier befreundeter lokaler Banken vermeiden und entschloss sich deshalb, sowohl die Westfälische Bank als auch die Privatbank Alb. Henr. Rost komplett zu übernehmen. Beides geschah im Zuge eines Aktientauschs.[151] Da die Essener Credit-Anstalt im selben Jahr Filialen in Dorsten, Altenessen und Hamborn eröffnete, wurde das Aktienkapital des Instituts insgesamt um etwa zehn Millionen Mark auf 60 Millionen Mark erhöht.

Diese Beispiele mögen zur Illustration des Ausdehnungsprozesses genügen, bei dem die Essener Credit-Anstalt bis zum Ersten Weltkrieg ein breites Filialnetz über das rheinische Industrierevier spannte. Die Entwicklung war nicht ungewöhnlich. In der Region verfolgte beispielsweise der Barmer Bankverein eine ganz ähnliche Expansionsstrategie, die sich jedoch stärker auf das Bergisch-Märkische, das östliche Westfalen sowie den Mittel- und Niederrhein konzentrierte und so die direkte Konkurrenz der Essener Credit-Anstalt zunächst vermied.[152] Dennoch war das Wachstum des Essener Instituts beeindruckend, wie der Anstieg des Aktienkapitals von 30 Millionen RM zur Jahrhundertwende auf 90 Millionen Mark im letzten Vorkriegsjahr verdeutlichte. Dabei wirkte das Institut über das Ruhrgebiet hinaus und betätigte sich, wo persönliche Verbindungen dies anboten, auch im Rheinland. Von der Eröffnung von Filialen sah man in der Vorkriegszeit dort aber mit Rücksicht auf befreundete Geldhäuser ab.

Bedeutende Aktivitäten außerhalb des Industrreviers entwickelte die Bank im mitteldeutschen und elsässischen Kalibergbau, in dessen namhafte Gewerkschaften die Bank mittel- oder unmittelbar Vorstandsmitglieder entsandte.[153] Bei der Einführung von Kaliobligationen hatte die Essener Credit-Anstalt entscheidend mitgewirkt.[154] Das Institut hatte sich zudem über den Status einer reinen Montanbank hinaus entwickelt und betreute Unternehmen aus zahlreichen Branchen, von Chemieunternehmen über die Elektrizitätsindustrie bis hin zur Textilbranche. Auf diese Weise erreichte es eine gewisse Unabhängigkeit von der Montankonjunktur, zugleich machte die Bank damit aus der Not auch eine Tugend, denn die kapitalintensive Schwerindustrie orientierte sich zunehmend auf die Berliner Börse und die Berliner Großbanken, sodass die Essener Credit-Anstalt hier in die Rolle des Juniorpartners gedrängt wurde.[155]

Den Schritt ins Zentrum, in die Reichshauptstadt Berlin, mit dem der Status der Provinzbank wohl ad acta gelegt worden wäre, hat die Essener Credit-Anstalt offenbar nicht in Betracht gezogen. Andere Institute wie die Darmstädter Bank (1871) oder die Dresdner Bank (1881) hatten zunächst in der Hauptstadt Niederlassungen gegründet und sie später in Zentralen umgewandelt. Sie ermöglichten den Banken einen besseren Zugang zum wichtigen Berliner Kapitalmarkt, der sich während des Kaiserreichs sprunghaft fortentwickelte. Warum hat die Essener Credit-Anstalt diesen Schritt nicht gewagt? Die Antwort fällt komplex aus. Noch unmittelbar vor der Jahrhundertwende versuchte Carl Klönne, eine ähnliche Strategie mit dem A. Schaaffhausen'schen Bankverein umzusetzen, scheiterte aber am Widerstand seiner Vorstandskollegen. Das Beispiel lässt zumindest erkennen, dass die Berlin-Option zumindest zur Jahrhundertwende noch denkbar war. Wenn sie dennoch nicht ergriffen wurde, dürften personelle und strukturelle Gründe ausschlaggebend gewesen sein. Müller und Beer als die treibenden Figuren der Essener Credit-Anstalt waren mittlerweile im Herbst ihrer Karrieren angelangt und verspürten offenbar nicht mehr den Wunsch nach einer neuen Revolutionierung – und einer möglichen Überbürdung – ihres Instituts, das sie in so erfolgreiche Bahnen gelenkt hatten. Als eine neue Generation das Ruder übernahm, waren die Rahmenbedingungen bereits andere: Das Berliner Zentrum expandierte nun entschlossen in die Provinzen, und die Essener Credit-Anstalt war bereits eine Kooperation mit der Deutschen Bank eingegangen, die den Zugang zum Finanzmarkt der Hauptstadt sicherte, ohne zugleich fesselnd zu wirken. Der strukturelle Faktor hingegen lag in der weitgehenden Selbstbeschränkung auf die Industrie des rheinisch-westfälischen Raumes, der ausreichend Handlungsfelder bot und ein Ausgreifen nach neuen Märkten überflüssig zu machen schien. Die Stärke der Credit-Anstalt, die hohe Kompetenz in der Bewertung der regionalen Wirtschaft, sollte nicht durch eine stärkere Distanz verloren gehen. Mittelfristig führte diese Selbstbeschränkung jedoch in eine immer größere Abhängigkeit von der Deutschen Bank, in der die Essener Credit-Anstalt später letztlich aufging.

Das Scheitern der Essener Credit-Anstalt in den 1920er-Jahren war jedoch zwei Jahrzehnte früher noch nicht abzusehen. Vielmehr vollzog sich in den ersten Jahren des 20. Jahrhunderts unter positiven Vorzeichen ein umfassender Generationswechsel, bei dem die Personalentscheidungen, anders als noch in den 1870er- und 1880er-Jahren, keiner krisenhaften Entwicklung der Bank geschuldet waren. An der Spitze des Aufsichtsrats dauerte es allerdings einige Jahre, bis Kontinuität erreicht werden konnte. Den Aufsichtsratsvorsitz hatte seit 1878 Louis Huyssen inne, dessen umsichtige Amtsführung maßgeblich dazu beigetragen hatte, die ins Schlingern geratene Bank in ruhigere Gewässer zu führen. Als er 1902 starb, folgte ihm sein langjähriger Stellvertreter Moritz Beer, der jedoch bereits im Folgejahr ebenfalls verstarb. Das gleiche Schicksal ereilte dessen Nachfolger Heinrich von Waldthausen, der dem Aufsichtsrat schon seit 1887 angehört hatte. Ihm folgte 1904 für die kommenden beiden Jahre mit dem Essener Bergwerksbesitzer Richard Böhmke ein hochangesehener Mann an der Spitze des Aufsichtsrats, der als enger Vertrauter des Vorsitzenden Albert Müller gelten konnte und ebenfalls schon seit 1888 dem Gremium angehörte. Er machte 1906 Müller Platz, der nach 25-jähriger Tätigkeit im Vorstand in den Aufsichtsrat wechselte. Damit war an der Spitze des Kontrollorgans endlich wieder Stabilität und Kontinuität erreicht, denn Müller amtierte bis 1922.

Neuer führender Mann im Vorstand wurde der Leiter der Gelsenkirchener Filiale, Wilhelm Jötten. Er war bereits 1879 mit zwanzig Jahren in das Institut eingetreten und hatte sich seit 1896 im Vorstand in der engen Zusammenarbeit mit Albert Müller bewährt. Bis zur Fusion mit der Deutschen Bank blieb er die bestimmende Figur der Bank und nahm für sie auch zahlreiche Aufsichtsratsmandate wahr.[156] Zudem trat bei der Neugestaltung des Vorstands auch Dietrich Becker als stellvertretender Direktor in das Gremium ein. Bereits im Folgejahr wurde er zum ordentlichen Vorstandsmitglied ernannt.[157] Becker leitete nach der Fusion der Essener Credit-Anstalt mit der Deutschen Bank 1925 die nun als Deutsche-Bank-Filiale fungierende Essener Credit-Anstalt. Bereits 1905 war Wilhelm von Waldthausen in den Vorstand eingerückt. Albert Müller hatte ihm bei der Beerdi-

*Drei Vorsitzende des Aufsichtsrats der Essener Credit-Anstalt im ersten Jahrzehnt des
20. Jahrhunderts: Moritz Beer (1826–1903), Heinrich von Waldthausen (1846–1904) und
Richard Böhmke (1846–1907).*

gung seines Onkels Heinrich von Waldthausen 1904 dieses Amt angetra-
gen, sollte er sich nach einer Probezeit bewähren.[158] Offenbar sollte auf diese
Weise der Einfluss der Familie Waldthausen in der Bank bewahrt bleiben.
Wilhelm von Waldthausen blieb bis 1921 Vorstandsmitglied. Nach seiner
Wahl ins Preußische Abgeordnetenhaus wechselte er in den Aufsichtsrat
und übernahm dort 1922 in der Nachfolge Müllers den Vorsitz.

Einen anderen vielversprechenden Nachwuchsmann konnte die Essener Credit-Anstalt hingegen nicht an sich binden: den späteren Aufsichtsratsvorsitzenden der Deutschen Bank Oscar Schlitter. Dieser kam als
26-Jähriger 1894 von der Bergisch-Märkischen Bank, wo er in der Effektenabteilung gearbeitet hatte, aber dort unterfordert blieb. Als der zuständige
Direktor Wiegand seinerseits die Bank verließ, empfahl er Schlitter, sich bei
der Essener Credit-Anstalt zu bewerben und half mit einer Empfehlung an
seinen Bekannten Albert Müller nach.[159] Bei der Essener Credit-Anstalt
übernahm Schlitter die Leitung der Effektenabteilung, die offenbar so
schlecht bezahlt wurde, dass er nebenher noch Nachhilfestunden gab und
am Jahrbuch für das Industrierevier mitarbeitete. Spätestens mit seinem
Aufstieg in den Vorstand 1901 änderte sich jedoch auch seine persönliche

Der seit 1906 prägende Mann bei der
Essener Credit-Anstalt Wilhelm Jötten.

Situation.[160] Vier Jahre später bot ihm Carl Klönne an, in den Vorstand der Deutschen Bank zu wechseln, wo er mittelfristig als Nachfolger Klönnes das westliche Industriegeschäft übernehmen sollte.[161] Schlitter avancierte bei der Deutschen Bank als langjähriges Vorstandsmitglied zu einem der wichtigsten Bankiers des Deutschen Reichs und trat 1933 für sechs Jahre an die Spitze des Aufsichtsrats.

Schlitter ist nur das berühmteste Beispiel für die Bedeutung der Essener Credit-Anstalt als Karrierestation für junge Bankangestellte, bevor diese bei anderen Banken Führungsaufgaben übernahmen oder eigene Bankgeschäfte eröffneten. Ein weiteres Beispiel ist der 1878 geborene Carl Gossenberg, der seine Erfahrungen bei der Essener Credit-Anstalt nutzte, um ein eigenes Bankhaus zu eröffnen. Zunächst hatte er die Volks-, dann die Handelsschule in Essen besucht, bevor er beim Essener Privatbankhaus Carl Brandenburg zum Bankkaufmann ausgebildet wurde. 1907 wechselte er zur Essener Credit-Anstalt, wo er in verschiedenen Abteilungen tätig war. Allerdings unterbrach der Erste Weltkrieg seine Tätigkeit bei der Regionalbank: Gossenberg wurde eingezogen und erreichte bis zum Kriegsende die Position des Oberleutnants der Fliegertruppe. Während des Krieges lernte er Kaiser Wilhelm II. kennen, den er nach dessen Absetzung in seinem Exil in Doorn mehrfach besuchte. Nach dem Krieg kehrte er allerdings nicht mehr zur Credit-Anstalt zurück, sondern wurde Bezirksleiter der Karlsruher Lebensversicherung. Während der Inflation machte er sich 1922 mit dem als Kommanditgesellschaft gegründeten Bankhaus Carl Chr. Gossenberg & Co. selbstständig, das neben dem Kontokorrentgeschäft vor allem den Effektenhandel an den Börsen in Essen, Düsseldorf, Frankfurt und Berlin betrieb.[162] Anders als viele in der Inflationszeit gegründete Bankhäuser erwies sich Carl Chr. Gossenberg & Co. als sehr erfolgreich. Gossenberg selbst führte die Bankgeschäfte bis zu seinem Tod 1964.

Die kurzlebigen Konkurrenten –
Essener Bankverein und Rheinische Bank

Neben der Essener Credit-Anstalt, die für etwas mehr als 50 Jahre das führende Bankhaus am Platz war, wurden in der Wilhelminischen Zeit noch zwei weitere Aktienbanken gegründet, die sich, wenn auch im geringeren Ausmaß, einen regionalen Wirkungskreis erarbeiteten. In beiden Fällen ging die Initiative erneut von Industriellen aus, die als die eigentlichen Schrittmacher des Essener Bankplatzes im 19. Jahrhundert gesehen werden können. Offenbar aufgrund von persönlichen Differenzen mit der Essener Credit-Anstalt, in deren Aufsichtsrat er vergeblich Aufnahme suchte, gründete Carl Funke 1898 den Essener Bankverein, der seine Stärken im kleinen Platzgeschäft hatte, aber auch über Essen hinaus Industriefinanzierung betrieb. Der 1855 geborene Funke hatte bereits mit 22 Jahren die Leitung der Zeche Pörtingsiepen in Werden-Fischlaken übernommen, 1884 übergab ihm sein Vater Fritz Funke die Bergwerksbeteiligungen. Carl Funke wurde damit zu einem der bedeutendsten Gewerken der Stadt. Neben seinen bergbaulichen Unternehmungen war er Aufsichtsratsvorsitzender der Essener Actien-Bierbrauerei sowie Mitglied zahlreicher anderer Aufsichtsräte.[163] Verheiratet war er mit Thusnelda Catherina Waldthausen, sodass er verwandtschaftlich mit dieser einflussreichen Familie verbunden war. Als einer der führenden Unternehmer der Stadt war seine Wahl zum Präsidenten der Handelskammer 1910 nur folgerichtig, überdies gehörte er dem Provinzialausschuss und dem Kreistag an. In seinen Zechen veranlasste er eine bessere Bezahlung der Bergleute und trug erheblich zur Beilegung des Bergarbeiterstreiks von 1905 bei.[164]

Als Grundlage des Bankvereins konnte Funke die Privatbank Rebling & Rehn gewinnen. Das Bankhaus war 1875 als Rebling & Co. von Ernst Hugo Rebling gegründet worden. Nach dessen Tod änderte der zweite Teilhaber (Carl) Wilhelm Rehn den Namen in Rebling & Rehn. Das Kapital des

Carl Funke (1855–1912), Gewerke und
Gründer des Essener Bankvereins.

Bankvereins betrug ursprünglich fünf Millionen Mark, wurde aber bis 1913 in mehreren Schritten auf 30 Millionen Mark erhöht. Schon bald nach der Gründung eröffnete der Bankverein Filialen in Essen-Borbeck, Bottrop, Oberhausen und Hattingen sowie Depositenkassen in Altenessen und Lüdenscheid.[165] Zu den wichtigsten Kunden gehörten Unternehmen, die in enger Beziehung zu Carl Funke standen, so die Essener Steinkohlenwerke, König Ludwig und der Essener Bergwerksverein König Wilhelm. Zudem bestanden Geschäftsverbindungen zu verschiedenen Kaligewerkschaften.[166]

Der Essener Bankverein ähnelte in seinem Geschäftsprofil der Essener Credit-Anstalt: Wie auf der Generalversammlung 1909 seitens der Bank verkündet wurde, wurzelte sein Geschäft fest in der Industrie.[167] Zu seinem Haupttätigkeitsgebiet gehörte das Konsortialgeschäft. 1908 beteiligte er sich beispielsweise an der Kapitalerhöhung und an der 4,5 prozentigen Anleihe der Deutsch-Luxemburgischen Bergwerks- und Hütten AG sowie an einer 4,5 prozentigen Anleihe des Rheinisch-Westfälischen Elektrizitätswerks.[168] Beide Unternehmen gehörten zum Wirkungskreis von Hugo Stinnes, der vor allem auf die Kapitalkraft der Berliner Banken setzte, die wiederum stets regionale Banken an den Konsortien beteiligten. Neben Unternehmen der Montanindustrie gehörten Brauereien zum Kundenkreis, darunter die Essener Actien-Bierbrauerei im Besitz Carl Funkes, deren Kapitalbedarf freilich weit geringer war.[169] 1911 beteiligte sich der Bankverein zudem, teil-

Auch die Essener Actien-Bierbrauerei gehörte zum Besitz von Carl Funke.

weise in leitender Funktion, an der Ausgabe verschiedener Anleihen der Kaliindustrie, für die das Reichskaligesetz von 1910 eine neue Investitionsphase angeregt hatte.[170]

Der Essener Bankverein besaß demnach in seiner Anlage und in seiner Führungsfigur Ähnlichkeiten mit der Essener Credit-Anstalt. Zwar gab es schon früh Bemühungen um eine Abgrenzung der Interessenssphären, jedoch beklagte die Essener Credit-Anstalt ein wiederholtes Werben des Bankvereins im eigenen Kundenkreis. Als im Frühjahr 1905 Nachrichten über einen Zusammenschluss des Essener Bankvereins mit dem A. Schaaffhausen'schen Bankverein zur Gründung der Rheinisch-Westfälischen Bank für Grundbesitz AG publik wurden, war die Credit-Anstalt verärgert: Der Essener Bankverein hätte sich erst an sie wenden müssen, anstatt «mit unserem gemeinschaftlichen geschäftlichen Gegner» zu kooperieren: «Nie und nimmer würden wir im umgekehrten Falle so gehandelt haben.»[171] Da der A. Schaaffhausen'sche Bankverein bei der Gründung des Bankvereins mitgewirkt hatte, war der Vorwurf zwar überzogen, er zeigte jedoch auch, wie ernst die Essener Credit-Anstalt den lokalen Konkurrenten nahm.

Carl Klönne hatte bei der Gründung des Essener Bankvereins im Namen des A. Schaaffhausen'schen Bankvereins kurzfristig den Aufsichtsratsvorsitz übernommen und auch diese Geschäftsbeziehung nach seinem Wechsel zur Deutschen Bank mitgenommen.[172] Der ständige Kapitalbedarf des Essener Bankvereins band diesen in der Folge immer stärker an die Deutsche Bank, welche die regelmäßigen Kapitalerhöhungen der Regionalbank durchführte.[173] Die Berliner Großbank bemühte sich denn auch, die

Konkurrenz der beiden führenden und eng mit ihr verbundenen Essener Regionalbanken einzuhegen. Zwischenzeitliche Überlegungen der Deutschen Bank, eine Interessengemeinschaft mit Gewinnausgleich zu gründen, wurden aufgrund der persönlichen Gegensätze der beiden Essener Banken nicht weiterverfolgt.[174] Stattdessen bemühte sich Klönne um eine Interessensabsprache, die bei der Essener Credit-Anstalt ebenfalls auf Bedenken stieß. Oscar Schlitter machte deutlich, dass sie «stets die Führung beanspruchen» müsse. Zudem forderte sie die unbedingte Loyalität des Bankvereins ein, an der sie namentlich bei Carl Funke zweifelte.[175] Dennoch wurde 1906 vereinbart, die jeweiligen Kundenkreise zu respektieren und sich gegenseitig bei der Übernahme von Industrieanleihen zu beteiligen. Der Essener Bankverein erhielt bei diesen Geschäften einen Anteil von 25 Prozent, während der Rest zwischen der Essener Credit-Anstalt und der Deutschen Bank aufgeteilt wurde. Die Führung der Konsortien übernahm die Essener Credit-Anstalt, solange es sich nicht um Unternehmen handelte, die unter der Leitung Carl Funkes standen oder die lediglich zum Essener Bankverein Bankverbindungen unterhielten. Sollten die Anleihen auf dem Berliner Kapitalmarkt platziert werden, übernahm die Deutsche Bank die Führung.[176]

Schon vor der letztlich fatalen Krise des Bankvereins 1912/13 deuteten sich allerdings wirtschaftliche Schwierigkeiten an, die wohl auf die rasche Expansion des Geschäfts zurückzuführen waren. Bereits 1907 hatte die Deutsche Bank auf das «ziemlich ungünstig[e]» Verhältnis zwischen den Guthaben bei Banken und Bankiers sowie den Vorschüssen auf Effekten hingewiesen.[177] 1908 begründete der Vorstand des Bankvereins die Kapitalerhöhung um fünf Millionen Mark mit der reichlich angespannten Finanzlage.[178] In der Bilanz stachen denn auch die hohen Vorschüsse in Höhe von 26 Millionen Mark auf laufende Rechnung bei einer Bilanzsumme von 58 Millionen Mark hervor.[179] Der *Berliner Börsen-Courier* bemängelte bei dieser Gelegenheit, dass über die Befristung der Depositen keine Angaben gemacht wurden.[180] Drei Jahre später erfolgte die nächste Kapitalerhöhung um fünf Millionen Mark, diesmal begründet mit der «gesunde[n] Ausdehnung unseres Geschäfts, mit der eine verstärkte Inanspruchnahme unserer Mittel Hand in Hand geht».[181] Die Vorschüsse in laufender Rechnung waren mit der Bilanzsumme mitgewachsen und machten mittlerweile 41 von 86 Millionen Mark aus. Aufgrund des Mangels an internen Papieren lässt sich schwer abschätzen, wie weit sich die Bankleitung über die oftmals bereits kritischen Debitoren bewusst war. Der explizite Hinweis auf die «gesunde» Geschäftsentwicklung könnte bereits einer Verteidigungshaltung gegen anderslautende Vorwürfe entsprechen. 1911 wurden erste größere Verluste sichtbar: Die Filiale in Hattingen war mittels einer Kommanditeinlage in Höhe von 300 000 Mark bei der früheren Firma Ferd. Klostermann eingerichtet worden. Diese wurde nun zur Hälfte abgeschrieben.[182] Die Beteiligung an der Aktien-Gesellschaft für landwirtschaftliche Maschinen erwies sich 1912 sogar als Totalverlust.[183] Allerdings war dies lediglich die Spitze des Eisbergs, dessen Dimensionen noch nicht erahnt wurden.

In der ersten Hälfte des Jahres 1912 erschütterten zwei schwerwiegende personelle Verluste den Essener Bankverein. Anfang des Jahres starb das leitende Vorstandsmitglied Wilhelm Rehn und wenige Monate später verschied auch der Aufsichtsratsvorsitzende Carl Funke, der eigentliche Begründer und Spiritus rector der Bank. Er hatte bis zuletzt auf die Leitung der Geschäfte und die Kreditpolitik des Bankvereins «einen massgebenden und bis in Einzelheiten gehenden Einfluss ausgeübt».[184] Die Deutsche Bank nahm vor diesem Hintergrund die am 12. März 1912 beschlossene Ausgabe neuer Aktien zum Anlass für die Prüfung der Geschäftssituation, bei der sich eine Reihe von Debitoren als zweifelhaft herausstellte. Um dennoch die geplante Kapitalerhöhung durchführen zu können, übernahmen der Aufsichtsrat und einige Großaktionäre eine Bürgschaft über drei Millionen Mark. Da der Vorstand einen Betrag von zwei Millionen für ausreichend erachtet hatte, fühlte sich der Bankverein für Eventualitäten gut gerüstet.[185]

Der Tod Carl Funkes machte den Weg zu einer Fusion der beiden Essener Regionalbanken frei. Funke hatte diesen Schritt immer abgelehnt, weil er darin eine Einschränkung seiner Gestaltungsmöglichkeiten sah – schließlich hatte er die Bank als Alternative zur Essener Credit-Anstalt gegründet. Diese wiederum erhoffte sich durch einen Zusammenschluss, die Unternehmen aus dem Wirkungskreis Funkes als Kunden gewinnen zu können.[186] Die Deutsche Bank, als Partner beider Institute und für den Essener Bankverein gleichsam eine Lebensversicherung, hatte ohnehin kein Interesse daran, die regionale Doppelstruktur aufrechtzuerhalten, zumal die Verluste Zweifel an der Führung des Bankvereins aufkommen ließen.[187]

Auf welchem Wege die Fusionsverhandlungen eingeleitet wurden, ist ungewiss, da die Überlieferung bis zum Jahresende 1912 sehr lückenhaft ist. Die Einigung gelang nach einigen Verzögerungen am 10. Dezember 1912 bei einem Treffen in Düsseldorf. Vertreter der Großaktionäre des Bankvereins, darunter vor allem Fritz Funke als Vertreter der Erben Carl Funkes, die Deutsche Bank und August von Waldthausen, vereinbarten mit den beiden Direktoren der Essener Credit-Anstalt, Wilhelm Jötten und Dietrich Becker, die Fusion mittels eines Austauschs von Aktien. Die Essener Credit-Anstalt

sollte von den anwesenden Aktionären Bankvereins-Aktien im Nominal-
wert von 6 035 00 Mark zu einem Umtauschkurs von 2000 Mark Essener
Credit-Anstalt-Aktien zu 3000 Mark Bankvereins-Aktien übernehmen.
Zudem wurden fünf Prozent des Nominalbetrags in bar ausgezahlt, während die Dividende des Bankvereins für 1912 auf maximal fünf Prozent
gedeckt wurde. Die Aktionäre August von Waldthausen, Fritz Funke jr.
sowie die Generaldirektoren Franz Wüstenhofer und Jacob Kleynmans
sollten seitens der Essener Credit-Anstalt in einer ad hoc einberufenen Generalversammlung für den Aufsichtsrat der Credit-Anstalt vorgeschlagen
werden. Die Essener Credit-Anstalt wiederum sollte drei Vertreter in den
Aufsichtsrat des Bankvereins entsenden und zudem in die Credit-Kom-
mission des Instituts eintreten.[188] Da zu diesem Zeitpunkt noch keine Kapitalerhöhung der Essener Credit-Anstalt vorgesehen war, musste sich das
Institut die nötigen Aktien für den Tausch zunächst von der Deutschen
Bank leihen, die ihrerseits für ihre Bankvereins-Aktien zur Unterstützung
des Geschäfts bis zur endgültigen Fusion auf die Durchführung des
Aktientausches verzichtete.[189]

Es zeichnete sich jedoch rasch ab, dass die Verluste beim Essener Bankverein deutlich unterschätzt worden waren. Das vereinbarte und teilweise
schon umgesetzte Umtauschverhältnis war daher nicht mehr tragbar und
wurde rückwirkend auf 2000 Mark zu 1200 Mark herabgesetzt. Auch die
Auszahlung von fünf Prozent des Nominalwerts der Aktien unterblieb. Als
Ursache der Neubewertung wurde in erster Linie das große Engagement
des Essener Bankvereins auf dem Terrain- und Baumarkt genannt, der sich
angesichts mangelnden Kapitals schwach entwickelte.[190] Allerdings waren
die Verluste so groß, dass sie nicht alleine mit einer schlechten Marktlage
erklärt werden konnten, sondern auch auf eine risikoreiche Geschäftspolitik zurückzuführen waren, und schon bald wurden öffentlich zahlreiche
Beispiele für eine leichtfertige Kreditvergabe diskutiert.[191] Die Bürgschafts-
vereinbarung vom 25. Februar 1913 über eine Gesamthöhe von 26 Millionen
Mark zeigte das gesamte Ausmaß des in den Debitoren steckenden Risikos.
Die Essener Credit-Anstalt bürgte dabei für einen Verlust von maximal
neun Millionen Mark, die darüber hinausgehenden Risiken sollten von den
Großaktionären des Bankvereins abgesichert werden. Davon übernahmen
die Erbengemeinschaft Carl Funke 51,25 Prozent, August von Waldthausen
13,75 Prozent und die Deutsche Bank 18 Prozent.[192] Da sich die Bücher des
Bankvereins jedoch als nicht vollständig erwiesen, mussten in den Folge-
monaten wiederholt Verhandlungen über zuvor nicht definierte Bürg-
schaftsfälle geführt werden, bei denen sich die Bürgen jedoch großzügig

verhielten.[193] Die Abwicklung der Konten erfolgte bewusst «vor- und nach-sichtig», um den Verlust gering zu halten, auch wenn die Bürgen dadurch einen hohen Bürgschaftsbetrag vorhalten mussten. Dieser betrug auch im Dezember 1913 noch knapp 9,5 Mio. Mark, wobei der tatsächliche Verlust zuzüglich den von der Essener Credit-Anstalt getragenen neun Millionen auf weitere fünf bis sechs Millionen geschätzt wurde. Vollzogen wurde die Fusion am 29. März 1913 durch die Beschlüsse der beiden Generalversammlungen und einen am selben Tag geschlossenen Vertrag. Die Essener Credit-Anstalt übernahm das gesamte Vermögen des Bankvereins, der nicht liquidiert wurde. Stattdessen wurden den Aktionären des Bankvereins Aktien der Credit-Anstalt im Wert von 18 Millionen Mark mit Gewinnanteilberechtigung im Verhältnis von 2000 Mark Bankvereins-Aktien zu 1200 Credit-Anstalts-Aktien gewährt.[194]

Von wirtschaftlich geringerer Bedeutung als der Essener Bankverein war die Rheinische Bank, die ihren Ursprung in dem 1870 in Mülheim gegründeten privaten Bankhaus Gustav Hanau hatte. Dessen Gründer gleichen Namens war ein Enkel des jüdischen Hoffaktors Samuel Gombel; die Familie Hanau war zudem in den Mülheimer Wirtschaftskreisen bestens vernetzt. Die Bank betrieb vor allem Effektenhandel mit dem Schwerpunkt des Kuxengeschäfts. Wohl in den 1890er-Jahren traten neben dem Gründer Gustav Hanau auch dessen Sohn Leo Hanau und der Schwiegersohn Hermann Heymann in die Geschäftsführung ein. 1897 erfolgte die Umwandlung in eine Aktiengesellschaft unter dem Namen «Rheinische Bank, vorm. Gustav Hanau» mit einem Aktienkapital von fünf Millionen Mark. Als Tätigkeit sah das Statut Bank-, Finanz-, Commissions-, Credit-, Industrie- und Immobiliengeschäfte vor. Als Großaktionär trat August Thyssen in die Bank ein, der zwischenzeitlich bis zu 60 Prozent des Gesellschaftskapitals trug und sie zu seinem wichtigsten Finanzierungsinstrument ausbaute. Binnen weniger Jahre eröffnete sie mehrere Filialen am Niederrhein, u. a. 1898 in Neuss und 1905 in Meiderich. Nach anfänglichem Erfolg erlitt die Bank jedoch in der Wirtschaftskrise 1900/1901 empfindliche Rückschläge. Nur zwei Jahre nach ihrer Gründung musste die Filiale in Neuss bereits wieder wegen Unregelmäßigkeiten in der Geschäftsführung aufgegeben werden und die Bank 825 000 Mark abschreiben. 1901 schloss sie mit einem Bilanzverlust von 4,5 Millionen Mark ab, der im Folgejahr noch auf beinahe sechs Millionen Mark anstieg. Im Rahmen einer grundlegenden Sanierung, an der sich auch die Dresdner Bank beteiligte, die so einen ersten Fuß ins Revier setzte, wurde das Grundkapital zunächst auf zwei Millionen Mark reduziert, bevor es durch Zuzahlungen und Neuemissionen wieder auf die

Links die Geschäftszentrale der Rheinischen Bank, später Westdeutsche Creditanstalt, dann Commerzbank. Rechts das alte Reichsbankgebäude, im Hintergrund die Essener Credit-Anstalt.

ursprünglichen zehn Millionen Mark stieg.[195] 1905 wechselte die Rheinische Bank unter Übernahme der Filiale des A. Schaaffhausen'schen Bankvereins mit ihrem Sitz nach Essen, allerdings ist hier über ihre Tätigkeit kaum etwas bekannt. Vermutlich diente sie vor allem als Finanzierungsgesellschaft für August Thyssen, den sie in der Vorkriegszeit mit kurzfristigen Krediten zwischen 516 000 und zwei Millionen Mark bediente.[196] 1915 trennte sich Thyssen offenbar unter Verlust von der Bank, die in den Besitz der Berliner Disconto-Gesellschaft überging.[197]

Die Privatbanken unter Druck

Trotz des Siegeszugs der Aktienbanken seit der Reichsgründung blieben Privatbankiers für die Industrie- und Handelsfinanzierung von zentraler Bedeutung.[198] Ihre Zahl stieg sogar seit Anfang der 1890er-Jahre bis zum Ersten Weltkrieg weiter an, allerdings fand diese Entwicklung vor allem in den finanzwirtschaftlich noch kaum erschlossenen ländlichen Gebieten statt. In den größeren Städten und Industrieregionen hingegen wurden vor allem mittlere und größere Privatbanken von einem Konzentrationspro-

In das Filialgebäude der Mitteldeutschen Creditbank, in dem früher bereits die Rheinische Bank residiert hatte, wurden nach der Übernahme 1929 die Geschäftsräume der Essener Commerzbank verlegt.

zess erfasst, während die neu gegründeten Banken meist nur eine sehr geringe Kapitalbasis hatten und über diesen Status kaum hinauskamen.[199] Wie am Beispiel der Essener Credit-Anstalt bereits zu sehen war, wandelten vor allem Regionalbanken bestehende Privatbanken in Filialen um, wahrten auf diese Weise die lokale Kontinuität, sparten die Kosten für den Aufbau einer neuen Filiale und übernahmen einen bestehenden Kundenstamm.[200] Die Essener Credit-Anstalt war zugleich mit dafür verantwortlich, dass dieser Prozess in Essen nicht im gleichen Maße zu beobachten war, weil die Berliner Großbanken ebenso wie die regionalen Wettbewerber lange Zeit vor der Konkurrenz zurückscheuten. Allerdings mangelte es auch an lohnenswerten Übernahmeobjekten. Das Bankhaus Simon Hirschland als größte Privatbank der Stadt hatte angesichts florierender Geschäfte keine Veranlassung, die Eigenständigkeit aufzugeben, mit den Gebr. Beer sowie H. Middendorff & Co. gingen zwei andere bedeutende Privatbanken aus unterschiedlichen Gründen um die Jahrhundertwende in Liquidation.

Die Mitteldeutsche Creditbank, Frankfurt, errichtete ihre Essener Filiale zwar auf Basis einer bestehenden Privatbank, hatte jedoch zuvor maßgeblich an deren Entwicklung mitgewirkt. 1896 gründeten die Essener Kaufleute Ernst Hoffmann und Gustav August Götze das Bankhaus Hoffmann & Götze oHG. Der positive Geschäftsverlauf veranlasste die Mitteldeutsche Creditbank nur zwei Jahre später, mit einer Kommanditeinlage von 100 000 Mark in die entsprechend in eine Kommanditgesellschaft umgewandelte Bank einzusteigen. In den folgenden Jahren wurde der Betrag kontinuierlich auf 350 000 Mark aufgestockt. Götze war in der Zwischenzeit bereits wieder aus dem Geschäft ausgeschieden, stattdessen trat der Dortmunder Alfred North in die Bank ein und übernahm die Leitung der 1898 eingerichteten Zweigniederlassung in Dortmund, die allerdings wie die 1900 in Köln eröffnete Filiale bereits 1902 wieder aufgegeben werden musste. Grund hierfür könnte – neben der Wirtschaftskrise dieser Jahre – der Tod Ernst Hoffmanns im selben Jahr gewesen sein, der 1904 zur Liquidation des Bankgeschäfts und zur Umwandlung in North, Kammeier & Co. führte. Die Mitteldeutsche Creditbank blieb als Kommanditist beteiligt und stockte ihren Anteil 1905 auf 500 000 Mark auf. Anfang 1908 folgte die bereits zuvor vertraglich vorgesehene Umwandlung der Bank in eine Filiale der Mitteldeutschen Creditbank unter Leitung von Alfred North und Ewald Kammeier.[201]

Bereits erwähnt wurde die Umwandlung der 1886 gegründeten Privatbank Rebling & Rehn in den Essener Bankverein 1898.[202] Die Levi Hirschland Bank wiederum gab 1895 ihr laufendes Geschäft an die Essener Credit-Anstalt ab und beschränkte sich auf das Effektengeschäft und die eigene Vermögensverwaltung.[203] Trotz anderer Umstände ist also in Essen ein Rückgang gerade bei den mittelgroßen Privatbanken zu erkennen, der sich in ähnlicher Form auch in anderen deutschen Großstädten beobachten ließ. Allerdings trat 1913 mit dem von Carl Otto Schwab und Eduard Noelle gegründeten Privatbankgeschäft Schwab, Noelle & Co. ein neues Institut von einiger Bedeutung hinzu. Otto Schwab gehörte bis etwa Ende 1912 als stellvertretender Direktor dem Vorstand des Essener Bankvereins an. Ob er sich im Zuge der Fusion mit der Essener Credit-Anstalt aus eigener Initiative zum Ausscheiden entschloss oder ob er dem Einigungsprozess zum Opfer fiel, ist nicht mehr auszumachen. Er schloss sich mit Eduard Noelle zusammen, der lange Jahre als Prokurist und Börsenvertreter des Bochumer Bankhauses Hermann Schüler gewirkt hatte. Die Privatbanken Deutsche Effecten- und Wechsel-Bank, Frankfurt, und Siegfried Falk, Düsseldorf, beteiligten sich mit einer Kommanditeinlage von zusammen einer Million Mark,[204] allerdings wurde diese Verbindung in den folgenden Jahren aufgelöst. Der Geschäftsschwerpunkt lag im Handel mit Kuxen, Bergwerks-Obligationen und nicht amtlich notierten Aktien. Im engen Austausch mit

Die Steeler Straße in Essen, stark kolorierte Fotografie von 1890.

Berliner Banken betrieb Schwab, Noelle & Co. ein umfangreiches Arbitragegeschäft, indem sich das Institut die Kursunterschiede zwischen der Berliner und der Essener Börse zunutze machte. Wichtig waren zudem die engen Beziehungen zum Kohlensyndikat, die Anlass für die Filialgründung in Hamburg waren, als das Syndikat im Zuge der Ruhrbesetzung seinen Sitz in die Hansestadt verlegte.[205]

Neben den bekannteren Namen spezialisierten sich auch viele kleine Privatbankiers auf den Effektenhandel an der Essener Börse. Der Kuxenhandel war im hohen Maße vertrauensabhängig, da nicht nur die allgemeine Kursentwicklung abgeschätzt werden musste, sondern auch mögliche bevorstehende Zubußen zu beachten waren. Dem auf den Kuxenhandel spezialisierten Privatbankier wurde die dafür nötige intime Kenntnis der Unternehmensentwicklung oftmals eher zugetraut als den generalisierten Groß- und Regionalbanken.[206] Zwar sollte der hohe Marktanteil insbesondere der Essener Credit-Anstalt, des Bankhauses Simon Hirschland und – vor allem nach der Jahrhundertwende – der Berliner Großbanken nicht unterschätzt werden, der sich freilich über die Geschäftsberichte nur andeutungsweise nachweisen lässt. Dennoch war die Essener Börse, wie schon die große Zahl der Privatbankiers andeutet, weniger als andere deutsche Börsen durch eine Zentralisierung des Marktes auf einige wenige Großbanken gekennzeichnet.[207] Dies galt umso mehr, als die großen Industriepapiere der Region ohnehin zur Berliner Börse übergingen. Für einige Beobachter verkam die Essener Börse nun zu einem Ort der Spekulanten, die sich vor allem unter diesen kleinen Privatbankiers fanden und sich auf diesem Weg «eine wirtschaftlich kaum vertretbare Existenz» verschafften.[208]

Letztlich blieben, von der Neugründung Schwab, Noelle & Co. einmal abgesehen, im Grunde nur zwei größere Privatbanken über das Ende des Kaiserreichs hinaus für den Bankplatz Essen von Bedeutung. Die mittlerweile organisatorisch abgetrennte Bankabteilung von Wilhelm & Conrad Waldthausen, die jedoch weiterhin unter einem Dach mit der Wollhandlung verbunden war, unterstützte auch nach der Reichsgründung vor allem das Beteiligungsgeschäft der Familie Waldthausen, ohne dass die einzelnen Geschäfte heute noch nachzuvollziehen sind. In den 1860er-Jahren war der Niedersachse Georg Krawehl von Ernst Waldthausen in das Unternehmen geholt worden, später trat Krawehl in die Familie Waldthausen ein – er heiratete 1869 Amalia Waldthausen, die Tochter Ernst Waldthausens. Nach dem Tod des Schwiegervaters 1883 übernahm Krawehl gemeinsam mit seinen beiden Schwägern Ernst und Alfred Waldthausen die Wollhandlung, allerdings verstarb der jüngere Ernst Waldthausen bereits 1886. Während Krawehl sich auf die Handelsgeschäfte konzentrierte und ganz in der Familientradition der Waldthausens als Gewerke zahlreicher Montanunternehmen fungierte, lag das Bankgeschäft bis 1901 in den Händen Alfred Waldthausens.[209] Der Schwerpunkt dürfte in diesen Jahren weiterhin im Industriegeschäft gelegen haben. So war Wilhelm & Conrad Waldthausen nach wie vor wichtiger Bankpartner der Arenbergschen Aktiengesellschaft, in der der Familieneinfluss auch nach dem Tod Ernst Waldthausens bedeutend blieb. Nicht nur Georg Krawehl vertrat als Aufsichtsrat Familieninteressen, sein Schwager Oscar von Waldthausen übernahm von seinem Vater Ernst auch den Aufsichtsratsvorsitz.[210]

Mit dem Tod Alfred Waldthausens ging die Wollhandlung in den alleinigen Besitz Georg Krawehls über und verblieb bis zu ihrer Liquidierung 1966 im Krawehl-Besitz. Die Bankgeschäfte wurden fortgeführt. Um die Jahrhundertwende sicherte Wilhelm & Conrad Waldthausen den beiden verbundenen Gewerkschaften Victor und Ickern mit Millionenkrediten das Überleben. Verantwortlich für die Schieflage des Unternehmens waren ständige Wassereinbrüche bei der 1871 von Ernst Waldthausen gemeinsam mit zahlreichen anderen Ruhrindustriellen gegründeten Gewerkschaft Victor, die immer wieder neue Schachtanlagen erforderlich machten. 1889 war die Familie Waldthausen mit immerhin acht verschiedenen Familienmitgliedern bzw. Unternehmen an der Gesellschaft beteiligt. Oscar von Waldthausen, Alfred Waldthausen und Georg Krawehl vertraten zudem weitere Gewerken.[211] Dies macht deutlich, wie sehr die Bankgeschäfte von Wilhelm & Conrad Waldthausen der Vermögensbewahrung der Familie dienten. Entsprechend wurden im konkreten Fall die Kredite als Personalkredite und nicht als Hypotheken gegeben, was nach der Stabilisierung des Unternehmens eine Finanzierung moderner Werksanlagen durch weitere Kredite möglich machte.[212] Krawehl engagierte sich in dieser Zeit zudem bei der Gewerkschaft Ewald, die 1931 in der Weltwirtschaftskrise in eine schwere Schieflage geriet. Allerdings war die Familie zu diesem Zeitpunkt nur noch als Kuxenbesitzer beteiligt, während Simon Hirschland die Rolle als führendes Bankhaus übernommen hatte. Die Sanierung erfolgte unter der Führung der Deutschen Bank.[213]

Während das Bankgeschäft der Wollhandlung Wilhelm & Conrad Waldthausen eng mit den industriellen Familienaktivitäten verknüpft blieb, war die Simon Hirschland Bank als bedeutendste Privatbank Essens ganz auf das Bankgeschäft fokussiert. 1874 trat der Sohn des Gründers Isaak Hirschland als Teilhaber in das väterliche Bankhaus ein, während sich Simon Hirschland allmählich aus der Leitung der Firma zurückzog. Am 30. Juni 1885 starb der Firmengründer. Isaak Hirschland hatte in den frühen 1860er-Jahren seine dreijährige kaufmännische Ausbildung im Privatbankhaus S. H. Prag in Düsseldorf absolviert, zu dem schon sein Vater gute Beziehungen unterhalten hatte.[214] Im Abschlusszeugnis wurden ihm ein steter Fleiß und gutes Betragen attestiert, durch seine «Strebsamkeit» habe er sich gute Bankierkenntnisse angeeignet.[215] Zugleich fungierte er als Vertreter der väterlichen Bank im wichtigen Handelszentrum Düsseldorf und erledigte das dortige Wechselgeschäft.[216]

Isaak Hirschland übernahm die alleinige Führung der Bank, obwohl sein 1842 geborener Bruder Hermann Hirschland ebenfalls in der Bank arbeitete und 1874 – als Isaak zum Teilhaber aufstieg – zum Prokuristen ernannt wurde. 1914 war er immer noch als Prokurist tätig, er starb 1929. Wie lange er über den Kriegsausbruch hinaus als Prokurist fungierte und warum er nie Teilhaber wurde, ist unbekannt. Allerdings findet sich die gleiche Konstellation anfänglich auch in der nächsten Generation: Während beide Söhne Kurt Martin und Georg Simon Hirschland zu Lebzeiten des Vaters als Prokuristen in der Firma wirkten, wurde nur Ersterer als Teilhaber auf-

Isaak (1845–1912) und Henriette Hirschland (1851–1935).

genommen. Erst nach dem Tod Isaak Hirschlands trat auch Kurt Martin gemeinsam mit der Witwe Henriette Hirschland als Teilhaber in das Unternehmen ein.[217] Möglicherweise pflegte die Familie in Gestalt von Simon und Isaak Hirschland ein Primogeniturprinzip, das erst nach dem Tod des zweiten Patriarchen aufgehoben wurde. Der Tod Isaak Hirschlands war plötzlich erfolgt und eine Auszahlung seines Erbes hätte möglicherweise die Substanz des Unternehmens zu sehr geschwächt. All dies ist freilich Spekulation.

Unter der Führung Isaak Hirschlands stieg das Bankhaus bis zur Jahrhundertwende zur bedeutendsten Privatbank Essens auf. Es betrieb nicht nur das Wechselgeschäft, sondern nahm auch das Wertpapiergeschäft auf. Bereits 1888 machte es einen Großteil des Gesamtgewinns von 150 000 Mark aus.[218] Zudem engagierte es sich, allerdings in geringerem Umfange, im industriellen Kreditgeschäft.[219] Isaak Hirschland gehörte bald zu den bedeutenden Honoratioren der Stadt. Für mehrere Jahrzehnte war er Vorsteher der jüdischen Gemeinde. 1892 wurde er zudem als Mitglied des Nationalen Vereins[220] zum Stadtverordneten gewählt und gehörte in dieser Funktion unter anderem dem Kuratorium für höhere Schulen, der Finanzkommission und dem Sparkassenvorstand an. Nach der Jahrhundertwende wurde er auch in den Vorstand des Historischen Vereins für Stadt und Stift Essen gewählt, in dem jüdische und christliche Bürger gesellschaftlichen Kontakt

Haus Hirschland im I. Hagen 34.

fanden.[221] Zudem gründete er den Verein zur Förderung des Handwerks unter den Juden in Essen. 1905 wurde er zum Kommerzienrat ernannt, 1909 erhielt er den Adlerorden 4. Klasse.[222]

Isaak Hirschland starb am 3. April 1912 überraschend im Alter von 67 Jahren. Sein Tod löste große Anteilnahme aus. An seiner Beerdigung nahmen zahlreiche Vertreter der Stadt sowie von Handel und Industrie teil. In einem Nachruf wurde er als «Bankier von altem guten Schlage» gewürdigt, der kleinen Handwerkern und Geschäftsmännern allein aufgrund des persönlichen Vertrauens und seiner umfassenden Sach- und Menschenkenntnis aus schwierigsten Lagen geholfen habe.[223] Im Juni 1912 erließ seine Witwe Henriette Hirschland der Stadt eine großzügige Schenkung zu Ehren ihres verstorbenen Mannes, die der Volksbildung und Jugenderziehung dienen sollte. In seinem Dankschreiben würdigte Oberbürgermeister Holle die Wahl des Zwecks als dem Wirken Isaak Hirschlands angemessen. Man habe die Wirksamkeit der Tätigkeit Hirschlands in seinen verschiedenen städtischen Ehrenämtern noch in frischer Erinnerung. Das Wohl seiner Mitbürger und die «Heranbildung der Jugend zu tüchtigen Mitgliedern der menschlichen Gesellschaft» seien ihm eine Herzenssache gewesen.[224]

Die Sparkasse Essen

Die allgemeine Entwicklung während des Kaiserreichs

Die Sparkasse Essen entfaltete sich mit zunehmender Industrialisierung der Stadt überdurchschnittlich dynamisch. In einer Übersicht über die nach Spareinlagen fünf größten Sparkassen im Regierungsbezirk Düsseldorf im Jahr 1849 war noch keine der Essener Sparkassen vertreten. 1875 sah dies bereits ganz anders aus: Mit Spareinlagen von etwas mehr als neun Mio. Mark war die Sparkasse Essen zur größten Sparkasse des Regierungsbezirks aufgestiegen, die zwanzig Jahre ältere Sparkasse Elberfeld folgte mit gerade einmal 4,8 Mio. Mark. Unter den ersten fünf Sparkassen befanden sich mit der erst 1863 gegründeten Sparkasse Steele auf Platz vier (4,7 Mio. Mark) und der Sparkasse Werden mit immerhin drei Mio. Mark auf Platz fünf zwei weitere Sparkassen aus dem heutigen Essener Stadtgebiet.[225] Zu weiteren Gründungen kam es hier jedoch erst infolge des Konjunkturaufschwungs nach dem Gründerkrach. Die Neueinrichtung der Sparkasse in Kettwig 1878[226] markierte den Beginn einer kleinen Gründungswelle. 1880 wurde in Altendorf, das 1873 aus der Bürgermeisterei Borbeck abgetrennt worden war, eine neue Sparkasse eingerichtet, 1881 folgten welche in Altenessen und Borbeck, 1882 in Rellinghausen.[227] Die Altendorfer Sparkasse war dabei von besonderer Bedeutung. Die sich unmittelbar an das Krupp-Gelände anschließende Gemeinde erlebte in den 1880er-Jahren ein enormes Bevölkerungswachstum. Der Bedarf an Hypothekendarlehen zur Finanzierung des Baubooms war so groß, dass die Sparkasse mit einem großen Werbeaufwand und hohen Zinsen sogar Einlagen von außerhalb des Industrie reviers einwarb. Eine Übersicht aus dem Jahr 1887 zeigt denn auch eine Vielzahl ortsfremder Sparkassen, darunter die Sparkasse Ahaus mit Einlagen in Höhe von 466 343,64 Mark.[228] Weitere Sparkassen folgten seit den 1890er-Jahren, als sich die wirtschaftlichen Verhältnisse langsam verbesserten. Zugleich schien es schon mit Blick auf die zu erwartenden Gewinne selbstverständlich, dass jede Bürgermeisterei eine eigene Sparkasse unterhielt.[229]

Unmittelbar nach der Jahrhundertwende setzte im Zuge der stetigen Eingemeindungen der umliegenden Ortschaften die Vereinigung zahlreicher kleinerer Sparkassen mit der Sparkasse Essen ein. Bei den oft zähen Verhandlungen mit den einzugemeindenden Kommunen war der Umgang mit den Überschüssen der entsprechenden Sparkasse ein wiederkehrender

Streitpunkt. Dies gilt insbesondere für die Altendorfer Sparkasse, deren Bedeutung dank der zahlreichen Krupp-Arbeiter an die der Essener Sparkasse heranreichte. Der drohende Verlust der eigenen Sparkasse, die «den weniger bemittelten Bürgern ohne lästige Bedingungen Gelegenheit zur Erwerbung des Eigentums, Erbauung eines Hauses zu bieten» habe, war für viele Altendorfer ein entscheidendes Argument gegen eine Eingemeindung. Der Altendorfer Bürgermeister Wilhelm Kerckhoff, im Grunde ein engagierter Befürworter der Eingemeindung, forderte daher bereits bei den ersten Verhandlungen in den 1880er-Jahren, dass die Überschüsse der Altendorfer Sparkasse auch zukünftig nur in Altendorf Verwendung finden durften.[230] Als die Verhandlungen am Ende des Jahrhunderts nach jahrelanger Unterbrechung wieder aufgenommen wurden, griff die Altendorfer Seite diese Forderung auf und verlangte die Verwendung eines Anteils der Überschüsse anhand «der z[.] Z[.] der Vereinigung der beiden Gemeindegebiete vorhandenen beiderseitigen Reservefonds im Verhältnis zu den Passivmassen beider Institute». Der Essener Oberbürgermeister Erich Zweigert lehnte jedoch entsprechende Regelungen mit Blick auf die zukünftige Stadtentwicklung kategorisch ab, weil sie einen Zusammenschluss mit weiteren Gemeinden und Sparkassen ungemein erschweren mussten. Zwar hielt Kerckhoff an seiner Forderung selbst dann noch fest, als sich der Stadtrat Altendorfs den Forderungen Zweigerts gebeugt hatte, doch auch er musste sich letztlich fügen.[231] Während die «Städtische Sparkasse zu Essen» nun den Zusatz «Hauptstelle» erhielt, fungierte die frühere Altendorfer Sparkasse fortan als «Zweigstelle I».[232] Nach einer kurzen Übergangszeit nahm sie nur noch die Funktion einer Ein- und Auszahlungsstelle für Spargelder und als Annahmestelle für Darlehnszinsen ein.[233] Die Integration der Altendorfer Sparkasse war jedoch nur der Anfang. Insgesamt wurden im heutigen Essener Raum zwischen 1839 und 1925 21 Sparkassen gegründet, die heute in der Sparkasse Essen zusammengeschlossen sind, darunter neben den Sparkassen der jeweiligen Bürgermeistereien auch die 1911 eingerichtete Sparkasse für den Landkreis Essen, die 1929 mit der Sparkasse Essen fusioniert wurde.[234]

Bis zum Ersten Weltkrieg war bei den maßgeblichen Indikatoren Sparer und Spareinlagen, aber auch bei der Summe der vergebenen Hypotheken ein kontinuierlicher Anstieg zu verzeichnen. Nur zweimal sank die Zahl der Sparer gegenüber dem Vorjahr, und dies stand stets im Kontext allgemeiner Wirtschaftskrisen. Während der Gründerkrise stieg die Zahl der Sparer und der Spareinlagen zunächst weiter an. Lediglich 1877 sank die Zahl von 9756 auf 9560 Sparer, die Höhe der Spareinlagen von 10 107 765,61 Mark auf 9 975 286,15 Mark. Der Oberbürgermeister führte dies vor allem auf die kleineren Sparbeträge der Berg- und Fabrikarbeiter zurück, die «bei der Minderung der Einlagen und Vermehrung der Rückforderungen eine Rolle spielen. […] Der heutige Lohnertrag reicht eben hin, um die Bedürfnisse des täglichen Lebens zur Noth zu bestreiten; Überschüsse, welche in der Sparkasse angelegt werden können, sind nicht mehr zu erzielen, wohl aber muß in allen Fällen, in welchen außergewöhnliche Ausgaben im Haushalte vorkommen, auf die Ersparnisse der früheren guten Jahre zurückgegriffen werden. Die hiesigen Handwerker im engeren Sinne des Wortes haben von jeher wenig Gebrauch von der Sparkasse machen können, die Einlagen der Leute fallen daher bei der jetzigen Geschäftslage wenig ins Gewicht.»[235] Tatsächlich scheint der Rückgang vor allem auf die kleinen Guthaben zurückzuführen zu sein, denn der durchschnittliche Sparbetrag stieg zugleich leicht von 1036 Mark auf 1043 Mark. Der zweite Rückgang erfolgte im Geschäftsjahr 1902/1903, also am Ausgang der Wirtschaftskrise, die auf dem Privatsektor dem Bankhaus H. Middendorf & Co. zum Verhängnis wurde. Damals sank die Zahl der Sparer von 50 378 auf 48 173, die Summe der Spareinlagen von 54 596 367,81 Mark auf 53 224 021,10 Mark. Auch dieses Mal waren offenbar vor allem Kleinanleger von den Folgen betroffen, denn die durchschnittliche Spareinlage stieg zumindest leicht von 1083 Mark auf 1104 Mark an. Allerdings war die Krise damit noch nicht ausgestanden, denn trotz einer Zunahme von 161 Sparern sank die Summe der Einlagen auf 52 521 840,15 Mark. Damit pendelte sich die durchschnittliche Spareinlage mit 1086 Mark wieder ziemlich genau auf dem Niveau des Geschäftsjahres 1901/1902 ein.[236]

Das Wachstum der Essener Sparkasse war sowohl auf die Zunahme der Bevölkerung als auch auf einen allerdings sehr langsamen Anstieg des Wohlstandsniveaus zurückzuführen. Lag das Verhältnis von Sparern bei der Sparkasse zur Gesamtbevölkerung bei der Reichsgründung noch bei elf Prozent, betrug es nach dem Anschluss der Altendorfer Sparkasse im Geschäftsjahr 1901/1902 bereits 27 Prozent. Allerdings änderte sich die durchschnittliche Spareinlage bis zum Ersten Weltkrieg kaum. Von 291 Talern im Jahr 1871, etwa 875 Mark, stieg sie bis 1914 lediglich auf 988 Mark. Demnach konnten sich zwar immer mehr Menschen ein kleines Sparguthaben anlegen, reich wurden sie damit jedoch nicht.[237]

Das Geschäftsprofil der Sparkasse hatte sich – entsprechend der reichsweiten Entwicklung – unterdessen bis über die Jahrhundertwende hinaus kaum verändert. Während auf der Passivseite ausschließlich Spareinlagen mit einem Zinssatz von vier Prozent – dies lag etwas oberhalb des preußischen Durchschnitts von 3,2 bis 3,9 Prozent, der allerdings allgemein im Westen des Landes tendenziell höher war –[238] verwaltet wurden, standen auf der Aktivseite vor allem Hypothekendarlehen, Kommunalkredite und die Anlage in festverzinslichen Wertpapieren. Aufgebrochen wurde dieses Schema erst durch die Einführung des Scheckverkehrs infolge des Scheckgesetzes von 1908.[239] In Essen wurden die ersten Scheckvordrucke 1911 ausgeteilt und so die bargeldlose Bezahlung eingeleitet. Zugleich nahm die Sparkasse den Depositen- und Kontokorrentverkehr auf. In der Summe waren diese Neuerungen ein wichtiger Schritt auf dem Weg zur Universalbank.[240]

Womöglich war das Scheckgesetz zudem der nötige Anstoß, um die auch in Essen zu beobachtende «beharrende Grundtendenz vieler Sparkassen, ihrer kommunalen Träger und der staatlichen Aufsichtsbehörden», die nicht zuletzt das Einsammeln der Spareinlagen erschwerte, zu durchbrechen.[241] Dies war dringend notwendig, attestierte ihr ein Revisionsbericht 1910 doch, «in vieler Hinsicht […] veraltet» zu sein. Vor allem das Rechnungswesen weise Entwicklungsrückstände auf.[242] Jedenfalls finden sich in den folgenden Jahren verschiedene zaghafte Modernisierungsmaßnahmen, die teilweise mühsam erstritten werden mussten. Ein Grundproblem war die Frage des Zugangs potenzieller Sparer zur Sparkasse, der allgemein als unzureichend empfunden wurde. 1909 wurde in Essen wie andernorts auch eine intensive Debatte über die Fragen der Öffnungszeiten und neuer Annahmestellen geführt. Wie in der Anfangszeit der Sparkassen dominierten sozialfürsorgliche Motive: Es sollten «von den beträchtlichen Summen, die Sonntags in den Städten für übermäßige und schädliche Genüsse», also nicht zuletzt für den Alkoholkonsum verwendete Gelder den Sparkassen zugeführt werden.[243] Andere Stimmen sprachen sich für eine Verlängerung der Öffnungszeiten an den Wochentagen aus, damit die an eine feste Schichtzeit gebundenen Arbeiter in der Mittagspause oder in den Abendstunden bei den Sparkassen einzahlen könnten.[244] Die Stadtverordnetenversammlung regte an, die Öffnungszeiten in den Mittagsstunden bis 13 Uhr auszudehnen und in den dicht bevölkerten Stadtteilen besondere Annahmestellen für die Sparkasse einzurichten.[245] Bei der Sparkasse trafen all diese Anregungen jedoch auf Skepsis. Sie verwies dabei auf die wenig vielversprechenden praktischen Erfahrungen mit langen Samstagvormittagen sowie einer kurzzeitig erprobten Öffnung an Sonntagvormittagen.[246] Mit der Einführung des Scheckverkehrs in Essen gab die Sparkasse jedoch ihre Vorbehalte auf und setzte sowohl die ganztägige Öffnung der Sparkasse an Samstagen als auch die Einrichtung neuer Annahmestellen um.[247] Die Letzteren wurden von Geschäftsleuten in ihren Ladenlokalen eingerichtet und von außen durch ein amtliches Schild kenntlich gemacht. Die jeweiligen Verwalter verwendeten entsprechende Dienststempel. Sie konnten Einzahlungen, Kündigungen, Anträge auf Zinsenzuschreibung und Überweisungen annehmen sowie Sparbüchsen ausgeben, entleeren und den Inhalt als Spareinlage annehmen. Allerdings durften täglich maximal 200 Mark auf ein Konto eingezahlt werden.[248] Ebenfalls 1911 wurden Sparkassennebenstellen bei den Kassen der Gasanstalt, des Schlacht- und Viehhofs und des Städtischen Krankenhauses eingerichtet, bei denen der Ein- und Auszahlungsverkehr möglich war.[249] In den Räumen der Hauptgeschäftsstelle beschleunigten zudem vier neue Schalter den Kundenverkehr.[250] Mit dem Ergebnis der Maßnahmen zeigte sich die Sparkasse zufrieden. Die Zahl der Sparbücher stieg im Jahresverlauf um 13 Prozent. Der Gesamtumsatz nahm zugleich von 74 Mio. Mark auf 90 Mio. Mark zu.[251]

Eine Anpassung an die Bedürfnisse des Industriestandorts erfolgte 1909 auf Initiative der Sparkasse. Der Vorstand bat um die Aufhebung der Bestimmung, nach der Hypotheken auf Fabrikgrundstücke und Arbeiterkolonien nur in bestimmten Ausnahmefällen erworben werden durften.[252] Beide Einrichtungen galten bis dahin aufgrund eines potenziell raschen Wertverfalls als unzureichende Sicherungen. Die Stadtverordnetenversammlung stimmte diesem Antrag in weiten Teilen zu und folgte dabei einem Gutachten von Carl Funke, das dieser in seiner Funktion als Mitglied der Sparkassendeputation, die den Sparkassenvorstand überwachte, erstellt hatte. Funke hatte keine Bedenken, Arbeiterkolonien als Sicherheiten anzunehmen: Es sei mittlerweile äußerst unwahrscheinlich, dass diese binnen kurzer Zeit «entvölkert» und dadurch dramatisch an Wert verlieren würden. Bei Fabrikgebäuden war Funke zurückhaltender: Während er den Grundstückswert als eine ausreichende Sicherheit ansah, zweifelte er an der Wertbeständigkeit der darauf errichteten Baulichkeiten, die bei einer Änderung der Wirtschaftslage ihren Zweck verlieren konnten.[253] Trotz dieser Einschränkung erhielt die Sparkasse mit der Neuregelung wichtigen Handlungsspielraum bei der Vergabe von Hypothekarkrediten.

Zunächst vor allem als soziales Instrument gedacht, entwickelte sich die Sparkasse seit den 1860er-Jahren zunehmend zu einem Werkzeug der Stadtfinanzierung. Essen war noch bis zum Ende der 1830er-Jahre mit einer hohen Verschuldung aus den Jahren des Dreißigjährigen Krieges belastet gewesen, und die Stadt hatte die finanzielle Unabhängigkeit erst erlangen können, als der preußische Staat diese Schulden übernommen hatte. Die städtischen Einnahmen waren jedoch zunächst gering und bestanden weitgehend aus Gewinnen städtischen Vermögens, insbesondere in der Land- und Forstwirtschaft. Steuern und Abgaben waren nur von untergeordneter Bedeutung. Erst in den 1890er-Jahren bekamen die Kommunen die Grund- und Gewerbesteuer zugesprochen und durften Aufschläge auf die Einkommenssteuer erheben. Diese zusätzlichen Einnahmen waren dringend notwendig, um den stetig steigenden Finanzbedarf zum Aufbau der Infrastruktur in einer explosionsartig wachsenden Industriestadt zu befriedigen.[254]

Die Sparkasse leistete hierzu einen wichtigen Beitrag. 1861 wurde die Abführung von Gewinnen an die Stadtkasse erlaubt, solange der Reservefonds mindestens 15 000 Taler ausmachte. Der Anstieg der Einlagen ließ den Betrag jedoch schon bald als zu klein erscheinen, weshalb die Höhe des Reservefonds auf zehn Prozent des Einlagendurchschnitts der vorangegangenen drei Jahre festgelegt wurde. Die Auszahlungen erfolgten zunächst nicht jährlich, sondern bedarfsweise vor allem zugunsten städtischer Investitionen. So diente 1867 die erste Ausschüttung von 25 000 Talern der Teilfinanzierung des Neubaus der städtischen Realschule, der insgesamt 50 000 Taler kostete. In den folgenden Jahrzehnten wurden diese Beträge immer wieder zur Finanzierung der städtischen Infrastruktur verwendet, sei es für den Ankauf des Stadtparkgeländes, für Modernisierungen und Neueinrichtungen des Wasserwerks sowie der Gasanstalt und für die Errichtung des Strandbades am Baldeneysee. Die zunehmend regelmäßig ausgezahlten Beträge stiegen bis 1913 auf 366 684 Mark an. Bis zum Ende des Geschäftsjahres 1913/14 waren insgesamt 3,3 Millionen Mark an die Stadt abgeführt worden.[255] Die Vergabe von Krediten war eine weitere Möglichkeit zur finanziellen Unterstützung der Stadtentwicklung. 1863 gab die Sparkasse erstmals ein relativ bescheidenes Darlehen in Höhe von 1000 Talern an die Stadt. Doch bald wurden die Summen größer. So stellte die Sparkasse 1886 der Stadt 250 000 Mark für eine Kläranlage zur Verfügung, 1904 gewährte sie einen Kredit über 1,2 Millionen Mark zum Bau des neuen Stadtgartensaals und des Restaurationsgebäudes im Stadtpark. Zu diesem Zeitpunkt hatte die Stadt bei der Sparkasse bereits Schulden in Höhe von 1,1 Millionen Mark.[256] Gelegentlich half die Aussicht auf die Beteiligung an den Überschüssen der Essener Sparkasse dabei, die bekannten Widerstände gegen eine Eingemeindung zu überwinden. Borbeck erhielt beispielsweise im Jahr 1913 zugesichert, jährlich mit mindestens 75 000 Mark aus dem Stadtsäckel bedacht zu werden.[257]

In den ersten sechzig Jahren ihres Bestehens hatte die Essener Sparkasse erstaunlicherweise kein eigenes Bankgebäude. Bis 1896 waren die Geschäftsräume im alten Rathaus untergebracht, zunächst sogar mietfrei. Als dieses abgerissen wurde, zog die Sparkasse für fünf Jahre in ein ehe-

Das Strandbad am Baldeneysee wurde auch mit Gewinnen der Essener Sparkasse finanziert.

maliges Gebäude der Simon Hirschland Bank, bevor sie 1901 am Theaterplatz, Ecke II. Hagen erstmals einen eigenen Neubau bezog. Der Umzug war aufgrund des wachsenden Geschäftsumfangs dringend geboten, zumal 1900 die Fusion mit der Altendorfer Sparkasse, die zu diesem Zeitpunkt höhere Einlagen als die Essener Sparkasse verwaltete, eine Verdoppelung der Umsätze mit sich brachte. In dieser Zeit beschäftigte die Sparkasse gut 20 Angestellte. 1914 machten das Wachstum und der Zusammenschluss mit weiteren Sparkassen einen umfangreichen Aus- und Umbau nötig.[258]

Der Vorstand der Sparkasse wurde inzwischen nicht mehr von einem Rendanten, sondern von einem Beigeordneten der Stadt Essen geleitet. Dem Gremium gehörten mehrere Honoratioren der Stadt an, darunter mit Isaak Hirschland auch ein führender Bankier der Stadt. In der Sparkassen-Deputation war mit Carl Funke ein weiterer Repräsentant der lokalen Finanzwelt zu finden, der sich freilich in erster Linie als Industrieller verstand. Die übrigen Vorstände und Deputierten stammten in erster Linie aus dem kaufmännischen Milieu.[259]

Die Essener Führungsrolle im Allgemeinen Deutschen
Sparkassenverband

Die Stadt Essen und die städtische Sparkasse hatten auch eine Schlüsselrolle bei der Genese des Allgemeinen Deutschen Sparkassenverbands inne.[260] Der unmittelbare Anlass für die Verbandsgründung war die – auf den ersten Blick wenig bedeutende – Entscheidung der Sparkassenvertreter der Städte Mülheim, Steele, Bochum und Essen, auf einer Tagung in Essen am 11. Juni 1881 den Spareinlagenzins von 4 auf 3½ Prozent zu senken. Um diese Maßnahme mit den übrigen Sparkassen in den Regierungsbezirken Düsseldorf und Arnsberg sowie im südlichen Teil des Regierungsbezirks Münster zu besprechen, wurden diese zu einer weiteren Sitzung am 28. Juni nach Essen eingeladen, an der 66 Sparkassen[261] unter dem Vorsitz des Essener Oberbürgermeisters Albert Theodor Hache teilnahmen. Bereits die Tagesordnung ließ weitergehende Absichten erkennen. Unter anderem war die Gründung eines Sparkassenverbands für Rheinland und Westfalen sowie eines Verbandsorgans vorgesehen. Referent für diesen Tagesordnungspunkt war der Essener Sparkassenvorstand und Syndikus der Handelskammer, Carl Heyden, dessen umtriebige Arbeit Essen in den ersten Jahren des Sparkassenverbands die Führungsrolle sicherte.

Die Versammlung legte die Grundlagen für die Verbandsgründung. Jetzt wurde beschlossen, sich einmal jährlich im August oder September zu einer regelmäßigen «Wanderversammlung» zu treffen. Außerdem sollte man bei außerordentlichen Anlässen zusammenkommen. Für je 100 000 Mark Aktivkapital sollten Sparkassen auf der Generalversammlung eine Stimme erhalten. Maximal konnte eine Sparkasse 25 Stimmen auf sich vereinen. Eine Kommission arbeitete für die konstituierende Versammlung am 28. September 1881 in Hagen ein Statut aus. Dieses wurde schließlich fast unverändert angenommen. Diese Hagener Sitzung gilt als das Gründungsdatum des «Verbandes der Sparkassen in Rheinland und Westfalen». Im Folgejahr schloss sich auch der Verband von Hessen-Nassau der nun als «Westdeutscher Sparkassenverband» firmierenden Organisation an, deren Führung Oberbürgermeister Hache bis zu seinem Tod innehatte. Allerdings blieb die Beteiligung zunächst relativ gering. Nur ein Sechstel der 243 Sparkassen des Rheinlands und Westfalens schlossen sich dem Verband an, der deshalb mit Finanzierungsschwierigkeiten zu kämpfen hatte. Auch die aktive Mitarbeit ließ zu wünschen übrig. An der außerordentlichen Generalversammlung 1884 in Düsseldorf nahmen nur 19 Kassen teil.[262] Die

Der Essener Oberbürgermeister Gustav Hache (1835–1886) sowie der Sparkassenpionier Carl Heyden (1830–1900).

geringe Partizipation schränkte auch das Publikationsorgan des Verbandes ein. Der Verband kam zwar für den Druck der Zeitschrift *Die Sparkasse, volkswirtschaftliche Wochenschrift, Organ des Verbandes der Sparkassen in Rheinland und Westfalen* auf, die ursprünglich gewünschte Einstellung eines hauptamtlichen Redakteurs ließ sich hingegen nicht finanzieren. Dennoch entwickelte sich das Blatt unter seinem Herausgeber Carl Heyden, der zahlreiche Reformvorschläge publizierte, zu einem wichtigen Diskussionsort der noch jungen Sparkassenbewegung.[263]

Die oft beklagte schwache Beteiligung änderte jedoch nichts an dem überregionalen Anspruch, den der Verband erhob und der mit dem Namenswechsel zum «Deutschen Sparkassenverband» unterstrichen wurde. Die Führungsrolle war jedoch keineswegs unangefochten. Dies zeigte sich nicht zuletzt in der Debatte über die gescheiterte Einrichtung der Deutschen Sparkassen-Bank AG in Essen, eine Initiative, die noch der kurz darauf verstorbene Essener Bürgermeister Hache auf den Weg gebracht hatte. Eine fünfköpfige Kommission, der auch Carl Heyden – offenbar sogar als Vorsitzender –[264] angehörte, war im September 1885 mit der Aufgabe betraut worden, Vorschläge und ein Statut für eine «Art Sparkassen-Commissionsbank», gewissermaßen eine Sparkassen-Zentralstelle, zu erarbeiten. Diese sollte neben einer Verrechnungsfunktion auch Hypotheken vermitteln und Darlehen vergeben. Selbstbewusst bekundeten die Befür-

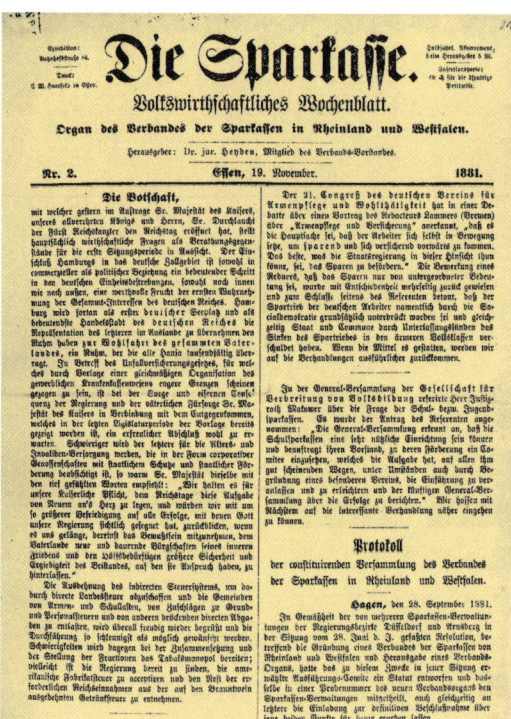

Titelseite der ersten Ausgabe der von Carl Heyden herausgegebenen «Sparkasse».

worter das Ziel, mittels der Bank dem Verband «ein engeres Band und die Mittel für eine ehrenvolle und dauerhafte Existenz» zu bieten. Als geeignete Geschäftsform wurde die Aktiengesellschaft ausgemacht, da ihre Haftungsbestimmungen die größten Erfolgschancen boten.[265] Obwohl die Versammlung vom 15. Juli 1886 zunächst einstimmig die Vorbereitung der Bankgründung beschloss, zeichneten sich bereits zu diesem Zeitpunkt Widerstände ab. Der brandenburgische Sparkassenverband wollte das Zentrum der Sparkassenbewegung nach Berlin verlagern und hatte kein Interesse daran, den Standort Essen zu fördern. Vertreter größerer Sparkassen bezweifelten insgesamt die Notwendigkeit einer Zentralstelle. Die Geschäftsform der Aktiengesellschaft betrachteten viele Sparkassenvertreter zudem als anrüchig. Auch das volkswirtschaftliche Argument einer überflüssigen Konkurrenz zu den Großbanken wurde vorgebracht.[266] Letztlich waren die Widerstände zu groß. Deshalb verständigte sich der Verband auf ein Syndikat für die Annahme von Hypothekengesuchen und die Vermittlung von Effektenkäufen.[267] Nach weiteren Macht- und Konkurrenzkämpfen um die Organisationsreform gelang es dem brandenburgischen Sparkassenverband 1890, die Verlagerung des Verbandssitzes nach Berlin durchzusetzen. Die kurze Geschichte der Essener Führungsrolle in der Sparkassenbewegung war damit schon wieder vorbei. Im 1891 gegründeten Rheinisch-Westfälischen Sparkassenverband übernahm schließlich im Zuge dieser Entwicklung Köln die Führung – Essen zog damit ein weiteres Mal den Kürzeren.

Die Essener Kreditgenossenschaften

Das Essener Kreditgenossenschaftswesen hatte es in den ersten Jahren des Kaiserreichs schwer. 1870 war die erst kurz zuvor errichtete Essener Volksbank in Zahlungsschwierigkeiten geraten. Die Haftung der Genossen hatte aufgrund einer sieben Jahre dauernden Liquidationszeit bei vielen Mitgliedern existenzielle Sorgen hervorgerufen.[268] Es dauerte offenbar bis in die 1890er-Jahre, bis sich das Essener Genossenschaftswesen von diesem Rückschlag erholt hatte. Über die Anfänge vieler der nun gegründeten Kreditgenossenschaften ist wenig bis gar nichts bekannt. Dies gilt beispielsweise für die 1896 gegründete Altenessener Creditanstalt eGmbH, die später von einiger Bedeutung war und zu den Ursprungsgenossenschaften der heutigen Geno-Bank zählt. Zur bis zum Ende der Weimarer Republik wichtigsten Essener Kreditgenossenschaft entwickelte sich die 1898 eröffnete Handwerkerbank eGmbH zu Essen. Von 41 Gründern gehörten 39 dem Handwerkerstand an. Den Vorstand bildeten der Beigeordnete Gottlieb Volkening, der Rendant Bernhard Lauf und der Rentner Hermann Kroll. Noch 1902 zählte die Bank nur 100 Mitglieder und verfügte lediglich über ein Geschäftsguthaben von 26 000 Mark bei einer Bilanzsumme von 270 000 Mark. Doch in den folgenden Jahren erfolgte unter der maßgeblichen Führung des 1902 bestellten Direktors Hans Mühlendyck eine bedeutende Geschäftsausweitung, 1914 betrug die Bilanzsumme bereits knapp fünf Millionen Mark. Um die hierdurch angestoßene Erweiterung des Handlungskreises auch nach außen zu dokumentieren, wurde die Genossenschaft 1914 in Handwerker- und Handels-Bank eGmbH und im Frühjahr 1922 in Essener Bank eGmbH umbenannt.[269]

Andere Kreditgenossenschaften bildeten sich in abgeschlossenen Berufsgemeinschaften. Ein Beispiel hierfür ist die am 1. April 1900 eröffnete Spar- und Darlehnskasse der Communalbeamten der Stadt Essen, deren Vorsitz der Essener Oberbürgermeister übernahm. In ihr konnten lediglich

Essener Kommunalbeamte durch den Erwerb eines Geschäftsanteils von 150 Mark Mitglied werden. Die Einzahlungen durften bis zu 1500 Mark betragen und wurden für die ersten 150 Mark mit fünf Prozent, darüber hinaus mit vier Prozent verzinst. Darlehen wurden lediglich an Mitglieder in dreifacher Höhe des eingezahlten Geschäftsanteils oder maximal 450 Mark vergeben.[270] Einen größeren Kreis sprach die «Spar- und Darlehnskasse des Bezirksverbandes der Staats-Eisenbahn-Beamten- und Arbeitervereine im Eisenbahndirektionsbezirk Essen (Ruhr) e.G.m.b.H.» an, die meist nur «Sparda» genannt wurde. Sie war am 20. August 1905 von 22 Eisenbahnern aus dem Verband der Eisenbahnvereine des Direktionsbezirks Essen gegründet worden. Bereits nach einem Geschäftsjahr hatte die Genossenschaft 1652 Mitglieder, bis zum Kriegsausbruch stieg die Zahl bereits auf 4219 an.[271] 1920 führte die Sparda für Gehaltsempfänger Scheckhefte ein, die es erlaubten, auch in entfernten Bahnhöfen Geld abzuheben. Das neue Verfahren erwies sich als Verkaufsschlager, sodass die Bank 1920 3730 und 1921 2197 Neumitglieder gewinnen konnte.[272] Ihre Nachfolgegesellschaft besteht noch heute als Sparda Bank West eG.

Außerhalb des damaligen Stadtgebiets gelegen war die 1886 eingerichtete Spar- und Darlehnskasse in der Gemeinde Altendorf/Ruhr, die seit ihrer Eingemeindung in Essen 1970 Burgaltendorf heißt und nicht identisch mit dem Stadtteil Altendorf ist. Die Gründung der «Spar- und Darlehnskassen-Verein eGmbH» fand am 22. November 1886 mit mehreren Dutzend Männern aus Altendorf und den umliegenden Ortschaften Dumberg und Niederwenigern statt. Erster Rendant war der Pfarrer Dreps, dessen Amtszimmer zugleich den Geschäftsraum darstellte. Das Betriebskapital betrug zunächst 20 000 Mark und wurde bis zur Jahrhundertwende in mehreren Schritten auf 300 000 Mark erhöht. Die Mitgliederzahl blieb ebenfalls auf bescheidenem Niveau: Gehörten der Kasse 1886 29 Mitglieder an, so stieg die Zahl bis 1911 auf 150. Bei 6000 Einwohnern im Vereinsbezirk war dies dennoch eine ansehnliche Quote. Kriegs- und Inflationszeit überstand die Kasse weitgehend unbeschädigt, Bestrebungen, die Genossenschaftskasse mit der Sparkasse zu verschmelzen, wurden 1931 von der Generalversammlung einstimmig abgelehnt.[273] Nach dem Zweiten Weltkrieg wurde die Genossenschaft zur Keimzelle der heutigen Geno-Bank.

Eine andere Genossenschaft, die später ebenfalls in der heutigen Geno-Bank aufging, war der Credit-Verein zu Werden. 1896 trafen sich 30 Handwerker und Gewerbetreibende im Lokal der Witwe Wilhelm Grüter, um über die Statuten und die Geschäftsordnung der zu gründenden Bank zu beraten, die am 30. Dezember 1896 im Werdener Hotel Deutscher Kaiser ihre erste Generalversammlung abhielt. Am 1. März 1897 nahm der dreiköpfige Vorstand die Geschäfte auf. Nachdem im Folgejahr das Genossenschaftsgesetz eine Haftungsbeschränkung zugelassen hatte, nutzte die Genossenschaft die Gelegenheit, um sich als GmbH zu konstituieren. Ende 1904 waren immerhin schon 127 Mitglieder der Genossenschaft beigetreten. Die Bilanzsumme betrug zur gleichen Zeit etwas weniger als 170 000 Mark, und zumindest nach Aussage der *Werdener Zeitung* genoss die Genossenschaft den Ruf als «fürsorgliches und stützendes Finanzinstitut» in konjunkturell schwierigen Zeiten.[274] Die Kreditgenossenschaft durchlief in den folgenden Jahrzehnten verschiedene Umwandlungen. Zunächst wurde sie 1926 in Werdener Bank eGmbH umbenannt, 1938 wurde aus ihr die Volksbank Werden. Auch sie fusionierte 1963 mit der Volksbank Essen.

Die Wohnungs- und Baufinanzierung in der expandierenden Stadt

Der freie Handel von Immobilien gehört zu den revolutionären Neuerungen des 19. Jahrhunderts, in dem der Grundbesitz von feudalen Rechten abgelöst und die Säkularisierung des Kirchenguts sowie die Beseitigung von Gemeineigentum betrieben wurden. Der neu entstandene Immobilienmarkt entwickelte sich in städtischen Ballungszentren außerordentlich dynamisch. Allein zwischen 1850 und 1900 verzehnfachten sich reichsweit die Wohnungsbauinvestitionen auf etwa zwei Milliarden Mark pro Jahr, 1913 summierten sich die Hypothekardarlehen auf 30,9 Milliarden Mark. Die Verbindungen zwischen Immobilienmarkt und dem Bankensystem waren eng. Der immense Kapitalbedarf wurde meist über Kredite und andere externe Finanzierungsquellen gedeckt. Der Wohnungsbausektor gehörte zu den Bereichen mit den höchsten Fremdfinanzierungsquoten. In Berlin beispielsweise stieg die Beleihungsquote der städtischen Grundstücke zwischen 1850 und dem Ersten Weltkrieg von zwei Dritteln auf 90 Prozent. In diesen allgemeinen Zahlen deutet sich bereits das verbreitete Problem der Überschuldung an. Dieses wurde noch dadurch verstärkt, dass viele Immobiliengesellschaften zugleich als Kreditgeber fungierten. Die Interessenskollision aus dieser Funktion mit der des Hausverkäufers führte unter Umständen zu einer optimistischen Bonitätsprüfung der Kreditnehmer, die nicht immer gerechtfertigt war.[275]

Essen expandierte seit der Jahrhundertwende auch ins Umland. Essen-Werden (hier 1920) wurde 1929 eingemeindet.

Die Initiative zum Wohnungsbau ging anfangs meist von den großen Unternehmen aus. In Essen hatte vor allem die Firma Krupp verschiedene Wohnsiedlungen gebaut, um die Arbeiter unterzubringen.[276] Das rasche Wachstum Essens in den letzten Jahrzehnten des 19. Jahrhunderts zeigte jedoch die Grenzen dieses privatwirtschaftlichen Ansatzes auf und machte die Wohnungsfrage zu einem der drängendsten Themen der städtischen Politik. Zwischen 1880 und 1900 war die Einwohnerzahl um 109 Prozent, die Zahl der Wohnungen jedoch nur um 52 Prozent gestiegen. Durchschnittlich 18,7 Menschen lebten in einem Wohngebäude, im Norden sogar 26,37 Personen. Die Wohndichte gehörte damit innerhalb des Ruhrgebiets zu den höchsten.[277] Zugleich ging Essen der Boden aus: Betrug die Bevölkerungsdichte 1855 gerade einmal 14,7 Einwohner/ha, waren es zur Jahrhundertwende 122,9 Einwohner/ha.[278] Während dem Grundstücksbedarf mithilfe einer ehrgeizigen Eingemeindungspolitik begegnet wurde, blieb der Kapitalmangel ein wesentliches Problem bei der Überwindung der Wohnungsnot. Die erste Hypothek deckte maximal 60 Prozent der Grundstückswerte, die übrigen mindestens 40 Prozent waren auf anderem Wege aufzubringen, wobei die Banken aufgrund der unzureichenden Sicherheit keine zweiten Hypotheken gewährten.[279] Der wichtigste Hypothekenanbieter der Stadt war lange Zeit die Essener Sparkasse, da es keine privatwirtschaftliche Konkurrenz gab. Erst mit der Jahrhundertwende kam Bewegung in die Baufinanzierung. Spar- und Baugenossenschaften bemühten sich um eine Bauhilfe vor allem für Geringverdiener, die Stadt suchte nach Möglichkeiten zur Förderung von Baudarlehen, und von privater Seite wurden Banken mit dem Schwerpunkt der Baufinanzierung gegründet.

Spar- und Baugenossenschaften

Der bei Krupp beschäftigte Schlosser Heinrich Sperling, ein früher Anwalt des Essener Spar- und Baugenossenschafts-Gedankens, bemerkte gelegentlich, dass die Krupp'schen Siedlungen für die Unterbringung der in der Gussstahlfabrik arbeitenden Menschen um die Jahrhundertwende schon lange nicht mehr ausreichten und der Bedarf an günstigen Wohnungen unverändert groß sei.[280] Aus diesem Grund wurden 1898/1899 in Altendorf – in Essen selbst war der Baugrund mittlerweile zu knapp, weshalb die Genossenschaften in die Nachbargemeinde auswichen – gleich drei Spar- und Bauvereine gegründet, um für ihre Mitglieder günstige Arbeiterwohnungen zu bauen oder anzukaufen. Das soziale Protestpotenzial der Wohnungsnot war groß: «In keiner Beziehung aber wirkt die kaltherzige Macht des Kapitals so einschneidend», hieß es in einem Geschäftsbericht der keineswegs radikalen Spar- und Baugenossenschaft «Eintracht», «als durch die von den Hausbesitzern, besonders in den letzten Jahren, vorgenommenen bedeutenden Mietsteigerungen, durch welche vorzugsweise die Inhaber der kleinen Wohnungen betroffen werden.»[281] Baugenossenschaften setzten auf die Eigenverantwortung der Arbeiter, entsprangen also keinem revolutionären Eifer, sondern durchaus konservativen Wertvorstellungen. So wollte der Spar- und Bau-Verein Altendorf Wohnungen schaffen, «die dem Manne ein gesundes, freundliches und angenehmes Heim bieten, in der die bei der Tagesarbeit verbrauchten Kräfte wieder ersetzt werden, Wohnungen, welche bei der Frau Eifer zur Pflege derselben und Liebe zur häuslichen Arbeit erwecken, die den Kindern wieder eine Heimath schaffen, an welche dieselben mit Sehnsucht zurückdenken, wenn sie erwachsen sind».[282] Bei den Mitgliedern der Genossenschaften handelte es sich in der Regel um gelernte Arbeiter, die oft schon seit Längerem zum Stamm eines Werkes gehörten. Nur sie konnten sich die Mitgliedschaft überhaupt leisten.[283]

Die Initiative zur Gründung der ersten Genossenschaft ging von besagtem Sperling aus, der auf der Generalversammlung des die Gründung vorbereitenden Vereins «Spar- und Bauverein Essen» am 18. Juli 1898 den Ankauf und den Bau von Wohnungen in geeigneter Lage ankündigte. Mitglied sollte nur werden dürfen, wer nicht mehr als 2000 Mark im Jahr verdiente und seinen Wohnsitz in Altendorf hatte. Sobald die Mieter über Mietzahlungen ein Drittel des Wohnungspreises bezahlt hatten, sollten sie Eigentumsrechte erhalten. Für das Startkapital der Genossenschaft war ein Darlehen aus dem Kapitalienfonds der Versicherungsanstalt der Reichs- und Invalidenversicherung vorgesehen.[284] Bei der Gründungsvollversammlung im Oktober 1898 kam es jedoch zum Eklat, denn lediglich 30 von etwa 200 Mitgliedern waren eingeladen worden. Ob organisatorische Gründe des Vorstandes oder Sonderinteressen für dieses Vorgehen verantwortlich waren, lässt sich nicht mehr nachvollziehen. Jedenfalls bestimmte diese Rumpfversammlung gegen den vergeblichen Protest Sperlings Vorstand und Aufsichtsrat und konstituierte sich als Spar- und Bauverein Essen.[285] Das Statut erwähnte keine Sparkassenfunktion. Lediglich die «Annahme und Verwaltung von Spareinlagen der Genossen zum Zwecke der allmäligen Ansammlung des im Statut vorgesehenen Geschäftsanteils» war vorgesehen.[286] Allerdings legte der Vorstand diese Bestimmung weit aus, wie der Jahresbericht für das erste Geschäftsjahr 1899 zeigt. Demnach wurde die genossenschaftliche Sparkasse unabhängig von den Geschäftsanteilen und den Bauprojekten geführt, allerdings war der Betrag der mit vier Prozent verzinsten Einlagen mit 745,96 Mark zum Jahresende 1899 sehr überschaubar. Die Spareinlagen waren für die Finanzierung der zweiten Hypotheken vorgesehen, die mit vier Prozent verzinst werden sollten. Den Verzicht auf einen Zinsgewinn begründete der Verein mit der rein ehrenamtlichen Tätigkeit der Verwaltungspersonen. Weitere Kosten, so wurde versichert, würden nicht entstehen. Einzahlungen konnten jeden Sonntag zwischen 11 und 13 Uhr in der Krupp'schen Bierhalle Westend vorgenommen werden.[287]

Sperling wurde wegen seines nachhaltigen Protestes gegen die Umstände der Vollversammlung aus dem Verein ausgeschlossen und gründete mit dem Großteil der nicht eingeladenen Mitglieder im Januar 1899 eine eigene Spar- und Baugesellschaft «Grundstein», die im April des Jahres immerhin bereits 172 Mitglieder aufgenommen hatte und rasch Zuwachs erhielt.[288] Allerdings schied Sperling bald aus der Führung des Vereins aus, die in der Folge häufig wechselte. Zunächst war der Bau von fünf bis sechs Familienhäusern für einen Betrag von 325 000 Mark geplant, der zu 2/3 mit einem Hypothekardarlehen der Alters- und Invalidenversicherungsanstalt der Rheinprovinz abgedeckt werden sollte. Zur Finanzierung der weiteren Kosten wandte sich der Vereinsvorstand an Friedrich Alfred Krupp, der der Genossenschaft aufgeschlossen gegenüberstand, da in ihr fast ausschließlich Krupp-Mitarbeiter vereinigt waren. Er traute der gemäßigten Vereinsleitung zu, die übrigen Baugenossenschaften anzugliedern und so eine führende Rolle in der Essener Arbeiterbaugenossenschaftsbewegung einzunehmen. Vor diesem Hintergrund erklärte er sich zu einer Hypothek von 100 000 Mark bereit, behielt sich allerdings die Kontrolle der Verwendung vor. 1900 gab er ein weiteres Hypothekardarlehen über 30 000 Mark für ein anderes Bauprojekt, kündigte bei der Gelegenheit jedoch an, für weitere Darlehen nicht zur Verfügung zu stehen. Er wollte lediglich einen Beitrag zur Anschubfinanzierung der Genossenschaft leisten. Diese müsse sich auf Dauer selbst tragen.[289]

Neben den beiden genannten Gesellschaften gründeten im Oktober 1898 23 Personen mit dem Spar- und Bau-Verein Altendorf eine weitere Genossenschaft in der Nachbarkommune Essens.[290] Anders als der Essener Spar- und Bauverein legte dieser Spar- und Bau-Verein Altendorf in seiner Satzung von Beginn an die Annahme von Spargeldern als gleichberechtigten Zweck der Gesellschaft fest.[291] Auch diese Gesellschaft erhielt seitens der Firma Krupp eine Unterstützung in Form eines zinslosen Darlehens über 30 000 Mark. Der Kredit ermöglichte es der Invaliditäts- und Altenversicherungsanstalt Rheinland, jedes Haus der Genossenschaft mit 20 000 Mark zu beleihen. Dennoch appellierte der Vorstand an die Mitglieder, ihre Gelder der Genossenschaft zur Verfügung zu stellen, «denn zu unserem Unternehmen gehört Geld und abermals Geld». Die Zahl der Mitglieder war zum Jahresbeginn 1900 bereits auf 165 angestiegen.[292]

Die drei Genossenschaften traten untereinander in einen harten Wettbewerb und versuchten oftmals, mit übereilten sowie zu umfangreich angelegten Baumaßnahmen neue Mitglieder zu werben.[293] Die negativen Folgen zeigten sich bald beim Essener Spar- und Bauverein, der aufgrund überdimensionierter Grundstückskäufe von Beginn an mit wirtschaftlichen Schwierigkeiten zu kämpfen hatte. Diese verzögerten den Baubeginn und verursachten weitere Einnahmeausfälle. Unter den Genossen machte sich Unruhe bemerkbar. Der Vorstand wiederum beklagte überzogene Erwartungen der Arbeiter und warf ihnen eine geringe Zahlungsdisziplin bei den Geschäftsanteilen vor. Der Verein litt zudem unter der mangelhaften Zusammenarbeit der beiden Kommunen Essen und Altendorf. So weigerte sich die Gemeinde Altendorf, eine Baugenossenschaft auf ihrem Gebiet zu fördern, die ihren Sitz in Essen hatte. Lediglich über die Rheinische Creditgenossenschaftskasse Köln konnte in dieser schwierigen Phase ein Kredit über 20 000 Mark aufgenommen werden.[294] Die Lage verschärfte sich 1900 so weit, dass der Vorstand im November die Liquidation androhte, falls «nicht Hülfe von höheren Orts kommt». Der Verein käme dann «nach dem ortsüblichen Ausdruck unter den Hammer». Die Folgen eines Zusammenbruchs der Genossenschaft seien dramatisch: «[F]alls ein Eingreifen seitens der Invaliditäts- und Altersversicherung bei der bevorstehenden Katastrophe nicht erfolgt, Mord und Todschlag das Ende sein wird und so mancher braver Familienvater und Mutter, welche ihre Sparpfennige auf solche Art und Weise verlieren, [wird] schliesslich in den Zustand einer geistigen Umnachtung verfallen».[295]

Die wirtschaftlichen Schwierigkeiten motivierten im Juli 1900 den Vorstand des Essener Spar- und Bauvereins, die Vorstände des Spar- und Bau-Vereins Altendorf und der Genossenschaft «Grundstein» zu Verhandlungen über eine Vereinigung einzuladen. Als dieser Vorstoß scheiterte, wandte sich der Essener Spar- und Bauverein an die Stadt und sprach offen Probleme der Genossenschaften an, geeignetes Führungspersonal zu finden. Arbeiter hätten oft nicht genügend Zeit für die nötige ehrenamtliche Tätigkeit, zudem fehle es vielen Amtsträgern an der nötigen Qualifikation. Oberbürgermeister Zweigert solle daher stärker auf die Verwaltung der Genossenschaften einwirken und eine Vereinigung der Baugenossenschaften herbeiführen.[296] Auch diese Initiative verlief zunächst im Sande, doch die Ende 1900 unübersehbar hervortretenden Zahlungsschwierigkeiten des Essener Spar- und Bauvereins veranlassten die Stadt dann doch, sich stärker mit den Belangen der Genossenschaften zu beschäftigen. Mit einer Ausfallbürgschaft von 15 000 Mark ermöglichte sie ein Darlehen der Landesversicherungsanstalt Rheinprovinz über 115 000 Mark an den Essener Spar- und Bauverein.[297] Zudem erwarb die Stadt Essen zehn Geschäftsanteile an der Genossenschaft und entsandte einen Vertreter in deren Vorstand.[298]

Im Frühsommer 1901 wurde die Frage eines Zusammenschlusses der Altendorfer Genossenschaften erneut aufgegriffen. Ein erstes Treffen der Vorstände der «Grundstein» und des Essener Spar- und Bau-Vereins – beide mittlerweile mit neuen Vorständen, die nicht an den Zerwürfnissen der Gründungsphase beteiligt waren – ergab den einstimmigen Wunsch zur Vereinigung, der allerdings eine gründliche Buchprüfung vorausgehen sollte.[299] Seit der dritten Sitzung vom 4. Juli 1901 nahm auch die Altendorfer Baugesellschaft an den Verhandlungen teil, die nun unter der Leitung des Vorsitzenden der «Grundstein» als der größten Genossenschaft geführt wurden. Eine Kommission von je zwei Vertretern der drei Genossenschaften wurde beauftragt, ein neues Statut für die Vereinigung zu erarbeiten.[300] Allerdings wurden immer wieder Einzelinteressen ins Spiel gebracht. Krupp platzte im Sommer der Kragen und drohte mit der Kündigung seiner Darlehen, falls eine Einigung nicht zustande komme. Letztlich gelang im Oktober 1902 die Fusion zur «Vereinigten Spar- und Bau-Genossenschaft GmbH Essen», allerdings unter Verlust einiger Mitglieder, die diese Entscheidung nicht mittrugen.[301] Seit 1904 konnte die Genossenschaft wieder einen leichten Mitgliederzuwachs verbuchen. Zum Jahresbeginn 1905 verzeichnete man 753 Genossen, die ein Geschäftsguthaben von 75 789,11 Mark eingezahlt hatten. Die Spareinlagen betrugen 23 473,95 Mark.[302] 1908 trat man dem Rheinischen Genossenschaftsverband bei.[303]

Offiziell 1899 gegründet, aber wohl schon zuvor als Verein konstituiert, wurde der Spar- und Bauverein Rüttenscheid, der Bau- und Spartätigkeit als gleichberechtigten Zweck auswies.[304] Die Vereinsentwicklung nahm von Beginn an keinen glücklichen Verlauf. Waren am 1. Januar 1902 noch 84 Mitglieder verzeichnet, sank die Zahl in den kommenden drei Jahren auf 56. Der Vorstand hielt seine Enttäuschung über diese Entwicklung nicht zurück: Die zahlreichen Kündigungen der Geschäftsanteile seien «unangenehm».[305] Obwohl der Vorstand den Rückgang als eher üblichen Verlauf im Nachgang der Gründungseuphorie darstellte, ist er im Vergleich zu den übrigen Genossenschaften ungewöhnlich und mangels aussagekräftiger Quellen nicht ganz erklärlich.

Das geringe Mitgliederinteresse verschärfte das übliche Finanzierungsproblem der Genossenschaft, das sich nicht zuletzt aus dem großzügig angelegten Bezahlmodus für die Geschäftsanteile ergab. Um einen möglichst großen Kreis von Interessenten anzusprechen, betrug die wöchentliche Rate für die auf je 200 Mark festgelegten Geschäftsanteile lediglich 50 Pfennige. Größere Einzahlungen waren selten. Im Geschäftsbericht für das Jahr 1901 bat der Vorstand daher «dringend, der Genossenschaft alle verfügbaren Gelder zur Verfügung zu stellen, da sonst die Ziele, welche sich die Genossenschaft gestellt hat, nur schwer erreicht werden können».[306] Wie allerdings schon bei den Spareinlagen der Sparkassen gesehen, ließ das Einkommensniveau nur geringen finanziellen Spielraum, etwas beiseitezulegen. Dies zeigen auch die Spareinlagen des Spar- und Bauvereins, die dieser entsprechend des Zinsfußes der örtlichen Sparkasse verzinste. Sie waren Ende 1901 mit gerade einmal 1500 Mark ebenfalls äußerst bescheiden und bewegten sich auch im letzten überlieferten Geschäftsbericht für das Jahr 1904 noch im vierstelligen Bereich.[307]

Am 4. Dezember 1899 wurde mit dem «Eintracht» Bau- und Sparverein für Beamte und Arbeiter eine weitere Genossenschaft gegründet, die ausschließlich den Beamten sowie den Arbeitern der Reichs-, Staats- und Kommunalbehörden offenstand. Die meisten Genossen waren Eisenbahnarbeiter.[308] Daher gewährte das Ministerium für öffentliche Arbeiten im Jahr 1900 ein Darlehen in Höhe von 300 000 Mark, das allerdings an den Einsatz von Eigenmitteln beim Hausbau gebunden war. Auch die Pensionskasse für die Arbeiter der preußisch-hessischen Eisenbahngemeinschaft stellte Hypothekarkredite zur Verfügung. Darüber hinaus nahm die Eintracht die Ausgabe von Schuldverschreibungen in Aussicht, die mit einem Mindestbetrag von 100 Mark pro Schein jedoch nur für mittlere Einkommen attraktiv gewesen sein dürften. Die vergleichsweise guten Einkommen der Mitglieder resultierten in höheren Spareinlagen, die im Jahr 1900 beinahe 19 000 Mark betrugen.[309] Ihr Anteil an den Gesamteinzahlungen – neben den Spareinlagen waren dies das durch die Anteilsscheine erworbene Geschäftsguthaben sowie mit 4,5 Prozent verzinste Schuldverschreibungen – blieb denn auch stets bei einem zweistelligen Prozentbetrag.[310] Nachdem sich die Eintracht über mangelnden Rückhalt der Stadt beklagt hatte, unterstützte diese die Genossenschaft seit 1901 durch die Übernahme von zehn Geschäftsanteilen.[311] Obwohl sich die Eintracht in den folgenden Jahren etablierte und zahlreiche Bauprojekte initiierte, belastete ein hoher Unkostenanteil die Bilanz. Immerhin 30 Prozent der Mieteinnahmen mussten 1908 für die Gebäudeverwaltung aufgebracht werden, und lediglich der Verkauf eines Grundstücks verhinderte den Rückgriff auf die vorhandenen Rücklagen.[312] Mit Mieterhöhungen auf der einen, aber vor allem auch Kostenreduzierung bei der Verwaltung auf der anderen Seite konnte das Verhältnis binnen zwei Jahren auf 14 Prozent gesenkt werden, sodass die Genossenschaft abzüglich nicht näher benannter außergewöhnlicher Einnahmen einen kleinen Reingewinn von einigen hundert Mark aufwies.[313]

Die genannten Baugenossenschaften waren sozusagen die Pioniere der Essener Baugenossenschaftsbewegung. Es folgten später weitere Gründungen, die nach dem gleichen Prinzip arbeiteten und sich nur in der sozialen Herkunft der Genossen unterschieden. Der relativ kleine und auch nicht sehr aktive Bürgerbauverein in Essen eGmbH wurde 1904 gegründet und richtete sich an etwas höhere Einkommensschichten, die sich die 500 Mark für einen Geschäftsanteil leisten konnten. Entsprechend hochwertiger waren auch die Bauprojekte. Der 1905 gegründete Bauverein Krupp'scher Beamter wiederum setzte sich ausschließlich aus Angestellten der Firma Krupp zusammen. Auch er sprach vor allem Personen mit einem mittleren Gehalt an und berechnete 500 Mark pro Geschäftsanteil. Wie die Arbeitergenossenschaften erhielt auch die Beamtengenossenschaft die Unterstützung ihres Arbeitgebers. Aus dem Kreis der städtischen Beamten entstand 1909 der «Bauverein Eigenheim eGmbH», dem es weniger um günstigere

Wohnungen als um das Gefühl des «Mitbesitzens» der Wohnungen ging. Ein Anschluss an den Bürgerbauverein wurde nicht gesucht, da dessen Wohnungen zu groß und zu teuer für die städtischen Beamten waren.[314]

Die städtische Förderung des Hypothekarkredits

Die Mischung aus Wohnungsnot und Kapitalmangel stellte die Stadt immer wieder vor die Frage, ob sie auf dem Gebiet des Hypothekarkredits aktiver werden sollte. 1909 belebten sich die Diskussionen durch neue Denkanstöße. Dazu gehörte die Frage nach der Finanzierung des Straßenausbaus, der über mehrere Jahre gestundet und über Hypotheken gesichert werden sollte.[315] Wie jedoch sollten diese und andere Hypotheken am besten verwaltet werden? Zunächst wurde an die Einrichtung eines speziellen Etats im Stadthaushalt gedacht und bei der Stadt Düsseldorf um Rat gefragt, die in diesen Angelegenheiten bereits Erfahrungen gesammelt hatte.[316] Insbesondere der Reingewinn von 60–80 000 Mark, den die Stadt Düsseldorf über ihre Hypothekenverwaltung erwirtschaftete, wirkte auf die Essener Stadtverwaltung verlockend.[317] In Anlehnung an das Hypothekenbankgesetz wurden nur erststellige Hypotheken gewährt, die 60 Prozent des Wertes nicht übersteigen durften. Für die Bewertung waren nach Ansicht der Verwaltung städtische Kommissionen wegen ihrer Kenntnisse der lokalen Situation gegenüber auswärtigen Banken besser geeignet. Zur Finanzierung der Darlehen gab Düsseldorf Schuldverschreibungen heraus. Der Zinssatz der Darlehen lag in der Regel um 0,5 Prozent über denen der Schuldverschreibungen.[318]

Grundsätzliche Bedenken, ob die Vergabe von Hypothekendarlehen überhaupt in den Aufgabenbereich der Kommune falle, wurden mit dem Hinweis vom Tisch gewischt, dass die Sparkassen ohnehin schon auf diesem Feld tätig seien.[319] In der überregional geführten Diskussion blieb es jedoch umstritten, ob die Kommunen die angemessenen Träger einer öffentlichen Einrichtung seien oder ob dies nicht eher in das Aufgabenfeld eines provinziellen Instituts falle.[320] Soweit es um die Einrichtung kommunaler Institute ging, blieb deren Geschäftsform umstritten. Der Essener Beigeordnete Rath, der auch den Vorstand der Essener Sparkasse leitete, sprach sich für Gemeindehypothekenämter aus, die von den Sparkassen abgezweigt werden sollten.[321] Die Gründung einer Genossenschaft hingegen war nicht mit dem Hypothekenbankgesetz vereinbar.

Überlegungen zur Gründung einer städtischen Hypothekenbank wurden vom Haus- und Grundbesitzer-Verein für Essen und Umgebung angestoßen. Dieser beklagte sich im Frühsommer 1909 über die Förderung der Baugenossenschaften durch die Stadt, indem diese bei Abtretung der Grundstücke an die Baugenossenschaften auf deren Wertsteigerungen verzichte und zugleich Darlehen gewähre, deren Zinsfuß unterhalb der städtischen Anleihen liege. Der Verein befürchtete angesichts dieser Wohnungsbaupolitik, dass die Hausbesitzer «dem Ruine entgegengeführt» würden, zumal sich ihre Lage unter anderem durch die steuerlichen Belastungen zunehmend verschlechtere. Zudem bezweifelte der Verein die Wirksamkeit der Maßnahmen. Eine Mietminderung bei den von den Baugenossenschaften errichteten Wohnungen habe bislang nicht stattgefunden. Um dieses Ziel zu erreichen, schlug der Verein die Einrichtung eines städtischen Pfandbriefamtes vor, das ohne Unterschied sowohl den privaten Hausbesitzern als auch den Baugenossenschaften Hypotheken zu möglichst günstigem Zinsfuß geben sollte: «Hat der Hausbesitzer billigere Hypotheken, dann kann er billiger vermieten. Kein Mensch kann einem anderen zumuten, Geld bei diesem Geschäft zuzulegen.»[322] Als Ursache für den hohen Hypothekenzins machte der Verein den Umstand aus, dass die Provinzstädte von den großen Geldgebern zunehmend vernachlässigt würden. Das ganze Hypothekengeld dränge nach Berlin, wo die Zinsen wesentlich niedriger seien. Als Beleg führte der Verein aus, dass seitens der Versicherungsgesellschaften 1907 auf städtische Grundstücke in Berlin 913 Hypotheken mit 186 Mio. Mark gewährt worden seien, während im übrigen Preußen lediglich 887 Darlehen mit einem Gesamtbetrag von 64 Mio. Mark ausgegeben worden seien. Ein städtisches Pfandbriefamt könne hier unzweifelhaft Abhilfe schaffen, Vorbilder gebe es in Düsseldorf und in Dresden.[323]

Trotz des Wunsches, den Hypothekarkredit in Essen institutionell zu fördern, konnte sich die Stadt zu keinen durchgreifenden Maßnahmen entschließen. 1913 erstellte der Beigeordnete Rath für Oberbürgermeister Holle eine Vorlage, die den nur schwach ausgebildeten Apparat zur Finanzierung der Hypothekenfinanzierung kritisierte. Als einzige Einrichtung zur Befriedigung des durch privates Kapital nicht gedeckten Hypothekenbedürfnisses existierte die Sparkasse, die etwa 20 Prozent des Bedarfs an erstrangigen Hypotheken der auf städtischen Objekten ruhenden Schuldverträge deckte. Mittels Gemeindebürgschaften wurden zudem gemeinnützige Baugenossenschaften unterstützt. Im Falle eines besonderen kommunalpolitischen Interesses gewährte die Stadt zweite Hypotheken, beim Verkauf städtischer Bauplätze wurde sehr häufig der Kaufpreis als zweite Hypothek gestundet, die binnen zehn Jahren abzutragen war. Als weitere Maßnahme erwog die Stadt, Sparkassenüberschüsse oder einen Teil des Sparkassen-Reservefonds zur Befriedigung des Hypothekenbedarfs für kleinere Objekte zu verwenden.[324] Kreditnot machte die Stadt besonders bei der zweiten Hypothek für den Mittelstand aus: Neben der allgemeinen Geldknappheit habe auch die Geschäftsaufgabe des Essener Bankvereins zu einer Erschütterung des Hypothekenmarktes geführt, da Hypothekenbanken und auswärtige Sparkassen ihre Gelder zurückgezogen hatten. Die privaten Hypothekenbanken hätten unterdessen die Konjunktur «in rücksichtslosester Weise» ausgenutzt, indem sie «sowieso schon leidenden Schuldnern Bedingungen vorschrieben, die sie nicht erfüllen konnten». Teilweise hätten sie ihre Hypotheken auch völlig zurückgezogen, um flüssige Mittel zur Stützung ihrer Pfandbriefkurse zu gewinnen. Diese den «geschäftlichen Interessen der Aktionäre dienenden Maßnahmen» hätten die Kreditnot «in unerhörter Weise» gefördert.[325] Zwar sprach sich Rath für die Gründung eines provinziellen Pfandbriefinstituts aus, doch solche Pläne verschwanden im Krieg ebenso in der Schublade wie die Überlegungen zu einer städtischen Hypothekenbank.

Private Hypothekenbanken

Die privaten Anbieter taten sich auf dem Hypothekenmarkt schwer. Von den Baugenossenschaften einmal abgesehen traten zwei Banken hervor: die Rheinisch-Westfälische Bank für Grundbesitz AG und die Westdeutsche Terrain- und Baubank AG. Die Rheinisch-Westfälische Bank für Grundbesitz war 1905 vom Essener Bankverein und der Rheinischen Bank, also zwei ausgesprochen industrienahen Banken, mit einem Grundkapital von einer Million Mark gegründet worden. Carl Funke übernahm, wie beim Bankverein, auch hier den Aufsichtsratsvorsitz. Wie lange der Bankverein Anteile an der Gesellschaft hielt, ist unklar. 1913 war er jedenfalls nicht mehr beteiligt, sondern stand lediglich im Konto-Korrent-Verkehr mit der Bank.[326] Über die weiteren Zusammenhänge ist wenig bekannt. Erst die Zusammensetzung des Aufsichtsrats nach dem Ersten Weltkrieg nennt teilweise recht prominente Namen: Für Hugo Stinnes gehörte ihm Hermann Thomas an, der enge Vertraute und Rechtsberater des Ruhrindustriellen. Paul Brandi vertrat die Disconto-Gesellschaft, Bankdirektor Dr. Berne die Deutsche Bank.

1907 wurde die Westdeutsche Terrain- und Baubank AG mit einem Aktienkapital von zunächst einer, bald drei Millionen Mark ins Leben gerufen. Sie deckte auf dem Gebiet des Grundstückshandels und der Baufinanzierung nahezu sämtliche Tätigkeiten ab, dennoch war ihr Geschäftsumfang verhältnismäßig gering. Im Aufsichtsrat saßen 1920 mit Wilhelm von Waldthausen und Georg Hirschland zwei in der Stadt hoch angesehene Bankiers. Insgesamt war der Aufsichtsrat mit Personen des gesamten Industriebezirks versehen, der offenkundig den geografischen Handlungsradius beschrieb.[327] Das Institut hatte sich dem Siedlungsgedanken verschrieben und erhoffte sich bei der Gründung vor allem durch die Errichtung von Kleinwohnungen ein gutes Geschäft.[328] Allerdings litt die Gesellschaft bereits in den ersten Jahren ihres Bestehens an der schlechten Lage auf dem Grundstücksmarkt und versuchte, sich auf entwicklungsfähige Grundstücke zu konzentrieren, die jedoch erst nach ihrer Erschließung größere Gewinne versprachen. Das Risiko bei dieser langfristigen Kapitalanlage ging das Institut bewusst ein, und es gelang ihm, durch Geschäfte auf dem Grundstücks-, Hypotheken- und Baumarkt die schwierigen ersten Entwicklungsjahre der Gesellschaft zu überbrücken.[329]

Waren die Bedingungen für den Hypothekenmarkt in der Vorkriegszeit schon nicht günstig, sollten sie sich in der Zwischenkriegszeit noch einmal verschlechtern. Bereits 1921 monierte die Rheinisch-Westfälische Bank für Grundbesitz, dass die Erträge der Grundstücksverwaltung mit den Erhöhungen der Steuern und Abgaben nicht mithalten könnten.[330] Vier Jahre später klagte die Westdeutsche Terrain- und Baubank, durch die Steuerbelastung würden zwar viele städtische Grundstücke frei, jedoch sei es kaum möglich gewesen, deren Erwerb für Käufer zu finanzieren. Die Probleme schlugen sich auch im Geschäftsergebnis nieder, das sich erst 1929 wieder spürbar ins Plus drehte – eine allerdings nur kurze Erholungsphase, denn schon im Folgejahr brachte die Wirtschaftskrise erneut Verluste.[331]

Die Essener Bankiers in der Stadtgesellschaft

Das Sozialgepräge der Essener Bankiers

Eine bürgerliche Stadtgesellschaft entwickelte sich in Essen aufgrund der Gegebenheiten einer Kleinstadt im 19. Jahrhundert zunächst nur langsam. Ein wichtiger Treffpunkt der Essener Führungsschicht war der 1809 auf Initiative des bergischen Unterpräfekten Freiherr von Sonsfeld ins Leben gerufene Verein «Societät». In dem Vereinshaus im I. Hagen versammelte sich die bürgerliche Oberschicht zum Kartenspiel, zum Tanz und zu Kon-

Die Familie Waldthausen gehörte zu den prägenden Mitgliedern der Gesellschaft «Verein» im langen 19. Jahrhundert. Sie stellte gleich drei der Vorsitzenden.
Oben: Die Vorstandsmitglieder des «Vereins» im Gründungsjahr 1828, darunter rechts oben Gottfried Wilhelm Waldthausen sowie rechts unten Johann Wilhelm Waldthausen.
Unten: Die Vereinsvorsitzenden zwischen 1878 und 1918 mit Kommerzienrat Heinrich von Waldthausen in der zweiten Reihe links.

zerten. Der Verein bot einen Raum für das Zusammentreffen von staatlichen Vertretern mit Angehörigen der alten Essener Familien und der Kaufmannschaft, später auch der Bankiers. Als jedoch 1823 der Vereinsvorsitzende Heinrich Heintzmann, Leiter des Bergamtes, den Verein zu Ehren des Kronprinzen Friedrich Wilhelm in «Verein zum Kronprinzen» umbenennen wollte, gründeten andere Mitglieder, die die Essener Tradition hochhielten und gegen ein preußisches Übergewicht protestierten, den Verein «Erholung». Da die Stadt auf Dauer für die Existenz zweier gleichgerichteter Vereine jedoch zu klein war, schlossen sie sich 1828 unter dem Namen «Vereinigte Gesellschaften» wieder zusammen, seit 1878 meist nur noch «Verein» genannt.[332] Zu seinen Vorstandsmitgliedern gehörte auch Johann Wilhelm Waldthausen, der Gründer von Wilhelm & Conrad Waldthausen.[333]

Bereits in einer Mitgliederliste von 1813 finden sich die Namen zahlreicher prominenter Essener Familien wie Grillo, Huyssen, Krupp, Sölling und Waldthausen, welche die Geschicke der Stadt im gesamten 19. Jahrhundert maßgeblich prägten.[334] Die Mitgliedschaft im «Verein» war grundsätzlich allen Konfessionen inklusive der jüdischen offen, jedoch dominierte in der – überwiegend katholischen – Stadt das protestantische Element. Im Zuge des Kulturkampfes kam es 1879 zur Gründung eines rein katholischen Vereins mit dem Namen «Erholung». In späteren Jahren gehörten zahlreiche Katholiken beiden Gesellschaften an. Die überlieferten Mitgliederlisten des «Vereins» führen nahezu jeden bekannten Namen des Essener Wirtschaftsbürgertums auf, oftmals über mehrere Generationen hinweg: So finden sich Alfried und Friedrich Alfred Krupp sowie Alfried Krupp von Bohlen und Halbach auf den Listen. Die Zahl der Mitglieder der Waldthausen-Familie in all ihren Verästelungen ist geradezu unüberschaubar. Ludwig von Born (als Gewerke geführt) und Friedrich Grillo waren ebenso selbstverständlich Mitglieder wie Albert Müller und Wilhelm Jötten. Natürlich finden sich zahlreiche Privatbankiers in den Listen wie Isaak Hirschland oder Moritz Beer.[335] Zwar waren Diskussionen über potenzielle Streitthemen wie Politik, Religion und die Stadtverwaltung formell verboten, doch in der Realität war der Verein als typische Honoratiorenversammlung ein wichtiges informelles Gremium, in dem in den Jahren 1886 bis 1906 vor allem Oberbürgermeister Zweigert seine kommunalpolitischen Entscheidungen vorbereitete.[336] Eine Schlüsselrolle nahm der zeitweilige Vorsitzende des Vereins, Heinrich von Waldthausen, ein, der seit 1887 im Aufsichtsrat der Essener Credit-Anstalt saß und von 1903 bis zu seinem Tod im Folgejahr den Vorsitz führte. Nach der Schilderung von Paul Brandi, dem Filialleiter der Disconto-Gesellschaft, stand er in diesen Jahren an der

Spitze des gesellschaftlichen Lebens der Stadt. In der Kommunalpolitik war er als Stadtverordneter sowie unbesoldeter Beigeordneter verankert und pflegte für den befreundeten Zweigert die Beziehungen zu den Gewerken und Industrievertretern.[337]

Die kommunalpolitische Mitwirkung beschränkte sich jedoch nicht auf die Mitgliedschaft im «Verein», sondern erstreckte sich vor allem auch auf die Stadtverordnetenversammlung, die auf Basis des preußischen Dreiklassenwahlrechts gewählt wurde. Dieses bot namentlich den verschiedenen Oberhäuptern der Familie Krupp einen starken Einfluss auf die Versammlung, da sie meist als einzige Vertreter der ersten Klasse ein Drittel der Stimmen vergeben durften. Lediglich Moritz Beer konnte bei einigen Wahlen zu Krupp aufschließen. Allerdings interessierte sich die Industriellenfamilie nur in den wenigsten Fällen für kommunalpolitische Angelegenheiten. Dieses bemerkenswerte Desinteresse war für das Bürgertum des Kaiserreichs untypisch, denn im 19. Jahrhundert zählte die Mitwirkung am politischen Prozess und insbesondere an der Kommunalpolitik zum bürgerlichen Selbstverständnis.[338] Seit den 1840er-Jahren wurden, begünstigt durch kommunalrechtliche Reformen, zunehmend Unternehmer in die Stadtverordnetenversammlung gewählt. Die späteren großen Gewerkenfamilien wie die Flashoffs und Waldthausens spielten hier erstmals eine bedeutendere Rolle.[339] Zunehmend fanden sich ebenso zahlreiche Bankiers in den Listen der Stadtverordneten, so Albert Müller, Moritz Beer oder Isaak Hirschland, auch Gewerken wie Friedrich Grillo, Carl Funke oder Wilhelm von Waldthausen, die zu den maßgeblichen Figuren des Essener Bankplatzes zählten, gehörten dem Gremium an. Manche Bankiers waren auch über den Stadtrat hinaus politisch tätig. Albert Müller beispielsweise war jahrelang Vorsitzender des Essener Ortsverbands des Deutschen Flottenvereins, der zwischen 3000 und 4000 Mitglieder hatte.[340] Einer seiner Stellvertreter war Richard Böhmke, Aufsichtsratsmitglied und zwischenzeitlicher Aufsichtsratsvorsitzender der Essener Credit-Anstalt. Mit Moritz Beer und Heinrich von Waldthausen gehörten dem Flottenverein, der sich für die Wilhelminische Flottenrüstung starkmachte, zwei weitere Führungspersonen des Essener Instituts an.[341] Der deutsche Drang nach Weltgeltung und das Prestigeprojekt Kaiser Wilhelms II. fanden im Wirtschaftsbürgertum allgemeine Unterstützung, schon weil das Flottenprogramm wertvolle Staatsaufträge versprach. Dennoch war ein Kriegswille in Wirtschaftskreisen in aller Regel gering bis nicht vorhanden: Die exportorientierten deutschen Unternehmen konnten durch einen großen Krieg nur verlieren. Dies galt insbesondere für die deutsche Großindustrie, die der beste Kunde der Essener Credit-Anstalt war.[342] Das Engagement ihres

Erich Zweigert (1849–1906) prägte Essen
über zwei Jahrzehnte als Oberbürger-
meister.

Führungspersonals in dem mitgliederstarken Agitationsverband dürfte sich ebenfalls in diesem Spannungsfeld bewegt haben, die Veranstaltungen des lokalen Flottenvereins lassen jedenfalls eine besondere Schärfe vermissen.

Neben dem «Verein» und politischen Institutionen fungierte auch ein originär finanzwirtschaftlicher Ort als Treffpunkt der Essener Finanzakteure: die Börse. «Zeitersparnis, der persönliche, auf Vertrauen beruhende Kontakt der Kaufleute untereinander und bessere und vermehrte Geschäftsabschlüsse» hatten schon in der Antike Kaufleuten den Anlass gegeben, sich zu einer bestimmten Zeit an einem bestimmten Ort zu versammeln.[343] Eine Börse ist gewissermaßen die institutionelle Fortentwicklung dieser früher oft in Tempeln abgehaltenen Versammlungen. Neben den konkreten Geschäftsabschlüssen findet in Börsen jedoch vor allem der Austausch von Informationen statt. In Essen tauschten Händler bereits eine halbe Stunde, bevor die eigentliche Börse um 15:30 Uhr für eine Stunde geöffnet wurde, in der sogenannten Vorbörse Neuigkeiten und Meinungen aus.[344] Die Börse entwickelte sich vor allem seit den späten 1880er-Jahren zu einem zentralen Knotenpunkt im Netzwerk der Essener Banken. Das Sozialprestige der Börse war entsprechend hoch. Obwohl Paul Brandi als Leiter der Filiale der Disconto-Gesellschaft das Börsengeschäft seinem ersten Stellvertreter überließ, weil er selbst dem Effektengeschäft fernstand, trat er aus «Repräsentationsgründen» in den Vorstand der Essener Börse ein.[345]

Wer eine führende Position innerhalb der Essener Bankenwelt einnehmen wollte, musste diesem Gremium angehören.

In der Weimarer Republik war unter den Essener Wirtschaftsführern eher ein Rückzug aus politischen Angelegenheiten zu beobachten. Die Einführung des allgemeinen, gleichen Wahlrechts anstelle des Dreiklassenwahlrechts reduzierte den Einfluss des Wirtschaftsbürgertums auf die Stadtverordnetenversammlung. Der Einzug von Kommunisten und die Stärke der Sozialdemokraten minderten nach Ansicht dieser Kreise zudem das Ansehen des Amtes. Die Mitgliedschaft Wilhelm von Waldthausens als Abgeordneter der nationalkonservativen DNVP im Preußischen Abgeordnetenhaus in den Jahren von 1921 bis 1933 war daher eine Ausnahme. Seine Abneigung gegen die politische Linke war groß. Im Parlament befasste er sich vor allem mit Bergbaufragen und bezeichnete seine Tätigkeit selbst «im Grossen und Ganzen als eine negative», da sie im Wesentlichen darauf beschränkt sei, die Politik von SPD und Kommunisten zu bekämpfen.[346] Immer wieder verteidigte er in seinen Parlamentsreden das Gewinninteresse von Unternehmern. Eine blühende Wirtschaft sei die Grundlage jeder guten Sozialpolitik: «Stellen Sie das Soziale in den Vordergrund und die Wirtschaftsbelange in die zweite Reihe, so kommen Sie mit absoluter Sicherheit eines Tages zum Erliegen der deutschen Wirtschaft.»[347] Als überzeugter Nationalist unterstellte er im Zuge der Abtretungen infolge des Versailler Vertrages den Polen mit Blick auf die ehemals deutsche Industrie in Oberschlesien, sie seien nicht in der Lage, «das große Werk, das deutsche Tatkraft, deutsche Intelligenz auf oberschlesischem Boden zum Segen unseres Vaterlandes und zur Stärkung unseres Ansehens in der Welt geschaffen haben, aus eigener Kraft aufrecht zu erhalten!»[348] In seinen 1934 verfassten, unveröffentlicht gebliebenen Erinnerungen beschrieb er sich zudem als einen Vorkämpfer gegen das Judentum: Als Mitglied des Bukarester Verwaltungsstabs zur Aufsicht über die dortigen Banken und Bankgeschäfte sei er 1918 vom Leiter des Verwaltungsstabs beauftragt worden, sich bei dem mit ihm bekannten Staatssekretär des Äußeren, Richard von Kühlmann, für eine Revision der judenfreundlichen Bestimmungen des Friedensvertrags einzusetzen. Sein Versuch sei jedoch völlig ergebnislos gewesen, und Kühlmann habe ihm entgegnet, «die Juden sind hier im Orient doch unsere besten Freunde».[349] Der Wahrheitsgehalt dieser Anekdote lässt sich nicht mehr nachvollziehen, sie war aber zweifelsohne mit Blick auf das NS-Regime formuliert, bei dem der liberale Kühlmann verhasst war.

Zum Selbstverständnis des Essener Bürgertums gehörten der karitative und der mäzenatische Gedanke. Von den meisten der in den vorange-

*Wahlplakat der DNVP von
1924.*

gangenen Kapiteln vorgestellten Personen sind großzügige Spenden oder
Stiftungen überliefert, die den sozial Schwachen zugutekamen bzw. der
Krankenpflege und der Bildung dienten. Friedrich Grillos bekannteste Stiftung ist das noch heute bestehende, allerdings aufgrund der Kriegsschäden
architektonisch stark veränderte Grillo-Theater am Essener Theaterplatz.
Das Bankhaus Simon Hirschland spendete anlässlich seines 75-jährigen Bestehens 1916 einen Betrag von 75 000 Mark für die Kriegsvorsorge.[350] Albert
(von) Waldthausen betätigte sich nicht nur in einem eher klassischen Sinne
als Wohltäter, indem er 1904 der evangelischen Gemeinde 50 000 Mark für
den Freibettenfonds im Huyssen-Stift zur Verfügung stellte. Er machte
sich auch um die Geschichte der Stadt verdient und gehörte 1890 zu den
Gründern des Historischen Vereins für Stadt und Stift Essen, dessen Schatzmeister er für mehrere Jahre war. Sein Wohnhaus an der Ecke Lindenallee/
Am Waldthausenpark stellte er für Zwecke des Heimatmuseums zur Verfügung. 1906 stiftete er einen Betrag von 30 000 Mark für die Abfassung

einer Geschichte der Stadt Essen durch den Oberlehrer Konrad Ribbeck, die allerdings unvollendet blieb. Waldthausen selbst verfasste zahlreiche kleinere historische Studien, unter anderem über die Essener Kaufmanns- familien Sölling, Huyssen und Waldthausen.[351]

Carl Funke, mehr Gewerke als Bankier, gehörte ebenfalls zu den Wohltätern der Stadt, die sich der Bildung und dem Gesundheitswesen widmeten. In Werden stiftete er Schulgrundstücke; die von ihm ins Leben gerufene Carl- und Katharina-Funke-Stiftung unterstützte die Essener Humboldtschule (heute Frida-Levy-Schule). Zudem spendete er für hilfs- bedürftige Studenten 50 000 Mark. Der evangelischen Gemeinde in Kup- ferdreh stellte er bedeutende Beträge für den Bau eines Krankenhauses, einer Lungenheilstätte und eines Gemeindehauses zur Verfügung. In den Gemeinden Essen-Altstadt, Rellinghausen-Heisingen und Dorstfeld war er zudem als Presbyter tätig. Für seine Verdienste wurde er bereits mit 45 Jahren zum Kommerzienrat ernannt, wenige Jahre später erhielt er den Titel Geheimer Kommerzienrat.[352]

Zu den heute weltweit wohl bekanntesten Stiftungen des Essener Wirt- schaftsbürgertums gehört zweifelsohne der Ankauf der Sammlung Folk- wang Anfang der 1920er-Jahre. Der Inhaber der Simon Hirschland Bank, Georg Hirschland, machte gemeinsam mit dem ebenfalls jüdischen Rechts- anwalt Salomon Heinemann den Essener Oberbürgermeister Luther darauf aufmerksam, dass die Sammlung als Ganzes zum Verkauf stand. Der Be- gründer der Sammlung, der Hagener Bankier Ernst Osthaus – an dessen Bankgeschäft die Essener Credit-Anstalt seit 1898 mit einer stillen Kom- manditeinlage beteiligt war[353] –, hatte sich zunächst auf naturkundliche und kunstgewerbliche Objekte konzentriert, bevor er die Malerei der Moderne für sich entdeckte und in Deutschland erstmals in einer öffent- lichen Sammlung deren Wegbereiter Paul Cézanne, Paul Gauguin, Vincent van Gogh und Henri Matisse präsentierte. In einem ersten Testament hatte der 1921 verstorbene Osthaus seine Sammlung der Stadt Hagen vermacht, sich dann aber zugunsten seiner Erben für einen Verkauf entschieden. Die Stadt Essen konnte sich gegen mehrere Konkurrenten durchsetzen. Der Kaufpreis von 15 Millionen Mark wurde von privaten Geldgebern auf- gebracht, während die Stadt die Räumlichkeiten für das Museum zur Ver- fügung stellte. Unter den Geldgebern finden sich neben dem Bankhaus Simon Hirschland, das eine Million Mark zur Verfügung stellte, auch die Bankhäuser Levi Hirschland und Münzesheimer & Co. Auch Paul Brandi von der Disconto-Gesellschaft gehörte zu den frühen Förderern des Museums.[354]

Das Grillo-Theater vor der weitgehenden Zerstörung im Zweiten Weltkrieg.

Trotz des Einflusses der Bankiers auf die kulturpolitischen Geschicke der Stadt blieb Essen im Kaiserreich und der Weimarer Republik dem Selbstverständnis nach eine Industriestadt. Als der Jurist Hans Luther, der während der Weimarer Jahre bis zum Reichskanzler und zum Reichsbankpräsidenten aufstieg, am 4. Juli 1918 in sein neues Amt als Essener Oberbürgermeister eingeführt wurde, gehörte das Mittagessen in der Villa Hügel auf Einladung von Gustav Krupp von Bohlen und Halbach ganz selbstverständlich zum Rahmenprogramm. In seinen Erinnerungen an seine Bürgermeisterzeit schilderte Luther die wirtschaftliche Struktur Essens am Ende des Ersten Weltkriegs und wies Krupp ein Drittel des wirtschaftlichen Lebens der Stadt zu, ein zweites Drittel den zahlreichen Steinkohlenzechen mit ihren jeweiligen Zentralen sowie ein letztes Drittel den übrigen wirtschaftlichen Unternehmungen wie der Chemischen Fabrik Th. Goldschmidt, dem Essener Elektrizitätswerk oder dem Handel. Das Finanzgewerbe fand keine Erwähnung.[355] Dies lag wohl weniger an seiner Bedeutung, die kaum zu übersehen war. Aber die Kernaufgabe der Essener Banken war die Finanzierung der Geschäfte der Großindustrie. Ihnen kam damit im Verständnis der Industriegiganten eine dienende Rolle zu, auch wenn bei manchen Unternehmen die Banken mittlerweile entscheidende Mitspracherechte genossen. Das ausgeprägte Beziehungsgefälle hatte sich schon bei den Gründungen der Essener Credit-Anstalt, dem Essener Bankverein und

*In der Villa Hügel der Familie Krupp wurden nicht nur lokale Größen empfangen,
sondern auch Kaiser, Könige und Regierungschefs vieler Nationen.*

bei der Rheinischen Bank (damals noch in Mülheim) widergespiegelt, als
die Banken in erster Linie als Finanzierungsinstrumente der Gründer
Grillo, Funke und Thyssen dienten.

Die jüdischen Bankiers

Mit dem Bankhaus Simon Hirschland war das wichtigste Privatbankhaus
der Stadt in jüdischem Besitz, auch zahlreiche andere Privatbankiers waren
jüdischen Glaubens. Die jüdische Gemeinde in Essen hat eine bis ins Mittelalter zurückreichende Geschichte. Erstmals wurden Juden im Jahr 1291
in einem Vogteibrief des Stiftes Essen erwähnt. Seit wann sie in Essen
sesshaft werden, ist hingegen unbekannt. In den Jahren 1328, 1334, 1347,
1495 und 1648 waren sie aus dem Stadtgebiet vertrieben, obwohl sie über
einen Geleitbrief der Äbtissin verfügten und sich im Stiftsgebiet niederlassen durften. Die Aufenthaltserlaubnis war jedoch in der Regel auf vier
oder acht Jahre begrenzt und wurde nur bei Wohlverhalten verlängert.
Der einzige erlaubte Geschäftszweig war das Leih- und Pfandgeschäft,
wobei die Höhe des erlaubten Zinssatzes zur Vermeidung von Wucher begrenzt wurde.[356]

Der Anteil jüdischer Bürger in Essen lag stets oberhalb des Reichsdurchschnitts von knapp einem Prozent. 1836 gehörten von 5464 Einwohnern 222 dem jüdischen Glauben an, 1866 waren es 600, bereits bis 1869 stieg die Zahl auf 750 Juden. 1914 waren 3700 Juden erfasst. Allerdings war ihr Anteil an der Gesamtbevölkerung niedriger als in ähnlich großen Städten, denn die Industriestadt Essen mit einer nur gering ausgeprägten bürgerlichen Kultur ohne eine Universität bot auf dem freiberuflichen, künstlerischen und wissenschaftlichen Sektor nur wenig Aufstiegschancen für Juden. Gerade in den ersten Jahrzehnten des 19. Jahrhunderts waren sie oftmals im Handel oder als Kaufleute tätig, hinzu kam eine größere Zahl an Metzgern, was sowohl durch die jüdische Viehhändlertradition als auch durch die religiösen Speisevorschriften bedingt war. In einer Berufsliste von 1846 finden sich jedoch auch schon zwei aus der Familie Hirschland stammende Mediziner, ein Verweis auf das Bestreben jüdischer Kaufmannsfamilien, durch säkulare Bildung in intellektuell und gesellschaftlich anerkanntere Berufe aufzusteigen. Bis 1910 blieb das Bild im Wesentlichen unverändert. Handwerker und Arbeiter hatten nach wie vor nur einen verhältnismäßig geringen Anteil bei jüdischen Berufstätigen. Im Bankensektor waren etwa drei bis vier Prozent von ihnen tätig.[357]

Die Bankiers gehörten zu den wohlhabendsten Mitgliedern der jüdischen Gemeinde Essens. Einen guten Eindruck vermittelt ein für eine Wahlangelegenheit zusammengestelltes Mitgliederverzeichnis von Repräsentanten und Stellvertretern aus dem Jahr 1910, das die Wahlberechtigten entsprechend der Höhe ihrer Abgaben an die jüdische Gemeinde in drei Gruppen unterteilte. In der vermögendsten Gruppe von 17 Personen finden sich zahlreiche Vertreter der mittlerweile weitverzweigten Familie Hirschland, zu der neben Bankiers auch Ärzte und Anwälte gehörten. An erster Stelle stand Isaak Hirschland als Leiter der Simon Hirschland Bank. Sein in Berlin tätiger, aber noch zur Essener Gemeinde gehörender Bruder Albert Hirschland folgte auf Platz vier. Alexander Kann, der Direktor der Rheinisch-Westfälischen Bank für Grundbesitz, der 1918 ein eigenes Bankgeschäft gründete, gehörte ebenfalls dieser ersten Gruppe an. In der zweiten Abteilung finden sich mit Kurt und Ludwig Hirschland zwei weitere Vertreter dieser Bankiersfamilie, die in dieser Zeit in die Leitung der Simon bzw. Levi Hirschland Bank eintraten. Auch Leopold Cosmann, Moritz Nathan und Moritz Katzenstein – allesamt Inhaber von Privatbanken – wurden in dieser 56 Personen umfassenden Gruppe geführt.[358] Diese sozialen Schichtungen spiegelten sich in den 1920er- und der ersten Hälfte der 1930er-Jahre auch in den Gottesdiensten wider, wie sich ein Essener Bürger später erinnerte: «Unter den Essener Juden war es genau nach Kasten aufgeteilt. Die Hirschlands und noch einige andere waren ganz oben. Das war ein exklusiver Kreis. Meine Eltern gehörten schon zur zweiten Garnitur. Man konnte das an den hohen Feiertagen in der Synagoge gut unterscheiden: Die aus der ersten und zweiten Garnitur trugen Zylinder, die dritte Garnitur trug dann oft diese runden, schwarzen Melonen, und die vierte Garnitur trug weiche Hüte – also, das war schon gar nichts mehr. Die Sitze in der Synagoge wurden bezahlt. Die Reichsten saßen vorne, und die anderen saßen hinten.»[359]

Die verschiedenen Zweige der Familie Hirschland nahmen traditionell führende Positionen in der Essener Synagogengemeinde ein. Bereits der «Stammvater» der Essener Hirschlands, Salomon Herz Hirschland, war in der 1808 an der Bergstraße neu errichteten Synagoge als Vorsänger, Vorbeter, Kassierer und Aufwärter tätig gewesen.[360] Isaak Hirschland war ganze drei Jahrzehnte Vorsteher der jüdischen Gemeinde, seit 1879 gehörte er dem Vorstand an. Sein Sohn Georg Hirschland übernahm in den Weimarer Jahren ebenfalls das Amt des Gemeindevorstehers. Herz Levi Hirschland, der Leiter der Levi Hirschland Bank, war 1887 Vorsitzender der Repräsentantenversammlung und gehörte der Armenkommission der Gemeinde an.[361]

Unter dem Einfluss der Familie Hirschland entwickelte die Essener Gemeinde schon früh einen liberalen und nationalen Geist. Prägend war der Volksschullehrer und Prediger Moses Blumenfeld, der 1848 als Revolutionär auftrat und sich nach 1871 zum kaisertreuen Nationalliberalen wandelte. 1877 und 1878 setzte er sich entschlossen für ein Reichstagsmandat für Alfred Krupp ein. Er symbolisierte in seiner Person das Essener Bürgertum, «das sich im Bündnis mit der protestantischen, ebenfalls bürgerlichen und nationalliberalen Machtelite der Stadt befand».[362] Blumenfelds Nachfolger, der Rabbiner Salomon Samuel, war eine nationale Führungsfigur des liberalen Judentums, der über die Auseinandersetzung mit der jüdischen Geschichte zu einem modernen Judentum gelangen wollte. Dabei betonte er die ethische Komponente des Glaubens und die Rolle des Judentums als gleichberechtigter Konfession neben Protestantismus und Katholizismus.[363] Dies korrespondierte mit den Zielen des Centralvereins deutscher Staatsbürger jüdischen Glaubens, der dezidiert für ein Selbstverständnis der Juden als deutsche Staatsbürger eintrat. Zu seinen Mitgliedern gehörte auch Isaak Hirschland, der auf der Gründungsversammlung des Essener Ortsvereins lautstark gegen die Thesen eines zionistischen Redners protestierte und so seinen Unwillen gegen die Deutung ausdrückte, das Judentum sei eine eigenständige Nation.[364] Allerdings war er selbst nicht ganz frei von zionistischen Gedankengängen. So übernahm er das Klischee, wonach das

Judentum nur im Dienstleistungssektor tätig und damit nicht produktiv sei. Diese Sichtweise wurde vom Zionismus positiv gewendet, indem die Juden aufgefordert wurden, sich stärker handwerklichen Tätigkeiten zuzuwenden. Diesem Anliegen fühlte sich Isaak Hirschland mit der Gründung des Vereins zur Förderung des Handwerks unter den Juden verpflichtet. Dieser sollte «gegen die Einseitigkeit der Berufsgliederung unter den Juden Abhilfe» schaffen. Der Essener Bankier trat auch in das Kuratorium des Vereins ein.[365]

Die noch heute am nach ihrem Architekten benannten Edmund-Körner-Platz befindliche und 1913 errichtete Synagoge war der monumentale Ausdruck des Selbstverständnisses der jüdischen Gemeinde Essens.[366] Die 1870 in der II. Webergasse errichtete Synagoge im maurischen Stil war für die wachsende jüdische Gemeinde zu klein geworden. Um die Jahrhundertwende wurden die Planungen für einen Neubau aufgenommen. Treibende Kraft war Isaak Hirschland, dem es in Verhandlungen mit dem befreundeten Bürgermeister Erich Zweigert gelang, von der Stadt ein geeignetes Baugrundstück in repräsentativer Lage zum Selbstkostenpreis zu erhalten. Hirschland gehörte auch dem sechsköpfigen Auswahlgremium des Architekturwettbewerbs an, in dem die Entwürfe für die Synagoge diskutiert wurden. Letztlich setzte sich der Entwurf von Edmund Körner durch, an dem allerdings zuvor einige Überarbeitungen vorgenommen wurden, die die Repräsentationsfunktion der Synagoge unterstreichen sollten.[367] Hirschland war der großzügigste Spender der Gemeinde und stiftete das Allerheiligste sowie die Ewige Lampe.[368] Jüdischer Glaube und Nationalbekenntnis galten in der Essener Gemeinde als selbstverständlich. Bei der Einweihung der Synagoge, die der im Vorjahr verstorbene Isaak Hirschland nicht mehr erlebte, würdigte der Gemeindevertreter Max Abel den langjährigen Vorsteher als einen Menschen, dessen Arbeit nicht nur dem Judentum, sondern auch der Allgemeinheit gegolten habe, und verband diese Aussage mit dem Bekenntnis zum Dienste für das Deutsche Reich.[369]

In den Weimarer Jahren änderte sich das Klima in der Jüdischen Gemeinde Essens durch den Zuzug konservativer und religiöserer Juden aus Osteuropa, die sich an dem oft recht tolerant-säkularen Auftreten des jüdischen Bürgertums störten. Der Gemeindevorsitzende Georg Hirschland wurde beispielsweise dafür kritisiert, dass er am Sabbat mit dem Auto zum Gebet in die Synagoge kam.[370] Aber auch bei den traditionell orientierten jüdischen Zuwanderern erwarb sich Hirschland durch die finanzielle Förderung eines in den Jahren 1930 bis 1932 errichteten jüdischen Jugendheims hohes Ansehen. Dieses verfügte über Gruppenräume, eine Bibliothek und

Die Alte Synagoge Essens gehört zum bleibenden Vermächtnis Isaak Hirschlands.

eine Turnhalle, die mit versenkbaren Geräten in einen Vortrags- und Theatersaal umgewandelt werden konnte. Café, Restaurant und eine Kegelbahn rundeten das Angebot ab.[371] Das Jugendheim wurde 1938 in der Reichspogromnacht zerstört, an seiner Stelle steht heute die neue Synagoge.

Plakat zur Kriegsanleihe der Sparkasse.

Der Essener Bank- und Börsenplatz im Ersten Weltkrieg und während der Inflationszeit 1914–1923

Die allgemeine politische und wirtschaftliche Entwicklung in Essen

Das Vorstandsmitglied der Essener Credit-Anstalt Wilhelm von Waldthausen schrieb im Rückblick, der Ausbruch des Ersten Weltkriegs 1914 sei «nach den schwülen Wochen, die auf die Ermordung des österreichischen Thronfolgers und seiner Gemahlin gefolgt waren, wohl von der großen Mehrheit unseres Volkes als Erlösung aus einer unerträglichen Lage empfunden» worden.[1] Diese als «Augusterlebnis» in den deutschen Erinnerungshaushalt eingegangene Erzählung wurde mittlerweile von der historischen Forschung vielfach dekonstruiert.[2] Auch in Essen löste der Kriegsbeginn eher Sorge aus. Bereits im Vorfeld hatte die SPD am 28. Juli 1914 eine große Friedensdemonstration organisiert, und die Unruhe kam auch im Eintrag der Stadtchronik am 1. August 1914 zum Ausdruck: «Im Nu hatte sich die schicksalsschwere Kunde durch die ganze Stadt verbreitet. Ein riesiger Verkehr, wie ihn Essen wohl noch nie gesehen hatte, durchflutete die Hauptverkehrsader vom Viehoferplatz. Die Haltung des Publikums war ruhig und würdig und dem Ernste der Situation angepasst. Niemand verhehlte sich, dass der kaum noch abwendbare Weltkrieg schwere Wunden schlagen würde.»[3] In den folgenden Wochen wurde das Unbehagen mit nationalem Pathos übertönt, zunächst durchaus mit Erfolg. In der Humboldt-Oberrealschule meldeten sich alle Primaner freiwillig zum Kriegsdienst, um nach den Worten von Oberbürgermeister Holle «die deutsche Kultur, die Kultur der Wahrheit, Reinheit und Frömmigkeit» gegen die «russische Unkultur» zu verteidigen.[4]

Doch vor dem Deutschen Reich und Essen im Besonderen lagen krisenreiche Jahre, bis nach knapp einer Dekade 1924 erstmals wieder halbwegs

Postkarte «Gruß aus Essen», 1916.

wirtschaftliche und politische Stabilität erreicht werden konnte. Die Essener Wirtschaft war zunächst wie kaum eine andere durch die Kriegswirtschaft geprägt. Die Firma Krupp gehörte zu den größten Rüstungsschmieden des Landes, deren Beschäftigtenzahl von 41 000 bei Kriegsbeginn auf 112 000 im Juli 1918 anstieg. Andere Unternehmen litten im Gegenzug an einem Mangel an Arbeitskräften. Soweit eine Kriegswichtigkeit nicht nachgewiesen wurde, konnten sie sogar ganz stillgelegt werden. Die Beschäftigung von Frauen – die bei Krupp wie auch im Bergbau zuvor äußerst selten war – und der Einsatz von Kriegsgefangenen konnten die Lücken nur teilweise schließen. Die Unterbringung und Versorgung der immer größeren, vor allem bei Krupp, aber auch bei den anderen kriegswichtigen Unternehmen der Stadt beschäftigten Menschenmassen stellten eine von der Stadt kaum zu lösende Aufgabe dar. Zudem erwies sich die vielbeschworene Volksgemeinschaft bald als Konstrukt. Binnen zweier Jahre verdoppelten sich die Lebensmittelpreise, und Grundnahrungsmittel mussten rationiert werden. Viele Essener sahen sich vor allem im Steckrübenwinter 1916/17 gezwungen, durch Schwarzhandel und Landfahrten die Versorgung sicherzustellen.[5] Die Verelendung vieler Arbeiterfamilien schuf ein enormes Protestpotenzial, das die frühen Weimarer Jahre belasten sollte.

Die Revolution erreichte Essen am 8. November 1918 mit der Besetzung durch aus Köln kommende Matrosen, die in der Stadt eine «revolutionäre

Kriegsnummer **20 Pf.**

Die Wochenschau

nr. 39 Verlag W. Girardet, Essen, Düsseldorf, Berlin 28. September 1918

Vom Raiferbefuch in Effen: Der Raifer im Gefpräch mit einem Arbeiter.

Wochenschau 1918 anlässlich des Kaiserbesuchs in Essen.

Bahnhofskommandantur» bildeten. Die örtlich stationierten Offiziere und Soldaten wurden entwaffnet; die Essener Arbeiterorganisationen gründeten am 9. November einen Arbeiterrat. In der Stadt wurden das Kriegsende und die Revolution gefeiert. Die erste Phase des revolutionären Neubeginns verlief harmonisch, da der Arbeiterrat nicht in die Stadtverwaltung eingriff und alle Seiten auf Kooperation setzten. Zwar prägten Arbeitskämpfe, die sich für eine Sozialisierung des Bergbaus einsetzten, das folgende Jahr, doch die Wahlen zur Nationalversammlung am 19. Januar 1919 zeigten deutlich, dass radikale Forderungen in Essen keine Mehrheit hatten. Mit weitem Abstand stärkste Kraft in der Arbeiterstadt Essen wurde die katholische Zentrumspartei, die sich gegen die Sozialisierung und Säkularisierung stellte und aufgrund ihrer Verankerung in der Arbeiterschaft auch eine demokratische Durchsetzung von Arbeiterrechten anstrebte. Die Anfang März folgende Stadtverordnetenwahl unterstrich dieses Ergebnis: Das Zentrum holte 46 von 102 Sitzen, die SPD folgte mit weitem Abstand mit 24 Sit-

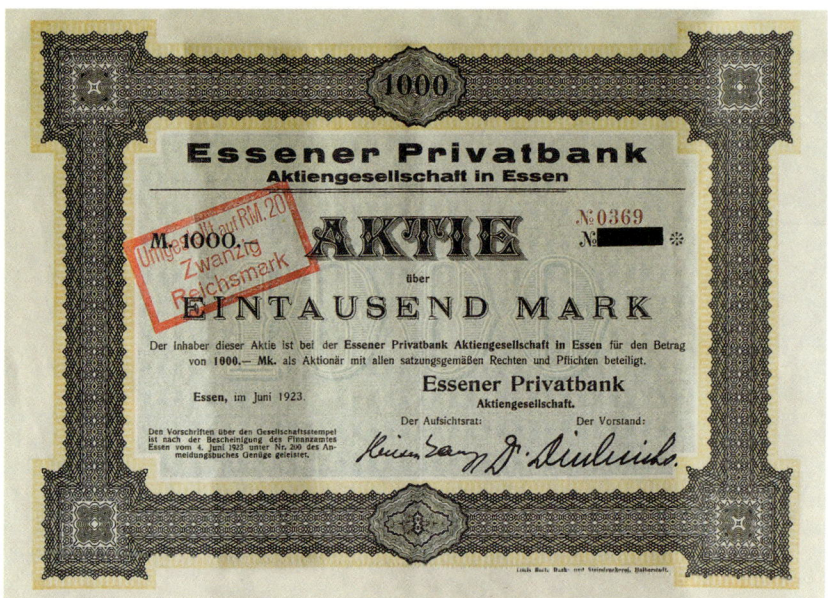

Kassenschein aus einem Essener Kriegsgefangenenlager.

zen, die USPD – die Unabhängige Sozialdemokratische Partei hatte sich 1916 von der SPD abgespalten – holte lediglich neun Sitze. Drittstärkste Kraft wurde der Nationale Verein mit 15 Sitzen.[6]

Doch die am 14. August 1919 begründete Weimarer Republik und nicht zuletzt das Ruhrgebiet kamen in den folgenden Jahren nie zur Ruhe. Am 13. März 1920 putschte sich der ostpreußische Generallandschaftsdirektor Wolfgang Kapp mit der Unterstützung des Generals Walther von Lüttwitz und der Marine-Brigade Ehrhardt an die Spitze des Reiches, während die Reichsregierung von Reichskanzler Gustav Bauer zunächst nach Dresden und dann nach Stuttgart floh. Die Basis dieses Staatsstreichs war außerordentlich gering und beschränkte sich im Wesentlichen auf konservative Kreise der preußischen Ostprovinzen. Der passive Widerstand der Berliner Ministerialbürokratie sowie ein von der Reichsregierung ausgerufener Generalstreik brachten die Putschisten binnen fünf Tagen zu Fall.[7]

In Essen kam es im Zuge dieser Ereignisse zu gewaltsamen Auseinandersetzungen zwischen kommunistischen Arbeitern und dem Militär, das keineswegs nur aus Anhängern der Putschregierung bestand. Während in Berlin die Ordnung bereits wiederhergestellt war, eroberte die Rote Ruhrarmee, die etwa 5000 Arbeiter mobilisieren konnte und über KPD-Kreise hinaus eine proletarische Massenbewegung war, das gesamte Ruhrgebiet.

Reichswehrsoldaten während des Kapp-Putschs in Essen.

Essen stand im Mittelpunkt dieser mehrwöchigen Auseinandersetzungen und wurde am 18. März 1920 eingenommen. Eine Kompromisslösung, die am 24. März mit dem «Bielefelder Abkommen» vereinbart wurde und eine allgemeine Entwaffnung sowie den Verzicht eines Einmarschs der Reichswehr vorsah, wurde zwar von den gemäßigten Gruppierungen angenommen, nicht aber vom Essener Zentralrat der Arbeiterräte und der KPD. Während der Zentralrat am 29. März einen Generalstreik ausrief, an dem sich 330 000 Arbeiter beteiligten, versuchte die SPD-geführte Reichsregierung zunächst, ein Blutvergießen zu verhindern. Die Errichtung eines gewaltsamen anarchistischen Regimes in Duisburg, das auch von den Kommunisten abgelehnt wurde, aber ebenso die Nachrichten über Erpressungen, Brandschatzungen, Misshandlungen und Erschießungen aus anderen Ruhrstädten, in denen die Rote Ruhrarmee mittlerweile in einzelne, unkontrollierte Gruppen zerfiel, veranlassten am 2. April den Einmarsch der Reichswehr. Darunter befanden sich Einheiten, die noch unmittelbar zuvor am Kapp-Putsch beteiligt gewesen waren und nun ein blutiges Gericht hielten. Mehr als 1000 Ruhrarbeiter wurden getötet, viele von ihnen nach ihrer Gefangennahme.[8] In bürgerlichen Kreisen hingegen herrschte Erleichterung über die Niederschlagung des Aufstands. Bürgermeister Hans Luther kommentierte die Ereignisse im Rückblick: «Ich habe mich

Französisches Panzerauto während der Ruhrbesetzung in Essen.

immer wieder gefragt, wo sich das unglaubliche Gesindel, das plündernd und raubend durch die Straßen Essens zog, unter normalen Verhältnissen eigentlich aufhält. Nachher war es wieder wie verkrochen in Löchern.»[9] Viele Arbeiter hingegen waren über die Brutalität der Reichswehr schockiert und wandten sich von der SPD ab. Bei der Reichstagswahl am 6. Juni 1920 konnte sie nur noch 11,6 Prozent auf sich vereinigen, während die USPD 26,9 Prozent gewann. Zwar war die KPD zu diesem Zeitpunkt noch eine Splitterpartei, doch nach der Spaltung der USPD im Herbst 1920 war sie der große Nutznießer dieser Radikalisierung.[10]

Die gewaltsam wiederhergestellte Ruhe währte nicht lange. Am 11. Januar 1923 besetzte Frankreich gemeinsam mit Belgien unter dem Vorwand der Nichterfüllung der Reparationsleistungen das Ruhrgebiet. Tatsächlich handelte es sich um ein machtpolitisch motiviertes Manöver, das der französischen Regierung ein Faustpfand in die Hand geben sollte, um die eigene Vormachtstellung auf dem Kontinent zu zementieren. Die Gewerkschaften lehnten einen Generalstreik ab und unterstützten den von der Reichsregierung ausgerufenen passiven Widerstand, der insbesondere von Gewaltmaß-

*Die beiden Essener Ober-
bürgermeister Hans Luther
(1879–1962) und Franz Bracht
(1877–1933).*

nahmen gegen die Besatzer absah.[11] Der Kampf gegen die Besatzung wurde
in erster Linie durch die Notenpresse finanziert, was zu einer enormen Beschleunigung der ohnehin schon während des Krieges spürbaren Geldentwertung führte. Die Abschaffung der Notensteuer, mit der Kredite verbilligt
wurden, und die im Darlehenskassengesetz eröffnete Möglichkeit, Kredite
gegen die Verpfändung von Waren und Wertpapieren zu vergeben, waren
weitere Faktoren bei der Beschleunigung der Inflation, die nun ins Absurde
gesteigert wurde.[12] Zwischen Januar 1919 und dem 15. November 1923 steigerte
sich der Geldumlauf im Deutschen Reich von 34,5 Milliarden Mark auf 400,3
Trillionen Mark. Umgerechnet in Goldmark bedeutete dies einen enormen
Wertverlust von 17,7 Milliarden Goldmark auf nur noch 0,4 Milliarden Goldmark.[13]

In Essen war die politische Lage angespannt und chaotisch. Oberbürgermeister Luther war bereits im Dezember 1922 in die Reichsregierung
eingetreten, wo er zunächst als Minister für Ernährung und Landwirtschaft
fungierte, bevor er in der Zeit der Währungsstabilisierung die schwierige
Aufgabe des Finanzministers übernahm. Er blieb jedoch zunächst gleich-

zeitig Oberbürgermeister und ließ sich von seinem Stellvertreter Heinrich Schaefer, 1933 für wenige Monate Oberbürgermeister und danach Präsident des Rheinischen Sparkassen- und Giroverbandes, vertreten. Nachdem Schaefer 1923 von den Franzosen verhaftet und zu einer Freiheitsstrafe verurteilt worden war, übernahm der Beigeordnete Ferdinand Baasel die Vertretung. Erst im Juli 1924 entschied sich Luther zum endgültigen Rücktritt.[14] Sein Nachfolger Franz Bracht, ein Jurist der Zentrumspartei, der in Essen zuvor schon am Landgericht und als Staatsanwalt tätig gewesen war, zuletzt aber als Staatsminister in der Reichskanzlei gewirkt hatte,[15] wurde erst im Dezember 1924 offiziell ernannt.

Die Stimmung war besonders in der Arbeiterschaft gereizt und führte immer wieder zu Zusammenstößen. Der schwerste ereignete sich am 31. März 1923, als ein französisches Kommando Lastwagen von Krupp beschlagnahmen wollte. Als sich Betriebsräte dieser Maßnahme widersetzten, ließen sich die Soldaten zunächst auf Verhandlungen ein. Da jedoch immer mehr Arbeiter zusammenströmten, fühlten sie sich bedroht und eröffneten das Feuer. 13 Tote und zahlreiche Verletzte waren zu beklagen.[16] Die Besatzungsbehörden vermuteten die Krupp-Direktoren als Anstifter und verhafteten am 1. Mai 1923 Gustav Krupp und drei seiner Direktoren. Sie wurden zu hohen Geld- und Gefängnisstrafen verurteilt. Erst als sich die deutsch-französischen Beziehungen wieder einigermaßen normalisiert hatten, kam der zu 15 Jahren Haft verurteilte Gustav Krupp nach sieben Monaten frei.[17] Auch der Sparda-Bank wurde seitens der französischen Besatzungsbehörden Unterstützung des passiven Widerstands vorgeworfen, zwei Direktoriumsmitglieder und drei Angestellte wurden verhaftet und erst nach vier Monaten wieder aus der Haftanstalt Essen-Werden freigelassen.[18]

Die Situation beruhigte sich zwar in den folgenden Wochen, jedoch war an ein geregeltes Wirtschaften nicht zu denken. Bereits vor der Ruhrbesetzung hatte das Rheinisch-Westfälische Kohlensyndikat seinen Sitz sicherheitshalber nach Hamburg verlegt. Die wichtigsten wirtschaftlichen Angelegenheiten im Handelskammerbezirk besprachen die französischen Besatzungsbehörden mit einem Wirtschaftsrat der Handelskammer Essen, der aber keine verbindliche Entscheidungsbefugnis besaß. Das Bankwesen durfte einen namentlich nicht bekannten Vertreter entsenden. Wahrscheinlich handelte es sich entweder um den Direktor der Essener Credit-Anstalt Wilhelm Jötten oder um einen der beiden Hirschland-Brüder, da in dem zum Wirtschaftsrat gehörenden Ausschuss für Geld- und Kreditwesen neben Jötten auch ein «Hirschland-Bankier» Mitglied war, womit lediglich

Französische Soldaten vor dem Hauptgebäude des Kohlensyndikats.

Kurt Martin oder Georg Simon Hirschland gemeint gewesen sein können.[19] Später änderte sich die Zusammensetzung des Ausschusses, dem nun neben Karl Sommerfeld, Vorstandsmitglied der Essener Credit-Anstalt, auch Eduard Noelle angehörte.[20]

Der Wirtschaftsrat konnte den Zusammenbruch eines großen Teils des Wirtschaftslebens nicht verhindern. Zahlreiche Industriebetriebe im Revier schlossen zumindest vorübergehend die Pforten, sodass die Zahl der Arbeitslosen in der zweiten Jahreshälfte 1923 rapide in die Höhe stieg und deutlich über der Quote des übrigen Reiches lag. In der Stadt war im Herbst 1923 jeder Fünfte arbeitslos; in Steele waren von 16 000 Einwohnern 8500 auf die öffentliche Fürsorge angewiesen.[21]

Die Essener Finanzwirtschaft in den Jahren der Krise

Für die deutsche Kreditwirtschaft hatte mit dem Ersten Weltkrieg eine der schwersten Krisen ihrer Geschichte begonnen, die zunächst völlig unterschätzt wurde und dann 1923 in einer absoluten Zerrüttung endete. Bei den Essener Banken waren seit dem 24. und 25. Juli 1914 wie im gesamten Deutschen Reich Massenabhebungen zu beobachten, allerdings kam es zu keinen Zahlungsschwierigkeiten. Die Essener Sparkasse hatte allenfalls mit dem Arbeitsaufwand zu kämpfen und öffnete auch am Sonntag, den 26. Juli ihre Schalter. Bereits am 2. August überstiegen die Einzahlungen die Abhebungen. Am Monatsende war wieder der Vorkrisenstand erreicht, und in den folgenden vier Kriegsjahren wuchsen die Einlagen kontinuierlich an, gefördert durch Verbrauchseinschränkungen und Lohnzuschläge in den kriegswichtigen Industrien.[22] Ähnliches war bei der Essener Credit-Anstalt zu beobachten. Bis zum 30. Juli wurden in der Zentrale und den Zweigstellen insgesamt 14 Millionen Mark abgehoben, in den beiden folgenden Tagen nahmen die Abbuchungen noch einmal deutlich zu. Die Essener Credit-Anstalt sah sich sogar gezwungen, das Eingangsportal zu schließen und nur noch jeweils so viele Menschen einzulassen, wie bedient werden konnten. Berittene Polizisten mussten auf dem Vorplatz die Sicherheit aufrechterhalten. Allein am 31. Juli und am 1. August betrugen die Abhebungen bei der Essener Credit-Anstalt 16 Millionen Mark.[23] Auch hier trat rasch ein Umschwung ein, und in den Bilanzen der Credit-Anstalt zeichnete sich wie überall im Reich eine Abnahme der Debitoren zugunsten der Kreditoren ab, obwohl die Kriegsanleihen, wie das Institut in seinem Geschäftsbericht für das Jahr 1915 schrieb, einen großen Teil der Gelder absorbierten. Doch auch dieses Geld fand schon bald den Weg zurück zu den Banken.[24]

An der Essener Börse hatte das Attentat von Sarajevo zunächst nur geringe Kursverluste zur Folge, die durchaus auch als normale Reaktion auf die allgemeinen Wirtschaftsnachrichten interpretiert werden konnten. Die Kaliwerte stiegen angesichts guter Absatzprognosen sogar deutlich an. Erst in der zweiten Julihälfte führten die politischen Ereignisse zum Rückgang der Kurse und der Umsätze.[25] Infolge dieser «vollkommene[n] Geschäftsunlust» beschloss der Vorstand der Essener Börse am 30. Juli 1914, die Börse zu schließen. Die Düsseldorfer Börse folgte ihr umgehend in dieser Entscheidung.[26] Während an anderen deutschen Börsen schon bald wieder ein relativ lebhafter Effektenverkehr stattfand, trafen sich in Essen die Börsenmitglieder erst Ende des Jahres wieder zu Versammlungen, die aber nicht von der Börse einberufen wurden, sondern aus einer freien Übereinkunft der Kuxenhändler, möglicherweise im Rahmen des Kuxenvereins, resultierten. Zunächst stand weniger der Handel als allgemeine Wirtschaftsfragen im Vordergrund – ein Verweis auf die Netzwerkfunktion der Börse. Nur allmählich entwickelte sich ein informeller Handel geringen Umfangs. Erst als sich im Juli 1915 die Vertreter der Berliner Großbanken und die Mitglieder der Stempelsteuervereinigung wieder am Geschäft beteiligten, belebte sich das Geschäft. Es dauerte jedoch noch bis zum 1. Dezember 1917, bis die Börse offiziell den Handel mit Kuxen und Aktien wieder aufnahm. Obligationen und Grundschuldbriefe wurden sogar erst ab dem 15. August 1919 gehandelt.[27] Während der Kriegsjahre blieb die Zahl der Handelstage auf drei reduziert, von denen zwei in Essen und einer in Düsseldorf abgehalten wurden. Ab Juli 1919 wurde auch in Düsseldorf an einem zweiten Tag gehandelt, der Mittwoch blieb jedoch handelsfrei.[28]

Die meisten Essener Banken dürften Kriegsanleihen, die ein wesentliches Instrument der deutschen Kriegsfinanzierung waren, gezeichnet haben. Allerdings fehlt es in der Regel an belastbaren Daten, um den Umfang abschätzen zu können. Unter den Privatbanken beteiligte sich vor allem das Bankhaus Simon Hirschland an der Unterbringung von Kriegsanleihen. Allein von der dritten Kriegsanleihe 1915 übernahm das Institut elf von 147 Millionen Mark, die in Essen gezeichnet wurden. Trotz einer verhältnismäßig geringen Zahl an mittleren Depositen, die in erster Linie herangezogen wurden, war Simon Hirschland damit nach der Essener Credit-Anstalt (71,55 Mio. Mark) und der Sparkasse (22,5 Mio. Mark) die Bank mit dem größten Anteil an dieser Kriegsanleihe in Essen.[29]

Die Essener Sparkasse als öffentliches Institut zeichnete Kriegsanleihen in signifikantem Umfang. Bereits von der ersten, noch recht bescheiden bemessenen Kriegsanleihe im Frühjahr 1915 übernahm sie fünf Millionen Mark, von denen sie 4,3 Millionen Mark an ihre Kunden weitergab. Der Betrag steigerte sich im Laufe der insgesamt neun Anleihen ebenso kontinuierlich wie der Anteil der Kriegsanleihen an der Bilanzsumme der Sparkasse. Ende 1914 machten Wertpapiere bei einer Bilanzsumme von 84,6 Millionen Mark erst 16 Prozent aus. Bis zum Kriegsende stieg dieser Anteil auf mehr als 50 Prozent bei einer Bilanzsumme von 187,3 Millionen Mark. Nicht berücksichtigt sind dabei die Kriegsanleihen, die von der Sparkasse an ihre Kunden weitervermittelt wurden, womit sich die Sparkasse den Sektor des Wertpapiergeschäfts als neues Geschäftsfeld erschloss.[30] Die Essener Credit-Anstalt hielt sich hingegen mit der Zeichnung von Kriegsanleihen zurück und beteiligte sich mit lediglich fünf Millionen Mark. Hingegen vermittelte sie Anleihen im Wert von 761,3 Millionen Mark, was einem Gesamtanteil im Deutschen Reich von 0,78 Prozent gleichkam.[31]

Eine hohe Belastung für die Banken stellte die Einberufung der Mitarbeiter dar, auch wenn dies im Detail nur bei wenigen Banken nachzuvollziehen ist. Für kleine Privatbanken mit nur wenigen Angestellten konnte die Einberufung existenzgefährdend sein. Der 1879 geborene Carl Piekenbrock, Enkel des bedeutenden Essener Bauunternehmers Johann Pieken-

brock, hatte um 1905 eine Ausbildung bei der Essener Credit-Anstalt begonnen, bevor er sich 1908 auf eine längere Reise durch Kanada, die USA und
Mittelamerika begab, von der er als Konsul von Guatemala für den Amts-
bereich Rheinland und die Enklave Birkenfeld zurückkehrte. Seine Bank-
ausbildung schloss er bei der Palästina Bank in Jerusalem ab. 1910 machte er
sich mit einem Bankgeschäft selbstständig, an dem auch sein Vater als
Inhaber beteiligt war. Als Carl Piekenbrock während des Weltkriegs eingezogen wurde, war er gezwungen, sein Bankgeschäft wieder aufzugeben. Er
führte stattdessen das Bauunternehmen seines mittlerweile verstorbenen
Vaters fort.[32] Die ungleich größere Essener Credit-Anstalt beklagte in ihrem
Geschäftsbericht für das Jahr 1914 die Existenznöte durch die Einberufungen. Immerhin 45 Prozent der Beamten seien eingezogen worden. Die Aufrechterhaltung des ordnungsgemäßen Betriebs gestaltete sich entsprechend
schwierig und würde sogar ganz infrage gestellt, «sofern die Einberufungen
fortgesetzt werden sollten».[33] Die Klage machte auf die Behörden freilich
keinen Eindruck.[34] Insgesamt verloren 119 Mitarbeiter des Instituts ihr
Leben, 13 weitere galten beim Abschluss des Geschäftsberichts für das Jahr
1918 als vermisst. Zu Ehren der Gefallenen verzeichnete die Bank ihre
Namen auf einer großen Marmortafel in der Zentrale.[35]

Nach dem Ende der revolutionären Phase im Frühjahr 1919 erlebte die
Essener Finanzwirtschaft trotz der schwierigen wirtschaftspolitischen Rahmenbedingungen und der Probleme, die sich aus der anschwellenden Inflation ergaben, mit Ausnahme der Wochen des Ruhrkampfes bis Anfang 1923
äußerlich ruhige Zeiten. Dies änderte sich jedoch umgehend nach der Besetzung des Ruhrgebiets durch französische und belgische Truppen. Die
Reichsbankstelle sah sich am 20. Januar 1923 zur Schließung gezwungen,
weil sie eine Beschlagnahmung ihrer Bestände befürchtete. Die Essener
Banken schlossen sich diesem Schritt an, «da jede Bank in Deutschland nur
durch einen völlig gleichmäßigen, ohne Störung verlaufenden Geschäftsgang der Reichsbank fähig ist, ihrem Geschäfte und den Anforderungen
des Publikums gerecht zu werden».[36] Trotz dieser kategorischen Erklärung
öffneten die Banken bereits am 22. Januar wieder ihre Pforten. Die Berliner
Commerzbank rief mit einem Flugblatt zu einer Sammlung zugunsten der
im Besatzungsgebiet unschuldig in Not Geratenen auf, das mit einem Bild
französischer Soldaten vor ihrer Essener Filiale illustriert war.[37] Die Essener
Börse reagierte indessen verhältnismäßig ruhig: Zwar beobachtete die *Berliner Börsenzeitung* eine «unsichere und teilweise abgeschwächte Haltung»,
allerdings waren die Ausschläge keineswegs außergewöhnlich.[38] Auf Anregung von Banken im besetzten Gebiet beschloss die Vereinigung von Ber-

liner Banken und Bankiers eine Reihe von Maßnahmen gegen französische und belgische Personen und Firmen. Neue Bankkonten und Bankdepots durften nicht eröffnet, der Ankauf von Effekten und Devisen nur dann vollzogen werden, wenn bereits ein entsprechendes Guthaben auf einem Konto bestanden hatte. Auch der Umtausch von belgischen oder französischen Banknoten war untersagt. Dem Beschluss sollten sich auch andere Vereinigungen anschließen. Inwieweit sich Essener Banken hieran hielten, ist nicht festzustellen.[39]

Die Ruhrbesetzung und der passive Widerstand gaben der ohnehin bereits zerrütteten deutschen Währung den Todesstoß. Das Symbol des Verfalls der Mark war das Notgeld, also die Ausgabe alternativer Zahlungsmittel. Bereits am Beginn des Ersten Weltkriegs wurde in einigen Kommunen Notgeld ausgegeben. Nachdem das Reich diese erste Zahlungsmittelkrise Ende 1914 überwunden hatte, verschlechterte sich die Situation seit dem Sommer 1916 erneut. In Essen war es im März 1917 so weit: Aufgrund des Mangels an kleinen Münzen beschloss die Stadtverordnetenversammlung die Prägung von 300 000 Stück 50-Pfennig-Münzen.[40] Der Kleingeldmangel war Ausdruck der Inflationszeit. Da der Materialwert der Münzen mittlerweile ihren Nennwert übertraf, wurden sie von der Bevölkerung gehortet.[41] 1919 bildete Essen mit anderen Städten der Region die von Essen aus koordinierte Notgeldvereinigung und gab Scheine in Höhe von bis zu 50 Mark heraus.[42] Das Notgeld war bei der Stadtkasse und den Sparkassen gegen Mark eintauschbar und nahm im Laufe des Krieges einen solchen Umfang an, dass die Sparkasse Ende November 1918, als die Nachfrage nach dem Notgeld nachließ, über mangelnden Raum zur Unterbringung der Scheine im Wert von 22 Millionen Mark klagte.[43] Während die Kriegsnotscheine in den ersten Monaten 1919 vollständig umgetauscht wurden, blieb der Kleingeldmangel bestehen. Die Ausgabe von Notscheinen der Konsum-Gesellschaft der Firma Krupp milderte das Problem. Das Unternehmen drängte die Stadt regelmäßig, wieder Notgeld herauszugeben, aber dies untersagte die Reichsregierung, weil sie die Einheitlichkeit der Währung wiederherstellen wollte.[44] Als im März 1920 im Zuge des Kapp-Putsches und des Ruhrkampfes der Essener Reichsbankstelle das Geld ausging, plante die Stadt Essen die Ausgabe neuer Scheine in Höhe von 200 Millionen Mark. Die Reichsbank untersagte die Herausgabe jedoch abermals: Es gebe keinen echten Geldmangel und die Probleme der Reichsbankstelle seien allein auf die Verkehrsschwierigkeiten im Zuge der politischen Unruhen zurückzuführen.[45]

Die Kriegserfahrung hatte das Notgeld zu einem gewohnten Instrument werden lassen.[46] Im September 1922 erhielt die Stadt die Genehmigung des

Reichsfinanzministers zur Herausgabe von Notgeld in Höhe von 200 Millionen Mark in 20er-, 100er- und 500er-Scheinen.[47] Im folgenden Monat wurden weitere 250 Millionen Mark in 100er Notscheinen ausgegeben.[48] Beide Scheinserien waren zunächst nur für eine zweimonatige Zirkulation vorgesehen und sollten binnen dieses Zeitraums wieder eingelöst werden. Der weitere Verlauf der Inflation machte diese ambitionierte Planung illusorisch. Bis zum Ende der Inflationszeit wurden seitens der Notgeldgemeinschaft insgesamt 7 573 668,54 Billionen Mark ausgegeben. Bei der städtischen Notgeldumtauschstätte wurden 1923 im Schnitt täglich 25 bis 30 Zentner Notgeld des gesamten Industriegebiets umgetauscht. Die zur Abwicklung des Umtauschs eingestellten Hilfskräfte, zu denen 92 Angestellte der Firma Krupp zählten, waren ungeschult und arbeiteten offenbar auch schludrig: Bei der Auszahlung wurden schon einmal Milliarden und Billionen verwechselt. Insgesamt entstanden der Stadt im Zuge des Umtauschs Verluste in Höhe von zwölf Prozent des Umtauschwerts, allerdings wurde dies durch unterbliebenen Umtausch mehr als wieder ausgeglichen.[49]

Nicht nur die Stadt gab Notgeld aus. Auch von privater Seite wurden zum Ärger der Stadtverwaltung und der Essener Banken Zahlungsmittel in Umlauf gebracht. Wenn der Gelsenkirchener Bürgermeister im September 1923 davon sprach, dass die «Sicherheit des Geldverkehrs» angesichts der vielen parallel kursierenden und oft gefälschten Geldnoten nicht mehr gewährleistet sei,[50] so galt das fraglos auch für Essen. Die Banken zeigten sich von der Notenvielfalt zunehmend überfordert. Am 3. Oktober 1923 teilte das Postscheckamt mit, «wegen der fast unübersehbar gewordenen Zahl von Notgeldsorten» könnten diese nicht mehr aufbewahrt und weitergeleitet werden, weshalb das Amt Bareinzahlungen der Banken bis auf Weiteres ablehnen müsse.[51]

Das Ende des Notgelds kam mit der Währungsreform am 15. November 1923. Als die Reichsbank am 22. November 1923 allen Reichsbankfilialen die Annahme von Notgeld untersagte, war in Essen die Empörung über «einen solchen Unsinn» groß.[52] Erst als die Frist um einige Tage verlängert wurde und die Essener Banken erklärten, dass sie die Gelder der Stadt Essen, des Landkreises und der Firma Krupp auch darüber hinaus annehmen würden, trat eine Beruhigung ein.[53] Bereits am 29. November 1923 beobachtete der Ausschuss für Geld- und Kreditwesen im Wirtschaftsrat eine deutliche Zunahme des Anteils an Reichsgeldern im Zahlungsverkehr des Einzelhandels von fünf auf 50 Prozent. Allerdings glaubte die Stadt zu dieser Zeit noch nicht, dass sie die Notenpresse vollkommen stilllegen könne. Sie sagte jedoch ebenso wie Krupp zu, die Ausgabe von Notgeld auf das Nötigste zu

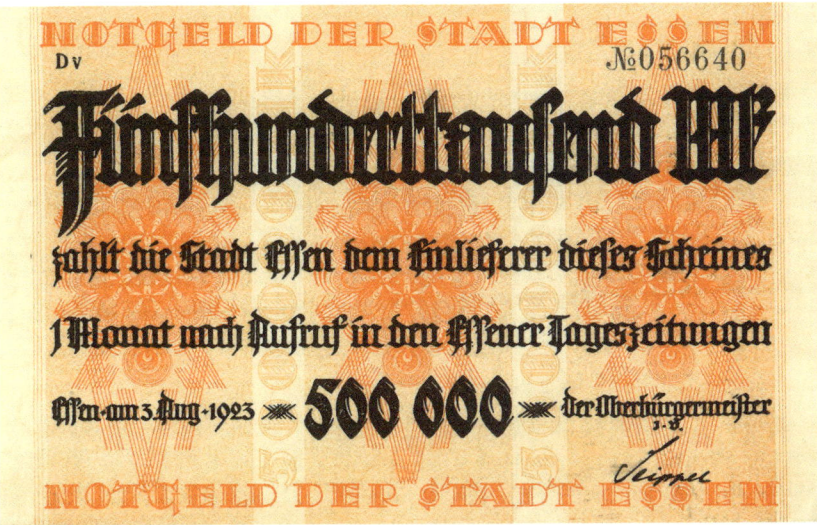

Notgeldscheine der Stadt Essen sowie der Essener Steinkohlebergwerke AG.

beschränken, um möglichst bald im besetzten Gebiet stabile Währungsverhältnisse zu erreichen. Die Essener Banken wiederum versicherten, Notgeld weiterhin anzunehmen, auch wenn dies weitere Verluste verursache.[54] Entgegen der pessimistischen Annahmen stellten sich jedoch in Essen wieder normale Währungsverhältnisse ein. Das Notgeld verschwand bis auf Weiteres aus dem wirtschaftspolitischen Werkzeugkasten.

Sebastian Haffner hat in seiner «Geschichte eines Deutschen» anschaulich den Zerfall der deutschen Gesellschaft während der Inflationsjahre beschrieben, in denen moralische Grundsätze beschädigt wurden.[55] Paul Brandi beobachtete Ähnliches in der von ihm geführten Essener Filiale der Disconto-Gesellschaft. Bei einer ihm unterstellten Zweigstelle unterschlug der Kassierer in mehreren Fällen Geld. Durch die Inflation blieb dies zunächst unentdeckt. Dann entzog sich der Angestellte der Strafverfolgung und tauchte unter. In einem anderen Fall raubte ein Beamter der Bank, zufällig in den Besitz des notwendigen Schlüssels gekommen, ein großes Bündel Dollarscheine – Devisen waren während der Inflation besonders begehrt – aus dem Tresor, bevor er sich unbemerkt absetzte. Allerdings schnappte ihn noch in der gleichen Nacht ein Zollbeamter an der holländischen Grenze, und der gesamte Dollarbetrag konnte sichergestellt werden. Besonders enttäuscht war Brandi über den Leiter einer Zweigniederlassung, der sich zu einer größeren Effektenspekulation hinreißen ließ. Da er damit gegen die Statuten verstieß, hätte er den Schaden theoretisch aus eigener Tasche decken müssen, was ihm nicht möglich war. Offenbar von Gläubigern bedrängt, unterschlug er einen weiteren Betrag und setzte sich nach Südamerika ab.[56] Von anderen Essener Banken sind keine vergleichbaren Ereignisse bezeugt, jedoch dürfte es sich bei den Vorgängen bei der Disconto-Gesellschaft nicht um Einzelfälle gehandelt haben. Zweifelhafte Geschäftsmodelle sind darüber hinaus bei manchen der zahlreich gegründeten Privatbanken zu vermuten, die oft nur für ein oder zwei Jahre existierten.

Der inflationsbedingt erhöhte Arbeitsaufwand bei den Banken war nur mit Neueinstellungen zu bewältigen. Allein zwischen 1913 und 1921 verdoppelte sich bei der Essener Credit-Anstalt die Zahl der Beschäftigten von 749 auf 1532.[57] Beim Ausbruch des Weltkriegs hatte die Simon Hirschland Bank 35 Angestellte, von denen im Laufe des Krieges 28 eingezogen und durch andere Hilfskräfte ersetzt wurden. In der Inflationszeit stieg die Zahl der Angestellten deutlich an. 1923 waren allein in Essen 173 Personen in der Bank beschäftigt, in der neu eingerichteten Zweigstelle in Hamburg noch 100 weitere. Nach der Währungsstabilisierung wurde zwar, wie bei den meisten Banken, wieder ein Teil der Arbeitsplätze abgebaut, aber der gute Geschäftsgang in den folgenden Jahren brachte die Zahl zumindest in Essen fast wieder auf den Stand der Inflationszeit. 1930 arbeiteten 163 Menschen in der Essener Zentrale, immerhin 48 waren in Hamburg beschäftigt.[58] Die Simon Hirschland Bank war damit beispielgebend für zahlreiche Privatbanken, bei denen die in den Inflationsjahren verursachte Zunahme der Arbeitskräfte zu einer völligen Neuorganisation der Arbeit führte. Aus verhältnismäßig kleinen, patriarchalisch geführten Banken entwickelten sich Managerbanken mit den klassischen Merkmalen der Großbanken wie

Arbeitsteilung, Hierarchisierung oder Institutionalisierung sowie einer Entpersonalisierung der Beziehungen zwischen den Inhabern und den einfachen Angestellten. Kleinere Bankhäuser waren zu diesen Anpassungsleistungen kaum in der Lage, was einen weiteren Rückgang von Privatbanken in den Weimarer Jahren nach sich zog.[59]

Die Privatbanken bemühten sich während der Weimarer Jahre in erster Linie um Substanzerhalt. Vor allem Institute im Rheinland und in Berlin verlegten sich auf Devisengeschäfte, während in der Provinz der Effektenhandel betrieben wurde.[60] Beide Strategien luden jedoch auch zu risikoreicheren Spekulationen ein, unter deren Folgen beispielsweise Schwab, Noelle & Co. zu leiden hatte. Das Bankhaus, das als «intime Bankverbindung des Kohlensyndikats» galt,[61] hatte 1920 eine Zweigstelle in Hamburg eröffnet, um die Beziehungen mit dem dortigen Kohlensyndikat weiterhin pflegen zu können. Ohne Wissen der Essener Zentrale, die eine eher vorsichtige Geschäftspolitik betrieb, tätigte die Zweigstelle Frankenspekulationen, die nach dem Ende der Inflationszeit einen Verlust von drei Millionen Goldmark verursachten. Da das Minus in der Kasse von keinem der Geschäftspartner gedeckt wurde, musste die Bank 1924 in Liquidation treten. Die 1925 gegründete Firma Eduard Noelle & Co. diente offenbar ausschließlich der Haus- und Vermögensverwaltung der in Liquidation befindlichen Vorgängerfirma, um deren Grundstücke sich ein langwieriger Rechtsstreit entwickelte. Weder Eduard Noelle & Co. noch Schwab, Noelle & Co. wurden bis 1940 formal liquidiert. Als der Centralverband des Deutschen Bank- und Bankiergewerbes 1940 die endgültige Löschung der Noelle-Firma – inzwischen «Eduard Noelle – Haus und Vermögensverwaltungen» in der Altendorfer Str. – beantragte, hielt Eduard Noelle das für «vorläufig indiskutabel», weil dadurch «der strittige Grundbesitz ohne weiteres an den Prozessgegner fallen» werde. Noelle bezeichnete sich als «vermögenlos». Er beziehe «schon seit Jahren Unterstützung aus der Kleinrentnerfürsorge».[62]

Bauausstellung Essen, 1925.

Zwischen den Krisen – Die Weimarer Konjunktur 1924–1929

Während sich Frankreich mit der Ruhrbesetzung international weitgehend isolierte, erwies sich der passive Widerstand des Deutschen Reiches als ruinös. Im September 1923 gab die neue Reichsregierung unter Gustav Stresemann die Verweigerungsstrategie auf und beendete mit der Ausgabe der Rentenmark am 15. November 1923 die Hyperinflation. Zwar stabilisierten sich mit dieser Maßnahme die Währung und die gesamte deutsche Wirtschaft. Steuererhöhungen und die von der Reichsbank betriebene Beschränkung der Kreditvergabe führten jedoch zu einem Kapitalmangel, der die Wirtschaft in den folgenden Jahren weiter belastete. Das hohe Zinsniveau im Deutschen Reich lockte zunehmend ausländische und insbesondere amerikanische Investoren an, die vorzugsweise kurzfristige Kredite vergaben.

Die inflationsbedingten Substanzverluste der Bankinstitute waren enorm. Betrug das Eigenkapital aller deutschen Banken 1913 noch 7,1 Mrd. Mark, war es 1924 auf nur noch 1,9 Mrd. RM gesunken. Die Eigenkapitalquote war mit 13,9 Prozent jedoch höher als in der Vorkriegszeit, als sie 10,6 Prozent betragen hatte. Der Prozess wurde in den folgenden Jahren allerdings umgekehrt und folgte damit dem Trend, der sich bereits im Kaiserreich angedeutet hatte und sich später in der Bundesrepublik fortsetzte.[1] Ähnlich negativ wie der finanzielle Substanzverlust wirkte sich die Verunsicherung der Wirtschaftsakteure aus, die mit Kriegswirtschaft und Inflation inzwischen zehn Jahre hinter sich hatten, in denen ein «normales» Wirtschaften nicht möglich gewesen war: Statt langfristiger Planungen war kurzfristiges Anpassen an sich rasch ändernde Rahmenbedingungen notwendig gewesen. Die nun folgende Phase der Stabilisierung erschien demgegenüber zwar als Entschleunigung, die eine gedeihliche Entwicklung ermöglichte, doch sie war mit einem hohen Risiko verbunden, das den Zeitgenossen

Die Räumung des Ruhrgebiets erfolgte im Sommer 1925.

durchaus bewusst war. Der Verlust des Eigenkapitals bei Banken wie Unternehmen verursachte einen konstanten Bedarf an ausländischem Fremdkapital, das – aus Angst vor einer Fremdbestimmung – nicht über den Aktienmarkt, sondern über Darlehen und Anleihen beschafft wurde. Aufgrund der konstant hohen Zinsen in Deutschland kamen dabei vor allem kurzfristige Gelder ins Land, mit denen langfristige Bedürfnisse bedient wurden. Das Risiko lag jedoch darin, dass jederzeit «Rückforderungen zu unbequemen Terminen erfolgen» konnten, wie Georg Solmssen von der Disconto-Gesellschaft 1925 hellsichtig warnte.[2]

Die Schwerindustrie blieb in den Weimarer Jahren der führende Wirtschaftssektor, obwohl die Wachstumszahlen hinter jüngeren Industriezweigen wie der Elektro- und der chemischen Industrie zurückblieben.[3] Die Ruhrindustrie machte dabei einen umfassenden Umstrukturierungsprozess durch. Vor allem in der Stahlindustrie wurden große Mischkonzerne gebildet, die an verschiedenen Industriesektoren wie dem Maschinen- oder dem Schiffsbau beteiligt waren.[4] Vertikale und horizontale Konzentration, die von den Banken aus Rentabilitätsgründen gefördert wurde,[5] führte zu Konzernen neuer Größenordnung, deren Kapitalbedarf oftmals nur durch Konsortien oder die großen Berliner Banken befriedigt werden konnte, sodass die Essener Institute mit einer verschärften Konkurrenzsituation zu kämpfen hatten. Zugleich musste das Industriegeschäft komplett neu gestaltet werden, da das internationale Anleihegeschäft, zuvor eine Stärke der deutschen Banken, beinahe vollkommen zusammengebrochen war und im Inland die Kapitalarmut die Unterbringung von Anleihen enorm erschwerte. Stattdessen wurde ein Großteil der benötigten Gelder über kurzfristige Wechselkredite besorgt. Zugleich reduzierten sich die Gewinnspannen im Industriegeschäft: Während die neuen Großkonzerne ein ganz anderes Gewicht in die Waagschale werfen konnten, verursachte die «Übersetzung» des deutschen Bankwesens einen harten Konkurrenzkampf, der am Ende der Weimarer Republik zu einer ganzen Reihe von großen Bankenfusionen führte.[6] Während sich die Simon Hirschland Bank in dieser Situation behauptete und zu einer der größten deutschen Privatbanken aufstieg, überstand die Essener Credit-Anstalt, geschwächt durch Ruhrbesetzung und Inflation, die Herausforderung nicht und ging in der Deutschen Bank auf.

Die Verdrängung der Regionalbanken durch die Berliner Großbanken

Die Eröffnung von Großbank-Filialen in Essen

Die Zentralisierung der Kriegswirtschaft hatte die acht Berliner Großbanken weiter gestärkt und begünstigte in den Nachkriegsjahren die Expansion gerade in die westlichen Industriebezirke. Hatten diese bis 1913 trotz reichsweit 169 Filialen lediglich fünf in dieser Region, waren es 1924 bereits 204 von 835.[7] Die gleiche Entwicklung ließ sich auch in Essen beobachten. Vor dem Weltkrieg hatte lediglich die Disconto-Gesellschaft 1911 eine eigene Filiale eröffnet, ihr folgten 1919 die Commerzbank, 1921 die Darmstädter- und Nationalbank sowie die Dresdner Bank.

Die Disconto-Gesellschaft war die erste Berliner Großbank, die sich in größerem Umfang im Industrierevier engagierte. Bereits in den 1850er-Jahren pflegte sie intensive Geschäftsbeziehungen zu Friedrich Grillo, der ihr wichtigster Partner vor Ort wurde. Obwohl sie darüber hinaus mit zahlreichen Unternehmen in Verbindung stand und zum Beispiel bei den Kapitalerhöhungen der Essener Credit-Anstalt 1894 und 1898 mitwirkte,[8] ent-

schloss sie sich erst 1911 zur Gründung einer Filiale in Essen. Für deren
Leitung gewann sie den langjährigen Beigeordneten der Stadt, Paul Brandi,
der die örtlichen Verhältnisse hervorragend kannte. Die Disconto-Gesellschaft hatte recht spät mit der Einrichtung von Filialen begonnen, stattdessen auf die Kooperation mit lokalen Banken gesetzt und zu diesem Zeitpunkt lediglich in Frankfurt, Mainz und Bremen Niederlassungen eröffnet.
Der Weg über lokale Kooperationen war ihr in Essen weitgehend versperrt:
Die Essener Credit-Anstalt als mit Abstand bedeutendste Essener Regionalbank arbeitete bereits mit der Deutschen Bank und dem Essener Bankverein zusammen. Die Rheinische Bank als dritte regionale Aktienbank diente
vor allem als Instrument August Thyssens. Vom Verhältnis der Simon
Hirschland Bank zu den Berliner Großbanken ist im Grunde nichts bekannt, es fehlen jedenfalls Hinweise auf langfristige Kooperationen. Da das
größte Privatbankhaus der Stadt auch das Industriegeschäft pflegte und für
die Großbanken durchaus ein attraktives Übernahmeziel gewesen wäre,
dürfte ein ausgeprägter Sinn für Unabhängigkeit maßgeblich dafür gewesen sein, dass die Bank sich von jeglichen Annäherungen fernhielt.

Für die Disconto-Gesellschaft ergab sich daraus die Notwendigkeit,
den Essener Standort mit einer eigenen Filiale neu zu erschließen. Alexander Schoeller, Mitinhaber der Disconto-Gesellschaft, erklärte Brandi bei
einem Besuch in Berlin, dass er bei der Leitung der Essener Filiale zwar den
Weisungen Berlins unterworfen sei, «aber gesellschaftlich mit den Berliner
leitenden Herren auf einer Stufe stehen und auch zu allen Aufsichtsratssitzungen und dem anschließenden zwanglosen Zusammensein eingeladen
würde».[9] Schoeller kündigte an, ein großes repräsentatives Bankgebäude in
Essen errichten zu wollen. Brandi sollte in den Aufsichtsrat verschiedener
Industrieunternehmen entsandt werden, um ihm eine angemessene Stellung im Revier zu verschaffen. Er spürte allerdings sofort, dass er mit
der harten Konkurrenz der Essener Credit-Anstalt zu rechnen hatte, die
natürlich das Auftreten einer Berliner Großbank vor Ort nicht gutheißen
konnte. Brandi hatte gehofft, als unbesoldeter Beigeordneter weiterhin in
der städtischen Verwaltung wirken zu können, doch ausgerechnet die industriell gebundenen Gewerken unter den Stadtverordneten, die zuvor zu
seinen engsten Verbündeten gezählt hatten, kooperierten zugleich eng mit
der Essener Credit-Anstalt und gewährten ihm nach eigener Angabe keine
besondere Unterstützung, sodass er das Amt aufgeben musste.[10] Der Vorgang belegt zugleich, wie sehr die Essener Credit-Anstalt in der Essener
Stadtgesellschaft etabliert war, die Störenfriede von außen abzuwehren bereit war.

*Der Leiter der Essener Filiale der
Disconto-Gesellschaft, Paul Brandi
(1870–1960).*

Die Eröffnung der Filiale erfolgte am 1. Oktober 1911 in einem angemieteten Gebäude an der Ecke Kettwiger Straße und Lindenallee. Im Erdgeschoss befand sich lediglich der Kassenraum, im oberen Stockwerk gab es neben zwei Direktorenzimmern noch Büros für ein knappes Dutzend Beamte. Allerdings lief das Geschäft zunächst nur schleppend an, schon weil es nach Brandi «mit der vornehmen Geschäftsauffassung der Disconto-Gesellschaft nicht vereinbar [war], starke Reklame zu machen oder gar die Konkurrenz zu unterbieten». Sein persönliches Hauptaugenmerk lag auf den Großunternehmen, bei denen er sich nach seinem Antritt persönlich vorstellte. Der Ertrag blieb vorerst mager, da angesehene Firmen ihren bisherigen Geschäftspartnern treu blieben und bei der Disconto-Gesellschaft allenfalls ein «Anstandskonto» eröffneten.[11]

Erfolg hatte Brandi hingegen bei August Thyssen, der zum Auf- und Ausbau seiner weitverzweigten Unternehmungen einen «unbegrenzten Geldbedarf» hatte und dabei auf dem Akzeptkredit bestand, den ihm Brandi gewährte, der diesen als «sicherste und zugleich flüssigste Kapitalanlage» schätzte.[12] Weniger glücklich verliefen seine Bemühungen um den engen Weggefährten Thyssens, Hugo Stinnes. Dessen Deutsch-Luxemburgische Bergwerks- und Hütten AG hatte 1910 die Dortmunder Union AG für Bergbau, Eisen- und Stahlindustrie übernommen, die zu den Kunden der Disconto-Gesellschaft gehörte. Brandi versuchte, diese neu entstandene Verbindung zu nutzen, um auch mit der «Deutsch-Luxemburg» ins Geschäft zu kommen. Der ansonsten hochangesehene Brandi war allerdings bei Stinnes in Ungnade gefallen, als er sich in seiner Funktion als Beigeordneter der Stadt gegen dessen Pläne zur Übernahme der Essener Straßenbahn gestellt hatte. Selbst als sich Alexander Schoeller für die Zuwahl Brandis in den Aufsichtsrat der Deutsch-Luxemburg einsetzte, gab Stinnes ihm einen Korb: «Er müsse sich in wichtigen Finanzfragen, schon um keine Zeit zu verlieren, doch immer direkt mit der Bankzentrale in Verbindung setzen und nicht mit dem Filialdirektor, da dieser ja stets erst an seine Zentrale zu berichten habe.»[13] Eine solche Sonderbehandlung konnten sich nur Großunternehmer ausbedingen. Am Beispiel der Deutschen Bank wird jedoch später deutlich, dass die Zentralen der Großbanken immer häufiger und vor allem in Krisenfällen die Kontrolle an sich zogen. So wichtig die lokale Expertise bei der Einschätzung von Risiken und der Anbahnung von Geschäften auch war, das Hierarchiegefälle zwischen Zentrale und Filiale war in der Regel stark ausgeprägt. In diesem Kontext sei erwähnt, dass die Essener Credit-Anstalt erfolgreich ein Aufsichtsratsmandat bei der Deutsch-Luxemburg für sich reklamieren und ihre Vorrangstellung gegenüber den Filialen der Berliner Banken verteidigen konnte.[14]

Nach wenigen Jahren gelang es der Essener Filiale der Disconto-Gesellschaft, sich in der Ruhrindustrie fest zu etablieren, wie es schon der erwähnte Bau eines repräsentativen Bankgebäudes ausdrückte. Ein wichtiger Schritt in dieser Entwicklung war die Übernahme des A. Schaaffhausen'schen Bankvereins in Köln 1914 sowie der Rheinischen Bank 1915. Mit der Übernahme des Bankvereins und seinem ausgedehnten Filialnetz etablierte sich die Disconto-Gesellschaft weiter im industriellen Westen Deutschlands, wobei das Kölner Institut zunächst als Einheit erhalten blieb. Paul Brandi wehrte sich erfolgreich gegen die Idee, seine Filiale dem Bankverein einzugliedern. Er hätte zwar in den Vorstand des A. Schaaffhausen'schen Bankvereins eintreten können, aber er befürchtete als einer unter vielen innerhalb des Kollegiums eine stärkere Beschränkung seiner Unabhängigkeit.[15] Der A. Schaaffhausen'sche Bankverein, der lange eine der führenden Banken im Industriegebiet war, verlor mit der Fusion nach und nach seinen Einfluss innerhalb des Gesamtkonzerns. 1927 beklagte er sich bei der Essener Filiale der Disconto-Gesellschaft, er habe lange Jahre freundschaftliche Beziehungen zu zahlreichen Zechen besessen, die «jetzt aber infolge unserer Zugehörigkeit zum Disconto-Konzern mehr oder minder auf Sie und Ihre rheinisch-westfälischen Filialen übergegangen sind».[16] Mit der Fusion der Disconto-Gesellschaft mit der Deutschen Bank 1929 endete die Geschichte des Bankvereins, der nun vollständig verschmolzen wurde.

Die Übernahme der Rheinischen Bank 1915 ist ebenfalls im Zusammenhang mit der Fusion mit dem A. Schaaffhausen'schen Bankverein zu sehen, denn beide Banken pflegten ein enges Verhältnis, seit die Rheinische Bank 1905 die Filiale des Bankvereins in Essen übernommen und als neue Zentrale genutzt hatte. Bis dahin hatte die Rheinische Bank zum Einflussbereich der Dresdner Bank gehört, die aber an einer vollständigen Übernahme nicht interessiert war.[17] Als sich Thyssen 1915 angesichts der schwierigen Geschäftslage der Bank zu einem Verkauf seiner Anteile entschloss, ergriff die Disconto-Gesellschaft die Gelegenheit und übernahm auch die sich gut mit dem Bankverein ergänzende Rheinische Bank. Während ihre Filialen in Duisburg und Dinslaken an den A. Schaaffhausen'schen Bankverein gingen, übernahm die Essener Filiale der Disconto-Gesellschaft die Geschäfte der Zentrale der Rheinischen Bank. Paul Brandi, der während des Krieges in der deutschen Besatzungsverwaltung in Frankreich diente, wurde zur Durchführung der Verhandlungen vom Dienst freigestellt und führte die Gespräche rasch zu einem erfolgreichen Abschluss. Die Rheinische Bank befand sich bei der Übernahme in einem schlechten Zustand. Zahlreiche Konten mussten abgewickelt werden. An die Bank gefallene Gebäude dienten als Sicherheiten. Das Gebäude der Rheinischen Bank wurde schon aus Prestigegründen nicht weitergenutzt, sondern an die Mitteldeutsche Creditbank abgetreten. Später fiel es an die Commerzbank.[18]

Eine weitere Expansion nahm die Disconto-Gesellschaft nach Kriegsende durch die Gründung neuer Filialen in Gelsenkirchen, Bochum, Dortmund und Hagen vor. Diese standen allesamt unter der Leitung der Essener Filiale. Die Geschäftsentwicklung verlief jedoch nicht nach dem Wunsch Brandis, dem es nach eigenen Angaben schwerfiel, qualifiziertes Führungspersonal zu gewinnen, da die Disconto-Gesellschaft auch in der Berliner Zentrale sowie in zahlreichen anderen neu gegründeten Filialen einen entsprechenden Bedarf hatte. Brandi versuchte, diesen Mangel durch häufige, unangemeldete Revisionen auszugleichen, allerdings «blieb es doch nicht aus, daß Filialleiter entweder aus Schwäche dem Kunden gegenüber oder aus Großmannssucht Eigenmächtigkeiten begingen, die unangenehme Verluste zur Folge hatten oder haben konnten». Insgesamt aber gehörte die Essener Filiale in den Weimarer Jahren beim Reingewinn und bei den Umsätzen zu den bedeutendsten Filialen der Disconto-Gesellschaft.[19]

Die Fusion der Disconto-Gesellschaft mit der Deutschen Bank 1929[20] besiegelte das Schicksal der Essener Filiale der Disconto-Gesellschaft, die

Das 1913 eröffnete Hotel Handelshof Essen gehört bis heute zu den Wahrzeichen der Stadt.

mit der wesentlich größeren Filiale der Deutschen Bank, also der früheren Essener Credit-Anstalt, verschmolzen wurde. Das Gebäude der Letzteren blieb Sitz der Filiale, während das Gebäude der Disconto-Gesellschaft über Umwege an den Barmer Bankverein fiel, nach der Fusion mit der Commerzbank zunächst von dieser übernommen wurde, bevor letztlich die Dresdner Bank in das Haus einzog. Die mit der Fusion der Deutschen Bank und der Disconto-Gesellschaft verbundene Personalreduzierung war nach Paul Brandi «eine wenig erfreuliche Tätigkeit, wenn sie auch mit großer sozialer Rücksichtnahme auf beiden Seiten ausgeübt wurde».[21]

Unglücklich verlief der Versuch der Dresdner Bank, sich im rheinisch-westfälischen Industrierevier zu etablieren. Der Erwerb von Aktien des Düsseldorfer Bankvereins, der Kölnischen Wechsler- und Commissions-Bank sowie der Märkischen Bank in Bochum brachte nur geringen Erfolg.[22] Mit dem A. Schaaffhausen'schen Bankverein wurde 1903 zwar ein wertvoller Partner in der Region gefunden, doch das Institut entwickelte sich seit dem Abgang Klönnes nur noch langsam. Die Kooperation wurde bereits 1908 aufgrund der schwachen Gewinnentwicklung des Kölner Instituts wieder aufgegeben.[23] Erst 1917 setzte sich die Dresdner Bank durch die Fusion mit der Aachener Rheinisch-Westfälischen Disconto-Gesellschaft in der Region fest, allerdings war diese nicht in Essen vertreten. Dort war die wichtigste Verbindung fraglos diejenige zur Rheinischen

Bank, die unter dem bestimmenden Einfluss von August Thyssen stand. Zu einer Filialgründung kam es erst 1921, jedoch konnte sie nie einen für die Bedeutung des Finanzplatzes angemessenen Geschäftsumfang erreichen, auch nicht, nachdem die Filiale 1931 mit derjenigen der Darmstädter- und Nationalbank fusioniert wurde.[24] Diese war erst seit 1918 mit eigenen Filialen im Ruhrgebiet aufgetreten, 1921 wurde die Zweigstelle in Essen eröffnet.[25] Über ihre Geschäftsumfänge ist heute nichts mehr bekannt. Ähnliches gilt für die 1919 eröffnete Filiale der Commerzbank. Sie dürfte ihren Geschäftsumfang durch die Fusionen des Mutterkonzerns während der letzten Jahre der Weimarer Republik erheblich gesteigert haben, als sie sich zunächst 1929 mit der Mitteldeutschen Creditbank zusammenschloss, die wiederum seit 1908 in Essen vertreten war. 1932 folgte dann die Übernahme des in der Region gut verankerten Barmer Bankvereins.[26]

Die Fusion der Essener Credit-Anstalt mit der Deutschen Bank 1925

Die Beziehungen zwischen der Essener Credit-Anstalt und der Deutschen Bank sind in den vorangegangenen Kapiteln immer wieder gestreift worden. Erste Berührungspunkte zwischen den beiden Instituten lassen sich schon in den 1870er-Jahren finden. Zu einer engen Kooperation entschlossen sich beide jedoch erst im Jahr 1900 vor dem Hintergrund des bereits thematisierten Wechsels von Carl Klönne vom A. Schaaffhausen'schen Bankverein zur Deutschen Bank. Angesichts der engen persönlichen Beziehungen zwischen Albert Müller und Carl Klönne ist es wenig verwunderlich, dass auch die Essener Credit-Anstalt ihre Beziehungen mit Klönne weiter pflegte und damit die Geschäftsbeziehungen zur Deutschen Bank umfassend ausbaute. Die Essener Credit-Anstalt nahm Klönne 1900 in den Aufsichtsrat auf, ein Jahr später trat Müller in den Aufsichtsrat der Deutschen Bank ein. Der Austausch von Aktien wurde erstmals 1903 im Zuge der geschilderten Sanierung der Duisburg-Ruhrorter Bank vorgenommen.[27] In den folgenden Jahren ging die Essener Credit-Anstalt immer wieder Kooperationen ein, bei denen sie ihre Kompetenzen als regional verankertes Institut einbringen konnte. Regelmäßig informierte die Credit-Anstalt die Deutsche Bank über Entwicklungen innerhalb der Ruhrindustrie und der Essener Börse, klärte über Gerüchte auf oder lieferte Hintergrundinformationen. Gelegentlich versuchte sie, im Auftrag der Deutschen Bank Ruhrindustrielle zu beeinflussen.[28] Dem Essener Institut gelang im Gegenzug die

Essen aus der Luft, Aufnahme von 1926.

Vertretung am Berliner Börsenplatz. Die Aufnahme in neue Konsortien musste sie jedoch gelegentlich mit Nachdruck einfordern.[29]

Obwohl die Essener Credit-Anstalt im Kaiserreich eine erfolgreiche Entwicklung nahm, mussten Albert Müller und Wilhelm Jötten 1914 auf der Generalversammlung gegenüber den Aktionären deren Zukunftschancen als Provinzbank verteidigen. Müller betonte die Informationsvorteile der regional verankerten Bank aufgrund der «stetigen persönlichen Fühlungsnahme». Diese sei notwendig, weil die Essener Credit-Anstalt neben den Großkunden die mittlere und kleine Kundschaft bediene. Zudem war das Institut mittlerweile mit einem Kapital von 120 Millionen Mark – die Reserven eingerechnet – seiner Meinung nach in die Liga der Großbanken eingetreten. Jötten ergänzte, die Essener Credit-Anstalt betreibe, anders als die Berliner Großbanken, die Pflege des «soliden Kontokorrentverkehrs», den er als eigentliche Aufgabe der Provinzbanken sah.[30] Wie Müller betonte er den direkten Kontakt zur Kundschaft und wies darauf hin, dass auch das Filialnetz der Credit-Anstalt nicht über einen gewissen Bezirk hinausgehe und selbst die entferntesten Zweigstellen binnen eineinviertelstündiger Fahrt mit dem Auto oder der Bahn zu erreichen seien.[31] Der Wunsch nach Erhalt der Unabhängigkeit war unverkennbar und wäre, in enger Kooperation mit der Deutschen Bank, bei einer ruhigen Entwicklung des Umfelds sicherlich noch eine Weile zu verteidigen gewesen. Der Krieg und die Inflation machten diesen Plänen jedoch einen Strich durch die Rechnung.

Bereits während des Weltkriegs schwächte die Geldentwertung die Substanz der Essener Credit-Anstalt. Umgerechnet in Goldmark betrug der Umsatz bei Kriegsende lediglich noch 82,6 Prozent des Vorkriegsstands, die Bilanzsumme sogar nur noch 32,6 Prozent.[32] Hinzu trat die Sorge vor einer möglichen Sozialisierung der Montanindustrie durch eine linke Regierung. Dies hätte für das Institut den Verlust eines Großteils der Kundschaft bedeutet.[33] Kapitalerhöhungen 1920 und 1921 um insgesamt 158 Millionen Mark sollten die Substanz stärken, die eigene Expansion ermöglichen und die Stellung innerhalb der deutschen Bankinstitute verteidigen.[34] Die Leitung der Bank fürchtete schon zu diesem Zeitpunkt den Verlust der Unabhängigkeit, zumal die Berliner Großbanken immer aggressiver in das Industrierevier an der Ruhr vordrangen. Die Fusion der Deutschen Bank mit der Hannoverbank war denn auch Anlass genug, bei einem Treffen auf Direktoriumsebene am 1. Oktober 1920 eine Fusion strikt abzulehnen und «grössten Wert» darauf zu legen, die «Selbständigkeit wie bisher zu behalten».[35] Beide Seiten vereinbarten zwar eine noch engere Kooperation bei Syndikats- und Kreditgeschäften, doch die Filialpolitik in der Zeit zwischen April 1920 und März 1922 lässt erahnen, dass die Credit-Anstalt die Kooperation mit der Deutschen Bank mittlerweile auch als potenzielle Gefahr wahrnahm. Bis 1920 hatte sich die Essener Credit-Anstalt, ganz anders als beispielsweise der Barmer Bankverein, mit der Gründung neuer Filialen zurückgehalten. Nun eröffnete sie jedoch – neben drei Depositenkassen – neun neue Zweigstellen, darunter im ersten Quartal 1921 auch zwei linksrheinische Filialen in Krefeld und Köln. Dieser Schritt war zuvor mit Rücksicht auf die Bergisch-Märkische Bank, die 1914 von der Deutschen Bank übernommen worden war, vermieden worden. Allerdings war die Eröffnung von Zweigstellen auf linksrheinischem Gebiet der Trend der Zeit. Da Kunden sich lokale Bankbeziehungen wünschten, hielt die Credit-Anstalt die Errichtung eigener Filialen für unabdingbar. Der bisherige Grundsatz, dass beide Banken keine Zweigstellen an Standorten eröffneten, wo die andere Bank bereits vertreten war, wurde mit Ausnahme von Essen und Berlin aufgegeben.[36] Gerüchte, dies käme einer Lockerung der Beziehungen gleich, wurden aus Essen mit Verweis auf eine freundschaftliche Vereinbarung mit der Deutschen Bank zurückgewiesen. Zugleich nutzte die Credit-Anstalt die Gelegenheit für den Hinweis, sie habe «von jeher den größten Wert auf ihre Unabhängigkeit und Selbständigkeit gelegt» und sei niemals von der Deutschen Bank abhängig gewesen.[37] Nach Ansicht des Direktors der Elberfelder Filiale der Deutschen Bank (zuvor Bergisch-

Märkische Bank), F. von Koch, machte die Essener Credit-Anstalt allerdings «von ihrer Selbständigkeit einen für uns recht unbequemen Gebrauch». Er plädierte im Oktober 1920 für eine stärkere Bindung der Credit-Anstalt an die Deutsche Bank über eine deutliche Kapitalerhöhung unter Übernahme eines großen Aktienpakets.[38] Die Initiative wurde in der Berliner Zentrale nicht aufgegriffen, wohl weil sie gegenüber Essen zu diesem Zeitpunkt noch nicht durchsetzbar gewesen wäre. Sie gibt allerdings einen Hinweis darauf, dass hier nicht nur die unmittelbare Konkurrenz zwischen der Deutschen Bank und der Essener Credit-Anstalt eine Rolle spielte, sondern auch regionale Konkurrenzen fortwirkten, die zwischen dem Essener Institut und den mittlerweile von der Deutschen Bank übernommenen früheren Regionalbanken geherrscht hatten.

So wie Koch über eine Kapitalerhöhung den Einfluss der Deutschen Bank bei der Essener Credit-Anstalt erhöhen wollte, versuchte sich das Essener Institut – zumindest in der Wahrnehmung der Direktoren der Deutschen Bank Schlitter und Mankiewitz – mittels Kapitalerhöhung von dem Einfluss des Berliner Instituts ein Stück weit zu befreien, indem es ein Drittel der Aktien bei der Kapitalerhöhung von 1921 dem Zugriff der Deutschen Bank entzog. Da Schlitter bei der entscheidenden Aufsichtsratssitzung nicht anwesend war, erfuhr die Deutsche Bank von dieser Maßnahme erst, als sie ihr nicht mehr widersprechen konnte. Damit sah die Bank ihre Beteiligung von 25 Prozent in Gefahr, die sie für erforderlich hielt, um den Verlust durch den Verzicht auf eigene Filialen im Industrierevier auszugleichen. Mankiewitz forderte daher nachdrücklich die ausreichende Berücksichtigung der Deutschen Bank. Andernfalls müsse sein Institut die Beziehungen zur Essener Credit-Anstalt grundlegend überdenken. Offenbar bemühte sich die Essener Credit-Anstalt auch beim Zugang zur Berliner Börse, die Abhängigkeit von der Deutschen Bank zu reduzieren. Im Gespräch war eine kommanditarische Beteiligung an einer Berliner Bank, um einen größeren Gewinnanteil an den Geschäften an der Börse zu erhalten und schneller Informationen zu erlangen. Obwohl dies im Grunde einer Verletzung der Vereinbarung gleichkam, dass sich die Essener Credit-Anstalt nicht in Berlin niederlassen würde, zeigte sich Mankiewitz in dieser Frage notgedrungen konzilianter, da die Deutsche Bank in den vorangegangenen Monaten inflationsbedingt nicht in der Lage gewesen war, alle Aufträge der Essener Credit-Anstalt zügig zu bearbeiten.[39] Trotz der gütlichen Beilegung der Konflikte sind sie doch ein Beleg dafür, dass die Essener Credit-Anstalt in den ersten Jahren der Nachkriegszeit keineswegs zielstrebig in die Arme der Deutschen Bank lief, sondern dass sie um die eigene Unabhängigkeit rang.

Dieser Kampf erhielt allerdings durch die Ruhrbesetzung den entscheidenden Rückschlag, da nicht nur die Zentrale, sondern auch der Großteil der Zweigstellen im besetzten Gebiet lag. War der Geschäftsverkehr innerhalb der Besatzungszone schon schwierig, musste der Geldtransport zwischen der Zentrale und den über 30 Filialen eingestellt werden. Zugleich verstärkten sich die Inflationssymptome, da viele Geschäftspartner ihre Verkaufs- und Finanzierungsgesellschaften in Regionen außerhalb des besetzten Gebietes verlegten. Die Werke der Industriekunden der Essener Credit-Anstalt wiederum waren auf die Zahlungen und Kredite der Credit-Anstalt angewiesen. Die Bank musste große Bargeldbeträge vorhalten, die jedoch ständig an Wert verloren. Das zuvor als solide geschätzte Kontokorrentgeschäft erwies sich als besonders anfällig. Überdies war das Institut auf Druck der Besatzungsbehörden zur Annahme und Konvertierung von Notgeld gezwungen, das nach der Inflation lediglich verbrannt werden konnte.[40]

Die Goldmarkbilanz war entsprechend verheerend und wies lediglich Reserven von 16 Millionen Goldmark aus, von denen allein die Hälfte auf Immobilien entfiel. Eine Kapitalerhöhung um sieben Millionen Reichsmark sollte die Geschäftsfähigkeit wieder herstellen, jedoch fanden die Aktien bei den bisherigen Aktionären, die ebenfalls schwere Verluste erlitten hatten, keine Abnehmer. Schließlich übernahm die Deutsche Bank die neuen Aktien fast vollständig und erhöhte dadurch ihren Anteil an der Essener Credit-Anstalt auf etwa zwei Drittel. Die Kapitalerhöhung erwies sich schon im Dezember 1924 als unzureichend, aber eine weitere wurde nach dem geringen Erfolg der vorherigen ausgeschlossen. Der Versuch, beim Ministerium für die besetzten Gebiete eine Entschädigung für die Verluste zu erhalten, scheiterte ebenso wie die Bemühungen um ein langfristiges Darlehen beim Reichsfinanzministerium. Nach diesem vergeblichen Versuch blieb der Direktion der Credit-Anstalt nichts anderes übrig, als die Fusion mit der Deutschen Bank zu beantragen. Die Verhandlungen verliefen reibungslos und wurden am 2. Februar 1925 abgeschlossen.[41] Die bestehenden Filialen der Essener Credit-Anstalt wurden als Filialen der Deutschen Bank fortgeführt. An gemeinsamen Standorten vor allem im Rheinland wurden die Zweigstellen zusammengeschlossen.[42]

Die Kettwiger Bank als Gegenmodell

Die Konzentrationsbewegung und insbesondere das Vordringen der Berliner Großbanken stießen in den Regionen schon früh auf Skepsis. Noch bevor die Nationalsozialisten aus der Weltwirtschafts- und Bankenkrise 1929/1931 den Schluss zogen, das Regionalbankwesen stärken zu müssen, gab es bereits lokale Initiativen, die sich dem allgemeinen Trend entgegenstellten. Auf dem heutigen Stadtgebiet von Essen ist hierfür die 1929 gegründete Kettwiger Bank ein hervorragendes Beispiel. In seiner während des Zweiten Weltkriegs verfassten autobiografischen Aufzeichnung «Niederschrift über mein Schaffen und Leben als Arbeiter in den Fabriken, als Soldat und als Deutscher» stellte Johann Wilhelm Scheidt die Gründung des Instituts in den Kontext der Umwandlung des familieneigenen Textilunternehmens in eine Aktiengesellschaft, die er auf Bitten seines erkrankten Bruders und vor dem Hintergrund eines «jüdischen Boykott[s]» und der «Steuermaßnahmen der Systemzeit» durchgeführt habe. Bis dahin hatte die Hauptverwaltung der Firma Johann Scheidt in der Fortführung früherer Kreditgeschäfte der Familie kleineren Gewerbetreibenden in Kettwig Kredithilfe gewährt.[43] Nun wurde dieses Kreditgeschäft in die neu gegründete Kettwiger Bank AG, das spätere Bankgeschäft Wilhelm Scheidt, ausgelagert. Der Antrag auf Zulassung der Kettwiger Bank mit einem Grundkapital von 200 000 RM wurde noch am 14. Dezember 1928 gestellt, der positive Bescheid erging am 27. März 1929.[44] Die Zusammensetzung des Aufsichtsrats mit Johann Wilhelm Scheidt an der Spitze unterstrich die lokale Ausrichtung der Bank. Neben dem Kettwiger Bürgermeister Andreas Hopmann gehörten ihm mit einer Ausnahme nur Kettwiger Kaufleute, Fabrikanten und Landwirte an. Besagte Ausnahme war der Amsterdamer Kaufmann Harry Jansen, der mit 180 000 RM den Löwenanteil des Grundkapitals stellte.[45] Dennoch war der lokale Charakter des Unternehmens ebenso unzweifelhaft wie die führende Rolle der Familie Scheidt, aus deren Unternehmen der langjährige Prokurist Fritz Krämer zu einem der beiden Vorstandsmitglieder ernannt wurde.[46]

Als Hopmanns Aufsichtsratstätigkeit seitens der Landesbank wegen eines möglichen Interessenkonflikts zu seiner Tätigkeit als Vorstandsvorsitzender der Kettwiger Sparkasse kritisiert wurde, verteidigte er seine Rolle bei der neuen Bank mit dem Hinweis auf deren kommunalpolitische Bedeutung. Die Gründung der Kettwiger Bank habe zügig erfolgen müssen, um der Einrichtung einer Großbanken-Filiale zuvorzukommen, die an der Förderung des Mittelstands kein Interesse habe. Da aber die Mittel der

Sparkasse zur Unterstützung der Gewerbetreibenden nicht ausreichen, sei die «Scheidtsche Bank» für die Stadt von hoher Wichtigkeit, da sie sich vor allem an den Mittelstand und an Handwerker richte. Der Bürgermeister ließ erkennen, dass die Stadt auch aus steuerlichen Gründen einem lokalen Institut den Vorzug gegeben habe.[47]

Hopmann hatte zwar einen Konflikt zwischen Sparkasse und der Kettwiger Bank dementiert, jedoch entwickelte sich das Verhältnis der beiden Institute keineswegs so spannungsfrei wie erhofft. Zunächst wurde der Bürgermeister durch einen Beschluss der Stadtverordnetenversammlung gezwungen, sein Aufsichtsratsmandat nach Ablauf der einjährigen Wahlperiode wieder niederzulegen. Zudem musste sich die Kettwiger Bank gegen den Vorwurf wehren, die Firma Scheidt lege ihren Lieferanten und Handwerkern nahe, für ihren Geldverkehr die Kettwiger Bank zu nutzen, wenn sie zukünftig berücksichtigt werden wollten.[48] Diese wiederum warf der Sparkasse vor, «offiziell und inoffiziell gegen die Kettwiger Bank eine scharfe Stellung» einzunehmen. Die Bank verwies insbesondere auf eine Exklusivitätsklausel der Sparkasse, die ihren Schuldnern die Geschäftsverbindung zu anderen Kassen untersagte.[49] Die Kettwiger Bank hatte jedenfalls zunächst Mühe, sich zu etablieren. 1931 geriet sie in Schieflage, wofür wohl maßgeblich eine Veruntreuung des ersten Direktors der Bank verantwortlich war. Den entstandenen Verlust von 500 000 RM beglich Johann Wilhelm Scheidt aus eigenen Mitteln, «um den Namen Scheidt vor jedem Vorwurf zu bewahren». Erst in den folgenden Jahren entwickelte sich die Bank besser.[50]

Der Werdegang der Essener Privatbanken

Angesichts des vielbeachteten Siegeszugs der Universalbanken innerhalb des deutschen Finanzsystems wurde die weiterhin hohe Bedeutung der Privatbanken in den ersten Jahrzehnten des 20. Jahrhunderts lange Zeit unterschätzt. Seit den 1990er-Jahren hat sich dieses Bild jedoch kontinuierlich gewandelt.[51] Den Privatbanken gelang es gerade in den Jahren zwischen Währungsstabilisierung und Weltwirtschaftskrise, sich neben den Großbanken als wichtige Akteure auf dem Finanzmarkt zu behaupten. Während die großen Berliner Institute nach der Inflation damit beschäftigt waren, die vielfältigen Schäden wie Substanzverlust und die Aufblähung der Verwaltungsorgane zu beseitigen,[52] konnten die Privatbanken relativ schnell ihre Verbindungen nach England und in die USA nutzbar machen. Diese beruhten sowohl auf persönlichen bzw. verwandtschaftlichen Beziehungen als auch auf der früheren Finanzierung von Handelskrediten, was die Vermittlung großer Industriekredite ermöglichte.[53]

Die Essener Privatbankbranche war nach den Weltkriegs- und Inflationsjahren an einem Tiefpunkt angelangt. Schwab, Noelle & Co. war nach dem Zusammenbruch 1924 kein relevanter Faktor mehr. Auch die Spuren von Wilhelm & Conrad Waldthausen werden für diese Jahre immer schwächer. Möglicherweise hing dies mit einer der wenigen dauerhaften Gründungen im Essener Privatbankgewerbe der Weimarer Republik zusammen, die ihren Ursprung ebenfalls in der Familie Waldthausen hatte: die Waldthausen & Co. KG unter der Leitung der beiden Vettern Fritz und Ernst von Waldthausen. Beide Teilhaber besaßen umfangreiche Industriebeteiligungen, und die Bank diente wohl zunächst in erster Linie zur Finanzierung der Familieninteressen. So pflegte das Institut mit den Rheinischen Stahlwerken, oft als «Rheinstahl» abgekürzt, intensive Geschäftsbeziehungen. Das Unternehmen war seit 1922 mit der Arenbergschen AG für Bergbau und Hüttenbetrieb verschmolzen, in der die Familie Waldthausen traditionell eine starke Position innehatte.

Daneben existierten noch einige jüdische Privatbanken wie Münzesheimer & Co. und Alexander Kann, die in der Weltwirtschaftskrise scheiterten. Münzesheimer & Co. wurde 1906 wohl von Sigmund Münzheimer gegründet, der 1914 auch der einzige persönlich haftende Gesellschafter war. Spätestens 1920 trat als zweiter Inhaber Sigmund Heinemann hinzu.[54] 1921 beteiligte sich die Bank als Spender am Erwerb der Folkwang-Stiftung. Während der Weltwirtschaftskrise geriet sie allerdings in Schwierigkeiten, musste Personal entlassen und offenbar kurz darauf die Pforten schließen.[55] Wenig ist auch über das 1918 gegründete Bankhaus Alexander Kann bekannt. Kann war zuvor Direktor der Rheinisch-Westfälischen Bank für Grundbesitz gewesen. 1918 wurde er zum Ehrenbürger von Sandhausen ernannt, weil er im Jahre zuvor 100 Kohlenwaggons mit Brennmaterial an die Gemeinde geschickt hatte, in der er früher als Lehrer tätig gewesen war.[56] In einer aus der Weimarer Zeit stammenden Anzeige bewarb er sein Geschäft mit der «Ausführung aller bankmäßigen Geschäfte».[57] Die Bank wurde spätestens am Ende der Weimarer Republik liquidiert und war vermutlich ein Opfer der Weltwirtschaftskrise.[58]

Im Gegensatz zu den meisten anderen Essener Privatbanken erlebte die Simon Hirschland Bank in den stabilen Jahren der Weimarer Republik den eigentlichen Höhepunkt ihrer Unternehmensgeschichte. War das Bankhaus bis dahin eher von regionaler Bedeutung gewesen, stieß es nun in die

Kurt (1882–1937) und Georg Hirschland (1885–1942) leiteten das Bankhaus Simon Hirschland in der dritten Generation.

erste Reihe deutscher Privatbanken vor und agierte zunehmend international. Der Anstieg der Bilanzsumme von 113 Mio. RM im Jahr 1924 auf 634 Mio. RM im Jahr 1928 spiegelt den Erfolg von Simon Hirschland in der Mitte der 1920er-Jahre wider,[59] der seine Ursachen bereits in den Jahren des Kaiserreichs hatte.

Kurt Hirschland war seit 1905 im Geschäft tätig und 1908 Mitinhaber geworden. Sein Bruder Georg trat – wie beschrieben – erst mit dem Tod des Vaters als Teilhaber in das Bankgeschäft ein. Beide hatten eine umfangreiche Ausbildung im In- und Ausland erhalten, um auf die Aufgabe vorbereitet zu sein. Kurt Hirschland war offenbar derjenige in der neuen Führung, der die Internationalisierung vorantrieb, während sein als Jurist ausgebildeter Bruder sich vor allem um die korrekte und effiziente Abwicklung der Geschäfte kümmerte.[60] Die beiden Brüder hatten bereits in den letzten Vorkriegsjahren ihr Geschäftsgebiet erweitert. Isaak Hirschland hatte sich zwar erfolgreich dem Effektenhandel gewidmet und beispielsweise seit dem Herbst 1906 für die Stadt Essen als geheimer Aufkäufer von Aktien des Rheinisch-Westfälischen Elektrizitätswerks gewirkt.[61] Doch sein Sohn Kurt Hirschland trieb die Entwicklung entschieden weiter. Wurden 1913 noch 244 Effektendepots geführt, stieg die Zahl bis 1923 – auch angetrieben durch die Geldentwertung – kontinuierlich auf 1478 Depots an. Der Zusammenbruch der Währung reduzierte zwar die Zahl der Kunden, mit Werten um die 1000 Depots stabilisierte sich die Zahl jedoch auf einem relativ hohen Niveau, wenn auch nicht vergleichbar mit den teilweise doppelt so hohen Depotzahlen, die beispielsweise das Hamburger Bankhaus Warburg erreichte.[62] Über das Emissionsgeschäft von Simon Hirschland lassen sich erst ab 1911 zuverlässige Angaben machen. Damals wirkte das Bankhaus führend an einer Essener Grundbesitzanleihe über einen Betrag von 650 000 Mark mit. In den Folgejahren wurden die Beteiligungen zahlreicher und waren regional nicht mehr auf das rheinisch-westfälische Industriegebiet beschränkt. So fanden sich 1913/1914 Beteiligungen an Stadtanleihen in Altona, Offenbach und Nürnberg.[63] Der zunehmenden Bedeutung des Emissionsgeschäfts entsprach, dass das Bankhaus 1913 Zeichnungsstelle für die Emission von Reichsanleihen wurde. Weltkrieg und Inflation überstand das Institut gut, da es sich nicht nur auf kurzfristige Geschäfte konzentrierte, sondern einen Großteil der Kapitalien auf ausländischen Konten unterhielt.[64] Wie verschiedene andere Privatbankiers bemühte sich die Simon Hirschland Bank Anfang der 1920er-Jahre um internationale Kontakte, um sich mit Devisengeschäften gegen die Inflation abzusichern. Bereits während des Ersten Weltkriegs hatte die Bank mit einem Valuta-Kredit über 2,4 Millionen Franken der verschuldeten Stadt Essen geholfen, ihre kurzfristigen Kredite zu bedienen.[65] 1920 gründete sie gemeinsam mit den Privatbanken Bleichröder, Mendelssohn (Amsterdam), den Gebr. Bethmann sowie dem Barmer Bankverein das Bankhaus Heydt & Kersten in Amsterdam, um auf diesem Wege Devisengeschäfte abwickeln zu können.[66] Auf die Ruhrbesetzung reagierte das Bankhaus mit der Gründung einer Filiale in Hamburg. Das Rheinisch-Westfälische Kohlensyndikat hatte seinen Sitz in die Hansestadt verlegt und Simon Hirschland folgte, um die Geschäftsbeziehungen zu diesem wichtigen Kunden besser pflegen zu können. Zugleich ergaben sich durch die Filiale neue Geschäftskontakte zu Großkunden wie Hapag, Hertie und Karstadt.[67]

Der Durchbruch zu einer erstrangigen Privatbank gelang Simon Hirschland unmittelbar nach der Inflation – ausgerechnet in Kooperation mit der Fried. Krupp AG, dem Unternehmen, das früher so ausgesprochen bankenkritisch gewesen war. Die Essener Credit-Anstalt und die Simon Hirschland Bank hatten bereits seit längerer Zeit Geschäftsbeziehungen etabliert, die wichtigste Bankverbindung Krupps war jedoch die Dresdner Bank. Anders als andere Unternehmen scheute Krupp während der Inflationszeit die Expansion in Sachwerte, da die Familie einen Einflussrückgang des Eigen-

tums befürchtete. Stattdessen versuchte das Unternehmen, der Geldentwertung mittels Krediten entgegenzuwirken und nahm auch Darlehen bei
niederländischen und englischen Banken auf. Mit dem Ende der Inflation
wurde die desaströse Lage bei Krupp deutlich: Da die Rücklagen zu einem
großen Teil aus festverzinslichen Wertpapieren bestanden, musste das
Unternehmen zum 30. Juni 1923 einen Verlust von 59 Millionen Goldmark
verbuchen, zum 30. September 1924 sogar von 125 Millionen Goldmark.[68]
Krupp bemühte sich um Auslandskredite, doch seiner um Hilfe gebetenen
Hausbank, der Dresdner Bank, gelang dies nicht. Daraufhin wandte sich
Krupp an die Simon Hirschland Bank, die 1924 tatsächlich eine Zehn-Mil-
lionen-Dollar-Anleihe unter Führung von Goldman & Sachs auf den Markt
brachte. Kurt Martin Hirschland fungierte während der Verhandlungen in
New York als Unterhändler und Kontaktmann Krupps in der Finanzmetro-
pole.[69] Zum Dank wurde er in den Aufsichtsrat von Krupp berufen, womit
die Grundlage für weitere Kreditgeschäfte des nach wie vor kriselnden
Konzerns gelegt worden war. Im März 1925 wurde ein Kapitalbedarf von
50 Millionen RM allein für das laufende Jahr errechnet. Reichskanzler
Hans Luther hatte als früherer Essener Oberbürgermeister ein offenes Ohr
für die Hilferufe von Krupp und sicherte umfangreiche Unterstützungs-
zahlungen zu, allerdings unter der Auflage eines weiteren Bankkredits in
Höhe von 15 Millionen RM. Erneut führte Krupp Gespräche mit der Dresdner Bank, diese scheiterte jedoch abermals mit dem Versuch, einen Kredit
aufzunehmen. Nun wandte sich Krupp wieder an die Hirschland-Bank, die
den Kredit binnen kurzer Zeit in England beschaffen konnte.[70] Zwar verdrängte Simon Hirschland die Dresdner Bank selbst danach nicht als erster
Ansprechpartner Krupps bei Auslandskrediten, dennoch wurde das Bankhaus in den folgenden Jahren an weiteren Konsortien beteiligt.

Der Kooperation mit Krupp folgten andere Industrieunternehmen, die
sich mittels der Simon Hirschland Bank um internationale Gelder bemühten.
So gewährte die Bank 1927 gemeinsam mit dem englischen Bankhaus Kleinwort, Sons & Co. einem Konsortium der August Thyssen Hütte und der
Gelsenkirchener Bergwerks AG einen Kredit über zwei Millionen Dollar.[71]
Auch Hoesch vermittelte die Bank 1926 einen Dollarkredit, der allerdings
letztlich abgelehnt wurde, um die langjährige Hausbank, den A. Schaaffhausen'schen Bankverein, nicht zu brüskieren.[72] Der Maximilianshütte, die
sich seit 1929 im Besitz des Industriellen Friedrich Flick befand, verschaffte
Simon Hirschland bei der Bank Comptoir d'Escompte de Genève einen
Akzeptkredit über zwei Millionen Schweizer Franken.[73] Dieser wurde ebenso
wie kleinere Akzeptkredite in London und New York von der sich ebenfalls

im Flick-Besitz befindlichen Mitteldeutschen Stahlwerke AG verbürgt.[74] Über verschiedene Londoner Banken organisierte die Simon Hirschland Bank zudem Kredite zur Finanzierung von Im- und Export-Geschäften.[75] Eine nicht vollständige Übersicht weist für die Monate Juni bis August 1932 Akzeptkredite bei amerikanischen und englischen Banken in Höhe von 14 Millionen RM aus, namentlich bei Lee, Higginson & Co. in New York sowie bei den Londoner Banken M. Samuel & Co. Ltd., Erlanger's Ltd., Higgins & Co. sowie Kleinwort, Sons & Co.[76]

Nicht nur die Großunternehmen waren durch den Kredit für Krupp auf Simon Hirschland aufmerksam geworden. Führende Privatbankiers wie Max Warburg und Louis Hagen erkannten schnell, dass mit dem Essener Institut ein Konkurrent auf Augenhöhe entstanden war. Statt in einen harten Wettbewerb einzusteigen, bevorzugten alle Seiten eine Kooperation, weshalb 1925 die Banken A. Levy, Sal. Oppenheim (beide Köln), M. M. Warburg (Hamburg) und Simon Hirschland die Gründung der Interessengemeinschaft «Convenio» für das Industriegeschäft im Ausland beschlossen. Vor allem die hervorragenden Kontakte Hirschlands zum Rheinischen Kohlensyndikat sowie zur Ruhrindustrie machten das Bankhaus für die anderen Privatbanken zu einem attraktiven Partner. Allerdings zeigte sich bereits im ersten Vertragsjahr, dass sich das Deutsche Reich finanziell schneller erholte als vermutet, sodass die Auslandstransaktionen nicht im erwarteten Maße stiegen. Die geplante Verlängerung des Vertrags auf zehn Jahre unterblieb daher, die Banken beschlossen jedoch, sich auch ohne formelle Interessengemeinschaft gegenseitig im ausländischen Anleihegeschäft zu informieren und zu beteiligen.[77] Für Simon Hirschland war diese Kooperation mit den führenden deutschen Privatbanken ein Prestigegewinn, der sich auch auf anderen Feldern auswirkte, beispielsweise durch die Teilnahme an Bankkonsortien zur Finanzierung industrieller Großkredite oder der Aufnahme in das Preußen- sowie das Reichsanleihekonsortium zur Unterbringung preußischer Staats- und Reichsanleihen.[78] Das Bankhaus gehörte auch dem Bankenkonsortium zur Finanzierung des Außenhandels mit der Sowjetunion an.[79]

Die bedeutende Stellung des Bankhauses Simon Hirschland in der Ruhrindustrie und darüber hinaus wird durch den Blick auf die zahlreichen Aufsichtsratsmandate bestätigt, die Kurt und Georg Hirschland innehatten. Das Aufsichtsratsmandat von Kurt Martin Hirschland bei der Fried. Krupp AG, die im Allgemeinen nur wenigen Bankiers Zutritt zu dem Gremium gewährte, wurde bereits erwähnt. 1926 wurde zudem Georg Hirschland in den Aufsichtsrat der Mannesmann-Röhrenwerke aufgenommen, was schon deshalb bemerkenswert war, weil in diesem Unternehmen eigentlich die Deutsche Bank der Platzhirsch war. Hirschland hatte jedoch hier, ähnlich wie bei Krupp, Hilfestellung in einer Situation gegeben, als die Kreditbeschaffung auf dem üblichen Weg schwierig gewesen war.[80] Die Hirschlands waren zudem Mitglied in den Aufsichtsräten weiterer namhafter Unternehmen wie der Gelsenkirchener Bergwerks AG, dem Rheinisch-Westfälischen Elektrizitätswerk, den Vereinigten Stahlwerken und der Kali-Chemie.[81]

Sparkassen, Genossenschafts- und Arbeitnehmerbanken

Weltkrieg und Inflation hatten die Struktur des deutschen Bankwesens grundlegend verändert und die Gewichte unter den Bankengruppen verschoben. Neben den Großbanken gehörten vor allem die Sparkassen, die sich zu Universalbanken fortentwickelt hatten, zu den großen Gewinnern dieser Krisenepoche. Die Einführung des Scheckverkehrs 1908 war die erste wichtige Erweiterung der ursprünglich recht beschränkten Geschäftsfelder. Die daraus resultierende Einrichtung von Girozentralen baute die Handlungsmöglichkeiten weiter aus. Die Aufnahme des Wertpapiergeschäfts 1915 sowie des Effektenkommissionsgeschäfts 1921 stellten ebenfalls wertvolle Ergänzungen des Tätigkeitsgebiets dar, die vor allem in der Inflationszeit, beim Zusammenbruch des klassischen Spargeschäfts, das Überleben der Sparkassen sicherten.[82] Aber auch die Kreditgenossenschaften stabilisierten sich als eine Säule des deutschen Kreditwesens. Sie pflegten im städtischen Raum vor allem die Beziehungen zum gewerblichen Mittelstand. Daneben entstanden mit den Arbeitnehmerbanken als Einrichtungen der Gewerkschaftsbewegung ganz neue Institute, die ein Symbol für die veränderten Machtbeziehungen zwischen Unternehmern und Arbeitern in der Weimarer Republik darstellten. Gemeinsam mit den kleinen und mittleren Privatbanken, die sich neben dem Effektengeschäft ebenfalls dem Mittelstand widmeten, entwickelten diese Banken ein breites Angebot für die Essener Gewerbetreibenden. Sie ließen es aber zugleich angesichts des harten Wettbewerbs in dem auch in diesem Segment übersetzten Bankwesen oftmals an den notwendigen Sicherungsmaßnahmen fehlen. Es wundert daher kaum, dass mit Ausnahme der Sparkasse zahlreiche Institute während der Weimarer Konjunktur zwar gute Geschäfte machten, dann aber im Zuge der Weltwirtschafts- und Bankenkrise 1929/31 in eine existenzgefährdende Schieflage gerieten.

Die Essener Sparkasse

Bei der Sparkasse Essen war noch in den Kriegsjahren, gemessen am Goldmarktwert, ein Anstieg der Einlagen zu beobachten gewesen. Diese brachen jedoch nach Kriegsende um mehr als 80 Prozent ein. Zwar legten noch 1922 viele Sparer ihr Geld bei der Sparkasse an, allerdings fiel der Einlagenwert bis 1923 auf 2585 Rentenmark. Ohne die 1911 erfolgte Ausweitung der Geschäftstätigkeiten auf den Depositen- und Giroverkehr wäre die Sparkasse nicht mehr lebensfähig gewesen.[83] Langfristig profitierte sie hingegen von der beschriebenen Entwicklung zur Universalbank. Betrug die Bilanzsumme 1924 noch neun Millionen Mark, stieg sie bis 1928 auf 69 Millionen Mark an. Im Folgejahr, als auch das Aufwertungsguthaben hinzugefügt wurde, überstieg die Bilanzsumme wieder die Vorkriegswerte.[84] Zunächst hatte sich die Sparkasse mit der Ausgabe langfristiger Hypotheken noch zurückgehalten, angesichts der großen Wohnungsnot und der vermehrt zur Verfügung stehenden Spareinlagen gewährte sie jedoch 1927 Neubauhypotheken in Höhe von elf Millionen Mark.[85] Angesichts der Schwäche des Hypothekenmarkts in diesen Jahren ging die Initiative dazu vermutlich von der Stadtseite aus, allerdings überschritt die Sparkasse auch in den Folgejahren nicht das wirtschaftlich vertretbare Maß.

Das «Gesetz über die kommunale Neugliederung des rheinisch-westfälischen Industriegebiets» von 1929 hatte unmittelbare Auswirkungen auf die Sparkasse Essen, der neun bislang selbstständige Sparkassen angegliedert wurden. Sie brachten Spareinlagen in Höhe von 29,5 Millionen RM ein, der Gesamtbestand stieg damit auf 88,72 Millionen RM. Dieser Betrag konnte bis zum Ende des Folgejahres noch einmal deutlich auf 114,36 Millionen RM gesteigert werden, bevor die Sparkasse von der Bankenkrise erfasst wurde und einen Rückgang auf 99,20 Millionen RM, also gut 13 Prozent, zu verzeichnen hatte. Dennoch kam die Sparkasse Essen, verglichen mit anderen Sparkassen, erstaunlich gut durch die Wirtschaftskrise. Sie hatte kaum Kreditverluste zu verzeichnen und konnte zum Jahresende 1931 sogar ihre Kreditrücklagen steigern.[86] Anders als viele Sparkassen hatte sie sich mit der Ausgabe von Kommunalkrediten zurückgehalten, die nun vielerorts aufgrund der Zahlungsschwierigkeiten eingefroren werden mussten. Während des Zusammenbruchs der Essener Bank 1932 war die Sparkasse sogar solide genug, um an Sanierungsmaßnahmen mitzuwirken.[87] Eine gravierende Folge hatte die Bankenkrise für die Sparkasse Essen dennoch:

*Das 1930 eröffnete neue Spar-
kassengebäude.*

Auf Basis einer im Herbst 1931 erlassenen Notverordnung des Reichspräsi-
denten wurde den Sparkassen 1932 der Status einer eigenständigen Rechts-
persönlichkeit verliehen, auch wenn sie weiterhin eine Gewährleistungs-
garantie der Kommunen besaßen. Fortan gab es einen «Sparkassenleiter»
mit weitgehenden Geschäftsführungskompetenzen unter der Kontrolle und
Weisung des Sparkassenvorstands.[88]

Der positiven Geschäftsentwicklung der Essener Sparkasse in den Weimarer Jahren nach der Inflation entsprach der großzügig angelegte Neubau
der Zentrale in den Jahren 1928–1930. In der 1941 erschienenen Festschrift
ist der Stolz auf einen «der größten und modernsten Zweckbauten unserer
Stadt» noch deutlich zu spüren. Das 1700 Quadratmeter umfassende Gebäude lag am Wiener Platz – heute Hirschlandplatz – im Stadtzentrum. Zu
den Besonderheiten gehörte ein Elektropostsystem, das Akten bis zu einem
Gewicht von fünf Kilogramm transportieren konnte – das erste seiner Art
in Deutschland. Auch ein Rohrpostsystem für Briefe wurde eingerichtet.[89]
1929 wurde zudem in Essen-West eine neu gebaute Zweigstelle eröffnet, die
mit der Übernahme der selbstständigen Kontenführung auch eine schnel-

lere Abwicklung der Geschäfte für die Bezirke Altendorf, Frohnhausen und Holsterhausen ermöglichte.[90]

Die Essener Bank

Die Entwicklung der meist recht kleinen Essener Genossenschaftsbanken in den Weimarer Jahren lässt sich heute in der Regel nicht mehr nachvollziehen. Die größte Kreditgenossenschaft der Stadt war die 1922 in Essener Bank umbenannte Handwerker- und Handelsbank eGmbH. Sie nahm in den Kriegs- und frühen Weimarer Jahren einen so positiven Verlauf, dass das Institut 1923 zu seinem 25-jährigen Jubiläum einen Neubau mit modernen Kassenräumen beziehen konnte, der 100 Angestellten Platz bot. Allerdings bereitete die Inflation auch der Essener Bank ernsthafte Sorgen, da ihre Reserven nicht mit der Bilanzsumme des Instituts mithalten konnten und ihr als Genossenschaft die Möglichkeit einer Kapitalerhöhung verschlossen war. Maßnahmen wie die Erhöhung der Beteiligungsgebühr und der Geschäftsanteile schafften nur im geringen Maße Abhilfe.[91] Die Essener Bank betrieb in dieser Zeit «neben dem besonders im Jahre 1923 sehr aufgebauschten und ausgedehnten Effekten-Geschäft» vor allem das Kontokorrent-Geschäft.[92]

Die Umstellung der Bilanz auf Goldmark verlief wie offenbar bei allen Essener Genossenschaften nicht reibungslos. Ein Essener Gericht hatte den Beschluss der Generalversammlung vom 3. Juni 1924 widerrufen, die Anteile jedes Mitglieds auf einen Goldanteil zusammenzulegen. Erst im Februar 1925 entschied das Oberkammergericht Berlin als zweite Berufungsinstanz zugunsten der Essener Bank. Das Institut hatte unterdessen jedoch das ursprüngliche Gerichtsurteil bereits umgangen, indem es seine Mitglieder zur Kündigung und zum Wiederbeitritt veranlasst hatte, um auf diese Weise die Umformung der Anteile zu erreichen. Die meisten langjährigen Genossen blieben der Bank in diesem Rechtsstreit als Mitglieder erhalten. Lediglich einige wenige Genossen, die offenbar die Inflation genutzt hatten, um günstig Anteile zu erwerben, kehrten sich von der Essener Bank ab.[93] In den folgenden Jahren erfuhr die Bank aufgrund der Kapitalarmut eine erhöhte Kreditnachfrage, der sie restriktiv begegnete: Kredite wurden demnach vor allem für Investitionen in die Produktionsfähigkeit vergeben, da nur auf diese Weise die Aussicht auf eine baldige Rückzahlung bestand. Bankkredite als Ersatz für fehlendes Betriebskapital wurden hingegen abgelehnt. Gleiches galt für Beitrittsgesuche, die allein der Kreditaufnahme dienen sollten. Trotz

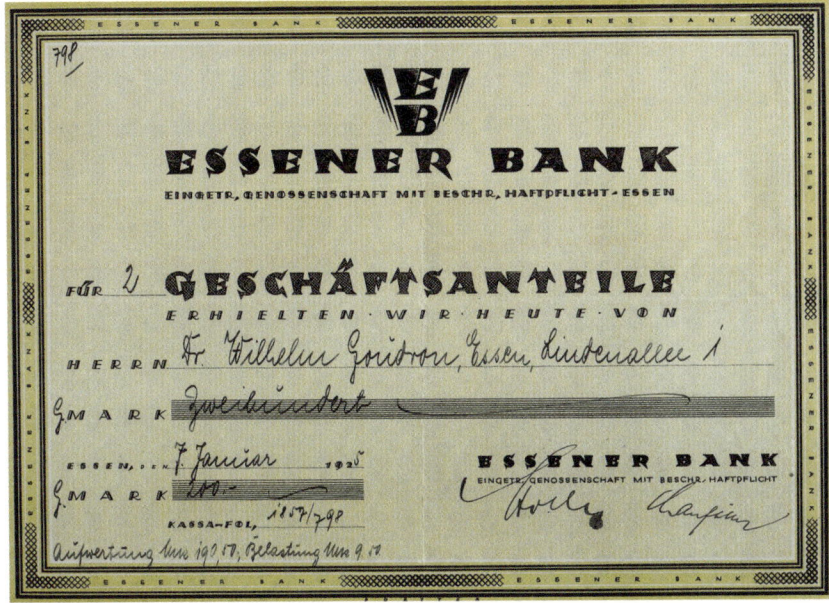

Essener Bank-Geschäftsanteile.

der Kapitalarmut kritisierte die Bank Kreditaktionen des Reiches zur Mittelstandsförderung, da diese nicht mehr als der Tropfen auf den heißen Stein
seien und zu große Erwartungen schüren würden. Das Institut unterstützte
daher den Beschluss des Genossenschaftstags in Freudenstadt im September
1925, auf dem die Ablehnung solcher Hilfsaktionen beschlossen wurde:
«Selbsthilfe bleibt der einzige Weg zu gesunder stetiger Entwicklung.»[94]

1927 konnte das 25-jährige Dienstjubiläum von Direktor Hans Mühlendyck gefeiert werden. Auf der Generalversammlung der Bank, die zugleich
als Jubiläumsfeier zelebriert wurde, fanden sich daher auch Vertreter der
Reichsbank, der Stadt Essen, der Genossenschaftsabteilung der Dresdner
Bank sowie weiterer Essener Banken und von Genossenschaftsbanken aus
der Region ein. In ihren Reden wurde die Arbeit Mühlendycks bei der Essener Bank gewürdigt und sein Ruf als Genossenschaftsfachmann hervorgehoben. Wiederholt wurde auf positive Anstöße der Essener Bank für die
Genossenschaftsbewegung verwiesen. Der Reichsbankvertreter lobte Mühlendyck für die solide Geschäftspolitik der Bank, die stets mit ihren eigenen
Mitteln auskomme.[95] In der Weltwirtschaftskrise sollte sich allerdings
herausstellen, dass weder das Lob für Mühlendyck persönlich noch für die
Essener Bank gerechtfertigt war.

Die Deutsche Volksbank

Mit der Deutschen Volksbank entstand in Essen die erste der Gewerkschaftsbanken Deutschlands, die meist als Arbeitnehmerbanken bezeichnet werden und die durchaus Ähnlichkeiten mit Genossenschaftsbanken hatten.[96] Zwar hatte es schon im Kaiserreich Überlegungen zur Gründung von Gewerkschaftsbanken gegeben, sie waren jedoch nie im größeren Umfang umgesetzt worden. Die 1918 einsetzende allgemeine Gründungswelle im Bankwesen brachte zahlreiche wenig bedeutende Einrichtungen hervor, die eher Spar- und Darlehnskassen ähnelten und kaum als Banken bezeichnet werden konnten. Meist beruhten sie alleine auf ehrenamtlicher Arbeit. Vor der Gründung regelrechter Bankinstitute wichen die Gewerkschaften zunächst zurück, da sie Sorge vor der Macht der großen Privatbanken hatten und Liquiditätsprobleme fürchteten, wenn sie vornehmlich Gewerkschaftsgelder verwalteten. Dennoch kam es in der Weimarer Republik und vor allem in der Mitte der 1920er-Jahre zur Gründung von insgesamt sieben gewerkschaftlichen Bankinstituten. Diese Gründungswelle nahm ihren Ausgang im Machtgewinn der Gewerkschaften in der Weimarer Republik, der sich auch in einem Anstieg der Mitgliederzahlen ausdrückte. Zudem ließ die Inflation bei den Gewerkschaften die Geldbestände deutlich anschwellen, sodass die freien Gelder an Umfang gewannen. Auch in anderen europäischen Ländern sowie den USA kam es in diesen Jahren zur Gründung von Gewerkschaftsbanken, zwischen denen sich jedoch keine engeren Verbindungen etablierten.[97]

Die Deutsche Volksbank wurde als Bank der christlichen Gewerkschaften gegründet, von denen es Ende 1922 immerhin 50 Verbände mit über 8000 Ortsgruppen und beinahe 1,9 Millionen Mitgliedern gab. Das katholisch geprägte Essen gehörte zu den Hochburgen der Bewegung. Treibende Kraft hinter der Bankgründung war Adam Stegerwald, einer der bedeutendsten Vertreter der christlichen Arbeiterbewegung.[98] Er sah in einer Gewerkschaftsbank eine Möglichkeit, den «Gedanke[n] der Selbsthilfe in Arbeiterkreisen durch Einrichtung von Eigenunternehmungen mit allem Nachdruck» zu pflegen.[99] Die Deutsche Volksbank sollte «einen umfassenden Geldaufsaugeapparat im Lande schaffen […], um einem großen Teil der deutschen Gehalts- und Lohnempfänger zu Einzel- und Kollektiveigentum an der deutschen Wirtschaft zu verhelfen».[100] Das Bankinstitut war in den Plänen Stegerwalds nur ein wirtschaftlicher Baustein unter vielen gewerkschaftlichen Unternehmungen. Ihm kam jedoch die

Der Deutsche Gewerkschaftsbund hatte einen seiner Schwerpunkte in Essen. Hier ein Vordruck für Informationsveranstaltungen, wie sie regelmäßig abgehalten wurden.

strategische Bedeutung zu, sicherzustellen, dass die Spargelder der Arbeiter und die Vermögen der Gewerkschaft vor allem dort eingesetzt würden, wo sie einen möglichst großen Nutzen für die Arbeiterschaft hätten.[101]

Nachdem Stegerwald am 21. November 1920 in seiner Rede auf einem Kongress der christlichen Gewerkschaften in Essen die Gründung der Bank angekündigt hatte,[102] wurde diese am 21. Februar 1921 unter dem Namen «Vereinsbank für Deutsche Arbeit» in Berlin ins Leben gerufen. Da die wesentlichen Geschäfte der Bank im rheinisch-westfälischen Industriegebiet abgewickelt wurden, verlegte sie bereits am 19. Oktober 1922 unter Annahme des Namens «Deutsche Volksbank» ihren Sitz an die Stelle der dortigen Zweigniederlassung nach Essen. Von der Essener Credit-Anstalt wechselte Hermann Neul in den dreiköpfigen Vorstand der Bank, dem auch die beiden Berliner Direktoren Walter Pitschke und Josef Becker angehörten, die aber noch 1923 ausschieden. Über Neul hieß es in einer Chronik der Bank: «Von der Statur her und mit Bart stellte er zwar etwas dar, war für die Bank aber nicht mehr als ein braver und gutmütiger Buchhalter, der er auch bei der Essener Credit-Anstalt war. Er liebte mehr Gespräche und Unterhaltung und weilte zu diesem Zweck gern und oft außerhalb der Bank, meist in Essens bekanntem Café Feuser.»[103] Neul erhielt 1923 Unterstützung durch den zuletzt bei der Commerzbank in Dortmund beschäftigten Richard Beckendorff, der früher ebenfalls bei der Essener Credit-Anstalt tätig gewesen war. Über ihn hieß es, er sei «aus einem anderen Holz geschnitzt» als seine Vorgänger: «Von großer Gestalt und mit gepflegtem Spitzbart stellte er sich im personellen Bereich als gestrenger Chef vor.»[104] Dennoch erwiesen sich die beiden Vorstände mit den wirtschaftlichen Verhältnissen bei den notleidenden Mittelstandsbetrieben überfordert. Sie wurden nach der im April 1925 abgeschlossenen Bankprüfung durch die Treuhandgesellschaft für deutsche Arbeit fristlos entlassen. Ihnen folgten Heinrich Strunk und Otto Suckau, denen allerdings ebenfalls Überforderung mit der Führung der Bank vorgeworfen wurde. Strunk war ehemaliger Krupp-Arbeiter und einer der politischen Köpfe der christlichen Arbeiterbewegung, der vom Verband christlicher Metallarbeiter stammte und jahrelang als Stadtverordneter des Zentrums im Essener Stadtrat gewirkt hatte. Ihm fehlte es an bankwirtschaftlicher Expertise, weshalb er zunächst zögerte, das Amt des Direktors zu übernehmen. Otto Suckau brachte zwar grundsätzlich Bankkenntnisse mit, da er bereits zuvor als Wirtschaftsprüfer bei der Deutschen Volksbank gearbeitet hatte. Ihm wurde allerdings nachgesagt, man habe «den Bock zum Gärtner» gemacht, und er wirkte im Tagesgeschäft oftmals wenig souverän.[105]

Den Aufsichtsratsvorsitz übernahm Adam Stegerwald als Chef des Gesamtverbands der christlichen Gewerkschaften, sein Stellvertreter war der Vorsitzende des Gewerkvereins christlicher Bergarbeiter und Reichstagsabgeordnete Heinrich Imbusch. Auch die übrigen Aufsichtsratsmitglieder entstammten der christlichen Gewerkschaftsbewegung. Wirkliche Bankfachmänner fehlten hingegen. Das Stammkapital von zwei Millionen Mark setzte sich aus 800 000 Mark Inhaberaktien mit fünffachem Stimmrecht und weiteren 1 200 000 Mark Inhaberaktien zusammen, deren größter Teil sich im Besitz der angeschlossenen Organisationen befand. Die wichtigsten Anteilseigner waren der Deutschnationale Handlungsgehilfen-Verband in Hamburg mit ca. 29 Prozent der Aktien, der Gewerkverein christlicher Bergarbeiter Deutschlands in Essen, der ca. 25 Prozent der Aktien besaß, und der Christliche Metallarbeiterverband, der über etwa 18 Prozent der Aktien verfügte.[106]

Die Deutsche Volksbank fungierte als Zentralinstitut für die Gewerkschaftskassen und die von den Gewerkschaften des Deutschen Gewerkschaftsbundes geförderten Genossenschaften. Ein weiterer Schwerpunkt der Bank war die Finanzierung der Bautätigkeit gemeinnütziger Wohnungsgenossenschaften durch die Gewährung von Bauzwischenkrediten.[107] Für die Gründer der Bank war nicht der Profit das vordringliche Ziel der Anlagestrategie, sondern der Nutzen für die Arbeiterschaft: «Die Verwaltung der Arbeitergelder sollte in den Händen der Arbeiter selbst liegen. Nicht der höchste Zinssatz sollte bestimmend sein für die Anlage der Gelder, sondern die weitestmögliche Unabhängigkeit der Arbeiter – vor allem bei der Befriedigung ihrer äußeren Lebensnotwendigkeiten – von den nackten Gewinninteressen rein kapitalistisch geführter Unternehmungen.»[108]

Das wichtigste Geschäftsfeld der Deutschen Volksbank in den Weimarer Jahren war die Baufinanzierung. Sie kooperierte dabei eng mit den zahlreichen Essener Baugenossenschaften. Zugleich trug die Deutsche Volksbank bei der Unterbringung von Goldpfandbriefen und Kommunalobligationen Sorge, dass die Banken, von denen diese festverzinslichen Werte abgenommen wurden, ihrerseits «im reichen Maße» Hypotheken für den Wohnungsbau insbesondere in geschlossenen Siedlungen bewilligten.[109] Noch bevor die Deutsche Volksbank letztlich zu einem Sanierungsfall wurde, machte sich die Weltwirtschaftskrise auf diesem zentralen Geschäftsfeld der Bank bemerkbar. Aufgrund des Mangels langfristiger Gelder konnte sie nicht mehr allen Anforderungen nachkommen. Das Immobilienkonto litt unter dem schwachen Häuser- und Wohnungsmarkt, da Zwangsversteigerungen nicht mehr den angesetzten Wert einbrachten.[110]

Die Deutsche Volksbank beteiligte sich aber auch an den beiden Versicherungen Gemeinnützige Deutsche Lebensversichungs-AG und Deutsche Feuerversicherungs-AG. Erfolglos waren hingegen die Beteiligungen an Unternehmensgründungen wie der Deutschen Holzwerke AG oder der Deutschen Papierhandels AG, deren Geschäftsführungen den wirtschaftlichen Anforderungen oftmals nicht gewachsen waren. Insgesamt agierte die Deutsche Volksbank ähnlich wie eine Privatbank und stand auf dem Boden der liberalen Wirtschaftsordnung, auf die sie zwar gestaltend einwirken, aber die sie nicht überwinden wollte.[111]

Allerdings zeigte nicht nur die Entlassung der beiden Vorstände Neul und Beckendorff 1925, dass die Bank in den ersten Jahren mit Startschwierigkeiten zu kämpfen hatte. Zwar gründete sie rasch zahlreiche Zweigniederlassungen mit einem Schwerpunkt im rheinisch-westfälischen Industriegebiet, aber auch in Städten wie Berlin, Hamburg und Saarbrücken. Es fehlte jedoch an einer zeitgemäßen zentralen Führung.[112] Schwerwiegender war die 1924 wohl aus sozialpolitischen Motiven heraus getroffene Entscheidung, bei der Erstellung der Goldmarkbilanz 1924 die Goldsubstanz der Aktionärs- und Spareinlagen aufrechtzuerhalten.[113] 1926 vermehrten sich die Krisenanzeichen: Verluste bei den Beteiligungen und im Kontokorrentverkehr sowie die Schließung der Filiale in Hamburg, die mit einer engeren Führung der übrigen Zweigstellen durch die Essener Zentrale einherging, zeigten schwerwiegende Probleme an. Ende des Jahres musste die Bank das Grundkapital von zwei Millionen RM auf 0,5 Mio. RM senken, um eine Bereinigung der Bilanz vorzunehmen. Gleichzeitig wurde es jedoch wieder durch die Ausgabe von Namensaktien auf den alten Betrag erhöht. Die größten Kapitalgeber waren dabei der Deutsche Handlungsgehilfen-Verband mit 450 000 RM und der Gewerkverein der Bergarbeiter mit 300 000 RM. Allerdings blieb die Lage der Bank durchwachsen, da der Kundenkreis im Passivgeschäft überschaubar war. Hauptgeldgeber waren die Gewerkschaften, die zwar in wirtschaftlich erfolgreichen Zeiten für eine gute Liquidität der Bank sorgten, zugleich aber im Krisenfall ebenso schnell ihre Gelder wieder abzogen. Auch die Spareinlagen als zweites wichtiges Standbein blieben hinter ihren Erwartungen zurück. Zwar war der Zinssatz leicht überdurchschnittlich, und immerhin 400 Zahlungsstellen ermöglichten eine ordentliche Präsenz in der Fläche. Die Deutsche Volksbank verzichtete daher auf den ursprünglich avisierten weiteren Ausbau des Filialnetzes.[114] Belastend war zudem immer wieder die politische Intervention: Die christlichen Gewerkschaften und die Zentrumspartei erwarteten stets günstige Zinsbedingungen, die ihnen die Deutsche Volksbank aufgrund der Nähe ihrer Gremien zur Politik oftmals gewährte.[115] Der bankwirtschaftliche Nachteil dieser Praxis wurde zwar durchaus kritisch angemerkt, zugleich aber die politische Nähe positiv hervorgehoben: «Die starke ideologische Bindung der Arbeiterschaft an ihre eigenen Einrichtungen erschwert den Privatbanken ihr Werben um die Arbeitergelder, selbst wenn sie dieselben banktechnischen Erleichterungen gewähren, die die Arbeiterbank den Kunden gewährt», führte 1927 Bern Meyer, Direktor der freigewerkschaftlichen Bank der Arbeiter, Angestellten und Beamten AG, aus. «Darin besteht gerade die große volkswirtschaftliche Bedeutung der Arbeiterbanken, dass sie in der Lage sind, Gelder bankmässig zu erfassen, die von den Privatbanken nur schwer erfasst werden können, und die so dem Produktionsprozess nutzbar gemacht werden.»[116] Zumindest für die kleinere Deutsche Volksbank erfüllte sich dieser Optimismus jedoch nicht. Ähnlich verhielt es sich im Aktivgeschäft, bei dem sich die Bank ebenfalls auf die eigene Klientel aus der Gewerkschaftsbewegung beschränkte und keine Beziehungen zu Industrie- und Handelsunternehmen etablieren konnte: «Die engen personellen und wirtschaftlichen Verflechtungen mit dem Milieu der Christlichen Gewerkschaften als Kreditnehmer bargen nicht nur das Risiko der Vetternwirtschaft, sondern verhinderten auch, dass die Deutsche Volksbank ihren Radius erweiterte. Sie war nicht in der Lage, über ihren Status als Hausbank der Christlichen Gewerkschaften hinauszuwachsen.»[117] Besonders in Essen beschränkte die starke Konkurrenz der Groß- und der Privatbanken die Deutsche Volksbank auf ein Nischengeschäft, an dem diese selbst nicht interessiert waren.

Die Essener Börse zwischen Anspruch und Wirklichkeit

Nachdem noch im Sommer 1918 eine «Siegeshausse» die Werte an den deutschen Börsen auf immer neue Höhen getragen hatte, führte der Zusammenbruch der deutschen Front zu einem dramatischen Kursverfall, von dem an der Essener Börse die Kaliwerte besonders betroffen waren. Insbesondere der antizipierte Verlust des Weltkalimonopols infolge der zu Recht erwarteten Abtretung Elsass-Lothringens, aber auch Sozialisierungsforderungen der Revolutionäre drückten auf die Kurse.[118] Ein von Albert Müller in seiner Funktion als Vorstandsvorsitzender der Essener Börse initiiertes Syndikat versuchte, dieser Entwicklung an den Börsen in Essen und Düsseldorf entgegenzutreten. Dies sei nicht nur im eigenen Interesse, erklärte er am 21. Oktober 1918 seinem Düsseldorfer Amtskollegen Kommerzienrat Max Trinkaus, sondern «im Interesse der Allgemeinheit, ihrer zahlreichen Kundschaft, aller ernsthaften Kuxenbesitzer». Auch gelte es, das Ansehen der Börsen hochzuhalten und zur «Stärkung der Heimatfront» beizutragen. Zunächst wandte er sich an die örtlichen Großbanken, namentlich die Essener Credit-Anstalt, das Bankhaus Simon Hirschland und die Filialen der Disconto-Gesellschaft sowie der Mitteldeutschen Creditbank, die unter der Bedingung ihre Bereitschaft zur Teilnahme erklärten, dass sich auch die Düsseldorfer Banken sowie die «in unserem Revier» mit Filialen vertretenen Banken an dem Stützungssyndikat beteiligten. Eine Kommission, bestehend aus je drei Vertretern der Essener und der Düsseldorfer Banken, sollte über die zu stützenden Kurse entscheiden.[119] Am 23. Oktober 1918 verständigten sich die beteiligten 18 Banken über die letzten Details.[120] Jedes

Institut übernahm ein bis zwei Anteile im Wert von je 100 000 Mark. Das Gesamtkapital des Syndikats betrug 3,1 Millionen Mark. Aus Essen übernahmen die vier bereits genannten Banken je zwei Kopfteile, hinzu traten die Privatbanken Levi Hirschland und Schwab, Noelle & Co. mit je einem Kopfteil. Auch die im Kuxenverein zusammengeschlossenen Kuxenhändler beteiligten sich an der Aktion, die Verrechnung erfolgte über das Bankhaus Simon Hirschland. Die Leitung übernahm die Essener Credit-Anstalt. Dem Syndikatsausschuss, der vor allem über die aufzunehmenden und abzutretenden Werte befand, gehörten zudem die Filiale der Disconto-Gesellschaft, das Bankhaus Hirschland sowie vier Düsseldorfer Banken an. Wenige Tage später wurden verschiedene Institute zu stellvertretenden Syndikatsausschussmitgliedern ernannt, darunter die Essener Filiale der Mitteldeutschen Creditbank. Erfolg hatte das Syndikat jedoch nicht: Das Kapital war angesichts der hohen Werte der Kuxe viel zu gering angesetzt, zudem begann die Aktion zu spät, um einen effektiven Einfluss auf die Kursentwicklung zu gewinnen.[121] Ein immerhin nicht auszuschließender Zusammenbruch der Börse und in ihrem Gefolge auch der Kuxen handelnden Banken wurde aber schon dadurch verhindert, dass die Inflation die Kursverluste schon bald mehr als wieder ausglich.

In den folgenden Jahren prägten die politischen Rahmenbedingungen die Geschicke der Börse. Der Ruhrkampf erzwang im März 1920 erneut ihre Schließung. Dadurch blieben ihr aber wenigstens auch nach der Wiedereröffnung die heftigen Kursschwankungen anderer deutscher Börsen erspart.[122] Die schwierigen postalischen Verhältnisse unter der Besatzung führten zur Einrichtung des Rheinisch-Westfälischen Kassenvereins in Essen, der die Abwicklung der an den Börsen in Essen und Düsseldorf getätigten Geschäfte übernahm. Die Initiative ging von Düsseldorfer Kreisen aus, die vor Ort die Raum-, Tresor- und Personalfragen nicht lösen konnten. Da die Räume des ehemaligen Essener Bankvereins frei waren, wurde der Kassenverein mit Sitz in Essen gegründet. Den Vorsitz sowohl des Aufsichts- als auch des Verwaltungsrats übernahm Wilhelm von Waldthausen.[123]

Trotz der problematischen Rahmenbedingungen entschloss sich die Essener Börse, ein dauerhaftes Domizil zu errichten. Seit dem ersten Jahrzehnt des 20. Jahrhunderts waren die Börsenverhandlungen in den oberen Räumen des 1904 errichteten Alten Saalbaus am Rand des Stadtgartens abgehalten worden. Spätestens in den ersten Nachkriegsjahren erwiesen sich diese als unzureichend. Wiederholt mussten Börsentage verschoben werden, um die Räume für andere Zwecke zur Verfügung zu stellen. Um einen bereits angedachten Umzug nach Düsseldorf zu verhindern, wurden kurz

Die Essener Börse tagte bis in die 1920er-Jahre im Alten Saalbau.

nach Kriegsende Planungen vorangetrieben, der Börse in Essen eigene Räumlichkeiten zu verschaffen, über die diese vollkommene Verfügungsfreiheit besitzen sollte.[124] 1921 wurde zu diesem Zweck die Gesellschaft Börsenhaus mit einem Grundkapital von drei Millionen RM gegründet. Den größten Anteil trug die Stadt Essen mit 1 250 000 RM, dahinter folgten die Essener Handelskammer mit 280 000 RM und die Essener Credit-Anstalt mit 250 000 RM. Das Regionalinstitut unterstrich mit diesem Beitrag seine Führungsrolle am Essener Bankplatz, wie auch die übrigen Banken mit ihren Anteilen ihren Anspruch vor Ort dokumentierten. Mit 125 000 bis 150 000 RM folgten die Filialen der Berliner Großbanken sowie das Privatbankhaus Simon Hirschland. Die Beteiligung einiger Privatbanken aus Dortmund, Bochum und Köln unterstrich die regionale Bedeutung der Börse.[125] Nachdem verschiedene Standorte erörtert worden waren, einigte sich der Bauausschuss der Handelskammer auf ein städtisches Grundstück in Bahnhofsnähe, das für die zahlreichen auswärtigen Besucher der Börse besonders gut erreichbar war. Zunächst konnte nur ein Rohbau fertiggestellt werden, da die Inflation die eingeworbenen Gelder vernichtet hatte. Als Hugo Stinnes anbot, das Gebäude für eigene Zwecke zu einem niedrigen Preis zu übernehmen, stand das endgültige Scheitern des Projekts im Raum. Auf Initiative von Kurt Martin Hirschland, der vor der Blamage warnte, die ein Scheitern für die Handelskammer bedeuten würde, über-

Das Essener Börsenhaus sollte die dauerhafte Präsenz der Börse in der Stadt garantieren.

nahmen Paul Brandi als Vertreter der Disconto-Gesellschaft und Wilhelm von Waldthausen als Repräsentant der Essener Credit-Anstalt die Leitung des Projekts. Ersterer trat an die Spitze des Bauausschusses der Handelskammer, Letzterer an die Spitze des Börsenvorstands.[126]

Am 2. März 1925 konnte das neue Gebäude endlich eingeweiht werden. Der von dem Essener Architekten Eduard Körner entworfene expressionistische Bau[127] war entsprechend dem Grundstückszuschnitt in einem spitzen Winkel konstruiert, an dessen Frontseite sich zum Bahnhof hin ein turmartiger, siebenstöckiger Kopfbau erhob. Die Fassade aus rotem Backstein wurde durch hellen Muschelkalkstein für Fenstergewände, Säulen, Gesimse und Schlusssteine belebt. Zur Seite der Hansastraße hin befanden sich hinter hohen Arkaden Ladengeschäfte, die von der Börsenhausgesellschaft verwaltet wurden. Die Börsenräume lagen im ersten und zweiten Obergeschoss. Die beiden Börsensäle, der große Kuxensaal und der kleinere «Saal der unnotierten Werte» befanden sich im ersten Obergeschoss, dazwischen lag das Sitzungszimmer des Börsenvorstands. In der zweiten Etage befanden sich unter anderem der Telefonsaal und die Fernsprechzentrale. Im Untergeschoss waren ein Restaurant und Lagerräume untergebracht, im Erdgeschoss wurden neben den erwähnten Geschäften auch Büroräume eingerichtet.[128]

Das neu errichtete Börsenhaus nahe des Essener Hauptbahnhofs.

Das neue Börsenhaus, das den Anspruch der Essener Börse auf Dauerhaftigkeit in Stein meißelte, war auch eine Reaktion auf den Druck, den der zentrale deutsche Finanzplatz Berlin auf die Provinzbörsen ausübte. Für die Essen-Düsseldorfer Börse kam erschwerend der Bedeutungsverlust des Kuxenhandels hinzu, der sich aus dem Verschwinden zahlreicher Gewerkschaften im Zuge des Konzentrationsprozesses im Bergbau und in der Kaliindustrie ergab.[129] Ohnehin war die Relevanz des Essener Bankplatzes für die Finanzierung der Kaliindustrie im Laufe der Weimarer Republik zurückgegangen. Die deutsche Kaliindustrie unterzog sich nach dem Verlust ihrer Weltmonopolstellung einem radikalen Strukturwandel. Um den enormen Kapitalbedarf zu befriedigen, wandten sich die Kaliunternehmen zunehmend an die Berliner Großbanken: Der größte Kalikonzern und zugleich das zweitgrößte deutsche Chemieunternehmen nach den I.G. Farben, die Wintershall AG, hatte in der Dresdner Bank ihre Hausbank. An der Burbach-Gruppe, Nummer zwei der Kaliunternehmen, hielt die Commerzbank bedeutende Minderheitenanteile und die Salzdetfurth-Gruppe kooperierte mit der Deutschen Bank und der Disconto-Gesellschaft.[130] Um nicht endgültig in den Ruf einer unbedeutenden Provinzbörse zu geraten, musste die Essen-Düsseldorfer Börse um ihre Sonderrolle als

bedeutendster Handelsplatz für Kaliwerte kämpfen. Als 1929 die Disconto-Gesellschaft neue Aktien der Kaliunternehmen Salzdetfurth und
Aschersleben – letztere Gesellschaft gehörte ihrerseits zur Salzdetfurth-
Gruppe – ausgab, hatte die Zentrale der Bank zunächst die Ausgabe der
Salzdetfurth-Aktien lediglich in Essen, nicht aber in Düsseldorf vorgesehen, während die neuen Aschersleben-Aktien an keiner der beiden Börsen
eingeführt werden sollten. Der A. Schaaffhausen'sche Bankverein setzte
sich auf Bitten des Vorsitzenden der Essener Börse, Wilhelm von Waldthausen, erfolgreich für die Berücksichtigung der beiden Börsen ein. Der
Umsatz der Kalipapiere hier sei bedeutend und falle «häufig ganz aus dem
Rahmen der Geschäftstätigkeit der deutschen Provinzbörsen».[131] Zuvor
hatte schon die *Deutsche Bergwerkszeitung* die Bemühungen Waldthausens um die Aktien der Salzdetfurth-Gruppe unterstützt. Die Essen-Düsseldorfer Börse verfüge «allein über Banken und Händler, die mit der
Kaliindustrie seit Jahrzehnten verwachsen und die über die internen Vorgänge und Zusammenhänge genau unterrichtet sind, denen also eine
pflegliche Behandlung und Beratung der Kundschaft allein möglich ist».
Soweit die Salzdetfurth-Gruppe die Aktien auch außerhalb von Berlin
einführen wolle, «so wäre Essen/Düsseldorf jedenfalls von allen anderen
vorzuziehen».[132] Die Einführung der Aktien an der Essener Börse übernahm trotz der Initiative des Bankvereins die dortige Filiale der Disconto-
Gesellschaft.[133]

Während der Kuxenhandel zurückging und die Sonderrolle beim Ge-
schäft mit den Kaliwerten infrage gestellt wurde, bemühte sich die Essen-
Düsseldorfer Börse 1927 mit der Einführung des Terminhandels um eine
Erweiterung des Tätigkeitsfelds. Die Initiative ging von den «Großbanken»
aus, vermutlich also von den Filialen der Berliner Großbanken, vielleicht
aber auch von Simon Hirschland. Der Terminhandel war aus rechtlichen
Gründen nur mit Aktien, nicht aber mit Kuxen möglich. Allerdings war die
Einführung keineswegs unumstritten. Der Terminhandel war in weiten
Kreisen mit dem Odium reiner Spekulation verbunden. Der Börsenvor-
stand einigte sich daher auf den Kompromiss, den Terminhandel zunächst
auf sieben ausgewählte Aktien zu beschränken.[134]

Unterdessen hatte die Börsenhausgesellschaft seit Ende der 1920er-
Jahre mit wirtschaftlichen Schwierigkeiten zu kämpfen. Die Mieteinnahmen gingen drastisch zurück, wozu auch beitrug, dass die am Gebäude
vorbei in das Ostviertel führende Straße, die heutige Hollestraße, nicht wie
geplant ausgebaut wurde.[135] Die Börse, die diese Räumlichkeiten unter-
vermietete und infolge der Bankenkrise 1931 ohnehin mit erheblichen Ein-

bußen zu kämpfen hatte, musste im Dezember die Miete von 65 000 RM auf 20 000 RM reduzieren. Die Abmachung galt zunächst nur für das Jahr 1932, sollte jedoch bei anhaltend schlechter Geschäftslage verlängert werden.[136] 1933 erfolgte eine weitere Reduzierung auf nur noch 7000 RM für 1933 und 8000 RM für 1934.[137] Das für den Finanzstandort so wichtige Prestigeprojekt des Börsenhauses war am Ende der Weimarer Republik zu einem Sanierungsfall geworden.

Die NSDAP agitierte bereits vor der Bankenkrise 1931 gegen das «jüdische Finanzkapital».

Die Essener Banken während der Weltwirtschafts- und Bankenkrise

Die Weltwirtschaftskrise erfasste Essen seit 1930 mit voller Härte, da der deutsche Steinkohlenbergbau und die Schwerindustrie im besonderen Maße betroffen waren. Die Kohleförderung sank von 1929 bis 1932 um ein Drittel von 16,7 Millionen Tonnen auf elf Millionen Tonnen. Im selben Zeitraum ging die Kokserzeugung von 3,8 Millionen Tonnen auf 1,2 Millionen Tonnen zurück. Der Umsatz der Friedr. Krupp AG fiel von 577,5 Millionen Reichsmark 1928/29 innerhalb von zwei Jahren auf nur noch 240 Millionen Reichsmark. Für die Essener Industrie- und Handelskammer konnte man vor diesem Hintergrund «kaum mehr» von einem «wirtschaftliche[n] Leben» sprechen.[1] Die Arbeitslosigkeit traf alle Bevölkerungsschichten. Die Zahl derjenigen, die vom Arbeits- und Wohlfahrtsamt in Essen unterstützt werden mussten, stieg von 23 195 im Jahr 1929 auf 53 105 (1930), 64 874 (1931) bis auf 74 370 im Jahr 1932. Nahm man noch die Angehörigen der Unterstützungsempfänger, die allgemeinen Fürsorgeempfänger sowie die Sozial- und Kleinrentner hinzu, waren von den 650 000 Einwohnern Essens 200 000 auf öffentliche Unterstützungsleistungen angewiesen, die jedoch lediglich das Existenzminimum sicherten.[2] Essen hatte im Vergleich zu den anderen rheinischen Großstädten zwar eine vergleichsweise geringe Zinslast, konnte seine Zahlungen aber schon bald ebenfalls nur noch stockend und mithilfe des örtlichen Bankplatzes leisten.[3] Die Handlungsspielräume der Stadt wurden angesichts des immer weiter sinkenden Steueraufkommens so gering wie selten zuvor, zumal sich der Schwerpunkt der Einnahmen immer mehr von genuinen Steuerbeträgen auf Zuwendungen und Zuschüsse des Reichs und Preußens verlagerte, die aber ebenfalls bald rückläufig waren.[4] Außerdem wurde der städtische Haushalt durch die Wohlfahrtsleistungen über Gebühr belastet. Drastische Sparmaßnahmen – Personalabbau, Kürzung der Dienst-

Essener Arbeitslose vor einer Schlafbaracke, 1930.

bezüge, Verringerung der Baumaßnahmen und der Straßeninstandhaltung – reichten für eine Konsolidierung kaum aus. Der städtische Haushalt des Jahres 1932 schloss mit einem Defizit von 13,2 Millionen Reichsmark. Der Verwaltungsbericht für das Jahr bemerkte, dass das kommunale Leben «nur noch ein dürftiges Vegetieren» sei.[5]

Die Banken wurden von der Wirtschaftskrise 1931 mit voller Wucht getroffen. Der Wirtschaftsaufschwung der Weimarer Konjunktur war im großen Stil mit kurzfristigen Auslandskrediten finanziert worden. Das hohe Zinsniveau hatte das Deutsche Reich für ausländische Anleger interessant gemacht, während der Kapitalmangel in Deutschland die Blicke der Industrie und der Banken auf das Ausland gelenkt hatte. Zwar war das Missverhältnis den Zeitgenossen durchaus bewusst. Auch die Bankbranche suchte noch vor der Krise nach Möglichkeiten, ihre Verbindlichkeiten zurückzuführen, doch das strukturelle Problem konnte nicht behoben werden. Als im Oktober 1929 die New Yorker Börse zusammenbrach und die schwelende Weltwirtschaftskrise endgültig ausbrach, zogen amerikanische Anleger immer weitere Gelder aus Deutschland ab. Der in dieser Situation wohl unausweichliche Kollaps des deutschen Finanzsystems nahm am Samstag, den 11. Juli 1931 seinen Ausgang mit der Zahlungsunfähigkeit der zweitgrößten deutschen Privatbank, der Darmstädter und

Nationalbank. Bereits am Folgetag ging auch der Dresdner Bank das Geld aus. Die Reichsbank konnte den Banken keine zusätzliche Liquidität mehr beschaffen, ohne gegen die Vorschrift einer 40-prozentigen Golddeckung zu verstoßen. Auch die Zentralbanken der USA, Frankreichs und Englands waren nicht bereit, die Reichsbank mit Rediskontkrediten zu unterstützen, um die Lage in den Griff zu bekommen. Die Reichsregierung beschloss daher in der Nacht vom 12. auf den 13. Juli, dass die Darmstädter und Nationalbank am Montag, den 13. Juli die Kassen geschlossen halten sollte. Eine Reichsgarantie für ihre Zahlungsverpflichtungen sollte Panik und einen Ansturm auf die übrigen Banken verhindern. Allerdings verfehlte die Maßnahme ihre psychologische Wirkung und ein Bankenrun setzte ein, sodass am 14. und 15. Juli sämtliche Kreditinstitute geschlossen werden mussten, um weitere Zusammenbrüche zu vermeiden. In den Folgetagen war das Bankgeschäft nur eingeschränkt möglich. Erst Anfang August, als mit der Akzept- und Garantiebank ein Instrument zur Sicherung der Liquidität der Banken geschaffen worden war, konnten die Zahlungsbeschränkungen aufgehoben werden.[6]

Die Bankenkrise 1931 führte nicht nur das Ende der Darmstädter und Nationalbank herbei, die mit der Dresdner Bank fusioniert wurde, an der der Staat die Aktienmehrheit übernahm. Viele kleinere Bankhäuser mussten im Zuge der Krise in Konkurs und in Liquidation gehen. In Essen war die Situation nicht anders. Vor allem der Genossenschaftssektor wurde mit den Konkursen der Borbecker Gewerbebank und der Hansa-Bank schwer getroffen. Letztere war 1920 in Essen gegründet und 1922 mit anderen Genossenschaftsbanken zur Deutschen Hansabank mit Sitz in München verschmolzen worden; in Essen hatte sie jedoch eine Filiale behalten. Hinzu kamen die noch ausführlich behandelten Zusammenbrüche der Altendorfer Kreditbank und der Essener Bank. Im September 1931 hieß es in einem Revisionsbericht mit Blick auf die Genossenschaften, dass in den vorangegangenen beiden Monaten «gerade der Platz Essen [...] derartig nervös geworden ist, dass man geradezu von einer Misstrauenskrise gegenüber den Banken sprechen kann».[7] Ähnliches gilt für viele kleine Privatbanken, die heute nur noch dem Namen nach bekannt sind und die vor allem im Effektenhandel an der Essener Börse tätig waren. Bei vielen verliert sich die Spur in den Jahren 1930 bis 1934. Es ist anzunehmen, dass sie durch die sinkenden Börsenkurse in Schwierigkeiten gerieten und sich, je nach Substanz, eher kürzer als länger halten konnten.

Wie schon während der Inflationsphase bot auch die Zeit der Weltwirtschaftskrise den Nährboden für manche kriminelle Aktivitäten und Versuche einiger windiger Geschäftemacher, aus der Krise Kapital zu schlagen. Dies gilt beispielsweise für die 1931 gegründete Bausparer-Gilde Bausparkasse GmbH, deren Außendienstleiter Karl Palm, der schon einmal wegen Konkursvergehens bestraft worden war,[8] ein neues Bauzwischenkredit-System entwickelt hatte. Laut Prospekt sah dies «eine außerordentliche Umlaufbeschleunigung im Bausparervermögen durch die organische Hereinnahme von Fremdkapital in den Abwicklungsprozeß des Sparervermögens» vor. Die üblichen Wartezeiten auf das Bausparvermögen sollten dadurch mindestens halbiert werden, da der hypothekarische Anteil reduziert würde – was nichts anderes als heiße Luft hinter wohlklingenden Worten war.[9] Die *Rheinischen Blätter für Wohnungswesen und Bauberatung* sprachen angesichts solcher Versprechen vom «Märchen Dukatenesel» und riefen nach «sehr nachdrücklicher Staatsaufsicht».[10] Für den Präsidenten des Siedlungsverbandes Ruhrkohlenbezirk waren die Geschäftspraktiken der Gilde schlicht «gesetzlich unzulässig».[11] Bereits wenige Tage nach diesem Verdikt musste die Gilde ohnehin Konkurs anmelden.[12] Palm gab jedoch noch nicht auf und gründete umgehend die Allgemeine Bau- und Kreditgemeinschaft GmbH Essen – für den Reichsverband der Wohnungsfürsorge-Gesellschaften eine «geradezu gemeingefährliche Gründung».[13] Die Aktivitäten Palms waren jedoch kein Einzelfall. Auch andere neu gegründete Bausparkassen agierten äußerst undurchsichtig. Beispielsweise bemühten sich die Essener Behörden 1932 intensiv, die Seriosität der Westdeutschen Kredithilfe zu überprüfen. Wie sich herausstellte, hatte diese Gesellschaft die Nachfolge der Westdeutschen Kredithilfe in Liquidation angetreten und befand sich ebenfalls bereits in Liquidation. Zwar stellten die Behörden auf den ersten Blick keine rechtlichen Verstöße fest, aber die Zweifel an der Seriosität der Firma blieben.[14] Immer mehr der zahllosen Bausparkassen brachen nun zusammen, weil die Wirtschaftskrise die unzureichende, oftmals geradezu kriminelle Wirtschaftsführung mancher Gesellschaften zutage förderte. Zu den größeren Einrichtungen, die Konkurs anmeldeten, gehörte die Rheinische Bausparkasse, bei der Sparer rund 500 000 Mark eingezahlt hatten und die ungedeckte Schulden in gleicher Höhe zu verantworten hatte. Das außerordentlich hohe Vorstandsgehalt sowie Ausschüttungen an den Aufsichtsratsvorsitzenden in Höhe von 45 000 RM hatten zum Bankrott beigetragen.[15] Die meisten an diesen Geschäften beteiligten Personen waren in der Essener Finanzwelt kaum bis gar nicht bekannt. Eine Ausnahme war der frühere Bankdirektor der Deutschen Volksbank, Alfons Heistrüber, der im Juli 1932 gemeinsam mit dem Kaufmann Theodor Aberbach die «Assindia» Kredit-Spargesellschaft m.b.H. gründete. Heistrüber, der als Innenleiter der

Deutschen Volksbank fungiert hatte, galt deren langjährigen Mitarbeitern als «Genie mit außergewöhnlichem Arbeitseinsatz und Überblick über alle Geschäfte», der für die Mitarbeiter «der eigentliche Chef des Hauses» gewesen sei: «Er erschien morgens als erster und verließ die Bank abends als letzter. Seine Wohnung befand sich im Bankgebäude. So kam er kaum mit frischer Luft in Berührung und strotzte trotzdem vor Gesundheit.» Allerdings waren seine unkonventionellen Mittel, die den Rand der Legalität zuweilen überschritten, wohl ohne dass er sich selbst bereicherte, schon bei der Volksbank umstritten. Als er sich «immer mehr in kriminellen Aktionen auf Kosten von Bank und Kunden verstrickte», wurde er entlassen.[16] Als sich Anfang 1933 die Beschwerden über die «Assindia» mehrten, weil diese noch immer keine Auszahlung von Krediten vorgenommen hatte, gehörte Heistrüber der Gesellschaft allerdings schon nicht mehr an.[17]

Eine andere Krisenerscheinung waren Geldverleihinstitute, die sich die Not der Menschen zunutze machten. Im August 1932 beschwerte sich der Kaufmann Max Bennet über die Zwecksparkasse Essen, bei der er einen Kleinkredit über 500 RM abgeschlossen hatte, die binnen zwei Monaten auszuzahlen waren. Bennet musste allerdings zuvor zwei Drittel des Betrages einzahlen und stellte bald fest, dass der zugesagte Kredit nie ausgezahlt wurde. Als er die Rückzahlung des eingezahlten Betrags forderte, wurde ihm seitens der Zwecksparkasse mit rechtlichen Schritten wegen Nötigung gedroht.[18] Im Zuge der Nachforschungen amtlicher Stellen über die Hintergründe der Zwecksparkasse stellte sich nicht nur heraus, dass gegen diese zahlreiche Anzeigen vorlagen, sondern auch, dass sie eng mit der Deutschen Eigenheim-Bausparkasse, Essen, verbunden war, der die Geschäftsausübung untersagt worden war und die bereits Konkurs angemeldet hatte.[19] Es dauerte jedoch noch bis Juli 1933, bis der «Selbsthilfe», gegen die immer mehr Vorwürfe vorlagen, der Betrieb untersagt wurde.[20]

Der Zusammenbruch der Essener Bank

Die genossenschaftlichen Banken mit ihrer mittelständischen Kundenstruktur litten während der Weltwirtschaftskrise im besonderen Maße. Zu den Instituten, die erfolglos gegen den Niedergang ankämpften, gehörte die Essener Bank, die sich bis dahin scheinbar solide entwickelt hatte. Die Bilanzsumme stieg von 3 157 000 RM (1914) auf 13 196 000 RM (1930), der Umsatz verdreifachte sich im selben Zeitraum, die Spareinlagen erhöhten sich gar um das Viereinhalbfache auf 11 188 000 RM. Das Institut galt mittlerweile als die größte Mittelstandsbank im Rheinland und in Westfalen.[21] In ihrem Geschäftsbericht von 1930 beklagte sie zwar die Folgen der Wirtschaftskrise, die «selbst alte, solide Firmen» zum Niedergang bringe, zeigte sich selbst jedoch «mit dem gesamten Ergebnis zufrieden». Allerdings ließen sich Probleme wie der Wertverfall bei den Immobilien, die bei den Hypothekarkrediten als Sicherheit dienten, nicht übersehen. Zudem betonte die Bank die «genaueste Durchprüfung» bei der Vergabe von Krediten. Neue Geschäftsverbindungen beschränkte sie bewusst auf ein Minimum. Kritik hatte offenbar auch der kostspielige Umzug in das ehemalige Bankgebäude des Barmer Bankvereins ausgelöst, den die Bank nach Ansicht des Vorstands jedoch «nicht zu bereuen» brauchte, da dadurch neue Spareinleger gewonnen werden konnten.[22] Als die Bank im Folgejahr in Schwierigkeiten geriet, machte sie im Wesentlichen äußere Umstände dafür verantwortlich. Die Zahlungseinstellungen einer Genossenschaftsbank und privater Institute in Essen sowie ähnliche Vorgänge in Nachbarstädten hätten eine allgemeine Vertrauenskrise ausgelöst und einen erheblichen Geldabzug verursacht.[23] Zwar hob die Essener Bank hervor, dass dieser durch die hohe Liquidität des Instituts vollständig befriedigt worden sei, dennoch war eine Stützungsaktion u. a. der Reichsbank gemeinsam mit der Preußischen Zentralgenossenschaftskasse als genossenschaftlichem Zentralinstitut notwendig, um einen größeren Liquiditätsrückhalt zu gewährleisten.

Damit einher ging ein Konsolidierungsvorhaben, das vor allem den Zusammenschluss der Essener Bank mit der Kreditgenossenschaft Altendorfer Kreditbank vorsah. Diese war nach Einschätzung der Reichsbank ebenfalls in einem besorgniserregenden Zustand: «Infolge unsachgemäßer Leitung, leichtfertiger Kreditgewährung sind große Verluste entstanden, die das Eigenkapital und die offenen Rücklagen aufzehren, aber auch noch darüber hinaus erhebliche Fehlbeträge erwarten lassen.»[24] Die Bank war so stark in Schieflage geraten, dass die Reichsbank keine Möglichkeit für eine Stützung durch Reichsmittel sah. Diese Einschätzung blieb jedoch nicht unwidersprochen. Eine Sonderrevision kam zu dem Urteil, die Gefahr für den Bestand der Bank liege trotz der erheblichen Verluste in erster Linie in der akuten Vertrauenskrise, deren Überwindung das Weiterleben der Bank sichern würde.[25]

Der Sanierungsprozess begann mit einer gemeinsamen Kreditanfrage der Essener Bank und der Altendorfer Kreditbank bei der Rheinischen Genossenschaftsbank vom 22. Oktober 1931. Beide Institute hoben die hohe Bedeutung der Genossenschaften für die Stadt Essen hervor, indem sie auf

Die Altendorfer Kreditbank ging während der Weltwirtschaftskrise in Liquidation.

immerhin 50 000 Personen des Essener Mittelstands aufmerksam machten, die mehr oder weniger mit ihnen wirtschaftlich verbunden seien. Sie wiesen zugleich jegliche Verantwortung für die bestehenden Probleme zurück, die sie allein auf die Beunruhigung ihrer Kunden durch die Vorgänge bei anderen Kreditinstituten zurückführten. Den Verlust von Kreditoren und Spareinlagen in Höhe von 3,5 Millionen RM bei beiden Banken habe man durch den Einsatz der liquiden Mittel, den Abbau der Debitoren und durch Rückgriff auf die Reichsbank sowie die genossenschaftlichen Zentralinstitute ausgleichen können. Allerdings lagen zu diesem Zeitpunkt bereits weitere Kündigungen für Spareinlagen von zwei Millionen RM vor. Hinzu traten täglich fällige Gelder in Höhe von 3,5 Millionen RM. Ein Stützungskredit über sechs Millionen RM sollte die beiden Banken befähigen, auch diesen Einlagenrückgang noch auszugleichen. Neben einem Zusammenschluss der beiden Institute wurde allerdings bereits eine Fusion mit der Altenessener Creditanstalt und der Werdener Bank eGmbH in Aussicht genommen.[26] Da die Rheinische Genossenschaftsbank die Einschätzung der beiden Genossenschaften teilte und zudem aufgrund der engen Verflechtung des rheinisch-westfälischen Genossenschaftswesens eine Kettenreaktion befürchtete, falls die beiden Banken zusammenbrechen sollten,[27] unterstützte die Preußische Zentralgenossenschaftskasse die Sanierungsstrategie. Sie hielt allerdings zunächst einen Kredit über drei Millionen RM unter Reichsbürgschaft für ausreichend. Später wurde der Betrag auf vier Millionen RM erhöht.[28]

Es zeigte sich schnell, dass der Optimismus der Genossenschaftsbanken fehl am Platz war. Eine am 9. November 1931 bei der Essener Bank begonnene Sonderrevision errechnete einen Gesamtverlust von 1 492 000 RM, dem durch die Reserven und den Geschäftsgewinn lediglich 675 000 RM als Deckung gegenüberstanden. Die Heranziehung der Geschäftsguthaben zum Ausgleich des Fehlbetrags erschien der Rheinischen Genossenschaftsbank nicht praktikabel, da die Verluste in diesem Fall publik würden und weitere Einlagenabzüge drohten.[29] Auf einer Krisensitzung im Reichswirtschaftsministerium am 6. Januar 1932 herrschte Einigkeit, dass ein Zusammenbruch der beiden Genossenschaften in jedem Fall vermieden werden müsse. Beide erhielten auf Vorschlag der Rheinischen Genossenschaftsbank neben einem Kredit über insgesamt vier Millionen RM einen nicht zurückzuzahlenden «Rationalisierungszuschuss» über den erheblichen Betrag in Höhe von 1 417 000 RM. Allerdings musste die Altendorfer Kreditbank 50 Prozent ihres Geschäftsguthabens zur Bereinigung der Bilanzen einbringen. Weitere eventuell noch eintretende Verluste sollten ebenfalls durch die Geschäftsguthaben beider Banken ausgeglichen werden. Diese mussten sich zudem der Rheinischen Genossenschaftsbank in Köln, die als Zentralkasse des rheinischen Genossenschaftsverbands die Rationalisierungsmaßnahmen in ihrer Region durchführte, bei personellen und sachlichen Entscheidungen unterwerfen. Das betraf insbesondere die Besetzung des neu gegründeten neunköpfigen Aufsichtsrats, der wiederum den Vorstand berief.[30] Das Reichsbank-Direktorium erklärte sich mit dem rigiden Sanierungsplan einverstanden und refinanzierte die Stützungskredite der Preußischen Zentralgenossenschaftskasse.

Als nur einen Monat später Gerüchte über einen Zusammenbruch der Essener Bank einen neuen Bank-Run auslösten, mussten weitere Stützungskredite über die vorgesehenen vier Millionen RM hinaus gewährt werden. Die Preußische Zentralgenossenschaftskasse blieb erstaunlicherweise zunächst optimistisch, dass eine Beruhigung der Situation bei Aufrechterhaltung der Zahlungsbereitschaft möglich bleibe.[31] Diese Einschätzung änderte sich jedoch nach einer unmittelbar darauf vorgenommenen erneuten Revision bei der Essener Bank, die mit erschreckenden Ergebnissen aufwartete: Liquidität sei nicht mehr vorhanden, Stützungskredite in Höhe von 3,4 Millionen RM seien bereits verausgabt, und täglich würden Kontokorrentgelder und Spareinlagen zwischen 20 000 und 50 000 RM abgezogen. Auch die Verluste der Bank wurden nun statt mit etwa 1,5 Millionen RM mit knapp 2,7 Millionen RM veranschlagt. Selbst wenn das Kreditinstitut durch einen Reichszuschuss oder eine Abschreibung der Ge-

schäftsguthaben saniert werden könnte, würden die Liquiditätsschwierig-
keiten bleiben. Bei der Altendorfer Kreditbank wurden die Verhältnisse
zwar etwas günstiger eingeschätzt. Ein Zusammenbruch der Essener Bank,
so die Prognose, musste aber auch sie zum Einsturz bringen.[32] Da das
Reichswirtschaftsministerium mit Blick auf die Folgewirkungen den Konkurs der Essener Bank auf alle Fälle verhindern wollte, wurden auf einer
erneuten Krisensitzung drastischere Maßnahmen ergriffen: Vorstand und
Aufsichtsrat der Essener Bank mussten ihren Hut nehmen, an ihrer Stelle
wurde der bewährte genossenschaftliche Verbandsdirektor Prollius eingesetzt. Der langjährige Direktor der Essener Bank, Hans Mühlendyck,
wehrte sich auf der Generalversammlung am 1. April 1932 zwar zunächst
gegen seine Amtsenthebung. Nachdem Prollius allerdings erklärt hatte, der
Staatszuschuss werde nur bei einem Ausscheiden Mühlendycks gewährt,
war dessen 30-jährige Vorstandstätigkeit vorbei.[33] Ihm wurde später vorgeworfen, sich selbst einen Kredit über 900 000 RM gegeben zu haben, ohne
entsprechende Sicherheiten vorweisen zu können.[34] Neben der personellen
Neuaufstellung wurden beide Banken verpflichtet, 75 Prozent des Geschäftsguthabens abzuschreiben. Die Gläubiger der Essener Bank wurden
mit der Drohung zum Stillhalten verpflichtet, dass andernfalls umgehend
die Schalter geschlossen würden. Ein weiterer Stützungskredit sollte zumindest die Auszahlung kleiner Einlagen ermöglichen, für die eine Höchst-
grenze festgelegt wurde. Der bereits erwähnte «Rationalisierungszuschuss»
wurde auf 2,1 Millionen RM erhöht.[35]

Eine Vollversammlung am 21. Februar 1932 erfüllte zunächst ihren be-
ruhigenden Zweck. So verkündete die sozialdemokratische *Volkswacht* die
einwandfreie Sicherheit der Spar- und anderer Guthaben: «Die Durchführung dieser großzügigen Aktion bedeutet für die Stadt Essen und ihren
Mittelstand die Schaffung eines auf gesicherten Fundamenten stehenden,
leistungsfähigen Kreditinstituts und damit für alle eine überaus wertvolle
Stütze zur Erhaltung seiner Existenz. Es liegt mit an den Genossenschafts-
mitgliedern, Kunden und Sparern, die Durchführung dieser Aktion im
letzten Augenblick nicht dadurch zu erschweren oder zu gefährden, daß
unsinnige weitere Abzüge von Guthaben erfolgen.»[36] Mit der Verschmelzung der beiden Genossenschaften, die auf den jeweiligen Hauptversamm-
lungen am 31. März 1932 (Altendorfer Kreditbank) bzw. 1. April 1932 (Essener Bank) beschlossen wurde, schien die Sanierung auf einem guten Weg.[37]

Doch schon im November desselben Jahres erwiesen sich die Hoffnungen als Illusion. Eine Revision der Preußischen Zentralgenossenschaftskasse kam zu einem verheerenden Ergebnis: Sie errechnete neue Verluste in

Höhe von 1,5 Millionen RM, sah die Liquidität nach Ende des Moratoriums nicht mehr gegeben und hielt die Rückkehr zur Rentabilität für kaum mehr möglich. Die neue Schieflage war vor allem das Ergebnis der weiter verschlechterten allgemeinen Wirtschaftslage, die zu einer Neubewertung der Sicherheiten geführt hatte. Zudem drohten weitere Kreditausfälle.[38] Die Reichsregierung zog jetzt die Reißleine und versagte jede weitere Hilfsleistung. Am 11. November 1932 stellte die Essener Bank ihre Zahlungen ein.

Die Aufregung in der Stadt über den Bankrott und vor allem die Entscheidung der Reichsregierung war groß. Sie habe «die Essener Bank einfach absacken lassen», hieß es in der sozialdemokratischen *Essener Volkszeitung*.[39] Bürgermeister Schaefer schaltete sich ein und versuchte, auf die Reichsregierung Einfluss zu nehmen und zugleich über die Sparkasse eine Rettung der Bank zu erreichen. Er zeigte sich dabei überzeugt, dass «die Belange von Handwerk und Gewerbe nur durch eine Genossenschaftsbank wirkungsvoll in der richtigen Weise wahrgenommen werden können». Die neue Bankleitung wiederum fühlte sich ungerecht behandelt und behauptete, dass jedes vom Staat subventionierte Unternehmen und jede Bank schließen müssten, wenn bei ihnen ebenfalls eine Revision und eine Bilanz erstellt würden, «nach Bewertungsgrundsätzen, mit denen man jedes Unternehmen buchmäßig kaputtmachen kann». Für die *Essener Allgemeine Zeitung* war dies Grund genug, der Reichsregierung und der Preußischen Zentralgenossenschaftskasse unsachliche Motive zu unterstellen: Man wolle sich in Essen «nicht ein Bankinstitut aus formalen politischen Gründen zerschlagen lassen» und denke nicht daran, «mit der Essener Bank ein Exempel statuieren zu lassen durch Persönlichkeiten, die vielleicht vorübergehend entscheidenden Einfluß haben und deren Handeln nicht von dem erforderlichen Verantwortungsgefühl getragen ist».[40] Hintergrund dieser Vorwürfe war die mit dem Wechsel in der Führung der Preußischen Zentralgenossenschaftskasse von Otto Klepper auf Hans Helferich einhergegangene und vor allem von der Reichsregierung forcierte Fokussierung auf die ländlichen Genossenschaften im agrarisch geprägten Ostdeutschland.[41] Diese Vorwürfe waren im konkreten Fall zumindest in Bezug auf die Preußische Zentralgenossenschaftskasse unberechtigt, denn obwohl die Revision von ihr stammte, hatte sie sich weiterhin für eine Rettung der Banken ausgesprochen. Allerdings versagte ihr die Reichsregierung die nötigen Finanzmittel. Immerhin ermöglichte sie mit einem Zuschuss über 400 000 RM ein Vergleichsverfahren, das den Konkurs zugunsten eines Liquidationsverfahrens verhinderte.[42]

Wie befürchtet, wurden durch den Zusammenbruch der beiden Essener Genossenschaftsbanken auch andere Kreditinstitute in Mitleidenschaft gezogen. Die Werdener Bank – bis 1926 Credit-Verein Werden – stellte am 14. November 1932 die Zahlungen ein.[43] Die Bank hatte sich in den vorangegangenen Jahren offenbar gut entwickelt und war im August 1929 in neue Geschäftsräume in zentraler Lage am Markt gezogen. Die Bilanzsumme erreichte 1930 die 500 000 RM-Grenze.[44] In einem nicht mehr zu rekonstruierenden Sanierungsprozess, an dem erneut der Rheinische Genossenschaftsverband beteiligt war, konnte sie gerettet werden. Kritisch war die Situation auch bei der Altenessener Credit-Anstalt, bei der die gesetzliche Revision von Anfang Juli 1931, also unmittelbar vor Ausbruch der Bankenkrise, einen Mangel an liquiden Mitteln festgestellt und daher eine Rückführung des Kreditgeschäfts sowie die Stärkung des Eigenkapitals eingefordert hatte: «Gerade in der heutigen Zeit» sei es notwendig, sich «auch für Anforderungen zu rüsten, welche über den normalen Rahmen hinausgehen». Die Rentabilität der Kreditgenossenschaft galt allerdings als gesichert.[45] Der wenige Wochen später einsetzende Sturm auf die Banken sprengte, wie von den Revisoren befürchtet, den Rahmen der Zahlungsfähigkeit der Credit-Anstalt. Insgesamt verlor die Genossenschaft im Jahr 1931 Spareinlagen und Kreditoren in Höhe von 187 000 RM, zu deren Deckung Kredite in Höhe von 90 000 RM benötigt wurden. Im Februar 1932 rechnete die Bank mit einem weiteren Bedarf von 50 000 RM. Die Rheinische Genossenschaftsbank unterstützte den Antrag auf einen entsprechenden Stützungskredit, der geeignet sei, den Bedarf der Altenesser Credit-Anstalt zumindest so lange zu befriedigen, bis über die Frage der Einbeziehung der Genossenschaft in den Zusammenschluss der Essener Bank und der Altenessener Kreditbank entschieden sei.[46] Da die Geschäftsaussichten der Credit-Anstalt allgemein positiv bewertet wurden, gewährte die Preußische Zentralgenossenschaftskasse den beantragten Kredit unter Verwendung einer Reichsbürgschaft des Reichsfinanzministeriums, allerdings unter der Bedingung eines Zusammenschlusses mit der Essener Bank.[47] Die Altenessener Credit-Anstalt hatte aber von vornherein Zweifel am Erfolg von deren Sanierungsmaßnahmen, und die Rheinische Genossenschaftsbank unterstützte nach einer erneuten positiven Rentabilitätsberechnung ihren Wunsch nach Selbstständigkeit.[48] Offenbar fügte sich das Reichsministerium, denn als die Altenessener Credit-Anstalt am 21. November 1932 in der Folge des Zusammenbruchs der Essener Bank und der daraus resultierenden Verunsicherung der Kunden ihre Zahlungen einstellen musste, wurde der Stützungskredit unter Bürgschaft des Reiches zur Verfügung gestellt.[49] Für die Sanierung der Bank wurde im Dezember 1932 von der Rheinischen Genossenschaftsbank ein «in schwierigen Verhältnissen bewährter Vertrauensmann» eingesetzt, der offenbar erfolgreich arbeitete.[50] Im November 1933 stellte auch die mittlerweile in Deutsche Zentralgenossenschaftskasse umgewandelte Preußische Zentralgenossenschaftskasse fest, «dass die ernsthaften Bemühungen der Bankleitung von Erfolg begleitet gewesen sind».[51]

Die Existenzkrise des Bankhauses Simon Hirschland

Das namhafteste Essener Institut, das während der Weltwirtschaftskrise in Schwierigkeiten geriet, war das Bankhaus Simon Hirschland. Walther Däbritz, der maßgebliche Essener Beobachter der lokalen Finanzwirtschaft, hatte die positive Entwicklung des Bankhauses noch 1929 in einem Zeitungsartikel hervorgehoben. Überall seien die Privatbankiers im Konzentrationsprozess aufgegangen, «nur die Firma Simon Hirschland ist in weitsichtiger Geschäftspolitik während des letzten Jahrzehnts in die Reihe der ersten deutschen Privatbankhäuser aufgerückt».[52] Der neuen Bedeutung entsprechend beteiligte sich das Bankhaus auch am Interventionskonsortium, das im Vorfeld des großen Börsencrashs eine Stabilisierung der fallenden Aktienkurse sichern sollte. Wie andere große Privatbanken war man mit einer Quote von 2,25 beteiligt, ein Anteil, der nur von den Berliner Großbanken und dem Bankhaus Mendelssohn & Co. übertroffen wurde.[53] Doch Simon Hirschland stand am Vorabend der Weltwirtschaftskrise nur vordergründig gut da. Der Aufstieg der vorangegangenen Jahre beruhte im besonderen Maße auf der Vermittlung ausländischer Gelder, bei denen es sich zu einem großen Teil um kurzfristige Außenhandelskredite handelte. 1928 machten sie immerhin 128 Millionen RM aus, was etwa 22 Prozent der Bilanzsumme entsprach. Allerdings dienten sie keineswegs immer der Exportfinanzierung, sondern waren in vielen Fällen für langfristige Investitionen verwendet worden. Als in der Bankenkrise diese kurzfristigen Gelder aus Übersee ausblieben bzw. abgezogen wurden, waren die Industrieunternehmen nicht in der Lage, die Kredite zurückzufahren. Obwohl Simon Hirschland sein Engagement während der Weltwirtschaftskrise bereits deutlich reduziert hatte, waren noch immer Auslandskredite – inklusive langfristiger Darlehen – in Höhe von 160 Millionen RM offen, die aufgrund eines in Basel vereinbarten «Stillhalteabkommens» eingefroren wurden.[54] Wie groß der Totalverlust der Kredite sein würde, war für Simon Hirschland lange Zeit unabsehbar. In dieser ohnehin angespannten Finanzsituation führten zwei Unternehmenskrisen auch das traditionsreiche

Bankhaus an den Rand des Ruins. Sowohl bei den Zechen Ewald und König Ludwig als auch bei der Kaufhauskette Karstadt hatte Simon Hirschland mit großzügigen Krediten eine Geschäftsausweitung unterstützt, die sich in der Weltwirtschaftskrise als zu ambitioniert herausstellte.

Die beiden ursprünglich unabhängigen Zechen Ewald und König Ludwig, die seit dem 31. Juli 1931 eine Betriebsgemeinschaft bildeten, nachdem die Zeche Ewald schon zuvor die Kuxenmehrheit bei der Zeche König Ludwig erworben hatte, litten nach der Errichtung überdimensionierter Anlagen in den vorausgehenden Jahren unter einer enormen Schuldenlast. Allein die kurzfristigen Kredite betrugen bei Ewald 42 Millionen RM, bei König Ludwig 40 Millionen RM. Größter Gläubiger war Simon Hirschland mit 30 Millionen RM vor der Deutschen Bank mit 20 Millionen RM. Verhältnismäßig gering waren hingegen die Kredite der jungen Essener Privatbank Waldthausen & Co., die mit 500 000 RM engagiert war.[55] Die Deutsche Bank und Disconto Gesellschaft machte Kurt Hirschland für manche Schwierigkeiten verantwortlich, da er einen maßgeblichen Einfluss auf die Geschäftsführung der Zeche Ewald ausgeübt habe, «ohne die Fähigkeit zu besitzen, ein Unternehmen industriell zu führen».[56] Nach Ansicht von Karl Kimmich von der Deutschen Bank ging die Fehlentwicklung der beiden Zechen auf Entscheidungen im Jahr 1928 zurück. Da die Finanzierung der großzügigen Neubauten nicht wie geplant über Anleihen habe erfolgen können, habe Simon Hirschland sie mit kurzfristigen Geldern betrieben. Hinzu seien Finanztransaktionen gekommen, die den Schuldenstand enorm erhöht hätten. Während die Gewerkschaft Ewald zu überteuerten Preisen Kuxe der Gewerkschaft König Ludwig erworben habe, um eine Verschmelzung der beiden Zechen herbeizuführen, habe König Ludwig Kuxe der Gewerkschaft Langenbrahm aufgekauft, an der betrieblich kein Interesse bestanden habe. Besonders der Bau einer großen Stickstoffanlage für mehr als 80 Millionen RM durch die Gewerkschaft Ewald traf auf herbe Kritik.[57] Nach Auskunft von Gustav Dechamps, dem Generaldirektor der Ruhrchemie AG, den Georg Solmssen und Karl Kimmich als Branchenexperten um eine Einschätzung baten, hatte Kurt Hirschland auf den Bau der Anlage gedrängt, obwohl es bereits eine Ammonium-Sulfat-Überproduktion gegeben habe.[58] Dietrich Becker, Leiter der Essener Filiale der Deutschen Bank, verteidigte Hirschland zwar und machte den früheren Grubenvorstand um den mittlerweile verstorbenen Generaldirektor Carl Ruschen für die Entscheidung verantwortlich. Dieser habe die Stickstoffanlage als Lebensfrage für die Zeche Ewald bezeichnet, während sich Hirschland als Nichtfachmann dieser Ansicht nach anfänglichen Bedenken angeschlossen habe. Beckers Erwiderung diente jedoch vor allem der eigenen Rechtfertigung, nachdem er sich zuvor ebenfalls mit den Plänen des Grubenvorstands einverstanden erklärt hatte.[59] Selbiges gilt für Wilhelm von Waldthausen, der bereits in der ersten Hälfte der 1920er-Jahre für die Essener Credit-Anstalt in den Grubenvorstand der Zeche Ewald gewählt worden war und dieses Amt nach der Fusion mit der Deutschen Bank beibehielt. Auch Waldthausen wies jede Kritik an den Aufsichtsorganen der Zeche zurück und führte für sich selbst an, er habe auf einen möglichst frühen Baubeginn und später auf eine rasche Fertigstellung gedrängt, um zu den ersten Unternehmen mit einer modernen Anlage zu gehören. Unter den damaligen Umständen sei dies die richtige Strategie gewesen, da nicht mit einer solch schwierigen Wirtschaftskrise zu rechnen gewesen sei.[60]

All diese Entschuldigungen können jedoch nicht darüber hinwegtäuschen, dass die Essener Bankiers in der Aufsicht des Unternehmens tatsächlich keine glückliche Figur gemacht hatten. Solmssen fiel es schwer, seinen Unmut gegenüber Becker zu verbergen: «Auch wenn man zugibt, dass im Jahre 1926, als der Bau der Anlage beschlossen wurde, die Entwicklung der Verhältnisse noch nicht so klar zu übersehen war, wie dieses später möglich gewesen ist, hätte die Beobachtung des Marktes und der immer stärker werdenden gegenseitigen Konkurrenz allen Anlass geben müssen, um während des Baues sich auf diese Entwicklung umzustellen, anstatt ihr ohne jedes Mass und Ziel, ohne die genügenden technischen Kenntnisse und ohne ausreichende finanzielle Unterlage voranzulaufen.»[61] Solmssen richtete sich vor allem an Kurt Hirschland, doch Becker durfte die Kritik durchaus auch auf sich beziehen. In den folgenden Sanierungsprozess wurde er kaum eingebunden und lediglich mit assistierenden Aufgaben betraut. Stattdessen erhielt Karl Kimmich den Auftrag, ein Wirtschafts- und Finanzprogramm für die beiden Zechen zu erarbeiten.[62]

Eine Sanierung der Zechen war unabdingbar, aber die Krise bei Simon Hirschland und die Vorwürfe des Missmanagements führten dazu, dass das Institut hierbei kaum eine Rolle spielte. Von vornherein waren die Probleme der Zeche und des Bankhauses eng verknüpft. Reichsbankpräsident Hans Luther, der als früherer Essener Oberbürgermeister die Verhältnisse gut kannte, forderte die Deutsche Bank im Oktober 1931 auf, die Führung bei der Sanierung der Zeche Ewald zu übernehmen und die Reorganisation mit neuen Geldern zu unterstützen. Indirekt sollte dies auch dem Bankhaus Hirschland zugutekommen, um «unabsehbare Folgen für bestimmte Konzerne der rheinisch-westfälischen Schwerindustrie» zu vermeiden.[63] Die Deutsche Bank kam dieser Aufforderung schon mit Blick auf das umfangreiche eigene Engagement bei den Zechen gerne und entschieden nach. Die Grubenvorstände von Ewald und König Ludwig mussten dem Deutsche-Bank-Direktor Karl Kimmich umfassende Vollmachten erteilen: «Wir zweifeln nicht, dass auch das Bankhaus Hirschland hiermit einverstanden sein wird, weil es durch das vielfach eigenmächtige Vorgehen des Herrn Kurt Hirschland im Grubenvorstand sehr stark affiziert ist und allen Grund hat, sich den Massnahmen zu fügen, die wir für erforderlich erachten, wenn wir unsere Arbeit in den Dienst der Sanierung der Gewerkschaften stellen sollen.»[64] Während der Sanierung bemühte sich Kimmich, Simon Hirschland möglichst fest an das vereinbarte Vorgehen zu binden, um vielbeklagte «Winkelzüge» der Privatbank auszuschließen.[65] Das Vertrauen der Deutschen Bank in das Essener Bankhaus war offenkundig auf einem Tiefpunkt angelangt.

Die Grundzüge der Sanierung zeichneten sich rasch ab: Die bei den Zechen engagierten Gläubigerbanken verständigten sich auf ein Stillhalteabkommen und verzichteten insbesondere auf Zinszahlungen, um den Zechen neue Bewegungsspielräume zu gewähren. Eine umfassende Abschreibung sollte die Rentabilität, der Verkauf von Kuxen und Abbaufeldern die Kapitalreserve der Gewerkschaften erhöhen. Von der Umwandlung in eine Aktiengesellschaft erhoffte man sich, Schulden in Anteilsscheine umzutauschen. Frische Gelder sollten durch ein Bankenkonsortium bereitgestellt werden, während die Deutsche Bank und Simon Hirschland gegen entsprechende Sicherheiten mit einem Kredit über drei Millionen RM aushelfen wollten.[66] Vor allem die Umwandlung von Darlehen in Aktien war jedoch für Simon Hirschland kaum zu bewerkstelligen: Zwar sei sein Bankhaus gegenwärtig flüssig, betonte Georg Hirschland gegenüber Karl Kimmich auf dessen besorgte Nachfrage, jedoch könne man diese Gelder den beiden Gewerkschaften in der gegenwärtigen Situation nicht im großen Umfange zur Verfügung stellen.[67] Verhandlungen mit dem Bankenkommissar Bernhard Dernburg einige Tage später blieben ergebnislos, sodass Hirschland lediglich die Umwandlung von fünf Millionen RM zusagen konnte, «wenn er nicht sein Geschäft zerschlagen wolle».[68] Die übrigen 25 Millionen RM – später wurde der Gesamtbetrag auf 20 Millionen RM gesetzt – müssten von anderer Seite übernommen werden. Die Bestimmungen des internationalen Stillhalteabkommens veranlassten Simon Hirschland zu einer dilatorischen Haltung. Das Bankhaus sah die Gefahr, dass ausländische Gläubiger der Bank bei einer Umwandlung der Schulden in Anteilsscheine ihre Darlehen aus dem Stillhalteabkommen zurückziehen würden, wodurch ihre Forderungen gegenüber Hirschland fällig würden.[69] Ganz offenkundig stand dem Bankhaus zu diesem Zeitpunkt das Wasser bis zum Halse. Der Durchbruch wurde erst nach einer Einigung mit der Reichsbank erreicht. Diese unterstützte das Bankhaus Hirschland mit 15 Millionen RM, von denen zehn Millionen in eine langfristige Obligationsanleihe umgewandelt wurden.[70] Letztlich war also eine umfangreiche Staatshilfe nötig, um Simon Hirschland aus der schwierigen Situation bei Ewald und König Ludwig zu befreien.[71]

Das im Kontext der Zechen Ewald und König Ludwig zu beobachtende Muster findet sich auch bei der Kaufhauskette Karstadt wieder. Auch bei ihr hatte Simon Hirschland eine risikoreiche Geschäftspolitik unterstützt und wurde dafür in der Weltwirtschaftskrise bestraft. Karstadt hatte in den 1920er-Jahren eine horizontale und vertikale Expansion betrieben, also neben weiteren Warenhäusern auch Zulieferbetriebe übernommen. Dabei ging das Unternehmen, das zur Finanzierung sowohl Kapitalerhöhungen als auch Bankkredite nutzte, stets bis zum Rand des finanziell Möglichen und war für Krisenzeiten schlecht gewappnet. Bereits 1926 warnte Vorstandsmitglied Friedrich Schmitz, «daß wir zunächst alle Projekte in Angriff genommen haben, daß wir unsere Schulden haben sich auftürmen lassen, immer in dem Gedanken, daß wir im gegebenen Augenblick schon die nötige Deckung finden würden, und daß wir stets damit beschäftigt gewesen sind, Gelder zum Stopfen schon vorhandener Löcher zu suchen, statt Gelder bereitzustellen für unsere in Aussicht zu nehmenden Projekte».[72] Schmitz plädierte dafür, für zwei Jahre jegliche Neuerwerbungen einzustellen, doch Generaldirektor Hermann Schöndorff konnte sich mit seinem radikalen Expansionskurs durchsetzen. Dies rächte sich in der Weltwirtschaftskrise, als Umsatzeinbußen und ein gleichzeitiger Kostenanstieg allein für das Geschäftsjahr 1930/31 einen Verlust von 23 Millionen RM verursachten. Simon Hirschland hatte die Geschäftspolitik Schöndorffs lange Zeit unterstützt und sah sich nun gezwungen, sein Engagement unter hohen Verlusten abzubauen. An der sich über Jahre hinziehenden Sanierung war Simon Hirschland nicht mehr beteiligt,[73] auch dies ein Zeichen für den Bedeutungsverlust, den das Kreditinstitut erlitten hatte.

Hauptverantwortlicher für die existenzgefährdenden Geschäfte war Kurt Martin Hirschland, der, offenbar durch die geschäftlichen Erfolge seiner Bank in den Jahren nach der Inflation motiviert, auch andere Unternehmen zu einer risikoreichen Geschäftspolitik ermuntert hatte. Dabei hätte ihm bewusst sein müssen, dass er langfristige Investitionen mit kurzfristigen Krediten finanzierte und damit eine ungesunde Kreditstruktur etablierte. Möglicherweise glaubte er, dass ihn seine guten persönlichen Beziehungen nach England und in die USA zumindest bis zu einem gewissen Grad vor einem Abzug angelsächsischer Gelder schützen würden. Diese Fehleinschätzung beendete beinahe die Geschichte der mittlerweile 90-jährigen Privatbank. Sein Rückzug aus der Geschäftsführung 1934 dürfte wohl vor allem aus diesem Grund erfolgt sein, auch wenn die Familienüberlieferung gesundheitliche Gründe anführt.[74] Es ist jedoch auffällig, dass schon die Verhandlungen um die Zukunft der Zechen Ewald und König Ludwig allein von seinem Bruder Georg Hirschland geführt wurden – Kurt Martin Hirschland hatte das wichtigste Kapital verbraucht, das ein Bankier besitzt: Vertrauen.

Ein scheinbar hoffnungsloser Fall – Die Deutsche Volksbank

Die Deutsche Volksbank gehörte wie Simon Hirschland zu den lokalen Instituten, die während der Weltwirtschaftskrise eine existenzielle Krise durchliefen, diese aber letztlich überlebten. Die den Genossenschaften ähnliche mittelständische Kundenstruktur der Volksbank verursachte bei ihr Probleme, wie sie auch bei der Essener Bank zu beobachten waren. Das Institut hatte nicht nur die christlichen Gewerkschaften finanziert, sondern zunehmend auch mittelständische Geschäftsfelder bedient. Viele Gewerbetreibende hatten, gefördert durch die politisch motivierte großzügige Kreditpolitik der Volksbank, einen relativ hohen Schuldenstand angesammelt, der in wirtschaftlich gesunden Phasen noch zu bedienen gewesen wäre, der jedoch angesichts der hohen Arbeitslosigkeit und dem damit einhergehenden Nachfragerückgang die Unternehmen überforderte. Das Bankinstitut war daher immer häufiger der Zwickmühle ausgesetzt, Kredite gewähren zu müssen, um den Geschäftsbetrieb aufrechtzuerhalten, auch wenn deren Rückzahlung problematisch werden konnte. Während der Bankenkrise kam es zudem zu einem erheblichen Abzug der Gelder, «zu einem nicht geringen Teil bedingt durch die Arbeitslosigkeit und Kurzarbeit vieler unserer Sparer, die Einlagen zur Behebung ihrer persönlichen Not abheben mussten».[75] Wie sehr die Wirtschaftskrise die Bank erfasst hatte, zeigten die Zahlen. Während die Bilanzsumme von 26,1 Millionen RM 1929 auf 23,3 Millionen RM 1931 sank, ging der Umsatz von 536,9 Millionen RM 1928 auf 367 Millionen RM 1931 zurück. Selbst gut abgesicherte Neukredite brachten nun Verluste ein, da bei Versteigerungen nur Gebote weit unterhalb des Schätzwertes eingingen. Dies galt beispielsweise für einen Kredit über 600 000 RM für die Märkische Bergbau AG und ein Darlehen in Höhe von 169 000 RM für die Tudorfer Portland-Zementwerke GmbH in Essen, von denen die Bank lediglich 30 000 RM zurückerhielt. Um den Zusammenbruch abzuwenden, entschloss sich die Deutsche Volksbank sogar zu einer Kooperation mit der Arbeiterbank der sozialistischen freien Gewerkschaften. Erst eine Bürgschaftserklärung der Aktionärsverbände in Höhe von bis zu zwölf Millionen RM, was in etwa ihrer Einlagenhöhe bei der Bank entsprach, ermöglichte einen Ausweg.[76]

Im Aufsichtsrat gab es unterdessen Anfang 1932 einen bedeutsamen Führungswechsel. Adam Stegerwald, inzwischen Reichsarbeitsminister, beklagte die fehlende Transparenz der Essener Zentrale und trat als Vorsitzender zurück. Nachfolger wurde sein bisheriger Stellvertreter Heinrich Imbusch, zu einem von nun zwei Stellvertretern wurde mit Otto Kämper von der Deutschen Bau- und Bodenbank AG erstmals ein gewerkschaftsfremder Fachmann bestellt. Hintergrund waren staatliche Sanierungsmaßnahmen für verschiedene Arbeitnehmerbanken, an deren Planung Stegerwald im Reichsauftrag mitwirkte und die für die Deutsche Volksbank die Gewährung von Stützungskrediten der Bau- und Bodenbank sowie die Bereitstellung von Anleihen und Ablösungsrechten durch die Kursstützungsgesellschaft des Reichs vorsahen.[77] Die Bau- und Bodenbank wurde zudem gewissermaßen als Treuhänderbank für die Deutsche Volksbank eingesetzt und mit der Entwicklung eines professionellen Sanierungsplans beauftragt. Die notwendige Revision erwies sich jedoch als langwierig. Erst im Laufe des Jahres 1932 kristallisierte sich die Höhe der gesamten Verluste heraus. Die Bewertung der Grundstücke im Besitz der Bank war angesichts des unübersichtlichen Grundstücksmarktes schwierig. Zugleich erwies sich die Zahl der risikobehafteten Engagements als wesentlich größer als ursprünglich angenommen. Von Forderungen in einer Höhe von 20 Millionen RM wurden zwölf bis 15 Millionen RM als verloren eingeschätzt. Der Abzug von Spargeldern in einer Höhe von beinahe zwei Millionen RM im Laufe des Jahres verschärfte die Situation weiter. Der Revisionsbericht am Ende des dritten Quartals rechnete mit der Illiquidität binnen sieben Monaten. Der Gesamtverlust zum Jahresende 1932 wurde auf 13,5 Millionen RM berechnet, denen lediglich die Bürgschaft über zwölf Millionen gegenüberstand. Die Einlagen waren zu einem großen Teil ertragslos und konnten so den jährlichen Betriebsverlust, der 1932 auf 600 000 bis 700 000 RM geschätzt wurde, nicht ausgleichen.

Der mit der Sanierung beauftragte Josef Bach von der Deutschen Bau- und Bodenbank war von den Überlebenschancen der Deutschen Volksbank keineswegs überzeugt und gestand im Rückblick ein, dass eine Sanierung selbst unter besten wirtschaftlichen Rahmenbedingungen unwahrschein-

*Die Zentrale der Deutschen
Volksbank.*

lich gewesen wäre. Er machte sich gleich an die grundlegende Reorganisation sämtlicher Abteilungen der Bank und hoffte, die Abtragung der Schuld durch den Gegenwert der der Bank überlassenen Reichsanleiheablösungsschuld mit fünffachen Auslosungsrechten erreichen zu können. Allerdings hätte dieser Prozess 24 Jahre gedauert. Eine wirkliche Sanierung wäre angesichts des Fehlens gewinnträchtiger Geschäfte auf diesem Wege dauerhaft kaum möglich gewesen. So stand die Deutsche Volksbank am Ende der Weimarer Republik unmittelbar vor dem Konkurs, als die Machtübernahme durch die Nationalsozialisten die politischen und wirtschaftlichen Rahmenbedingungen radikal veränderte. Das Überleben einer Bank, das während der Weimarer Republik vor allem von der wirtschaftlichen Leistungsfähigkeit abhing, wurde nun in vielen Fällen auch zu einer politischen Frage. Der Deutschen Volksbank kam zugute, dass sich trotz der Ausschaltung der christlichen Gewerkschaften genügend Kräfte fanden, die an dem Weiterbestehen des Instituts als einer mittelständischen Regionalbank – unter nationalsozialistischen Vorzeichen – interessiert waren. Andere Banken, vor allem die kleineren und diejenigen im jüdischen Besitz wie an erster Stelle die Simon Hirschland Bank, fielen hingegen der Ideologie der neuen Machthaber zum Opfer.

Die Rathenaustraße wurde im «Dritten Reich» in Dietrich Eckart-Straße umbenannt. Links das Gebäude der Commerzbank, in der Mitte die Dresdner Bank, im Hintergrund die Zentrale der Sparkasse Essen.

Der Bankenplatz Essen im «Dritten Reich»

Terror, Manipulation und Kollaboration – die Nationalsozialisten bemächtigen sich der Stadt Essen

Die politische Umwälzung des Jahres 1933 betraf den Bankplatz Essen unmittelbar. Nach der Ernennung Adolf Hitlers zum Reichskanzler am 30. Januar 1933 setzte sich in Essen die NSDAP, die lange Zeit eine «Splitterpartei» in der Stadt gewesen war,[1] sofort durch. Die «Machtergreifung» erfolgte schnell, kalt und mit dosierter Brutalität in einer «Mischung aus pseudogesetzlichen Maßnahmen, Terror, Manipulation und bereitwilliger Kollaboration».[2] Der Essener Gauleiter Josef Terboven kündigte schon am 4. Februar 1933 öffentlich «den Beginn der endgültigen Abrechnung mit dem inneren Feind» an. Hitler, so setzte er drohend fort, werde die «Führung in der Faust behalten».[3] Veranstaltungen der SPD und KPD wurden im Vorfeld der für den 5. März anberaumten Reichstagswahlen verboten. Wie entscheidend sich das Blatt gegen die Demokratie gewendet hatte, zeigte sich darin, dass die erstarkenden «braunen Revolutionäre» nicht allein gegen Sozialdemokraten und Kommunisten vorgingen, sondern am 22. Februar auch eine Wahlkampfkundgebung des Zentrums sprengten, ohne dass die Polizei eingriff.[4] Selbst Hitler sah sich daraufhin gezwungen, gegen die ausufernde Gewalt seiner Kämpfer im Ruhrgebiet einzuschreiten.[5]

Die nach dem Reichstagsbrand erlassene Notverordnung vom 28. Februar 1933 setzte die Grundrechte außer Kraft und stellte nunmehr das eigentliche Grundgesetz des «Dritten Reiches» dar, das damit einen Zustand «gesetzmäßiger Rechtsunsicherheit» (Klaus Hildebrand) etablierte. Bei den durch Gewalt und Einschüchterung schon nicht mehr freien Reichstagswahlen am 5. März 1933 erhielten die Nationalsozialisten, deren

Hochburgen in den bürgerlichen Stadtteilen wie Rüttenscheid, Huttrop, Holsterhausen, Haarzopf und Bredeney lagen, 30,6 Prozent, die katholische Zentrumspartei immerhin 30,1 Prozent. Die KPD lag bei 19,9 Prozent, die SPD bei 10,8 Prozent – die NSDAP erhielt somit in Essen, anders als im übrigen Reich, keine Stimmenmehrheit.[6] Bei den Kommunalwahlen am 12. März 1933 erlangte das Zentrum sogar 33,9 Prozent der Stimmen – der höchste Anteil in allen Großstädten des Reviers –, die NSDAP, für sie enttäuschend, nur 33,1 Prozent.

An den Machtverhältnissen änderte das freilich wenig. Die auf die Machtübernahme folgenden Aufmärsche, Versammlungen und Veranstaltungen sollten die Präsenz und Stärke des neuen Regimes demonstrieren und zugleich die gesellschaftliche «Mobilisierung»[7] beschleunigen. Über den kommunalpolitischen Bereich hinaus wirkten «Machtergreifung» und «Gleichschaltung» auf allen Ebenen. Sie betrafen die privaten Vereine und kulturellen Organisationen ebenso wie die Betriebe, Verwaltungen und Schulen. Sie erreichten den Alltag der Menschen und wurden somit für jeden Bürger spürbar. Ein öffentlich sichtbares Zeichen für die Durchsetzung des nationalsozialistischen Kurses war die Verbrennung der «jüdischen Schmutz- und Schundliteratur» sowie der Werke missliebiger Autoren. Diese wurden nach einer Ansprache des neuen nationalsozialistischen Leiters der Stadtbücherei in Essen am 21. Juni 1933 ins Feuer geworfen. Mit der «Gleichschaltung» der Presseorgane wurden diese zu Instrumenten der Propaganda im Sinne des Regimes.

Der Essener Gauleiter Josef Terboven, ein «Alter Kämpfer» der NS-Bewegung, ließ keinen Zweifel daran aufkommen, wer in Essen der neue starke Mann war. Der 1898 geborene Sohn eines katholischen Landwirts war ein Kind der Stadt. Nach dem Beginn eines Jurastudiums hatte er 1923 eine Banklehre bei der Essener Credit-Anstalt absolviert, war dort aber Mitte 1925 im Zuge der Personaleinsparungen nach der Fusion mit der Deutschen Bank entlassen worden.[8] Ob diese Erfahrung zu seinem späteren dauerhaften Widerwillen gegen die etablierte Essener Finanzwelt beigetragen hat, muss offenbleiben. Der Göring-Intimus hatte sich gegen alle Widersacher in der noch vergleichsweise unbedeutenden örtlichen NSDAP durchgesetzt und war 1928 von Hitler zum Leiter des Bezirks Essen ernannt worden, der 1930 schließlich zum Gau Essen mutiert war.

Terboven, der gute Kontakte zur Bergbau- und Stahlindustrie hatte, aber eher aus dem Hintergrund agierte,[9] stand seit 1929 Gauwirtschaftsberater Paul Hoffmann zur Seite, der für die Städte Essen, Mülheim, Duisburg, Oberhausen und die rechtsrheinischen Kreise Dinslaken und Rees zuständig war. Auch er war ein «Alter Kämpfer» und Direktor einer kleinen Essener Firma, die in der Christinenstraße einen «Großhandel in technischen Artikeln» betrieb, der in der Weltwirtschaftskrise in eine Schräglage geriet. Wahrscheinlich war dies ein wichtiger Grund, warum Hoffmann sich für den mittelständischen Umbau der Wirtschaft stark machte und besonders gegen Großunternehmen und Großbanken polemisierte: Konzerne müsse man, so lautete sein Credo, «mit Stumpf und Stil ausrotten».[10] Hoffmann sammelte eine Reihe von Vertrauten in einem Kreis um sich, der sich recht pompös als «Gauwirtschaftsrat» bezeichnete, aber faktisch kaum Einfluss ausübte.[11] Umso aktiver war seine Agitation und Polemik in der Öffentlichkeit gegen das «jüdisch-liberale Wirtschaftssystem».[12] 1935 bezeichnete er den Kapitalismus als «Ausdruck des jüdisch-materialistischen Geistes», während das eigentliche Ziel ein «sozialistisches Jahrtausend» sein müsse.[13] Dabei ließ er immer wieder durchblicken, dass dem Staat und nicht etwa der Wirtschaft mit seinem Rentabilitätsprinzip der Vorzug gebühre.[14] In Wirtschaftskreisen galt Hoffmann trotz solcher Parolen zunächst nicht als brauner Revolutionär, sondern, wie Erich von Gilsa von der Gutehoffnungshütte an den GHH-Vorstandsvorsitzenden Paul Reusch schrieb, als «ruhiger und sachverständiger Vertreter nationalsozialistischer Ansichten».[15] Hoffmann wurde mit zwei hauptamtlichen Mitarbeitern und weiteren Beschäftigten im Stab des ihm unterstellten Kreiswirtschaftsberaters Friedrich Lodemann personell gut ausgestattet. Seine antikapitalistische Agitation gab er bald auf und «beschränkte sich auf die Rolle eines Pragmatikers der Macht».[16] Gelegentlich mischte er sich jedoch auch in Fragen der Banken ein. Die im Jahr 1920 gegründete und seit der Weltwirtschaftskrise schwer angeschlagene Oberhausener Bank AG hielt er offensichtlich für den Essener Gau für so interessant, dass er beim Preußischen Innenministerium über deren Sanierung verhandelte.[17]

Im Vorstand der örtlichen IHK und beim Essener Deutschen Industrie- und Handelstag gab weiterhin «die alte Honoratiorenschicht der Montanindustriellen» den Ton an, und Präsident und Hauptgeschäftsführer blieben in ihren Ämtern.[18] Bei der IHK, die rund 4000 handelsgerichtlich eingetragene Firmen vertrat, darunter auch die maßgeblichen Banken, war der langjährige Präsident Dr. Ing. Ernst Tengelmann ohnehin bereits seit 1930 «Parteigenosse». Er war als Generaldirektor der Essener Steinkohlenbergwerke AG in der Region gut vernetzt, saß in mehreren Aufsichtsräten und war zudem Ratsherr.[19] Die Innungen und der Einzelhandelsverband erhielten im Frühjahr 1933 ebenfalls nationalsozialistische Führungen.[20] Verbindungsmann zu den Essener Kaufleuten war der Direktor der Nationalsozialistischen Handels-, Handwerks- und Gewerbeorganisation (NS-Hagro), der Essener Gauamtsleiter Friedrich Vogt.

Der erst im Januar im Rathaus eingeführte katholische Oberbürgermeister Heinrich Schaefer (Zentrum) wurde im April 1933 aus dem Amt gedrängt und musste auch als langjähriger Vorstandsvorsitzender der Sparkasse Essen das Feld räumen. An seine Stelle trat der fachorientierte langjährige Stadtkämmerer Karl Hahn,[21] dem für die Geschicke der Sparkasse eine ebenso große Rolle zukam wie dem Oberstadtdirektor Helmuth Greinert. Ausgerechnet Schaefer wurde dann jedoch im August 1933 mit Billigung des preußischen Innenministers zum Vorsteher des gerade gegründeten Rheinischen Sparkassen- und Giroverbands ernannt, eine Funktion, in der er sich auch in den folgenden Jahren halten konnte[22] – eine erstaunliche Entwicklung, die zeigt, dass sich gelegentlich sogar politisch unliebsame Persönlichkeiten, auf deren Kompetenzen der Staat aber nicht verzichten wollte, in manchen Nischen der Wirtschaft halten konnten.

Unter dem am 13. Juni 1933 von den Nationalsozialisten installierten neuen Oberbürgermeister Theodor Reismann-Grone,[23] einem aus dem Kreis der Alldeutschen entstammenden Hitler-Berater und Verleger der *Rheinisch-Westfälischen Zeitung*, der allerdings nicht zur Entourage Terbovens gehörte, verlief die «Säuberung» der Stadtverwaltung weitgehend geräuschlos. In Fällen, in denen Parteifunktionäre die Grenzen offenkundig überschritten, legte Reismann-Grone sein Veto ein. Als Gauwirtschaftsberater Hoffmann im Juli 1933 im Rathaus mit zwei Männern auftauchte, die angeblich bei Geschäften mit der Sparkasse Essen betrogen worden waren, gebot er diesen Methoden nach Gutsherrenart Einhalt. Die angeblich Betrogenen seien «Gauner», Hoffmann zudem ein «ganz unfähiger Mann».[24] Verwaltungserfahrung hatte der neue Oberbürgermeister so gut wie überhaupt nicht. Obwohl er die Unterstützung führender Ruhrindustriellen hatte, war er nicht mächtig genug, die Verlegung der Essener Börse nach Düsseldorf zu verhindern.[25]

Nur die wenigsten Essener Männer der Wirtschaft waren Verteidiger der parlamentarischen Demokratie. Die meisten von ihnen hatten bislang die DVP unterstützt, in geringerem Maße die linksliberale DDP oder die nationalkonservative DNVP. Die Machtübernahme Hitlers erfolgte auch hier bei «gespaltener Industriefront» (Reinhard Neebe), denn viele hätten die «gute alte Zeit» vor 1914 bzw. eine Papen'sche Lösung dem NS-Regime vorgezogen.[26] Viele begrüßten jedoch eine diktatorische Bereinigung der Lage, die innenpolitisch durch Arbeitskämpfe, sozialdemokratisch-gewerkschaftliche Opposition und kommunistische Agitation gekennzeichnet war und außenpolitisch als eine Knebelung der Wirtschaftsinteressen durch die Siegermächte des Ersten Weltkrieges empfunden wurde.

In Essen galten neben dem bereits erwähnten Ernst Tengelmann vor allem Eugen Vögler und Herbert Kauert als ausgesprochene NS-Sympathisanten. Später trat Gustav Krupp von Bohlen und Halbach dazu. Eugen Vögler war Generaldirektor der im Ruhrgebiet tief verankerten Hochtief AG[27] und Bruder von Albert Vögler, dem Stahlmagnaten und Vorstandsvorsitzenden der Vereinigten Stahlwerke AG. Er wurde auf «besonderen Wunsch» Terbovens Aufsichtsratsvorsitzender bei der National-Bank,[28] im Februar 1934 zudem Vorsitzender der Wirtschaftsgruppe Bau. Ob er tatsächlich bemüht war, «die Bauwirtschaft vom direkten Einfluss der NSDAP» freizuhalten, ist fraglich,[29] denn er blieb eine wichtige Stütze des NS-Regimes: als Leiter der Hauptgruppe 4 der Deutschen Wirtschaft und Leiter der Wirtschaftsgruppe Bauindustrie sowie als Mitglied des Verteidigungsausschusses des Gaus Essen und der Rüstungskommission IV. Als Präsident der Gauwirtschaftskammer Essen in den Jahren von 1943 bis 1945 war er darüber hinaus Mitglied des Kriegswirtschaftsstabs – ein untrügliches Zeichen dafür, wie sehr ihm die Parteifunktionäre vertrauten und auf seine Expertise angewiesen waren.[30]

Ein weiterer früher industrieller Helfershelfer der Nationalsozialisten war Fritz Thyssen, der Sohn des Industriemagnaten August Thyssen und Aufsichtsratsvorsitzender der Vereinigten Stahlwerke AG. Er dachte eher von einem ständisch-christlich-monarchistischen Standpunkt aus[31] und verkannte die Ziele Hitlers. Er hatte diesen finanziell gefördert und ihm das Entrée in die deutschen Wirtschafts- und Finanzkreise verschafft. Als Konjunkturritter, der bedenkenlos seine eigenen Überzeugungen über Bord warf, um sich und dem Hochtief-Konzern pekuniäre Vorteile bei publicityträchtigen Bauvorhaben der Nationalsozialisten wie etwa dem Ausbau des Obersalzbergs zu verschaffen, stand Thyssen mit Vögler in engem Kontakt und wurde bei der National-Bank dessen Aufsichtsratskollege. Thyssen wurde Vorsitzender des Langnam-Vereins und der Nordwestlichen Gruppe des Vereins Deutscher Eisen- und Stahlindustrieller. Als Autorität in wirtschaftspolitischen Fragen genoss er auch bei Gauleiter Terboven zunächst ein gewisses Ansehen, überwarf sich mit diesem jedoch bald[32] und beklagte sich im kleinen Kreis immer ungehaltener über die «Parteibonzen», die versuchten, persönliche Machtvorteile aus den politischen Umwälzungen zu ziehen. Thyssen wurde schließlich von Terboven zur Ordnung gerufen, geriet 1937 ins politische Abseits[33] und gab seine Vorstandsämter beim Langnam-Verein, in der Nordwestlichen Gruppe des Vereins Deutscher Eisen- und Stahlindustrieller[34] und im Aufsichtsrat der National-Bank ab.

Nachfolger von Reismann-Groene wurde 1937 August (Just) Dillgardt, ein ehemaliger Abteilungsleiter bei Brown Boveri & Co. und Wunschkandidat industrieller Kreise. Dieser war Oberbürgermeister von Duisburg gewesen, gehörte zur Gau-Clique um Terboven und wurde später Leiter der Reichsgruppe Energiewirtschaft sowie Generalbevollmächtigter für die Energiewirtschaft im Rahmen des Vierjahresplans, ein Amt, in dem er ebenso blass blieb wie bei seiner Tätigkeit als Oberbürgermeister.[35]

Essen im nationalsozialistischen «Wirtschaftsaufschwung»

In der Weltwirtschaftskrise waren die Rufe nach einer fundamentalen Neuordnung der Bankenlandschaft immer lauter geworden. Der Bankplatz Essen wurde durch die hierdurch ausgelösten Debatten zutiefst verunsichert, was zum Opportunismus, den viele nach der «Machtergreifung» an den Tag legten, beigetragen haben mag. Das System der öffentlich-rechtlichen Kreditanstalten, das System der Girozentralen als Zentralbanken für die Sparkassen, eigentlich die gesamte Drei-Säulen-Struktur des deutschen Bankwesens, befand sich auf dem Prüfstand.[36] Mit der Etablierung der «Reichsgruppe Banken» wurde das Bankwesen seit Mitte 1934 konsequent neu geordnet. Der Bankenwelt wurde nicht nur ein «Reichskommissar für das Kreditwesen» oktroyiert, sondern auch ein «Zinskartell» vorgeschrieben. «Wettbewerb und Kooperation» wurden dadurch «nahezu Fremdworte».[37] Das System blieb, was heute erstaunlich anmuten mag, partiell noch über das Jahr 1945 hinaus bestehen. Grundlegende Korrekturen, die gleichzeitig eine Liberalisierung des Bankwesens bedeuteten, gab es erst wieder 1958 mit der Aufhebung des Konzessionszwangs, dem neuen «Kreditwesengesetz» von 1967 und der Abschaffung der staatlichen Zinsbindung im Jahre 1967.[38]

Die Essener Banken erhielten nach 1933, wie im Einzelnen noch zu zeigen sein wird, den Auftrag, die Spargelder in Wertpapieren des Reiches anzulegen. Sie wurden damit zu einer «Einlagestelle zur Staatsfinanzierung»[39] und schließlich «zum Handlanger der staatlichen Rüstungs- und Kriegsmaschinerie».[40] Die Sparer blieben dabei weitgehend außen vor. Ihnen wurde das Horten von Bargeld zunehmend erschwert. Die Kontingentierung von Gütern im «Dritten Reich» behinderte den Konsum und damit die Kreditnachfrage. Die Commerzbank Essen warb beispielsweise um ihre Sparer: «Beträchtliche Geldsummen liegen auch heute noch zinslos im Strumpf und sind damit der Wirtschaft entzogen. Machen Sie Ihre freien Mittel für das Volksganze nutzbar, und lassen Sie sich ein schon bei täglicher Verfügungsmöglichkeit gut verzinsliches Sparkonto einrichten.»[41]

Einen Ausweg bildeten scheinbar vertrauenserweckende langfristige Reichsschatzanweisungen, die als festverzinsliche Wertpapiere mit Anleihecharakter von den Kreditinstituten angeboten wurden.[42] Als 1937 und 1938 sieben Reichsanleihen aufgelegt wurden, waren die Kreditinstitute mit vertraulichen Schreiben angehalten, hierfür «sämtliche frei verfügbaren Mittel» zu investieren.[43] Der Verkauf dieser Staatspapiere erfolgte als eine Art «Zwangsanlage» weitgehend ohne Einfluss der «normalen» Bankkunden.[44] Der bislang übliche Wettbewerb der Kreditinstitute wurde eingeschränkt. 1936 mussten sich die Banken einem «Wettbewerbsabkommen» beugen, das auf fast 80 Seiten die erlaubten Maßnahmen detailreich regelte. Ein entscheidender Passus lautete: «Jede aufdringliche und jede der Berufsauffassung des Kreditgewerbes nicht entsprechende Werbung ist den Kreditinstituten nicht gestattet.» Der beim Deutschen Sparkassen- und Giroverband tätige Johann Baptist Gradl stellte bezeichnenderweise fest, dass «nur die Verteilung von Kalendern, Kreditbrieftaschen und kleinen Fahrplänen» noch als banküblich zu betrachten sei.[45]

Der schon vor Hitlers Machtantritt erkennbare Konjunkturaufschwung machte sich rasch bemerkbar.[46] Das Regime vollzog eine innenpolitische Wende, die der Wirtschaft zugutekam und gute Geschäfte ermöglichte. Zudem setzte das «Dritte Reich» Unternehmen und Banken gegenüber nach einer gewissen Übergangszeit eher auf Wohlverhalten als auf Zwangsmaßnahmen. Und schließlich war die Wirtschaft in sich gespalten, konnte sich nicht auf einen gemeinsamen Kurs verständigen und ließ sich umso leichter in die Richtung drängen, die Hitler intendierte.[47] Die Gewinnerwartung blieb für sie entscheidende Antriebskraft: Im Sinne des Regimes zu produzieren, fiel umso leichter, als die Erträge nicht lange auf sich warten ließen. Die Verbraucherpreise wurden ebenso wie die Löhne streng kontrolliert,[48] und die Wirtschaft profitierte von der einsetzenden «Sonderkonjunktur», in deren Folge sich die Auftragsbücher wieder füllten. Die «Kombination aus wachsender Binnennachfrage, mangelnder Außenkonkurrenz, steigenden Preisen und relativ statischen Löhnen» schuf Voraussetzungen, «unter denen es kaum mehr möglich war, *keine* gesunden Profite einzufahren».[49] Die Essener Wirtschaftskammer sprach von einer «alle

Kreise erfassenden starken Hoffnung auf eine, wenn auch langsam sich durchsetzende, so doch auf lange Sicht gesehen endgültig durchgreifende Besserung».[50] Die Zahl der Arbeitslosen in der Region Essen ging von 521 000 im Oktober 1932 auf nur noch 141 000 im Oktober 1936 zurück. Die Belegschaft der rheinisch-westfälischen Eisenindustrie verdoppelte sich gegenüber 1932, im Bergbau stieg sie um 47 Prozent. Auch die Stahlindustrie als Schlüsselindustrie des Reviers spürte den Aufwind. Das Essener Institut für Konjunkturforschung stellte 1936 fest, dass sich die Wirtschaft in den «wichtigen Zweigen den Grenzen der Leistungsfähigkeit» nähere.[51] Die Essener NSDAP überwand inzwischen sogar ihre ideologische Abneigung gegen Konzerne und Handelsketten, als sie die Eröffnung eines Geschäfts der Textilfirma C & A genehmigte.[52] Der Rückgang der Arbeitslosigkeit ging mit Investitionen und einer Steigerung der Binnennachfrage, einer beträchtlichen Erhöhung der Rohstahlerzeugung sowie einer kräftigen Erholung des Ruhrkohlenbergbaus einher. Finanzmittel wurden für einen bunten Strauß von Maßnahmen eingesetzt: Instandsetzungen von Verwaltungs- und Wohngebäuden, den Bau von Brücken sowie von Anlagen der Gas-, Wasser- und Elektrizitätsversorgung und weitere Tiefbauarbeiten.[53]

Hitler wollte die angebliche Zersplitterung des Wohnungs- und Siedlungswesens aufheben und die Wohnungsbauförderung umlenken – weg von der teuren öffentlichen Subventionierung, die als Inbegriff des «Systems» von Weimar abgelehnt wurde.[54] Beim Bau von Wohnungen[55] galt neben der Sparkasse Essen als bedeutendster Mitspieler vor allem der gemeinnützige Allgemeine Bauverein Essen AG am Viehoferplatz (die heutige Allbau AG).[56] Weitere «Baubanken», wie die Eigenheim Bauspar AG, die Rheinisch-Westfälische Baukasse, die Ruhr AG für Finanz- und Treuhandgeschäfte, die Essener Altstadt-Baugesellschaft mbH sowie die «Aktiengesellschaft für Baufinanzierungen» in der Lindenallee spielten nur eine marginale Rolle, weil sie meist kapitalschwache Einrichtungen waren, die nur in den seltensten Fällen eine Dividende zahlen konnten.[57] Gleiches galt für weitere Bauvereine und Baugenossenschaften, die meist nichts anderes als Wohnungsunternehmen mit Spareinrichtungen waren.

Das Bauen wurde ein Motor, der auch auf Aufrüstungsprojekte ausgeweitet wurde: Landstraßen, die Errichtung von Hafenanlagen, Stauseen und Talsperren sowie die Renovierung zahlreicher Bahnhöfe. Der Ausbau des Mittelland-Kanals, des Dortmund-Ems-Kanals und verschiedener Staustufen des Rhein-Main-Donau-Kanals gehörten ebenfalls zu den Infrastrukturmaßnahmen.[58] Hiervon profitierten das Handwerk und die lokale Bauindustrie, die an zahlreichen Prestigeprojekten beteiligt wurde. Die

Essen, die selbsternannte «Waffenschmiede» des Reiches, begrüßt Benito Mussolini und Adolf Hitler anlässlich eines Besuches am 27. September 1937.

Hochtief AG als «Baugesellschaft der Stinneszechen»[59] und der anderen Unternehmungen des «Königs der Ruhr»[60] war beispielsweise mit den Bauten der NSDAP am Königsplatz in München, der Kongresshalle in Nürnberg, der Reichskanzlei in Berlin und dem Bau der Reichswerke Hermann Göring in Salzgitter betraut.[61] Das Rheinisch-Westfälische Elektrizitätswerk (RWE), der Haniel-Konzern, Bergbaugesellschaften wie die Gewerkschaft Mathias Stinnes und die Gewerkschaft Carolus Magnus, die Privat-Brauerei Stauder, die Essener Steinkohlenbergwerke AG, Siemens sowie die Vereinigte Stahlwerke AG meldeten schwarze Zahlen.[62] Die Th. Goldschmidt AG, die in der Weltwirtschaftskrise kurz vor dem Zusammenbruch gewesen war, erlebte durch Aufträge aus dem Bereich Bau und Verkehr einen ungeahnten Wiederaufstieg.[63] Der symbolträchtige Ruf der Friedr. Krupp AG als der «Waffenschmiede des Reiches» wurde auf die ganze Stadt übertragen, wie anlässlich eines Besuches von Hitler und Mussolini im September 1937 auf einem großen Plakat zu lesen war.

Der Schwerpunkt der Wirtschaft verlagerte sich inzwischen immer stärker weg von der traditionellen Bergbauindustrie: Essen blieb zwar «weiterhin Kohlestadt und Kruppstadt, doch aus der reinen Industriestadt wurde eine Industrie-, Verwaltungs- und Handelsstadt».[64] Der Aufwärtstrend ließ sich auch an den Zahlen bei der Reichsbanknebenstelle Essen ablesen, deren Geschäftsverkehr in der Wirtschaftskrise massiv zurückgegangen war und die 1932 nur noch 6,3 Milliarden RM umgesetzt hatte. Sie hatte neben ihrer Direktion in der Lindenallee Nebenstellen in Steele und Werden und verdoppelte bis 1938 ihren Jahresumsatz auf 11 Milliarden RM.[65] Damit stand sie in der Region hinter Köln mit 21 Milliarden RM und Düsseldorf mit 13 Milliarden RM an dritter Stelle, vor Dortmund, Bochum und Duisburg. Dies hatte natürlich wesentlich mit der «geräuschlosen» Finanzierung der Aufrüstung zu tun, die jetzt nicht mehr nur durch die auch in Essen üblichen berüchtigten Mefo-Wechsel, sondern durch zunehmende Eingriffe in den Kapitalmarkt erfolgte.

Das Ende der Essener Börse

Die Börse Essen gehörte zu den «keineswegs unbedeutenden» deutschen Plätzen für den Wertpapierhandel, weil bekanntlich ein wichtiger Teil des Kuxengeschäfts über sie abgewickelt wurde.[66] Die Essener Börse hatte zwar eine signifikante Bedeutung für den Handel in der Region, allerdings spielte sie niemals eine wirklich überregionale Rolle und tauchte deshalb auch nicht unter den zehn wichtigsten deutschen Börsenplätzen auf.[67] Durch die Weltwirtschaftskrise und die staatlich verordneten «Bankfeiertage», also die zwangsweise Schließung von Banken und Börsen für mehrere Tage, hatte sie ebenso Federn gelassen wie diejenige in Köln. Immer wieder wurde in der Öffentlichkeit der Nutzen des Wertpapiergeschäfts infrage gestellt, mit baldigen Konsequenzen: Börsen und besonders Effektenbörsen galten den «braunen Revolutionären» als «Hochburg[en] des Kapital-Interesses und des Spekulantentums», wie ein Handbuch es 1938 formulierte.[68] Aber es gab auch die weitverbreitete Ansicht, dass vor dem Hintergrund des zurückgehenden Aktiengeschäfts und des schleppenden Wertpapierhandels eine Zusammenfassung der kleineren Regionalbörsen zukünftig unabdingbar sei. Zugleich wollten die dem preußischen Zentralismus skeptisch gesinnten Föderalisten durch die Schaffung gestärkter Provinzbörsen der Berliner Börse ein «Gegengewicht» schaffen.[69] Flankiert wurde diese Maßnahme, mit denen «Heimatbörsen» für das jeweilige regionale Wirtschaftsgebiet geschaffen wurden, durch ergänzende Bestimmungen. Sie waren eine Konsequenz aus den Empfehlungen der Banken-Enquête zur Verschlankung der gesamten Branche. Das Reichsgesetz über das Kreditwesen vom 4. Dezember 1934 hatte eine stärkere Aufsicht und Regulierung der Banken zum Ziel.

Ein Erlass des Reichswirtschaftsministers Karl Schmitt und das Gesetz über den Wertpapierhandel vom 4. Dezember 1934 reduzierten im Interesse eines funktionalen deutschen Wertpapiermarkts die Zahl der Börsen von 21 auf neun. Die «Verarmung Deutschlands» und die starke Konzentration des Börsenhandels auf Berlin wurden als Begründung dafür angeführt, dass es zur «Verödung» zahlreicher Provinzbörsen gekommen war: Zudem wurde eine «gewisse Planlosigkeit» in der Aufteilung der Papiere auf die einzelnen Börsen, die mangelnde Einheitlichkeit in fast allen Börsenbestimmungen und die Schwierigkeiten der Provinzbörsen bei der Zulassung von Wertpapieren ins Feld geführt. Drei deutsche Börsen (Magdeburg, Stettin und Zwickau) wurden ganz aufgelöst und 13 weitere wurden zu fünf Börsen zusammengefasst.[70] Die Börse Essen gehörte zu denjenigen, die auf der Streichliste standen. Am 31. Dezember 1934 wurde sie mit einem «feierlichen Schlussakt»[71] geschlossen und mit den bisherigen Börsen in Köln und Düsseldorf zur «Rheinisch-Westfälischen Börse zu Düsseldorf» zusammengelegt. Die Schließung der Essener Börse hatte eine in ihrer Tragweite kaum zu überschätzende Bedeutung, war aber nur zum Teil auf nationalsozialistische Einflüsse zurückzuführen.

Die städtische Chronik vermerkte in einer Passage zur Schließung der Essener Börse, dass diese zu den «Passivposten» gehöre. Die Börse habe in ihren 69 Jahren des Bestehens «alle Entwicklungsperioden der Wirtschaft in Essen, den Aufschwung sowohl wie den Niedergang, mit durchlaufen. Trotz allen Erschütterungen, die der Bergbau und die Eisenindustrie im Laufe der Jahre durchgemacht haben, hat sich die Börse immer gut behauptet. […] Wenn sie nun Essen verlassen hat, so ist dies nicht geschehen, weil sie ihre Bedeutung verloren hatte und überflüssig geworden wäre, vielmehr machte die aus allgemeinen wirtschaftlichen Gründen im Deutschen Reich überall erfolgte Konzentrationsbewegung auch eine Zusammenlegung der Wertpapierbörsen erforderlich.»[72] Noch im gleichen Jahr schloss auch der im Börsenhaus ansässige Rheinisch-Westfälische Kassenverein AG nach zehnjähriger Tätigkeit, ein weiteres Opfer des Konzentrationsprozesses. Der letzte «Amtliche Kursbericht der Börse der Stadt Essen» erschien am 2. Januar 1935.[73]

Die Schließung der Essener Börse, so nachvollziehbar sie auch sein mochte, bedeutete einen «Triumph Düsseldorfs über Essen und vor allem über die uralte Handelsstadt Köln» (Peter Hüttenberger). In Essen konnte man sich wenigstens damit trösten, dass die Banken weiterhin maßgeblich für die Finanzierung des Handels und der Industrie zuständig waren. Das Börsengebäude wurde zum Standort des «Hauses der Technik», das am 22. Oktober 1936 feierlich eröffnet wurde. Zumindest in der Öffentlichkeit wurde dem Verlust der Börse nicht lange nachgetrauert. Nach Ende des Zweiten Weltkriegs nahm wie selbstverständlich die Düsseldorfer Börse 1949 den amtlichen Handel und seit 1953 auch den Devisenhandel wieder auf, während in Essen keine Pläne mehr verfolgt wurden, den Börsenhandel noch einmal zu reaktivieren.

Das Schicksal der Essener Gewerkschaftsbanken und die Schaffung der «National-Bank»

In der durch die Weltwirtschaftskrise besonders erschütterten Essener Bankenwelt gab es nur wenige Nationalsozialisten, und diese zählten «auch nicht gesellschaftlich zur Bankelite».[74] Deswegen bedeutete die «Machtergreifung» eine fundamentale Erschütterung der Essener Bankenlandschaft. Besonders deutlich lässt sich dieser Wandel bei einer Bank ablesen, die in den Weimarer Jahren als eine mehr schlecht als recht geführte Finanzeinrichtung gelten konnte, nämlich die Deutsche Volksbank als Geldverwaltungszentrale der Christlichen Gewerkschaften.

Aus dem öffentlichen Gedächtnis ist die Tatsache weitgehend verschwunden, dass sich die Nationalsozialisten aus der Masse der 1933 zerschlagenen Arbeiterorganisationen bedienten und am stärksten hiervon die in Essen ansässigen Gewerkschaftsbanken betroffen waren. Die NSDAP hatte fortwährend behauptet, die Gewerkschaftsführer hätten sich persönlich bereichert, «eine unglaubliche Misswirtschaft» betrieben und die eigenen Unternehmen «zugrunde gerichtet». Die Rede von den Gewerkschaftsbanken als «Trümmerhaufen» kaschierte den Umstand, dass der Gesamtvorgang nichts anderes als ein nationalsozialistischer «Raubzug» war.[75] Das Vermögen der Gewerkschaftsbanken bildete den Grundstock für die Bank der Deutschen Arbeit AG, eine heute fast vergessene «Superbank», die zum Herrschaftsbereich der nationalsozialistischen Zwangsorganisation Deutsche Arbeitsfront (DAF) gehörte und geradezu atemberaubende Bilanzsummen aufwies. Zu den in diese NS-Bank integrierten Einrichtungen zählten die Sparabteilungen der Konsumgenossenschaften, eine ganze Reihe kleinerer berufsständischer Sparvereine, aber auch die Deutsche Werkmeister-Sparbank AG, die Industriebeamten-Sparkassen GmbH, die

Spar- und Bankabteilung des Deutschnationalen Handlungsgehilfenverbandes, die Bank für deutsche Arbeit und Sparbank von 1820 AG sowie die Deutsche Wirtschaftsbank AG.[76]

Das Wirtschaftsimperium der DAF beschäftigte auf dem Höhepunkt der krakenartigen Ausdehnung etwa 200 000 Menschen im Bau- und Wohnungswesen, im Bank- und Versicherungsgewerbe, im Verlagswesen, im Einzelhandel sowie im Fahrzeug- und Schiffsbau. Aufsichtsratsvorsitzender der Bank der Deutschen Arbeit mit ihrem Hauptsitz in der ehemaligen ADGB-Zentrale in der Berliner Wallstraße wurde Robert Ley, der sich selbst als «fanatischen Apostel» Adolf Hitlers bezeichnete. Vorstandsvorsitzender wurde Carl Rosenhauer, Stellvertreter Heinz Reitbauer. Die Verwaltungsspitzen «mit ihrem übersteigerten Gestaltungswahn und ihrer überhasteten Entscheidungssucht»[77] versuchten, in einigen Branchen Platzhirsch zu werden, folgten in blindem Eifer der Devise von den «Soldaten der Arbeit» und ließen sich selbst von bürokratischen Hindernissen nicht bremsen. Zahlreiche Parteigenossen, die in der freien Wirtschaft als inkompetent abgelehnt worden wären, fanden in ihrem verzweigten Behördenapparat Unterschlupf und Auskommen. Die Leiter waren oftmals geradezu stolz darauf, «blutige Laien» zu sein, und wurden trotz allen fehlenden Sachverstands, zahlreicher Korruptions-, Unterschlagungs- und Bereicherungsaffären zu einer Konkurrenz für die Privatwirtschaft.

Auch deshalb galt die Bank als «Koloss auf tönernen Füßen».[78] Aufgrund der Verbindung zur DAF als «Einfallstor für Miss- und Vetternwirtschaft»[79] blieb die Bank zeitlebens ein Paria, misstrauisch beäugt von den privaten Konkurrenten und verachtet wegen des vermeintlich mangelnden Sachstands ihrer politisch-ideologisch orientierten Führung, der hinter vorgehaltener Hand immer wieder vorgeworfen wurde, nicht ordentlich wirtschaften zu können.[80] Bei der Deutschen Bank war man der Ansicht, dass beim staatlichen Rivalen die «wirtschaftlich gebildeten Kräfte» Mangelware und die leitenden Mitarbeiter «in ihrer Qualität und mit ihren Kenntnissen nicht für die Führung prädestiniert» seien,[81] allerdings mögen bei dieser Beurteilung auch Konkurrenzgefühle eine gewisse Rolle gespielt haben.

Das neue Institut übernahm jedenfalls Aufgaben, vor denen die Privatwirtschaft zurückscheute, weil die Risiken zu groß oder die Renditeerwartungen zu klein waren. Die Bilanzsumme des mit einem Aktienkapital von 25 Millionen RM ausgestatteten Instituts stieg von rund 128 Millionen RM bei ihrer Gründung im Jahr 1933 auf 440 Millionen RM Ende 1937 und 510 Millionen RM im Jahr 1938.[82] Die Umsätze stiegen im gleichen Zeitraum von 2,7 Milliarden RM auf 11,7 Milliarden RM.

Die Essener Niederlassung der Bank der Deutschen Arbeit, eine von reichsweit mehreren Dutzend, bezog 1936 schließlich in einem Gebäude in der Maxstraße ihr Quartier. Diese als regional bedeutend geltende Filiale widmete sich dem Bau von Arbeiterheimstätten wie beispielsweise der Siedlungsgenossenschaft Essen-Ost eGmbH sowie der Finanzierung von Arbeitsbeschaffungsmaßnahmen.[83]

In Essen war die Deutsche Volksbank als Institut der Christlichen Gewerkschaften die Leidtragende dieser Politik, sie wurde im nationalsozialistischen Sinn umgebildet und ihr Aktienkapital in den Besitz der DAF überführt.

Das Aktienkapital der Deutschen Volksbank befand sich 1933 zu fast 100 Prozent im Besitz der christlich orientierten Gewerkschaftsverbände. Deren Zentrale war nicht zufällig in Essen angesiedelt, denn die Stadt galt als ein Zentrum des katholischen Vereinswesens. Allein der katholische Arbeiterverein zählte 1929 in der Stadt 12 000 Mitglieder, der Volksverein für das katholische Deutschland 17 000 Mitglieder. Hinzu kamen die Jugendorganisation mit 29 000 Mitgliedern sowie die rund 10 000 Mitglieder des Katholischen Frauenbunds.[84] In der Weltwirtschaftskrise war die Deutsche Volksbank wie viele andere Kreditinstitute durch Konkurse, Vergleichsverfahren und hohe dubiose Forderungen aus früheren Jahren in die Schieflage gerutscht. Ob Vorstand und Aufsichtsrat in dieser Situation immer ein adäquates Krisenmanagement betrieben hatten, ist ungewiss. Die in der Krise umfassend gewährte staatliche Sanierungshilfe erwies sich als unzureichend; es muss nach heutigem Wissensstand als zweifelhaft gelten, ob die Deutsche Volksbank mit ihrem Geschäftsmodell hätte überleben können. Letztlich wird sich diese Frage nicht endgültig beantworten lassen, weil die nationalsozialistische Machtübernahme und die Zerschlagung der Christlichen Gewerkschaften eine Fortführung des traditionellen Bankgeschäfts nicht erlaubte.

Die bisherigen Gremienmitglieder in Vorstand und Aufsichtsrat waren als Christen wie auch als Gewerkschafter in gleich zweifachem Sinn Gegner des NS-Regimes. Ihre Resolutionen und Reden auf der außerordentlichen Ausschusssitzung des Gesamtverbands der Christlichen Gewerkschaften am 16. und 17. März 1933 waren durch Ratlosigkeit gekennzeichnet. Trotzig bekannte Bernhard Otte, dass die «christlich-nationalen Grundsätze» immer Ausgangspunkt der zukünftigen Gewerkschaftsarbeit sein müssten, und der Aufsichtsratsvorsitzende Adam Stegerwald stellte klar, dass er für die soziale Demokratie eintreten werde: «Mit Diktatur und bloßem äußerem Zwang ist der deutsche Staatswagen nicht bergauf zu ziehen.»[85] Aber der als «letzter organisatorischer Rettungsanker unter christlich-nationaler Federführung» unternommene Versuch, die Christlichen Gewerkschaften zu erhalten, hatte nicht mehr als «papierene Bedeutung».[86] Am 11. April suchte Bernhard Otte gemeinsam mit Heinrich Imbusch sogar Joseph Goebbels auf, um zu sondieren, ob die Christlichen Gewerkschaften und ihre Wirtschaftsverbände noch irgendwie vor dem Zugriff des Nationalsozialismus gerettet werden konnten.[87] Aber ihr Anerbieten, am «Tag der nationalen Arbeit», dem 1. Mai, mitzuwirken, war ein ebenso hilfloses wie aussichtsloses Unterfangen. Goebbels notierte in seinem Tagebuch sarkastisch, was er von solchen Avancen hielt: «Harmlose Naivlinge! Als wenn wir bei unserem Appell an das deutsche Volk auf die Christlichen Gewerkschaften angewiesen wären. Sie scheinen noch gar nicht zu ahnen, was sich wirklich abspielt. Nicht ein halbes Jahr wird mehr ins Land gehen, und sie sind vollkommen ausgebootet und ohne Einfluss.»[88]

Die Öffentlichkeit erfuhr am 30. April 1933, dass das Vorstandsmitglied Otto Suckau sowie Heinrich Imbusch aus dem Vorstand des Kohlensyndikats entlassen worden waren.[89] Am 2. Mai 1933 besetzten Mitglieder der SA-Standarten 58 und 60 die Gewerkschaftsbüros und verhafteten zahlreiche ihrer Funktionäre. «Hakenkreuzfahnen auf den Häusern der christlichen Gewerkschaften», lautete am 6. Mai die Überschrift in der *National-Zeitung* zur Aktion der SA-Abteilungen. Rückblickend schrieb Stegerwald, Hitler habe an diesem Tag «seinen Pakt mit der Schwerindustrie wahr gemacht und die Gewerkschaften zerschlagen».[90]

Das Vorstandsmitglied Heinrich Strunk wurde am 9. Mai 1933 zunächst beurlaubt und später ohne Abfindung entlassen. Er musste die Zeit des «Dritten Reiches» als «kleiner Vertreter» überstehen,[91] hielt jedoch insgeheim seine Verbindungen zur christlichen Opposition aufrecht und wurde nach 1945 einer der führenden Männer der Essener CDU. Heinrich Imbusch, der noch auf der letzten Generalversammlung der Christlichen Gewerkschaften Mitte März 1933 den Nationalsozialismus als «Mischung von reaktionären und revolutionären Kräften» bezeichnet hatte, floh noch im Mai aus Essen.[92] Am 24. Juni 1933 wurden überall in Deutschland die Dienststellen der Christlichen Gewerkschaften von NSBO-Kommissaren besetzt und die Arbeiter- und Angestelltenverbände endgültig der DAF eingegliedert. In Essen wurden die Sekretariate der Christlichen Gewerkschaften in Beschlag genommen.[93]

Es gehört zu den Paradoxien der Zeit, dass die kriminelle Energie des Gauleiters Terboven, der über eine «Hausbank» verfügen wollte und dabei von Hermann Göring protegiert wurde, das ehemalige gewerkschaftliche

Das «Haus der Arbeit» der DAF in Essen. Die Vermögen der zerschlagenen kleineren Essener Gewerkschaftsbanken wurden nach 1933 von hier aus verwaltet, weil hier die Essener Zentrale der Bank der Deutschen Arbeit untergebracht war.

Bankinstitut vor dem Untergang rettete. Mit Unterstützung seines Adlatus Wolfgang Müller-Clemm wurde die Deutsche Volksbank organisatorisch und finanziell neu aufgestellt und in die National-Bank umgewandelt. Terboven und seine Entourage wollten einen «Ruhrgau» schaffen, ein Vorhaben, das zwar niemals realisiert wurde, aber in den folgenden Jahren stets virulent blieb. Eng mit diesem Bestreben war der Wunsch verbunden, eine eigene leistungsfähige regionale Bank zu gründen und zugleich die anderen Kreditinstitute stärker zu kontrollieren und einzuschränken. Allgemeine Entwicklungen spielten dabei in die Hände der Gauclique: Die Wirtschafts- und Bankenkrise hatte überall im Reich die Abneigung besonders gegen Berliner Großbanken erheblich gesteigert. Diese wurden von Nationalsozialisten und Kommunisten als egoistisch und am Gemeinwohl desinteressiert desavouiert und für die Krise mitverantwortlich gemacht. In Essen spürten die Großbanken diesen Gegenwind sofort: Ihnen wurde vorgeworfen, die vorgebliche «Trust- und Konzernpolitik» maßgeblich beeinflusst zu haben.[94]

Mit der Schaffung einer Regionalbank der Rheinprovinz sollte zugleich die «Übersetzung» des Kreditgewerbes, seit den 1920er-Jahren ein Dauerthema, langfristig korrigiert werden. Die Frage, ob «Filial-Großbanken oder Regional-Banken» der Vorzug gegeben werden sollte, erhitzte die Gemüter auch deshalb, weil sich die seit April 1933 vorbereitete große Banken-Enquête im Herbst 1933 mit einer grundlegenden Reform des Kreditwesens beschäftigte. Die Überlegungen, eine zu gründende Regionalbank mit einem Kapital von bis zu 100 Millionen RM auszustatten, fand Befürworter in allen politischen Lagern. Diese führten ins Feld, dass die etablierten Großbanken zu wenig für den Mittelstand getan und den Kleinkredit vernachlässigt hätten. Ihre Gegner argumentierten hingegen, dass Banken auf regionaler Basis naturgemäß «erheblich weniger Ertragskraft» haben würden.[95]

Die durchaus ernsthaften Reformbemühungen boten den Nationalsozialisten den Hebel für eine Instrumentalisierung. Der regimenahe Privatbankier Kurt von Schröder, der selbst Regionalbankinteressen hatte, wollte die Großbanken zerschlagen bzw. sie nur als Rumpfunternehmen weiterbestehen lassen und ihre Filialen in öffentliche Regionalbanken umwandeln. Bis auf besonders große Debitoren und Kunden sollten Regionalbanken die Engagements der Großbanken übernehmen.[96] Dieser radikale Vorschlag wurde Skeptikern als gleichsam natürliche Entwicklung vermittelt, zumal im Zuge der Weltwirtschaftskrise ohnehin zahlreiche Banken unter staatliche Aufsicht gestellt worden waren. Angesichts der bereits bestehenden Beteiligung des Staates sei es, so argumentierte von Schröder, «keine revolutionäre Tat», wenn der Staat seinen Teil zum Aufbau eines Regionalbankensystems beitrage.[97] Ein ähnliches Konzept vertrat der Bankier Karl Rasche, der 1932 in den Vorstand der Westfalenbank AG in Bochum eingetreten war, öffentlich für die weitgehende Regionalisierung des Bankensektors votierte und in Essen neben Hermann van Ackeren von der National-Bank als «Wortführer» dieses Konzepts auftrat.[98]

Die Implikationen eines solchen Schrittes waren vielfältig. Regionalbanken mit öffentlichen Finanzierungsaufgaben mussten nach der NS-Machtübernahme zwangsläufig einen stärkeren Einfluss der Gauwirtschaftsberater mit sich bringen, die diesen eine «Schlüsselstellung bei politischen Finanzierungsaufgaben» verschaffen würden.[99] Entsprechend stießen die Regionalbanken-Pläne auf ein geteiltes Echo. Manche durchaus notwendigen Reformen boten den neuen Machthabern auf Länder- und Gauebene «ein willkommenes Aktionsfeld, um ältere und neuere Zielsetzungen der NS-Wirtschaftspolitik in Angriff zu nehmen und womöglich zu verwirklichen».[100] NS-Funktionäre – und die Essener Gauleitung war nur ein Beispiel von vielen – nutzten jede sich bietende Gelegenheit, die verunsicherten Bankkunden davon zu überzeugen, wie sinnvoll es doch sei, ein Konto bei einer dem Nationalsozialismus nahestehenden Bank zu eröffnen. Entsprechende Klagen über diese Beeinflussung mehrten sich seit Ende 1933. Im Dezember 1933 hielt es der Reichswirtschaftsminister gar für notwendig, die Landesregierungen und Reichsstatthalter darauf hinzuweisen, dass der Reichskommissar für das Bankgewerbe beabsichtige, «künftig jede auffällige Propaganda der Kreditinstitute mit einer von führenden Persönlichkeiten zu ihren Gunsten eingenommenen einseitigen Stellung» als eine «aufdringliche Reklame» zu missbilligen.[101] Erst das von Reichswirtschafts-

*Reichsbankpräsident Schacht (stehend links) während einer Sitzung des Zentralaus-
schusses der Reichsbank im Jahr 1936.*

minister Hjalmar Schacht auf den Weg gebrachte Gesetz über die Staatsbanken vom 18. Oktober 1935 konnte den Machthunger der Parteifunktionäre halbwegs stillen.

Es gelang Müller-Clemm, die Berliner Regierungsstellen – in erster
Linie das Reichsfinanzministerium und die Vertreter der nationalsozialistischen Bank der Deutschen Arbeit – von den Plänen Terbovens zu überzeugen, in Essen eine eigene Regionalbank zu gründen. Dafür wurde im
Juni 1933 mit Hermann van Ackeren ein Bankdirektor in den Vorstand der
Deutschen Volksbank geholt, der zuvor bei der genossenschaftlichen Vereinsbank in Duisburg tätig gewesen war und als NSDAP-Mitglied zugleich
das richtige Parteibuch hatte.[102] Am 18. Dezember 1933 wurde die Deutsche
Volksbank in «National-Bank AG» umbenannt und als Regionalbank neu
ausgerichtet. Das auf eine Million RM zusammengelegte Aktienkapital
wurde auf die DAF bzw. die Bank der Deutschen Arbeit übertragen und
anschließend auf zwei Millionen RM erhöht. Die neuen Aktien wurden
«durch die weiten Schichten des Mittelstandes der Großstadt Essen»
gezeichnet. Gauleitung und Unternehmen konzentrierten sich auf den

regionalen «kreditsuchenden Mittelstand» und verkündeten, das neu positionierte Bankinstitut im Dienste des «Allgemeinwohls» und «mit ausgeprägtem regionalen Charakter, erfüllt von nationalsozialistischem Geist tätiger Volksverbundenheit» arbeiten zu lassen.[103]

Die 1932 in Konkurs gegangene Essener Bank GmbH, die wesentliche mittelständische Interessen vertreten hatte, wurde über die National-Bank abgewickelt. Diese übernahm in Absprache mit den Liquidatoren vorwiegend mittelständische Schuldner und deren Konten mit Millionen-RM-Beträgen sowie Forderungen des Reiches über rund 1,5 Millionen RM. Die National-Bank erhielt Sicherheiten, die ein «Risiko für die Bank ausschlossen».[104]

Sukzessive wurden die reichsweit bestehenden Bankfilialen aufgegeben, als erste die Berliner Filiale Ende 1933, diejenigen in Düsseldorf, Duisburg, Köln, Münster und Saarbrücken in der zweiten Jahreshälfte 1935. Über den Weg einer stillen Emission wurde die regionale Wirtschaft erfolgreich für eine Beteiligung angeworben. Neben dem neuen Vorstandsmitglied Hermann van Ackeren spiegelte der Aufsichtsrat diese Neuausrichtung. Dem Gremium gehörten nun neben Müller-Clemm, Eugen Vögler und Fritz Thyssen wichtige NS-Funktionäre an, vor allem der Vorstandsvorsitzende der Bank der Deutschen Arbeit, Carl Rosenhauer, und sein Stellvertreter Heinz Reitbauer. Bedeutend war auch die Beteiligung der staatsnahen Bank für deutsche Industrie-Obligationen (BAFIO), einer Gründung aus der Zeit des Dawes-Plans, der die deutschen Reparationszahlungen an die Siegermächte des Ersten Weltkrieges regeln sollte. Die BAFIO hatte in der Bankenkrise im ganzen Reich vorübergehend als «Nothelfer» gedient und langfristige Darlehen an zahlreiche mittlere und kleinere Unternehmen auch an Rhein und Ruhr gegeben.[105] Als Thyssen es sich mit dem Regime verscherzte, trat 1937 der Essener Kreishandwerksmeister Fritz Pohlmann an seine Stelle. Der Essener Oberinnungsmeister und «Handwerksführer» der Kreishandwerkerschaft Essen, Adolf Wolf, vertrat das örtliche Handwerk und den Essener Verband des Einzelhandels.[106]

Das Geschäft florierte. Fast zwei Fünftel der Kredite wurden für Baugeschäfte und Bauzwischenkredite gewährt, gefolgt von Krediten für den örtlichen Einzel- und Großhandel. Zahlreiche Schreiner, Zimmerer, Klempner, Schlosser und Dachdecker gehörten zur Kundschaft. 1938 beschäftigte die National-Bank 41 «Gefolgschaftsmitglieder». Eine Erhöhung des Grundkapitals im Jahr 1941 diente vornehmlich der Geldbeschaffung für eine Fusion mit einer anderen Mittelstandsbank. Auf die bemerkenswerte und durch die Gauleitung Essen angeregte Ausweitung des Geschäfts in die

Nachbarstädte und an den Niederrhein wird in einem der folgenden Kapitel noch gesondert eingegangen.

Ebenso dramatisch wie das Ende der Deutschen Volksbank verlief die Auflösung der Bank der Arbeiter, Angestellten und Beamten AG, gegründet 1924 als eine Einrichtung der sozialistischen «freien» Gewerkschaft ADGB. Diese größte deutsche Gewerkschaftsbank war seit 1931 in Essen mit einer Filiale in der Huyssenallee vertreten. Sie wurde am 2. Mai 1933 handstreichartig übernommen und ihr Vermögen konfisziert. Die nationalsozialistische *National-Zeitung* berichtete: «Die gesamte Aktion, die den Gewerkschaftsführern ziemlich überraschend kam und deshalb zu einem vollen Erfolg führte, verlief in allen Fällen vollständig ohne jeden Zwischenfall. An dem Gebäude der Arbeiterbank in der Huyssenallee wurde von der SA feierlich die Hakenkreuzfahne gehisst, wobei sich eine große Anzahl Zuschauer ansammelte, die spontan in das Horst-Wessel-Lied einstimmte.»[107]

Die Sparkasse Essen

Die Regierungsübernahme durch die Nationalsozialisten bedingte, nicht anders als in anderen Kommunen des Reiches, eine Verfilzung zwischen Sparkassen und NS-Organisationen. Sie galten als öffentlich-rechtliche Kreditinstitute als vergleichsweise «staatsnah», waren deshalb besonders exponiert und im Visier von regionalen und lokalen Parteigrößen, die sich «zusätzliche Machtpositionen, lukrative Einnahmen und billige Kredite» erhofften.[108] An der Spitze der Sparkassen standen meist Männer, die rechtsliberal und nationalistisch, aber nicht nationalsozialistisch waren. Die Weltwirtschaftskrise hatte allerdings das Ansehen der Sparkassen erschüttert, da sie anders als in Essen vielerorts durch freigiebige Kommunalkredite in die Krise geraten waren. Sie mussten ihr Geschäftsmodell gegen die Kritik der NSDAP, der anderen Bankengruppen und der staatlichen Behörden verteidigen. In dieser Zwangslage ließen sich viele auf Parteilinie bringen und passten sich opportunistisch bereitwilliger an, als es notwendig gewesen wäre. Dies galt auch für die Sparkasse Essen, die nach 1933 bei der Konkurrenz als fast ebenso parteinah galt wie die Bank der Deutschen Arbeit und die National-Bank.[109]

Kritiker hatten während der Finanzkrise eine zu nachlässige Politik der staatlichen Aufsichtsbehörden beklagt und diese für die Krise der Landesbanken mitverantwortlich gemacht. Die Empfehlungen der Banken-Enquête-Kommission von 1934 hatten für die Sparkassen gravierende Folgen. Die Aufspaltung des Rheinisch-Westfälischen Sparkassenverbands, eine Konsequenz der Bankenkrise, bot der NSDAP einen günstigen Hebel. Viele «Parteigenossen» waren der Ansicht, die Sparkassen arbeiteten zwar durchaus gemeinwohlorientiert, aber nicht genügend nationalsozialistisch. Die Sparkasse Essen wurde trotz ihres soliden Wirtschaftens für die Missstände bei anderen Sparkassen mit in Haftung genommen.

Die Landesbank der Rheinprovinz, die ihre Funktion als Girozentrale der Sparkassen bereits zuvor verloren hatte, wurde zum 1. April 1935 in die Rheinische Girozentrale und Provinzialbank umgewandelt.[110] Die Bank behielt ihren Sitz in Düsseldorf, obwohl es Überlegungen gegeben hatte, diesen nach Köln zu verlegen. Die 1924 eingerichtete Landesbank-Niederlassung Essen wurde aufgelöst. Die Entwicklung war ein Trauerspiel, aber wenigstens wurde die Landesbank nicht ganz liquidiert, und ihr blieb auch ein Staatskommissar erspart, wie er bei der Landesbank der Provinz Westfalen in Münster eingesetzt wurde, deren Sanierung Bankfachleute und Politiker noch bis zum Ende des «Dritten Reiches» beschäftigte.[111]

Die Sparkasse Essen war im Vergleich mit anderen Kreditinstituten in den Krisen 1923 bzw. 1929/31 vergleichsweise glimpflich davongekommen. Mit 280 000 Sparkonten im Jahr 1933[112] war sie das mit Abstand größte Kreditinstitut der Stadt. Seit 1932 verwaltete sie zudem die rund 8000 Konten der Arbeiter und Angestellten der «Krupp'schen Spareinrichtung».[113] Der seit 1925 amtierende Direktor der Sparkasse Essen, Johann Thomsen, blieb zwar in Amt und Würden, allerdings wurden im Vorstand und bei den Stellvertretern eine ganze Reihe von Männern neu berufen. Die Gründe hierfür liegen im Dunkeln, aber die einschlägige Studie vermutet, dass «unter der Gefolgschaft zuverlässige Parteigenossen darauf achteten, dass die Sparkasse den Wünschen und Vorstellungen der Herrschenden» genügte.[114]

Durch das Kreditwesengesetz von 1934 wurde die grundsätzliche Bedeutung der Sparkassen gleichsam amtlich bestätigt. Als «Bank der kleinen Leute» behielt sie ihre soziale Funktion als Instrument der Armutsfürsorge und des Schutzes der unteren Schichten, transformierte sich aber zugleich zu einer Universalbank und einem Förderer von mittelständischen Unternehmen.[115]

Ihre Bedeutung nahm in den folgenden Jahren im Vergleich zu den privaten Großbanken zu, was sich in der überproportional steigenden Zahl der Mitarbeiter spiegelte. Zwar wurden 1933 noch zwei neue Zweigstellen am Isenberg und in Borbeck eröffnet, aber die von der Enquête-Kommission kritisierte «Übersetzung» des Bankensektors beendete die durch die Eingemeindungen bedingte Ausweitung ihres Zweigstellennetzes. Seit 1934 wurde die Neueinrichtung einer Zweigstelle von einer strengen Bedarfsprüfung des Reichswirtschaftsministeriums als zuständiger Aufsichtsbehörde abhängig gemacht, was die Ausdehnung effektiv stoppte.[116] Aber selbst 1941 verfügte die Sparkasse Essen immer noch über 21 Hauptzweigstellen, drei Nebenzweigstellen und neun «Annahmestellen» mit eingeschränktem Service wie der Einzahlung auf Spar- und Girokonten.[117]

Der Sparverkehr machte nach 1933 weiterhin das Brot-und-Butter-Geschäft der Sparkasse aus. An den Essener Volksschulen, Mittelschulen, Berufsschulen und Gymnasien bestanden insgesamt rund 250 Schulsparkassen, die von den Lehrern ehrenamtlich geleitet wurden. Auf diesen 12 000 Schulsparkonten lagen 1937 aber insgesamt nur 150 000 RM, und bei den Einzahlungen handelte es sich in der Regel um Pfennigbeträge, die dazu dienten, Kindern und Jugendlichen den Sinn des Sparens nahezubringen. Ähnlichen Zwecken dienten andere Arten des Kleinsparens wie die «Aussteuersparkasse» für junge Frauen, die in Essen die Schule verließen, die Berufsschulsparkasse und die Essener «Wehrmachtssparkasse».[118] Das traditionelle Kleinspargeschäft, die Ausgabe von «Heimsparbüchsen» für Kinder und Jugendliche, wurde erweitert. Ende 1939 waren 37 845 dieser Büchsen ausgegeben, mit einem insgesamt allerdings recht bescheidenen Gesamtbetrag von 466 440 RM, also etwas über zwölf RM pro Konto. Außerdem waren bei Essener Vereinen und Gaststätten insgesamt 755 «Sparschränke» aufgestellt.[119]

Das Kreditgeschäft bezog sich wesentlich auf den kaufmännischen und handwerklichen Mittelstand, denn die Gelder der Sparkasse sollten «ausschließlich der örtlichen Wirtschaft in Form von Hypotheken und Krediten zu möglichst günstigen Bedingungen» zur Verfügung stehen. Von den rund elf Millionen RM für Geschäftskredite wurden aber bis 1941 nur 5 865 000 RM in Anspruch genommen. Nennenswerte Industrieaufträge waren nicht darunter, weil die Sparkasse keine Geschäftskredite mit Beträgen über 100 000 RM gewähren durfte.[120] Korporationsdarlehen an den eigenen Garantieverband wurden stets nur innerhalb der durch die jeweilige Satzung gezogenen Grenze gegeben, und selbst diese wurden in den 1930er-Jahren bei Weitem nicht erreicht, weil die Summe dieser Darlehen nur 35 Prozent des zulässigen Höchstbetrags ausmachte. Die Sparkasse zahlte weiterhin erhebliche Überschüsse an die Stadt Essen. Waren es 1933 nur 300 000 RM, so stieg der Betrag auf 850 000 RM im Jahr 1937, und in den beiden Folgejahren wurden je 800 000 RM an die Kommune überwiesen.[121]

Werbung für das Schulsparen und den «Schulspartag».

Unerfreulich blieb die Lage beim Kommunalkredit. Ein Gemeinde-umschuldungsgesetz vom 21. September 1933 sollte den Kommunen einen «geordneten Rückzug aus dem Schuldenturm» ermöglichen.[122] Hierfür wurden Schulden der Städte und Gemeinden in Höhe von insgesamt 2,75 Milliarden RM in eine vierprozentige Gemeindeumschuldungsanleihe konvertiert. Wer ablehnte, musste in eine fünfjährige zinslose Stundung einwilligen.[123] Im Rahmen dieser erzwungenen Konversion wurden insgesamt 522 Millionen RM kurzfristige Kommunalkredite umgeschuldet. Essen profitierte davon, dass durch das Umschuldungsgesetz fast die gesamten kurzfristigen Kommunalverpflichtungen in langfristige Anleihen umgewandelt wurden, was den Stadtsäckel spürbar entlastete.[124]

Durch ein weiteres Konversionsgesetz vom 24. Januar 1935 «zur Durchführung der Zinsermäßigung bei Kreditanstalten und öffentlichen Anleihen», das durch das «Gesetz über die Gewinnverteilung bei Kapitalgesellschaften» («Anleihestockgesetz») vom 4. Dezember 1934 vorbereitet worden war, wurden die Tore zu einer noch strengeren Regulierung weit geöffnet. Aktien brachten fortan keine höhere Rendite als festverzinsliche staatliche Wertpapiere.[125] Pfandbriefe in Höhe von insgesamt 6,4 Milliarden RM sowie Kommunalobligationen über 1,8 Milliarden RM wurden von 6 auf 4½ Prozent umgestellt.[126] Im Frühjahr 1935 wurde mit dem «Gesetz über die

Zinsermäßigung bei öffentlichen Anleihen» eine auf dem gleichen Prinzip beruhende Maßnahme für öffentliche Anleihen über 2,1 Milliarden RM beschlossen.[127]

Angesichts des großen Mangels an Wohnraum blieb das Bauen ein wichtiges Betätigungsfeld der Sparkassen. Langfristige Hypothekendarlehen gehörten traditionell ebenfalls zum Kerngeschäft der Essener Sparkasse, das 1934 noch rund 47 Prozent ausmachte. Die Sparkassen boten inzwischen sogar an, den Bau von Kasernen zu finanzieren[128] – ein Feld, für das sich der NS-Staat aber bereits andere Kreditgeber auserkoren hatte. Die Sparkasse Essen profitierte dennoch davon, dass die Stadt 1937 wieder eine Garnison wurde. Die dort stationierten Soldaten erhielten ihre Dienstbezüge über ein bei der Sparkasse eingerichtetes Gehaltskonto.[129] In den folgenden Jahren war sie auch am HJ-Sparen und am «Gefolgschaftssparen» beteiligt und führte auch «Anweisungen bei der Beschlagnahme jüdischen Eigentums» aus. Immerhin ist der Essener Sparkasse, wie eine neuere Studie feststellt, «keine aktive oder prononcierte kriegstreiberische oder rassistische Haltung oder Bereicherung nachzuweisen, zumindest keine, die über die kommunalen Aktivitäten hinausging».[130]

1937 präsentierte Direktor Thomsen stolz gute Zahlen: 302 000 Sparkonten, mehr als 16 000 Girokonten und über 8000 Hypothekenkonten. Die Höhe der Spareinlagen betrug 150 Millionen RM, die Giroeinlagen 27 Millionen RM. Der Jahresumsatz belief sich inzwischen auf 1,94 Milliarden RM bei einer Bilanzsumme von über 185 Millionen RM.[131]

Die Sparkasse Essen verwaltete im Jahr 1941 über 355 000 Sparkonten, über 21 200 Girokonten sowie 8564 Hypotheken über fast 72 Millionen RM. Sie hatte seit 1924 3661 Wohnhäuser mit 14 018 Wohnungen und 52 575 Wohnräumen finanziert. Mit Blick auf Einlagenbestand und Bilanzsumme war sie die größte Sparkasse des Ruhrgebiets, die zweitgrößte Sparkasse im Rheinland und in Westfalen und die fünftgrößte im gesamten Deutschen Reich.[132]

Die Essener Kreditgenossenschaften

Das Genossenschaftswesen mit seiner spezifischen Typenvarianz befand sich durch selbstverschuldete Rückständigkeit, verpasste Rationalisierungen und kleinliche Streitereien in den 1930er-Jahren in einer Schräglage.[133] Für die über 30 000 Genossenschaften war eine Reorganisation dringend notwendig, weil selbst in manchen kleinen Kommunen gleich drei oder vier

Genossenschaften mit vergleichbaren Aufgaben um einige Dutzend Kunden konkurrierten. Immer wieder gab es Überlegungen, kleinere Institute aufzulösen oder zusammenzulegen, wie beispielsweise die Altendorfer Spar- und Darlehnskassenvereins eGmbH mit ihren rund 200 Mitgliedern, was jedoch von der Generalversammlung einstimmig abgelehnt wurde.[134]

Zwar war 1929 ein einheitlicher Reichsverband geschaffen und in den folgenden beiden Jahren waren Doppelstrukturen sowie Geld- und Warenzentralen abgebaut worden, aber die Weltwirtschaftskrise hatte den Ruf nach staatlicher Hilfe lauter werden lassen. 1933 blies die «braune Bewegung» sogleich zu einem Generalangriff auf die bürgerliche Spitze des Genossenschaftsverbands, der auf Ultimaten kopflos reagierte und bald «gleichgeschaltet» wurde.

Im städtischen Raum waren genossenschaftliche Kreditinstitute viel seltener anzutreffen als auf dem Land. Von den rund 21 000 Instituten zählten nur knapp 2300 zum städtisch-gewerblichen Sektor. Dies spiegelte sich auch im Ruhrgebiet, wo Genossenschaftsbanken traditionsreich, aber an einer Hand abzuzählen waren. Diese lokal arbeitenden Banken waren für die dezentrale Kreditversorgung vor allem des Mittelstands zuständig; sie waren angesichts mangelnder Liquidität und des meist geringen Eigenkapitals daher, ähnlich wie die Sparkassen, auf ein Spitzeninstitut angewiesen. Dies war neben der Rheinischen Genossenschaftsbank eGmbH die in Berlin ansässige Deutsche Zentralgenossenschaftskasse.

Nach dem Untergang der Essener Bank waren die lokalen Kreditgenossenschaften alle von geringer Größe. An und für sich lag es nahe, neben der von den Nationalsozialisten als Regionalbank vorgesehenen National-Bank auch eine genossenschaftliche Mittelstandsbank zu etablieren. Die Aussichten hierfür waren allerdings nicht gerade günstig. Die 1895 gegründete Altenessener Credit-Anstalt eGmbH, die 1942 rund 2000 Kundenkonten für ihre 347 Mitglieder führte,[135] fühlte sich traditionell den örtlichen mittleren und kleinen Gewerbebetrieben verbunden. Bei Umsätzen in Höhe von 52 Millionen RM wurde 1941 das erste Mal in ihrer Geschichte die – immer noch ausgesprochen bescheidene – Bilanzsumme von zwei Millionen überschritten.[136] Die viel kleinere, im Jahr 1896 als Credit-Verein Werden gegründete Werdener Bank eGmbH mit 108 Mitgliedern und Sitz im Haus der Hirschapotheke hatte mit einigen Schwierigkeiten die Finanzkrise überwunden. 1938 wurde sie in Volksbank Werden eGmbH umbenannt, zeitweilig ergänzt durch die Bezeichnung «Bank und Sparkasse». Für das Jahr 1940 wurde eine Bilanzsumme in Höhe von rund einer halben Million RM ausgewiesen. Die Volksbank Altenessen eGmbH und der Rellinghauser Spar- und Darlehnskassenverein waren ebenfalls nur kleine, örtlich arbeitende Kreditgenossenschaften. Daneben gab es in der Stadt drei – allerdings vergleichsweise unbedeutende – lokale Beamtengenossenschaften. Der 1926 gegründeten Beamtenbank Essen eGmbH in der Bismarckstraße, später in die Selmastraße, war keine Zukunft beschieden:[137] Ihre Kunden und Bestände wurden im Zweiten Weltkrieg von der Sparkasse Essen übernommen. Nicht anders war es bei der Spar- und Darlehns-Gemeinschaft der Beamten und Angestellten der Stadtverwaltung Essen eGmbH sowie dem Spar- und Vorschussverein von Beamten der Stadt Essen, die in die Volksbank Essen integriert wurden.

Einen Sonderstatus hatte die Deutsche Verkehrs-Kredit-Bank AG, die 1923 als Hausbank der Reichsbahn-Gesellschaft in Berlin gegründet worden war. Sie verfügte reichsweit über 22 Niederlassungen und 39 Wechselstuben an allen Sitzen der Reichsbahndirektion und den großen deutschen Bahnhöfen, wo ausländische Banknoten getauscht und Reiseschecks eingelöst werden konnten. Essen war ein wichtiger Verkehrsknotenpunkt. Daher war 1924, unmittelbar nach Abzug der französischen Eisenbahnregie, in der Lindenallee eine Zweigniederlassung eröffnet worden.[138] Die Aufgabe der Spezialbank, deren Aktionärskreis im Wesentlichen von den Berliner Großbanken und weiteren Privatbanken gestellt wurde, bestand auch in den 1930er-Jahren vornehmlich in der Abwicklung der Geldgeschäfte, die bei Frachtstundungen entstanden, sowie der Vergabe von Frachtkrediten an Lieferanten der Reichsbahn. Die Bank hatte in der Weltwirtschaftskrise mittels einer komplexen Schachtelkonstruktion auch die Spedition Schenker übernommen. Noch in der Weimarer Republik wurde die Reichsbahn durch öffentliche Arbeitsbeschaffungsprogramme alimentiert, von denen sie auch nach 1933 profitierte. Die Entwicklung der als Bank mit öffentlichem Auftrag umgehend «gleichgeschalteten» Deutschen Verkehrs-Kredit-Bank im «Wirtschaftswunder» des «Dritten Reiches» spiegelte sich in beeindruckenden Zahlen: Die Frachteinnahmen stiegen seit 1932 von 105 Millionen RM auf 238 Millionen RM im Jahr 1937, also eine Steigerung um 125 Prozent. Die Gesamtumsätze nahmen im gleichen Zeitraum von 1,6 Milliarden RM auf 3,4 Milliarden RM zu.[139] Während das Streckennetz der Reichsbahn bis in die Zeit des Zweiten Weltkriegs weiter wuchs und dadurch auch die Frachtstundungsgeschäfte zunahmen, wurden zahlreiche Wechselstuben Ende 1939 geschlossen. Eng mit der Entwicklung der Deutschen Verkehrs-Kredit-Bank verbunden waren zahlreiche Eisenbahnsparvereine in ganz Deutschland, von denen viele während der Wirtschaftskrise ins Schlingern gerieten und daraufhin durch eine Bürgschaftserklärung der Reichs-Verkehrs-Bank gerettet werden mussten. Ihre Geschäfte und Spareinlagen waren fortan zwar gesichert, aber sie wurden in Berlin zentralisiert. Der Vorstandsvorsitzende der Essener Sparda-Bank, Franz Hotze, wechselte aus diesem Anlass auf einen Direktorenposten in Berlin. Die Bankguthaben der Essener Sparda-Bank wurden im Zuge der engeren Anbindung an die Reichsbahn ebenfalls bei dieser Zentralbank in Berlin deponiert. Die negativen Folgen zeigten sich erst nach 1945, weil sich die Kreditgenossenschaft mit öffentlichen Schuldtiteln wie Reichsschatzwechseln, Reichsschatzanweisungen und Arbeitsschatzwechseln eingedeckt hatte,[140] die nach Kriegsende das Papier nicht mehr wert waren, auf dem sie gedruckt waren.

Die Essener Filialen der Großbanken und weitere Privatbanken in Essen

Die Großbanken standen infolge der Weltwirtschaftskrise unter starkem Druck, denn ihr Geschäftsmodell war noch stärker in Bedrängnis geraten als das der Sparkassen und Kreditgenossenschaften. Antikapitalistische Kräfte innerhalb der NSDAP befehdeten sie heftig als raffgierig und «liberalistisch» und drohten mit der Verstaatlichung. Erschwerend kam hinzu, dass sie zum Teil staatliche Hilfe in Anspruch hatten nehmen müssen. Die Kapitalmehrheit der Dresdner Bank und der Commerzbank lag bis zur Reprivatisierung 1937 beim Reich, was die personalpolitischen Einflussmöglichkeiten erhöhte. Hinzu kam mit der Bank der Deutschen Arbeit ein aggressiver Konkurrent, der ihnen durch «skrupellose Unterbietungen»[141] das Leben schwermachte.

Durch das Kreditwesengesetz vom Dezember 1934 wurden Mindesteigenkapitalvorschriften festgesetzt und scharfe staatliche Kontrollen für die Kreditvergabe eingeführt.[142] Der Höchstbetrag, der an einen einzelnen Kreditnehmer vergeben werden konnte, durfte einen bestimmten, vom Reichsaufsichtsamt für Kreditwesen festzulegenden Prozentsatz der Kapitalausstattung des Bankinstituts nicht übersteigen. Kreditbeträge über 5000 RM waren an eine Buchprüfung des Kunden gebunden, noch größere Kredite erforderten die Zustimmung des gesamten Vorstandes. Auch hinsichtlich von Mindestreserven wurden die Banken stärker beaufsichtigt. Privatbanken mussten seit 1935 ihre Bilanzen offenlegen. Die Vorstände erhielten eine größere gemeinsame Verantwortung, während die Aktionsmöglichkeiten einzelner Bankdirektoren beschnitten wurden. Alle diese

Maßnahmen waren ein Handicap für die Privatbanken, die sich viel stärker als andere Kreditinstitute der Industriefinanzierung widmeten.

Die Filialen der drei in Essen vertretenen privaten Großbanken Deutsche Bank, Dresdner Bank und Commerzbank seien, so führte eine Schrift im Jahr 1938 aus, «mit besonderen Vollmachten ausgestattet» und nähmen eine vergleichsweise «selbständigere Stellung» ein.[143] Diese Aussage lässt sich kaum verifizieren. Die Filialen erhielten in der Regel die strategischen und wichtigen personalpolitischen Vorgaben aus Berlin. Rudolf Lencer, der Leiter der Reichsbetriebsgemeinschaft Banken und Versicherungen, klagte bezeichnenderweise 1936 über das «Abhängigkeitsverhältnis», das die Filialen zwinge, wegen «jeder Kleinigkeit» erst in Berlin nachzufragen. Und die typische Klage eines Filialleiters lautete: «Wir wollen schon, aber Berlin will nicht. Und wenn ich nach Berlin komme, dann sagt man immer, wir haben nichts dagegen.»[144] In den Zentralen der Großbanken erfolgte die nominelle «Nazifizierung» besonders schnell. Sie meldeten 1935/37, dass alle Mitarbeiter der Zentrale Mitglied in der DAF geworden seien, was zudem offizielle Einstellungsvoraussetzung wurde. In den Filialen war das Bild undeutlicher. Bei der Commerzbank waren in der Zentrale zehn Prozent der Angestellten «Parteigenossen», in den Filialen schwankte der Anteil zwischen sechs und 28 Prozent,[145] was darauf schließen lässt, dass die örtlichen Faktoren eine große Rolle spielten. In Essen waren von den 36 Beschäftigten der Filiale jedenfalls lediglich fünf Mitglied der NSDAP.[146]

In den Großbank-Filialen waren das Kreditgeschäft, die Außenhandelsfinanzierung sowie der Aktienhandel nach 1933 zunächst rückläufig. Der Kundenkreis setzte sich aus den für das Revier typischen Großkreditoren aus der eisenerzeugenden und stahlverarbeitenden Industrie zusammen. Neben Kohlenzechen und Hüttenanlagen fanden sich auch zahlreiche Unternehmen der Chemie- und Bauindustrie sowie der Energiewirtschaft als Kreditnehmer. Die Wirtschaftsverbände und Verkaufsorganisationen wie z. B. der Roheisenverband und das Kohlensyndikat gehörten weiterhin zu den wichtigsten Kunden. Bei manchen Bankenkonsortien waren alle drei Essener Filialen der privaten Großbanken beteiligt, wie zum Beispiel bei dem Kredit für die Gelsenberg-Benzin AG. Dieser Gesellschaft wurde im Zweiten Weltkrieg von zahlreichen Banken ein Kredit über insgesamt 30 Millionen RM zur Herstellung von Treibstoff auf Kohlebasis zur Verfügung gestellt.[147]

Die Deutsche Bank nahm in der Region eine Sonderstellung ein. Im Gau Essen war sie noch in Duisburg, Mülheim, Oberhausen, Kleve und Moers vertreten. In Essen war sie die größte Privatbank. Nachdem die ehr-

würdige Essener Credit-Anstalt im Frühjahr 1925 nach 53-jähriger Unabhängigkeit in der Deutschen Bank aufgegangen war, hatte die Filiale ihre
alte Firmenbezeichnung noch einige Zeit beibehalten. Erst 1929 hatte sie im
Zuge der Verschmelzung von Deutscher Bank und Disconto-Gesellschaft
den Namen «Deutsche Bank und Disconto-Gesellschaft» angenommen.
Seit Oktober 1937 nannte sie sich offiziell «Deutsche Bank Filiale Essen».[148]
An ihrer Spitze stand seit 1935 Gotthard von Falkenhausen, ein Rechtsanwalt, der bis 1934 als Justiziar bei der Disconto-Gesellschaft in Berlin tätig
gewesen war. Unter ihm entwickelte sich das Geschäft besonders dyna-
misch. Es erklärte sich fast von selbst, dass die Filiale in die Finanzierung
der Aufrüstung und Lieferung von Kriegsmaterial eingeschaltet war.[149]
Steag, Gelsenberg-Benzin AG, die Gewerkschaft Zeche Heinrich sowie Th.
Goldschmidt AG waren nur einige der wichtigen Kunden, die, häufig im
Rahmen von Konsortien, Kredite erhielten, bei denen die Führung bei der
Deutschen Bank lag.

Auch bei der «Arisierung» der jüdischen Bank Simon Hirschland
spielte die Deutsche Bank eine zentrale Rolle, auf die später noch eingegangen wird. Auf einem anderen Blatt steht, dass Gotthard von Falkenhausen
dem NS-Regime ablehnend gegenüberstand. Er wurde während des Zweiten Weltkriegs Wirtschaftsfachmann beim Militärbefehlshaber in Frankreich, war als Freund Cäsar von Hofackers einer der Beteiligten an der
Verschwörung vom 20. Juli 1944, saß deshalb im Januar 1945 auf der An-
klagebank des berüchtigten Volksgerichtshofs und entging nur durch Glück
dem Todesurteil.[150]

Die Dresdner Bank als zweitgrößte deutsche Privatbank, im Gau Essen
noch in Duisburg und Mülheim vertreten, hatte ihre Essener Filiale an der
Ecke Kapuzinergasse/Rathenaustraße, die im Mai 1933 allerdings in Diet-
rich-Eckart-Straße umbenannt wurde. An der Fassade des repräsentativen
Gebäudes erinnerten die Schriftzüge «Danat-Bank» sowie «Darmstädter-
und Nationalbank» noch daran, dass das Institut aus der 1932 vollzogenen
Fusion der Dresdner Bank mit der Darmstädter- und National-Bank hervorgegangen war. Der Filialbezirk umfasste die Stadt Essen, die nähere süd-
liche Umgebung und grenzte dort an zahlreiche Filialen der Düsseldorfer
Direktion. Zugeordnet war eine Unterfiliale in Gelsenkirchen, die über
keine eigene Buchführung verfügte. Zur Betreuung des rheinisch-westfälischen Industrieriviers war ein Mitglied der Düsseldorfer Direktion
gleichzeitig auch in der Essener Geschäftsleitung tätig; daneben bestand
eine eigene Ruhrbezirksdirektion, deren Vertreter den Filialen Düsseldorf,
Essen und Dortmund angehörten. Die Filiale mit vier Bankdirektoren und,

bis 1934, einem Börsendirektor hatte gegen die alteingesessenen Platzhirsche, vor allem Simon Hirschland und die Essener Credit-Anstalt,
«schwer anzukämpfen» gehabt. Die Filiale setzte auf die wachsende Bedeutung des interurbanen Verkehrs und auf die «Selbständigkeitstendenzen»
der Essener Industrie gegenüber Düsseldorf. Nach 1933 war der Geschäftsumfang zunächst vergleichsweise gering. Die Bilanzsumme betrug 1934
rund 22 Millionen RM, erst in den folgenden Jahren führten Wirtschaftsaufschwung, Vierjahresplan und das Geschäft mit der Montanindustrie zu
einem Aufschwung. Auch die Zahl der Mitarbeiter stieg von 80 auf rund
100 bei Kriegsausbruch. Großkredite wurden unter anderem an die Essener
Bergwerks-Verein König Wilhelm AG, die Ferrostaal AG, die RWE sowie
Peek & Cloppenburg vergeben. Bei Friedr. Krupp fungierte die Essener
Filiale gar als eine Art örtliche «Hausbank».[151] Allein von 1937 auf 1938 erhöhte sich die Kundenzahl von 1920 auf 2500, und die Bilanzsumme stieg
bis 1939 auf 32,4 Millionen RM.[152]

Durch das Aufgehen der Mitteldeutschen Creditbank in der Commerz-
und Privatbank AG im Jahr 1929 wurde das Geschäft in Essen neu geordnet. Die seit 1919 bestehende Essener Filiale der Commerzbank in der Lindenallee 1 wurde nach der Fusion auf die in der Lindenallee 21–23 gelegenen
Geschäftsräume übertragen. Die beiden Commerzbank-Direktoren Otto
Jost und Hubert Schulte übernahmen die Leitung der vergrößerten Filiale;
der bisherige Filialleiter der Mitteldeutschen Creditbank wurde Abteilungsleiter. Im Zuge der Integration der in der Rathenaustraße bestehenden
Filiale des Barmer Bankvereins, der in der Region fast 50 Geschäftsstellen
hatte, schuf sich die Commerzbank im Jahr 1932 eine stabile Position in der
Essener Bankenlandschaft. Dennoch fiel sie im «Dritten Reich», gemessen
an der Bilanzsumme, vom dritten auf den vierten Platz unter den Großbanken zurück. Im Gau Essen war sie in Essen, Duisburg, Mülheim, Oberhausen und Kleve vertreten. Das Geschäft ihrer Essener Filiale beschränkte
sich auf den Stadtkreis Essen, der von einer einzigen Zentralstelle aus
geführt wurde, was den Verwaltungsaufwand in engen Grenzen hielt. Seit
1937 wurden die Filiale der Commerzbank «von dem durch die Aufrüstung
und den Vierjahresplan ausgelösten Konjunkturaufschwung besonders stark
berührt».[153] Sie beteiligte sich an zahlreichen Konsortial- und Emissions-
geschäften; zu den Kunden zählte das Kohlensyndikat, RWE, Rheinstahl,
die Emschergenossenschaft, die Verkaufsvereinigung für Teererzeugnisse,
die Essener Steinkohlenbergwerke AG, der Mülheimer Bergwerks-Verein,
die Gewerkschaft Langenbrahm in Essen, die Gewerkschaft Zeche Heinrich
in Kupferdreh, die Gelsenkirchener Bergwerks-AG sowie Coca-Cola. Groß-

Zahlreiche Firmen im Ruhr-gebiet griffen auf Anleihen zurück, um sich im Zweiten Weltkrieg zu finanzieren. Abgebildet ist eine Teil-schuldverschreibung der Ruhrgas AG, die nach Kriegs-ende praktisch wertlos war.

kredite bzw. Kontokorrentkredite wurden u. a. an Ferrostaal, Th. Gold-schmidt AG, RWE, Friedr. Krupp AG, Krupp Treibstoff GmbH sowie Hochtief vergeben.[154] Die Bilanzsumme erhöhte sich von 28 Millionen RM im Jahr 1936 auf rund 35 Millionen RM vor Kriegsausbruch. Die Bank hatte inzwischen über 3300 Kunden und rund 3700 Sparkonten. Ein Prüfbericht kam 1939 zum Ergebnis, dass die Filiale über «ein gesundes Geschäft mit sehr günstigen Ertragsverhältnissen» verfüge. Die wenige Wochen nach Ausbruch des Zweiten Weltkriegs getroffene Prognose, dass «sich durch die Umstellung der Wirtschaft auf den Kriegsbedarf keine nachteiligen Folgen ergeben» würden, erwies sich allerdings als unzutreffend.[155]

Privatbanken standen zunehmend unter Druck. In einer zeitgenös-sischen Darstellung war die allgemeine Klage über den «Rückgang des Privatbankierstandes und die Ersetzung von Privatbanken durch Groß-bankfilialen» prominent.[156] In Essen quittierten vor allem kleinere Essener Privatbanken im Zuge der Weltwirtschaftskrise den Dienst bzw. wurden auf dem Verordnungsweg durch Erlass des Reichskommissars für das Kreditwesen, Friedrich Ernst, geschlossen. In der Regel waren dies Institute, die mit wenigen oder gar keinen Angestellten arbeiteten und bei denen von professioneller Banktätigkeit nur in den seltensten Fällen gesprochen werden konnte. Im September 1936 wurde das 1923 gegründete Bankgeschäft W. Löhr & Co. in der Alfredstraße vom Reichskommissar für das Kreditwesen geschlossen.[157] Das im Effektengeschäft tätige Institut, ein Einmann-Betrieb mit einem einzigen Lehrling, hatte 1935 noch nicht einmal mehr Mitgliedsbeiträge zahlen können, woraufhin der Centralverband des Deutschen Bank- und Bankiergewerbes von sich aus die Schließung vorgeschlagen hatte: «Da eine Firma, deren Barmittel nicht einmal die Summe von 10 RM ausmachen, u. E. keinesfalls die Voraussetzungen für den Betrieb eines Bankgeschäfts besitzt, bitten wir, gegen die Firma ein Verfahren nach § 6 KWG auf Untersagung der Fortführung des Geschäftsbetriebs einzuleiten.»[158] Das Bankgeschäft Waldemar Lindemann, gegründet 1930, wurde 1937/38 das letzte Mal erwähnt.

In prekärer Lage waren auch andere kleinere Bankgeschäfte. Die 1934 gegründete Hansa West-Kredit GmbH in der Dreilindenstraße verschwand im gleichen Jahr schon wieder von der Bildfläche. Nicht viel länger existierte die Citonia Spar- und Darlehnsgesellschaft mbH in der Hindenburgstraße, die nur im Jahr 1936 bestand. Das Bankgeschäft Ludwig Kleesattel in der Isabellastraße, im Wesentlichem eine Agentur der in Meiningen und Weimar ansässigen Deutschen Hypothekenbank, wurde 1934 gegründet und 1943 wieder geschlossen, nachdem der Gründer verstorben war und die Bank auf einer Liste des Reichsaufsichtsamts für das Kreditwesen derjenigen Banken gestanden hatte, bei denen zu prüfen war, ob sie eine «Lebensberechtigung» hatten.[159]

Das von Gustav Pabst als persönlich haftendem Gesellschafter geleitete Bankgeschäft Chassée & Co. KG, 1934 noch mit drei Angestellten und einem Lehrling in der Maxstraße arbeitend, später in der Wandastraße, vergab kleinere Kredite an Gewerbetreibende und war im Kuxen- und Effektengeschäft tätig. Es war 1937 überschuldet, und deswegen untersagte ihm der Reichskommissar für das Kreditwesen im Mai die Fortführung des Geschäftsbetriebs und entzog ihm die Devisenbankeigenschaft. Nach juristischen Auseinandersetzungen mit Gläubigern und den Steuerbehörden im Sommer 1937 stellte es den Geschäftsbetrieb ein und wurde im Dezember 1937 geschlossen.[160]

Die 1909 als Rheinische-Westfälische Landgesellschaft AG gegründete «Essener Privatbank Aktiengesellschaft» in der Heinickestraße, geleitet von dem Juristen August Diederichs als alleinigem Vorstand, war auf Grundstücksgeschäfte spezialisiert. Die Bilanz sowie die Gewinn- und Verlustrechnung verwiesen 1933 auf eine schwache Konstitution des Kreditinstituts,[161] das 1934 aus dem Handelsregister gelöscht wurde.[162] Nicht viel besser erging es der 1905 gegründeten und mit einem Kapital von rund einer Million RM ausgestatteten «Westdeutsche Terrain- und Baubank AG» in der Huyssenallee. Sie verwaltete Grundstücke im rheinisch-westfälischen Industriegebiet, war aber auch an der Finanzierung von «Koloniebauten» beteiligt, also Wohnungen, die von Firmen für ihre Arbeiter und Angestellten errichtet wurden. Die Bank wurde in der Wirtschaftskrise schwer in Mitleidenschaft gezogen. Ihre Tochtergesellschaft «Vereinigte Essener Dampfziegelwerke GmbH» mit Werken in Bredeney und Rüttenscheid produzierte regelmäßig Verluste. Das Werk Rüttenscheid lag seit 1932 ganz still und wurde 1936 abgebrochen.[163] Das Kapital musste 1938 auf 900 000 RM und 1941 ein weiteres Mal auf 700 000 RM herabgesetzt werden.[164] Da im Krieg kaum noch gebaut wurde, führte an der im August 1941 beschlossenen Auflösung kein Weg vorbei. Nach Kriegsende wurde die nun in der Schinkelstraße beheimatete Gesellschaft, inzwischen unter dem Namen «Westdeutsche Terrain-Aktiengesellschaft i. Abw.», endgültig liquidiert.[165]

Die 1820 gegründete Firma Wilh. & Conr. Waldthausen in der Mackensenstraße trug zwar in ihrem Untertitel noch die Bezeichnung «Wolle – Zellwolle – Bank», aber ihre Bankgeschäfte standen dem Handel inzwischen weit nach. Anders war es bei dem 1921 (im 1934 erstellten Fragenbogen der Firma 1923) gegründeten Bankgeschäft Waldthausen & Co. KG, das mit sieben Bankangestellten seinen Sitz in der Heinickestraße hatte.[166] Fritz von Waldthausen, für den der Ausbau der Privatbank zu seinem «Lebenswerk» wurde, trat 1937 in den Aufsichtsrat der Rheinstahl AG ein, wo er gemeinsam mit seinem Vetter Ernst von Waldthausen sowie Eugen und Wilhelm von Waldthausen den Familienbesitz vertrat.[167]

Einen Sonderfall bildete das Berliner Bankhaus Sponholz & Co. unter seinem Leiter Paul Hamel, das in der Huyssenallee ein Büro eröffnete. Welche Zwecke Hamel, der gute Beziehungen zu Reichswirtschaftsminister Walther Funk und Hermann Göring pflegte,[168] damit verband, lässt sich aufgrund der ungenügenden Aktenlage nicht feststellen. Seine Bank war reichsweit an zahlreichen «Arisierungen» beteiligt und handelte im Zweiten Weltkrieg unter anderem mit geraubten Edelmetallen und Wertpapieren.[169]

Die meisten der kleineren privaten Essener Bankgeschäfte überlebten den Zweiten Weltkrieg nicht. Zu ihnen gehörte das 1934 im Deutschlandhaus in der Lindenallee eingerichtete Bankgeschäft Mathias Lambrecht. Das Institut, das sich mit lediglich einem weiteren Angestellten vorwiegend dem Effekten-Kommissionsgeschäft widmete, war bald kaum noch tätig und stellte sein Bankgeschäft offiziell im Juni 1940 ein. Lambrecht war 1944 bei der in Meckenheim bei Bonn tätigen Firma Franz Brüggemann beschäftigt und versuchte, Grundstücke in Essen zu verkaufen. Er hatte sich jahrelang gegen die bereits 1939 durch das Reichsaufsichtsamt für das Kreditwesen angeordnete Schließung seines Instituts gewehrt.

1941 wurde das erst 1919 gegründete und in der Heinickestraße befindliche Bankgeschäft Robert Otto Ochel, eines ehemaligen Vorstandsmitglieds der Essener Börse, liquidiert, nachdem dieser 1940 gestorben war.[170] Das Bankgeschäft Wilhelm Menke in der Nieberdingstraße wurde 1935 geschlossen, ein rein formaler Akt, denn der Inhaber hatte mitgeteilt, dass er ohnehin «seit ca. 10 Jahren kein Bankgeschäft mehr unterhalte».[171]

Das im November 1933 gegründete kleine Bankgeschäft Fritz Schlett KG in der Maxstraße,[172] das aus guten Gründen als eine «Ausnahme unter den Essener Privatbankiers» galt, weil es kaum Verbindungen zur Montanindustrie besaß,[173] beschäftigte neben Fritz Schlett selbst nur eine Volontärin und war vor allem im Wertpapiergeschäft engagiert. Es wurde nach 1945 wiedergegründet.

Die 1928 von Wilhelm Scheidt (1877–1954), einem Spross der bekannten Unternehmerdynastie,[174] gegründete Kettwiger Bank AG, die, ausgestattet mit einem Aktienkapital von 200 000 RM, kleinere Gewerbetreibende in Kettwig betreute und alle Bankgeschäfte des Textilunternehmens J. W. Scheidt abwickelte, hatte durch Weltwirtschaftskrise und Veruntreuungen 1931 vor dem Konkurs gestanden. 1934 hatte sie neben Scheidt vier weitere Bankangestellte und einen Lehrling. 1936 trat das bisherige alleinige Vorstandsmitglied, der Bankdirektor Max Langhoff, zurück, seine Position übernahm der bisherige Prokurist Johann Bruckschen aus Kettwig.[175] Wilhelm Scheidt, alleiniger Aktionär der Kettwiger Bank AG, gelang es, das Unternehmen wieder auf Erfolgskurs zu bringen. Die Kettwiger Bank AG wurde im April 1937 in das Bankgeschäft Wilhelm Scheidt umgewandelt, das Scheidt als Privatbankier als Einzelfirma leitete. Dieser wandelte die Bank im Sommer 1941 in eine Kommanditgesellschaft um, bei der seine Söhne Arnhard und Hartmut Scheid Kommanditisten wurden.[176] Die Bank Wilhelm Scheidt war gemeinsam mit der Sparkasse an einer «Kettwiger Not-Spende» im Jahr 1948/49 beteiligt, mit der durch freiwillige Spenden zur «Linderung der dringendsten Notstände» beigetragen werden sollte.[177] In den 1950er-Jahren verkaufte Arnhard Scheidt sein Bankgeschäft an die Deutsche Bank.[178]

Eine Bank mit öffentlichem Auftrag: Die DBB

Die der öffentlichen Baufinanzierung dienende Deutsche Bau- und Boden-bank AG (DBB) mit Sitz in Berlin hatte in den 1920er-Jahren zügig ein um-fangreiches Filialsystem aufgebaut. Seit der Weltwirtschaftskrise kamen weitere staatliche Sonderaufgaben hinzu. Die Bank unterhielt 1934 neun Zweigniederlassungen in ganz Deutschland, von denen sich die wichtigste in Essen befand. Dies hing nicht zuletzt mit einer Sonderaufgabe zusam-men, mit der ihre Tochtergesellschaft Deutsche Bau- und Grundstücks-Aktiengesellschaft («Baugrund») betraut war: Das Reichsfinanzministerium hatte der DBB das Treuhandgeschäft für die Verwaltung und Verwertung des «Westvermögens», also den Bestand von etwa 8000 Miet- und Pacht-wohnungen, übertragen. Diese waren für die Truppen der Besatzungs-mächte gebaut worden und konnten nach deren Abzug weitergenutzt wer-den. In der Regel wurden sie als «Reichsmietwohnungen» zur Unterbringung von Beamten, Angestellten und Arbeitern des öffentlichen Diensts genutzt. Wenn auch die Integration dieser Hypothekenabteilung «nicht ohne Knir-schen» erfolgte, war dies bis zum Kriegsbeginn 1939 ein einträgliches Ge-schäft,[179] für das auch einige Zweigniederlassungen herangezogen wurden. Die DBB unterstützte Bau- und Bausepargenossenschaften, die durch die Kündigung von Guthaben in Schwierigkeiten geraten waren, stellte Sanie-rungspläne auf und wurde mit der Auszahlung von Zuschüssen und Darlehen beauftragt. Allein im Jahr 1933 stellte sie 16 Millionen RM für Stützungskredite aus eigenen und Reichsmitteln zur Verfügung.

Die 1928 gegründete Essener Filiale war zunächst nur eine Geschäfts-stelle der Filiale in Köln mit Zuständigkeit für die Rheinprovinz und die Pro-vinz Westfalen gewesen. Schon ein Jahr später war in Essen eine eigene Zweigniederlassung errichtet worden, mit fünf Angestellten in Räumlichkei-ten im Gebäude des Kinopalasts Lichtburg in der Burgstraße, der heutigen Kettwiger Straße. 1937 waren bereits 99 «Gefolgschaftsmitglieder» in drei Dutzend Räumen beschäftigt. Der enorme Zuwachs war eine Folge der zahl-reichen Hypotheken-Anträge, für deren Bearbeitung 1934 ein eigener Beirat eingerichtet wurde.[180] Neben der Verwaltung der reichseigenen Wohnungen im Filialbezirk zählte die Steuerung des «Reichsbürgschaftssystems», das zur öffentlichen Subventionierung des Wohnungsbaus entwickelt worden war, zu den Hauptaufgaben der DBB-Niederlassung.[181] Im Ruhrgebiet war jede fünfte Wohnung eine Bergmannswohnung. Die steigende Zahl von Anträgen seit Mitte der 1930er-Jahre machte eine Dezentralisierung des Verfahrens notwendig. Bei den DBB-Zweigniederlassungen wurden Landesbürgschaftsausschüsse eingerichtet, gebildet aus Vertretern der DBB, der Fachministerien, des Reichsheimstättenamts und des deutschen Gemeindetags. Diese stellten fest, ob die Voraussetzung für die Anerkennung als «Arbeiterwohnstätte» gegeben war. In diesem Fall waren die Wohnungen für einen Zeitraum von 20 Jahren von der Grundsteuer befreit.[182] Rund zwölf Prozent der reichsweit gewährten verbürgten Hypotheken wurden von der Essener Zweigniederlassung und seinem Landesbürgschaftsausschuss gewährt. Die DBB übernahm zudem die Prüfung der Anträge für die von den Realkreditinstituten als «zweite Hypothek» gewährten Kredite. Von den DBB-geförderten Wohnungen wurde der Löwenanteil von ca. 550 000 mithilfe reichsverbürgter zweiter Hypotheken unterstützt.[183] Die Summe der Reichsbürgschaften betrug bei Kriegsende rund 915 Millionen RM, ein für die DBB einträgliches Geschäft, denn neben der einmaligen Verwaltungsgebühr von bis zu einem Prozent wurden Gebühren für die laufende Verwaltung von etwa einem halben Prozent fällig.[184] Den erwirtschafteten Reingewinn übernahm die Zentrale in Berlin.[185] Mit den örtlichen Bauträgern schloss die DBB Darlehensverträge ab und zahlte diese nach Maßgabe des Fortgangs der Bauarbeiten aus. Als nach dem Ende der Weltwirtschaftskrise wieder mehr Kapital zur Verfügung stand, sanken die Zinssätze für erststellige Hypotheken erheblich und bewegten sich 1936 mit viereinhalb bis fünf Prozent wieder auf dem Niveau der Jahre vor dem Ersten Weltkrieg.[186] Die von der DBB gewährten günstigen Zinsen zwangen die privaten Banken zum Nachziehen, weil sie sonst nicht konkurrenzfähig gewesen wären.

Der hohe Baubedarf im Ruhrgebiet sorgte für eine Verzehnfachung des Geschäfts von 1933/34 bis 1937 und erforderte die Einrichtung einer weiteren Filiale in Dortmund und die Einführung von «Sprechtagen» in Münster. Angesichts der Expansion hoffte die Essener DBB-Niederlassung sogar auf die Errichtung eines eigenen Bankgebäudes und sicherte sich 1938 ein Grundstück in guter Geschäftslage. Zum Bau kam es kriegsbedingt jedoch nicht mehr.

Der Betriebsalltag im «Dritten Reich»

In den Banken spielten sich nach 1933 die Nationalsozialistische Betriebszellen-Organisation (NSBO) und die DAF als Sachwalter der Interessen der Angestellten auf.[187] Sie präsentierten sich als «Speerspitze der Partei»[188] und erhoben den Anspruch einer grundlegenden Neuordnung aller Arbeitsbeziehungen, aber ihre Vertreter wirkten vielfach wie Fremdkörper oder «nichtswissende [...] Besserwisser», die bloß alles durcheinander brachten.[189] Sie bedienten sich mancher Ideen, die sich unter anderen Vorzeichen in der Weimarer Republik entwickelt hatten: Gegen das «Klassenkampfdenken» sollte das überparteiliche Miteinander treten und Konflikte obsolet machen. Die Idee der «Volksgemeinschaft» hatte zunächst noch nicht einmal genuin nationalsozialistische oder «völkische» Wurzeln. Im «Dritten Reich» entwickelte die pseudoproletarische Utopie der «Volksgemeinschaft» jedoch, so brüchig und mythenbehaftet sie auch war,[190] eine besondere Suggestivkraft.[191] Mit ihrem Appell zur Überwindung der Klassengegensätze wirkte sie anziehend, weil sie einem angeblichen «Volkswohl» Tribut zu zollen versprach: «Sozialistisch im Sinne von ‹sozial› hatte nun jeder Deutsche zu sein: das Winterhilfswerk, tausenderlei Spenden- und Sammelaktionen, Reichsberufswettkämpfe und Musterbetriebe, ‹Kraft durch Freude› und nationales Eintopfessen, der Volkswagen für jedermann, schließlich die klassenlose Gemeinschaft in Hitlerjugend und Parteiverbänden, in DAF und Arbeitsdienst – alle diese vielfältigen Aktionsformen der ‹Volksgemeinschaft› verfehlten nicht ihre Wirkung, auch wenn sie noch so zweckbestimmte Mittel der Kontrolle, Gleichschaltung und Kriegsmobilisierung waren.»[192] Diesen Versuchungen erlagen, in einer spezifischen Verbindung von «Lockung und Zwang», auch viele Bankangestellte.[193]

Die Banken zahlten für die «Adolf-Hitler-Spende der deutschen Wirtschaft» eine von der «Vereinigung der Deutschen Arbeitgeberverbände» Anfang Juni 1933 beschlossene Abgabe, die die Unternehmen verpflichtete, regelmäßig rund 0,05 Prozent der ausbezahlten Lohnsumme abzuführen. Sie bot durch einen festen Schlüssel gegenüber der anfänglich chaotischen Spendenpraxis zumindest Planungssicherheit. In den Geschäftsberichten fanden sich fortan die obligatorischen Hinweise auf die Verbundenheit mit dem Nationalsozialismus: Hinweise auf «Führung und Gefolgschaft» und die «leistungsfähige Betriebsgemeinschaft» gehörten zum guten Ton. Der Gesinnungsdruck verstärkte sich, je länger die NSDAP an der Macht blieb. Ein Aktiengesetz vom Oktober 1937 stand zwar in vielerlei Hinsicht in der Tradition bisheriger Entwicklungen. Allerdings stellte es neben die traditionellen Organe wie Vorstand, Aufsichtsrat und Aktionäre jetzt auch die nationalsozialistische «Gefolgschaft».

Die Essener Banken beteiligten sich bald auch an den nationalsozialistischen Ritualen. Nach 1945 hieß es beispielsweise bei der Essener Filiale

Die Betriebszeitung der Commerzbank im «Dritten Reich».

der Commerzbank entschuldigend, «nach Lage der Dinge» und der «damaligen Bindung des Gesamtinstituts an den Staat» sei es nicht möglich gewesen, «eine oppositionelle Haltung» einzunehmen. Der Gauwirtschaftsberater habe «von den leitenden Herren des Instituts» eine «eindeutige Stellungnahme zur Partei gefordert», ja, einen Beitritt zur NSDAP «geradezu erzwungen».[194] An der Stirnwand der Kassenhalle der National-Bank prangte ein großes Mosaikbild des «Führers». Gelegentlich wurde an die «Gefallenen des 9. November» und den «Marsch auf die Feldherrnhalle» erinnert, und die Sitzungen schlossen nun stets mit einem «Sieg Heil auf Führer und Reich». Das Arbeitsklima änderte sich schlagartig, wie sich ein Mitarbeiter später erinnerte: «Begrüßen durfte man sich fortan nur noch ‹Heil Hitler›. Viele kamen in Uniform zum Dienst. Jeden Samstagmorgen hatten alle Mitarbeiter vor Dienstbeginn pünktlich zum Appell zu erscheinen. Dem ‹Betriebsführer› musste militärisch gemeldet werden, wie viele angetreten, abwesend oder krank waren. Es wurden Parolen ausgegeben und zum Schluss musste in strammer Haltung mit erhobenem Arm das Horst Wessel- und Deutschlandlied gesungen werden. Einer wagte, nur die Lippen zu bewegen und erst bei der 2. Strophe des Horst-Wesselliedes hörte man ihn singen: ‹Börsengauner und Schieber knechten das Vaterland.›»[195]

Angestellte wurden zu verschiedenen Zahlungen, Spenden und Sammlungen wie dem Winterhilfswerk genötigt. Die National-Bank ging dazu über, neben den obligatorischen Spenden auch die regionalen und überregionalen NS-Zeitschriften zu abonnieren. Die Führung der NSDAP-Konten und ihrer Gliederungen, voran Winterhilfswerk und NS-Volkswohlfahrt,[196] stellten einen wichtigen Aktivposten dar. Leitung und Gefolgschaft der Bank sollten mit der Weltanschauung des Nationalsozialismus vertraut gemacht werden.

Die Propaganda zeichnete ein Idealbild des «Musterbetriebs» als geschlossener Gemeinschaft, die mit «frohschaffenden Menschen» eine «Höchstform an technischer und wirtschaftlicher Leistung» erbringen könne.[197] Die «Volksgemeinschaft» verkam zu einem «wirtschaftsfriedlichen Harmonieverband».[198] Neben die «Kraft durch Freude» trat 1936 der «Leistungskampf der Betriebe», ein Berufswettkampf unter dem Motto: «Unser Vorbild ist der Soldat».[199] Er sollte «jeden Betrieb mit nationalsozialistischer Gesinnung» erfüllen,[200] und als Gewinn winkte die Auszeichnung als «Nationalsozialistischer Musterbetrieb». Die Beteiligung war zwar offiziell freiwillig, aber nicht einmal die vergleichsweise unmilitärischen Banken wagten es, sich dem Wettbewerb zu verweigern. Die Zahl der an den «Leistungskämpfen» teilnehmenden Betriebe wuchs fortwährend, von 80 000 im Zeitraum 1937/38 auf 273 000 in den Jahren 1939/40.[201]

Gauleiter Terboven verlieh der National-Bank am 1. Mai 1938 das «Gaudiplom für hervorragende Leistungen», das in einer Feierstunde im Städtischen Saalbau übergeben wurde. Im gleichen Jahr wurde der Bank das «Leistungsabzeichen für vorbildliche Berufserziehung» verliehen.[202] Die National-Bank war neben der Arbeitsheimat des Nürnberger Bundes und dem Essener Postscheckamt einer der ersten Betriebe, dem diese Ehre zuteilwurde – ein «Lorbeer», wie der zuständige Essener Kreisobmann der DAF meinte. Andere Essener Banken hatten dagegen das Nachsehen.

Die National-Bank erhielt die Auszeichnung als «Nationalsozialistischer Musterbetrieb» noch ein zweites Mal. Zur Preisverleihung reiste der Vorstandsvorsitzende van Ackeren gemeinsam mit dem Betriebsobmann am 1. Mai 1939 nach Berlin, um die Auszeichnung als «Krönung der Sozialarbeit» aus der Hand Hitlers in der Reichskanzlei entgegenzunehmen. Der Essener Kreisobmann wertete die Verleihung der «Goldenen Fahne» als Symbol für ein «sieghaftes, zukunftsreiches Arbeitsleben», Ansporn für die Kriegsanstrengungen und als «Garantie für den Sieg in dem uns aufgezwungenen Kampfe».[203] Das Emblem prangte bis 1945 auf dem

*Essen im nationalsozialistischen «Wirtschaftswunder». An der Propaganda im Straßen-
bild führte kein Weg vorbei.*

Firmenbogen. Nach dem Bombenangriff vom 7. März 1943 wurde die
«Goldene Fahne» allerdings «von einem zum Hausmeister degradierten,
früher führenden Mitarbeiter den Flammen übergeben».[204] Durchaus
schadenfroh stellte die Essener Filiale der Commerzbank hingegen nach
Kriegsende heraus, dass sich bei ihr der allgemeine «Regen der Betriebs-
auszeichnungen» nur in einem «Tropfen einer sportlichen Anerkennung»
gezeigt habe.[205]

Die Beschäftigten des Kreditgewerbes, die infolge der Bankrotte der
Weltwirtschaftskrise unter Entlassungen bzw. erheblichen Gehaltskürzun-
gen gelitten hatten, konnten sich seit 1936/37 auf einem zunehmend leer-
gefegten Arbeitsmarkt aussuchen, wo sie Beschäftigung finden wollten. Ihr
Durchschnittseinkommen, das bislang monatlich 260 RM betragen hatte,
wurde jetzt auf 280 RM erhöht. Privatbanken zahlten etwas besser als Sparkassen, und gerade diese beklagten inzwischen die Abwerbung von gut ausgebildeten Bankmitarbeitern, die inzwischen sogar in die Rüstungsindustrie
wechselten.[206]

Noch bedeutender waren die übertariflichen Zusatzleistungen: Seit 1935
wurden häufig Leistungsprämien ausgezahlt, seit 1937 bisweilen sogar neben
dem tariflichen 13. Monatsgehalt ein 14. Monatsgehalt sowie eine betriebliche
Altersvorsorge bzw. Lebensversicherung vereinbart. Für Prokuristen und

Eine Aktie der National-Bank im Jahr 1942 – Symbol für den Wunsch der Regional-bank, auch außerhalb des vertrauten Terrains zu expandieren.

leitende Angestellte, die immer noch als «Beamte» tituliert wurden, konnten diese Regelungen noch großzügiger ausfallen.

Sport- und Erholungsangebote waren Ersatz für monetäre Leistungen.[207] Damit wurde ein ganzes Set neuartiger sozialer Praktiken und Psychotaktiken ausgebildet, um die Bankmitarbeiter von der «Aufbauarbeit» zu überzeugen: Bei der National-Bank hörte sich das wie folgt an: «Der Erhaltung und Steigerung der Arbeitskraft und Arbeitslust wurde besondere Aufmerksamkeit zugewandt. […] Die Betriebssportgemeinschaft treibt Leibesübungen, Spiel und Schießsport. Die Heranbildung eines leistungsfähigen Nachwuchses liegt dem Führer des Betriebes besonders am Herzen. Die Lehrlinge werden in einer Arbeitsgemeinschaft im eigenen Hause mit allen Sparten des Faches bekanntgemacht, die Teilnahme an den fachlichen Fortbildungskursen der Deutschen Arbeitsfront und dem alljährlichen Reichsberufswettkampf sind Pflicht. […] Das Ziel der gemeinsamen Arbeit ist die Höchstleistung, und damit vollzieht sich die letzte Einordnung in die Arbeit aller schaffenden Deutschen zum gemeinsamen Nutzen von Volk und Staat.»[208] Zur Pflege der «Kameradschaft» dienten an jedem Samstag vollzogene Frühappelle, die Einmütigkeit, Einsatzbereitschaft, Anständigkeit und «kämpferischen Einsatz» für den Vierjahresplan zum Ausdruck bringen sollten. Hinzu kamen Kameradschaftsveranstaltungen und Ausflüge. Auch ein «Gefolgschaftsraum», ein Garten und eine Betriebsbücherei wurden eingerichtet; es verstand sich allerdings von selbst, dass sich hier nur Literatur fand, die den NS-Ideologen genehm war. Im Zweiten Weltkrieg erhielt diese Kameradschaft notgedrungen einen anderen Charakter. Ein Betriebsausflug der Essener Filiale der Dresdner Bank führte im Juni 1943 als Wanderung von Kettwig nach Heiligenhaus. In den Ansprachen der Direktoren wurden das «Zusammengehörigkeitsgefühl und Anhänglichkeit an den Betrieb» beschworen. Der Bombenkrieg, den auch die Bankangestellten inzwischen hautnah erleben mussten, wurde ebenso deutlich. Trotz aller «Darbietungen zur Unterhaltung», die zu einem Betriebsausflug gehören, bestimmte der «Ernst der Zeit» den Ausflug, der in den wiederkehrenden Hinweisen auf die «Leiden der Menschen an Rhein und Ruhr» zum Ausdruck kam.[209]

Die Verdrängung der jüdischen Banken aus der Essener Finanzwelt

Die Verdrängung der Juden ist hinsichtlich der Rolle der Parteidienststellen, des Verwaltungsapparats, der Finanz- und Steuerbehörden sowie der Banken und Unternehmen inzwischen umfassend bekannt. Parallel zur «Machtergreifung» erfolgten die ersten antisemitischen Maßnahmen wie der Boykott jüdischer Geschäfte und Kaufleute. In Essen fanden diese Einschüchterungen am 8. und 12. März 1933 statt, also schon Wochen vor den reichsweit organisierten Kampagnen vom 1. April 1933. Die Essener Stadtverwaltung, die den Einkauf in jüdischen Geschäften und bei jüdischen Unternehmen verbot, arbeitete Hand in Hand mit SA und NSDAP.

Die frühere Ansicht, die Juden seien ökonomisch noch eine Zeit lang verschont worden, ist inzwischen korrigiert worden.[210] Die «Arisierungen» kamen häufig einem wahren «Bereicherungswettlauf» gleich,[211] und die Interventionen der Gauwirtschaftsberater transformierten die «Arisierungen» häufig in eine «Günstlingswirtschaft, bei der nicht das Verhältnis von Angebot und Nachfrage, sondern das Machtwort des Gauwirtschaftsberaters den Kaufpreis bestimmte».[212] Bei den «Arisierungen» lässt sich das gesamte Verhaltensspektrum von blanker Raffgier über opportunistische Aneignungsbereitschaft bis zur kaufmännischen Seriosität und menschlichem Anstand beobachten.[213] Häufig bewegten sich die Maßnahmen, die dem Vertragsabschluss vorausgingen, «in einer Grauzone von Schikane und Rechtsbeugung».[214] Die Hemmschwelle sank immer weiter: Die «zunehmende Verrohung» entsprach der gesellschaftlichen Entwicklung, d. h., man passte sich mehr und mehr dem inzwischen üblichen Verhalten an und schob «eigene moralische Bedenken beiseite».[215]

Seit Mitte der 1930er-Jahre erhöhte sich der Druck auf die jüdischen Unternehmen, sodass zahlreiche von ihnen versuchten, sich im Ausland in Sicherheit zu bringen. Im Reichsgebiet wurden etwa 100 000 jüdische Unternehmen liquidiert oder mussten verkauft werden. Weil die Abtretungen nie freiwillig erfolgten, konnte von einem «angemessenen Preis» nicht die Rede sein. Gleichwohl bleibt die Frage, ob eher dem Marktwert entsprechende Preise gezahlt wurden oder der Preis gedrückt wurde, was für die Einzelfalluntersuchung wichtig ist. Ganz unabhängig von der sich einschleichenden und schließlich weitverbreiteten «Erosion der Kaufmannsmoral»[216] sowie der «zunehmende[n] Abstumpfung im Hinblick auf die Verwerflichkeit des eigenen Handelns»[217] sind der Zeitpunkt des Erwerbs zu beurteilen, aber auch die Frage, ob andere Instanzen wie etwa Parteifunktionäre, die verschiedenen Ministerien auf Reichs- und regionaler Ebene, die Handelskammern und die mächtigen Gauwirtschaftsberater beteiligt waren.[218]

Generelle Aussagen, ob Banken bei den «Arisierungen» zunächst ein eher «ruhender Pol» waren und nicht zu den radikalen Antreibern gehörten, sondern bereit waren, die Geschäfte im Rahmen des Möglichen und Ungefährlichen zu einigermaßen marktgerechten Konditionen abzuwickeln,[219] lassen sich kaum treffen. Vielmehr ist stets der Blick auf die Einzelfälle notwendig. In der Folge der «Nürnberger Gesetze» ließ Reichswirtschaftsminister Hjalmar Schacht, der besorgt war, dass es zu «wilden» Aktionen kommen werde, im Oktober 1935 den Banken folgendes Schreiben zukommen: «Die Nürnberger Gesetze und die demnächst ergehenden Ausführungsbestimmungen werden auch gewisse Neuregelungen in der Stellung der Juden im Wirtschaftsleben nach sich ziehen. Solange diese gesetzliche Regelung nicht erfolgt, haben alle Maßnahmen nachgeordneter Stellen zu unterbleiben.»[220] Bis 1938 blieb die Vertragsgestaltung beim Verkauf noch weitgehend den Käufern und Verkäufern überlassen. Persönliche Beziehungen machten zudem «einen kaufmännisch weitgehend korrekten Ablauf zumindest wahrscheinlicher».[221] Inzwischen stieg jedoch die Zahl der antijüdischen Verordnungen und Erlasse. Eine «Verordnung über die Anmeldung des Vermögens von Juden» vom 26. April 1938 erzwang für alle Beträge über 5000 RM eine Meldung beim zuständigen Finanzamt und gab den Behörden eine Handhabe, sich einen Überblick über die Vermögensverhältnisse zu verschaffen. Die Kreditinstitute erhielten im September 1938 Hinweise, in welchen Fällen sie den Devisenbehörden Zugang von «an Juden vermietete Schrankfächer» erlauben mussten.[222] Auch über Konten und Depots jüdischer Familien musste Auskunft erteilt werden. Nach außen erweckte dies den Anschein, als ob Banken lediglich die Aufgabe eines Postboten übernahmen, der weisungsgemäß die gesetzlichen Bestimmungen bekanntgab, ohne sich die Finger schmutzig zu machen. Aber allein durch die verwaltungstechnischen Zwangsmaßnahmen gerieten die Banken auf die schiefe Bahn der Ausplünderung. Der Verband der öffentlich-rechtlichen Kreditinstitute forderte seine Mitgliedsverbände regelmäßig auf, bei der «Einziehung volks- und staatsfeindlichen Vermögens» mitzuhelfen: Das Reichswirtschaftsministerium benötige, so lautete der entsprechende Passus im Jahr 1938, «genaue Angaben der einzelnen Anstalten über die in Frage kommenden Grundstücke und die betroffenen Forderungen».[223] Im November 1938 dekretierte eine Verordnung die «Ausschaltung der Juden aus dem deutschen Wirtschaftsleben». In dem entstehenden «Netzwerk der Ausplünderung»[224] arbeiteten Finanzbehörden, die NSDAP, Banken sowie Industrie- und Handelskammern mit- und gegeneinander. Unangekündigte Buch- und Betriebsprüfungen der Finanzämter boten die Gelegenheit, hohe und nicht überprüfbare Vermögenssteuer-Nachforderungen zu stellen, gegen die kein Einspruch möglich war.[225] In Absprache mit den Behörden informierte die Wirtschaftsgruppe Privates Bankgewerbe am 23. November 1938 in einem vertraulichen Rundschreiben, das die Genehmigung für den Verkauf von Wertpapieren jüdischer Kunden nur in dringenden Fällen erteilt werden dürfe. Ein Schreiben, das zuvor noch die Abhebung von Beträgen bis zu 1000 RM erlaubt hatte, wurde nun als «einmalige Maßnahme» bezeichnet.[226] Die öffentlich-rechtlichen Kreditinstitute und ihre Girozentralen schlossen sich an: «Die Maßnahmen zur endgültigen Liquidierung der jüdischen Vermögen werden wohl erst nach einiger Zeit getroffen werden.»[227] In einer Stellungnahme zum «Wertpapierverkauf aus jüdischer Hand» wiesen sie im Dezember 1938 darauf hin, dass die Freigabe für jüdische Vermögen «zur Erledigung der Buße» zu einer «den Kapitalmarkt gefährdenden Mobilisierung des Effektenbesitzes führen würde» – mit anderen Worten: Wenn Juden ihre Papiere zur Begleichung der «Reichsfluchtsteuer» und ähnlicher Zwangsabgaben nutzten, bestand die Gefahr, dass die Kurse an den Börsen sanken.[228]

In Essen, wo die jüdische Gemeinde mit ihren rund 4500 Mitgliedern ausgesprochen heterogen zusammengesetzt war, lassen sich die Folgen der Repressalien und Diskriminierungen nur annäherungsweise quantifizieren.

Vor allem ist nicht bekannt, wann und in welchem Umfang jüdische Mitarbeiter entlassen wurden; bei den Großbanken blieb es meist den Filialen
überlassen, wie sie mit den antisemitischen Angriffen umgingen.[229] Bei der
Essener Filiale der Commerzbank wurde ein «nichtarisch» verheirateter Ab-
teilungsdirektor bis zu seinem Tod 1941 weiterbeschäftigt,[230] aber allein die
Tatsache, dass die Commerzbank nach 1945 diesen Umstand hervorzuheben
glaubte, zeigt den Ausnahmecharakter des Vorgangs. Es spricht vieles dafür,
dass einvernehmliche Lösungen gesucht und zunächst noch Pensionen und
Abfindungen gezahlt wurden. Einige Zahlen aus einer Erhebung der IHK
nach 1945 geben Anhaltspunkte. Die Zahl der jüdischen Geschäfte, die sich
zur Aufgabe genötigt sahen oder gezwungen wurden, stieg von drei im Jahr
1933 über zwölf im Jahr 1934, neun im Jahr 1935, 22 im Jahr 1936 auf 72 im Jahr
1937. Vor allem finanzstärkere Geschäfte hatten bis dahin noch durchge-
halten. Danach kam es jedoch zu einer signifikanten Steigerung der zwangs-
weisen Stilllegungen oder Übernahmen: Von den 237 von der IHK registrier-
ten «Arisierungsvorgängen» fielen über 60 Prozent in den Zeitraum vom
Juni 1937 bis Oktober 1938. Die spätere Angabe des Gauwirtschaftsberaters
Hoffmann, die «Arisierungen» seien in «absolut loyaler Weise» vollzogen
worden, war eine dreiste Lüge.[231] Zahlreiche Banken in Essen änderten ihre
Statuten im antisemitischen Sinn. Beispielsweise durften in der Essener
Nachbargemeinde Altendorf beim dortigen Spar- und Darlehnskassenverein
nur noch diejenigen Personen die Mitgliedschaft erwerben, deren «bluts-
mäßige Voraussetzungen» vorhanden waren.[232] Es ist nicht immer eindeutig
zu klären, aus welchen Gründen jüdische Bankhäuser nach 1933 liquidiert
wurden, denn als Folge der Wirtschaftskrise mussten bekanntlich auch
einige nichtjüdische Essener Institute aufgeben. Aber zweifellos verschlechterte die antisemitische Agitation die Geschäftsaussichten massiv. «Arisierungen» mussten theoretisch vom Regierungspräsidenten genehmigt werden,
bei umfangreichen Transaktionen hatte zudem der Reichswirtschaftsminister ein Mitspracherecht, und Oberbürgermeister, Gauleitung und Wirtschaftskammer waren ebenfalls oft beteiligt. Für den Bezirk der Wirtschaftskammer Düsseldorf und damit für Essen spielte auch der Düsseldorfer
Bankier Kurt Poensgen vom Bankhaus Simons, Marx & Co. als Vertrauensmann der Fachgruppe Privatbankiers eine große Rolle, später trat Hermann
van Ackeren an seine Stelle. Auf einer Essener Tagung mit Kreiswirtschafts-
beratern und Sachbearbeitern im Oktober 1935 ließ ein Referent wissen, es
reiche nicht aus, nur jüdische Geschäfte zu arisieren: «Die wenigsten wissen
ja, wie abgründig boshaft und verderbenbringend der Jude ist.»[233] Offenbar
fanden die meisten «Arisierungen» und Liquidierungen in Essen noch vor

den Novemberpogromen statt, also zu einer Zeit, wo durchaus noch Handlungsmöglichkeiten bestanden. Wenn man einmal vom Fall Simon Hirschland absieht, traten am ehesten Verwaltungs- und Parteistellen und der Centralverband des Deutschen Bank- und Bankiergewerbes, nicht jedoch die Banken selbst als Akteure auf. Das lag hauptsächlich daran, dass die jüdischen Banken in Essen so unbedeutend und inzwischen so ertragsschwach waren, dass sich eine Übernahme durch eine «arische» Bank nicht lohnte. Der Essener Bankenwelt kann jedoch nicht verborgen geblieben sein, dass das Verschwinden der jüdischen Bankhäuser einer systematischen Ausschaltung gleichkam. Die «Arisierung» der Essener Banken war Ende 1938 abgeschlossen. Diejenigen, die bis dahin noch nicht geschlossen waren, erhielten ein streng vertrauliches Einschreiben des Centralverbands des Deutschen Bank- und Bankiergewerbes: «Wir sind von dem Herrn Reichswirtschaftsminister aufgefordert worden, allen Kreditinstituten, deren jüdische Inhaber sich bislang nicht dazu haben entschließen können, durch einen Verzicht auf die Fortführung ihres Bankgeschäfts den Anschauungen des nationalsozialistischen Staates Rechnung zu tragen, nahezulegen, ihren Geschäftsbetrieb spätestens am 31. Dezember d. J. einzustellen und zu liquidieren. Indem wir uns dieses Auftrags pflichtgemäß entledigen, möchten wir Sie bitten, uns Ihre Entschließung bis zum 30. November d. J. mitzuteilen. Für den Fall, dass Ihre Entscheidung nicht im Sinne der gegebenen Anregung ausfallen sollte, würden Sie mit der Möglichkeit einer Untersagung der Fortführung Ihres Geschäftsbetriebes zu rechnen haben.»[234]

Bereits im Jahr 1936 wurde das jüdische Bankgeschäft Stenger, Hoffmann & Co. geschlossen, das lange Zeit in der Huyssenallee 50 bestanden hatte, dann 1934 in die Schillerstraße bzw. vor der Liquidation noch in die Papestraße, die Privatwohnung des Alleinbesitzers Moritz Schwarz, umgezogen war. Es handelte sich um eine vom jüdischen Privatbankier Julius Schwarz im Jahr 1921 übernommene Bank, die vor allem mit dem Kuxenhandel groß geworden und nach dem Ersten Weltkrieg von der Berliner Privatbank Schwarz, Goldschmidt & Co. kommanditiert worden war. Schwarz, Goldschmidt & Co. war von der Weltwirtschaftskrise schwer getroffen worden, hatte Ende 1931 das Kommanditverhältnis zu Stenger, Hoffmann & Co. gelöst und musste dennoch trotz einer Reichsbeihilfe in Millionenhöhe Ende 1932 die Zahlungen und den Betrieb einstellen. Das Essener Bankgeschäft Stenger, Hoffmann & Co. war fortan nur noch ein Schatten seiner selbst und bestand seit dem 31. Dezember 1932 nicht mehr als KG, sondern als Einzelfirma ohne weitere Angestellte. Moritz Schwarz gab den Handel an der Essener Börse ebenso auf wie denjenigen in Düsseldorf und verzichtete auch auf seine Mitgliedschaft bei der Rheinisch-Westfälischen Börse, nachdem er vom Börsenvorsitzenden 1936 aufgefordert worden war, seine Bilanzen einzureichen. Wahrscheinlich erfolgte dieser Schritt, um sich gegenüber dem Börsenvorsitzenden «nicht decouvrieren zu müssen», wie der Central-verband des Deutschen Bank- und Bankiergewerbes es formulierte.[235] Die Wirtschaftsgruppe Privates Bankgewerbe hatte inzwischen in Erfahrung gebracht, dass Moritz Schwarz, der «persönlich einen guten Ruf» habe, mittlerweile «ohne jedes Vermögen» sei: «Man nimmt sogar an, dass seine Verbindlichkeiten sein Aktivvermögen übersteigen.»[236] Schwarz wollte zu-nächst noch als Alleininhaber das Effektenkommissionsgeschäft betreiben, wie er seine Interessengemeinschaft im Mai 1936 wissen ließ: «Bereits seit langer Zeit übt meine Firma die bankgeschäftliche Betätigung nicht mehr in dem Sinne aus, dass sie Gelder zur Verzinsung hereinnimmt oder aus-leiht, auch gibt sie keine Kredite und nimmt keine in Anspruch. Ihre bank-geschäftliche Betätigung besteht darin, dass sie, soweit sich Gelegenheit dazu bietet, lediglich im Auftrag Effekten, sowohl Aktien, Kuxe usw. als auch festverzinsliche Werte anschafft oder verkauft. Alle diese Geschäfte werden nur gegen Barzahlung zur Ausführung gebracht. Ich übe jetzt unge-fähr seit fünfzig Jahren bankgeschäftliche Tätigkeit aus. In dieser Zeit habe ich stets makellos die Interessen des Standes hochgehalten und bin für sie eingetreten. Deshalb setze ich voraus, dass mir die Möglichkeit bleibt, in der oben angegebenen Weise meine Tätigkeit weiter auszuüben.[237] Im Sep-tember 1936 wurden vom Reichskommissar für das Kreditwesen zwar noch Verhandlungen über eine mögliche Fortführung des Geschäftsbetriebs ge-führt. Aber diese Pläne zerschlugen sich. Schwarz teilte am 3. Oktober 1936 mit, dass er seine Firma Stenger, Hoffmann & Co. aufgelöst und die Löschung im Handelsregister beantragt hatte.

Die seit 1919 von Jakob Mendel geführte Bank Mendel & Cie. in der Hel-bingstraße wurde 1931 von einer Kommanditgesellschaft in eine Einzelgesell-schaft umgewandelt. Das kleine Bankgeschäft, das ohne Angestellte auskam, wurde nach dem Ableben von Jakob Mendel, der im März 1936 tot in seiner Wohnung aufgefunden wurde, aufgelöst. Im Juni 1936 wurde ein Konkurs-verfahren eröffnet und das Bankgeschäft im März 1937 liquidiert.[238]

Das 1930 von Otto Plaut, einem ehemaligen Teilhaber der Essener Bank Stenger, Hoffmann & Co., gegründete Bankgeschäft Otto Plaut in der Lin-denallee musste ebenfalls 1937 schließen; seinem Besitzer gelang 1938 die Auswanderung über Brüssel in die USA.[239]

Das jüdische Bankgeschäft Meyer & Windmüller, zunächst in der Lin-denallee, später in der Schillerstraße und schließlich 1938 in der Hedwigstraße, geführt von Louis Meyer und Paul Windmüller, handelte traditionell mit Kali-, Kohlen- und Erzwerten. Der Magdeburger Bankverein war gemeinsam mit der Firma Meyer & Sohn als stiller Teilhaber an diesem Bankgeschäft beteiligt. Paul Windmüllers Sohn Hans wanderte 1935 nach Palästina aus. Nachdem Louis Meyer 1936 gestorben war, fungierte nur noch Paul Windmüller als Inhaber des jetzt in der Hedwigstraße 1 bestehenden Bankgeschäfts, das inzwischen, weil anderes nicht mehr möglich war, Geschäfte für Juden tätigte, die Deutschland verließen: Ein Inserat der Bank lautete: «Sichern Sie Ihre zurückbleibenden Verwandten durch Abschluss einer Rentenversicherung. Auskunft und Beratung durch Meyer & Windmüller.»[240] Aus einem Brief einer befreundeten Familie lässt sich schließen, dass Paul Windmüller zunächst noch abwarten wollte.[241] Aber schließlich liquidierte er im Herbst 1938 seine Bank, verzögert durch die Bestimmungen, die inzwischen Juden Effektenverkäufe zum Zweck der Abdeckung eines bankmäßigen Debetsaldos untersagten. Die Behörden strichen das Bankgeschäft Meyer & Windmüller im Dezember 1938 aus dem Essener Handelsregister,[242] Paul Windmüller verließ Deutschland und starb 1949 in Illinois in den USA.

Die «Arisierung» des vergleichsweise kleinen Bankgeschäfts Levi Hirschland in der Lindenallee 43, das von Max Hirschland und seinem Bruder Ludwig als Alleininhabern geführt wurde (und nach dessen Tod nur noch von Max Hirschland) und 1934 mit lediglich drei Bankangestellten sowie zwei Lehrlingen auskam, erfolgte ebenfalls 1938. Der Reichskommissar für das Kreditwesen wies die Bank am 3. November darauf hin, dass sie nur noch Bankgeschäfte tätigen dürfe, «die der Liquidation dienen».[243] Das Bankgeschäft wurde im Herbst 1939 aus dem Essener Handelsregister gelöscht.[244] Im Gegensatz zu anderen Familienangehörigen gelang Max Hirschland nicht die Flucht ins rettende Ausland. Er wurde 1942 über das Durchgangslager Essen-Holbeckshof nach Theresienstadt deportiert und kam dort 1944 ums Leben.[245]

Die «Arisierung» der 1841 gegründeten und in jüdischem Besitz befindlichen Bank Simon Hirschland, des traditionsreichsten Bankhauses des Ruhrgebiets, ist umfassend erforscht.[246] Die Bank mit einem Kapital von 87 Millionen RM beschäftigte in der Zeit der nationalsozialistischen Machtübernahme rund 160 Angestellte, von denen 36 jüdischen Glaubens waren.[247] Das Essener Kreditinstitut hatte sich nach den Turbulenzen der Krise von 1923/24 eine «komfortable Nischenposition»[248] in der deutschen Bankenlandschaft sichern können, wie bereits in einem vorherigen Kapitel ausführlich dargestellt wurde. Im Sommer 1931 vereinbarten ausländische Gläubiger- und deutsche Schuldnerbanken in Basel sogenannte «Stillhaltekredite».[249] Dabei handelte es sich um in Devisen gewährte Kredite vor allem britischer, amerikanischer und schweizerischer Institute an deutsche Banken, mit denen die devisenknappe deutsche Wirtschaft ihren Außenhandel finanziert hatte. An den durch das Basler Abkommen gestundeten Krediten war Simon Hirschland mit einem Betrag von über 160 Millionen RM beteiligt. Die «gefährdetste Position» der Bank bestand jedoch bei den Zechen «Ewald» und «König Ludwig» in Herten, was dazu führte, dass Gerüchte über «Schwierigkeiten» bei Simon Hirschland die Runde machten. Durch verschiedene Zeitungsartikel, die im Essener Lokalblatt *Die Tribüne* erschienen, geriet das Bankhaus, wie eine unveröffentlichte Festschrift es formulierte, «ins Gerede»,[250] weil es bekanntlich auf dem Gebiet der ausländischen Währungskredite engagiert war. Erst als die beiden Gewerkschaften eine Verkaufsgemeinschaft bildeten und sich 1935 unter dem Namen Bergbau AG Ewald-König Ludwig zusammenschlossen, kam auch Simon Hirschland aus dieser Gefahrenzone: Eine Kapitalerhöhung bei der Bergbau AG Ewald-König Ludwig im Jahr 1936 und eine Anleiheemission ermöglichten eine Schuldenkonsolidierung.[251] Auch die «Stillhaltekredite» konnten bis Ende 1937 auf 42 Millionen RM reduziert werden.

Das in der Wirtschafts- und Finanzkrise zunächst völlig darniederliegende Emissionsgeschäft erholte sich nach der Machtübernahme Hitlers nicht mehr. Kurt Martin Hirschland zog sich, zweifellos auch aufgrund der antisemitischen Angriffe, immer mehr zurück und schied im Juli 1934 aus der Geschäftsführung aus. Nach außen deutete jedoch zunächst wenig auf einen Niedergang hin. 1933 brachte Simon Hirschland Breslauer Schatzanweisungen unter, 1935 folgten Anleihen des Reiches, der Reichspost und der Reichsbahn, und 1936 erstmals wieder Industrieanleihen. Seit dem gleichen Jahr war Simon Hirschland wieder an Emissions-Konsortien beteiligt: Obligationen des Kommunalen Elektrizitätswerks Mark, von Friedrich Krupp sowie der bereits erwähnten Bergbau AG Ewald-König Ludwig, eine Anleihe des Ruhrverbands Essen, 1937 neben weiteren Reichsanleihen eine Anleihe der in Essen neu gegründeten Friedrich Krupp Treibstoffwerk GmbH.[252] Die Geschäfte mit langjährigen Kunden wurden zunächst noch weitergeführt, wie sich einer der Erben viele Jahrzehnte später erinnerte: «Auch in der Zeit nach 1933 sind uns die großen Firmen, deren Hausbank wir waren, treu geblieben: Dinnendahl, Krupp. Im Jahre 1934 hat Gustav Krupp von Bohlen und Halbach uns seinen Sohn Klaus als Lehrling geschickt. Daraufhin hat der ‹Stürmer› einen derartigen Wirbel darum gemacht, dass es Krupp dann doch richtiger fand, seinen Sohn zu Delbrück-Schickler zu geben. Aber sonst ist es erstaunlich, dass wir kaum einen großen Kunden verloren haben, ob es Flick war, oder Thyssen oder Vögler, das Kohlensyndikat an der Spitze.»[253] Simon Hirschland hatte jedoch inzwischen unter neuen Restriktionen im Devisen- und Wertpapiergeschäft zu leiden. Dies führte zu einer erheblichen Einschränkung einer wichtigen Säule des Geschäfts und beeinträchtigte – ohne dass zunächst antisemitische Maßnahmen dafür direkt verantwortlich waren – die Zukunftsaussichten.[254] Selbst als im Zuge des Rüstungsbooms 1936 wieder neue Anleihen gezeichnet werden durften, half dies nichts. Neue Geschäftsfelder wie finanztechnische Dienstleistungen waren ebenfalls nicht geeignet, den Rückgang wettzumachen.[255]

Daher mussten die Gehälter gekürzt und der Personalbestand reduziert werden. Die Zahl der Beschäftigten sank von 163 im Jahr 1930 auf 121 bis Ende 1937; seit 1933 halbierten sich die Umsätze von rund 7,4 Milliarden RM auf etwa 3,5 Milliarden RM; die Zahl der Kunden stieg im gleichen Zeitraum erstaunlicherweise von 1078 auf 1336,[256] was wahrscheinlich damit zusammenhing, dass zahlreiche jüdische Geschäftsleute sich gezwungen sahen, ihre Geschäfte mithilfe einer Bank zu liquidieren.

Im April 1936 traten die Neffen Erich Otto und Kurt Hermann Grünebaum, die Enkel des Kommerzienrats Isaak Hirschland, als Inhaber ein. Inzwischen gab es bereits einen Aderlass jüdischer Prokuristen: Paul Reinisch aus der Hamburger Zweigniederlassung ging in die Niederlande und übernahm 1936 in der befreundeten Amsterdamschen Maatschippij N. V. einen Posten als stellvertretender Direktor; Adolf H. Steger wanderte 1937 nach Brasilien aus; Franz Unkel fand einen Unterschlupf in einem Industrieunternehmen. Mehrere jüdische Angestellte verließen in Essen und Hamburg «freiwillig» die Bank.[257] Eine im Februar 1938 abgeschlossene Darstellung beschrieb die schwierige Lage, in der sich die jüdischen Inhaber inzwischen befanden: «Die Aufgaben, vor die sie gestellt sind, sind ganz andere als die ihrer Onkel und ihres Großvaters. An eine Expansion ist jetzt überhaupt nicht mehr zu denken, im Gegenteil, es muß schon als großer Erfolg gelten, wenn die jetzige Stellung der Firma innerhalb der deutschen Wirtschaft annähernd behauptet wird. [...] Was die Familie Hirschland früher für die ganze Stadt Essen bedeutet hat, bedeutet sie jetzt für die Juden in Essen und Deutschland, deren Notlage so groß ist, daß die starken Stützen, zu denen Hirschlands gehören, eine schwere Belastung aushalten müssen. Bisher hat sich die Firma Simon Hirschland trotz aller Widrigkeiten, aber dank der besonderen Führung der Inhaber, trefflich gehalten. Sie erfüllt immer noch eine wichtige Aufgabe in der deutschen Wirtschaft. Aber in die Zukunft können wir nicht sehen.»[258]

Die Außenstelle Essen der Gestapo bezeichnete die Bank im Oktober 1937 als «Mittelpunkt der jüdischen Finanzherrschaft im Ruhrgebiet». Ihr Bericht behauptete, dass «die Macht und der Einfluss der jüdischen Hochfinanz […] auch heute noch unverändert bestehe» und führte die üblichen Anschuldigungen an, um das Bankhaus anzugreifen. Die Bank solle sogar mithilfe der Reichsbank «christlich getarnt» werden. Es habe zudem «Unregelmäßigkeiten» gegeben, und «krumme Dinger» seien vorgekommen.[259]

Die Teilhaber des Bankhauses, an erster Stelle Georg Hirschland, hatten sich angesichts der Zustände im «Dritten Reich» bereits seit 1935 mit ernsthaften Verkaufsabsichten beschäftigt,[260] zunächst ohne Erfolg. Bei manchen Bankhäusern hatte Georg Hirschland den Eindruck, dass diese ihn «bei lebendigem Leibe beerben»[261] wollten. Ernsthaftester Interessent war die Deutsche Bank. Hermann Josef Abs, damals bei der Berliner Privatbank Delbrück, Schickler & Co., hat später berichtet, ihm sei 1935 die Leitung des Hauses angeboten worden.[262] Warum diese Verhandlungen nicht zum Erfolg führten, ist nicht bekannt. Aber Abs, der 1937 Verhandlungen mit jüdischen Kollegen wie Paul Kempner vom Bankhaus Mendelssohn & Co. führte, genoss das Vertrauen vieler jüdischer Berufskollegen. Er rückte Anfang 1938, vom Bankhaus Delbrück Schickler & Co. kommend, in den Vorstand der Deutschen Bank, und Kempner hoffte, dass Abs in dieser neuen Funktion «dem Gesamtberufsstand und dem deutschen Ruf im Ausland etwas Persönliches leisten und nützen» könne. Für die Deutsche Bank sprach auch, dass Abs als Experte für die schwierigen Verhandlungen über die «Stillhaltekredite» gelten konnte.[263] Die Familie Hirschland stand zudem in enger Beziehung zum Direktor der Essener Niederlassung der Deutschen Bank, Dr. Gotthard von Falkenhausen. Da Simon Hirschland zudem gute Geschäftsbeziehungen zu Karl Kimmich aus dem Vorstand der Deutschen Bank unterhielt, war ein weiterer Anknüpfungspunkt gegeben.

1937 hatte sich die Situation so verschlechtert, dass die Inhaber die Zeit für einen Verkauf gekommen sahen. Die Bilanzsumme hatte sich um mehr als 85 Prozent verringert, und es drohte der Ausschluss aus dem Reichsanleihekonsortium.[264] Bei der Westdeutschen Terrain- und Baubank AG musste Georg Hirschland 1938 als stellvertretender Vorsitzender des Aufsichtsrats ausscheiden. Konkrete Verhandlungen über eine «Übergabe» erfolgten mittlerweile zwischen Georg Hirschland, «maßgebenden Herren» der Reichsbank sowie Vertretern des Reichskommissars für das Kreditwesen.[265] Allerdings gaben diese zu erkennen, dass sie nicht selbst tätig werden würden: Der Familie bleibe es selbst überlassen, die notwendigen Schritte zu gehen.

In dieser Situation kamen weitere Übernahme-Bewerber ins Spiel, unter anderem die National-Bank, die allein schon aus lokaler wie ideologischer Nähe zur DAF einen Anspruch auf die Essener Privatbank glaubte geltend machen zu können. Georg Hirschland, dem der starke Einfluss der DAF beim Essener Konkurrenzinstitut natürlich bekannt war, hatte wenig Neigung, ausgerechnet mit der National-Bank zu verhandeln. Auch die Reichs-Kredit-Gesellschaft[266] und die Dresdner Bank machten Anstalten, sich Simon Hirschland einzuverleiben. Sie schickten mit Hugo Ratzmann und Leonhard Stitz-Ulrici vom Bankhaus Hardy & Co. zwei Fachleute für «Arisierungsfragen» nach Essen, um zusammen mit Wolfgang Müller-Clemm, dem wirtschaftlichen Berater des Gauleiters, den Status und die Rentabilität von Simon Hirschland zu prüfen.[267] Ein weiterer Interessent war die Westfalenbank aus Bochum, die jedoch von der Familie Hirschland eine Absage erhielt.[268]

Aus der Sicht von Simon Hirschland war die Übernahme durch die Deutsche Bank die mit Abstand beste Lösung. Hierfür sprach auch, dass die Fachleute der Reichsbank sowie Reichskommissar Friedrich Ernst eher zu einer Großbank- als zu einer Regionalbanklösung tendierten. Der von Hjalmar Schacht eingesetzte Jurist Ernst, der seit 1935 in seinem Amt mit erweiterten Kompetenzen tätig war und eng mit der Bankenabteilung im Reichswirtschaftsministerium zusammenarbeitete, war ein grundsätzlicher Gegner von Liquidierungen jüdischer Bankhäuser. Im konkreten Fall war er gegen eine Übernahme durch die National-Bank, weil diese dadurch ihren «Mittelstandscharakter» verliere.[269] Er sprach sich daher gegen ein Eindringen von Parteiorganisationen und ihren Organen in das Bankensystem aus: Letztlich war dies ein wesentlicher Grund, warum die – als Statthalter der DAF angesehene – National-Bank bei der Übernahme von Simon Hirschland nicht im gewünschten Maß zum Zug kommen sollte.[270]

Auch der langjährige Vizepräsident der Reichsbank, Fritz Dreyse, war gegen eine Übernahme von Simon Hirschland durch die National-Bank. Das Unternehmen solle vielmehr, so war er sich mit Ernst einig, «aus volkswirtschaftlichem Interesse [...] in irgendeiner Form weiter bestehen» bleiben.[271] Auch praktische Gründe sprachen gegen eine Liquidierung von Simon Hirschland, vor allem die «Stillhaltekredite», für die die Teilhaber des Bankhauses persönlich hafteten. Ausländische Kredite waren wichtig, weil das devisenknappe Deutschland damit seinen Außenhandel finanzierte. Die deutschen Banken bemühten sich daher um das Offenhalten der Kreditlinien, um international wettbewerbsfähig zu sein. Die «Stillhaltekredite» bei Simon Hirschland waren inzwischen zwar reduziert, hatten aber immer noch einen erheblichen Umfang: Sie beliefen sich auf eine Summe von etwa 30 Millionen RM, nach anderen Angaben sogar auf 38 Millionen RM.

Die Familie Hirschland wollte das Geschäft als selbstständiges Institut zunächst aus dem Ausland, vorzugsweise von den Niederlanden aus, weiterführen. Die Verhandlungen, die im April 1938 in ihre entscheidende Phase eintraten, betrafen vor allem die Fragen des Vermögenstransfers ins Ausland, der mit den Reichsbehörden geklärt werden musste. Die «Stillhaltekredite» sollten entweder auf die Deutsche Bank oder den juristischen Nachfolger von Simon Hirschland übertragen werden, damit bei dem geplanten Neuaufbau des Geschäfts im Ausland keine diesbezüglichen Ansprüche an die Teilhaber mehr gestellt würden.

Die Verträge sollten durch ein von der Deutschen Bank geleitetes Konsortium erarbeitet und die Gesellschafteranteile anschließend ebenfalls über die Deutsche Bank erworben werden; die Mittel hierfür wollten befreundete Bankiers und ruhrindustrielle Interessenten wie Thyssen, Krupp und Flick zur Verfügung stellen. Die jüdischen Mitarbeiter sollten entlassen werden, die «arischen» Arbeitsplätze jedoch erhalten bleiben. Gotthard von Falkenhausen sollte nach dem Wunsch Georg Hirschlands persönlich haftender Gesellschafter in dem neu zu gründenden Bankhaus werden. Die Deutsche Bank sicherte von Falkenhausen zu, dass er im Falle eines Scheiterns des Projekts mit einer angemessenen anderen Stellung bei der Deutschen Bank und im Falle einer ungünstigen Geschäftsentwicklung mit einer guten Pension rechnen könne.[272] Als weiterer persönlich haftender Gesellschafter war Otto Burkhardt vorgesehen, ein für Finanzen zuständiges Vorstandsmitglied des bekannten Textilunternehmens Christian Dierig AG in Langenbielau.

Die Familie Hirschland war zwar mit den Angeboten der Deutschen Bank zufrieden, wie sich ein Familienmitglied später erinnerte,[273] aber der Plan einer gemeinsamen Lösung über die Deutsche Bank und Geschäftsleute der Ruhrindustrie stieß auf vehemente Ablehnung der Essener NS-Größen. Besonders Fritz Thyssen war bei ihnen inzwischen eine Persona non grata geworden.[274] Er hatte sich gegenüber dem Bankhaus Simon Hirschland stets unkonventionell verhalten. Seit 1932 hatte er, wesentlich früher als andere Industrielle, sein Hirschland-Engagement eingeschränkt, jedoch später, als sich andere Firmen aus Geschäften mit jüdischen Banken zurückzogen, dieses ostentativ wieder erhöht. Noch 1937 nahm die Gewerkschaft August-Thyssen-Hütte einen Kredit über zwei Millionen RM bei Simon Hirschland auf.[275]

Im Mai 1938 kristallisierte sich ein Umgründungsplan für Simon Hirschland heraus, nach dem die Deutsche Bank mit drei Millionen RM, die Münchener Privatbank Merck, Finck & Co. mit einer Million RM, die

Friedr. Krupp AG und Thyssen sowie das Kölner Bankhaus Pferdmenges & Co. jeweils mit 500 000 RM einsteigen sollten. Die Beteiligung der regionalen Industrie sollte dazu dienen, die Kapitalbasis zu verbreitern,[276] war aber zugleich ein deutliches Signal, dass das vorgesehene Nachfolgeinstitut weiterhin in der Region aktiv bleiben wollte. Bezeichnenderweise tauchte die National-Bank in den verschiedenen Varianten und Szenarien einer solchen Lösung überhaupt nicht auf.[277]

Die Deutsche Bank stellte am 11. Juli 1938 einen leicht modifizierten «Überleitungsplan» vor. Der von Karl Kimmich und Otto Abshagen unterzeichnete Vorschlag sah die Gründung einer Kommanditgesellschaft vor, die mit einem Kapital von sechs Millionen RM ausgestattet werden sollte. Neben der Deutschen Bank sollten als Kommanditisten Merck, Finck & Co. sowie die Industriellen Friedrich Flick und Fritz Thyssen beteiligt werden, jetzt aber auch die staatsnahe BAFIO, die in Essen eine starke Stellung hatte und von der man annehmen konnte, dass sie die NS-Position vertreten würde.

Dieser Plan widersprach jedoch den Interessen der Gauleitung und der National-Bank diametral. Treibende Kraft war einmal mehr Gauleiter Terboven, ein vehementer Gegner der reichsweit agierenden Deutschen Bank. Ihm kam der Schachzug zugute, dass er 1937 seinen Gauwirtschaftsberater Paul Hoffmann im Aufsichtsrat der National-Bank platziert hatte. Hoffmann glaubte, sich beweisen zu müssen, lief gegen das Lösungsmodell der Deutschen Bank Sturm und wollte die National-Bank ins Spiel bringen.[278]

Am 12. Juli 1938 – also nur einen Tag nach Bekanntwerden des Überleitungsentwurfs – schrieb Hoffmann einen geharnischten Protestbrief an Reichswirtschaftsminister Walther Funk. Unter dem Betreff «Arisierung des jüdischen Bankhauses Simon Hirschland, Essen» ließ er den Minister wissen, Gauleiter Terboven bestehe darauf, dass Simon Hirschland nicht «arisiert», sondern liquidiert werde: «Den z. Zt. mir vorliegenden Übernahme-Vorvertrag, welchen die Deutsche Bank mit Simon Hirschland schließen will, betrachtet der Gauleiter als völlig indiskutabel, da die politische Leitung nicht wünscht, dass dieses Geschäft erhalten bleibt, da dadurch eine erneute Übersetzung des Esseners Bankgewerbes eintritt. Der Gauleiter ist der Auffassung, dass die Überleitung des zu liquidierenden Geschäftes durch die ansässigen Banken in gerechter Weise ohne Störung des Wirtschaftslebens und zu dessen Vorteil erfolgen kann. Die arischen Angestellten könnten im Falle einer von den Banken gemeinsam getragenen Liquidation von den mitwirkenden Instituten schlüsselmäßig mit übernommen werden. Auch die Deutsche Bank ist sich darüber im klaren, dass die Liquidierung bzw. Umgruppierung der Stillhaltekredite nur mit Hilfe der Reichsbank und der Golddiskontbank erfolgen kann. Es ist nicht notwendig, dass eine Großbank als Trägerin einseitig eingeschaltet wird. Maßgebliche Industrieleiter sind im Mai d. Js. und jetzt wiederholt um ihre Stellungnahme befragt worden, ob und wieweit sie an der Aufrechterhaltung bzw. an der Aufrechterhaltung eines arischen Hauses aus der Notwendigkeit heraus Interesse haben. Ein solches Interesse wurde von Kohle und Eisen ausdrücklich als nicht vorhanden gekennzeichnet. Der vorliegende Vorvertrag sieht eine so einseitige Bevorzugung der Deutschen Bank vor, und ferner eine so starke Abhängigkeit seitens der Deutschen Bank, dass von einer ‹Privatbank› im Sinne des Wortes nicht mehr die Rede sein könnte. Die Gauleitung hat sich mit dem Problem Simon Hirschland schon seit Jahren eingehend vertraut gemacht, und stand von jeher auf dem Standpunkt, dass eine stille Liquidierung des Hauses für die gesamte Wirtschaft die einzig verständige und zweckvolle Lösung sei. Es ist kein Grund vorhanden, die Arisierung der Firma jetzt völlig übers Knie zu brechen. Der Gauleiter legt Wert darauf, dass die Liquidierung unter Aufsicht des Gauwirtschaftsberaters des Gaues Essen erfolgt, und zwar unter gleichzeitiger Benennung von zwei geschäftsführenden Liquidatoren, welche im Einverständnis mit dem Gauleiter zu bestellen wären.»[279]

In Wirklichkeit ging es der Essener Gauleitung aber um etwas anderes: Sie verfügte mit der National-Bank vor Ort bereits über ein Bankhaus, das weitgehend in ihrer Hand war und das Revier abdeckte. Ein neu geschaffenes privates Bankinstitut in der Form, wie es der Überleitungsvertrag vorsah, musste – wenn überhaupt – sehr viel schwieriger zu kontrollieren sein. Mit ihren Argumenten lag sie im Übrigen ganz auf der Linie der allgemeinen NS-Bankenpolitik. Hier herrschte – wie oben bereits dargestellt – die Ansicht vor, dass die mächtigen Großbanken unter Kontrolle des Staates gebracht und die Regionalbanken gestärkt werden müssten. Die National-Bank konnte sich jetzt also Hoffnung machen, zum Zuge zu kommen.

Dies wurde deutlich, als Otto Abshagen und der Hirschland-Anwalt Fritz Fenthol die Essener Gauleitung bei einer Besprechung am 20. Juli 1938 von ihren Plänen überzeugen wollten. Hoffmann eröffnete die Unterhaltung mit dem Hinweis, dass er die Unterstützung von Reichswirtschaftsminister Funk besitze. In Berliner Bankkreisen sei man jedoch offenkundig über die Bedürfnisse der Wirtschaft an der Ruhr nicht richtig informiert. Das Prozedere der Deutschen Bank lehnte er durchweg ab: «Die Deutsche Bank würde nach Übernahme doch nur eine große Werbemaßnahme bei der Industrie beginnen, und es würde dadurch nur Unruhe in das Revier hineingetragen.» Das Argument der «Stillhaltekredite» ließ er nicht gelten.

Die meisten seien ohnehin durch Bürgschaften der Deutschen Golddis-
kontbank abgesichert. Schlimmstenfalls könne dann immer noch ein
Gesetz erlassen werden, um zu verhindern, dass Auslandsgläubiger dem
Deutschen Reich «Schwierigkeiten» machten.[280]

Wenige Tage später intervenierte der Terboven-Adlatus und Aufsichtsratsvorsitzende der National-Bank Müller-Clemm in die gleiche Richtung.
Deutlicher als Hoffmann ließ er in einem Gespräch mit Fenthol Ende Juli
1938 die eigentlichen Motive der National-Bank erkennen. Zunächst monierte er, dass es ein Fehler der Deutschen Bank gewesen sei, sich nicht schon
viel früher mit der Gauleitung in Verbindung gesetzt zu haben. Der Eintritt
Falkenhausens in das umstrukturierte Bankhaus werde von der NSDAP abgelehnt, und deshalb sollten alle ortsansässigen Banken – also vor allem die
National-Bank – am «Erbe Hirschlands» beteiligt werden. Müller-Clemm
wollte in erster Linie die Aktienpakete der Hamburger Hypothekenbank und
der in Thüringen ansässigen Kahla Porzellan AG übernehmen. Die Aktien
der Bergbau AG Ewald-König Ludwig hingegen, so Müller-Clemm, müssten
«eventuell unter die Großbanken verteilt werden».[281]

Angesichts des Vorpreschens der Gauleitung war die Auseinandersetzung, wie der besorgte Rechtsanwalt der Familie Hirschland feststellte, zu
einem «politischen Kampf» geworden.[282] Die National-Bank sah jetzt dank
des politischen Rückenwinds der Essener Gauleitung ihre Stunde gekommen und wollte den «Überleitungsplan» der Deutschen Bank zu Fall bringen. Weil sie allein zu schwach war, ging sie eine Allianz mit der Dresdner
Bank ein, die ebenfalls der Erzrivalin Deutsche Bank ihre «Beute» streitig
machen wollte.[283] Zwei Dresdner-Bank-Experten, die als Fachleute für «Arisierungsfragen» galten, prüften gemeinsam mit Müller-Clemm die Hirsch-
land-Bücher, um Schwachstellen im «Überleitungsplan» der Deutschen
Bank ausfindig zu machen. Zugleich sondierten über den ganzen Juli 1938
hinweg die Dresdner Bank-Vorstandsmitglieder Karl Rasche und Carl Lüer
im Reichswirtschaftsministerium, ob ihre Lösung akzeptabel war. Allerdings zogen sich diese Gespräche hin, ohne dass es zu einer präsentablen
Alternative gekommen wäre.

Da die Familie Hirschland nun zwischen alle Fronten zu geraten drohte,
schlug sie vor, ihre Bank ganz zu schließen. Dadurch, so die Überlegung,
würden sich vielleicht doch noch fremde Liquidatoren, d. h. konkret die
National-Bank, ausschalten lassen. Die Familie war zu einer solchen Selbst-
liquidation bereit, wenn sich eine Lösung für ihre Auslandsverpflichtungen
finden ließ. Der Vorstand der Deutschen Bank beschloss jedoch, hart zu
bleiben: Man hielt an den grundsätzlichen Abmachungen des Überlei-

tungsentwurfs fest und wollte sich weder an einer Liquidation von Simon Hirschland beteiligen noch die erheblichen Auslandsverpflichtungen übernehmen. Den Wünschen Terbovens und des Gauwirtschaftsberaters wollte man lediglich in «gewissen Punkten» entgegenkommen. Um einen Ausweg aus der Sackgasse zu finden, wurde eine hochrangige Ressortbesprechung für den 2. August 1938 einberufen. Der Reichskommissar für das Kreditwesen, das Reichswirtschaftsministerium und die Reichsbank delegierten je zwei Beamte, unter ihnen Reichsbankdirektor Bodo von Wedel, während für die Gauleitung Hoffmann und Müller-Clemm an der Besprechung teilnahmen. Zentrales Problem blieben die «Stillhaltekredite». Reichsbank und Reichswirtschaftsministerium verharrten auf ihrer bisherigen Linie: Die Liquidation von Simon Hirschland wurde abgelehnt, weil in diesem Fall sofort Devisenforderungen ausländischer Gläubiger in Höhe von etwa 30 Millionen RM fällig gewesen wären – eine schlichtweg indiskutable Lösung. Sie präferierten die ursprüngliche Deutsche-Bank-Lösung, die bekanntlich die National-Bank außen vor gelassen hätte.[284]

Der Gordische Knoten wurde schließlich zerschlagen. Die Deutsche Bank akzeptierte, dass der Gau Essen und die National-Bank Juniorpartner wurden. Das Tauziehen fand auf diese Weise eine für die meisten Involvierten einigermaßen zufriedenstellende Lösung, auch wenn der Grad der Beteiligung der einzelnen Institute noch im Einzelnen auszuhandeln blieb.

Karl Kimmich versuchte in den folgenden Wochen, Bataillone für die Sache der Deutschen Bank aufzustellen und verhandelte auch mit Müller-Clemm. Dieser wiederum hielt durch Gespräche mit der Dresdner Bank und deren Tochtergesellschaft Hardy & Co. alle Eisen im Feuer, um eine möglichst große Beteiligung der National-Bank am neuen Bankhaus zu erreichen. Weitergehende Lösungen waren unrealistisch, weil die National-Bank als zu kapitalschwach galt, um das notwendige Kommanditkapital aufzubringen. Dresdner Bank und Hardy & Co. verloren jedoch bald ihr Interesse, ihr Kapital bei einem neuen Bankhaus zu investieren, das so eindeutig von der Deutschen Bank dominiert war, zumal nicht feststand, wie sich die anderen Beteiligten, also Merck, Finck & Co., Flick und Thyssen entscheiden würden.[285]

Am 1. September 1938 erteilte der Reichskommissar für das Kreditwesen der Bank Simon Hirschland die Genehmigung, in ein neues Institut unter dem Namen Burkhardt & Co. überführt zu werden. Zudem wurden bislang ungeklärte Streitfragen angesprochen: neben den Auslandsverpflichtungen vor allem hinsichtlich der Grundstücke und des Wertbesitzes. Bereits im Vorentwurf vom 11. Juli 1938 waren zahlreiche Unterbewertungen zu erkennen gewesen. Im nur wenig modifizierten endgültigen Überleitungsvertrag wurden die tatsächlichen Werte der Firma nicht exakt beziffert. Der Grundbesitz wurde zum Einheitswert und nicht zum viel höheren Verkaufswert berechnet. Ähnlich sonderbar waren die Formulierungen hinsichtlich des beweglichen Gutes. Das Geschäftsinventar wurde zum Buchwert übernommen. Die üblichen Berechnungen, den «guten Namen» des Unternehmens betreffend, fanden ebenfalls keinen Niederschlag in den Vertragsbedingungen, weil seit April 1938 für den «Goodwill» nach geltendem Recht nichts bezahlt werden durfte.[286] Andere wichtige Details der Regelungen sind im Einzelnen nicht bekannt, und deshalb fällt auch hier, wie in zahlreichen anderen «Arisierungsfällen», eine exakte Bewertung schwer.[287]

Burkhardt & Co. wurden schließlich mit einem Kapital von 6,5 Millionen RM ausgestattet.[288] Die Deutsche Bank hielt mit 2,5 Millionen RM den Löwenanteil. Ihre dominante Stellung zeigte sich auch darin, dass sie den beiden persönlich haftenden Gesellschaftern von Falkenhausen und Burkhardt einen Betrag von je 500 000 RM vorstreckte. Die National-Bank beteiligte sich gemäß den im September getroffenen Vereinbarungen wie vorgesehen mit einer Million RM. Damit war sie immerhin der zweitgrößte Kommanditist. Gotthard von Falkenhausen hat im Jahr 1966 diese Beteiligung mit Recht als ein Entgegenkommen der Deutschen Bank und der Familie Hirschland gegenüber der Essener Gauleitung gewertet. Die übrigen Einlagen verteilten sich auf verschiedene Banken und Ruhrindustrielle, die jeweils 500 000 RM übernahmen: Die BAFIO war von «übergeordneten Stellen» zur Beteiligung aufgefordert worden, um «das bisher überwiegende Kapital-Interesse der Deutschen Bank einzuschränken».[289] Merck, Finck & Co., die August-Thyssen-Hütte und die Essener Steinkohlenbergwerke AG, an denen Friedrich Flick eine maßgebliche Beteiligung besaß, waren hingegen schon im Überleitungsentwurf vom Sommer 1938 vorgesehen gewesen.

Die für die National-Bank unbefriedigend verlaufenden Verhandlungen wurden auf der Aufsichtsratssitzung am 1. September 1938 diskutiert. Eugen Vögler trug vor, dass die Liquidation vom Gauleiter «dringend gewünscht» gewesen sei, sich dies aber leider wegen des Widerstands der Reichsbank und der Bedenken bezüglich der «Stillhaltekredite» nicht habe durchführen lassen.[290] Vorstand und Aufsichtsrat der National-Bank wollten «aus politischen und wirtschaftlichen Gründen» und dem «vorgetriebenen Stand der Dinge» nicht auf ihre Beteiligung verzichten, zumal bei den Vorverhandlungen durch Kimmich von der Deutschen Bank zusätzliche Geschäfte «in sichere Aussicht gestellt worden» waren. Das Problem des geringen Eigenkapitals der National-Bank sollte durch eine Kapitalerhöhung um eine Million auf drei Millionen RM gelöst werden, um sich mit einer Million RM an Burkhardt & Co. beteiligen zu können. Für wie wichtig die National-Bank dies hielt, zeigte sich, als Heinz Reitbauer, der stellvertretende Vorsitzende der Bank der Deutschen Arbeit, der im Aufsichtsrat der National-Bank saß, ultimativ aufgefordert wurde, diese Entscheidung innerhalb von fünf Tagen Robert Ley, dem Aufsichtsratsvorsitzenden der Bank der Deutschen Arbeit, mitzuteilen. Obwohl die Bank der Deutschen Arbeit heftig gegen eine Kapitalerhöhung opponierte, gab die Hauptversammlung der National-Bank am 30. September 1938 hierfür grünes Licht und machte den Weg frei für die Beteiligung an Burkhardt & Co.

Die Übernahmegespräche mit der Deutschen Bank verliefen weitgehend in den Bahnen traditioneller Verkaufsverhandlungen, während sich die hässlichen Begleitumstände und die Aggressivität des NS-Regimes in den Aktivitäten der Essener Gauleitung und der National-Bank zeigten. Gotthard von Falkenhausen glaubte, den mit ihm befreundeten jüdischen Essener Bankiers helfen zu können, aber die Deutsche Bank hätte sich sicherlich nicht darauf eingelassen, wenn sie nicht Perspektiven für eine vorteilhafte zukünftige Entwicklung gesehen hätte.[291] Die «Arisierung» von Simon Hirschland wird in der Forschung daher insgesamt als «fair» bewertet. Letztlich, so hat Dieter Ziegler geurteilt, setzten sich die Hirschlands für eine Übernahme durch die Deutsche Bank ein, «um eine Übernahme durch die zum Konzern der Deutschen Arbeitsfront gehörende National-Bank» zu verhindern.[292] Nach der von Frank Bajohr entwickelten Typologie der «Ariseure», die von «rücksichtslosen Ausbeutern» bis hin zu «verständnisvollen Geschäftsleuten, die angemessene Entschädigungen zu zahlen versuchten», reicht, gehörten von Falkenhausen bzw. die Deutsche Bank wohl am ehesten zu dem Fünftel der Käufer, die sich als «gutwillige und verständnisvolle Geschäftsleute» charakterisieren lassen. Diese versuchten, die jüdischen Eigentümer angemessen zu entschädigen und gingen keine Bündnisse mit den Genehmigungsinstanzen ein.[293] Die Essener Clique um Terboven, Müller-Clemm und Hoffmann zählte hingegen zur Gruppe der «rücksichtslosen Ausbeuter».

Am 5. Oktober 1938 wurde Simon Hirschland offiziell in die Kommanditgesellschaft Burkhardt & Co. umgewandelt. Inzwischen begaben sich Gotthard von Falkenhausen und Georg Hirschland nach London, wo sie mit den britischen Gläubigern eine Einigung über die Auslandsverpflichtungen erreichten. Der Löwenanteil der «Stillhaltekredite» wurde von der Deutschen Bank übernommen, ein kleinerer Betrag von Burkhardt & Co. Auch die Gläubigerbanken in den USA und der Schweiz akzeptierten diese Lösung,[294] was der Familie Hirschland den Weg für eine Neugründung außerhalb des

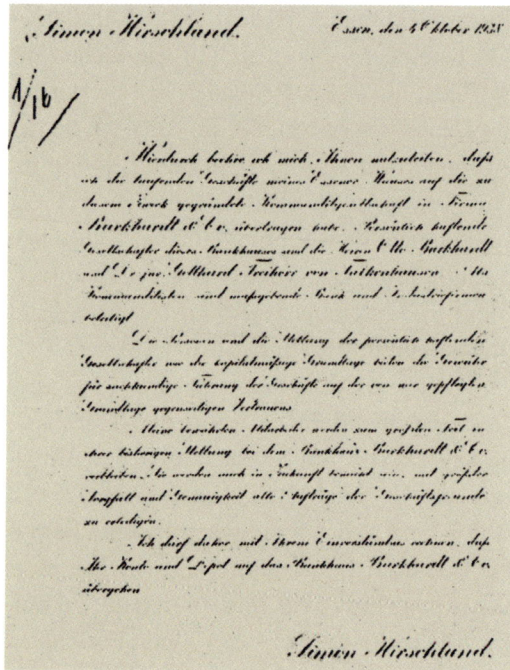

Die «Arisierung» des Bankhauses Hirschland: Am 4. Oktober 1938 teilte Simon Hirschland den Geschäftspartnern mit, dass die laufenden Geschäfte auf die Firma Burkhardt & Co. übergehen würden.

Deutschen Reiches freimachte. Sie wurden noch zur Abgabe ihrer Essener Liegenschaften gezwungen,[295] mussten «Reichsfluchtsteuer», «Judenvermögensabgabe» und «Veräußerungssteuer» bezahlen – eine Summe, die nach Berechnung des Rechtsanwalts der Familie insgesamt sechs Millionen RM betrug.[296] Zusätzlich waren Beiträge an die Kultusgemeinde und ein Millionenbetrag an die Deutsche Golddiskontbank fällig, bevor die Familien Anfang Dezember 1938 die «Auswanderungsbestätigungen» der deutschen Behörden erteilt bekamen.[297] Es blieb ihnen überlassen, die «nichtarischen» Mitarbeiter, die nicht in das neue Institut übernommen werden durften, auf privatem Weg zu entschädigen. Die verbleibenden Angestellten des Unternehmens erhielten von der Familie Hirschland als Abschiedsgeschenk insgesamt eine halbe Million RM. Das in Deutschland verbliebene Vermögen ruhte auf einem «Familie Hirschland und Freunde» betitelten Auswanderersperrkonto von Burkhardt & Co. Nach der Ausbürgerung der Familie Hirschland im Jahr 1942 wurde dieses Restvermögen vom Reich konfisziert.

Es war Glück im Unglück, dass den Hirschlands ein Neuanfang in den Vereinigten Staaten von Amerika gelang. Nach ihrer Emigration in die USA verkaufte die Familie ihre Beteiligungen an den niederländischen Gesellschaften Amsterdamsche Crediet Maatschappij und Compagnie voor

Beleggin en Administratie (Coba) und erwarb die Aktienmehrheit bei der New York Hanseatic Corporation, deren Präsident Kurt Hermann Grunebaum wurde. Von den neuen Gesellschaftern hatten sie die mündliche Zusage erhalten, bei veränderten politischen Bedingungen wieder in ihr Bankhaus zurückkehren zu können.[298] Diese Gelegenheit ergab sich allerdings erst nach dem Ende des «Tausendjährigen Reiches».

Die Essener Gauleitung und die National-Bank zeigten sich als schlechte Verlierer. Ein Artikel der *Essener National-Zeitung*, die bekanntlich ganz unter dem Einfluss Müller-Clemms stand, ließ am 6. Oktober 1938, also einen Tag nach der Gründung von Burkhardt & Co., erkennen, warum man mit der erreichten Lösung nicht zufrieden war. Schon der Titel des Beitrags ließ den Tenor erkennen: «Die kommende Nationalisierung des Bankwesens. Die Liquidation der jüdischen Bankhäuser bleibt die volkswirtschaftliche Ideallösung.» Für den Verfasser des Artikels stellte das Vorgehen bei Simon Hirschland jedenfalls einen nicht verallgemeinerungsfähigen «Sonderfall» dar.[299]

Die Beteiligung der National-Bank an der «Arisierung» von Simon Hirschland hatte noch ein Nachspiel. Die Kapitalerhöhung führte zu einem schweren Zerwürfnis mit der Bank der Deutschen Arbeit, die bekanntlich eine zentrale Rolle bei der National-Bank spielte. Reitbauer legte am 10. September 1938 sein Aufsichtsratsmandat nieder. Er hatte bei Vögler scharf gegen das Hirschland-Prozedere der National-Bank protestiert, fühlte sich an die Finanzgebaren der Inflationszeit erinnert und hatte mit seinem Rücktritt gedroht. Vögler hatte den Brief postwendend an Terboven weitergeleitet, der diesen als ebenso «dumm wie frech» bezeichnete. Damit war das Tischtuch zerschnitten: Wenn die Bank der Deutschen Arbeit nicht mit der National-Bank zusammenarbeiten wolle, solle sie, so Terboven am 4. September 1938, das in ihrem Besitz befindliche Aktienpaket an die National-Bank verkaufen, ein Schritt, den die Bank der Deutschen Arbeit 1939/40 tatsächlich vollzog.[300]

In den folgenden Monaten wurden bei Burkhardt & Co. die Umwandlungsvereinbarungen sukzessive umgesetzt und die Hamburger Filiale aufgegeben.[301] Nach Ausbruch des Zweiten Weltkriegs musste Burkhardt & Co. auf Anweisung der Devisenstelle Gelder, die bei britischen Banken, u. a. bei der Londoner Bank Lazard Brothers & Co. Ltd., lagen, auf Konten in der neutralen Schweiz transferieren.[302]

Die Essener Banken im Zweiten Weltkrieg

Bei Kriegsausbruch glich das deutsche Wirtschafts- und Bankensystem einem Organisationsdschungel, «gekennzeichnet durch verschwommene Abgrenzung der Aufgaben und Zuständigkeiten der einzelnen Behörden, Verbände und der privaten Industriekonzerne und geprägt durch die sich daraus ergebenden Machtkämpfe und Kompetenzkonflikte».[303] Die verschiedenen Reichsministerien, die Reichsgruppe Banken, das Reichsaufsichtsamt für das Kreditwesen, die Wehrwirtschaftsbehörden, die Reichsbank, die Bankenverbände, die Organisation des Vierjahresplans konkurrierten miteinander, und weitere Institutionen wie die des Generalbevollmächtigten für die Kriegswirtschaft, die Landeswirtschaftsämter, die Wirtschaftsgruppen sowie die Wirtschaftskammern komplettierten die «ziemlich unübersichtlich[e]» Praxis des bürokratischen Nebeneinanders.[304]

Aber nicht nur das Behördendickicht und die fortgesetzten Eingriffe des Essener Gauwirtschaftsberaters stellten für die Essener Banken eine Herausforderung dar, denn auch in personeller Hinsicht waren sie beansprucht. Durch Einberufungen ging die Zahl der Beschäftigten im Kreditgewerbe überall überproportional spürbar zurück, weil der Bankensektor als nicht «kriegswichtig» galt. Die Filialnetze der Kreditinstitute wurden durch fortwährende Einberufungen, «Auskämmungsaktionen» und Schließungen erheblich ausgedünnt. Allein bei der Commerzbank wurden von den 70 Angestellten 30 zur Wehrmacht eingezogen. Die Zahl der jüngeren Männer – Jahrgang 1900 und jünger – unter den Beschäftigten betrug nur noch 17 Prozent, und die älteren Bankangestellten und Frauen bestimmten das Bild in den Kreditinstituten.[305] Es war angesichts eines solchen Aderlasses auch kein Wunder, dass die ausgerechnet im Jahr 1939 eröffnete Filiale des Dortmunder Bankgeschäfts Hermann Bröckelschen keine wesentliche Bedeutung mehr erlangen konnte und wieder geschlossen wurde.

Die Kunden wiederum wurden durch die immer rigidere Kontingentierung von Gütern und die Ausgabe von Bezugsscheinen ihr Geld kaum noch los. Die Bevölkerung brachte, angesichts des mangelnden Konsumangebots verständlich, ihr Geld lieber auf das Sparkonto, anstatt es auszugeben. Die Steuervergünstigungen für das sogenannte Eiserne Sparen, für das der Arbeitgeber bis zu 312 RM auf ein abgabefreies «Eisernes Sparkonto» des Kunden überwies, trugen seit 1941 zum Aufschwung dieses Geschäftszweigs bei. Bei der Sparkasse Essen waren die Zahlen bemerkenswert: Betrug der Bestand an Spareinlagen im vorletzten Friedensjahr rund 158 Millio-

ICH KÄMPFE FÜR DEN SIEG ICH SPARE FÜR DEN SIEG

SPARE BEI DER DRESDNER BANK

Auch das Spargeschäft erhielt im Zweiten Weltkrieg einen militärischen Anstrich.

nen RM, so schwoll dieser Betrag bis Ende 1944 auf 577 Millionen RM an, ein Zuwachs von 364 Prozent. Auch die sonstigen Einlagen wuchsen im gleichen Zeitraum rasant von 25 auf 92 Millionen RM.[306]

Die Sparkasse Essen drückte die fehlenden Möglichkeiten, überhaupt noch Geld auszugeben, 1940 wie folgt aus: «Der Krieg hat sich auf die Bildung des Sparkapitals bisher sehr günstig ausgewirkt. Es ist das aber mehr oder weniger eine natürliche Erscheinung. Infolge der Verknappung der Warenläger werden Gelder flüssig, die z. T. bei den deutschen Sparkassen angelegt werden. Die Kontingentierung des Wareneinkaufs hat weiter zur Folge, dass in sehr vielen Familien die ihnen zufließenden laufenden Einnahmen nicht voll oder nicht in dem Ausmaße wie vor dem Kriege für den Lebensunterhalt und für Genussgüter ausgegeben werden.»[307]

Die Bankinstitute waren gehalten, auf eigene Rechnung Wertpapiere und Reichsanleihen des Deutschen Reiches zu erwerben.[308] In welchem Ausmaß sie ihre überschüssige Liquidität in verzinsliche Reichstitel investierten, zeigt ein weiterer Blick auf die Sparkassen, die reichsweit allein im Jahr 1941 kurz- und langfristige Reichswerte im zweistelligen Milliardenbereich kauften. Bei der Sparkasse Essen machten Ende 1944 eigene Wertpapiere sowie Guthaben bei anderen deutschen Kreditinstituten rund 80 Prozent der Bilanzsumme aus; 1934 waren es nur 25 Prozent gewesen. Erst seit Mitte 1944 wurde ihnen die Möglichkeit wieder genommen. Für die Bankinstitute blieb der erhebliche Anstieg der Schuldtitel und Wertpapiere ein zweischneidiges Schwert, denn es gab das unausgesprochene Risiko, dass diese bei einem ungünstigen Kriegsausgang wertlos werden würden. Den Kunden wurde die Investition wortreich schmackhaft gemacht, aber zugleich sollte mögliche Unruhe gar nicht erst aufkommen. Bei der Volksbank Essen hieß es 1941: «Die Finanzlage des Reiches zeigt sich den großen Aufgaben der Kriegsfinanzierung gewachsen; die Sicherheit der Währung steht außer Frage. Das Vertrauen des deutschen Volkes zu seiner Staats- und Wirtschaftsführung, der unerschütterliche Glaube an den siegreichen Ausgang des Krieges äußern sich in einer Sparbetätigung in einem noch nie dagewesenen Ausmaß.»[309]

Die Essener Bauwirtschaft, jahrelang ein Wachstumsfaktor für die Essener Banken, lag inzwischen brach. Hypothekendarlehen ließen sich kaum noch platzieren, weil die Rohstoffbewirtschaftung und die Kontingentierungsvorschriften es immer schwieriger machten, überhaupt noch Neubauvorhaben durchzuführen. Seit 1939 durften nur noch kriegswichtige Bauten in Auftrag gegeben werden, und im Februar 1940 wurde ein generelles Neubauverbot erlassen, mit der Ausnahme von Vorhaben mit einem Gesamtbauvolumen bis zu 5000 RM sowie Rohbauten, die weitergeführt werden durften. Die Finanzierungsaufgaben der Kommunen beschränkten sich zunehmend auf Reparaturarbeiten nach Bombenangriffen. Entsprechend verwaist waren die Baustellen: Mit 115 000 Wohnungen wurden 1940 in Deutschland nur noch die Hälfte im Vergleich zum Vorjahr erreicht, 1942 waren es nur noch 60 000.[310] In einem Erlass Hitlers vom November 1940 zur «Vorbereitung des deutschen Wohnungsbaus nach dem Kriege» wurden die Deutschen auf die Zeit nach Kriegsende vertröstet. Der propagandistisch als «Grundgesetz» des Wohnungsbaus gefeierte Erlass war das Papier nicht wert, auf dem er gedruckt war. Ein Hypothekenexperte traf den Nagel auf den Kopf, wenn er rückblickend Hitlers Erlass bescheinigte, von einer «merkwürdigen Verkennung der Sachlage und einem unheilvollen Optimismus bezüglich des Kriegsausgangs» geprägt gewesen zu sein.[311] Seit 1942 wurde mit dem Bau von Behelfsbaracken und Ausnahmebewilligungen das Neubauverbot zwar unterlaufen, aber diese Maßnahmen für Bombengeschädigte, die häufig in Holzbauweise ausgeführt wurden, fielen mengenmäßig kaum noch ins Gewicht, nicht anders als bei dem 1943 aufge-

nommenen «Kriegswohnungsbau» nach einem eigens entwickelten Kriegs-
einheitstyp in «normierter Primitivität».[312] Die von Reichswohnungskom-
missar Ley erbauten Heime wurden im Volksmund als «Ley-Lauben» und
«Hundehütten» verspottet. Selbst die Parteikanzlei der NSDAP bemerkte,
es sei «nicht gerade geschickt […], dem Volksgenossen, der sich heute mit
dem Behelfsheim als Heimstätte begnügt, vor Augen zu führen, dass sich
sein Heim vorzüglich als ‹Erfrischungsbude›, ‹Zeitungsstand›, ‹Kleintier-
stall›, ‹Geräteschuppen› usw. eignet».[313] Langfristige Hypothekendarlehen,
die zuvor eine Haupteinnahmequelle der Essener Sparkasse gewesen waren,
ließen sich angesichts des Baustopps kaum noch an den Mann bringen.
Etwas verklausuliert benannte der Geschäftsbericht der Essener Sparkasse
1941 die Flaute im Baugeschäft: «Die von uns […] zu finanzierenden Neubauten werden voraussichtlich erst nach Kriegsende zur Ausführung gelangen.»[314]

Der Krieg wurde durch die rotierenden Notenpressen finanziert. Die
Ausgaben des Reiches erreichten eine schwindelerregende Höhe: Sie beliefen sich bis Februar 1945 auf insgesamt 657 Milliarden RM, von denen
215 Milliarden RM durch Steuern, Zölle und Gewinne der reichseigenen
Unternehmen sowie in großem Umfang durch Kontributionen aus den
besetzten Staaten bestritten wurden. 225,5 Milliarden RM mussten durch
kurzfristige, 117 Milliarden RM durch lang- und mittelfristige Kredite finanziert werden. Dies führte zu einem erheblichen Geldüberhang; die Inflation
konnte nur durch rigide Preiskontrollen im Zaum gehalten werden. 1944
nahm die Staatsverschuldung mit einem monatlichen Zuwachs von sieben
Milliarden RM derart zu, dass im letzten Kriegswinter die Finanzierung
zusammenbrach und in eine Hochinflation mündete. Die fortschreitende
Geldentwertung ebnete den Weg für die «Zigarettenwährung», die die RM
allmählich verdrängte.

Inzwischen wuchs die Macht der Gauwirtschaftsberater noch einmal an.
Diese versuchten ein weiteres Mal, die deutsche Bankenlandschaft in ihrem
Sinne umzugestalten. Erneut sollten die privaten Großbanken, die ihnen seit
Langem ein Dorn im Auge waren, zu regionalen «Gaubanken» umgewandelt
und dem Einflussbereich der jeweiligen Gauleiter unterstellt werden.[315] In Essen war nicht vergessen, dass es 1938 nicht gelungen war, das jüdische Bankhaus Simon Hirschland zu liquidieren, und sich stattdessen ausgerechnet die
Deutsche Bank eine entscheidende Machtposition erobert hatte. Martin Bormann, der Chef der Parteikanzlei, begann 1941 in enger Zusammenarbeit mit
dem Vizedirektor der Reichsbank und Leiter der Hauptabteilung IV (Geld-,
Bank- und Börsenwesen) im Reichswirtschaftsministerium, Kurt Lange,

eine «intensive Kampagne zur Nazifizierung der deutschen Wirtschaft».[316] In einer seiner Verlautbarungen stammte ein Beitrag zur «Reorganisation der Banken» bezeichnenderweise vom Essener Gauwirtschaftsberater Paul Hoffmann, der bei der «Arisierung» von Simon Hirschland eine empfindliche Niederlage erlitten hatte. Hoffmann bezeichnete das Bankgewerbe immer noch als «stark übersetzt», mit der Folge, dass eine regelrechte «Jagd nach dem Schuldner» zu beobachten sei. Es gehe zwar nicht um eine Verstaatlichung der Kreditunternehmen, aber diese seien offensichtlich personell «falsch besetzt»: Die private Organisationsform des Kreditwesens habe keine Zukunft, so Hoffmann, «wenn die privaten Kreditunternehmen oder ihre Männer nicht mehr die Fähigkeit in sich tragen, die ihnen gestellten Aufgaben im Gesamtrahmen der deutschen Wirtschaft ordnungsgemäß zu erfüllen». Es fehle offenbar der «volle Ernst [...], den ergangenen Ruf zu hören und danach zu handeln». Dieser Warnschuss gegen die bestehende privatwirtschaftliche Struktur des Bankgewerbes wurde durch konkrete Vorschläge ergänzt, die zu einer «Flurbereinigung» führen und das Nebeneinander von mehreren Banken beenden sollte: «Für Städte mit einer Einwohnerzahl unter 100 000 dürfte es normalerweise sicher genügen, wenn neben der Sparkasse und der genossenschaftlichen Volksbank eine Regionalbank die kreditgeschäftliche Arbeit ausführt.»[317] Essen, dessen Bankgefüge Hoffmann natürlich gut kannte, mochte größer sein, aber jedem Kenner der Materie musste klar sein, was Hoffmann damit meinte.

Die National-Bank befand sich dank des Rückenwinds der Gauleitung und der Unterstützung Hoffmanns weiter auf Expansionskurs. Zwar verzichtete man schließlich auf die Übernahme eines Aktienpakets der 1939 in «Deutsche Industriebank» umbenannten BAFIO,[318] aber dafür wurde die Bank in Duisburg tätig: Die dortige Duisburger Bankverein AG (DBV) war durch die schwere Bankenkrise nach 1930 vergleichsweise unbeschadet und blieb daher ein lukratives Übernahmeprojekt. Im «Dritten Reich» wurde die Bank «arisiert» und 1942 bei einer Bilanzsumme von rund 16 Millionen RM mit der National-Bank verschmolzen.[319] Die Fusion lag ganz auf der Linie der National-Bank, die in die Nachbarstädte der Region expandierte. Besonders verlockend war, dass der DBV traditionell in erster Linie vor allem das Handwerk und den Mittelstand bediente. Die National-Bank verfügte damit in der Duisburger Region – dem sprichwörtlichen «Tor zum Niederrhein» – neben der Hauptniederlassung im Duisburger Stadtzentrum über je zwei Filialen in Duisburg-Meiderich und Duisburg-Wedau.

Im Zuge der «Offensive der Partei gegen die Banken»[320] rief Bormann im August 1942 Reichswirtschaftsminister Funk dazu auf, eine radikale

«Strukturveränderung nach nationalsozialistischen Zielsetzungen» einzuleiten. Seine Forderungen gipfelten darin, dass «die Privatbanken und insbesondere die Großbanken zusammengestrichen werden» sollten. Regionalbanken sollten hingegen schonender behandelt werden.[321]

Das Reichswirtschaftsministerium wollte den ständigen Angriffen der NSDAP auf die Banken die Spitze brechen und mahnte die Kreditinstitute zum Entgegenkommen. In einem bezeichnenden Schreiben an einen Regionalbank-Chef vom August 1942 hieß es, der Kontakt mit den maßgeblichen Parteistellen werde von den Banken nicht genügend gepflegt. Es genüge nicht, «dass man mit einem Herrn der Partei gelegentlich ein Bier trinke, vielmehr sei es notwendig, dass ein offizieller Vertrauensmann der Partei im Aufsichtsrat sei».[322]

In dieser Situation überkreuzten sich die kriegsbedingten Schließungen von Banken mit den Plänen der Gauleitung Essen, die regionale Bankenlandschaft radikal in ihrem Sinn umzugestalten. Sollten die Filialschließungen dazu dienen, Arbeitskräfte für den Kriegseinsatz freizumachen und «unwirtschaftlichen Wettbewerb» zu beseitigen, ging der Gau Essen in seinen Absichten weiter. Die kriegsbedingten Schließungen sollten «Dauerschließungen» werden. Die Reichsbank und die Reichsgruppe Banken schlugen unter dem Stichwort «Vereinfachung der Organisation des Kreditwesens im Wirtschaftsbezirk Düsseldorf» vor, insbesondere eine Reihe von Großbankzweigstellen zu schließen. Die Reichsbank wollte die Depositenkasse der Deutschen Bank in Werden sowie den Rellinghauser Spar- und Darlehnskassenverein auflösen und die drei Essener Beamtengenossenschaften auf die Volksbank Essen übertragen. Bei der Sparkasse Essen sollten nach Ansicht der Reichsbank vom August 1942 die Hauptzweigstellen Südost, West, Altenessen-Nord, Heidhausen und die Nebenzweigstelle Überruhr geschlossen oder in Annahmestellen umgewandelt werden. Die Reichsgruppe Banken hielt die Schließung «dreier Stellen ohne weiteres für möglich».[323]

Die Reichsbank war der Ansicht, dass vor allem die Deutsche Bank mit ihrem großen Zweigstellennetz – im Wirtschaftsbezirk Düsseldorf 45 Haupt- und Zweigstellen sowie Depositenkassen – wohl «größere Opfer zu bringen» habe als andere Großbanken. Das Reichsamt für das Kreditwesen ging Ende Dezember 1942 noch einen Schritt weiter. Die Großbanken hätten aufgrund des zuvor erfolgten «Aufsaugens regionaler Banken» ein großes Zweigstellennetz aufgebaut. Selbst unter Berücksichtigung der überdurchschnittlichen Industrialisierung der Region sei jedoch eine «Verminderung des Zweigstellennetzes» der Großbanken erforderlich.[324]

Im Herbst 1942 bildeten die Gauwirtschaftsberater einen «Bankenaus-schuss», dessen Hauptaufgabe es sein sollte, NS-Kader in den jeweiligen Chefetagen zu platzieren. Paul Hoffmann schied 1942 aus dem Aufsichtsrat der National-Bank aus,[325] zweifellos als eine Folge des Bestrebens der NS-Führung, manche Formen des Nepotismus und der Bereicherung zu unter-binden. Hitler erwähnte in seinen «Tischgesprächen» den Machthunger von NS-Funktionären, dem es zuvorzukommen gelte. Das Ergebnis war ein am 20. August 1942 ausgesprochenes Verbot: Hauptberuflich beschäftigten Parteifunktionären wurde es untersagt, Vorstandsämter und Aufsichtsrats-mandate in der Wirtschaft zu übernehmen.[326]

Hoffmann sicherte sich allerdings einen Gaststatus bei der National-Bank. Als einer der mächtigsten Befürworter einer regionalen «Gaubank» erhielt er im Januar 1943 von Gauleiter Terboven den Auftrag für eine «Nachprüfung der Verhältnisse im Kreditgewerbe». Diese zielte darauf, im Gau Essen eine «bessere Bankenplazierung durchzuführen», und zwar «nach Gesichtspunkten, wie sie vom übergeordneten Standpunkt der Gau-leitung und nicht etwa nach Wünschen der Banken selbst gesehen» wur-den.[327] In Zusammenarbeit mit den Kreisleitern und den Kreiswirtschafts-beratern machte er Vorschläge, die in Abstimmung mit dem Gauleiter in Form eines umfangreichen Listenplans im Februar 1943 an Kurt Lange und die Parteikanzlei geschickt wurden. In Essen sollten nach Ansicht der Gau-leitung drei Depositenkassen der Deutschen Bank, die Privatbanken Carl Chr. Gossenberg, Ludwig Kleesattel, Mathias Lambrecht und Fritz Schlett, mindestens fünf Zweigstellen der Sparkasse, der Rellinghauser Spar- und Darlehnskassenverein, die Beamtenbank, die Spar- und Darlehns-Gemein-schaft der Beamten und Angestellten der Stadtverwaltung Essen eGmbH und der Spar- und Vorschussverein von Beamten der Stadt Essen geschlos-sen werden.

Mit den sehr viel gemäßigteren Banken-Schließungsplänen des Reichs-wirtschaftsministeriums, die fast zeitgleich, nämlich Anfang März 1943, bekannt wurden, war die Gauleitung Essen ausgesprochen unzufrieden. Besonders die Tatsache, dass die Großbanken weitgehend ungeschoren da-vonkommen sollten, rief Hoffmanns Unmut hervor: «Ich finde es unerhört, mit welcher Eleganz und Geschicklichkeit sich die Großbanken wieder mal in der ganzen Frage verhalten. Sie hatten von jeher ihre eigene Welt und möchten auch heute noch gern im luftleeren Raum unangetastet ihrer eige-nen Art leben.»[328] Selbst Wochen später beschwerte er sich über die Vor-zugsbehandlung der Großbanken: Diese hätten es wieder gut verstanden, «die Aufmerksamkeit auf die ‹bedenkliche Lage der Banken, insbesondere der Großbanken› in Bezug auf die Schließungen hinzuweisen. In Wahrheit liegen die Dinge doch so, dass in den anderen Wirtschaftsgruppen tausende und abertausende Einzelbetriebe geschlossen worden sind, bzw. sich in der Schließung befinden, ohne dass darüber in amtlichen Berichten viel verlautet wird. Die wenigen völlig belanglosen Schließungen (wenigstens hier im Gebiet) bei den Großbanken verdienen keine Zeile.»[329]

Da Hoffmann in seinem Vorgehen gegen die Essener Großbanken bei den Berliner Behörden auf Granit biss, wollte er seine Ziele auf einem Umweg erreichen, nämlich durch eine weitere Stärkung der National-Bank. Hierfür schlug er vor, die Großbankenfilialen am industriearmen Niederrhein, nämlich in Kleve, Wesel und Emmerich, zu schließen. Dort sei die Notwendigkeit der Anwesenheit von Großbanken «bei bestem Willen» nicht zu erkennen.[330] Tatsächlich gelang es durch die Einschaltung der Gauleitung Mark Brandenburg, die Großbankenfilialen in Emmerich und Wesel in die Stilllegung einzubeziehen. Dies war deshalb wichtig, weil die dortige Niederrheinische Bank AG in Wesel mit ihrem Kapital in Höhe von 1,2 Millionen RM in die Regionalbank-Pläne der Gauleitung integriert werden sollte – und hierfür sollte die lästige Konkurrenz der Deutschen Bank ausgeschaltet werden.

Die National-Bank plante seit Längerem, in der Zeit nach Kriegsende eine eigene Niederlassung in Kleve zu errichten. Die Gründe hierfür lagen auf der Hand: Diesem Bankplatz als «der letzten Stadt des Altreiches vor dem holländischen Wirtschaftsraum» komme in der Zukunft «gewiss in vielen Beziehungen eine besondere Bedeutung zu».[331] Das Vorhaben hätte die National-Bank der Tendenz nach zu einer überregional agierenden Bank gemacht. Diese Pläne blieben aber Zukunftsmusik, weil das Reichsaufsichtsamt für das Kreditwesen der National-Bank die Genehmigung einer Filiale Kleve erst für die Zeit nach Kriegsende erteilte. Der Bankvorstand entschied sich stattdessen für die Lösung, die den Reichsstellen durch Hoffmann vorgeschlagen wurde: die mehrheitliche Übernahme der Niederrheinischen Bank in Wesel. Die dortige Filiale der Deutschen Bank stand auf der Streichliste der Gauleitung Essen; sie war der Ansicht, dass die seit Langem schwache und als «gefährdet» angesehene Niederrheinische Bank einer Unterstützung bedürfe. Ein Dorn im Auge war ihr zudem das Engagement der Dresdner und der in Berlin ansässigen Bank Hardy & Co. (an der die Dresdner Bank eine Mehrheitsbeteiligung von über 86 Prozent hatte) an der Niederrheinischen Bank AG.[332] Deren Kapital sei «derart verpoolt, dass Beschlüsse ohne Zustimmung der Dresdner Bank sowie Hardy & Co. nicht gefasst werden» könnten, obwohl beide Institute nur je 100 000 RM Aktienkapital hielten.

Dieser «unmögliche Zustand» sollte durch die Ausschaltung der Großbanken beseitigt werden. Die Niederrheinische Bank sollte, allerdings möglicherweise erst nach Kriegsende, in Dinslaken und Emmerich Filialen eröffnen. Um dies zu bewerkstelligen, sollte die National-Bank in Aktion treten und eine Mehrheit des Kapitals in Höhe von 650 000 RM übernehmen.[333] Hermann van Ackeren ließ sich schnell für diesen Plan begeistern. Er informierte den Gauwirtschaftsberater im Januar 1943, er habe den «Herren in Wesel» ein Angebot gemacht, 51 Prozent der Aktien zum Kurs von 100 Prozent zu übernehmen. Das war den dortigen Direktoren zwar zu wenig, aber van Ackeren hatte schließlich die Unterstützung der Gauleitung. Falls es zu keiner gütlichen Einigung kommen werde, sollte der ursprüngliche Plan der Gauleitung zum Zuge kommen: Die National-Bank sollte die Deutsche Bank-Filialen in Wesel und Emmerich übernehmen und diese neben einer Gründung in Kleve als selbstständige Filialen weiterführen.[334] Nach dieser Drohung, die Hoffmann der Niederrheinischen Bank umgehend zukommen ließ,[335] war der Weg frei. Im Juni 1943 wurde vereinbart, dass die National-Bank 53 Prozent der Niederrheinischen Bank übernehmen sollte, Aktien über nominell 650 000 RM, von denen 450 000 RM von der Niederrheinischen Bank selbst kamen. Die Aktienpakete der Dresdner Bank über jeweils 100 000 RM sollten ebenfalls die Besitzer wechseln.[336] Das Genehmigungsverfahren zog sich allerdings noch hin, weil die Expansionspolitik der National-Bank in Berlin «mit einem gewissen Stirnrunzeln» beobachtet wurde.[337] Noch im Februar 1944 musste Gauwirtschaftsberater Hoffmann Gespräche mit dem Reichsaufsichtsamt für das Kreditwesen führen.[338] Erst im Frühjahr 1944 übernahm die National-Bank ihr Aktienpaket und gebot fortan über die gewünschte Mehrheitsbeteiligung bei der Niederrheinischen Bank.[339]

Es war lediglich dem Kriegsverlauf zu verdanken, dass die noch weitergehenden Bankenpläne der Essener Gauleitung nicht noch weiterverfolgt wurden. Sie hätten in Essen wahrscheinlich dazu geführt, dass die Großbanken-Filialen weiter geschwächt, die Sparkassenfilialen erhalten und die National-Bank in der Region noch weiter gestärkt worden wäre.

Die Geschäftsberichte der Essener Kreditinstitute wurden im Kriegsverlauf immer dünner. Auch die Papierqualität nahm merklich ab. Die Reichsverteidigungskommissare stellten seit dem Frühjahr 1943 für den Sektor des Kreditgewerbes Listen mit Zweigstellen zusammen, die im Rahmen von «Kriegsmaßnahmen» geschlossen werden sollten. Selbst bei der Sparkasse Essen kam es zu einer merklichen Ausdünnung: 1945 waren nur noch 17 Hauptzweigstellen, eine Nebenzweigstelle sowie die Annahmestellen übrig geblieben.[340]

Seit 1942 waren die Bankgeschäfte durch den Bombenkrieg gekennzeichnet. Als selbsternannte «Waffenschmiede des Reiches» wurde Essen rasch zur Zielscheibe der amerikanischen und britischen Bomberverbände. Allein im Jahr 1943 erlebte die Stadt 49 Luftangriffe. Zwei Großeinsätze britischer Bomber am 5. und 12. März 1943 verwandelten weite Teile der Stadt in ein Trümmerfeld und machten 80 000 Menschen obdachlos. Das Zentrum mit Rathaus, Münster und Marktkirche wurde durch mehr als 1000 Sprengbomben weitgehend zerstört.[341] Im Folgejahr ließen 55 Angriffe die Bewohner nicht mehr zur Ruhe kommen. 64 000 Wohnungen wurden vollkommen zerstört, 36 000 weitere schwer beschädigt. Essen verlor immer mehr seine Funktionsfähigkeit: Die Wirtschaftskammern gaben die Rückgänge in der Produktionskapazität mit 70 bis 90 Prozent an.[342] Selbst Rüstungskredite wurden kaum noch vergeben. Stattdessen häuften sich die Aufträge für die von Wehrmacht und Rüstungskommissionen angeordneten Verlagerungszonen.

Kaum eine der Essener Banken blieb von Zerstörungen und Zwangsschließungen verschont. Angesichts der zunehmenden Luftangriffe verlegte die Reichsbahndirektion Essen einen Großteil ihrer Büros nach Lippstadt. Im August 1943 folgte diesem Exodus die «Reichsbahnsparkasse» einschließlich des gesamten Kontenmaterials sowie der Buchungsmaschinen und des Mobiliars. Vorstand und Mitarbeiter wurden in Wehrmachtskasernen behelfsmäßig untergebracht. Das Essener Bankenzentrum sowie das Gelände zwischen I. und II. Hagen wurde durch die alliierten Bombenangriffe fast völlig in Schutt und Asche gelegt. Die Räumlichkeiten der DBB-Zweigniederlassung wurden beim Großangriff vom 5. März 1943 weitgehend zerstört. Das Gebäude der Deutschen Verkehrs-Kreditbank in der Lindenallee wurde 1943 dem Erdboden gleichgemacht, ebenso das der National-Bank, die bis Kriegsende nur noch einen improvisierten Geschäftsbetrieb aufrechterhalten konnte. Eine behelfsmäßige Unterkunft bot ausgerechnet das Gebäude des Erzrivalen Deutsche Bank, bis auch dieses im Frühjahr 1944 zerstört wurde. Der verschont gebliebene Kellerraum wurde notdürftig als Kassen- und Büroraum genutzt. Die Bankgebäude der erst 1943 übernommenen Niederrheinischen Bank in Wesel und Dinslaken wurden durch Bombenabgriffe zerstört.[343] Das Gebäude von Waldthausen & Co. KG in der Alfredstraße fiel im November 1944 einem Bombenangriff zum Opfer, sodass die Firma in eine Notunterkunft am Markuspfad nach Bredeney verlegt wurde. Das Bürogebäude von Wilh. & Conr. Waldthausen wurde mehrfach durch Bomben schwer beschädigt, sodass der größte Teil des Betriebs und der Vermögensverwaltung in ein Ausweich-

Am 10. April 1945, drei Tage nach der Einnahme der Stadt Essen durch amerikanische Truppen, dokumentierte ein US-Aufklärungsflugzeug die Zerstörung der Stadt.

büro nach Kellinghusen in Holstein verlegt werden musste, während die Essener Räumlichkeiten von der Firma Friedr. Krupp genutzt wurden.[344]

Das gleiche Schicksal erlitt die Reichsbank – an sie erinnert heute nur noch eine der Straßen im Essener Bankenviertel.[345] Das in der Lindenallee gelegene Gebäude der Commerzbank wurde mehrfach bombardiert und im April 1944 bis auf die Tresorräume total zerstört. Eine 1944 bezogene Notunterkunft im Allianz-Haus am Handelshof wurde im März 1945 ebenfalls ein Opfer des Luftkriegs. Eine weitere Behelfsunterkunft fand man im II. Hagen und damit außerhalb des eigentlichen Essener Bankenviertels. Burkhardt & Co. erhielten so schwere Treffer, dass der Notbetrieb zunächst nur noch von den Kellerräumen aus möglich war. Die Niederlassungen der Deutschen

Bank und der Dresdner Bank blieben weitgehend verschont, ebenso zunächst die Zentrale der Sparkasse. Sie berichtete 1943 von nur «geringen Unterbrechungen». Erst seit Mitte 1944 waren die Geschäftsräume nicht mehr nutzbar, und Gleiches galt für zahlreiche Zweigstellen. Allein bei der Sparkasse Essen wurden 34 der Beschäftigten Opfer des Zweiten Weltkriegs.[346]

Ein Blick auf das zerstörte Holsterhausen am Ende des Zweiten Weltkrieges.

Die Essener Banken seit 1945

Das Kriegsende in Essen und die Bankenwelt – keine «Stunde Null»

Der erste deutsche Bundespräsident Theodor Heuss hat einmal treffend das Gefühl der Deutschen am Ende des Zweiten Weltkriegs beschrieben – sie seien «erlöst und vernichtet in einem» gewesen.[1] Als die amerikanischen Truppen Ende März 1945 ihren Vormarsch vom Niederrhein in das Ruhrgebiet begannen, ordnete der Essener «Reichsverteidigungskommissar» und stellvertretende Gauleiter Fritz Schleßmann die totale Räumung und Zerstörung der Stadt an. Gehör fand er freilich nicht mehr, da Essen bereits weitgehend eingekreist war und sich Oberbürgermeister Dillgardt gegen die verantwortungslosen Anordnungen aussprach. Terboven, der sich seit 1933 immer wieder in die Essener Bank-Angelegenheiten eingemischt hatte, konnte keinen Schaden mehr anrichten. Selbst sein langjähriger Förderer Hitler war von ihm am Ende enttäuscht gewesen. Terboven, so hatte der «Führer» bereits im Herbst 1943 bemerkt, sei nicht in der Lage, angemessen zu führen, und kenne «nur eine harte Hand».[2] Am Tag der deutschen Kapitulation beging der Essener Gauleiter Selbstmord. Die amerikanischen Truppen erreichten Essen von Norden her kommend am 7. April 1945. Am 10. April wurde die Innenstadt kampflos besetzt, am folgenden Morgen um 10 Uhr die Stadt offiziell an die Sieger übergeben. Danach rückten die amerikanischen Truppen in die westlichen und südlichen Vororte vor.

Bundespräsident Richard von Weizsäcker, der in der Essener Bankengeschichte, wie noch zu zeigen sein wird, für eine Weile eine Nebenrolle spielte, hat in seiner berühmten Rede zum 8. Mai 1985 das ausgedrückt, was wohl auch für die Bürger Essens in jenen Tagen zutraf: «Viele waren einfach nur dafür dankbar, dass Bombennächste und Angst vorüber und sie mit dem Leben davongekommen waren.» Der Bombenkrieg der Alliierten hatte in unvorstellbarem Umfang Wohnraum, öffentliche Gebäude und die Verkehrsinfrastruktur zerstört. Wilfried Loth hat mit Blick auf Essen angesichts der verheerenden Kriegsfolgen sogar von einer späteren «Neugründung» der Stadt gesprochen.[3] Essen bot durch die starke Zerstörung eine Trümmerlandschaft, die derjenigen Berlins, Dortmunds und Kölns vergleichbar war. Die Schuttberge hatten nach – allerdings eher unzuverlässigen – Schätzungen eine Größenordnung von etwa 15 Millionen Kubikmeter. Die Versorgungsleitungen waren fast überall zerstört: Es gab kein Gas mehr, nur noch an wenigen Stellen Elektrizität und fließendes Wasser, die Telefone waren funktionsunfähig. Das Kanalisationssystem war erheblich beschädigt, Straßen und Plätze waren durch Bombenkrater und Trümmer unpassierbar geworden. Auch die Eisenbahnlinien waren betroffen, und die Straßenbahn funktionierte nur noch auf ein paar kurzen Außenstrecken. Auf das Gesamtgebiet der Großstadt bezogen, betrug der Zerstörungsgrad 60 Prozent. Von den 185 000 Wohnungen, die zu Kriegsbeginn gezählt wurden, waren 64 000 vollständig zerstört und 36 000 schwer beschädigt. Ganz ohne Beschädigungen blieben nur etwa 6300 Wohnungen, also gerade einmal 3,4 Prozent. Vor dem Krieg hatte man über 666 000 Einwohner gezählt, jetzt lebten nur noch 285 192 Menschen in Essen.

In Jalta hatten sich die Alliierten im Februar 1945 darauf geeinigt, alle institutionellen Hinterlassenschaften des NS-Regimes rigoros zu beseitigen sowie alle «nazistischen» und militaristischen Einflüsse aus öffentlichen Einrichtungen, dem Kultur- und Wirtschaftsleben des deutschen Volkes zu entfernen. Die alliierten Truppen übernahmen wenige Wochen nach der Gesamtkapitulation des Deutschen Reiches ihre jeweiligen Besatzungszonen. Das Ruhrgebiet wurde nach den von den Siegermächten getroffenen Vereinbarungen den Briten zugesprochen. Mitte Juni 1945 lösten Verbände der 21. britischen Heeresgruppe die Amerikaner in Essen ab. Legislative, Exekutive und Judikative unterstanden dem Militärgouverneur und Feldmarschall Bernard Montgomery. Der britische Stadtkommandant vertrat im Sinne der Besatzer das Prinzip der «indirect rule». Den deutschen Verwaltungsfachleuten kam die Aufgabe zu, Ruhe und Ordnung zu gewährleisten und die alliierten Anordnungen durchzusetzen.[4]

Die Befugnisse der Vorstände der Essener Banken wurden aufgrund einer Verfügung des Regierungspräsidenten in Düsseldorf vom 28. Juli 1945 und später aufgrund der allgemeinen Verfügung des Oberpräsidenten der

Nord-Rheinprovinz vom 17. September 1945 von deren Vorsitzenden ausgeübt. Das Tagesgeschäft und die Personalentscheidungen überwachte die
Abteilung Bankenaufsicht der im November 1945 von den Briten im Sinne
des Kreditwesengesetzes gegründeten Aufsichtsbehörde, der Reichsbankleitstelle Hamburg bzw. der ihr untergeordneten Reichsbankstelle Essen.

In den Wochen vor dem Zusammenbruch hatten die meist durch den
Bombenkrieg vollkommen zerstörten Essener Banken auf Gremiensitzun-
gen häufig ganz verzichtet. Die letzte Sitzung des Sparkassenvorstands hatte
am 20. Februar 1945 stattgefunden.[5] Erstaunlicherweise waren aber «durch
Improvisation, Flexibilität und die Niederlage antizipierende Maßnahmen
Geschäftsbetrieb und Zahlungsbereitschaft» weitgehend intakt geblieben.[6]
Der provisorische Geschäftsbetrieb kam nach dem Ende der NS-Diktatur
in manchen Essener Banken recht schnell wieder in Gang, nachdem eine
Genehmigung zur Fortführung der Geschäfte erteilt worden war. Die größten praktischen Probleme bereitete der Umstand, dass durch die zerstörten
Transport- und Kommunikationsnetze die Kontakte zu Kunden, Filialen
und anderen Banken erheblich gestört waren. Der Verkehr zwischen den
einzelnen Instituten und Zweigstellen wurde mühsam durch «Kurier-
dienste» gewährleistet. Hinzu kam der Mangel an Büromaterial, Buchungs-
und Addiermaschinen.[7]

Bei Burkhardt & Co. waren die wenigen noch verbliebenen Angestellten mit der «notdürftigen Wiederherstellung von einigen noch nicht völlig
zerstörten Arbeitsräumen» beschäftigt; erst 1951 waren die Kriegsschäden
vollständig beseitigt.[8] Die Filiale der Dresdner Bank öffnete mit Genehmigung der Militärregierung ihre Schalter bereits am 23. April 1945, also sogar
mehrere Wochen vor der Gesamtkapitulation.[9] Die Sparkasse Essen blieb
nur rund zwei Wochen geschlossen. Danach wurde sie wieder für einen
«beschränkten Zahlungsverkehr» zugelassen.[10] Ende Mai 1945 kehrte die
Belegschaft der «Rest-Sparda» aus dem Verlagerungsort Lippstadt nach
Essen zurück und nahm am 16. Juli, wenn auch in zunächst beschränktem
Umfang, ihren Kassenbetrieb wieder auf. In den folgenden Monaten mussten in mühsamer Kleinarbeit Unterlagen von rund 30 000 Konten rekonstruiert werden. Der «Tiefpunkt ihres Firmendaseins» der inzwischen in
«Eisenbahn Spar- und Darlehnskasse Essen eGmbH» umbenannten Kreditgenossenschaft war erreicht, als man erfuhr, dass die in der sowjetisch
besetzten Zone Berlins bei der Deutschen Reichs-Verkehrs-Bank liegenden
erheblichen Guthaben über 79 Millionen RM nicht zur Verfügung standen
und das Institut zunächst vorläufig und Ende Juni 1945 endgültig geschlossen wurde. Glück im Unglück war, dass die Besatzungsbehörden Liquidi-

tätshilfen in Form von Krediten der Eisenbahnverwaltung über 26 Millionen RM (die wesentlich im Besitz der Deutschen Reichsbahn befindliche Deutsche Verkehrs-Kredit-Bank an erster Stelle) gewährten, was umso notwendiger war, als sich durch Zonenteilung und Länderneuordnung der Geschäftsbereich der Sparda-Bank Essen noch erweiterte, worauf an anderer Stelle einzugehen sein wird.[11]

Die meisten Bankgenehmigungen waren nur provisorisch ausgestellt, und manche Gesellschafter von Privatbanken erhielten keinen Zugang zu den Geschäftsräumen.[12] Die Zeit bis zum Herbst 1945 blieb bei fast allen Essener Banken ohne nennenswerte Umsätze. Schuldverschreibungen von Unternehmen, die sich in ehemals von der Wehrmacht besetzten Gebieten befanden, Forderungen gegen die Wehrmacht, gegen die Organisation Todt, gegen weitere NS-Organisationen sowie gegen das Deutsche Reich ließen sich nicht eintreiben und Androhungen von Pfändungen bzw. die Zwangsvollstreckung gegen private Schuldner blieben meist wirkungslos. Infolge der von der Besatzungsbehörde erlassenen Bilanzierungsvorschriften mussten die bis zum 31. Dezember 1945 fällig gewordenen unverzinslichen Schatzanweisungen zu 100 Prozent aktiviert werden. Für die Essener Banken galt das, was in einer Überblicksdarstellung zu den Sparkassen im Rheinland ausgeführt worden ist: «Sparkontenverzeichnisse sowie Kreditakten, die während der Kriegshandlungen nicht rechtzeitig ausgelagert worden waren, lagen unter Schutt oder waren vernichtet worden. Mancherorts waren in den Kriegswirren Geldschränke aufgebrochen und unbeschädigtes Inventar gestohlen oder zerstört worden. Darüber hinaus mussten die Kundengeschäfte [...] aufgrund der weitgehenden Zerstörung der Sparkassengebäude bis zum Wiederaufbau bzw. bis zur Instandsetzung der Geschäftsstellen unter primitivsten Verhältnissen in Baracken und Kellerräumen abgewickelt werden, was im Winter aufgrund unzureichender Beheizung zur Gesundheitsgefährdung des Sparkassenpersonals führen konnte. Die drückende Raumnot konnte vor allem aufgrund des Mangels an Baumaterialien nur langsam gelindert werden.»[13] Bei der Commerzbank Essen mussten Besprechungen in den Räumen der Direktion «bei schlechtem Wetter unter aufgespannten Regenschirmen stattfinden».[14] Man habe sich, so erinnerte sich der Commerzbank-Direktor Driesen wenig später, «die Sporen auf der Vorstufe des Schwarzhandels verdienen» müssen, weil es nichts zu tauschen gab.[15]

Zudem kehrten bald die ersten Bankmitarbeiter, die zur Wehrmacht eingezogen worden waren, aus der Kriegsgefangenschaft zurück und hofften wieder auf ihre alten Stellungen. Von den 520 Mitarbeitern der Sparkasse Essen waren im Jahr 1946 allerdings noch 127 in Kriegsgefangenschaft oder galten als vermisst.[16]

Im Herbst 1945 waren Liquiditätsprobleme an der Tagesordnung. Im folgenden Frühjahr beschleunigten sich die Geldabhebungen und der Abzug von Spareinlagen. Die Banken verfügten kaum noch über Bargeldreserven. Die monatlichen Statistiken, die von der Abteilung Bankenaufsicht der Reichsbankleitstelle Hamburg veröffentlicht wurden, verzeichneten für Sparkassen, Genossenschaftsbanken und Großbanken vergleichbar bedrohliche Trends, wobei die Letzteren noch am besten abschnitten. Angesichts der abnehmenden Liquidität wurde es in Essen schon als Lichtblick gewertet, dass es trotz der Währungsunsicherheiten nicht zu «Angstabhebungen» kam. Auf Liquiditätshilfe durch die Reichsbankleitstelle Hamburg war kaum zu hoffen; erst im Frühjahr 1946 zeichnete sich eine Wende zum Besseren ab.

Einigermaßen verlässliche Geschäftsberichte, Bilanzen sowie die Gewinn- und Verlustrechnungen für die Jahre 1944 und 1945 konnten hingegen nicht vor 1947 erstellt werden. Unsicher blieb immer noch, ob der Zinsendienst für verzinsliche Wertpapiere überhaupt wieder aufgenommen werden würde. Das Deutsche Reich hatte sich seit Kriegsbeginn massiv verschuldet. Rechnet man die vorherige Verschuldung hinzu, zudem die nicht abgerechneten Reichskreditkassenscheine in Höhe von vermutlich fast zehn Milliarden RM, summierte sich die Reichsschuld bei Kriegsende auf mindestens 338 Milliarden RM.[17] Allein bei der National-Bank betrug der Bestand an unverzinslichen Reichsschatzanweisungen 25,5 Millionen RM.[18] Vollkommen ungeklärt war, ob diese bei Fälligkeit überhaupt noch einmal eingelöst oder zu irgendeinem Zinssatz prolongiert werden würden. Unsicherheit herrschte hinsichtlich der Schuldverschreibungen. Die Verluste bei den Staatspapieren und anderen Schuldforderungen wurden letztlich nur zu einem kleinen Teil durch Ausgleichszahlungen kompensiert, die über die Landeszentralbanken geltend gemacht werden konnten.[19] Auch die komplizierten Umrechnungsverfahren hielten die Banken noch lange in Atem, sodass exakte Zahlen meist erst in den frühen 1950er-Jahren endgültig feststanden. Die Übertragungen der Altgeldbestände, die Erfassung der Sparkonten und die Verwaltung der von den Finanzämtern ausgestellten Unbedenklichkeitsbescheinigungen für die einzelnen Konteninhaber beschäftigten die Bankangestellten über viele Jahre, zumal bei den Buchungen vor allem der Spargelder auch die Sperrbeträge anzugeben waren.

Die Entnazifizierung bei den Essener Banken

Der Sieg über das nationalsozialistische Deutschland bot den Alliierten die Möglichkeit, die vermeintliche Machtagglomeration bei den deutschen Banken zu zerschlagen. Bei den Siegermächten herrschte zum Teil die Überzeugung vor, diese hätten aus Geld- und Machtgier als Steigbügelhalter Hitlers gedient.[20] In den westlichen Zonen leiteten vor allem die USA, in einer Mischung aus Bestrafungs- und Präventionsgedanken, eine grundlegende Reform mit dem Ziel einer dezentralisierten und entflochtenen «demokratieverträglichen Bankenstruktur»[21] ein. Dahinter stand die Auffassung, nur mit dieser «Entflechtung»[22] lasse sich ein erneuter Rückfall Deutschlands in Totalitarismus, Barbarei und Kriegslust verhindern. Entgegen der landläufigen Vorstellung, die «Finanzkapitäne» hätten die Wirtschaft gesteuert, war deren Machtstellung bei genauerem Hinsehen jedoch begrenzt gewesen, auch wenn manche alliierten Ermittlungsberichte das anders interpretierten.[23] Die Annahme, gesellschaftliche Beziehungen hätten unter Hitler «unweigerlich politischen Druck» impliziert, unterschätzte, «wie Herrschaft in einem totalitären Staat funktioniert» und «was das Bankgeschäft wirklich ausmacht».[24] Hinter den Kulissen kam es aber schon bald zu handfesten Richtungskämpfen. Die Abrechnung mit dem Nationalsozialismus unter den Stichworten Entnazifizierung, Entkartellisierung und Dezentralisierung geriet zu einem Feld heftiger Auseinandersetzungen, auf dem verschiedene politische Strömungen der alliierten Politik miteinander konkurrierten.[25]

Der Bankplatz Essen blieb von massiven Eingriffen weitgehend verschont. Das hing damit zusammen, dass die Stadt in der britischen Zone lag und die alliierte Bankenpolitik seit 1946/47 immer stärker durch Geschehnisse des sich anbahnenden Kalten Krieges bestimmt wurde. Die pragmatisch veranlagten Briten waren als Europäer mit dem deutschen Bankensystem gut vertraut, verfügten häufig über persönliche Kontakte, verließen sich stärker als die Amerikaner auf die Funktionsfähigkeit der bestehenden Strukturen und ließen «in diesem Sinne eher fünfe gerade sein».[26] In einem ihrer Handbücher aus dem Jahr 1944 wurde dazu geraten, von dem in Deutschland bestehenden Finanz- und Bankapparat Gebrauch zu machen, «soweit dies mit den politischen Zielen der Militärregierung in Einklang» stehe. Banken sollten nach dieser Vorgabe «nur dann geschlossen werden, wenn dies unbedingt notwendig ist und dann auch nur so lange, bis eine geeignete Kontrolle durch die Militärregierung eingerichtet ist, unzuverlässiges

Personal entlassen ist und die ‹Anweisungen an Finanzielle Unternehmen› für die Sperrung bestimmter Konten und für andere Zwecke ausgeführt sind».[27] Diese Empfehlungen antizipierten schon recht genau die spätere wirtschaftspolitische Praxis. Der designierte Chef der Finanzabteilung der britischen Militärregierung drückte die Ziele Londons Anfang März 1945 wie folgt aus: «The Allied authorities, using the Germans as instrumentalities, to carry out the program, should carry out a system of economic and financial control with respect to those things which are normally undertaken in one's own country to maintain stability of economic and financial structure. [...] In order to run Germany efficiently and with an economy of manpower, we must maintain centrally the German governmental machinery, supervise and closely control it and thorough it, run all of Germany.»[28]

So entsprach die britische Bankenpolitik dem klassischen common sense, nämlich dem Wunsch, die deutschen Ressourcen – und hierzu gehörten an prominenter Stelle die Banken – für die britischen Wirtschaftsinteressen nutzbar zu machen und zugleich gegen die Gefahren des Kommunismus zu immunisieren. Die Briten hatten zudem weitere ganz handfeste Gründe, die Banken nicht einfach zu zerschlagen, denn sie besaßen kein Interesse, die enormen Summen abzuschreiben, die durch die «Stillhalteabkommen» den britischen Banken noch zustanden. Auch dies setzte ein eher behutsames Eingreifen in die bestehenden Bankenstrukturen voraus. Die Reichsbankleitstelle Hamburg stellte daher im Herbst 1946 fest: «In ihrer Bankenpolitik hat die britische Militärregierung soweit wie möglich an die bestehenden Verhältnisse angeknüpft und vorerst nur dort Änderungen eintreten lassen, wo es durch die Verhältnisse geboten war.»[29]

Dieser Pragmatismus bedeutete jedoch keineswegs uneingeschränkte Nachsicht. Die als «Nr. 3» bekannt gewordene «Anweisung an finanzielle Unternehmen» und die Regierungsfinanzbehörden vom 4. Mai 1945[30] betraf die Vorstands- und Aufsichtsratsmitglieder der Kreditinstitute. Sie wurden suspendiert und ihnen war fortan der Zutritt zu ihren Geschäftsräumen untersagt. Die Bank der Deutschen Arbeit, die infolge der Zerschlagung der Gewerkschaften entstanden war, wurde von den Briten wegen ihrer Regimenähe sogleich nach Kriegsende geschlossen.[31] Im Januar 1946 wurde in Hamburg die «Deutsche Zentralgenossenschaftskasse in der britischen Zone» gegründet,[32] die als Abwicklungsinstitution für die ehemalige nationalsozialistische «Superbank» fungierte. Die Konten anderer Bankhäuser blieben auf Grundlage des Gesetzes Nr. 52 der Militärregierung über Sperre und Beaufsichtigung von Vermögen vorerst unzugänglich, manche Direktoren unterlagen zudem dem «automatic arrest». Eine Bekanntmachung der Militärregierung vom 26. Juni 1945 hatte auch in Essen eine Vermögenssperre für diejenigen festgelegt, die sich als Nationalsozialisten betätigt hatten: «Alle Personen, die unter die im Gesetz Nr. 52 der Militärregierung und in der allgemeinen Anweisung hierzu bezeichneten Kategorien fallen, müssen sich bei einer Bank oder der Städt. Sparkasse das Formular der Militärregierung ‹Form M.G.A.F.› und die dazugehörige Anweisung zum Ausfüllen abholen.»[33]

Die Banken wurden verpflichtet, von ihren Gremienmitgliedern und führenden Mitarbeitern Unterlagen zur Überprüfung einzureichen. Hierzu mussten drei Personalfragebögen und ein Lebenslauf in englischer und deutscher Sprache vorgelegt werden, aus dem die politische Einstellung seit dem Jahr 1930 hervorzugehen hatte.

Die Entnazifizierung erfasste weite Teile des öffentlichen Lebens. Nicht zuletzt die Sparkassen waren betroffen, denn bei diesen hatte es bekanntlich aufgrund ihres öffentlich-rechtlichen Charakters «eine starke personelle Verflechtung» zwischen den Organen der von Nationalsozialisten beherrschten Gewährträgern und den ehrenamtlichen Vorständen gegeben. So kam es vor, dass gesamte Sparkassenleitungen ausscheiden mussten.[34] Bei der Sparkasse Essen mit ihren 520 Angestellten wurden bis zum Sommer 1946 insgesamt 15 Beamte und acht weitere Angestellte entlassen. Der seit 1925 amtierende Direktor Johann Thomsen wurde altersbedingt in den Ruhestand versetzt.[35] Der Vorstandsvorsitzende der National-Bank, Hermann van Ackeren, war nicht mehr vermittelbar und nahm seinen Hut. Der Vorstand der National-Bank dachte eine Zeit lang über eine Namensänderung nach, weil die mögliche Konnotation von «national» und «nationalsozialistisch» als gefährlich erachtet wurde. Allerdings verzichtete man schließlich darauf, «weil wir uns an den Namen gewöhnt hatten», wie ein Mitarbeiter später lapidar bemerkte.[36] Neuer Aufsichtsratsvorsitzender wurde mit Genehmigung der britischen Militärbehörden Karl Hitzbleck, ein politisch unbelasteter und gut vernetzter Duisburger Bauunternehmer.[37] Der Neubeginn erfolgte mit Männern wie dem ebenfalls unbelasteten «Nicht-PG» und Katholiken Franz Blücher.

Direktoren anderer Banken konnten bisweilen schon bald wieder ihren Dienst versehen: ein Indiz sowohl für die personelle Kontinuität von der Weimarer Republik zur Bundesrepublik, zugleich aber auch für die politische Integrität derjenigen Bankdirektoren, die sich vergleichsweise wenig oder gar nicht kompromittiert hatten. Vor allem bei kleineren genossenschaftlichen Instituten blieben die Vorstände unangetastet.[38]

In Essen spielten viele derjenigen, die zwischen 1933 und 1945 für die

Banken zuständig gewesen waren, keine Rolle mehr: Gauleiter Terboven hatte Selbstmord begangen, Oberbürgermeister Just Dillgardt war in Haft, Friedrich Vogt, der Gauamtsleiter der NSDAP und Direktor des Einzelhandelsamtes Essen, war beim Einmarsch der amerikanischen Truppen ums Leben gekommen,[39] Gauwirtschaftsberater Paul Hoffmann war ebenfalls inhaftiert, hatte nach seiner Entlassung keine politische Zukunft mehr und starb 1949. In der Essener Stadtverwaltung wurden 163 Entlassungen und 288 Suspendierungen ausgesprochen. Ein von den Briten eingesetzter Stadtbürgerausschuss entließ zudem einige weitere Amtsleiter. Alles in allem wurden in Essen 907 städtische Beschäftigte entlassen oder suspendiert – trotz späterer Wiedereinstellungen eine vergleichsweise hohe Zahl: immerhin knapp 33 Prozent der Beamten und zehn Prozent der städtischen Angestellten.[40] Eugen Vögler, Ehrengebietsführer der HJ, Präsident der Gauwirtschaftskammer, Wirtschaftsgruppenleiter, Stellvertreter des Reichsverteidigungskommissars, Parteiredner und Aufsichtsratsvorsitzender der National-Bank, blieb eine Zukunft im Essener Bankwesen ebenfalls verschlossen.[41] Wolfgang Müller-Clemm versuchte, sich in Bayern als Klein-Verleger durchzuschlagen.

Mit dem «Gesetz zur Befreiung vom Nationalsozialismus und Militarismus» vom 5. März 1946 wurde die Entnazifizierung in deutsche Hände übergeben. Im Artikel 2 des Gesetzes war eine Einzelfallprüfung vorgesehen. Die Beurteilung sollte «in gerechter Abwägung der individuellen Verantwortlichkeit und der tatsächlichen Gesamthaltung» erfolgen. Insgesamt waren fünf Belastungskategorien vorgesehen: «Hauptschuldige» (I), «Belastete» (II), «Minderbelastete» (III), «Mitläufer» (IV) und «Entlastete» (V). Als mögliche Strafen waren die Einweisung in ein Arbeitslager, die Einziehung des Vermögens und bei «Hauptschuldigen» zusätzlich der Ausschluss von jeder selbstständigen beruflichen Tätigkeit vorgesehen. Häufig stellten Bankmitarbeiter ihren Kollegen «Persilscheine» aus, mit denen attestiert wurde, die Betroffenen hätten «nur allgemeine Interessen» vertreten bzw. «irgendwelche politischen Belange der N.S.D.A.P. nicht in den Vordergrund» gestellt. Die Problematik dieser Aussagen ist heute natürlich bekannt. Nach 1945, erst recht in den Jahren des einsetzenden Wirtschaftsbooms, waren die Banken über jeden Mitarbeiter froh, der eine «eingespielte und routinierte ökonomische und administrative Kontinuität» gewährleistete, die wiederum der Politik jene sozialen Erfolge wie das ‹Wirtschaftswunder› gestattete, ohne das die Bundesrepublik «nie integrationsfähig gewesen wäre».[42] Die Entnazifizierung brachte dennoch einen erheblichen Verlust an erfahrenem und geschultem Personal mit sich. Weil viele Mitarbeiter im Krieg gefallen oder noch in der Kriegsgefangenschaft waren, begnügte man sich häufig zunächst mit weniger qualifiziertem Personal. Im Rahmen des Entnazifizierungsprozesses ergab sich jedoch für bislang «gesperrte» Direktoren, Bankangestellte und Gremienmitglieder die Möglichkeit, wieder in ihre ehemaligen Funktionen und Ämter einzutreten. Dieses Verhalten rief zeitgenössisch wenig Widerspruch hervor. Geradezu paradigmatisch war die Ansicht von Bundeskanzler Konrad Adenauer, der in einem seiner «Teegespräche» mit Journalisten im Jahr 1952 diese «rheinische Lösung» in den Satz kleidete: «Man schüttet kein dreckiges Wasser aus, wenn man kein reines hat.»[43] Was dem rückschauenden Beobachter als «blanker Zynismus» erscheinen mag, wurde von den Zeitgenossen als pragmatisches Zugeständnis an die Realität interpretiert, solange die Unterstützung des Regimes nicht überdeutlich gewesen war. «Nachsicht» mit denjenigen, die mitgemacht hatten, bedeutete zugleich «Großzügigkeit im Umgang mit den Fehlern anderer, insgeheim aber auch Schonung des eigenen Terrains».[44] Seit den 1950er-Jahren spielte die Zeit des Nationalsozialismus im Bewusstsein der Essener Banken so gut wie keine Rolle mehr. Erst seit den 1970er-Jahren begann in der Öffentlichkeit ein Umdenken, das in Essen beispielsweise in der Umbenennung des Wiener Platzes in Hirschlandplatz zum Ausdruck kam.[45]

Zwar mochte für die Essener Bankenwelt das Thema Nationalsozialismus schnell erledigt sein, aber manche Angelegenheiten ließen sich nicht so einfach mit dem Mantel des Schweigens zudecken. Die «Kontrollratsdirektive Nr. 50» vom 29. April 1947 ermöglichte Verfahren, mit denen die Gewerkschaftsvermögen eingeklagt werden konnten, die in der NS-Zeit kassiert worden waren. Die Restitutionsansprüche der juristischen Nachfolger der ehemaligen Christlichen Gewerkschaften,[46] der Vermögensverwaltungs- und Treuhandgesellschaft des DGB und der Vermögensverwaltung der Deutschen Angestellten-Gewerkschaft hingen wie ein Damoklesschwert über der National-Bank, die aus der Deutschen Volksbank hervorgegangen war und jetzt schlimmstenfalls die Schließung befürchten musste. Die Gewerkschaften legten zwar Schriftsätze vor, mit denen sie sich als legitime «Nachfolgeorganisationen» präsentierten. Aber das Ende der «Richtungsgewerkschaften», also der Christlichen bzw. der sozialistischen Gewerkschaften und die Vereinigung zum Deutschen Gewerkschaftsbund, die häufig fehlende Dokumentation sowie der Umstand, dass sich nur noch wenige Zeugen fanden, die sich an die Vorgänge des Jahres 1933 erinnern konnten, machten den Nachweis der Berechtigung ihrer Forderungen schwierig. Ein 1952 angestrengter Restitutionsprozess wurde abschlägig beschieden. Letztlich erhielten die Gewerkschaften nur einen Bruchteil ihres Vermögens zurück.

Eine ebenso große Herausforderung für die Essener Bankenwelt waren die Entschädigungen für die im NS-Staat «arisierten» Banken. Die Verhandlungen waren häufig langwierig, weil sich manche Institute unter den neuen «arischen» Eigentümern weiterentwickelt und sogar eine eigene Identität angenommen hatten. Die jüdischen Eigentümer hingegen, die häufig über keine aussagefähigen Unterlagen mehr verfügten, mit denen sie ihre Ansprüche belegen konnten, wurden bei der schwierigen Frage der Bewertung des Besitzes immer wieder in die Rolle von Bittstellern gedrängt.[47] Aus heutiger Sicht erscheinen manche dieser Debatten, die mit unzähligen Schriftsätzen der gegnerischen Parteien untermauert wurden, als ein kleinliches Feilschen der neuen Eigentümer um den Besitz, den sie im Unrechtsstaat erhalten hatten.[48]

Die schwerwiegendste «Arisierung» in Essen, diejenige der Bank Simon Hirschland, war den Alliierten schon lange bekannt.[49] Die beiden persönlich haftenden Gesellschafter, Otto Burkhardt und Gotthard von Falkenhausen, waren zwar persönlich «entsperrt», nicht aber Burkhardt & Co. Der Deutschen Bank als Hauptkommanditisten war der Zugang zum Geschäftsverkehr von Burkhardt & Co. ebenso untersagt wie der National-Bank. Die Familie Hirschland machte 1947 ihre Ansprüche auf Rückerstattung geltend. Die Gespräche mit den Familien Hirschland und Grunebaum in Essen, Zürich und New York wurden seitens Burkhardt & Co. federführend von Gotthard von Falkenhausen und dem Prokuristen Heinrich Schumacher geführt, der mit den Hirschlands bis 1938 eng zusammengearbeitet hatte.[50] Die Verhandlungen drehten sich wesentlich um die Frage, ob sich die Deutsche Bank – die zu diesem Zeitpunkt noch nicht wieder voll handlungsfähig war – durch die «Arisierung» von Simon Hirschland finanzielle Vorteile verschafft hatte. Im Juni 1950 wurde eine außergerichtliche Einigung erzielt. Den ehemaligen Besitzern wurde ein Anteil von 30 Prozent am Bankhaus Burkhardt & Co. restituiert,[51] d. h. 360 000 DM von den Kapitalanteilen von rund 1,2 Millionen DM, daneben ein zusätzlicher Betrag von 800 000 DM. Im Zuge dieser Verständigung trat Kurt Grunebaum als Kommanditist in die Bank ein.[52] Die National-Bank gab 25 Prozent ihrer eigenen Kommanditbeteiligung an die früheren Besitzer ab, war aber mit der Verhandlungsführung von Falkenhausens unzufrieden, weil dieser ihrer Meinung nach eine zu hohe Entschädigungsleistung gewährt hatte.[53] Verkompliziert wurden die juristischen Transaktionen durch das persönliche Zerwürfnis zwischen Burkhardt und von Falkenhausen, deren Verhältnis schon vor dem Ausbruch des Zweiten Weltkriegs belastet gewesen war.[54]

Der beginnende Kalte Krieg ließ das Interesse an einer «Aufarbeitung» der NS-Herrschaft bald in den Hintergrund treten. Die zunehmende Kluft zwischen der demokratischen Welt und dem sowjetischen Machtbereich, die während der Berlin-Blockade 1948 überdeutlich wurde, führte zum Verzicht der westlichen Alliierten auf ihre Politik der ökonomischen Entwaffnung. Die Deutschen sollten jetzt zu einer verantwortungsvollen, friedlichen Nation erzogen und zugleich auf der Basis der Sozialen Marktwirtschaft ins westliche Lager eingebunden werden. In der westdeutschen Bankenwelt wurde fortan geschickt mit der Sorge operiert, die neu erblühende deutsche Wirtschaft sei ohne stabile und starke Banken gefährdet: Im Fall einer Konjunkturkrise könne beispielsweise schon der Bankrott kleinerer Geldinstitute das ganze Bankensystem zum Einsturz bringen. Die Evozierung dieses Horrorszenarios zeigte schon bald Wirkung, auch wenn zuvor noch einige Steine aus dem Weg geräumt werden mussten.

Essen als Trümmerlandschaft: Ein schwieriger Neubeginn

Von den drei großen Industriestädten der Region – Oberhausen, Mülheim und Essen – war ohne Zweifel Letztere vom Bombenkrieg am stärksten getroffen: Die Betriebe der Eisen- und Stahlgewinnung sowie -verarbeitung wie der Krupp'schen Gussstahlfabrik lagen 1946 noch alle brach.[55] Infolge der Transportprobleme war die Kohleförderung auf weniger als ein Drittel des Standes von 1944 gefallen. Mit 33 Millionen Tonnen wurde gerade einmal so viel produziert wie 1890. Umso belastender waren die alliierten Bestrafungsaktionen. Die Rüstungsproduktion sollte ganz verboten und die deutsche Rohstahlproduktion künftig auf knapp 40 Prozent des Niveaus von 1936 beschränkt werden. Essen hatte sich bekanntlich gerühmt, die «Waffenschmiede des Reiches» zu sein. Nun hatte man die Konsequenzen zu tragen.

Der Jahresbericht der Wirtschaftskammer von 1946 zeichnete ein deprimierendes Bild: «Im Rohstoffsektor hat unsere gewerbliche Wirtschaft bisher im wesentlichen nur von den Reserven leben können. Sie hat es freilich nur gekonnt auf einem ungewöhnlich gedrückten Leistungsstandard und bei sparsamsten Dispositionen.»[56] Hunger, Kälte und Obdachlosigkeit gehörten zu den schwersten Problemen der unmittelbaren Nachkriegszeit.

Die Lage wurde durch den ungewöhnlich strengen Winter des Jahres 1946/1947, der die Industrietätigkeit im Ruhrgebiet fast zum Erliegen brachte und zu Hungerkrisen führte, noch verschärft.[57] Raumnot, Rationierungen und schließlich Hungermärsche und Arbeitsniederlegungen bestimmten den Essener Alltag. Der Rat verabschiedete im Januar 1947 einmütig eine Erklärung, in der sich die dramatische Situation widerspiegelte: «Nackter Hunger, Wohnungselend, Kälte und Regen zehren die letzten physischen Kräfte der Menschen auf. Hoffnungslosigkeit, Verzweiflung und Kriminalität werden immer größer.»[58] Nicht viel positiver fiel der Eindruck eines Reporters bei einem Blick auf die Stadt im Jahr 1947 aus. Er hatte «das Gefühl, bei einer Beerdigung zugegen zu sein. Deutschlands industrielle Macht lag hier. Es war der Machtgedanke der Achtziger- und Neunzigerjahre, der Machtgedanke der vorletzten Generation.»[59]

Die Krupp-Betriebe waren am stärksten von Demontagen betroffen. Anfang September 1945 verfügte die britische Militärregierung eine weitgehende Stilllegung des Werkes mit seinen 15 000 Mitarbeitern (weitere 5000 «Kruppianer» waren auf dem stark zerstörten Betriebsgelände mit Aufräumarbeiten beschäftigt). Für die Essener Wirtschaft bedeutete die Zerschlagung von Krupp eine schwere Bürde, denn die Stahlproduktion der Firma war nachgerade «entscheidend für das Schicksal ganzer Stadtteile».[60] Schließlich wurden 40 Prozent der Werkanlagen abgebaut, zusätzlich zu den über 30 Prozent, die durch Luftangriffe zerstört worden waren. Die «Krupp-Lücke» belastete zwar den wirtschaftlichen Wiederaufbau beträchtlich, sie fiel letztlich aber nicht ganz so dramatisch aus, wie zunächst befürchtet worden war.[61] Angesichts des großen Energiebedarfs im kriegszerstörten Europa wurde auch die Kohleförderung der Essener Zechen bald wieder mit allen Mitteln forciert, und neue Kumpel wurden angeworben, die man sogar bei der Lebensmittelausgabe bevorzugte. Essen wurde wieder zur Kohlestadt. Hatte der Anteil der Beschäftigten im Bergbau vor dem Kriege 17,4 Prozent betragen, so stieg er bis 1950 auf 22,8 Prozent. Im Juli 1957 berichtete die *Westdeutsche Allgemeine* in einer großen Schlagzeile: «Die Ruhrzechen brauchen noch 50 000 Bergleute.»

Diese erfreuliche Entwicklung war aber kurz nach Kriegsende noch nicht vorhersehbar. Die Essener Wirtschaft war 1947 durch Niedergeschlagenheit und «allgemeine Mutlosigkeit» gekennzeichnet: «Ein Jahr ständigen Ringens und Mühens um die Erzielung selbst einer kleinen Produktionsbesserung oder auch nur des ersten Schrittes zu einer echten Produktionssteigerung ist zu Ende gegangen, ohne dass man einen wirklichen Erfolg oder auch nur eine feste Ausgangsbasis für die weitere Entwicklung gefunden hat.»[62]

Die RM hatte ihre Funktion als Zahlungsmittel größtenteils verloren. Im alltäglichen Zahlungsverkehr galt die Zigarettenwährung. Fast alles war dem Tauschhandel unterworfen: Kaffee, Lebensmittelmarken, Bezugsscheine und Dollar. Die Bankgeschäfte wurden im Wesentlichen per Hand erledigt: Die Überweisungsaufträge beispielsweise wurden formlos schriftlich eingereicht und dann auf Überweisungsformulare übertragen. Auch die Sicherheitsvorkehrungen zeugten noch von einer gewissen Nachkriegsimprovisation. Geldtransporte wurden beispielsweise bei der National-Bank grundsätzlich von den Lehrlingen ohne Begleitschutz mit großen Ledertaschen durchgeführt: Zu Fuß ging es von der National-Bank zur Landeszentralbank. Erst später ließ man einige Mitarbeiter von der Polizei im Umgang mit Schusswaffen ausbilden, die dann den Fußtransport bewaffnet begleiteten.[63]

Dieser desolaten Situation entsprach, dass die Bedingungen für den Wiederaufbau des örtlichen Kreditgewerbes zunächst noch vollkommen unzureichend waren.[64] Trotz der Lockerung mancher Restriktionen – wie zum Beispiel der Aufhebung der Zinsdienstsperre für kommunale Schuldverpflichtungen – war die Nachfrage nach Darlehen und Krediten wegen der Unsicherheit gering: Wer wollte schon Geld in einer Währung wie der RM aufnehmen, deren Zukunft in den Sternen stand? Die Banken waren mit der Kontrolle der Vermögenssperren und der Beratung der Kunden bei der «Entsperrung» und «Freigabe» überlastet. Im Effektengeschäft war die Frage noch völlig offen, was aus den Wertpapieren werden würde. Der von den Briten überwachte Außenhandel war arbeitsintensiv, hochbürokratisch geregelt und erforderte von den Essener Bankangestellten Fremdsprachenkenntnisse, die oftmals nicht vorhanden waren. Die Aussichten wurden daher nicht gerade positiv eingeschätzt: «Einigermaßen zuverlässige Prognosen für die weitere Entwicklung der Verhältnisse im Bankgewerbe lassen sich wegen der erwähnten Unsicherheitsfaktoren nicht stellen, es darf nur als sicher angenommen werden, dass die als Folge einer Währungsreform eintretende Knappheit an Geld und Kreditfazilitäten den Banken eine schwere Aufgabe stellen wird.»[65]

Ein Lichtblick war, dass die Essener Wirtschaft nicht in Hoffnungslosigkeit und Pessimismus versank. Die Industrie plädierte für einen radikalen Neubeginn, der durchaus visionären Charakter hatte: «Man gebe dem ‹Kohlenpott› an der Ruhr die Chance, seine Produktionskräfte zu entfalten, und die europäische Wirtschaft wird ihren Nutzen davon haben. Das Beispiel der wirtschaftlichen Zusammenarbeit, das hier geboten wird, kann bei politischer Einsicht auf internationalen Boden übertragen werden. Das Ruhrvolk hat in den Bombennächten eine harte und schmerzliche

Lehre darüber erfahren, was in der Vergangenheit im eigenen Land falsch gemacht worden ist.»[66]

Die Chancen Essens, wieder an seine frühere Bedeutung als regionaler Bankplatz anzuknüpfen, waren insgesamt nicht gerade rosig. Allerdings wirkten sich die auf Föderalisierung gerichteten Tendenzen in der Bi- bzw. Trizone, also der 1947 geschaffenen vereinigten Wirtschaftsgebiete der amerikanischen und britischen Besatzungszone, die 1948 um die französische Zone erweitert wurde, im westlichen Nachkriegsdeutschland durchaus positiv aus: An die Stelle der Reichshauptstadt Berlin, die durch die Schließung der Reichsbank und die Teilung der Stadt als Bankenzentrum langfristig ausfiel, traten gleich mehrere regionale Zentren.

In einem neun Seiten umfassenden Papier aus dem Herbst 1947, das von den deutschen Bankexperten Wilhelm Vocke und Ernst Hülse für die Reichsbankleitstelle Hamburg ausgearbeitet wurde und sich mit der Frage nach einem künftigen Hauptsitz einer Notenbank auseinandersetzte, rangierte die Hafenstadt Hamburg eindeutig vor Frankfurt am Main, während Essen keine wesentliche Rolle spielte.[67]

Die Briten hatten in Hamburg und nicht etwa im Ruhrgebiet ihre Bankenzentrale und die dazugehörigen Aufsichtsbehörden eingerichtet. Die Gründe lagen auf der Hand: Die Hafenstadt war schon vor 1945 mit den meisten Banken und den größten Börsenumsätzen – nach Berlin – der zweitwichtigste Finanzplatz Deutschlands und galt trotz aller Zerstörungen geradezu als Inbegriff einer Handels-, Industrie- und Pressestadt. Wichtige Firmen von Rhein und Ruhr hatten inzwischen ihre Zentrale nach Hamburg verlegt. Logistische Überlegungen wie genügend Arbeitsplätze und Unterkünfte sprachen ebenfalls für die Stadt an Elbe und Alster.

An zweiter Stelle stand für die Briten Düsseldorf, die Stadt, die traditionell am Niederrhein stark gewesen war, neben Köln und Berlin auch in beschränkterem Umfang die Ruhrindustrie mitfinanziert hatte und bis zur Liberalisierung des westdeutschen Energiemarktes 1958 sogar noch ein bedeutendes Banken- und Finanzzentrum als Frankfurt am Main war, wo die Großbanken bislang nur mit Filialen vertreten gewesen waren. Düsseldorf verlor seine Vorrangstellung erst, als die Ruhrgebietskohle durch billiges Import-Öl abgelöst wurde.

Köln war mit seinen 33 Kreditinstituten im Jahr 1945[68] ein bedeutendes regionales Wirtschaftszentrum, konnte ebenfalls auf eine lange Geschichte als Handels- und Finanzstadt zurückblicken und versuchte, dem Zweikampf zwischen Frankfurt am Main und Hamburg etwas entgegenzusetzen. Für den Kölner Oberbürgermeister Hermann Pünder war, wenig verwunderlich, seine Stadt als zentraler zukünftiger Bankplatz eine ideale Lösung: Nord-rhein-Westfalen sei mit seinen 13 Millionen Einwohnern ohnehin als Sitzland prädestiniert. Köln sei geografisch und strukturell zudem besser geeignet als Hamburg: Hier seien wichtige Industriefirmen und auch die wichtigsten Ver-sicherungen angesiedelt – ein verdeckter Schlag gegen den Konkurrenten Düsseldorf.

Diese Intervention blieb allerdings erfolglos. Anfang 1948 fiel die Ent-scheidung für Frankfurt am Main als Ort für die zentrale Notenbank. Die hessische Großstadt etablierte sich in den folgenden Jahren als wichtigster deutscher Bank- und Finanzplatz, weil eine Zentralbank geradezu magisch andere Banken anzieht: Sie sind gerne in der Nähe eines solchen Instituts, weil dieses in Notfällen als «lender of last resort» zur Verfügung steht. Ein 1956 eingeleiteter Versuch Konrad Adenauers, den Sitz der Bank Deutscher Länder – und damit der zukünftigen Bundesbank – von Frankfurt nach Köln zu verlegen, verlief ebenfalls im Sand.

Die Lobbyverbände der Bankinstitute hingegen wollten nahe der politi-schen Macht in Bonn sein, das sich bisher eher als Universitäts- und Rent-nerstadt, nicht aber als Bankenzentrum hervorgetan hatte. Der Deutsche Sparkassen- und Giroverband e. V. siedelte sich 1951 in Bonn an, ebenso der Bundesverband Öffentlicher Banken e.V.[69] sowie der Bundesverband der Deutschen Volksbanken und Raiffeisenbanken e.V., während der Bundes-verband deutscher Banken e. V. ins nahegelegene Köln zog. Festzuhalten bleibt, dass in allen diesen Überlegungen Essen, das 1934 seine Börse ver-loren hatte, keine Rolle spielte – und dies änderte sich auch in den folgen-den Jahrzehnten nicht: Essen rangiert stets hinter Frankfurt, München, Düsseldorf, Stuttgart und Köln.

Herausforderungen und Erfolge für die Essener Banken: Die Währungsreform 1948 und das «Wirtschaftswunder»

Nach Kriegsende galt es, die im Zweiten Weltkrieg eingetretene Geldver-mehrung drastisch zu reduzieren. Für eine Übergangzeit kam man mit der vom «Dritten Reich» übernommenen Bewirtschaftung über die Run-den. Auf Dauer aber ließ sich mit diesem ökonomischen System der Aus-hilfen nicht überleben. An einer Währungsreform, die als «Allheilmittel gegen die deutsche Wirtschaftsnot schlechthin» angesehen wurde, führte kein Weg vorbei.[70] Zu ihrer Vorbereitung wurden im Winter 1946/47 Lan-

deszentralbanken als Hauptverwaltung der Zentralbank aus der Taufe gehoben. Diese fungierten gleichsam als «Banken der Banken». Am 1. März
1948 wurde die Bank Deutscher Länder mit Sitz in Frankfurt am Main
gegründet, die zunächst «Länder Union Bank» hatte heißen sollen und
wesentliche Aufgaben der früheren Reichsbank erfüllte. Sie unterstand
der Alliierten Bankkommission, aber ihr war schon vertraglich das Recht
zugewiesen, Banknoten auszugeben, womit sie die Voraussetzung für eine
grundlegende Reorganisation des Finanzsystems schuf.[71] Einer der sieben
Geschäftsbezirke hatte seinen Sitz in Essen. Die Zweigstelle Essen der
Landeszentralbank fand zunächst im Gebäude der Deutschen Bank eine
Übergangs-Herberge. 1954 wurde ein neues Gebäude an der Ecke Lindenallee und der Straße «An der Reichsbank» eingeweiht. Das Geschäft entwickelte sich besonders dynamisch. Beim Umsatz nahm sie schließlich in
den 1960er-Jahren in Nordrhein-Westfalen mit rund 108 Milliarden DM
Platz drei hinter Düsseldorf (665 Milliarden DM) und Köln (268 Milliarden DM) ein.[72]

Für den Währungsschnitt wurde massiv in den Bargeldumlauf einge-
griffen und Sparer sowie Anleger vor vollendete Tatsachen gestellt. Weil
kaum jemand genau wusste, was bevorstand, verlagerten sich die Waren-
umsätze immer stärker in die «Sphäre der Kompensationsgeschäfte», was
in Essen zu einem Abzug privater Einlagen führte: «Die Kreditinstitute fanden kaum noch die Möglichkeit für ertragbringende Anlagen der flüssigen
Mittel, infolgedessen wuchsen die zinslosen Guthaben bei der Landeszentralbank, die Erträge minderten sich und der Bankenapparat diente im
wesentlichen der Abwicklung des laufenden Zahlungsverkehrs.»[73]

Nach der traumatischen Hyperinflation der 1920er-Jahre, an die sich
viele Deutsche noch lebhaft erinnerten, war der Währungsschnitt des Jahres 1948 bereits der zweite in einem Vierteljahrhundert. Die Unsicherheit
hinsichtlich der Modalitäten bei der Umstellung der RM-Schulden veranlasste viele Kreditnehmer zur Rückzahlung ihrer Kredite. Den Banken
wurden der Abschluss ihrer Bücher und die Aufstellung der RM-Schluss-
bilanz zum Stichtag 20. Juni 1948 verordnet. Die Reform betraf einen Großteil der Guthaben und vernichtete insgesamt 93,5 Prozent der gesamten
Geldmenge.[74] Bei der Einführung der D-Mark am 20. Juni 1948 wurde ein
Kopfbetrag in Höhe von 40 DM pro Bürger ausgezahlt. Der Umtausch erfolgte im Verhältnis von 1:10 zur RM, im Kleingedruckten waren jedoch
Umstellungsklauseln verborgen, die den Löwenanteil dieses spärlichen
Restgelds wertlos machten. Zunächst wurde vom Altgeldguthaben der Sparer das Neunfache des Kopfgeldbetrags abgezogen, vom Restbetrag, der im

Anlieferung der neuen Geldscheine bei der Währungsreform im Juni 1948.

erwähnten Verhältnis von 1:10 umgetauscht wurde, blieb die Hälfte zunächst gesperrt und wurde später ganz gestrichen.

Bei den Geldinstituten und ihren Zweigstellen, die an diesem Sonntag geöffnet hatten, herrschte Hochbetrieb, weil es «Einzahlungen in Hülle und Fülle» gab, denn nur jene Reichsmarkbestände wurden in die Umstellung einbezogen, die vorher auf Guthaben eingezahlt worden waren.[75] Von den einst über 434 000 Sparkonten der Sparkasse Essen blieben noch rund 173 000 übrig, und die Reichsmarkbestände sahen nur auf dem Papier imposant aus: Aus den Spareinlagen von über 457 Millionen RM wurden mit einem Schlag 22,9 Millionen DM, was einer Schrumpfung auf knapp über fünf Prozent des Altgeldguthabens gleichkam. Die Anrechnung der Kopfquote auf die Sparguthaben und die faktische Streichung des größten Teils der Festkonten erstickte in Essen «jeden neuen Spartrieb im Keime».[76]

Die erheblichen Verwaltungsaufgaben hielten die Bankangestellten in Essen monatelang auf Trab: «Die Währungsneuordnung brachte, angefangen mit der Annahme der Reichsmarknoten und der Entgegennahme der Anmeldungen von Altgeldguthaben, durch schwierige und komplizierte Umstellungsarbeiten eine Arbeitsfülle mit sich, wie sie die Sparkassen in ihrer langen Geschichte noch nicht kennengelernt hatten, wie sie aber von anderen Gruppen des Kreditgewerbes in diesem Ausmaß nicht zu leisten war. Etwa 1,8 Millionen Abwicklungskonten mit insgesamt über 5 Millionen Einzelkonten waren innerhalb unseres Verbandsgebietes zu bearbeiten.»[77]

Der Währungsschnitt bescherte – ganz im Gegensatz zum gemeinhin verbreiteten Bild der von einem Tag auf den anderen gefüllten Regale und Schaufenster – also zunächst einmal viel Arbeit, sodass das Tagesgeschäft sogar «völlig zum Erliegen» kam. Das Personal der Essener Banken stöhnte unter der Last der komplexen Umstellungen: «Dass diese Arbeiten fristgemäß, reibungslos und erfolgreich durchgeführt werden konnten, bewies die Leistungsfähigkeit und Sachkunde der Kreditinstitute und ihrer Angestellten», so lautete das Lob der IHK Essen am Jahresende 1948. Der Geldbedarf konnte zunächst aber nur durch kurzfristige Wechselkredite mithilfe der Landeszentralbank gedeckt werden.[78] Hinzu kam die miserable finanzielle Lage der Stadt, die kaum Steuereinnahmen verzeichnete. Käuferstreiks und Demonstrationen gegen den Einzelhandel prägten das Bild. Die beunruhigten Gewerkschaften kündigten gar einen Generalstreik an.[79]

Das Eigenkapital der Banken wurde abgewertet, und RM-Bestände, Nostro-Guthaben, Kassenguthaben ebenso wie die Schatzanweisungen und Schatzwechsel des Deutschen Reiches und der Länder wurden gestrichen. Gottfried von Falkenhausen erinnerte sich später: «Die Einbuße war unterschiedlich, aber wenn man 20 % des alten Kapitals wieder in seine Bilanz bringen konnte, war das schon eine ganze Menge.»[80] Das Kapital der Aktiengesellschaften wurde 1949 mit dem «Gesetz zur Eröffnungsbilanz und Kapitalneufestsetzung» umgestellt. Dieses kam zwar einer «kalten Steuerreform» gleich, aber die Bewertungsgrundsätze boten den Unternehmen zahlreiche Schlupflöcher, Ermessensspielräume und Abschreibungsmöglichkeiten. Die Bewertung von Demontage- und Reparationsschäden blieb schwierig, wenn nicht gar unmöglich. Selbst Objekte, die bereits völlig abgeschrieben waren, konnten noch zu einem Drittel ihres Neuwerts in die Bilanz eingestellt werden. Unternehmen konnten zudem selbst entscheiden, ob sie ihr Vermögen möglichst hoch oder eher niedrig in der Eröffnungsbilanz veranlagen wollten. Bei einer hohen Veranlagung und entsprechend hoher Abschreibung konnten stille Reserven aktiviert werden, was jahrelange Ersparnisse bei ertragsabhängigen Steuern ermöglichte.[81]

Die Rosskur der Währungsreform führte auf lange Sicht zur Gesundung der Wirtschaft. Die Industrie- und Handelskammer berichtete schon für das Jahr 1949 von erstaunlichen Veränderungen: «In diesen Jahren wurde in dem Wiederaufbau und Aufbau von Geschäftshäusern in den Städten Essen, Oberhausen und Mülheim ganz erhebliche Fortschritte gemacht, wodurch sich die zähe Initiative und der Leistungswille des Handels besonders eindrücklich dokumentieren. In Essen haben alle bedeutenden Häuser während des ganzen Jahres an der Wiederherstellung ihrer ehemaligen Verkaufsräume gearbeitet. Verschiedene Firmen haben ihre Gebäude wieder auf den alten Grundstücken in repräsentativer Form aufgebaut. [...] Die Frequenz auf der Limbecker Straße erinnert bereits wieder an die Friedenszeit.»[82]

Ludwig Erhard, seines Zeichens Direktor der Verwaltung für Wirtschaft in der Bizone, dekretierte recht eigenmächtig das Ende der Bewirtschaftungsvorschriften. Dadurch wurden die Märkte mit Waren versorgt und auf dem Bankensektor einige Schranken aufgehoben, wie etwa das Verbot der Vergabe von Kontokorrentkrediten. Die Wirtschaftsreform war, unterstützt vom inzwischen wieder erreichten beträchtlichen Produktionsniveau,[83] eine Erfolgsgeschichte. Sie bot die stabile Basis für den stürmischen Aufholprozess des folgenden Jahrzehnts und schuf für die Beschäftigten die Chance des Vorankommens, begünstigte die Anreize für Unternehmen, förderte durch die Steuergesetzgebung deren Kapitalbildung und trug daher maßgeblich zu «exorbitant hohen Investitionsquoten» bei.[84] Die Bundesrepublik beschritt den Weg der Westbindung, den die USA mit der Marshallplan-Hilfe erleichterten,[85] einer der erfolgreichsten Finanz- und Wirtschaftsoperationen der Geschichte.[86] Es zahlte sich aus, dass die Marshallplan-Hilfe für Investitionen verwendet wurde; andere europäische Länder kurbelten eher den Konsum an, was sich rasch als gravierender Fehler für ihre Wettbewerbsfähigkeit erweisen sollte.

Nun gelangte ein Modell zur Blüte, das die sozialstaatliche Einbindung der Unternehmen und Banken in die Gesellschaft etablierte und als «Rheinischer Kapitalismus»[87] bekannt wurde, eine begrifflich vieldeutige Erscheinungsform, die im englischen Sprachgebrauch bisweilen auch als «managed capitalism» bzw. als «Coordinated Market Economy»[88] bezeichnet wird. Die Finanzinstitutionen waren hiervon besonders geprägt, sodass der Rheinische Kapitalismus sogar als «Kapitalismus der Banken» charakterisiert wurde.[89] Mitbestimmung und Kooperation der Sozialpartner – dies war die Formel, mit der ein Wiederaufstieg des zerstörten und innerlich zerrissenen und verstörten Landes ermöglicht werden sollte.[90]

Ludwig Erhards Wirtschaftskonzept war eng an die Überlegungen der sogenannten Freiburger Schule angelehnt, hatte Einsprengsel der katholischen Soziallehre[91] und richtete sich gegen die aus dem «Dritten Reich» sattsam bekannte Lenkungswirtschaft, aber auch gegen das Laisser-faire und den «Manchesterkapitalismus». Eigenverantwortung, freie Konkurrenz und marktkonforme Eingriffe des Staates – so lautete das Rezept der Reformer.

Ohne einen allumfassenden fürsorgenden Wohlfahrtsstaat zu propagieren, sollte das herzlose sozialdarwinistische Credo des «survival of the fittest» vermieden werden. Dies setzte Absicherungen für schwächere Mitglieder der Gesellschaft voraus, was bereits seit der Bismarckschen Sozialgesetzgebung bekannt war. Das Prinzip der Sozialen Marktwirtschaft – in den Worten ihres Begriffsschöpfers Alfred Müller-Armack «das Prinzip der Freiheit auf dem Markte mit dem des sozialen Ausgleichs zu verbinden»[92] – erwies sich, so bewusst unbestimmt es gehalten sein mochte, als ein durchschlagender Erfolg.[93]

Mit dem Londoner Schuldenabkommen vom Februar 1953, mit dem die Bundesrepublik die Auslandsschulden des Deutschen Reiches übernahm, wurde die Kreditwürdigkeit wieder hergestellt.[94] Nach dem Ausbruch des Koreakriegs im Jahr 1950 stieg die Nachfrage nach deutschen Waren und Gütern, was nicht zuletzt der Essener Stahl- und Kohleindustrie zugutekam. Waren mit der Aufschrift «Made in Germany» wurden – übrigens ganz entgegen der ursprünglichen Intention – zum Exportschlager. Durch die Korea-Hausse getragen, wurde die D-Mark das Signum für die Prosperität des deutschen Außenhandels – eine entscheidende Voraussetzung für das «Wirtschaftswunder»,[95] das allerdings gar nicht so exzeptionell gewesen ist, wenn man es in den gesamteuropäischen Kontext der Wirtschaftsentwicklung des «kurzen» 20. Jahrhunderts einbettet. Es war vielmehr wesentlich ein Aufholmanöver einer Zivilgesellschaft, die mit hoher Motivation und großer Leistungsbereitschaft wieder auf einer Stufe mit den anderen westlichen Nachbarn stehen wollte.[96]

Dem Westen stand mit dem auf den Dollar ausgerichteten Weltwährungssystem von Bretton Woods seit 1944 ein überzeugender Hebel für die Umsetzung ordnungspolitischer Pflöcke zur Verfügung. Hinzu kamen das Handels- und Zollabkommen GATT und die Organisation für wirtschaftliche Zusammenarbeit und Entwicklung OECD. Die Aufnahme der Bundesrepublik in den Weltwährungsfonds im Jahr 1952 und die im gleichen Jahr vollzogene Gründung der Montanunion begünstigten die Entwicklung. Die Europäische Gemeinschaft für Kohle und Stahl (Montanunion) wurde von Belgien, der Bundesrepublik, Frankreich, Italien, Luxemburg und den Niederlanden, also denjenigen Staaten vereinbart, die wenig später die Europäische Wirtschaftsgemeinschaft (EWG) bildeten. Dieses Bündnis, gleichsam die Keimzelle der heutigen Europäischen Union, sollte einen gemeinsamen Markt schaffen, zugleich Frankreich und Deutschland symbolisch zusammenführen und das komplexe Preisgefüge grenzüberschreitend vereinfachen, was vor allem der Ruhrindustrie wichtige Impulse brachte.

Auf einer Konferenz in Messina wurden 1955 Perspektiven zur Schaffung eines gemeinsamen europäischen Marktes formuliert. Mit der Gründung der Europäischen Wirtschaftsgemeinschaft im März 1957 in Rom verpflichteten sich die sechs Staaten zum Abbau gegenseitiger Handelsschranken und Binnenzölle, zur Einführung eines gemeinsamen Außenhandelszolls sowie zur Koordinierung ihrer Wirtschafts- und Sozialpolitik. Die Abmachungen sahen die Schaffung einer Europäischen Kommission und einer Europäischen Investitionsbank vor, die unterentwickelte Gebiete fördern sollte. Mit dem Gesetz über die Deutsche Bundesbank vom 1. Juli 1957 wurde die Stabilität der D-Mark zur obersten Maxime der deutschen Geldpolitik. Die Bundesrepublik bewegte sich in die «Mengenkonjunktur» hinein. Die ordnungspolitisch abgesicherte Geldwertstabilität, Streikarmut und Lohnzurückhaltung, basierend auf dem friedlichen und geregelten Ausgleich der Tarifpartner, wirkten sich ebenso positiv aus wie die steuerliche Begünstigung der Kapitalbildung, die zu einer hohen Nettoinvestitionsquote führte. Der Außenhandel rangierte Ende der 1950er-Jahre mit 17 Prozent nur knapp hinter den Privatinvestitionen und noch vor den Staatsausgaben.

Diese Entwicklung bot auch Essen mit seiner vielgestaltigen Bankenlandschaft eine gute Ausgangsbasis für einen Neubeginn. Die Arbeitslosigkeit gab allerdings noch eine Zeit lang Anlass zur Besorgnis: Bis zur Wiedereinführung der Marktwirtschaft hatten viele Betriebe noch dank verschiedener Subventionen durchhalten können, aber auf einem freien Markt wurde dies zunehmend schwieriger. Unrentable Betriebe mussten schließen und die Zahl der Beschäftigungslosen stieg 1949 bundesweit auf eine Million an. In Essen war die Lage wegen der Demontagen der Krupp-Betriebe besonders dramatisch. Die Bundesregierung stellte vier Millionen DM zur Verfügung, damit das Ruhrgebiet nicht – wie eine Essener Delegation von Stadtoberen zu bedenken gab – zur «Elendssphäre» verkam.[97] Essen mit seinen 20 Zechen, zahlreichen Brikettpressanlagen und Kokereien war eines der Zentren des «schwarzen Golds». Um den drohenden Gefahren einer monostrukturellen Ausrichtung zu begegnen, richtete die Stadt ein Amt für Wirtschafts- und Verkehrsförderung ein. Krupp verkaufte Teile seines Geländes an diese Fördergesellschaft, die sie nach der Sanierung an interessierte Firmen weiterveräußerte oder verpachtete, hauptsächlich Klein- und Mittelbetriebe aus dem Maschinen- und Fahrzeugbau, der Elektrotechnik und dem Papier- und Druckereiwesen. An die Stelle des Stahls traten Betriebe der veredelnden Industrie, der Feinmechanik, der Kleineisenindustrie, Textil- und Bekleidungsindustrie sowie der

Essen wird wieder «Einkaufsstadt»: Die Kettwiger Straße um 1960.

Glas-, Holz- und Möbelindustrie. In den Wachstumsbranchen wie Fahrzeugbau, Elektroindustrie und chemischer Industrie sowie der Mineralöl- und Kunststoffverarbeitung nahm die Zahl höher qualifizierter Stellen stark zu. Die Zahl der in Essen Beschäftigten wuchs allein von 1949 auf 1950 um mehr als 12 000 auf 221 000.[98] Eine Bestandsaufnahme aus dem Jahr 1951 zu Geschäftseröffnungen nannte an erster Stelle acht Betriebe der Elektrobranche mit 1561 Beschäftigten, gefolgt von der Bekleidungsindustrie mit 21 Betrieben und 1240 Beschäftigten, dem Maschinen- und Apparatebau mit ebenfalls 21 Betrieben und 956 Beschäftigten sowie schließlich den Großhandel mit 42 Betrieben, der 940 Beschäftigte in Brot und Arbeit hielt.[99] All dies trug dazu bei, dass sich die «Krupp-Lücke» nach und nach schloss.

Handel und Verwaltungen, die in Essen immer schon stärker vertreten waren als in anderen Ruhrgebietsstädten, wurden noch bedeutender. Dieser Sektor beschäftigte in den 1950er-Jahren bereits fast 50 000 Menschen.[100] Das 1924 gegründete Kaufhaus Cramer & Meermann gehörte ebenso zum Stadtbild wie der Konkurrent im Bekleidungsbereich Peek & Cloppenburg, der sein Geschäft 1958 öffnete. Das Bekleidungshaus Overbeck und Weller, das Lederwarengeschäft Brecklinghaus und zahlreiche andere Einzelhändler vervollständigten das Bild. Essen wurde zu einem Einkaufszentrum für die gesamte Ruhrregion. Es war also kein Zufall, dass der (schon 1938 verwendete) Slogan «Einkaufsstadt» seit Ende 1950 als mannshohe Neon-Leuchtschrift auf dem Dach des Handelshofes prangte.

Die Essener Banken trugen zum regionalen Boom bei. Allein zwischen Juli und Ende Oktober 1948 verdreifachte sich das Volumen der von ihnen gewährten kurzfristigen Kredite.[101] Ende 1949 war wieder das Produktionsniveau des Jahres 1936 erreicht – eine Entwicklung, die sich in den beständig steigenden Bilanzsummen fast aller Banken niederschlug. Ein funktionsfähiger Kapitalmarkt ließ sich hingegen nicht aus dem Boden stampfen.[102] Die Banken nutzten zwar inzwischen wieder ihre alten Auslandsverbindungen,[103] konnten aber aufgrund ihrer geringen Kapitalausstattung nur geringvolumige Kredite zur Exportförderung vergeben.[104] Zunächst erhielten ohnehin nur ausgewählte Institute das Privileg einer «akkreditierten Außenhandelsbank»: die Nachfolgeinstitute der Deutschen Bank, Commerzbank sowie Dresdner Bank und ihre Essener Filialen, daneben die Girozentrale in Düsseldorf für die Sparkasse Essen sowie Burkhardt & Co. und wenig später die Bank für Gemeinwirtschaft Nordrhein-Westfalen. Ausländische Kapitalgeber zögerten zudem noch, mit den unsicheren deutschen Bank-Kandidaten Geschäfte zu machen.

Die fehlende Liquidität machte 1949 den Rückgriff auf die Rediskonthilfe des Landeszentralbanksystems erforderlich.[105] Ein noch recht dirigistisches Kapitalverkehrsgesetz vom September 1949 machte die Ausgabe von Aktien und Anleihen von strengen Bedingungen und Genehmigungen abhängig.[106] Bei den börsennotierten Privatbanken waren die Aussichten auf eine Kapitalerhöhung, die ja ein Ausweg gewesen wäre, vorerst gering. Diese bildeten erst einmal Reserven (und waren daher zunächst bei ihren Dividendenzahlungen nicht allzu freigiebig). Die Essener Bankenwelt lief auch gegen die Regelung des Ersten Kapitalmarktförderungsgesetzes aus dem Jahr 1952 Sturm, das zwar Pfandbriefemissionen wieder zuließ, Aktien von der Förderung des Wertpapiermarktes aber ausnahm. Die «immer noch bestehende Diskriminierung der Aktie» sei schädlich, weil die Neuordnung der Montanindustrie den Verkauf großer Aktienpakete notwendig mache; diese Aktion dürfe nicht zu einem «Ausverkauf zu Schleuderpreisen» werden. Die Bank Deutscher Länder kontrollierte noch eine Zeit lang die langsam wieder an Fahrt gewinnende Wirtschaft durch die Erhöhung der Mindestreserven und durch dirigistische, quasi-administrative Ein-

Es geht wieder aufwärts: Kettwiger und Rathenaustraße während der «Essener Lichtwochen» 1955.

griffe in die Ausleihpolitik der Banken. Die Kreditrestriktionen hatten, wie von Essener Banken beklagt wurde, zur Folge, dass industrielle Großfirmen Forderungsabtretungen ablehnten und kleineren Lieferanten die Möglichkeit der Kreditaufnahme versperrt blieb.[107] Und zwei Jahre später lautete die Klage, dass das Problem der Finanzierung größerer Investitionen noch immer «zu einem wesentlichen Teil ungelöst» sei; vor allem in der Bauwirtschaft gab es eine regelrechte «Liquiditätsklemme».[108] Die Unternehmen konnten sich angesichts jährlicher Steigerungsraten von durchschnittlich 9,5 Prozent und sprudelnder Gewinne jedoch inzwischen weitgehend selbst finanzieren und waren auf Kapitalmarkt- bzw. Kreditfinanzierung durch die Banken noch nicht einmal angewiesen. Wenige Jahre später löste sich das Problem ohnehin. Seit Anfang der 1960er-Jahre konnten die Banken wieder im ausreichenden Maß mittel- und langfristige Investitionskredite gewähren, weil sie über genügend Liquidität und Einnahmen verfügten. Angesichts des harten Wettbewerbs unter den Kreditinstituten mussten sich die Unternehmen nicht einmal mehr allzu große Sorgen über schlechte Konditionen machen. Für die Banken wiederum bestanden angesichts der guten wirtschaftlichen Lage keine großen Kreditausfallrisiken.[109]

1955 meldete Essen «Vollbeschäftigung». Außenhandel und lokales Kreditgeschäft florierten: «Schneller Geldumlauf, flüssiger Geldmarkt,

Ludwig Erhard bei der Eröffnung der Deutschen Bergbau-Ausstellung in Essen am 18. September 1954.

vermehrte Kredite und steigende Börsenkurse» lauteten die Nachrichten.[110] Durch Novellen des Hypothekenbankgesetzes, die auch für Privatbanken galten, wurden die Begrenzungen für Emissionsvolumen erheblich gelockert. Industrieanleihen mit einer Verzinsung von acht Prozent boten eine attraktive Rendite. Allein 1956 wurden in Essen Industrieobligationen mit einem Volumen von einer halben Milliarde DM angelegt.[111] Die Entwicklung bei den Rentenwerten entsprach dieser Tendenz. 1960 konnten in Essen Pfandbriefe mit einer Verzinsung von sieben Prozent «flott placiert» werden, ebenso Anleihen von Bundespost und Bundesbahn.[112] Dies brachte den Essener Banken, die unisono von ihrer «guten Liquidität» berichteten, volle Kassen.[113] 1958 verzeichneten manche von ihnen eine Ausweitung des Bilanzvolumens um bis zu 20 Prozent. Bei den börsennotierten Gesellschaften waren Kurssteigerungen um 25 bis 30 Prozent keine Seltenheit.[114] Bei der National-Bank erhöhte sich beispielsweise die Bilanzsumme 1957 um 21 Prozent. Auch das Grundkapital wurde immer wieder erhöht, was sich mit den gestiegenen Umsätzen gut begründen ließ. Dies legte zudem nahe, endlich auch die Aktionäre angemessen zu belohnen. Die Dividende von stolzen zwölf Prozent stieg in den folgenden Jahren auf 18 Prozent.

Durch den niedrigen Wert der DM avancierte die Währung zum bevorzugten Anlageobjekt. «Milliardenströme sich entwertender Dollars» und Spekulationsgelder flossen nach Deutschland.[115] Die Bundesrepublik «sog alles an wie ein Magnet».[116] Gerüchte über eine Aufwertung der DM machten die Runde,[117] um den Export zu dämpfen und – wie zunehmend von den Partnerländern in der EWG gefordert – den Import anzuregen. Dies war aber bei Banken, Industrie und der Öffentlichkeit ausgesprochen unpopulär: 1961 wurde das Verhältnis des US-Dollars zur DM von 1:4,20 auf 1:4 nur zaghaft angepasst.

Düsseldorf, das sich zum sprichwörtlichen «Schreibtisch des Ruhrgebietes» entwickelte, nahm mit rund 70 Prozent des Devisenverkehrs und des Außenhandels eine unbestrittene Vormachtstellung bei der finanziellen Abwicklung von Geschäften in Nordrhein-Westfalen ein. Aber der Bankplatz Essen verteidigte weit vor Dortmund seine Stellung als Nummer eins unter den Ruhrgebietsstädten. Die Zahl der Institute, Zweigstellen und Filialen verdoppelte sich von 43 im Jahr 1951 auf 92 im Jahr 1962. Die Zahl der im Kreditsektor Beschäftigten stieg in der gleichen Zeit von 1433 auf 3051.[118] 1970 waren in Essen 30 Kreditinstitute mit insgesamt 152 Filialen oder Niederlassungen tätig. Von diesen zählten acht zu den privaten Banken, unter ihnen die drei Großbanken Deutsche Bank, Dresdner Bank und Commerzbank sowie die Bank für Gemeinwirtschaft AG. Vier von ihnen hatten ihren Hauptsitz in der Stadt und konnten als «echte» Essener Banken gelten: Burkhardt & Co., National-Bank, Carl Chr. Gossenberg und Waldthausen & Co. KG. Diese privaten Institute hatten insgesamt 63 Geschäftsstellen, die meisten die Deutsche Bank (20), gefolgt von Dresdner Bank (15), Commerzbank (12) und der National-Bank (9).

Bei den öffentlich-rechtlichen Banken dominierte eindeutig die Sparkasse Essen, die allein 57 der 59 Geschäftsstellen betrieb. Die fünf Kreditgenossenschaften hatten elf Geschäftsstellen, die meisten die Volksbank Essen eGmbH (5) und die Spar- und Darlehnskasse Altendorf/Ruhr eGmbH (3). Die insgesamt zehn Teilzahlungsbanken kamen auf 14 Geschäftsstellen, hinzu kamen vier Filialen der drei Spezialbanken DBB AG, Deutsche Verkehrskreditbank AG und der 1968 gegründeten Internationalen Kapitalanlagegesellschaft mbH, an der Burkhardt & Co. zu 60 Prozent beteiligt war. Rechnete man noch weitere Repräsentanzen von Hypothekenbanken hinzu, bedeutete dies insgesamt mehr als eine Verdopplung der Bankgeschäfte im Vergleich zur Vorkriegszeit, in der die Stadt 16 Kreditinstitute mit 45 Geschäftsstellen gezählt hatte.

Bauen für Essen: Banken beim Wiederaufbau und der Entwicklung der Stadt

Der Aufstieg aus den Ruinen nach 1945 wurde in Essen wesentlich durch den Wohnungsbau getragen, der in der zerstörten Stadt fast zwangsläufig einen Auftrags- und Jobmotor darstellte und den Banken zuverlässig neue Kunden zuführte. Der Wohnraummangel wirkte nämlich «geradezu wie ein Bremsklotz»,[119] und Kapitalmangel war bei der Beseitigung der Baulücken das größte Hemmnis. Die von der Landesregierung und der Stadt Essen häufig gemeinschaftlich vergebenen Kredite dienten für Projekte im Bereich des Werkswohnungsbaus und der Verkehrsinfrastruktur.[120] Für die Anschubfinanzierung des Wiederaufbaus Essens in Form von zinsgünstigen Krediten war jedoch nicht nur, wie häufig angenommen wird, die im Dezember 1948 in Frankfurt am Main als Bank mit Sonderaufgaben in öffentlicher Rechtsform konstituierte Kreditanstalt für Wiederaufbau (KfW) zuständig.[121] Durch Erlass der britischen Property Control Section vom 15. Juli 1948 wurde auch die Deutsche Bau- und Bodenbank AG (DBB) mit der Zwischenfinanzierung von Bauvorhaben beauftragt. Die Fachleute in den Ministerien und in der Kredit- und Wohnungswirtschaft sahen als Träger eines «modernisierten» sozialen Wohnungsbaus sowohl die gemeinnützigen Einrichtungen wie die private Wohnungs- und Kreditwirtschaft vor.[122] Bundesbauminister Eberhard Wildermuth und Ludwig Erhard schreckten nicht davor zurück, Zwangsmaßnahmen anzudrohen, wenn sich die Kreditinstitute lieber dem – lukrativeren – gewerblichen Bauvorhaben als dem sozialen Wohnungsbau widmen wollten. Die Arbeit der DBB, die die Aufgaben ihres Vorgängerinstituts übernahm und ihren Hauptsitz statt in Berlin nun in Frankfurt am Main fand, wurde nach 1949 vom Bundesministerium für Wiederaufbau sowie dem Bundesministerium für Raumordnung, Bauwesen und Städtebau koordiniert. Die DBB blieb eine Bank der öffentlichen Hand, bei der der Bund mehr als 60 Prozent der Aktien und das Land Nordrhein-Westfalen weitere 25 Prozent hielten. In der Bundesrepublik wurden insgesamt sieben Zweigniederlassungen eingerichtet. Für die treuhänderische Verwaltung des

Wohnungsbaus an Rhein und Ruhr wurde 1952 die Zweigniederlassung in Essen auserkoren, der Geschäftsstellen in Dortmund und Köln unterstellt waren und die ihren Sitz in der Huyssenallee fand. Das Geschäft entwickelte sich dank des Wohnungsbooms so dynamisch, dass dort 1963 ein Neubau bezogen werden musste.[123]

Für zahlreiche Angelegenheiten der kommunalen Finanzierungen und des Kleinwohnungsbaus war in der Weimarer Republik die Preußische Landespfandbriefanstalt zuständig gewesen, die seit 1931 eine Zweigstelle in der Essener Lindenallee unterhalten hatte. Dieses öffentlich-rechtliche Realkreditinstitut wurde ebenfalls wiedergegründet, nahm seine Geschäfte 1950 mit der Unterbezeichnung «Verwaltungsstelle für die britische Zone» auf und nannte sich seit 1952 Deutsche Pfandbriefanstalt (DePfa). Das Essener Büro war zunächst provisorisch in Bredeney, später am Theaterplatz untergebracht.[124] Seit den 1960er-Jahren bestanden Pläne, die bundeseigenen Institute DBB und DePfa zu fusionieren, weil deren öffentliche Aufgaben inzwischen weitgehend erfüllt waren. Der Bund, der mittlerweile auch die Anteile des Landes Nordrhein-Westfalen an der DBB übernommen hatte, übertrug der DePfa 1979 seine DBB-Mehrheitsbeteiligung von über 90 Prozent. 1989/90 wurde die DePfa im Rahmen des Rückzugs des Staates aus Einrichtungen der öffentlich-rechtlichen Kreditinstitute in zwei Schritten privatisiert und in eine Aktiengesellschaft umgewandelt. Zehn Jahre später wurde sie aufgespalten, einerseits in eine Gesellschaft irischen Rechts mit Sitz in Dublin und andererseits in die Aareal Bank AG mit Hauptsitz in Wiesbaden. Diese 2002 gegründete und auf Immobilienfinanzierung spezialisierte Bank, mit Wurzeln in der 1923 gegründeten Deutschen Wohnstätten Bank AG und der DBB, übernahm die Gebäude in der Huyssenallee. Allerdings trennte sich die Aareal Bank von der Sparte der privaten Baufinanzierungen, um sich ganz auf das Geschäft mit gewerblichen Immobilien zu konzentrieren. Fast die gesamten privaten Baudarlehen – eine Summe von knapp 1,5 Milliarden Euro – wurden an die Deutsche Postbank AG verkauft. Das angemietete Essener Gebäude, deren Eigentümerin eine Fondsgesellschaft war, stand seit dem Auszug der Aareal Bank im Sommer 2001 sechs Jahre leer, ein Schicksal, das es mit anderen Liegenschaften auf der ehemaligen Essener Prachtstraße teilte. 2015 wurde das Gebäude zu einem Wohn- und Bürohaus umgebaut. Die Aareal Bank unterhält für ihre heutigen Geschäfte auf dem Gebiet der Wohnungswirtschaft und der Immobilienfinanzierung eine Filiale in der Alfredstraße.[125]

Besonders früh organisierte sich die Sparkasse Essen für die Mammutaufgabe des Wiederaufbaus. Der Kommunalkredit hatte für sie immer eine

Auch der Pfennig macht Vermögen, notabene, wenn man spart.
Wilhelm Busch

DEUTSCHE BANK

Sparaufruf der Deutschen Bank in den 1950er-Jahren.

wichtige Rolle gespielt und war erst durch das NS-Regime eingeschränkt worden. 1950 verpflichteten sich die Sparkassen gegenüber dem Bundesministerium für Wohnungsbau, mindestens 50 Prozent ihres Spareinlagenzuwachses für das «Wohnungsbauprogramm 1950» zur Verfügung zu stellen, ein Versprechen, das in den folgenden Jahren jeweils erneuert wurde.[126] Die Stadt Essen konnte wieder Kredite aufnehmen, weil durch die Währungsreform die Altschulden weitgehend gelöscht wurden, zudem wurden die staatlich festgelegten Verschuldungsgrenzen sukzessive angehoben.[127] Die Sparkasse war an rund der Hälfte aller in Essen errichteten Neubauten beteiligt, auch wenn sie sich das Geschäft mit Hypotheken- und Genossenschaftsbanken teilen musste und die Bausparkassen ebenfalls eine gewichtige Rolle spielten. Der Bau-Boom hielt auch durch den nicht abreißenden Flüchtlingsstrom an, eine Klientel, die dringend angemessen untergebracht werden musste. In Essen waren 1950 rund 36 000 Vertriebene gemeldet, 1960 betrug die Zahl sogar fast 96 000.[128] Diese Neubürger galten als «besonders aufstiegsorientiert und arbeitsam»[129] und stellten mit 13,2 Prozent der Einwohner Essens in vielerlei Hinsicht ein wichtiges Potenzial für die Banken dar.

Mit dem ersten Wohnungsbaugesetz von 1950[130] stieg die Zahl der Neubauvorhaben rasant an. Bis 1961 entstanden in Essen 102 000 neue Wohnungen. Die Sparkasse stellte bis Ende 1952 bereits 13,5 Millionen DM als Hypothekendarlehen zur Verfügung, davon vier Fünftel für Vorhaben des «Sozialen Wohnungsbaus»: immerhin 12 873 Räume in 944 Häusern. Die langfristigen Kommunaldarlehen der Sparkasse betrugen Ende 1954 rund 17,4 Millionen DM.[131] Vergleichbare Tendenzen gab es beim Hypothekarkredit. Allein in den ersten sechs Jahren nach der Währungsreform gelangten Hypothekendarlehen über 57 Millionen DM durch die Sparkasse zur Auszahlung.[132]

Die Bankgebäude der Nachkriegszeit reflektierten die Nüchternheit der Moderne. An die Stelle der provisorischen Geschäftsstellen der unmittelbaren Nachkriegszeit traten Gebäude mit veränderter Formsprache, ohne zu den die Bankenmacht der Vorkriegszeit repräsentierenden Bankpalästen mit ihren ehrfurchtgebietenden, riesigen Vorhallen zurückzukehren. Als geradezu typisch kann die umfassende Renovierung der Essener Zentrale der Deutschen Bank gelten, für die Altes mit Neuem geschickt verbunden wurde und hinter der denkmalgeschützten Fassade umfassende Sanierungs- und Neubaumaßnahmen zu einer großzügigen Neugestaltung führten – mit einer Kassenhalle, die mit ihren «an Fabrikbauten aus der Region erinnernden Stahlportalen» aus Sicht der Bauherren durchaus luxuriös anmutete.[133] Auch der 1950 eröffnete Neubau der zunächst als Bankverein Westdeutschland firmierenden Commerzbank atmete noch den Stil der klassischen Moderne, sollte aber die «Sprache unserer Tage» ausdrücken. Hinsichtlich des Interieurs hieß es: «Ebenso wie im Aufgang ist in diesem Raum ein bronzegeschmiedeter Leuchter mehr Zierrat als Mittel. Ein Stück erlesenen Kunsthandwerks, in dem das Motiv des Schilfhalms dominiert und in interessantem Gegensatz zu haarnadelförmig gebogenen Neonröhren steht. Röhrenleisten rund um den Raum und Röhrenquadrate unter der Decke geben abends raumfüllendes Licht. Ein Schreibtisch mit Polsterbank und Hockern dient den Besuchern. Ein bleiverglastes Fenster, eine Türfront zu Besuchs-, Sitzungs- und Bürozimmern schließt die Halle ab. Eine Blumenbank schmückt sie. Selbst die Uhr ist dem Stil angepasst. Seitlich vor der Halle liegen die Direktionsräume. Das Sitzungszimmer ist betont einfach gehalten. Niederer Eichholzsockel und darüber eine lichte Wand. […] In den Souterrainräumen die Tresors mit den respektablen Türen, die Unwiderstehlichkeit ahnen lassen. Garderoben und Toiletten für die Angestellten, ebenso ein schmucker Aufenthaltsraum mit Küche. Hygienische Einrichtungen vorbildlich. Kli-

Wiederaufbau des Bankgebäudes BANKVEREIN WESTDEUTSCHLAND in Essen

Wiederaufbau des Filialgebäudes der Commerzbank in Essen.

matisierte Luft wird in die oberen und unteren Räume geleitet, und das Glasdach bei Hitze berieselt.»[134]

Auch die National-Bank schuf sich einen neuen Sitz. Der Hauptkörper hatte eine Länge von 24 Metern, war mit einer der Hinterfront vorgelagerten bogenförmigen Kassenhalle versehen und wurde mit seinen fünf Obergeschossen 1952 am Theaterplatz, in der Blickachse der Rathenaustraße und gegenüber dem Opernhaus bezogen. Die großzügige und helle Schalterhalle mit ihren 300 Quadratmetern fiel durch ein charakteristisches Halbrund auf. Auch die einzelnen Geschäftszimmer waren durch große Fenster lichtdurchflutet. Der untere und obere Kassenraum sowie der Keller wurden durch eine dem Eingang gegenüberliegende Zentraltreppe miteinander verbunden. Die Einrahmung dieser Zentraltreppe erfolgte im oberen Kassenraum durch eine Sitzbank sowie ein verziertes schmiedeeisernes Gitter als künstlerische Abgrenzung. Durch einen architektonischen Kunstgriff war es darüber hinaus möglich geworden, unterhalb der ebenerdigen Kassenhalle einen zweiten Kassenraum einzurichten, in dem sich Stahlkammern für Wertpapiere befanden. Ein zusätzlicher dritter Arbeitsraum befand sich im Souterrain. Der Tiefkeller wurde für Kasinoräume, die Registratur, Garagen und einen Banktresor genutzt. Die neu eingeführte Kantinenver-

Der neue Hauptsitz der National-Bank am Theaterplatz Anfang der 1950er-Jahre.

pflegung sicherte ein warmes Mittagessen. Die Zeiten, in denen Leitungswasser und Kaffee aus Thermoskannen getrunken wurden, waren nun endgültig vorbei. Insgesamt war das Gebäude zwar durchaus repräsentativ. Der Bodenbelag verriet jedoch, dass auch mit dem Neubau keineswegs die Zeit des üppigen Wohlstands angebrochen war: Der graue Gummibelag wurde in den Festreden damit gerechtfertigt, dass dieser den Räumen eine «unauffällige Eleganz» verleihe, die mit anderen Materialien schwerlich erreicht worden wäre. Mit dem Einzug in das neue Bankgebäude tat sich den Angestellten in den «modernen Räumen mit neuen Büromöbeln» nach eigener Auskunft «eine völlig neue Arbeitswelt» auf.[135]

Als ein Zeitungsartikel der *Welt* im Sommer 1951 verkündete, das Essener Bankenviertel erstehe «in alter Schönheit»,[136] traf das zu diesem Zeitpunkt den Kern der Sache, weil architektonisch noch an die bisherige Tradition angeknüpft wurde. Aber der Siegeszug des rigorosen Stils der Moderne deutete sich schon an und wurde dadurch erleichtert, dass der

Zweite Weltkrieg ohnehin viel alte Bausubstanz zerstört hatte. An die Stelle von allegorischen Darstellungen, Stuckdecken, Reliefs und der schmiedeeisernen Gitter traten schmucklose Zweckbauten, die bisweilen auch in die Höhe gebaut wurden, wie das Rheinstahl-Haus (heute gehört es der FAKT AG), das AEG-Haus und die Zentrale der RWE. Heute mag das befremden, aber in den 1950er-Jahren galt die Gestaltung des historischen Bankenviertels als wegweisend – und Essen hatte schon eine «Skyline», als der heutige Finanzplatz Frankfurt am Main erst damit anfing.[137] 1954 hieß es: «Keine Lücke mehr im wiederaufgebauten Essener Bankenviertel».[138] Eine Sonderbeilage der *Westdeutschen Allgemeinen* unter dem programmatischen Titel «Essen – Zehn Jahre nach den Bomben» verdeutlichte zudem die damalige Sichtweise auf den schnellen Wiederaufbau. Stolz wurde auf die neuen Gebäude der Essener Kreditinstitute verwiesen: «Der Schlussstein zum Bankenviertel ist vor wenigen Monaten mit der Fertigstellung der neuen Landeszentralbank gesetzt worden. Damit ist auch äußerlich wieder ein Bild entstanden, wie es den Banken als Geldgebern der Wirtschaft zukommt.»[139] Heute mögen manche dieser zum Teil tristen Blöcke im Stadtzentrum Kopfschütteln hervorrufen, aber Architekturhistoriker weisen gerne auf den enormen Druck hin, unter dem Politik, Wirtschaft und Verwaltung standen, weil sie den «gigantischen Bedarf an Wohnstätten und Funktionsbauten in kürzester Zeit» befriedigen mussten.[140] Allerdings wiesen auch zeitgenössische Kritiker darauf hin, dass man das Alte pfleglich behandeln müsse und in einer Stadt wie Köln «kein Mensch» auf den Gedanken käme, ein «Manhattan am Kölner Hauptbahnhof» zu bauen. Auch Düsseldorf verteile seine Hochhäuser über die Stadt und massiere sie nicht an einer Stelle. Aber diese heute berechtigt erscheinende Kritik verhallte ungehört.[141]

Der Bauboom rief zahlreiche Mitspieler auf den Plan, die mal für längere, mal kürzere Zeit den Essener Kreditmarkt belebten. Ein Intermezzo blieb im Jahr 1950 das Hypothekenbankgeschäft Erich Michel, hinter dem sich allerdings wenig mehr als die Bezirksvertretung der Süddeutschen Bodenkreditbank verbarg, die neben ihrem Sitz in der Heisingerstraße auch ein Stadtbüro im Baedekerhaus unterhielt. Zu den auf diesem Segment tätigen Instituten gehörte die 1958 vom Wirtschaftsjuristen Wilhelm Reibeholz gemeinsam mit einigen Bauherren und Architekten in Essen gegründete «Fundamentum Aktiengesellschaft für Bau und Finanzierung», die allerdings nur wenige Mitarbeiter beschäftigte.[142] Der für den Wiederaufbau Essens viel bedeutendere Allgemeine Bauverein Essen AG bezog zunächst im fast unzerstörten «Allbauhaus» in der Essener Innenstadt seine Verwaltungszentrale. Die fast vollständig im städtischen Besitz befindliche gemeinnützige Gesellschaft, die in manchen Jahren über 10 000 Wohnungseinheiten hochzog, schuf sich 1955 ein neues Gebäude am Gildenplatz, dem heutigen Kennedyplatz.[143] Die Deutsche Kreditbank für Baufinanzierung AG, ein 1952 in Köln als Westdeutsche Kreditbank für Baufinanzierung AG gegründetes Institut, unterhielt in Essen eine Geschäftsstelle. Das Institut wurde 1967 mehrheitlich von der Deutschen Bank übernommen.

Die Zeit des Wohnens zur Untermiete, in Lauben, Baracken, abbruchreifen Gebäuden oder in provisorischen Dachwohnungen ging in den 1950er-Jahren ihrem Ende entgegen. Neubauten sollten «nach den Merkmalen der Gediegenheit und der Zweckmäßigkeit» ausgeführt werden, wie Oberbürgermeister Wilhelm Nieswandt ausführte.[144] In Altendorf und Holsterhausen wurden Siedlungen im zwei- oder dreistöckigen Zeilenbau errichtet. Mit Marshallplan-Hilfe entstand zudem die größte Bergarbeitersiedlung Essens: die nach der Economic Cooperation Administration benannte ECA-Siedlung.[145] Seit Ende der 1950er-Jahre wurden auf freien Flächen ganze neue Stadtteile wie Freisenbruch-Süd und Bergmannsfeld geschaffen, die durch Hochhaussiedlungen gekennzeichnet waren. In Kray-Leithe und Horst wurden freie Felder kurzerhand mit Wohnblöcken bebaut, zunächst viergeschossig, bald jedoch auch elfgeschossige Beton-Hochhäuser und Großwohnanlagen, die das Landschaftsbild Essens prägten.[146] Zwar lief der soziale Wohnungsbau allmählich aus, aber die durch zwei Währungszusammenbrüche latent vorhandene und im kollektiven Gedächtnis verankerte Inflationsangst verstärkte einen Eigenheim-Boom,[147] wie es ihn in der deutschen Geschichte noch nicht gegeben hatte. Die Zahl der Deutschen mit Wohneigentum stieg von 25 Prozent nach Kriegsende auf 38 Prozent im Jahr 1963. Begünstigt wurde der Trend auf dem Bausektor durch die kommunale Neuordnung seit den 1960er Jahren, denn durch die Eingemeindungen und die veränderten Zuständigkeitsbereiche mussten viele Gemeinden den infrastrukturellen Notwendigkeiten gerecht werden und beispielsweise in neue Schulen und Kultureinrichtungen, Sportstätten und Schwimmbäder investieren. Die Nachfrage nach «Betongold» glich so manchen Effekt der Ölkrise aus. Im Konkurrenzkampf witterten Hypothekenbanken und Großbanken das große Geld. Rezessionen wie 1974/75 und 1981/82 dämpften zwar das Geschäft, aber zahlreiche Institute warben mit niedrigen Zinsen und dem Hinweis auf öffentliche Wohnungsbausubventionen. Seit den frühen 1980er-Jahren geriet der Kommunalkredit wieder in die Krise, weil die verschuldeten Städte zur Konsolidierung ihrer Haushalte ihre Ausgaben zurückschraubten. Dies betraf zwar fast alle Kreditinstitute, aber besonders die Sparkasse, bei der der Kommunalkredit «in die Bedeutungslosigkeit» zu fallen drohte.[148]

Die 1869 gegründete Bayerische Handelsbank AG in München, deren Hauptaktionär die Bayerische Vereinsbank war, unterhielt in Essen ein Hypothekenbüro.[149] Die Bayerische Landesbank, die zur Sparkassen-Finanzgruppe gehörte, hatte in den 1990er-Jahren eine Repräsentanz am Waldthausenpark, die ebenfalls zur Finanzierung von Immobilien diente. Auch die auf den Immobilienmarkt spezialisierte Deutsche Hypothekenbank Actien-Gesellschaft mit ihrem Sitz in Hannover eröffnete in der Expansionsphase der 1960er-Jahre eines von bundesweit einem Dutzend Zweigbüros in Essen und zog in das neue Domizil der Volksbank Essen ein. Mehrheitsaktionär der Deutsche Hypothekenbank Actien-Gesellschaft, die häufig ihre Besitzer wechselte, war die Berliner Handels-Gesellschaft, eine Privatbank, die 1970 mit der Frankfurter Bank zur Berliner Handels- und Frankfurter Bank AG (BHF-Bank) fusionierte. Die Braunschweig-Hannoversche Hypothekenbank, an der unter anderem die Berliner Bank AG, die Norddeutsche Landesbank und die Bank für Gemeinwirtschaft beteiligt waren, eröffnete 1979 am Essener Pferdemarkt ein Büro, um von dort aus Kunden im Ruhrgebiet und am Niederrhein zu betreuen. Die Finanzierung von kommunalen Wohnbauprojekten, aber auch gewerbliche Bauvorhaben gehörten zum Kern des Geschäfts.

Ein ganz anderes Kaliber hatte jedoch die Hypothekenbank in Essen AG (EssenHyp). Sie wurde im Januar 1987 mit einer Grundausstattung von 50 Millionen DM Eigenkapital von dem Wiesbadener Rechtsanwalt und Bankmanager Dr. Wolfgang Schuppli gegründet, der den Aufsichtsratsvorsitz übernahm. Stellvertreter wurde Dr. Ulf Siebel, der Vorsitzende der Geschäftsführung der Arab Banking Corporation Daus & Co. GmbH in Frankfurt. Der Vorstand – Manfred Bendig und Hubert Schulte-Kemper – war für das operative Geschäft zuständig. Die anfangs kleine Bank mit nur diesen vier Mitarbeitern betätigte sich wesentlich im Kommunaldarlehensgeschäft. Der Vorgang war ein Paukenschlag, denn es war die erste Neugründung einer Hypothekenbank seit einem Vierteljahrhundert. Der Anteil der Althausbeleihungen betrug über 50 Prozent, refinanziert durch eigene Pfandbriefe und Kommunalobligationen, die an der Börse in Düsseldorf gehandelt wurden.[150] Die EssenHyp erhöhte ihr Grundkapital schon im ersten Jahr ihres Bestehens auf 70 Millionen DM und wies eine Bilanzsumme von 2,1 Milliarden DM aus. 1989 erfolgte der erste Spatenstich für ein eigenes Verwaltungsgebäude in der Gildehofstraße, mit dem die Ent-

Auch die Sparkasse Essen warb mit den staatlichen Prämien, die in den 1970er-Jahren wie aus dem Füllhorn ausgeschüttet zu werden schienen.

scheidung für den Standort Essen bekräftigt wurde.[151] Im Jahr des Mauer-falls verzeichnete sie eine Bilanzsumme von vier Milliarden DM. Der Dar-lehensbestand belief sich inzwischen auf fast sieben Milliarden DM. Im gleichen Jahr wurden Geschäftsstellen in Frankfurt am Main und Ham-burg errichtet. 1990 beschäftigte sie 69 Mitarbeiter und eröffnete für das Immobiliengeschäft in den neuen Bundesländern Repräsentanzen in Leip-zig, Dresden und Erfurt. Hierfür beteiligte sich die EssenHyp 1991 auch an der Hypothekenbank in Berlin AG. In Vorbereitung auf den gemein-samen europäischen Binnenmarkt folgte eine Repräsentanz in Luxemburg. Trotz schwächelnder Konjunktur gerade auf dem Immobilienmarkt er-höhte sich der Bestand an Kommunaldarlehen auf fast zehn Milliarden DM. Das Schwergewicht des Neugeschäfts mit Hypothekendarlehen lag mit 86 Prozent eindeutig bei gewerblichen Objekten. Neben der Zentrale in Essen und der Zweigniederlassung in Berlin zählte sie 1992 zehn weitere Geschäftsstellen und Repräsentanzen – bei einer Bilanzsumme von rund 17 Milliarden DM.[152] 1997 wurde ein zweites Bankgebäude an der Gildehof-straße errichtet.

1994 beteiligte sich die Commerzbank mit 51 Prozent an der EssenHyp, weil man durch die Kapitalmehrheit örtliche Synergieeffekte erwartete, wie ein Essener Commerzbank-Direktor vorhersagte: «Wir werden uns sehr gut ergänzen.»[153] Vier Jahre später betrug die Bilanzsumme der EssenHyp bereits 89 Milliarden DM. Das Neugeschäft erreichte mit 38,7 Milliarden DM einen neuen Rekord, mit 114 Mitarbeitern war auch hier ein Höchststand erreicht. Zur Refinanzierung des Aktivgeschäfts wurden Schuldverschreibungen in Höhe von fast 30 Milliarden DM ausgegeben. Standard & Poor's sowie Moody bewerteten die internationalen Pfandbriefe der Bank mit dem Triple-A-Rating.[154]

Die EssenHyp war im Jahr 2003, gemessen an der Bilanzsumme von 74 Milliarden Euro, das größte Kreditinstitut Essens und stand bundesweit an 22. Stelle, weit vor der Sparkasse Essen, die mit ihrer Bilanzsumme von 7,7 Milliarden Euro bundesweit nur auf Platz 86 kam. Die Mitarbeiter genossen an der sogenannten EssenHyp University sogar einen permanenten Fremdsprachenunterricht, um sie für die Auslandsgeschäfte fit zu machen. Das Kreditinstitut, einer der größten Gewerbesteuerzahler der Stadt mit jährlichen Zahlungen im zweistelligen Millionenbereich, galt nun erst recht als «Vorzeige-Kind des Reviers».[155]

2006 stieg die Bilanzsumme auf 102 Milliarden Euro; allerdings sank zum ersten Mal seit der Gründung der Jahresüberschuss auf knapp 96 Millionen Euro – ein ominöses Zeichen. Im Zuge der Finanzkrise kamen Gerüchte über schlechte Zahlen auf. Als Schulte-Kemper im März 2007 bei der Präsentation der Jahresbilanz seinen Abschied als Vorstandsvorsitzender ankündigte, wirkten die Zahlen von rund 20 Jahren EssenHyp beeindruckend: Insgesamt waren 270 Milliarden Euro an Krediten ausgegeben und 317 Milliarden Euro als Geldanlagen getätigt worden. Unter dem Strich stand ein Gewinn von insgesamt 1,3 Milliarden Euro. Dennoch wurde von einer möglichen Übernahme durch die Commerzbank gesprochen, die diese aber zu diesem Zeitpunkt noch heftig dementierte. Schulte-Kemper gab zu, dass es ihm schwerfalle, der ständig steigenden Zahl der Bankprodukte noch zu folgen: «Ich vergleiche mich da mit einem Auto: Das Chassis ist gut in Schuss, aber es stehen trotzdem 300 000 Kilometer auf dem Tacho.»[156]

Im Herbst 2007 war offensichtlich geworden, dass sich die EssenHyp mit ihrer Bilanzsumme von inzwischen rund 93 Milliarden Euro in einer dramatisch schlechten Lage befand. In der Branche kursierten Vermutungen, dass sich die Bank «ihre sagenhaften Gewinne mit hochspekulativen Zinswetten verdient» habe. Nicht nur lang laufende und schlecht bewertete Staatsanleihen standen in den Büchern. Die Bank hatte auch kräftig am

Zinsrad gedreht, um höhere Renditen zu erhalten. Davon wusste offenbar auch die Commerzbank.[157] Statt von einer «Perle der Commerzbank-Gruppe» war inzwischen von einer «maroden Zockerbude» die Rede, die von der Commerzbank gerettet werden müsse.[158]

Seit November 2007 wurden die Geschäfts- und Risikostrategien der EssenHyp überprüft, anschließend umgestellt und notwendige Anlageberichtigungen vorgenommen. Schulte-Kemper musste «aus Altersgründen»[159] den Hut nehmen. Die Commerzbank-Gruppe übernahm jetzt die EssenHyp durch den Erwerb des von der Dr. Schuppli-Gruppe gehaltenen 49-prozentigen Anteils und konzentrierte das Geschäft unter dem für die Staatsfinanzierung zuständigen Vorstandsmitglied Michael Reuther in Frankfurt. Der Übergang an die Commerzbank erfolgte technisch rückwirkend zum 1. Januar 2008 durch die Verschmelzung der EssenHyp mit der in Eschborn ansässigen Commerzbank-Tochter Eurohypo AG, die auf dem Papier eine imposante Bilanzsumme von rund 218 Milliarden Euro aufweisen konnte. Durch die Übernahme wurden die Aktivitäten der EssenHyp am Standort Essen zum Sommer 2008 aufgegeben, obwohl Reuther beteuerte, auch eine Essener Lösung geprüft zu haben. Für den Standort war die Entwicklung ein schwerer Schlag. «Die Party ist vorbei», titelte die *Neue Ruhr Zeitung*.[160] Die nordrhein-westfälische Wirtschaftsministerin erfuhr erst kurzfristig, Anfang Februar 2008, von der Entwicklung. Gleiches gilt für den Oberbürgermeister Wolfgang Reiniger, der telefonisch über die Entscheidung der Commerzbank informiert wurde und sie bitter kommentierte: «Einmal mehr ist zu beklagen, wie Unternehmen Standortentscheidungen treffen. Wir hatten null Chancen, auf die Entscheidung Einfluss zu nehmen. Eine Bündelung des Staatsfinanzierungsgeschäftes, wie sie die Commerzbank anstrebt, hätte auch hier in Essen stattfinden können. Hierüber hätten wir gern, auch unter Beteiligung der Landesregierung, mit dem Unternehmen gesprochen. So erfahren Stadt und Region eine Schwächung, die hätte vermieden werden können.»[161] Auch die Essener Wirtschaftsförderungsgesellschaft (EWG) sprach von einem «dramatischen Rückschlag», denn die EssenHyp habe «den Namen Essen in die weite Welt getragen».[162] Reuther übte sich in Schadensbegrenzung: «Wir werden nicht den Schlüssel abziehen und sagen: Das war's.» Den knapp über 200 Mitarbeitern wurden Positionen in der Commerzbank-Gruppe im Rhein-Main-Gebiet, der EuroHypo-Zentrale in Eschborn sowie anderen Standorten in Nordrhein-Westfalen angeboten.

Die EssenHyp war zwar nicht im US-Subprime-Segment engagiert gewesen und hatte auch keine Liquiditäts- oder Kreditlinien für die umstrittenen Conduits zur Verfügung gestellt, das änderte aber nichts an der desolaten

Lage. Die Eurohypo AG hatte für die EssenHyp jedoch eine Patronatserklärung abgegeben, die sie in eine denkbar schlechte Verhandlungsposition gebracht hatte. Sie hatte die Schuppli-Anteile teuer erwerben müssen und stand nun vor der Aufgabe, die EssenHyp grundlegend sanieren zu müssen. Wie in der Immobilienfinanzierung sollte das weltweite Geschäft im Mittelpunkt der Strategie stehen, zumal mehr als die Hälfte der Neuzusagen in der Staatsfinanzierung aus Ländern außerhalb Deutschlands kamen und sich die Eurohypo AG auf diesen Trend einstellte. Die Eurohypo AG war für die Commerzbank – die selbst bereits ein Sorgenkind der Branche war – in den turbulenten Zeiten der Finanzkrise noch mehr als zuvor eine Belastung. Seit 2012 wurde sie weitgehend aufgespalten bzw. abgewickelt.

Hubert Schulte-Kemper gründete 2012 gemeinsam mit anderen Ex-Managern und Weggefährten die Beratungsgesellschaft Fakt AG, deren Geschäftsaktivitäten auf europaweite Büro- und Wohnimmobilienprojekte sowie den inhabergeführten Mittelstand zielen. Zur Unternehmensgruppe gehören mehrere unternehmerisch selbstständige Tochtergesellschaften, die sich u. a. den Feldern Financial Services, Real Estate und dem Großprojekt «Ruhrturm» widmen, der 1972 erbauten ehemaligen Konzernzentrale der Ruhrgas AG. Diese wurde 2011 an die Fakt AG verkauft, als die Ruhrgas AG in den E. ON-Konzern übernommen wurde und die E. ON-Zentrale einen neu erbauten Hauptsitz bekam. Dort unterhält die Fakt AG ein 137-Zimmer-Hotel, ein Konferenz- und Veranstaltungszentrum sowie Büroräume.

Im harten Geschäft um wohlhabende Kunden mischt inzwischen auch die Münchener Privatbank Merck Finck & Co. mit. Sie hat seit 2008 eine Niederlassung in Essen – in einer kleinen und repräsentativen ehemaligen Fabrikantenvilla in der Bismarckstraße. Dafür gab die Privatbank ihren Standort Bochum im Frühjahr 2013 auf.

Die heute im Besitz der französischen Privatbank Oddo & Cie. befindliche BHF Bank, deren Kunden betuchte Privatleute sowie mittlere und große Unternehmen sind, unterhält seit 2010 eine Niederlassung in Essen, weil die Region aufgrund ihrer industriellen Struktur als vielversprechend eingeschätzt wird.[163] Mit der Ankunft der BHF-Bank in Essen fand die dortige turbulente Zeit der Weber Bank wieder ein Ende. Diese 1949 in Berlin gegründete Bank war 2005 an die WestLB verkauft worden. Sie war dann zwar nach Nordrhein-Westfalen expandiert und hatte Niederlassungen in Düsseldorf, Essen und Bielefeld eröffnet, aber im Strudel der WestLB-Krise offenbar nicht in gewünschtem Umfang gutbetuchte Klienten gewinnen können. Die Bank wurde 2009 von der Mittelbrandenburgischen Sparkasse übernommen, und die Standorte in Nordrhein-Westfalen wurden wieder geschlossen.

Das sechsköpfige Private-Wealth-Management-Team wurde 2010 von der BHF-Bank übernommen. Seit 2017 firmiert die Bank als Oddo BHF AG.

Die Sparkasse Essen nach 1945

Die Sparkasse Essen im Aufwind

Die Sparkassen in der britischen Zone verwalteten nach Kriegsende schon allein aufgrund ihres nach wie vor umfassenden Netzes von Hauptstellen, Hauptzweigstellen, Nebenzweigstellen und Annahmestellen mehr Kundeneinlagen (Spargelder, Giroeinlagen und Depositen) als alle anderen Kreditinstitute zusammen.[164] Für sie galt zunächst weiterhin die preußische Sparkassenordnung aus dem Jahr 1934. Erst 1948 wurde eine neue Satzung verabschiedet, mit der die Weiterentwicklung in «moderne, marktorientierte und wettbewerbsfähige» Institute erreicht werden sollte.[165] Die Oberbürgermeister bzw. Bürgermeister waren in der Regel auch Vorsitzende des Verwaltungsrats der Sparkasse bzw. Vorstandsmitglieder und gewissermaßen qua Amt daran interessiert, Sparkassengewinne ihrer Kommune zukommen zu lassen. In Essen, wo die Sparkasse rund zwei Wochen nach Kriegsende ihre Geschäfte wieder aufnahm, wenn auch zunächst nur im beschränkten Rahmen,[166] war dies nicht anders.

Die Sparkasse Essen begann nach Kriegsende mit zunächst nur noch 300 Mitarbeitern. In der «Trümmergesellschaft» wirkten ihre Prinzipien besonders attraktiv: gleichsam im öffentlichen Auftrag eine günstige Kreditversorgung für die gesellschaftlich Schwächeren sicherzustellen, den «Sparsinn» in der Bevölkerung durch angemessene und sichere Verzinsung der angelegten Gelder zu fördern und gleichsam als «Hausbank» der Kommunen zu dienen. Ein weiterer Umstand kam ihnen ebenfalls zugute: Die Architekten der Sozialen Marktwirtschaft förderten bewusst kleinere Banken und achteten darauf, diesen eine angemessene Kapitalisierung zu ermöglichen. Für sie bildeten öffentlich-rechtliche Kreditinstitute wie die Sparkassen «eine Möglichkeit, korrigierend in den Wirtschaftsprozess einzugreifen, ohne auf das Mittel der Verstaatlichung oder Zerschlagung von Banken zurückgreifen zu müssen».[167] Die Renaissance des Geschäfts begann in der Regel mit bescheidenen Umsätzen und minimalen Bilanzvolumen. Der Schwund an Spareinlagen, die ja in der Regel langfristig gebundene Mittel waren, bereitete besonderes Kopfzerbrechen.[168] Bei der Essener Sparkasse hob nach der Währungsreform die Hälfte der Kunden ihre Restsparguthaben bereits bis Dezember 1948 wieder ab. Langfristig zählte die Sparkasse Essen bei den Spareinlagen aber zu den Gewinnern. Ihre Bilanzsumme betrug Ende 1952, als das erste Mal nach Kriegsende wieder valide Zahlen vorgelegt wurden, fast 140 Millionen DM; auch die Mitarbeiterzahl war wieder auf 380 gestiegen. Ein wichtiger Grund lag zweifellos in der «gehobenen Lohnstruktur der Montanindustrie», während Sparkassen in den ländlichen Gebieten weniger finanzkräftige Kundschaft hatten.[169] Der Steinkohlenbergbau erwies sich in den folgenden Jahren geradezu als Geldmaschine: Die Zahl der in Essen beschäftigten Grubenarbeiter und -angestellten wuchs bis Mitte der 1950er-Jahre auf 50 000 – mehr als in den Jahren vor Ausbruch des Zweiten Weltkrieges.[170] Diese Arbeiter brachten ihr Geld vor allem zur Sparkasse Essen: Gemessen an der Bevölkerungszahl hatte 1952 jeder dritte Einwohner Essens ein Konto bei der örtlichen Sparkasse.[171] In Anknüpfung an bewährte Sparmodelle wurden Sondersparformen eingeführt: das Versicherungssparen (1952), das Reisesparen (1953), das Heiratssparen (1954) und das Junghandwerkersparen (1954). Der 1949 eingeführte Weltspartag bot zudem einen jährlichen Anlass, auf die Vorteile des Ansparens zu verweisen. Immer noch en vogue war das Schulsparen, ein Feld, auf dem die Sparkasse fast konkurrenzlos war und das zahlreiche junge Kunden schon früh an das Institut band. Auf den für 180 Essener Schulen geführten rund 25 000 Konten wurden im Jahr 1962 etwa 1,8 Millionen DM eingezahlt. Auch das sog. Klubsparen kam in Mode. Die von der Sparkasse Essen betreuten Sparklubs legten 1961 rund 1,6 Millionen DM auf die hohe Kante.[172]

Die bei der Sparkasse Essen gesammelten Spareinlagen wuchsen allein in den zehn Jahren von 1951 bis 1961 von 35 auf 472 Millionen DM.[173] Als 1954 letztmalig steuerfreie Sparkonten eröffnet und die Gelder zu günstigen Bedingungen angelegt werden konnten, löste dies einen regelrechten Run aus. Allerdings darf nicht vergessen werden, dass die Konten weniger prall gefüllt waren als anderswo. Noch 1987 betrug das durchschnittliche Sparguthaben der Essener Sparkassen 5646 DM, rund 150 DM weniger, als der durchschnittliche Bundesbürger auf der «hohen Kante» hatte,[174] eine strukturelle Besonderheit, die selbst heute noch spürbar ist.

1959 verkündete der Vorstand der Sparkasse Essen bei einer Bilanzsumme von inzwischen 635 Millionen DM «das beste Jahr» seit der Währungsreform. Der Boom führte zu zahlreichen Neueinstellungen. Allein im Gebiet der rheinischen Sparkassen verdoppelte sich zwischen 1949 und 1957 die Zahl der Beschäftigten von 6000 auf knapp über 12 000.[175] Die nordrhein-westfälischen Sparkassen unterlagen durch das «Gesetz über die Sparkassen sowie über die Girozentralen und Sparkassen- und Giroverbände» vom Januar 1958 einer besonderen Ordnung. Sie fungierten als von Gemeinden und Gemeindeverbänden getragene gemeinnützige, selbstständige öffentlich-rechtliche Anstalten, die gemäß ihrem gesetzlichen Auftrag «der örtlichen Kreditversorgung, insbesondere des Mittelstandes und der wirtschaftlich schwächeren Bevölkerungsschichten» zu dienen hatten. Durch die Trennung von Geschäftsführung und Überwachungsorganen wurden zentrale Elemente der Aktiengesellschaften auf die Sparkassen übertragen, die sich dadurch zu selbstständigeren Unternehmen entwickelten, ohne ihren Status als kommunale Einrichtungen zu verlieren.[176] Infolge der Vorschriften gab sich die Sparkasse Essen im April 1958 eine neue Satzung.[177]

Eine wichtige Rolle spielten neue Sparmodelle. Im Mai 1959 wurde das Sparprämiengesetz verabschiedet, das die vermögenswirksamen Leistungen gesetzlich verankerte und durch gestaffelte Beträge Festgeldkontoninhaber prämierte. Besonders die einkommensschwächeren Schichten machten das Prämiensparen zum großen Erfolg, von dem die Sparkasse Essen, die inzwischen 264 000 Konten verwaltete, besonders profitierte. Die neue Sparform war zwar nicht amtlich verordnet, wurde aber stark beworben. Allein von 1960 auf 1961 stiegen die Einlagen für das Prämiensparen von 12,2 Millionen DM auf 22 Millionen DM – damit entfiel rund ein Fünftel des gesamten Spareinlagenzuwachses auf das Prämiensparen. Zwei Vermögensbildungsgesetze vom Juli 1961 und Juli 1965, mit denen ebenfalls die Sparfähigkeit der Arbeitnehmer angeregt werden sollte, verstärkten diese Entwicklung noch. Bis zu 312 DM jährlich konnten fortan ohne Lohnsteuerabzüge bzw. Sozialabgaben angelegt werden. In die gleiche Richtung wirkte ein weiteres Vermögensbildungsgesetz aus dem Jahr 1970, das den Sparbetrag auf 624 DM erhöhte und einige Einschränkungen der Steuer- und Abgabenfreiheit beseitigte. Entsprechend purzelten die Bilanzsummen- und Umsatzrekorde von Jahr zu Jahr. Die Zahl der Sparkonten bei der Sparkasse erhöhte sich im Jahr 1961 auf rund 309 000; der Einlagenbestand machte etwa 536 Millionen DM aus. Die WAZ rechnete vor: «Umgerechnet auf den Kopf der Essener Bürgerschaft ergibt das ein durchschnittliches Sparguthaben von 730 DM. Ein Jahr zuvor waren es erst 647 DM. Theoretisch hat also jeder Essener, ob er nun Kunde bei der Stadtsparkasse ist oder nicht, 83 DM gespart. In jedem Sparbuch der Stadtsparkasse war Ende des Jahres ein Durchschnittsguthaben von 1733 DM verzeichnet. Ein Jahr zuvor waren es 1646 DM.»[178]

Prämiensparen: In den 1960er-Jahren wurde mit zunehmendem Wohlstand auch die Werbung offensiver: Hier bietet die Deutsche Bank Prämien von üppigen 20 Prozent.

Bis 1958 war Kreditinstituten vor der Neueröffnung einer Zweigstelle eine gesetzliche Bedürfnisprüfung vorgeschrieben, was ein erneutes «Overbanking» – dieser englische Begriff kam nach dem Zweiten Weltkrieg in Mode – und die Errichtung von Zweigstellen aus reinen Prestigegründen verhindern sollte. Diese Vorschrift aus dem Jahr 1934 kam den Banken allerdings wie ein Hemmschuh vor. Sie wurde vom Bundesverfassungsgericht mit dem «Apothekerurteil», benannt nach einem Kläger, der sich gegen eine entsprechende Vorschrift auf dem Apothekengebiet gewandt hatte, im Jahr 1958 für grundgesetzwidrig erklärt. Neue Geschäftsstellen bedurften zwar noch einer Konzession der Bankenaufsicht, aber dies war eine reine «Formsache».[179] Die Liberalisierung leitete bei den Banken eine Zweigstellenexpansion bislang ungeahnten Ausmaßes ein. Allein zwischen 1967 und 1977 stieg die Zahl der Bankfilialen von 26 000 auf 38 000.

Diese Tendenz ließ sich besonders bei der Sparkasse Essen beobachten, die ohnehin über das größte Filialnetz aller Essener Kreditinstitute verfügte. Bis dahin ging es hauptsächlich um die Renovierung und Erweiterung

bestehender Filialen. Hierzu zählte unter anderem die Filiale in Rüttenscheid, die bereits 1905 im Zuge der Auflösung der dortigen Bürgermeisterei
zur Sparkasse Essen gekommen war. Sie bezog auf dem sparkasseneigenen
Rathausgelände 1955 ein neues Gebäude.[180] Bedeutender war jedoch der erwähnte Wegfall der Bedürfnisprüfung. Allein in den fünf Jahren nach dem
Befreiungsschlag von 1958 wuchs das Netz der Sparkasse Essen um weitere
15 Betriebsstellen. 1962 zählte die Sparkasse Essen neben der Zentrale in der
Rathenaustraße 33 Haupt- und drei Nebenzweigstellen. Die Zahl der Mitarbeiter wuchs von 363 im Jahr der Währungsreform 1948 auf 1437 im Jahr
1974. Von der Sparkassennovelle von 1970 im Zuge der kommunalen Neu-
gliederungen war Essen kaum betroffen. Zwar wurden jetzt zahlreiche
Sparkassen miteinander vereinigt, um Überschneidungen als Folge der
Eingemeindungen zu vermeiden, wodurch allein im Rheinland die Zahl der
Sparkassen von 82 im Jahr 1974 auf 62 im Jahr 1981 sank.[181] Im Zuge dieser
kommunalen Neuordnung kam die Zweigstelle Burgaltendorf, die zuvor
der Sparkasse Hattingen-Ruhr zugeordnet gewesen war, 1970 zur Sparkasse
Essen. 1976 wurde nach der Eingemeindung von Kettwig die dortige Stadtsparkasse übernommen.[182] Die ohnehin beachtliche Zahl der Zweigstellen
blieb weitgehend konstant.

1964 überstieg die Bilanzsumme erstmals die Grenze von 1 Milliarde
DM, vier Jahre später waren 1,5 Milliarden DM erreicht[183] und 1975 betrug
diese bereits 3 Milliarden DM.[184] Die Spareinlagen betrugen 2,2 Milliarden DM, «das beste Sparergebnis der letzten Jahrzehnte», wie die Sparkasse
stolz hervorhob.[185] Dies hatte wesentlich damit zu tun, dass sich die Spar-
quote in der Bundesrepublik aus dem niedrigen einstelligen Bereich in den
1950er-Jahren bis auf über 13 Prozent in den 1980er-Jahren erhöhte. Zur
positiven Geschäftsentwicklung trug die Popularisierung neuer Formen
der Geldanlage bei.

Nach der großen Welle der «Volksaktien», die an anderer Stelle beschrieben wird, folgte mit dem sogenannten Sparbrief eine neue Geschäfts-
idee. Seit 1968 bot die Sparkasse Essen «Sparkassenbriefe» an, festverzinsliche, auf vier Jahre festgelegte und beiderseitig unkündbare Papiere. Sie
ergänzten die herkömmlichen Sparformen und wurden von den Kunden
schnell angenommen. Seit 1971 wurden zudem Sparkassenobligationen auf
den Markt gebracht – Sparformen, die andere Kreditinstitute allerdings
schon zuvor im Angebot hatten. Die Sparkassen folgten eher zögerlich und
aus Angst vor der Konkurrenz, die vor allem den wohlhabenden Kunden
ertragreichere Formen des Sparens anbot. Ende der 1970er-Jahre wurden, in
einer Phase hoher Zinsen, mit dem Zertifikatsparen und dem «S-Vermö-

genssparen» neue Anlageformen angeboten, die eine Alternative zu den Wertpapieren bilden sollten. Seit 1986 kamen Inhaberschuldverschreibungen auf den Markt, die ebenfalls diesem Zweck dienten. Die traditionellen Kleinsparformen wurden dagegen immer mehr zu Nischenangeboten: Schul-, Vereins- und Club-Sparen sowie die in der Wirtschaftswunderzeit eingeführten Sondersparformen wie das Reise-, Heirats- und Junghandwerkersparen wurden lediglich noch im Rahmen des öffentlichen Auftrags der Sparförderung weitergeführt.[186]

Die Sparkasse Essen stand bei der prozentualen Verteilung der Spareinlagen unter den rheinischen Sparkassen mit rund 80 Prozent im Jahr 1981 ganz vorn, während sich «Newcomer» wie Sparkassenbriefe und Sparkassenobligationen in Essen weniger gut an den Mann bringen ließen. Über die Gründe für diese unterschiedlichen Gewichtungen kann nur spekuliert werden. Sie sind «wohl zum großen Teil auf den unterschiedlich stark ausgeprägten Willen der einzelnen Geschäftsführungen zurückzuführen [...], die neuen Instrumente beim Publikum unterzubringen».[187]

Seit den 1960er-Jahren wurden die Sparkassenkunden mit dem Wertpapiergeschäft vertraut gemacht, eine allgemeine Tendenz im Rahmen der Ausweitung der bisherigen Geschäftsfelder. Dieser Markt war lange Zeit ein «Sorgenkind» der Sparkassen gewesen, weil der Bestand an Ausgleichsforderungen aus früherem Wertpapierbesitz den Handlungsspielraum beschränkt hatte und sich die Sparkassen wesentlich auf solche Wertpapiere konzentrierten, die von der Rheinischen Girozentrale und Provinzialbank emittiert wurden.[188] Dies änderte sich nun signifikant. Allein im Jahr 1968 machte die Sparte Wertpapiergeschäft gegenüber dem Vorjahr einen Sprung um 50 Prozent.[189]

Die Verwaltungszentrale der Sparkasse Essen platzte inzwischen aus allen Nähten. Sie steuerte 1975 bereits 69 Niederlassungen und Filialen. Das schnelle und unorganische Wachstum bescherte aber nicht nur räumliche Probleme. Gemäß der traditionellen organisatorischen Gliederung nach einzelnen Sparten fanden Kundenberatung und Abwicklung der Kassengeschäfte an den Annahmetheken der jeweiligen Abteilung – Spar-, Giro-, Kreditabteilung, Anlageberatung usw. – statt. Dadurch verzögerten sich Routinegeschäft und Beratungstätigkeit. Seit mehreren Jahren war daher an einen Neubau der Verwaltungszentrale gedacht worden. Im Frühjahr 1975 zog die Hauptverwaltung mit ihren 550 Mitarbeitern von der Rathenaustraße, wo man seit 1930 residiert hatte, in den III. Hagen um. Das 15 Geschosse umfassende und 55 Meter hohe Gebäude verfügte über eine zweistöckige Kassenhalle, ein künstlerisch ausgestattetes Foyer und einen

Über Geschmack wurde schon immer gestritten: Der Neubau der Sparkasse Essen 1975.

großzügigen Sitzungssaal. Für die Kunden gab es jetzt einen damals noch nicht üblichen «Schnellbedienungsbereich» für Geschäfte, die weniger beratungsintensiv waren.[190] Das alte Sparkassengebäude hatte Essen architektonisch bereichert, was man von der neuen Zentrale nicht behaupten konnte. Sie war, wie andere Nachkriegsbauten der Sparkassen, ein nüchterner Zweckbau, dem jede Anmut und Charme fehlten. Es war durchaus bezeichnend, dass Bundeskanzler Helmut Schmidt, dem das gerade neu gebaute Bundeskanzleramt in Bonn nicht gefiel, hierfür den Vergleich fand, es erinnere ihn an ein Verwaltungsgebäude des Giro- und Sparkassenverbandes.[191]

Ebenso wichtig war die Reform des Kreditwesengesetzes aus dem Jahr 1961, denn nun wurden für die Sparkassen Beschränkungen aufgehoben, die infolge der Weltwirtschaftskrise erlassen worden waren und Hypothekengeschäfte sowie die Vergabe von Kommunalkrediten wesentlich erschwert hatten. Fortan galten für alle Kreditinstitute einheitliche Liquiditätsvorschriften. Zusammen mit dem Persönlichen Kleinkredit (PKK) und Mittelstandskrediten, die bis zur Höhe von einer Million DM vergeben wurden, bot die Sparkasse Essen inzwischen Dienste mit einer Bandbreite an, die sie zu einer Universalbank werden ließen, was bei den Mitbewerbern seit den 1960er-Jahren böses Blut hervorrief. Der damalige Präsident des Deutschen Sparkassen- und Giroverbands, Ludwig Poullain, gab 1968 die Marschrichtung vor: Man habe zwar nicht den Ehrgeiz, eine Bank zu werden, aber: «Wir haben uns zu modernisieren, und so ist jenes Schlagwort ‹Opas Sparkasse ist tot› falsch, weil sie lebt. Sie ist quicklebendig, nur hat sie einige Modernisierungen hingenommen. Sie hat zum Beispiel Computer und bessere Eingangstüren. Sie hat freundliche Mädchen statt mit Stulpen versehene Schreiber an Stehpulten. Sie wird sich weiterhin einer modernen Entwicklung anpassen, ohne ihren Grundauftrag zu verleugnen.»[192] Immer offensiver warfen die Privatbanken den Sparkassen eine Wettbewerbsverzerrung vor, da sie ihrer Meinung nach von ungerechtfertigten Privilegien profitierten und den Status als Anstalt des öffentlichen Rechts ausnutzten, um unter Berufung auf den öffentlichen Auftrag Geschäfte zu machen und dafür weniger Steuern zu zahlen. Der Gesetzgeber bestätigte zwar bei der Vorlage einer seit mehreren Jahren vorbereiteten Untersuchung über die Wettbewerbsverschiebungen im Kreditgewerbe im Jahr 1968 den Sparkassen ihren Status als Anstalten öffentlichen Rechts, beseitigte aber weitgehend ihre steuerliche Bevorzugung.[193]

Die Sparkasse Essen und die Girozentrale – Symbiose oder Konkurrenz?

Mancher öffentlich geäußerte Missmut über die Sparkassenexpansion hatte mit der Entwicklung ihrer Dachorganisation zu tun. Die Institute im dreistufig organisierten Sparkassensektor – Girozentralen, Landesbanken und Sparkassen – expandierten kontinuierlich.[194] Die 1950 gegründete Deutsche Girozentrale als Garant des überörtlichen Zahlungsverkehrs der Sparkassen und die Bank für Gemeinwirtschaft gehören zu den bekanntesten Beispielen für diese «ungeliebte Verwandtschaft» im Bankensektor, die den anderen Banken Geschäftsfelder streitig machten.[195] Die Sparkasse Essen zeigt dies anschaulich, im Übrigen auch die Tendenz, sich auf den mittelständischen Kredit,[196] die Finanzierung der Großindustrie an Rhein und Ruhr sowie das Wertpapiergeschäft auszudehnen und damit in Konkurrenz zu den privaten Geschäftsbanken zu treten. Am 30. Oktober 1962 eröffnete die in Düsseldorf ansässige Rheinische Girozentrale und Provinzialbank als Spitzeninstitut der nordrhein-westfälischen Sparkassen im III. Hagen eine eigene Essener Niederlassung, die an die Tradition der früheren Landesbank anknüpfte.[197] Die Rheinische Girozentrale agierte als

Gemeinschaftsunternehmen des Landes Nordrhein-Westfalen, des Landschaftsverbands Rheinland und des Rheinischen Sparkassen- und Giroverbands. Das Schwergewicht lag bei Großkrediten für die öffentlichen Körperschaften zu Wiederaufbauzwecken in einer Größenordnung ab einer Million DM.[198] Mit diesen Volumina wurden vor allem die Landesbanken auf lange Sicht zum Konkurrenten von Deutscher Bank, Dresdner Bank, Commerzbank, National-Bank und Burkhardt & Co.

Die Sparkassen, die sich aus den Fängen der Regional- und Kommunalpolitik befreien wollten, profitierten im symbiotischen Verhältnis von den hinter ihnen stehenden Verbänden und Geldzentralen, die das in der prosperierenden Bundesrepublik in Hülle und Fülle zur Verfügung stehende Geld anlegten: Von den 13 bundesdeutschen Girozentralen hatten zehn im Jahr 1971 bereits eine Bilanzsumme von über fünf Milliarden DM.[199] Sie wollten den örtlichen Sparkassen das lokale Kreditgeschäft überlassen, jedoch regionale und überregionale Kredite selbst abwickeln.

Als 1969 die Westdeutsche Landesbank Girozentrale (WestLB) aus der Taufe gehoben wurde – das Kind einer Zusammenlegung der Rheinischen Girozentrale in Düsseldorf mit der Landesbank für Westfalen –,[200] war das neue Institut, gemessen an der Bilanzsumme, die größte westdeutsche und neuntgrößte europäische Bank.[201] Die WestLB, zu je einem Drittel vom Land Nordrhein-Westfalen und den beiden Sparkassenverbänden sowie den Landschaftsverbänden Rheinland und Westfalen-Lippe getragen und finanziert, soll jedoch an dieser Stelle nicht nur wegen ihrer erstaunlichen Dimensionen behandelt werden, sondern weil sie neben ihren Hauptsitzen in Düsseldorf und Münster auch in Essen eine Filiale unterhielt – in Fortsetzung der Arbeit der Niederlassung der Rheinischen Girozentrale und Provinzialbank, nun aber mit größerer Potenz und vor allem mit größerem Selbstbewusstsein. Die Niederlassung Essen der WestLB bezog 1978 ein Gebäude im III. Hagen. Das neue Institut unter seinem Vorstandsvorsitzenden Ludwig Poullain verstand sich vollmundig als Universalbank und wurde «gezielt zu einer Konkurrentin der Deutschen Bank aufgebaut».[202] Poullain beschrieb siegesgewiss seine Strategie: «Gerade die frisch aus der Retorte gestiegene Westdeutsche Landesbank, tatendurstig und wagemutig, weil hungrig und jung, von der Politik damals eher ermuntert als gehindert, musste den Wettbewerb suchen.»[203]

Die WestLB steigerte, obwohl sie prinzipiell kapitalschwach war, in den wenigen Jahren von ihrer Gründung bis 1975 den Wert ihrer Unternehmensbeteiligungen von 15 Millionen DM auf 791 Millionen DM, vornehmlich in der regionalen Schwer- und anderen Schlüsselindustrien. Zu den

Kunden zählten Schwergewichte wie Krupp, Thyssen, Babcock Borsig, RWE, Gildemeister und Saint Gobain, die Metro und die TUI, aber auch mittelständische Unternehmen.

Die Kehrseite der Medaille war, dass diese durch Industriebeteiligungen bedingte Expansion zur «Aushöhlung der Kontroll- und Steuerungskapazitäten des Staates» beitrug und sich die WestLB «immer weiter von ihrem öffentlichen Auftrag entfernte».[204] Die Verquickung von Politik und Geschäft war ein Dauerproblem, wie der *Spiegel* in einer Titelgeschichte über Poullain und seine Seilschaften, die sich «elastisch in der Nähe der sozialliberalen Koalition bewegten», kritisch anmerkte: «Der Verzicht auf rein kaufmännische Betriebsführung ermöglichte den Eigentümern eine gelegentlich etwas exotische Personalpolitik. Vorstandsposten besetzten sie gerne mit fachlich zweitrangigem Personal, das beim Wechsel der politischen Ämter immer wieder abfiel. Als Aufpasser fungierten regionale Sparkassenfunktionäre und Abgesandte des Landes, die vom großen Bankgeschäft wenig verstanden.»[205]

Es verstand sich fast von selbst, dass sich die Geschäftsbeziehungen der WestLB zur Sparkasse Essen «besonders intensiv» gestalteten.[206] Insgesamt entwickelten sich die Sparkassen in den 1970er-Jahren unterdurchschnittlich, obwohl sie auf ihrem traditionellen Feld, also dem Sparverkehr und den Krediten an Nichtbanken, ihre Position behaupten konnten. Weil die Sparkasse Essen ihre mittelständischen Kunden nicht verlieren wollte, ging sie den Weg der WestLB mit, was ihr dadurch erleichtert wurde, dass das internationale Investmentbanking der WestLB durchaus lukrativ war. Die Einführung der computergestützten Wertpapieranalyse kurbelte auch das Wertpapierkommissionsgeschäft der Essener Sparkasse kräftig an. Die enge Verbindung bekräftigten die WestLB und einige nordrhein-westfälische Sparkassenorganisationen durch eine in den 1980er-Jahren abgeschlossene Kooperationsvereinbarung. Die Sparkassen erhielten feste Quoten an den zahlreichen Konsortien, an denen die WestLB beteiligt war. Entsprechende Bundesanleihen und Aktienemissionen wurden dadurch frei auf die Sparkassenkunden aufgeteilt.[207]

Die WestLB wurde eine mächtige «politische Bank» mit engen Beziehungen zur nordrhein-westfälischen Regierung, nicht zuletzt unter ihrem Vorsitzenden Friedel Neuber, der lange Jahre SPD-Landtagsabgeordneter gewesen war. Auf diese Weise entstand zwischen Neuber, dem Ministerpräsidenten Johannes Rau und Finanzminister Heinz Schleußer ein «machtpolitisches Dreieck», dessen Konstruktion Kritiker als «Staatskapitalismus» brandmarkten. Es besteht an dieser Stelle nicht die Möglichkeit, die Schattenseiten dieser Entwicklung nachzuzeichnen, die immer wieder zur Forderung nach Beschränkung der Geschäftstätigkeit sowie zu geänderten Governance-Strukturen führte. Durch die historisch gewachsene Gewährträgerhaftung hatte sich die öffentliche Hand verpflichtet, im Fall einer Pleite für die Verbindlichkeiten der WestLB einzustehen. Der Wegfall der Gewährträgerhaftung für Sparkassen und Landesbanken beseitigte schließlich einen Wettbewerbsvorteil gegenüber den privaten Banken und Genossenschaftsbanken und war an und für sich lange überfällig, denn die klassischen Geschäftstätigkeiten von Sparkassen, privaten Banken und Genossenschaftsbanken hatten sich im letzten Drittel des 20. Jahrhunderts zunehmend vermischt.[208] Im Jahr 2002 wurde die WestLB, die achtgrößte deutsche Bank, auf Druck der EU, die unzulässige Beihilfen bemängelte, in eine öffentliche Muttergesellschaft und eine private Tochtergesellschaft aufgespalten. Um rentabel zu werden, wurde jeder zehnte der 11 400 Arbeitsplätze gestrichen, und schon im Jahr 2002 wurden die Niederlassungen in Bielefeld und Essen geschlossen; den Mitarbeitern wurden Arbeitsplätze an anderen Standorten angeboten. Eine Sonderprüfung der BaFin stellte fest, dass die WestLB auf zahlreichen faulen Krediten, unter anderem bei einem britischen Vermieter von Fernsehgeräten, saß und sich der Verlust vorläufig auf beunruhigende 1,7 Milliarden Euro belief.

Ob sie wollte oder nicht, war die Sparkasse Essen an die WestLB gebunden, denn ihr Sparkassenverband war über die im Zuge der Aufspaltung geschaffene Landesbank NRW Miteigentümer der Problembank. Seit 2002 unterstützte sie die WestLB mit 50 Millionen Euro, in der Krise 2007/2008 mussten weitere neun Millionen Euro über einen Sparkassen-Sicherungsfonds getragen werden. Ihre Beteiligung an der Landesbank NRW begründete die Sparkasse Essen noch 2008 mit der strategischen Notwendigkeit, für Projektfinanzierungen, strukturierte Produkte, Refinanzierungen und das Beteiligungsgeschäft auf das Institut angewiesen zu sein.[209]

Auch andere Strukturelemente des Sparkassenwesens erwiesen sich als problematisch. Neben die erwähnten Debatten über die Haftung von Kommunen und Ländern als Träger von Sparkassen und Landesbanken trat seit Ende der 1980er-Jahre eine «Erosion der Ertragskraft».[210] Von der Praxis, einen angemessenen Anteil vom Gewinn dem Haushalt der Stadt Essen zuzuführen, war die Sparkasse, deren Zentrale im III. Hagen in den Jahren von 2000 bis 2002 entkernt und erweitert wurde,[211] weit entfernt. Die skandalöse Weiterentwicklung der WestLB, die sich in dubiose Geschäfte mit Tochtergesellschaften in Steuerparadiesen wie den Cayman Islands verwickelt hatte und 2005 auf Druck Brüssels rund 1,4 Milliarden Euro an das

Land Nordrhein-Westfalen zurückzahlen musste, kann an dieser Stelle ebenso wenig weiterverfolgt werden wie ihre seit 2012 erfolgende Abwicklung. Die Kosten im zweistelligen Milliardenbereich mussten von den Sparkassen und den deutschen Steuerzahlern beglichen werden. Das ehemalige Gebäude der WestLB-Niederlassung Essen wird heute von der Polizei-Inspektion Mitte genutzt.

Die Großbanken in Essen nach 1945

Die Großbanken hatten am Bankplatz Essen seit vielen Jahrzehnten gute Geschäfte gemacht. Das *Essener Tageblatt* wies in einer Sonderbeilage im Jahr 1955 mit Recht darauf hin, dass die Berliner Großbanken «in der Vergangenheit nicht um unserer schönen Augen willen Filialen nach Essen gelegt» hätten.[212] Die Rückkehr zur alten Größe erwies sich für die Essener Filialen der Großbanken allerdings nach 1945 als besonders schwierig. Deutsche Bank, Commerzbank und Dresdner Bank wurden von den Westmächten nach Kriegsende zunächst in 30 regional tätige Institute aufgeteilt, weil sie diese für den Aufstieg des Nationalsozialismus mitverantwortlich machten. Einer der für die Banken zuständigen amerikanischen Juristen, James S. Martin, war der Ansicht: «From all that we could gather in talking with German industrialists, the big-industry group in Germany regrets the Hitler period only because the Nazis lost the war. We found no evidence that the leading industrial groups had acquired a fundamental distaste for German nationalism as such.»[213] Ein britischer Bankenexperte, der mit Martin mehrmals zusammentraf, hat dessen Haltung gegenüber den Männern der deutschen Wirtschaft – sicherlich etwas pointiert – als fanatisch bezeichnet: «Americans like Martin wanted to put all of them in a room and shoot them.»[214] Aber auch den deutschen Architekten der sozialen Marktwirtschaft waren Großbanken mit ihren vermeintlichen Monopolisierungstendenzen suspekt.

Selbst als durch das «Großbankengesetz» vom März 1952 drei regionale Nachfolgeinstitute geschaffen wurden, war ihre zukünftige Entwicklung zunächst noch ungewiss. Erst mit dem Gesetz zur «Aufhebung der Niederlassungsbereiche von Kreditinstituten» aus dem Jahr 1956 und der Rezentralisierung wurden die drei Großbanken in der Bundesrepublik wiederhergestellt, allerdings ohne Beteiligung der Berliner Tochterinstitute.[215]

Diese Entwicklung stellte in mancher Hinsicht zwar die Rückkehr zur Normalität dar, aber vor dem Hintergrund eines deutlichen Strukturwandels im Kreditgewerbe ging der Anteil der Großbanken am Geschäftsvolumen in den 1950er-Jahren von 19,5 auf 11,3 Prozent zurück und sank auch in den folgenden Jahren weiter.[216] Dies spiegelte sich auch in Essen wider, wo die Großbanken einen schweren Stand hatten und tendenziell weniger stark expandierten als die Sparkasse, die Genossenschaftsbanken, Burkhardt & Co. sowie die regional tätige National-Bank, die alle eine Blüte erlebten.[217]

Der Marktanteil der privaten Großbanken ging zum Beispiel im Privatkundengeschäft bis in die 1980er-Jahre, gemessen am Bilanzvolumen, auf rund neun Prozent zurück, obwohl Deutsche Bank, Commerzbank und Dresdner Bank sich in Essen diesem Segment widmeten und ihr Filialnetz erheblich ausweiteten.[218] Erst seit den 1970er-Jahren machten Deutsche Bank, Dresdner Bank und Commerzbank wieder Boden gut. Sie wuchsen im Rahmen der zunehmenden Internationalisierung auch im Auslandsgeschäft sowie in der grenzüberschreitenden Industriefinanzierung, später zusätzlich im Investmentgeschäft, wo sie sich als Allfinanz-Konzerne gegen die Sparkassen und Genossenschaftsbanken profilierten.[219] Sie bauten zudem Beteiligungen an Hypothekenbanken aus – alles zusammengenommen eine Expansionsphase, die Kritiker immer häufiger von einer angeblichen «Allmacht» der privaten Großbanken sprechen ließ. Allen Großbanken gemeinsam war das Bestreben, ihre Geschäftsstrategie in der jeweiligen Frankfurter Zentrale zu bündeln, trotz des Lippenbekenntnisses, man solle den Niederlassungen, die sich jeweils vor Ort am besten auskannten, genügend Freiheiten lassen. Innovative Abteilungen für Presse- und Öffentlichkeitsarbeit sowie die Schaffung und Verbreitung eines einheitlichen Images ließen sich tatsächlich nur zentral bewerkstelligen. Auch andere Trends sprachen gegen größere Handlungsspielräume für Filialen. Die Großbanken, die sich seit den 1960er-Jahren zunehmend als «global player» verstanden, vollzogen den Wandel von altbackenen Händler- und Wertpapierbanken zu zeitgemäßen Allfinanz-Bankinstituten, was dezentral kaum möglich war. Die Öffnung in den arabischen Raum und der Einsatz der «Scheich-Gelder» am Kapitalmarkt eröffneten in den 1970er-Jahren weitere Chancen. Die effiziente Führung des Filialnetzes erwies sich insofern als schwierige Gratwanderung. In dem Maß, wie die Großbanken im Universalbanken-System untereinander rivalisierten, spielten ihre Essener Filialen in diesem Poker naturgemäß nur die zweite Geige. Sie konnten auch später auf die «große Politik» der Frankfurter Zentralen wenig Einfluss nehmen. Beispielsweise waren sie beim Versuch der Dresdner Bank, aus der undankbaren Rolle des ewigen Zweiten hinter der Deutschen Bank auszubrechen, nur in einer untergeordneten Weise beteiligt.

Die Deutsche Bank wirbt mit ihrer Beteiligung am industriellen Wiederaufbau des Ruhrgebiets.

Damit ist dem Gang der Dinge jedoch weit vorgegriffen worden. Zunächst soll der Blick auf die Entwicklung der einzelnen Filialen geworfen werden. Die Deutsche Bank war von den in Essen vertretenen Berliner Großbanken traditionell immer der Primus inter Pares gewesen. Die Räumlichkeiten der vergleichsweise wenig zerstörten repräsentativen Hauptniederlassung in der Lindenallee wurden nach Kriegsende zunächst vom Finanzamt Essen-Nord (das erst Mitte der 1950er-Jahre einen Neubau bezog) und der Landeszentralbank belegt.[220] Von 1950 an führte das dezentralisierte Institut den Namen Rheinisch-Westfälische Bank AG und verfügte über Depositenkassen – also Nebenstellen von Bankfilialen – in Altenessen, Borbeck, Rüttenscheid, Steele sowie am städtischen Schlachthof. Seit der Rezentralisierung im Jahr 1956 wurden die Geschäfte noch eine Weile unter dem Namen «Deutsche Bank AG West» geführt, kurz darauf wieder unter dem angestammten Namen Deutsche Bank.

Die starke Ausrichtung des Filialnetzes auf die Frankfurter Zentrale schlug sich darin nieder, dass die Zahl der westdeutschen Hauptfilialen in den 1950er-Jahren stark reduziert wurde, wodurch sich das Wirkungsfeld

Als noch dezentralisiertes Institut trat die Deutsche Bank zunächst unter dem Namen Rheinisch-Westfälische Bank auf.

der Essener Filiale vergrößerte. In der Ära von Hermann Josef Abs als Vorstandssprecher hatte die Wiederherstellung eines funktionierenden Kapitalmarkts für die deutschen Exporte eine hohe Priorität, denn für die Deutsche Bank blieben die traditionellen Schwerpunkte unverändert: neben dem Wertpapiergeschäft vor allem die Finanzierung und Außenhandelsfinanzierung industrieller Investitionen an Rhein und Ruhr. Bei zahlreichen Emissionen auf dem deutschen und internationalen Markt führte an der Deutschen Bank kein Weg vorbei, während an eine Grenzüberschreitung in Form des Aufbaus eigener Auslandsniederlassungen und an eine transnationale Bankenintegration bis in die Mitte der 1970er-Jahre noch nicht gedacht wurde.[221] Das Ruhrgebiet blieb eine Ankerregion, was sich in der aktiven Besetzung von Aufsichtsratsmandaten zeigte, wahrscheinlich am deutlichsten, als Abs 1967 im Zuge der Sanierung des Unternehmens den Aufsichtsratsvorsitz bei Friedr. Krupp übernahm.

Den Trend zur bargeldlosen Lohn- und Gehaltszahlung machte die Deutsche Bank wohl oder übel mit, obwohl sie die Einführung von Lohnkonten grundsätzlich für ein «unlukratives Geschäft» hielt.[222] Die Essener Niederlassung profitierte von der positiven Gesamtentwicklung, nicht zuletzt beim Kleinkreditgeschäft, das lange Zeit von den Teilzahlungsbanken und Sparkassen beherrscht worden war. Im Einklang mit den generellen Tendenzen des Jahrzehnts erweiterte die Hauptniederlassung unter dem Motto «Die Bank kommt zu ihren Kunden» ihr Filialnetz besonders in den Essener Geschäfts- und Wohngebieten. Im Oktober 1968 – mittlerweile war jeder achte Essener Bürger ein Kunde der Deutschen Bank – wurde in der Viehofer Straße die 17. Essener Filiale eröffnet,[223] wenige Wochen später folgte eine weitere in Frohnhausen. 1976 verwies man stolz auf die inzwischen 24 Zweigstellen im gesamten Stadtgebiet. Auch das Immobilien- und Baugeschäft florierte. 1981 verdiente die Deutsche Bank mit einem Betriebsergebnis von einer Milliarde DM bundesweit fünf Mal mehr als die Dresdner Bank und sogar 40 Mal mehr als die Commerzbank. Bei halböffentlichen Unternehmen wie der RWE und montanmitbestimmten Firmen wie Hoesch und Thyssen lief die Deutsche Bank als Branchenprimus Gewerkschaftsbanken wie der Bank für Gemeinwirtschaft bei Emissionen den Rang ab.[224]

Die Vorrangstellung der Deutschen Bank in Essen zeigte sich auch im Äußeren. Das Institut verfügte mit dem 1925 von der Essener Credit-Anstalt übernommenen Palast über das Schaustück der Essener Bankenwelt schlechthin. Mit seiner markanten Rotunde an der Ecke von Maxstraße und Lindenallee galt das Gebäude inoffiziell als «Bankvatikan». An diesem Ensemble wurden seit Kriegsende jedoch kontinuierlich Veränderungen vorgenommen, sodass allmählich der Eindruck einer Zergliederung und Gesichtslosigkeit entstand.[225] 1977 wurde eine grundlegende Renovierung abgeschlossen; im Zuge einer Komplettsanierung in den 1990er-Jahren wurde das Innere entkernt, aber die denkmalgeschützte Fassade erhalten.[226]

Die bereits einmal erwähnte Deregulierung der amerikanischen und britischen Kapitalmärkte strahlte auch nach Essen aus. Während Hermann Josef Abs als Chef der Deutschen Bank noch von Auslandsfilialen abgeraten hatte, waren seine Nachfolger offensiver. Unter dem Vorstandsvorsitzenden Alfred Herrhausen, der aus Essen stammte, in den 1950er-Jahren Direktionsassistent bei der Ruhrgas AG gewesen war und den Bankplatz Essen gut kannte, setzte eine deutliche Internationalisierung «mit allen Formen der Auslandspräsenz» ein.[227] Herrhausen wurde von F. Wilhelm Christians 1970 von der Vereinigten Elektrizitätswerke AG zur Deutschen Bank geholt und war für u. a. die industrielle Kundschaft des Ruhrgebiets zuständig.[228] Später, in der Zeit, in der Josef Ackermann an der Spitze des größten deutschen Bankinstituts stand, wurde die Ausrichtung als Investment-Bank noch verstärkt, während das Mittelstandsgeschäft sich zweitrangig entwickelte.

In der Essener Flaggschifffiliale schien hingegen alles beim Alten zu blei-

Alfred Herrhausen – ein Visionär der Deutschen Bank mit Essener Wurzeln.

ben. Der Ruhrgebietsbezirk Essen, der 1992 122 Filialen und 3200 Mitarbeiter hatte, lag in den 1990er-Jahren im Vergleich mit anderen Regionen der Deutschen Bank hinsichtlich der Geschäftszahlen in der Spitzengruppe.[229]

Die Dresdner Bank firmierte von 1950 bis 1956 zunächst unter der Bezeichnung «Rhein-Ruhr Bank AG», bis auch sie wieder unter dem tradierten Namen tätig sein durfte. Der Sitz der Essener Filiale befand sich zunächst im angestammten Gebäude in der Rathenaustraße an der Ecke Kapuzinergasse, das vom Bombenkrieg weitgehend verschont geblieben war.[230] 1950 wurde eine neue Verwaltungszentrale an der Ecke Lindenallee/Rathenaustraße bezogen, auf einem Grundstück, das 1939 von der Commerzbank erworben, damals aber kriegsbedingt nicht mehr bebaut worden war.[231] In den folgenden Jahren wurde das Import- und Exportgeschäft der Dresdner Bank immer wichtiger. Im Zuge der Erweiterung hin zum Privatkundengeschäft eröffnete sie Zweigstellen, die erste 1955 in Kupferdreh noch unter dem Namen «Rhein-Ruhr-Bank»,[232] wenige Jahre später auch in Holsterhausen. In der Presse wurde dieser Filial-Trend etwas ketzerisch damit kommentiert, dass «die Bank heute zum Geld gehen muss,

Die Niederlassung der Dresdner Bank Essen auf einem Aquarell des Jahres 1960.

wenn das Geld zu ihr kommen soll».[233] Rasch folgten weitere Filialgründungen, die jetzt möglichst einheitlich gestaltet wurden: 1960 in Frohnhausen, auch für die Kunden in Altendorf, die bis dahin von der Hauptstelle betreut worden waren,[234] 1961 an der Schützenbahn sowie am sogenannten Rüttenscheider Stern 1965.[235] Die inzwischen elfte Filiale in Altenessen im Jahr 1967 entstand im Bestreben, den im Norden der Stadt neu angesiedelten Industriebetrieben «entgegenzukommen».[236] Nach zweijähriger Umbauphase wurde 1969 eine neue Zentrale für die inzwischen 13 Zweigstellen an der Ecke Lindenallee/Rathenaustraße bezogen, und zwar an der Stelle, an der die Bank fast 35 Jahre lang in dem Bankgebäude Lindenallee und Rathenaustraße/Ecke Kapuzinergasse gewirkt hatte, das jetzt dem Abbruchhammer zum Opfer fiel. Der 42 bzw. 37 Meter hohe Neubau mit einer vollklimatisierten Kassenhalle, einer im Ruhrgebiet einmaligen vollautomatischen Anzeigetafel für die Börsenkurse und einem zeitgemäß «nach neuesten Erfahrungen ausgestatteten Autoschalter» wurde als «Bankpalast modernster Prägung» gepriesen und sollte als «markanter Blickpunkt im Stadtbild» dienen.[237]

1993 wurden die bisherigen Niederlassungen Essen und Dortmund zu einer großen Niederlassung zusammengeführt. Von der für 16 Millionen DM

umgebauten Zentrale an der Ecke Lindenallee/Rathenaustraße aus arbeiteten seit 1994 insgesamt 2200 Angestellte in 92 Geschäftsstellen zusammen
und erwirtschafteten rund ein Zehntel des gesamten Inlandsgeschäftsvolu-
mens der Dresdner Bank. Die Anfang des neuen Jahrtausends erfolgende
Übernahme durch die Allianz war die Konsequenz der gescheiterten Bemühungen, sich mit der Deutschen Bank oder der – kleineren – Commerzbank
auf eine Fusion zu verständigen. 2005 betreute die Filiale Essen 74 000 Privat-
und 9000 Geschäftskunden; von den 16 Filialen in der Region Ruhr und
Westfalen fanden sich acht allein in Essen. Auf Wachstumskurs befand sich
die Bank nicht zuletzt durch die Zusammenarbeit mit der Allianz AG und
deren Agenturen, die fast 10 000 Neukunden brachten. In den folgenden Jahren kam es zu einem erheblichen Abbau des Personals, auf den an anderer
Stelle dieser Darstellung noch näher eingegangen wird.

Die Commerzbank, zunächst ebenfalls von der gegen die Großbanken
gerichteten Aufspaltungspolitik der Alliierten betroffen, wurde 1950 im
Bankbezirk Nordrhein-Westfalen in Anlehnung an den von ihr 1932 übernommenen Barmer Bankverein als «Bankverein Westdeutschland» neu
gegründet. Seit 1956 nannte sie sich wieder Commerzbank (offiziell «Com-
merzbank-Bankverein AG») mit der Zentrale in Düsseldorf. Zunächst war
das Geldinstitut in der Maxstraße im Gebäude der ehemaligen DAF untergebracht, zog dann von 1947 bis 1950 in ein Notdomizil im II. Hagen, das
der Verkaufsvereinigung für Teererzeugnisse gehörte – «ein kümmerliches
Gelaß, das ein Arbeiten äußerst erschwerte», wie es in einem Zeitungsbericht hieß.[238]

Die im Sommer 1950 wiedereröffnete Filiale Essen war der Hauptverwaltung Düsseldorf zugeordnet und bezog unter ihrem Direktor Wilhelm
Driesen ihren alten Standort in der Lindenallee in unmittelbarer Nachbar-
schaft zur Geschäftsstelle der Landeszentralbank. Der Neubau war ruhig
und schlicht gehalten, lediglich im Eingangsbereich wurde die Fassade mit
allegorischen Elementen aufgelockert: Über einem schmiedeeisernen Ge-
länder waren Arbeiten des in Essen tätigen Bildhauers Adolf Wamper ein-
geschnitten. Auf der einen Seite symbolisierten die Figur eines Mädchens,
das einen Eichenbaum pflanzt, sowie der Gott Merkur mit einer Erdkugel
den Welthandel, auf der anderen Seite versinnbildlichte die Gestalt Europa,
die den in einen Stier verwandelten Jupiter [Zeus] vor einer aufgehenden
Sonne besteigt, das weltoffene und zukunftsträchtige Europa. Das neue
Bankgebäude war so großzügig angelegt, dass in die oberen Etagen die
Essener IHK als Mieter einziehen konnte. Erst seit 1960 nutzte die Commerzbank das Gebäude für sich alleine.

Wie die anderen Kreditinstitute baute sie seit dem Ende der 1950er-Jahre ein umfassendes Zweigstellengeschäft auf. Entsprechend hoch war die lokale Filialdichte: Altenessen, Borbeck, Bredeney, Essen-West, Rüttenscheid, in Steele, am Viehofer Platz sowie am Wasserturm. Die Zentrale wurde umfassend renoviert. Seit ihrer Wiedereröffnung im Jahr 1969 war die Kassenhalle mit einer Rolltreppe von der Straße her erreichbar.[239] Angesichts der Expansion erwarb die Commerzbank 1975 das benachbarte freiwerdende Gebäude Lindenallee 25 von der Bank für Gemeinwirtschaft. Aber auch das reichte nicht lange aus, denn Mitte der 1980er-Jahre beschäftigte sie in Essen bereits rund 850 Mitarbeiter. Im Jahr 1987 erwarb die Commerzbank daher eine weitere Liegenschaft, das Gebäude Lindenallee 19, das die Landeszentralbank zum Verkauf angeboten hatte. Beim Umbau, der 1990 beendet war, erwies sich die Entfernung des riesigen Landeszentralbank-Tresors, der sich über zwei Etagen erstreckte und mit Baggern und Spezialgerät zerlegt werden musste, als das größte Problem: «Fort Knox war nichts gegen diesen Tresor», stellte der Essener Commerzbank-Chef Werner Schäfer fest.[240] Nach einem umfassenden Umbau entstand 1995 eine großzügige neue Commerzbank-Zentrale auf rund 820 Quadratmetern. Alleine im Stadtgebiet von Essen beschäftigte die Commerzbank inzwischen rund 1700 Mitarbeiter.

Seit 1970 waren die bisherigen Commerzbank-Hauptverwaltungen in Frankfurt zentralisiert worden. Die Commerzbank vollzog ebenfalls den Weg der Internationalisierung, die mit Kooperationen mit französischen, italienischen und amerikanischen Partnerinstituten einherging und durch Auslandsaktivitäten und Finanzbeteiligungen gekennzeichnet war: Ruhrgas AG, BASF AG, Messerschmidt-Bölkow-Blohm GmbH, Bayer AG, Thyssen Stahl AG, RWE AG, Siemens AG, Stinnes AG – diese Aufzählung illustrer Kunden ließe sich noch weiter fortführen. Die Expansion zu einem «Allfinanz»-Institut war zwar nicht ganz frei von Rückschlägen, aber die Zahlen der Bilanzsummen konnten sich sehen lassen. Sie stiegen zwischen 1968 und 1988 von 15,4 Milliarden DM auf 115 Milliarden DM, die Zahl der Mitarbeiter von 13 400 auf 23 800 und die der Geschäftsstellen bundesweit von 636 auf 795.

Die Commerzbank verlegte 1990 ihren juristischen Sitz von Düsseldorf nach Frankfurt. Im Zuge der Umstrukturierung des Filialsystems erhielt die Essener Zweigstelle 1991 neue Kompetenzen. Als «Gebietsfiliale» erstreckte sich der Zuständigkeitsbereich inzwischen auf über 70 Filialen von der niederländischen Grenze bis Bochum.[241] Die internationale Zusammenarbeit wurde mittlerweile wieder zurückgefahren. Für die Mittelstandssparte, traditionell eine wichtige «cash cow» der Commerzbank, geriet die Essener Filiale zu einem Vorzeigeobjekt. Sie rangierte in den 1990er-Jahren unter den bundesweit fünf ertragreichsten Filialen der Commerzbank. In der Sparte Finanz- und Vermögensplanung lag sie im Filialvergleich sogar auf Platz zwei, wie ihr Direktor Werner Schäfer erklärte: «In Essen gibt es viel altes Vermögen, das sich über Jahrhunderte ansammelte.» Die Bilanzsumme der Filiale betrug 1995 stolze 20 Milliarden DM.[242]

Durch das missglückte Engagement bei der Eurohypo geriet die Commerzbank aber ebenso in Schwierigkeiten wie bei der Übernahme der Dresdner Bank, einer Transaktion, die ausgerechnet in der schweren Finanzkrise des Jahres 2008 auf den Weg gebracht wurde – und mit dem Erbe jeder Menge toxischer Papiere belastet war. Im Zuge der Integration der Dresdner Bank wurden deutschlandweit 400 Filialen geschlossen. Heute muss die Commerzbank, die in der Finanzkrise Milliardenverluste machte und immer noch teilverstaatlicht ist, überall sparen. Sie baut seit Jahren kontinuierlich Stellen ab und möchte mit «Flagship-Filialen», die in den Ballungsräumen Berlin und Stuttgart getestet werden, ihre Kunden binden und neue gewinnen. Was diese Strategie für Essen bedeuten wird, ist noch nicht erkennbar. Die Commerzbank unterhält heute in der Stadt noch sieben Standorte, die im Rahmen des veränderten Kundenauftritts seit 2010 mit einem neuen Markenzeichen ausgestattet wurden; seit 2011 sind auch die Kundendaten in einem einheitlichen IT-System zusammengeführt.

Nicht nur ein Bankplatz für die Großbanken: Essener Privatbanken nach 1945

Bei Burkhardt & Co. platzten 1948 die Behelfsräumlichkeiten schon wieder aus den Nähten. Durch die aus der Kriegsgefangenschaft zurückkehrenden Bankangestellten wurde die Raumnot noch sichtbarer. Erst als 1951 der zerstörte Ostflügel des Bankgebäudes an der Lindenallee neu aufgebaut wurde, war die Zeit der Provisorien beendet. Gotthard von Falkenhausen, der von den Briten bekanntlich zunächst «gesperrt» gewesen war, knüpfte an alte Kontakte an, schuf wichtige neue Verbindungen und zeichnete für den arbeitsintensiven Personalbereich verantwortlich, nicht zuletzt als Gremiumsmitglied der insgesamt elf von den Besatzungsmächten eingesetzten Stahltreuhänder, die für die Entflechtung der deutschen Eisen- und Stahlindustrie zuständig waren.[243] Er baute zudem die Verbindungen zu den

Organisationen und Verbänden aus, unter anderem als Mitglied und ab 1960 als Präsident der Essener IHK und als Vorstandsvorsitzender im Bundesverband des Privaten Bankgewerbes. Das zunächst nur von der Bank Deutscher Länder betriebene Auslandsgeschäft wurde wieder aufgenommen, sobald akkreditierte Banken Konten bei ausländischen Banken unterhalten durften, für Burkhardt & Co. mit seinen reichhaltigen Auslandserfahrungen an und für sich eine Selbstverständlichkeit.

Otto Burkhardt, der sich mit von Falkenhausen überworfen hatte, schied als persönlich haftender Gesellschafter im Frühjahr 1948 aus und wurde Präsident der Landeszentralbank Schleswig-Holstein, blieb der Bank aber als Kommanditist verbunden. An seine Stelle trat 1949 der Finanzjurist Dr. Fritz Meyer-Struckmann, zunächst als Generalbevollmächtigter, seit 1950 als persönlich haftender Gesellschafter. Er war Vorstandsmitglied der Deutschen Hypothekenbank AG gewesen, galt als rechte Hand von Hermann Josef Abs[244] und brachte Geschäftsverbindungen mit, die weit über das Ruhrgebiet hinausreichten.[245] 1957 wurde Karl Wilhelm Finck von Finckenstein, der durch Vermittlung Meyer-Struckmanns zur Bank gekommen war, persönlich haftender Gesellschafter und zeichnete für das Kreditgeschäft zuständig. Seit den 1950er-Jahren verringerte Burkhardt & Co. sukzessive die Zahl seiner Kommanditisten. 1953 schied die Thyssen'sche Handelsgesellschaft mbH aus, zwei Jahre später auch die Deutsche Bank. Die National-Bank gab ihre Kommanditbeteiligung Anfang 1956 auf,[246] 1957 vollzog die Essener Steinkohlenbergwerke AG diesen Schritt, und 1963 folgte schließlich die Industriekreditbank AG (IKB) als Nachfolgerin der BAFIO. Damit waren die Gründer von 1938 nicht mehr mit von der Partie. Demgegenüber stieg der Anteil der ursprünglichen Besitzer, jetzt in Form des Anteils der in New York ansässigen Simon Hirschland Inc., auf 63,28 Prozent.[247]

Unter Meyer-Struckmann wurde das Institut, das 1957 etwa 120 Mitarbeiter beschäftigte und eine Bilanzsumme von rund 200 Millionen DM aufwies, zur viertgrößten Privatbank der Bundesrepublik. Ausdruck fand das damit verbundene Selbstbewusstsein im Verzicht auf Werbung um neue Kunden. Es reichte, das beeindruckende Bankgebäude 1960 repräsentativ umzubauen. Die Bank vertraute im Übrigen diskret auf die etablierten exklusiven Interessenten.

Die industrielle Kundschaft war ganz überwiegend im Ruhrgebiet angesiedelt: 60 Prozent der Kreditgeschäfte entfielen auf diese Region, 25 Prozent auf das übrige Nordrhein-Westfalen und nur die restlichen 15 Prozent auf bundesweite bzw. internationale Geschäfte.[248] Zu den heute bekanntesten Kunden zählten die Brüder Karl und Theodor Albrecht, die nach

Das Bankhaus Burkhardt & Co. in der Lindenstraße.

Kriegsende für den Aufstieg von Inhabern kleiner Lebensmittelläden zum größten Discounter Europas, Aldi, auf Startkapital angewiesen waren, einen bescheidenen Betrag von 50 000 DM von Burkhardt & Co. erhalten hatten und seit dieser Zeit ihre Geschäfte über die Essener Privatbank laufen ließen.[249] Burkhardt & Co. waren zudem bei fast allen Emissionskonsortien der bedeutenden Unternehmen der Chemie- und Montanindustrie sowie der Energiewirtschaft beteiligt und wirkten bei der Ausgabe junger Aktien mit. Zu den Kunden zählten u. a. die Stahlwerke Bochum AG, damals ein Großunternehmen mit 4000 Mitarbeitern, die Langenbrahm Steinkohlenbergbau AG in Essen, die Westfalen Kaufhaus AG in Gelsenkirchen, die Ottensener Eisenwerk AG, die Bergbau AG in Dortmund, die Tuchfabrik Josef Königsberger in Aachen, die Essener Stahl- und Metallhandels-GmbH, die Hugo Stinnes AG sowie die Gewerkschaft Eisenhütte-Westfalia in Lünen. Meyer-Struckmann vermittelte zudem im «Bruderkrieg» beim Kölner Versicherungskonzern Gerling, der in den 1950er-Jahren hohe Wellen schlug.[250] Daneben stieg die Privatbank in das immer beliebter werdende Fonds-Geschäft ein. Sie beteiligte sich 1956 an der Gründung der

Union Investment Gesellschaft mbH, zu dieser Zeit in der Bundesrepublik noch weitgehend eine Terra incognita.[251] Das internationale Geschäft, eine traditionelle Stärke der Bank, wurde sukzessive ausgebaut. Neben amerikanischen und Schweizer Privatbanken war Burkhardt & Co. Mitglied des Konsortiums, das sich am größten lateinamerikanischen Baumwollkonzern, der Compañía Colombiana de Tejidos SA, beteiligte. 1965 stieg die renommierte Compagnie Financière de Suez mit 12,5 Prozent bei der erfolgreichen Essener Privatbank ein,[252] 1969 beteiligte sich zusätzlich die Marine Midland Bank, eine weltweit tätige Großbank, über eine Holdinggesellschaft mit 15 Prozent. Burkhardt & Co. internationalisierte sich durch diese ausländischen Beteiligungen zunehmend. Sie war zugleich durch einen «forschen Händlergeist» geprägt: Die Mitarbeiter schreckten auch vor durchaus risikoreichen Geschäften nicht zurück. Andere Privatbankiers, die stärker auf Etikette und Vornehmheit achteten, sprachen sogar davon, die Politik bei Burkhardt & Co. entspräche einem «Hüpfen von Okkasion zu Okkasion».[253] Als schädlich erwies sich diese Strategie jedoch vorerst nicht. Die Bank wies 1970 eine Bilanzsumme von einer Milliarde DM und Eigenkapital von 45 Millionen DM auf. Die liquiden Mittel betrugen 3,9 Prozent der Bilanzsumme.

Burkhardt & Co., traditionell eine exklusive Industriebank, die um Privatkunden immer einen großen Bogen gemacht hatte, beugte sich jedoch den Tendenzen der Zeit und dem Zwang der Diversifizierung. In einer Meinungsumfrage des Jahres 1967 gaben viele Essener an, Burkhardt & Co. sei nur etwas für die «Großen der Geschäftswelt». Weil der Mittelstand bislang stiefmütterlich behandelt worden war, wollten die Bankiers an der Lindenallee nun dem Eindruck entgegenwirken, die feine Privatbank lasse die mittelständische Wirtschaft, die Freien Berufe und die gehobenen Angestellten außen vor.[254] Fast entschuldigend gab Fritz Meyer-Struckmann kund: «Wenn bei uns das Geschäft mit Großkunden dominiert, so liegt das [...] nicht daran, dass kleine und mittlere Kunden bei uns nicht willkommen sind. Unsere in jahrzehntelanger Zusammenarbeit gewachsenen Verbindungen zur Großindustrie haben jedoch notwendigerweise zu einer gewissen Ausrichtung unserer Organisation auf das Großgeschäft geführt. Hinzu kommt, dass wir mangels eines Filialnetzes, auf das wir aus grundsätzlichen Erwägungen verzichtet haben, gar nicht in der Lage sind, kleinere und mittlere Kundschaft in größerem Ausmaß zu acquirieren. Wir sind, wie die meisten Privatbankiers, praktisch eine filiallose Bank.»[255]

1969 wurde – ein absolutes Novum – ein Stadtbüro am Essener Kornmarkt eröffnet, ganz in der Nähe von Fußgängerzone und Kaufhäusern.

Die persönlich haftenden Gesellschafter des Bankhauses Burkhardt & Co. im Jahr 1968.
Von links Dr. Fritz Meyer-Struckmann, Karl-Wilhelm Finck von Finckenstein, Werner
Kehl und Dr. Bernhard von Falkenhausen.

Diese Filiale in der Essener City hatte ein anderes Ambiente als die mit
Mahagoni und anderen edlen Hölzern ausgestattete Zentrale an der Lindenallee, wie eine Werbebroschüre deutlich machte: «Die Damen werden unser
Stadtbüro als sehr bequeme Einrichtung empfinden. Zwischen Friseur, Girokonto des Mannes und Kaufhaus liegen nur wenige Meter.»[256] Die Pastellfar-
ben des Büros sollten schon im Empfangsbereich eine «gelöste Stimmung»
verbreiten; «zwei junge Damen» begrüßten den Kunden dort und geleiteten
ihn in den ersten Stock.[257] Sich an US-Vorbildern orientierend, übernahm
man eine amerikanische Besonderheit: Das Stadtbüro wurde mit einem
bankeigenen Reisebüro verbunden, der Burkhardt & Co. Reisebüro GmbH.
Über dieses konnten die Geschäftsleute und Manager jetzt Devisen und
Flugscheine erwerben. Wenig später wurde am Düsseldorfer Schadowplatz
und damit in unmittelbarer Nähe zur Wertpapierbörse ein «Börsenbüro» eröffnet, in dem die Händler und die Research-Abteilung angesiedelt waren.

Weniger bedeutend als Burkhardt & Co. war die Privatbank Waldthausen & Co. KG, die nach dem Zweiten Weltkrieg ebenfalls, zunächst höchst
provisorisch, vom Hotel Vereinshaus aus ihre Tätigkeit wieder aufnahm.
Das Bankhaus war traditionell stark beim Kohleunternehmen Arenberg
engagiert. Fritz von Waldthausen widmete sich nach 1945 weiterhin vornehmlich den Industriegeschäften, vor allem der bei der Entflechtung des
Rheinstahl-Konzerns entstandenen Arenberg Bergbau GmbH, wo er – im
Arenberghaus am Essener Bismarckplatz – an entscheidender Stelle an der

schwierigen Neuordnung des Konzerns beteiligt war. Seit 1951 war er im Aufsichtsrat der Arenberg Bergbau GmbH, der Holding der Rheinstahl-Zechen. Im Aufsichtsrat der Rheinischen Stahlwerke übernahm er noch 1956, wenige Monate vor seinem Tod, den Aufsichtsratsvorsitz, nachdem sein Vetter Ernst von Waldthausen tödlich verunglückt war.[258] Waldthausen & Co. KG unterhielten exzellente Kontakte zu weiteren Stahlfirmen im Revier. Fritz von Waldthausen saß in Aufsichtsräten der Rheinstahl-Union, der Bergischen Stahl-Industrie, der Niederrheinischen Hütte AG, der Westfälischen Union AG, der Rösler-Draht AG, der Deutschen Erdöl AG, der Stahlwerke Südwestfalen AG. Bei der Ruhr AG für Finanz- und Treuhandgeschäfte gehörte er dem Vorstand an, bei der Gewerkschaft Walter in Essen war er Mitglied im Grubenvorstand.

Verwaltungsrat und Kommanditisten der Bank, die Anfang 1961 ein neues Domizil in der Lindenallee bezog,[259] waren im Wesentlichen Familienmitglieder. Kommanditist und für einige Zeit persönlich haftender Gesellschafter war bemerkenswerterweise der spätere Bundespräsident Richard von Weizsäcker, dessen Gattin der Familie von Waldthausen entstammte.[260]

Fritz von Waldthausen und August von Finck, der Mitinhaber der Münchener Privatbank Merck, Finck & Co., gründeten 1954 als persönlich haftende Gesellschafter eine weitere Bank, mit dem ähnlich klingenden Namen «Waldthausen & Co.», die zunächst ihren Sitz am Handelshof am Bahnhofsvorplatz und seit 1955 in der Akazienallee nahm. Der Geschäftsschwerpunkt lag allerdings eher in Düsseldorf, sodass die Bank ihre Zentrale wenig später an die Düsseldorfer Königsallee verlegte. Die Namensähnlichkeit – Waldthausen & Co. KG in Essen bzw. Waldthausen & Co. in Düsseldorf – führte immer wieder zu Verwirrung, nicht zuletzt als im Sommer 1966 die inzwischen 187 Jahre alte Essener Stammfirma «Wilh. & Conr. Waldthausen», seit vielen Jahrzehnten im Besitz von Hans Krawehl aus der bekannten Essener Textilhandelsdynastie, pleiteging. Die Familien Krawehl und Waldthausen waren zwar verwandtschaftlich miteinander verbunden. Dieser Umstand hielt die beiden Bankhäuser in Essen und Düsseldorf jedoch nicht davon ab, unangemessene Vermutungen über eine geschäftliche Verbindung mit der Handelsgesellschaft zu dementieren. Sie sahen sich veranlasst, im *Handelsblatt* eine Richtigstellung zu veröffentlichen, um den guten Ruf des Namens Waldthausen nicht zu beschädigen: Zwischen dem bankrotten Unternehmen Wilh. & Conr. Waldthausen und ihren beiden Banken in Essen und Düsseldorf bestehe «kein Zusammenhang».[261]

Die Krise der Privatbanken ging aber auch an Waldthausen & Co. KG. nicht vorbei. 1971 erwarb die Hamburger Privatbank Sloman Bank KG die Mehrheit des Kommanditanteils. Der Mitinhaber Karl-Heinrich von Waldthausen trat als Komplementär unter Einbringung der restlichen Waldthausen-Kommanditanteile in die Sloman Bank KG ein. Der Name Waldthausen & Co. KG wurde in der jetzt zur Sloman Bank gehörenden Filiale mit ihren rund 50 Mitarbeitern allerdings weiterverwendet.[262] 1974 geriet die Sloman Bank durch die Pleite der Kölner Privatbank I. D. Herstatt KGaA allerdings ebenfalls ins Schlingern und musste 1976 mit der zur Dresdner Bank gehörenden Hardy Bank fusionieren. Und selbst dieser Hardy-Sloman-Bank war infolge einiger fauler Engagements keine lange Zukunft mehr beschieden. Sie schloss 1980 ihre Schalter – ein trauriges Kapitel in der Geschichte des Untergangs traditionsreicher Essener Privatbanken. Das Düsseldorfer Bankhaus Waldthausen & Co. hingehen gehört heute zur Privatbank Merck, Finck & Co., die seit 2008 in Essen wieder eine für die Gebiete Ruhr und Westfalen zuständige Niederlassung in einer repräsentativen Villa an der Bismarckallee unterhält – damit schließt sich ein Kreis.

Die National-Bank AG fand nach Kriegsende zunächst in angemieteten Erdgeschoss- und Kellerräumen der Dresdner Bank Unterschlupf. Der Neubeginn – mit immerhin 67 Angestellten – gelang erstaunlich schnell. Franz Blücher, der als «Erster Prokurist» und seit Herbst 1945 als Direktor fungierte, war Gründer der Essener FDP, verfügte über gute Kontakte zur Politik und wurde 1946 Finanzminister der nordrhein-westfälischen Landesregierung in Düsseldorf. Wenig später wurde er Mitglied im Frankfurter Wirtschaftsrat, zuständig für den Marshallplan und als Mitglied des Verwaltungsrats der Kreditanstalt für Wiederaufbau (KfW) Verbindungsmann zu den Privatbanken.[263] Blücher wurde unter Bundeskanzler Konrad Adenauer gar Vizekanzler, aber weil sich spätestens zu diesem Zeitpunkt die Frage einer Ämterverquickung immer dringlicher stellte, legte er sein Aufsichtsratsmandat bei der National-Bank nieder.[264] Im Vorstand gab seit 1948 Willi Wohlrabe, ein anerkannter Bankfachmann, der von der Dresdner Handelsbank kam, den Ton an. Er leitete das Kreditinstitut mit seinen 1950 bereits wieder 122 Mitarbeitern wohlwollend-patriarchalisch und war dafür verantwortlich, dass auch das Finanzierungsgeschäft wieder auf Touren kam. Seit 1951 war zudem Fritz Dertmann im Vorstand, der von der Commerzbank Bochum kam und später Wohlrabes Nachfolger wurde. Beide symbolisierten in den folgenden Jahrzehnten den erfolgreichen Weg der Mittelstandsbank.

1952 bezog die National-Bank einen Neubau am Theaterplatz, der als Hauptsitz in den folgenden Jahrzehnten mehrfach erweitert wurde und auch heute noch als Zentrale dient. Vom Anspruch, eine «Regionalbank» zu sein, konnte allerdings vorerst nicht mehr die Rede sein. Neben der Hauptstelle in Essen verfügte sie nur noch über die Hauptzweigstelle des DBV in Duisburg und dessen Zweigstellen in Meiderich und Wedau. Das Aktienpaket der in Wesel ansässigen Niederrheinischen Bank AG wurde nach Rechtsstreitigkeiten und langem Hin und Her im Jahr 1950 verkauft, weil das Geschäft, anders als in der NS-Zeit, nur wenig Aussichten versprach. Von der Beteiligung an Burkhardt & Co. trennte man sich im Jahr 1956.

In den Jahren des kontinuierlichen Aufschwungs baute die National-Bank das bisher unbekannte Autofinanzierungsgeschäft aus. Der eigentliche Erfolg war aber vor allem der Strategie zu verdanken, sich von nun an konsequent auf den Status einer Regionalbank zu konzentrieren, sich dem Mittelstandsgeschäft zu widmen und nicht der Versuchung zu erliegen, die vergleichsweise gute ökonomische Gesamtsituation zu einer nationalen oder gar internationalen Expansion zu nutzen – Verlockungen, der andere Regionalbanken an Rhein und Ruhr häufig nicht widerstanden. 1957 wurde die Oberhausener Bank AG übernommen, an der man seit Langem eine Minderheitenbeteiligung besaß. Die Geschäfte an diesem strategisch wichtigen Standort wurden als eigene Zweigniederlassung fortgeführt. Auch heute noch gehört sie zu den wichtigsten Filialen der National-Bank. In den 1960er- und 1970er-Jahren folgte ein wahrer Boom von Geschäftszweigstellen-Eröffnungen: Borbeck, Duisburg, Oberhausen-Sterkrade, Rüttenscheid, Holsterhausen, Katernberg, Frohnhausen, Osterfeld, Mülheim an der Ruhr, Velbert, Gladbeck, Essen-Ost, Huttrop, Steele, Werden, Altenessen Kray, Hattingen, Bredeney sowie Bochum-Wattenscheid. Erst die 1980er-Jahre brachten ein Ende des stürmischen Aus- und Aufbaus. Nur noch wenige weitere Filialen wie Stoppenberg und Recklinghausen wurden eröffnet.

Streng genommen war die National-Bank keine Privatbank, verstand sich aber als Institut mit Privatbankcharakter. Seit der Ära Dertmann galt am Theaterplatz die Devise: Rentabilität vor Wachstum. Kredite sollten durch die eigenen Kundeneinlagen finanziert werden. Nur ungern griff man vorübergehend auf Mittel der Zentralbank oder des Interbankenmarkts zurück. Investitionskredite mit längerer Laufzeit wurden häufig bei den mit Sonderaufgaben betrauten und mit spezifischen Mittelstandskreditprogrammen ausgestatteten Instituten KfW bzw. der IKB – ihrem wichtigsten Aktionär – refinanziert. Weder die «Minikrise» Mitte der 1960er-Jahre noch die Strukturanpassungskrise hemmten das Wachstum

*Der repräsentative Kassen-
raum der National-Bank zum
Zeitpunkt der Eröffnung des
neuen Bankgebäudes 1952.*

der Bank ernsthaft. Die Bilanzsumme wuchs 1967 um zwölf Prozent und
überstieg inzwischen 400 Millionen DM. Die Zahl der Mitarbeiter, die 1960
erstmals die Marke von 300 überschritten hatte, wuchs ebenfalls, vor allem
durch die Eröffnungen weiterer Filialen. Zu Jahresende 1969 beschäftigte
die Bank schließlich 420 Mitarbeiter.[265] Die Dividende lag unverändert bei
stolzen 18 Prozent, 1969 sogar erstmals bei 20 Prozent, was durch die guten
Zahlen gerechtfertigt war, denn in diesem Jahr wurde der Kundenkreis
durch die Einführung von Renten-, Lohn- und Gehaltskonten noch erweitert. Sah man einmal vom Einstieg bei der Versicherungsgesellschaft ADIG
ab, war man am Theaterplatz in Beteiligungsfragen grundsätzlich eher zu-
rückhaltend. Das Bankinstitut blieb weiterhin fest der rheinisch-westfälischen Privatindustrie verbunden. Größere Kredite mit einem Volumen
über eine Million DM vergab man z. B. an die Ruhrkohle AG, den Milchhof
Essen und die örtliche Firma Transportbeton- und Mörtelwerk Barthel &
Co. KG. Mochten dies auch recht unspektakuläre Routinegeschäfte sein,
wurde 1970 ein größerer Kredit an Horst Bosse in Bad Honnef für «Geschäfte mit der DDR» vergeben – hier machte sich also das Ende der Isolie-

rung des SED-Regimes bemerkbar, obwohl Geschäfte mit dem «zweiten deutschen Staat» in den folgenden Jahren keine bedeutende Rolle spielten.

Ein Vorbote der Wirtschaftskrise von 1973 war die ungewöhnlich hohe Zahl von Konkursen in der Region. 1972 hatte die National-Bank einen Abschreibungsbedarf in Höhe von etwa drei Millionen DM aus Konsortialbeteiligungen für Anleihen der Stadt Essen und des RWE. Völlig überraschend musste die Baugesellschaft Essen-West GmbH Konkurs anmelden. Zwar war dieses Engagement in Höhe von 700 000 DM vollständig gedeckt, der Aufsichtsrat fragte sich dennoch besorgt, ob es vergleichbare Banken gebe, «die einen ähnlichen hohen Wertberichtigungsbedarf haben».[266] Das geringere Risikomanagement in den Filialen wurde durch eine bessere Revision aufgefangen und ein Kreditkontrollsystem nach dem Muster der Großbanken aufgebaut. Immer häufiger betätigte sich die National-Bank nun als Nothelfer: Als eine Textilfabrik in Kirchhoven infolge des Strukturwandels im Jahr 1973 hohe Verluste machte und Betriebsmittelkredite von vier Millionen DM gefährdet waren, riet die National-Bank nach einer betrieblichen Analyse dazu, den Warenbestand abzubauen und einen Teil der Produktion aufzugeben.

Eine bereits beschlossene Kapitalerhöhung wurde 1973 in letzter Minute noch gekippt, weil angesichts des wirtschaftlichen Umfelds dafür einfach nicht der richtige Zeitpunkt war. Wenigstens blieb die National-Bank von den Folgen der windigen Devisengeschäfte bei der Privatbank Herstatt verschont, weil die Berater in der Regel zu hochkonservativen Anlagen rieten und Devisenspekulationen auf eigene Rechnung generell ausgeschlossen waren. In Risikoländer wie z. B. Argentinien oder Mexiko wurden Kredite nicht einmal als Mitglied eines Konsortiums vergeben.

Die Kredite entfielen in den 1970er-Jahren zu fast 60 Prozent auf Industrie, Gewerbe und Handwerk, zu 23 Prozent auf Handel und Dienstleistungen und zu zwölf Prozent auf den meist privaten Wohnungsbau. Privatpersonen und die öffentlichen Haushalte spielten dagegen kaum eine Rolle. Die Geschäftspartner der National-Bank waren in der Regel treu und trennten sich nur ungern von lange bestehenden Verbindungen. Wichtig waren die Hochtief AG, das RWE, die Privatbrauerei Jacob Stauder GmbH & Co., die Allgemeine Rechtsschutz-Versicherungs-Aktiengesellschaft (ARAG) sowie die GAGFAH als Verbindung zum lokalen gemeinnützigen und genossenschaftlichen Wohnungsbau. Die National-Bank wirkte bei zahlreichen Emissionen mit: Immer wieder waren dies Anleihen der Bundesrepublik Deutschland, der Deutschen Bundesbahn, der Bundespost, der Internationalen Bank für Wiederaufbau und Ent-

Dr. Fritz Dertmann (1951–1981)

Dr. Hans Braun (1987–1991)

Dr. Henner Puppel (1991–2007)

Dr. Thomas A. Lange (2007–2011), seit 2011 Vorsitzender des Vorstandes

Langjährige Vorstandssprecher der National-Bank.

wicklung, der KfW, des Landes Berlin und des Landes Nordrhein-West-falen sowie der Lastenausgleichsbank. Auch an zahlreichen Kapitaler-höhungen der Berliner Handels-Gesellschaft und Frankfurter Bank, der Handelsbank in Lübeck, der Hochtief AG, der IKB, der Rheinisch-West-fälischen Elektrizitätswerk AG und beim Abfindungsangebot der Fried. Krupp Hüttenwerke AG an die Aktionäre der Stahlwerke Südwestfa-len AG war man beteiligt, ebenso am Konsortium zum Aktienumtausch bei der Verschmelzung der Essener Krupp Stahl AG mit der Dortmunder Hoesch AG.[267] 15 000 der 16 000 Kreditnehmer waren finanziell konser-vative bodenständige Kleinunternehmer und Betriebe, die als «Mittel-ständler» mit einer Beschäftigtenzahl zwischen zehn und 500 auf eine zu-verlässige und geradezu «gediegene» Bank Wert legten, im Übrigen eine Klientel, die traditionell durch eine hohe Abhängigkeit von Bankkrediten gekennzeichnet war. Der Mittelstand blieb die «cash cow» der Bank. Rund ein Drittel der Kredite fiel auf Beträge über eine Million DM, etwas mehr als ein Viertel der vergebenen Kreditsumme bewegte sich in der Größen-ordnung zwischen 100 000 und 500 000 DM.

Aktien wurden fast ausnahmslos von den institutionellen Aktionären bezogen. Die häufig gestellte Frage, warum die National-Bank nicht an die Börse gehe, wurde stets mit der gleichen Antwort pariert: «Wir wollen Übersicht über den Kreis unserer Aktionäre behalten und uns nicht – von wem auch immer – abhängig machen.»[268] Daneben bestanden immer eine gewisse Sorge vor verdeckten Aktienkäufen und der Wunsch nach Ver-meidung von erratischen Kursschwankungen.[269] In den 1970er-Jahren wurde in den inzwischen über 20 Filialen das Dienstleistungsgeschäft stark ausgebaut, und auch im folgenden Jahrzehnt änderte sich unter dem von Dertmann zur National-Bank geholten Günther Ehlen und Hans Braun wenig an der Strategie. Zielgruppe waren und blieben der Mittel-stand sowie vermögende Privatkunden.[270] Der Anteil des Handels und der Freien Berufe am Kreditvolumen betrug jeweils rund ein Fünftel. Der An-teil des Handwerks bewegte sich in der Regel um 15 Prozent. Die Anzahl der Kreditnehmer hatte sich inzwischen auf etwa 19 000 erhöht. Die Zahl der Kundenkonten wuchs auf 165 000 – mit entsprechenden Zunahmen bei den Spareinlagen, die zu Anfang der 1990er-Jahre auf die Milliarden-grenze zusteuerten. Nachfolger Brauns als Vorstandsvorsitzender wurde für die folgenden beiden Jahrzehnte Dr. Henner Puppel. Unter ihm ver-dreifachte sich die Bilanzsumme der Mittelstandsbank, die kontinuierlich weitere Niederlassungen im Ruhrgebiet eröffnete.

Das Wachstum wurde inzwischen stärker als zuvor durch die Ausweitung des Kredit-, des Einlagen- und des Wertpapiergeschäfts generiert. Die National-Bank gründete außerdem eine eigene Wertpapier-Vermögensverwaltung, denn seit 1995 war sie auch an der Frankfurter Börse zugelassen. Produkte wie das «Depot 100» und der Investmentfonds «Konzept privat», der in Zusammenarbeit mit der Baden-Württembergischen Kapitalanlagegesellschaft mbH aufgelegt wurde, waren Zeichen für die wachsende Bedeutung des Wertpapiergeschäfts. Das Baufinanzierungsgeschäft wurde trotz zurückgehender Baukonjunktur erweitert. 1995 wurde die Tochtergesellschaft NB-Immobilien GmbH zur Vermittlung von Wohn- und Gewerbeimmobilien gegründet. Die NB-Versicherungsservice GmbH profitierte vor allem von dem großen Interesse der Kunden an der privaten Altersvorsorge. 1998 überstieg das Geschäftsvolumen erstmals die Grenze von fünf Milliarden DM. Das Geschäft mit Finanzderivaten wurde inzwischen weiter ausgebaut. Es erfuhr 1998 fast eine Verdoppelung von 664 Millionen DM auf 1,1 Milliarden DM.

Eine 1996 eröffnete Filiale in Bochum erreichte bereits ein Jahr darauf die Gewinnschwelle und ist bis heute von zentraler Bedeutung. 1999 wurde in Dortmund, am Rande des Ruhrgebiets und eher das «Herz Westfalens» als eine Metropole der Region, eine Zweigstelle eröffnet, deren Einzugsbereich sich bis ins Sauerland erstreckt, von Hamm im Norden, Lippstadt und Erwitte im Osten bis Lüdenscheid im Süden. 2005 stieß man auch in jene Stadt vor, die sich als das «Bankenzentrum Nordrhein-Westfalens» versteht und angesichts einiger Platzhirsche als herausfordernder Standort gilt: die Landeshauptstadt Düsseldorf. Im dortigen Finanzzentrum, das auf eine lange Erfahrung als Geldbeschaffer an Rhein und Ruhr zurückblickt, ist die Bankendichte und die Zahl der etablierten Institute auf einem hart umkämpften Markt besonders groß.

Die Versicherungsgruppe Signal Iduna, entstanden aus dem Zusammenschluss der Signal Versicherungsgruppe und der Iduna Nova-Gruppe und traditionell dem Mittelstand verbunden, übernahm im Jahr 2000 das Aktienpaket der National-Bank in Höhe von knapp 26 Prozent, das bis dahin von der IKB bzw. ihrer Vorgängereinrichtung seit über sechs Jahrzehnten als Dauerbesitz gehalten worden war.[271] Bis heute hat sich die Beteiligung auf fast 33 Prozent erhöht. Retrospektiv war das Ausscheiden der IKB ein Glücksfall, weil diese in der Finanzkrise des Jahres 2007 in eine existenzbedrohende Krise geriet und vor dem Zusammenbruch stand.

Von einem Zusammengehen mit der in Bochum ansässigen Westfalenbank, zumindest auf dem Papier nicht unlogisch, wurde zu Beginn des neuen Jahrtausends nach einer «Due-Diligence-Prüfung» Abstand genommen.[272]

Eine Fusion hätte durchaus dem ökonomischen Zeitgeist entsprochen: Durch Übernahmen und Insolvenzen infolge des verschärften Wettbewerbs zwischen den Banken war die Zahl der Privatbanken kontinuierlich von 245 Instituten im Jahr 1957 auf nur noch 65 im Jahr 1995 zurückgegangen.[273] Ein Bankenverbund, zum Beispiel aus National-Bank, Westfalenbank und der Hamburger Donner Bank, wurde dennoch abgelehnt: «Unabhängig zu sein bedeutet frei zu sein.» So lautete das Motto, das jetzt in der Öffentlichkeit kommuniziert wurde.[274] Auch Dresdner Bank und Commerzbank hatten immer wieder Interesse gezeigt; eine Integration in eine Großbank aber hätte die National-Bank auf lange Sicht als konzernunabhängige Regionalbank zweifellos verschwinden lassen. Auch die Bayerische Vereinsbank, in deren Portefeuille die National-Bank im Rahmen der seinerzeitigen Strategie der «Bank der Regionen» gut gepasst hätte, wäre eine attraktive Alternative gewesen. Mit der Signal Iduna Gruppe war es am besten möglich, als regional tätige Universalbank zu agieren, ohne Sorge, möglicherweise aus dem Ausland aufgekauft zu werden. Auch dem neuen Großaktionär, der sich nicht in die Tagesgeschäfte einzumischen gedachte, erschien die National-Bank-Kooperation vielversprechender als eine «Allfinanz»-Lösung des Zusammengehens der ganz unterschiedlichen Geschäftszweige von Banken und Versicherungen. Das Geschäftsvolumen kletterte bis 2007 auf mehr als vier Milliarden Euro. Freiberufler, gehobene Privatkunden und mittelständische Unternehmen der Region blieben die Zielgruppe.

Die National-Bank gehörte damit Anfang des neuen Jahrtausends zu denjenigen, die den Kreis ihrer Niederlassungen weiter ausbauten – wenn auch in weit geringerem Maße als noch in den 1960er- und 1970er-Jahren. 2008 wurde eine Niederlassung in Wuppertal eröffnet und damit das Geschäftsfeld ins Bergische Land ausgedehnt. Das in der Elberfelder City gelegene Gebäude im Stil der venezianischen Renaissance war zuvor Sitz einer Filiale der Reichsbank bzw. der Landeszentralbank gewesen. Noch vor der Finanzkrise waren immer wieder nordrhein-westfälische Expansionspläne ventiliert und mittelständische Institute in Köln, Bonn und Aachen genannt worden; von Münster und Bielefeld wurde zumindest inoffiziell berichtet.[275] Die beruhigende Kapital- und Liquiditätsausstattung der Bank hätte Zukäufe ohne Weiteres ermöglicht. Aus diesem Grund wurde 2010 eine Reihe von Instituten strategischen Analysen unterzogen, inwieweit diese zur National-Bank passen würden. Der seit 2007 zunächst als Sprecher, dann als Vorsitzender des Vorstands amtierende Thomas Lange hätte gern die Münsterländische Bank Thie & Co. erworben, deren Gesellschafterin, die Oldenburgische Landesbank AG, aber nicht verkaufsbereit war. Andere Pläne wurden ad acta gelegt. Zu groß waren die Risiken bei manchen durch die Finanz- und Wirtschaftskrise geschwächten Instituten, zu hoch im Verhältnis dazu die Kaufpreisforderungen der Eigentümer.

2005 fädelte Puppel zusammen mit dem chinesischen Geschäftsmann Wei Luan ein großes – und wahrscheinlich zugleich das spektakulärste – Auslandsprojekt der National-Bank ein: Die erst wenige Jahre zuvor auf dem neuesten Stand der Technik errichtete Kokerei Kaiserstuhl in Dortmund, die zur RAG-Tochter Deutsche Steinkohle gehörte, wurde nach China verkauft, komplett abgebaut, verschifft, im ostchinesischen Jining Stück für Stück wieder installiert und im Jahr 2006 erneut in Betrieb genommen. Die National-Bank begleitete den aufsehenerregenden Verkauf als Projektfinanzierer, obwohl dies nicht zum originären Geschäftsmodell gehörte.[276] Über den Transfer erschien im Jahr 2006 der mit deutschen und internationalen Filmpreisen gewürdigte Dokumentarfilm «Loosers and Winners» in den Kinos.

Die SEB AG, eine 1976 gegründete Tochtergesellschaft der schwedischen Skandinaviska Enskilda Banken mit insgesamt 173 Filialen, war ebenfalls einmal in Essen vertreten. Bei schwächelndem Privatkundengeschäft der Schweden erwarb man 2010/11 für rund 555 Millionen Euro die Santander Consumer Bank AG mit Hauptsitz in Mönchengladbach, eine Tochtergesellschaft der spanischen Großbank Banco Santander. Entgegen aller Befürchtungen wurde, im Unterschied zu anderen Zweigstellen im Ruhrgebiet, die Essener Filiale im «Lindencenter» bislang nicht geschlossen. Zum Santander-Bereich gehörte die GE Money Bank GmbH, die 2009 mit der Santander Consumer Bank AG verschmolzen wurde und eine Filiale in der Brandstraße hatte.

Die UniCredit Bank AG, eine Gesellschaft der UniCredit Group, die 2005 im Rahmen der bis dahin größten grenzüberschreitenden europäischen Bankenfusion zwischen der deutschen HVB Group (HypoVereinsbank) und der italienischen UniCredit Group entstand,[277] gehört mit ihren 796 Geschäftsstellen zu den größten Bankengruppen Europas und hat eine Filiale in der Rüttenscheider Straße. Am Handelshof befindet sich zudem eine von insgesamt 17 Filialen der in Stuttgart ansässigen Konsumentenkreditbank CreditPlus Bank AG, die ihre Wurzeln in der 1960 gegründeten Stuttgarter Teilzahlungs-Kreditbank Willy Wall hat. Nach mehreren gescheiterten Versuchen, sich zu einer Universalbank aufzuschwingen, gehört sie heute zur französischen Unternehmensgruppe Crédit Agricole.

Banken mit türkischen Wurzeln sind ein Merkmal der jüngeren Essener Bankgeschichte. Die 2001 gegründete Ziraat Bank International AG, ein

Tochterunternehmen der türkischen T. C. Ziraat Bankasi AS, hatte in Rüttenscheid eine Zweigniederlassung, die inzwischen aber wieder aufgegeben wurde. Die Akbank AG, eine Tochter der niederländischen Akbank NV, deren Kerngeschäft Firmenkredite und Handelsfinanzierungen vornehmlich zwischen den EU-Staaten und der Türkei sind, unterhielt nach der Jahrtausendwende für kurze Zeit eine Zweigniederlassung in der Huyssenallee, die sich ausschließlich dem Privatkundengeschäft widmete. Heute hat die Denizbank (Wien) AG, die fast vollständig der DenizBank AS gehört (die wiederum im Besitz der russischen Sberbank ist), eine ihrer bundesweit 16 Filialen in der Lindenallee.

Die in Frankfurt ansässige Degussa Bank AG, die aus dem Gold- und Silberscheidegeschäft der ehemaligen Degussa hervorgegangen ist und heute zu einer von der Hamburger Privatbank M. M. Warburg & Co. geführten Investorengruppe gehört, bezeichnet sich als «Worksite Bank» und ist hauptsächlich an Industriestandorten und in Technologieparks zu finden, in Essen beispielsweise bei der Evonik Industries AG, deren Tochtergesellschaft Evonik Goldschmidt GmbH, der Funke Mediengruppe, ThyssenKrupp, dem Erdgas-Fernleitungsnetzbetreiber OGE und einem Bank-Shop bei E. ON.

Weitere kleine Privatbanken in Essen waren in der Nachkriegszeit eine quantité négligéable und sollen nur der Vollständigkeit halber kurz erwähnt werden. Das Dortmunder Bankgeschäft Burgardt & Bröckelschen KG a. A., das von Hermann Bröckelschen geführt wurde, seit 1966 als Alleininhaber, hatte in der Ruhrallee, später in der Huyssenallee und seit 1960 in der Trentelgasse eine Zweigstelle. An dieser Privatbank war die Landesbank für Westfalen, später die WestLB, mit 40 Prozent beteiligt, seit den 1970er-Jahren die in Montreal ansässige Royal Bank of Canada.[278] 1980 fusionierte das Institut mit der Nottebohm & Co. AG zur Burgardt & Nottebohm AG.

Einheit in Vielfalt:
Kreditgenossenschaften und Gewerkschaftsbanken

Essen mit seinen flächendeckenden Spar- und Darlehnskassen war traditionell durch eine Vielzahl an genossenschaftlich organisierten Kreditinstituten gekennzeichnet, die auch heute noch ein Signum der deutschen Bankenlandschaft ist. Eines der wichtigsten Merkmale von Genossenschaftsbanken ist neben dem Selbsthilfegedanken ihr dezentrales Geschäftsmodell. Das Spektrum, das bundesweit von Raiffeisenbanken, Raiffeisenkassen,

Sparda-Banken, Spar- und Darlehnskassen bis zu Vereins- und Volksbanken reicht (und auch die Deutsche Genossenschaftskasse, seit 1972 die Deutsche Zentralgenossenschaftsbank AG und heute die DZ Bank AG umfasst), war und ist in seiner Vielgestaltigkeit geradezu verwirrend und ein Beleg für den Umstand, wie stark sich inzwischen die ursprüngliche Aufgabe, nämlich die Landwirtschaft und das Handwerk mit Kredit zu versorgen, aufgefächert hat. Eine Aufzählung der heute wichtigsten Essener Akteure deutet diese Diversifizierung zumindest an: Die Bank im Bistum Essen, die Geno Bank Essen eG, die Pax-Bank eG, die PSD Bank Rhein-Ruhr eG und die Sparda-Bank West eG repräsentieren eine der drei Säulen des deutschen Bankensystems, das einem beständigen Wandel unterworfen ist. Seit der zweiten Hälfte der 1950er-Jahre war das Umfeld der Genossenschaftsbanken von «starkem wirtschaftlichen Wachstum, neuen Kundenbedürfnissen, sprunghaft zunehmender ‹Bankfähigkeit› breiter Bevölkerungsschichten sowie von einem intensiver werdenden Wettbewerb geprägt».[279] Bei drastisch zurückgehenden Warengeschäften gab es zwischen Volksbanken und Raiffeisenkassen, gerade wenn ihre Geschäftsstellen an der gleichen Straßenecke lagen, einen unnötigen und erbitterten Konkurrenzkampf,[280] der Sanierungen erforderte sowie Zusammenlegungen und engere Kooperationen nahelegte. Die Zahl der genossenschaftlichen Banken ging von 5752 im Jahr 1972 auf nur noch 1121 im Jahr 2011 zurück.[281]

Die Geno Bank Essen eG hat ihre Wurzeln im genossenschaftlichen Altendorfer Spar- und Darlehnskassenverein eGmbH, der im Altendorfer Gemeindehaus untergebracht war und sich 1954 in «Spar- und Darlehnskasse Altendorf-Ruhr eGmbH» umbenannte. Das traditionsreiche, aber kleine Institut in dieser stark durch Krupp geprägten westlichen Nachbargemeinde zählte 1961 genau 535 Mitglieder. Die Bilanzsumme betrug nur bescheidene fünf Millionen DM; der beachtliche Umsatz von fast 50 Millionen erklärte sich vor allem aus der intensiven Bautätigkeit. 1961 wurde ein eigenes Geschäftshaus notwendig, um die zehn Angestellten unterzubringen und den Kunden ein angemessenes Ambiente zu bieten. Zugleich wurde eine Zweigstelle in Niederwenigern eröffnet,[282] das zwar heute zu Hattingen gehört, dessen Filiale aber immer noch Essen zugeordnet ist. Auch in Überruhr-Hinsel, Freisenbruch, Oberaltendorf, Schönebeck, Stoppenberg, Holthausen, Steele und Kupferdreh wurden Zweigstellen errichtet. Die Expansion machte sich in den Geschäftszahlen bemerkbar: Die Bilanzsumme überschritt 1975 die 100-Millionen DM-Grenze; der Jahresumsatz der Genossenschaftsbank, die in diesem Jahr ihren Namen in Spar- und Darlehnskasse Essen eG änderte, lag bei rund 2,5 Milliarden DM.[283] 1986 überschritt die Zahl der Mitglieder die Grenze von 10 000. Zu dieser Zeit waren 125 Mitarbeiter beschäftigt. 1990 wurde die Spar- und Darlehnskasse Essen in «Essener Genossenschaftsbank eG» umbenannt.

Bei der Werdener Bank eGmbH mit ihrem angestammten Sitz im Haus der Hirschapotheke im Stadtzentrum von Werden betrug die Bilanzsumme nach der Währungsreform bescheidene 138 000 DM. Es folgte eine rasante Expansion. 1954 betrug die Zahl der Mitglieder 274 und die Bilanzsumme 1,2 Millionen DM; zwei Jahre später waren es bereits fast 400 Mitglieder und die Bilanzsumme hatte sich mehr als verdoppelt. Die zügige Bauentwicklung im südlich gelegenen Heidhausen führte 1957 zur Errichtung einer recht provisorischen Zweigstelle, die kurzerhand im Haus eines Elektromeisters eröffnet wurde. Der Hauptsitz wurde noch im gleichen Jahr aus den beengten Räumlichkeiten der Hirschapotheke in eigene Räume in der Brückstraße, also nahezu an den Ausgangsort der ursprünglichen Bankgeschäfte, verlegt.

1963 fusionierte die 1029 Mitglieder zählende und eine Bilanzsumme von 7,8 Millionen DM aufweisende Volksbank Werden in der Brückstraße mit der Altenessener Credit-Anstalt zur Volksbank Essen eGmbH.[284] Das zusammengelegte mittelständisch orientierte Institut unterhielt neben der Zentrale in der Hindenburgstraße vier weitere Geschäftsstellen in Altenessen, Frintrop, Heidhausen und Werden. Die Zentrale bezog 1968 für ihre inzwischen 13 000 Kunden ein neues Domizil an der Ecke Hache- und Hindenburgstraße am Rande des Essener Bankenviertels, das im Inneren mit wertvollem Gestein auf dem Boden und Teakholz für Wände, Türen und Einbauschränke aufwartete. Die Fassade bestand aus poliertem deutschen Fichtelgebirgs-Granit, was nach Ansicht der Planer mehrere Vorteile hatte: «Trotz ihres repräsentativen Äußeren sind die Anschaffungskosten nicht zu hoch, sie ist außerdem wenig anfällig gegen die Einflüsse der Revierluft.»[285] Die Bilanzsumme vervielfachte sich in den folgenden zehn Jahren von 42 Millionen DM auf 198 Millionen DM. Mit 60 Mitarbeitern, die inzwischen 22 500 Konten verwalteten, betrug der Gesamtumsatz Ende der 1970er-Jahre über 16 Milliarden DM.[286]

Die Volksbank Essen wandelte sich 1987 in eine Aktiengesellschaft um – ein Schritt, mit dem sie aus dem genossenschaftlichen Verbund ausscherte. Sie hatte 1992 eine Bilanzsumme von rund 400 Millionen DM und erhöhte ihr Kapital auf 4,86 Millionen DM. Durch faule Kreditgeschäfte geriet sie 1998 in eine extreme Schieflage und galt als nicht länger überlebensfähig. Nach einer Vollprüfung des Kreditgeschäfts, das einen Bilanzverlust von zwölf Millionen DM und einen Wertberichtigungsbedarf von

40 Millionen feststellte,[287] erhielt sie eine Garantieerklärung des Bundesverbands der Deutschen Volks- und Raiffeisenbanken über 60 Millionen DM. Im April 1999 fusionierte sie mit der Genossenschaftsbank Essen eG.[288] Im Juni 2008 stimmte die Vertreterversammlung dem neuen Namen Geno-Volks-Bank Essen eG zu. Heute firmiert sie als Geno Bank Essen eG. Das Gebäude an der Ecke Hachestraße/Hindenburgstraße wurde aufgegeben; heute befindet sich der Sitz am Waldthausenpark. Bei einer Bilanzsumme von rund 830 Millionen Euro (2016) beschäftigt sie 175 Mitarbeiter und hat knapp 40 000 Kunden.

Die Volksbank Ruhr Mitte eG, ein 2007 vollzogener Zusammenschluss mehrerer Volksbanken aus der Region Ruhrgebiet, hatte Ende 2015 etwas über 400 Mitarbeiter in 30 Filialen und ein Geschäftsvolumen von rund 1,98 Milliarden Euro. Sie soll an dieser Stelle nur erwähnt werden, weil sie in Karnap, auf dem Essener Stadtgebiet, aus historischen Gründen eine Filiale unterhält.

Dem Genossenschaftssektor kann eine Essener Neugründung der 1960er-Jahre zugeordnet werden, die heute zu den wichtigsten Kreditinstituten vor Ort zählt: Im Oktober 1966 wurde auf Initiative des Ruhrbischofs Franz Hengsbach die Darlehnskasse im Bistum Essen geschaffen, die heutige Bank im Bistum Essen eG.[289] Das Bistum Essen war, trotz mancher Anläufe, in dem industriellen Ballungsraum ein eigenes «Ruhrbistum» zu schaffen, erst 1958 nach Verhandlungen zwischen dem Vatikan und dem Land Nordrhein-Westfalen entstanden und umfasste zahlreiche Dekanate des Erzbistums Köln sowie des Bistums Münster. Erster Bischof wurde der das Bistum nachhaltig prägende Paderborner Weihbischof Franz Hengsbach. Schon bald kristallisierte sich heraus, dass das bislang ohne eigene finanzielle Grundstruktur arbeitende Bistum nicht allein auf Kölner und Münsteraner Hilfe zählen wollte. Die daraufhin gegründete Bank im Bistum Essen entstand sprichwörtlich im Schatten des Essener Doms mit seiner 1000-jährigen Geschichte, und es ist kein Zufall, dass der Unternehmenssitz bis heute in Sichtweite des Doms ist. Gründungsgedanke war der Wunsch, mit den Geldern des neuen Bistums in Eigenregie verantwortungsvoll umzugehen. Für einen bunten Strauß an Aufgaben sollte eine Art Darlehnskasse eingerichtet werden, wie es das Bistum Münster kurz zuvor bereits umgesetzt hatte: Lohnüberweisungen an die Bistumsmitarbeiter, die Verwaltung der Instandsetzungsarbeiten an Kirchen und Gebäuden, die Spendenverwaltung der 1961 gegründeten Aktion Adveniat in Lateinamerika, schließlich auch die Altersversorgung der Mitarbeiter. Der Plan wurde wesentlich durch den Generalvikar Joseph Krautscheid umgesetzt, einem

Verwaltungsfachmann, der gemeinsam mit einigen Bankfachleuten und unter Vorsitz von Hengsbach 1966 einen entsprechenden Vorschlag unterbreitete. Die neue Darlehnskasse im Bistum Essen eGmbH, die im Oktober 1966 nach der Erlaubnis des Bundesaufsichtsamts für Kreditwesen mit zunächst sechs Mitarbeitern in beengten Räumen am Pferdemarkt ihre Schalter öffnete, war von Beginn an auf den Kundenkreis der kirchlichen Institutionen ausgerichtet: Stiftungen, Krankenhäuser, christliche Wohnungsbauunternehmen und kirchliche Alten- und Behindertenheime. Mitarbeiter dieser Einrichtungen und die Geistlichen zählten schon bald zu den Kunden der Bank, wenn auch der forsche Vorschlag des Finanzdezernenten an die Geistlichen, den gesamten Geldverkehr über das neue Kreditinstitut abzuwickeln, zunächst «durchaus auf Vorbehalte» stieß.[290] Die Widerstände waren bald überwunden, sodass die Bank Anfang 1967 in neue Räume am Zwölfling in unmittelbarer Nähe des Generalvikariats umzog. Das Geschäftsvolumen betrug schon im ersten Jahr 40 Millionen DM; die Darlehnskasse hatte darüber hinaus fast sieben Millionen DM an Krediten vergeben. Reichte in den ersten zehn Jahren ein Direktor, Edmund Bester, aus, so wurde es 1977 notwendig, ihm mit dem bisherigen Prokuristen Reinhold Kamp einen zweiten zur Seite zu stellen. Filialen wurden nicht gegründet, um zusätzliche Kosten zu vermeiden. 1993 wurde die Darlehnskasse in Bank im Bistum Essen umbenannt, um den Anspruch, eine Universalbank zu sein, nach außen erkennen zu lassen. Die Geschäftsberichte spiegelten das kontinuierliche Wachstum. 1989 überschritt, mit inzwischen 34 Mitarbeitern, die Bilanzsumme die Milliardengrenze. Die Räume am Zwölfling reichten bald nicht mehr aus. 1998 zog die Bank in die Gildehofstraße um, wo sie auch heute noch ihren Sitz hat. Von diesem Zeitpunkt an waren nur noch hauptamtliche Mitarbeiter tätig – es ist geradezu erstaunlich, dass die Bank bis dahin noch zum Teil mit nebenamtlich Beschäftigten gearbeitet hatte. In den 1990er-Jahren gab sich die Bank Leitsätze, nach welchen ethischen Maßstäben Investitionen getätigt werden. Diese hatten zwar seit Gründung bestanden, wurden aber nun gleichsam kodifiziert. Die Bank im Bistum Essen zählt sich bis heute ausdrücklich nicht zum Kreis der überwiegend gewinnorientierten Kreditinstitute. Sie beruft sich auf die christliche Caritas, hebt auf eine nachhaltige Bankpolitik ab und gehört, obwohl sie (2016) nur knapp 130 Mitarbeiter und 15 000 Kunden hat, zu den 20 größten deutschen Genossenschaftsbanken. Sie hat rund 3000 Besitzer fast ausschließlich aus dem religiösen Umfeld, und der Kundenkreis – vom Küster bis zu den Pflegern und Ärzten der christlichen Krankenhäuser – spiegelt diese Ausrichtung wider. Aber auch institutionelle

Kunden gehören dazu: Diözesen und Pfarrgemeinde, meist in Deutschland, aber auch in Lateinamerika, wo heute über die Hilfsmission Adveniat sowie das Modell der «Mikrofinanzierung» zahlreiche Projekte des Fair Banking unterstützt werden. Dabei ist die Bank im Bistum Essen, die unter anderem Schulen und Krankenhäuser weit über den Bistumsraum hinaus finanziert und nur noch 20 Prozent des Geschäftsumsatzes in der Region macht, rechtlich ein vom Bistum Essen unabhängiges Unternehmen.

Die 1917 gegründete und in Köln ansässige Pax-Bank eG hat – für eine christlich orientierte Bank in der Bischofsstadt Essen an und für sich eine Selbstverständlichkeit – seit 1958 eine ihrer heute deutschlandweit sieben Filialen in der Essener Gildehofstraße.

Eine durchaus vergleichbare Zielrichtung hat eine weitere Bank, die dem Genossenschaftssektor zuzuordnen ist: die Bank für Sozialwirtschaft AG, 1923 als «Hilfskasse gemeinnütziger Wohlfahrtseinrichtungen mbH» gegründet. Sie ist wie die Pax-Bank in Köln angesiedelt, aber wesentlich größer und mit einer Bilanzsumme von 7,3 Milliarden Euro die achtgrößte deutsche Genossenschaftsbank. Seit 1997 ist sie eine Aktiengesellschaft und wird von den Spitzenverbänden der freien Wohlfahrtspflege (Caritas, Diakonisches Werk, Arbeiterwohlfahrt und Paritätischer Wohlfahrtsverband) getragen. Von ihren bundesweit zwölf Geschäftsstellen unterhält sie eine in der Huyssenallee. Diese wurde 1991 zunächst am Kennedyplatz eingerichtet, um das Ruhrgebiet, das Münsterland und die Region Ostwestfalen besser betreuen zu können, das bis dahin der Geschäftsstelle Köln zugeordnet war. Krankenhäuser und andere Betriebe der Sozial- und Gesundheitswirtschaft bilden die Hauptklientel.

Für die Sparda-Bank Essen erweiterte sich der Geschäftsbereich in der unmittelbaren Nachkriegszeit durch die Zonenteilung und die Länderneuordnung im Osten bis nach Paderborn. Die sechs in der britischen Besatzungszone liegenden Reichsbahnsparkassen entschieden Anfang November 1945 in Bielefeld, wo die Reichsbahndirektion ihren Sitz hatte, die Geschäfte nach den bisherigen Grundsätzen fortzuführen. Zwar bewirkte die Währungsreform eine Stabilisierung, aber der Deutschen Bundesbahn – als Nachfolgerin der Reichsbahn – fehlten weiterhin flüssige Mittel. Die Sparda-Mitarbeiter erhielten ihre Gehälter zunächst nur in Teilbeträgen ausgezahlt; es war wenig verwunderlich, dass auch für Kredite kaum Refinanzierungsmittel zur Verfügung standen.[291] Nach der Währungsreform – die Angestellten hatten 1948 alle Hände voll damit zu tun, die rund 43 000 Konten ihrer Mitglieder von RM auf DM umzustellen – betrug die Bilanzsumme rund 3,2 Millionen DM. Im folgenden Jahr mietete die Bank, die traditionell ihr

Direktionsgebäude am Bismarckplatz gehabt hatte, neue Räume im Erweiterungsbau der Bundesbahndirektion in der Kruppstraße. 1978 wurde ein Gemeinschaftsgebäude der Sparda-Bank Essen und der Deutschen Bundesbahndirektion Essen bezogen, mitten in der City an der Kreuzung von Krupp- und Friedrichstraße. Die Sparda-Bank Essen war zu diesem Zeitpunkt bereits von tiefgreifenden strukturellen Veränderungen betroffen. Die Bundesbahn schrieb seit ihrer Gründung 1949 rote Zahlen, weil Altlasten aus der Reichsbahn-Zeit, unrentable Streckennetze, Kosten für die Elektrifizierung, die Zunahme des Individualverkehrs sowie drückende Sozialverpflichtungen für die ständig steigende Zahl von Mitarbeitern die Bilanz belasteten. In den 1970er-Jahren waren im Zeichen der Konjunkturschwäche Rationalisierungen unumgänglich; der Staatsbetrieb musste dringend eigenverantwortlich gemacht werden. Durch den Rückgang des Fracht- und Güterverkehrs wie auch durch Streckenstilllegungen, die Schließung von Bahnhöfen und Ausbesserungswerken sowie die Verlagerung des Verkehrs von der Schiene auf die Straße geriet die Bundesbahn – und ihre Banken – in eine Krise, die auch durch Personalabbau bekämpft wurde. Dadurch ging aber auch die Zahl der Mitglieder bei den Sparda-Banken zurück. Der Privatisierungsprozess der Bundesbahn zog sich insgesamt noch bis 1994 hin.

Im Zuge des Wandels zu einem Privatunternehmen änderte sich auch der Status der Bahn-Bank. Die Sparda-Banken – einen Namen, den sich die Eisenbahn-Spar- und Darlehnskassen 1978 einheitlich gaben – waren immer weniger eine Spezialbank für Eisenbahner, sondern wurden zu Universalbanken für die Beschäftigten und Bediensteten des öffentlichen Dienstes. Der Geschäftsbereich der Sparda-Bank Essen erstreckte sich, traditionell dem Bereich der Bundesbahndirektion Essen folgend, von Emmerich an der niederländischen Grenze bis nach Paderborn, jedoch mit einem deutlichen Schwerpunkt im Ruhrgebiet. Von den damals 16 Sparda-Banken war der Geschäftsbereich der Sparda-Bank Essen geografisch der kleinste, vom Geschäftsvolumen – 721 Millionen DM im Jahr 1980 – der größte. Sie zählte zu den größten westdeutschen Genossenschaftsbanken. Von insgesamt rund 4500 aufgeführten Instituten stand sie an 23. Stelle. Seit Anfang 1979 trug die Kreditgenossenschaft den Namen «Sparda Bank Essen eG», hatte inzwischen rund 65 000 Mitglieder, Zweigstellen in Dortmund, Duisburg und Bochum, eine Bilanzsumme von fast 800 Millionen DM und einen Umsatz von jährlich rund zwölf Milliarden DM, wobei auch das Wertpapiergeschäft eine immer größere Rolle spielte. Seit 1992 waren die Sparda-Banken durch einen Kooperationsvertrag an der Deutschen-Verkehrs-Bank als ihrer Zentralbank beteiligt; größter Einleger war zunächst die Bundes-

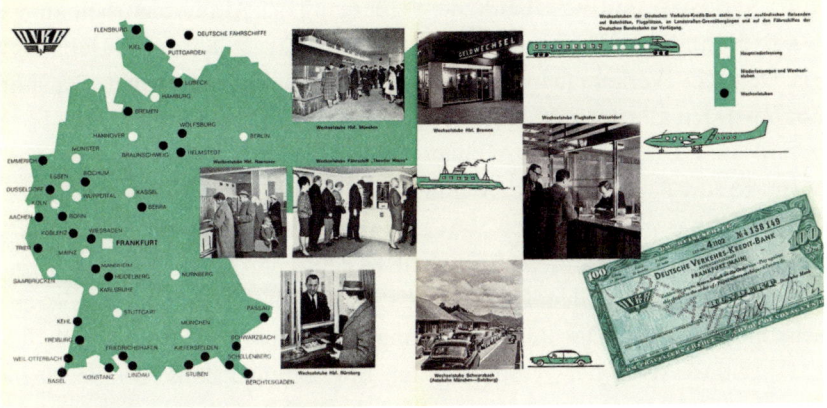

Vor allem an den Bahnhöfen war die Deutsche Verkehrs-Kredit-Bank Aktiengesellschaft mit Filialen vertreten.

bahn, nach der Verschmelzung mit der Deutschen Reichsbahn zur Deutschen Bahn AG im Jahr 1994 die DG Bank. Die Sparda-Banken kündigten 2001 das Kooperationsabkommen mit der Deutschen Verkehrsbank AG und führten ihre Geschäfte mit der DZ Bank fort. Unter dem Namen Sparda Bank-West eG wurde die Essener Sparda-Bank im Jahr 2002 durch die drei Sparda-Banken Essen, Wuppertal und Köln umgegründet; ihre Zentrale befindet sich in Düsseldorf. Sie hat heute (2016) eine Bilanzsumme von 8,8 Milliarden Euro und ist die sechstgrößte deutsche Genossenschaftsbank. Sie betreut 608 000 Kunden und hat 69 Filialen, darunter in Essen neben der Regionalleitung vier Filialen und ein Immobiliencenter. An die Wurzeln, die 1905 zur genossenschaftlichen Selbsthilfe gegründete Spar- und Darlehenskasse der Eisenbahner, erinnert heute nur noch wenig.

Mit der Geschichte der Sparda-Bank Essen blieb das Schicksal der Deutschen Verkehrs-Kredit-Bank AG eng verbunden, die nach Kriegsende erneut in Essen eine Heimat fand. 1953 wurde von der inzwischen in Frankfurt am Main ansässigen Bank der Bundesbahn am Waldthausenpark, an der gleichen Stelle, an der das im Bombenkrieg 1943 zerstörte Gebäude gestanden hatte, eine der bundesweit 15 Zweigniederlassungen eröffnet. Sie nahm weiterhin eine Mittelstellung zwischen Banken mit öffentlichen Spezialaufgaben und den Privatbanken ein. Die Frachtstundung, andere «bahnnahe» Finanzierungen sowie die Abwicklung des gesamten Zahlungsverkehrs der Deutschen Bundesbahn blieben das Kerngeschäft.[292] Die Zweigstellen wurden im Zuge der 1987 eingeleiteten Teilprivatisierung und mit dem damit vollzogenen Wandel von einer bundeseigenen Bahnbank zu einer Verkehrs- und Reisebank, dem Übergang der Aktienmehrheit an die DZ Bank und der Neupositionierung des Geschäftsfeldes der im Jahr 1997 als Deutsche Verkehrsbank AG firmierenden Bank aufgegeben. Im Jahr 2000 wurden alle noch bestehenden Filialen bis auf den Standort Hamburg geschlossen. Die ReiseBank AG, 1996 als Ausgliederung der Deutschen Verkehrs-Kredit-Bank entstanden und heute Marktführer im Geschäft mit Reisezahlungsmitteln, wurde 2003 als Institut des Genossenschaftssektors an die DZ Bank verkauft. Sie unterhält an deutschen Flughäfen und Bahnhöfen 89 Geschäftsstellen. Im Essener Hauptbahnhof ist sie mit einer Wechselstube vertreten. Die ReiseBank fungiert seit 1993 auch als Geschäftspartner und Agent der Western Union International Bank GmbH. Diese Gesellschaft ist in manchen ärmeren Ländern oftmals der einzige Anbieter von Geldtransfers und für viele Flüchtlinge und Migranten trotz hoher Gebühren eine wichtige Anlaufstelle. Die Western Union unterhält eine ihrer deutschlandweit 31 Filialen am Kopstadtplatz.

Einige weitere Genossenschaften verfügen heute in Essen über Filialen. Die 1902 unter dem Namen «Kredit-Verein Deutscher Apotheker» in Danzig als genossenschaftliche Selbsthilfeeinrichtung zur Vergabe günstiger Kredite gegründete Deutsche Apotheker- und Ärztebank eG mit ihrem Sitz in Düsseldorf ist mit rund 38 Milliarden Euro Bilanzsumme (2017) die größte deutsche Genossenschaftsbank. Sie hat eine Filiale in der Paul-Klinger-Straße und widmet sich überwiegend den Kunden aus den Heilberufen.

Die Ursprünge der PSD Bank Rhein-Ruhr eG mit Sitz in Düsseldorf liegen in dem 1872 gegründeten genossenschaftlichen Post-, Spar- und Darlehnsverein, der ältesten Selbsthilfeeinrichtung der Post. Seit 1998 ist die Essener Filiale nicht mehr nur für Beamte und Angestellte der Post, sondern auch für andere Privatkunden geöffnet.

Der Postscheckdienst, der nach damaligem Verständnis trotz der Ausgabe von Postsparbüchern nicht als Banktätigkeit galt, weil er keine kreditgeberische Funktion ausübte, wurde in Essen seit 1920 über ein eigenes Postscheckamt abgewickelt. Diese «Girobank des kleinen Mannes», über die zum Beispiel die Invaliden- und Altersrenten ausgezahlt wurden, entwickelte sich nach der Weltwirtschaftskrise positiv. Der bargeldlose Zahlungsverkehr erreichte 1938 ungefähr wieder das Niveau des Jahres 1930, und das Amt Essen überlebte die Wirren des Zweiten Weltkrieges.[293] Eines der bundesweit zwölf Postscheckämter wurde erneut in Essen angesiedelt. Angesichts der unbefriedigenden Unterbringung an provisorischen Standorten entschlossen sich die zuständige Oberpostdirektion Düsseldorf und der Bund im Jahr 1956, ein neues Verwaltungsgebäude zu errichten. Nach dem Erwerb eines ehemaligen Krupp-Grundstücks am Hauptbahnhof und langer Planungs- und Bauphase bezog das Postscheckamt im Jahr 1968 das mit 91 Metern höchste Hochhaus Essens. Bei der Einweihung war Bundespostminister Dollinger anwesend. 1984 wurde aus dem Postscheckamt ein Postgiroamt, obwohl sich an den Kernaufgaben wie der bargeldlosen Überweisung und dem Einzug von Lastschriften und Schecks wenig änderte. Die Postreformen im Zuge der Privatisierung ebneten seit 1989 den Übergang zu einer Aktiengesellschaft, der 1994 erfolgte, bis schließlich die Privatisierung 1999 abgeschlossen wurde. Im Oktober 2001 mussten zahlreiche Essener Postbank-Mitarbeiter ihren Arbeitsplatz nach Dortmund verlegen. Die Deutsche Postbank AG mit Hauptsitz in Bonn, die mit ihren 150 Milliarden Euro Bilanzsumme zu den Schwergewichten der Bankenwelt zählt und fast vollständig im Besitz der Deutschen Bank ist, übernahm die Dienste im Jahr 2010. Ihr Schwerpunkt liegt im Privatkundengeschäft und bei Postdienstleistungen. Sie hat das dichteste Filialnetz aller deutschen Banken und eine Filiale am Willy-Brandt-Platz.

Die 1949 von Konsumgenossenschaften und Gewerkschaften gegründete Bank für Gemeinwirtschaft Nordrhein-Westfalen AG mit Sitz in Düsseldorf eröffnete bereits im ersten Geschäftsjahr 1950 eine Filiale in der Essener Lindenallee an der Ecke zur Maxstraße, und zwar in dem stark bombengeschädigten Gebäude, in dem vor Kriegsende die Bank der Deutschen Arbeit ihren Sitz gehabt hatte.[294] Dieses wurde in der Folgezeit sukzessive erweitert und repräsentativ ausgebaut. Das neue Kreditinstitut erhielt wie das Vorgängerinstitut eine Lizenz als Außenhandelsbank und wollte, wie schon der erste Geschäftsbericht 1950 ausführte, die Tradition der in Essen angesiedelten ehemaligen Gewerkschaftsbanken Deutsche Volksbank AG und der Bank der Arbeiter, Angestellten und Beamten AG weiterführen. Das im Jahr 1959 als Bank für Gemeinwirtschaft AG (BfG) aus der Vereinigung der sechs bundesdeutschen Gemeinwirtschaftsbanken (Düsseldorf, Frankfurt am Main, Hamburg, Hannover, München, Stuttgart) hervorgegangene Kreditinstitut, das seine Zentrale in Frankfurt am Main fand, verstand sich selbstbewusst als Universalbank.[295] Sie entwickelte sich so dynamisch, dass sie vom *Handelsblatt* schon 1964 als «Vierte Großbank» bezeichnet wurde.[296] Die Kehrseite war, dass im Gewerkschaftsmilieu, dem das bewährte kleinräumige und auf demokratischer Selbstverwaltung beruhende Konzept basisnaher Genossenschaften aus den Jahren der Weimarer Republik an und für sich gut bekannt war, die Vorteile überschaubarer Kreditorganisationen allmählich verloren gingen. Die BfG wurde in der Bonner Republik ein schlechtes Beispiel für ein Denken, das schiere Größe, Zentralisierung und schließlich Gigantomanie in den Vordergrund stellte. Das Augenmaß ging ebenso verloren wie das Bewusstsein für die Vorteile des Prinzips der demokratischen Selbstverwaltung in kleinen Einheiten. Die seit Mitte der 1960er-Jahre immer häufiger zu hörende Kritik an der «Macht der Banken» bezog sich daher nicht länger allein auf die Privatbanken, sondern auch auf die BfG.[297] In ihrer Blütezeit errichtete das Institut 1976 an der Lindenallee, an der Stelle, an der bis 1974 das Traditionshotel Kaiserhof gestanden hatte, für den stolzen Preis von 50 Millionen DM ein neues Gebäude mit 14 Geschossen. In die Ladenpassagen im Erdgeschoss zogen Geschäfte und ein Restaurant, der Rest wurde von der BfG genutzt. Die Gewerkschaftsbank schlitterte schon 1975 – die Stichworte co op AG und «Neue Heimat» müssen genügen[298] – von einer Krise in die andere, wurde in den 1990er-Jahren zunächst von der Aachener und Münchener Versicherungsgruppe übernommen, gehörte dann eine Zeit lang zur französischen Crédit Lyonnais und ging Anfang 2000 in den Besitz der schwedischen SEB AG über, die auch die bundesweit 177 Filialen und 30 Vermögensmanagement-Center übernahm und mit dem neuen Logo «SEB» ausstattete. In dem Gebäude, das heute den Namen «Lindencenter» trägt, war zunächst auch die SEB beheimatet; seit der Übernahme des SEB-Privatkundengeschäfts durch den deutschen Ableger der spanischen Banco Santander befindet sich hier eine Santander-Filiale.

Im Zeichen des Massengeschäfts: Kleinkredit, Volksaktien und die Essener «Teilzahlungsbanken»

Das veränderte Verbraucher- und Kundenverhalten im Wirtschaftswunder deutete sich seit den späten 1950er-Jahren mit der Einführung und Propagierung des persönlichen Kleinkredits an.[299] Das Geschäftsmodell war nicht neu: Das «Anschreibenlassen» in Lebensmittelgeschäften und der organisierte Teilzahlungskredit waren Vorläufer einer Entwicklung, die jetzt aber an Fahrt gewann. Die IHK Essen empfand diesen Trend als «bedenklich», weil offenbar zahlreiche noch ledige Bergleute den «Verlockungen der Teilzahlungskäufe» nachgaben und sich verschuldeten.[300] Auf der anderen Seite gehörte es zu den Zeichen des Aufschwungs, dass das «Abstottern» den Ruf des Abschätzigen verlor. Bundeswirtschaftsminister Erhard nutzte 1954 den Deutschen Sparkassentag, um den «Mut zum Konsum» einzufordern. Der Kauf auf Kredit solle «nicht unter allen Umständen als etwas Fluchwürdiges» verworfen werden.[301]

Bemerkenswerterweise monierten namhafte Vertreter der Essener Wirtschaft die «Neigung zum unbeschränkten Geldausgeben» und führten den «mangelnden Sparwillen weiter Kreise» auf den Koreakrieg zurück.[302] Diese Analyse griff aber zu kurz, denn selbst nach Beendigung der Auseinandersetzung im Fernen Osten blieben die Essener Bürger in Kauflaune. Viele Industriearbeiter nutzten ihre Konten inzwischen dazu, ihr Geld nach Zahlungseingang gleich wieder abzuheben. Jugendliche unverheiratete Arbeiter, so lautete die Klage, würden an das Sparen überhaupt nicht denken: «Beobachtungen dieser Art legen immer wieder den Gedanken nahe, nach Mitteln und Wegen zu suchen, um das Sparen anziehender zu machen. Stärkere steuerliche Bevorzugung dürfte immer noch reeller sein als irgendwelche Totonachahmungen.» Nun jedoch fürchteten vor allem die Sparkassen die Verführbarkeit ihrer Kunden für den ungehemmten Konsum. Der Präsident des Deutschen Sparkassen- und Giroverbands, Fritz Butschkau, beklagte 1957 «den dauernden schweren Gewissenskonflikt», in den seine Institute durch die Konsumkredite gestürzt würden. Unverändert sei die wichtigste Aufgabe «die Pflege der Sparsamkeit und einer Lebenshaltung, die Sparsamkeit vor die Borgwirtschaft setzt».[303] Ins gleiche Horn stieß ein Jahr später Bundeswirtschaftsminister Erhard, der, anders als noch ein paar Jahre zuvor, auf dem Deutschen Bankiertag zum Maßhalten aufrief. Kreditinstitute sollten zwar an Privatpersonen Barkredite vergeben dürfen, aber es müsse dafür Sorge getragen werden, dass dafür nicht «Haus und Hof verpfändet» würden.[304] Aufhalten ließ sich die Entwicklung jedoch nicht. Allmählich schlichen sich andere Töne in die Kino-, Zeitungs- und Zeitschriftenwerbung. «Das wünsch ich mir, drum spare ich», hieß es in einer typischen Anzeige aus dem Jahr 1954. Es war offensichtlich, dass inzwischen «das Konsum- und nicht das Vorsorgesparen im Mittelpunkt der Werbung» stand.[305]

Die Klage über ausgabesüchtige junge Menschen erwies sich allerdings als zu pessimistisch, denn die Spareinlagen wuchsen trotz allen Konsums weiter: Sparsamkeit blieb für die Westdeutschen eine wichtige Tugend, was wohl auch damit zu tun hatte, dass viele von ihnen die Inflation nach dem Ersten Weltkrieg noch in Erinnerung hatten. Wahrscheinlich war dies einer der Gründe, warum nach wenigen Aufbaujahren in der Bundesrepublik schon zwei Drittel aller Deutschen schuldenfrei waren.

Die damaligen Konsummuster orientierten sich in erster Linie an Nützlichkeitserwägungen. Im Bewusstsein der meisten Westdeutschen verklärte sich die Wirtschaftswunderzeit zu einem sinnstiftenden Mythos. Aus einer

Situation des Mangels entstand binnen weniger Jahre eine neue Konsumge-sellschaft. «Wohlstand für alle» war das Postulat der späten 1950er-Jahre: Pflichtbewusst gingen die Deutschen zur Arbeit, man erfreute sich be-scheiden des stetigen Einkommenszuwachses, sparte einen Großteil seines Geldes und legte so die Grundlagen für den eigenen sozialen Aufstieg.

Girokonto und bargeldloser Zahlungsverkehr verschafften nun auch all jenen Kontakt zu einem Bankinstitut, die bis dahin weitgehend ohne ein solches ausgekommen waren – eine heute nur noch schwer vorstellbare Tat-sache, die aber den Banken bei starker Ausweitung des Geschäftsvolumens den Durchbruch zum Massengeschäft bescherte. Ehefrauen durften seit dem Gleichberechtigungsgesetz 1957 ein eigenes Konto führen.[306]

«Privatkredit» lautet nun das Schlagwort im Kundenverkehr, weil die Notkäufe der unmittelbaren Nachkriegszeit durch Wohlstandskäufe abge-löst wurden. Den Anstoß gab die britische Midland Bank, die seit Anfang 1959 Kleinkredite mit günstigen Zinssätzen vergab. Daraufhin zogen die deutschen Banken nach. 1960 gab es neue Höchststände bei den Krediten für Kraftfahrzeuge sowie für Modernisierungen und Reparaturen. Für die neue Kundschaft galten Richtlinien, die von der westdeutschen Bankenauf-sicht Ende 1958 erlassen worden waren.

Die Essener Finanzinstitute blieben im Wettbewerb um den Privat-kunden nicht abseits: Kleinkredite zwischen 300 und 2000 DM mit einem Monatszins von 0,4 Prozent und «Anschaffungsdarlehen» waren en vogue. Kreditnehmer benötigten in der Regel nur noch den Personalausweis und eine Verdienstbescheinigung des Arbeitgebers. Das Schufa-Zeugnis holten die Banken auf eigene Kosten ein.[307] Die Autofinanzierung fand häufig über die Versicherungsvertreter statt, die in der Regel den ersten Kontakt zu po-tenziellen Kunden hatten. Sie nahmen zunächst eine Bonitätsprüfung vor und reichten, sofern diese positiv ausfiel, die Finanzierungsunterlagen an-schließend bei der Bank ein, die wiederum den entsprechenden Kredit über den Versicherungsvertreter auszahlte.[308] Es blieb nicht aus, dass bei dieser Konsumwelle bisweilen über die «schlechte Zahlungsmoral der privaten Kreditnehmer» geklagt und in einigen Fällen sogar auf «betrügerische Manipulationen zum Nachteil der Kreditinstitute» aufmerksam gemacht wurde,[309] ein deutlicher Hinweis, dass die Essener Banken mit Blick auf die Auswahl ihrer neuen Kunden noch nicht ausgelernt hatten.

Teilzahlungsinstitute wurden von den etablierten Bankhäusern zwar nicht als gleichwertig angesehen. Keine der Essener Banken wollte jedoch Kunden an die neue Konkurrenz verlieren. Essen war als «Einkaufsstadt» von dem Boom auf eine ganz eigene Weise geprägt. Die Arbeiter in der

Für Sie privat-

Für Sie geschäftlich-

die Zusammenarbeit mit der

DEUTSCHEN BANK

bietet viele Vorteile

Geschäfts- und Privatkunden-
werbung der Deutschen Bank.

Kohle- und Stahlbranche, erst recht aber die Angestellten des tertiären Sektors verfügten mit zunehmendem Wohlstand über Geldreserven für Anschaffungen. Dieses Potenzial sollte nicht durch die seit den späten 1950er-Jahren verstärkt auftretenden «Kreditvermittler» abgeschöpft werden, denn dies verteuerte den Kleinkredit unnötig.[310] Naheliegender war es, auf bereits bewährte Modelle zurückzugreifen. Ein wichtiger Mitspieler in diesem Segment war die Waren-Kredit-Gesellschaft mbh (W.K.G.), die in Essen eine lange Vorgeschichte hatte. Im Frühjahr 1936 hatten sich 17 Essener Einzelhändlern – unter ihnen Cramer & Meermann und Overbeck & Weller – mit dem Ziel zusammengeschlossen, sich an dem in Mode kommenden Teilzahlungsgeschäft zu beteiligen. Die Einzelhändler, die prinzipiell gerne am Modell des Barverkaufs festgehalten hätten, waren nicht länger bereit, «tatenlos einer Abwanderung ihrer Kundschaft zu den großen und kleinen Abzahlungshäusern» zuzusehen. An diesem Institut war die National-Bank mit einer Mehrheit von 53 Prozent beteiligt.[311] Das Prinzip des «W.K.G.-Einkaufsschecks» setzte sich sofort durch. Der Jahresumsatz stieg von 800 000 RM im Gründungsjahr auf 2,4 Millionen RM 1938.

Es spricht alles dafür, dass sich diese Entwicklung fortgesetzt hätte, wenn nicht der Zweite Weltkrieg der W.K.G. ein jähes Ende bereitet hätte und die Gesellschaft 1942 ihre Arbeit durch einen Beschluss der National-Bank eingestellt hätte. Aber 1949 wurde sie wiedergegründet und avancierte zum regional wichtigsten Teilzahlungskreditinstitut, mit dem lediglich noch die KKB konkurrieren konnte, auf die weiter unten eingegangen wird. Die Gesellschaft hatte ihren Sitz zunächst an wechselnden Orten, unter anderem im Allianzhaus, zog aber 1955 in den Erweiterungsbau der National-Bank am Theaterplatz um, was angesichts der engen geschäftlichen Bindung nahelag. In der Wirtschaftswunderzeit ging es ständig voran: Betrug der Umsatz im ersten Geschäftsjahr 1949 noch 1,3 Millionen DM, verdoppelte er sich 1950 auf 2,8 Millionen DM und 1951 auf 5,3 Millionen. In diesem Tempo ging es weiter. Anfang der 1960er-Jahre betrug der Jahresumsatz 31 Millionen DM. Die W.K.G., deren Stammkapital 1962 auf 1,5 Millionen DM erhöht wurde, beschäftigte inzwischen rund 50 Mitarbeiter. Größter Umsatzträger war das B-Geschäft (mit Händlern) und die Finanzierung langlebiger Konsumgüter wie etwa von Möbeln sowie das C-Geschäft mit Darlehen für bewegliche Investitionsgüter wie beispielsweise Maschinen. Das bis in die 1950er-Jahre bedeutende A-Geschäft, das Scheckheft-System, geriet hingegen völlig in den Hintergrund und wurde 1964 eingestellt, weil die Kunden die Barauszahlung bevorzugten.[312] 1963 und 1964 liefen die Geschäfte so gut, dass aus dem Gewinn üppige Dividenden von 14 Prozent ausgeschüttet wurden;[313] 1968 gab die W.K.G. mit ihren inzwischen 60 Beschäftigten Teilzahlungskredite über 500 Millionen DM aus.[314] Die daraus erwachsende Tochterbank, die Teilzahlungsbank NB Kreditbank GmbH, wurde 1987 in das Hauptgeschäft der National-Bank eingegliedert, weil sich die Geschäftsfelder immer stärker angenähert hatten.

Der Konsumtrend ging ungebremst weiter. Seit Mitte der 1960er-Jahre durften Privatkunden auf Antrag ihr Girokonto überziehen, was bisher nur beim Handel und im Gewerbe üblich gewesen war. Der «Dispositionskredit» – der Begriff klang besser als «Kontoüberziehung» – schuf die Möglichkeit einer noch einfacheren Kreditaufnahme, allerdings nur für jene, die auf ihrem Girokonto verlässliche Einkünfte und nachvollziehbare Kontobewegungen zu verzeichnen hatten. Unter dem Kürzel «PAD» für «Persönliches Anschaffungsdarlehen» wurden Kredite mit einem festen Zinssatz angeboten. Weil diese über der Grenze der Kleindarlehen von 2000 DM lagen, wurden sie bisweilen auch von gewerblichen Kunden und Kleinunternehmern in Anspruch genommen, die damit z. B. Fahrzeuge, Bau- und Büromaschinen finanzierten.

Die Arbeiter und Handwerker im Ruhrgebiet wurden umworbene Kunden, wenn es um den «Persönlichen Kundenkredit» ging.

Die Deutschen hatten inzwischen den Urlaub entdeckt, obwohl die Fahrten noch nicht nach Übersee, sondern in die Alpen und jenseits der Brennergrenze führten.[315] Die Kreditinstitute lockten eine neue Kundschaft mit Angeboten, die für Banken aufgrund der vergleichsweise hohen Kreditzinsen recht lukrativ waren. Die Dresdner Bank Essen pries ihre Expertise bei Zoll- und Devisenbestimmungen, um den Kauf von Reiseschecks und «Tankschecks» sowie für Benzingutscheine für Reisen nach Italien anzukurbeln.[316] Die Banken profitierten ebenfalls von der einsetzenden «Reisewelle». Dank entsprechender Vereinbarungen mit den Fluggesellschaften Lufthansa und Air France finanzierte die Kundenkreditbank (KKB) mittels eines eigens geschaffenen «Air-Credit-Systems» die damals noch recht kostspieligen Linienverkehrsflüge im beginnenden Jet-Zeitalter.[317]

Mit der KKB ist zugleich der größte Konkurrent der Essener W.K.G. benannt. Die 1926 in Königsberg von Einzelhändlern unter Führung von Walter Kaminsky gegründete KKB hatte seit 1935 ihren Sitz in Düsseldorf und hatte sich schon zu dieser Zeit auf das Teilzahlungsgeschäft spezialisiert. Sie hatte sich zwar im «Dritten Reich» im Ruhrgebiet ausgedehnt, aber Essen links liegen gelassen. Ähnlich wie die W.K.G. nahm Kaminsky seine erfolgreiche Tätigkeit in der Wirtschaftswunderzeit wieder auf. Gemeinsam mit seinem Sohn Stefan Kaminsky, der in das Geschäft seines Vaters sukzessive einstieg, befand sich das seit 1951 als Kundenkreditbank KGaA firmierende Institut im Aufwind.[318]

An der KKB hatte sich Burkhardt & Co. schon 1938 mit 7,5 Prozent beteiligt. In der Nachkriegszeit erwarb die Essener Privatbank, eingefädelt durch die Geschäftsfreunde Kaminsky und Falkenhausen, weitere Aktienpakete, in der Regel über die Tochtergesellschaft Burkhardt & Co. Vermögensverwaltung KG. Schließlich nannte sie eine Mehrheitsbeteiligung von rund 51 Prozent an der KKB ihr Eigen. Sie wurde für Burkhardt & Co. «die wichtigste und wirtschaftlich bedeutendste Beteiligung». Dies war zugleich ohne Frage eine Konzession an den Geist der Zeit, der das Mengengeschäft selbst für exklusiv tätige Privatbankiers unerlässlich machte.[319]

Essen wurde von der KKB auch in der Nachkriegszeit zunächst noch stiefmütterlich behandelt. Erst 1954 öffnete die erste Essener Niederlassung in der Kettwigerstraße, der dann weitere Geschäftsstellen unter anderem in Altenessen und Steele folgten.[320] Das Angebot der Filialen ähnelte sich: Im Vordergrund standen zunächst Kredite für die Beschaffung von Kleidung im Zeichen des Nachholbedarfs. Dies wurde schon bald durch Kredite für die Finanzierung von Autos abgelöst,[321] kein Wunder, schnellte doch die Zulassung von Personenkraftwagen in Essen von 6700 im Jahr 1950 auf 53 000 im Jahr 1960 hoch.[322] In ihren Anzeigen wies die KKB inzwischen darauf hin, dass sieben von zehn Kraftfahrzeugen nicht bar bezahlt wurden und fast die Hälfte der privaten Autokäufer Arbeiter waren. Und zahlreiche weitere Beispiele gab die KKB: «Wer einmal einen Kühlschrank angeschafft hat, möchte ihn nie mehr missen. Genauso ist es mit der elektrischen Waschmaschine, mit dem Staubsauger und natürlich mit dem Rundfunk- und Fernsehgerät.»

Äußerlich unterschieden sich die KKB-Filialen signifikant von anderen Banken: Eine billige Möblierung und Kachel- statt Teppichböden signalisierten den Kunden, dass Repräsentation und Noblesse nur eine Nebenrolle spielten, ein Konzept, das bei den Kohle- und Stahlarbeitern offenbar gut ankam. 1963 zog die Essener KKB-Zentrale in einen der Grundstücks- und Vermögensverwaltung der Firma Miele gehörenden Neubau am Flachsmarkt. Die oberen sechs Stockwerke dieses Stahlbeton-Zweckbaus wurden von der KKB angemietet, und im ersten Obergeschoss wurde der Kassenraum eingerichtet.[323] Die KKB profitierte von den Wohlstandskäufen, den Urlaubswünschen und anderen Finanzierungsnotwendigkeiten. Für den kleineren Geldbeutel wurde beispielsweise der Kreditkauf von Camping-

Der Persönliche Kleinkredit (PKK)
war in den 1960er-Jahren ein Renner
im Privatkundengeschäft der Essener
Banken und Sparkassen.

Ausrüstungen in Aussicht gestellt.[324] Das Geschäft florierte: 1969 betrug die Bilanzsumme der KKB mit ihren bundesweit inzwischen 180 Filialen rund 800 Millionen DM. Allein in Essen beschäftigte die KKB in ihrer Zentrale am Flachsmarkt und fünf weiteren Filialen 48 Mitarbeiter. Ein Kreditvolumen von 112 Millionen DM stand in den Büchern, und für 6400 Essener Kunden führte die KKB das Lohn- und Gehaltskonto.[325]

Es konnte angesichts solcher Erfolgsgeschichten nicht ausbleiben, dass sich auch andere Interessenten dieses Massenmarktes annahmen. Seit 1957 bereicherte eine neue Privatbank die Essener Bankenszenerie: Die Gallinat & Co. KG, gegründet vom Essener Kaufmann Hans Albrecht Gallinat. Dieser hatte in das renommierte Damen- und Herrenoberbekleidungshaus Höhborn in der Limbecker Straße eingeheiratet und stellte fest, dass viele

seiner Kunden, nicht zuletzt die Essener Bergleute, das Modell der Raten-
zahlungen für sich entdeckt hatten. Er gründete daraufhin unter dem
Namen Gallinat & Co. GmbH im Jahr 1957 eine Finanzierungsgesellschaft
für Kleidungsteilzahlungen. Schon bald wurde – gemeinsam mit dem Bankhaus Burkhardt & Co. – die Finanzierung von Neu- und Gebrauchtwagen
sowie Haushaltsgegenständen wie TV-Geräten angeboten, weil diese Geschäfte nicht der KKB, der W.K.G. und anderen Essener Konkurrenten
überlassen werden sollten. Der bodenständige Kaufmann Gallinat galt als
«Kumpeltyp», hatte aber kaum Erfahrungen im Bankgeschäft und wurde
daher vom bekannten Betriebs- und Finanzwissenschaftler Walter Krähe
unterstützt, der beim Rheinisch-Westfälischen Kohlensyndikat tätig gewesen und nach 1945 Geschäftsführer bei der Essener Ruhrkohle-Treuhand
GmbH geworden war. Konsequenterweise wurde Krähe Kommanditist der
neuen Einrichtung, die im Sommer 1960 als «Gallinat & Co. KG, Bank für
Teilzahlungsfinanzierungen» aus der Taufe gehoben wurde. Der Genehmi-
gungsprozess durch das Bundesaufsichtsamt für das Kreditwesen erwies
sich als langwierig. Die Aufsichtsbehörde war unter anderem mit dem Begriff «Teilzahlungsfinanzierungen» nicht einverstanden. Sie hielt das Kun-
denkreditgeschäft für die Erteilung einer Vollkonzession als Bank nicht
ausreichend und ihr war wohl auch suspekt, dass Gallinat kein Bankfachmann war. Möglicherweise trug zum Argwohn bei, dass Gallinat einige
Mitarbeiter aus seinem Bekleidungsgeschäft in seine «Bank» übernommen
hatte. Die Bank bezog 1962 einen Neubau in der Lindenallee und nahm den
Geschäftsbetrieb zunächst noch mit eingeschränkten Konzessionen auf.
Selbst 1965, zu einem Zeitpunkt, als die Bilanzsumme bereits knapp 4 Millionen DM betrug, bemängelte die Aufsichtsbehörde, dass am Bankgebäude
in Goldlettern der nicht genehmigte Schriftzug «Gallinat-Bank» prangte.

Die Bank finanzierte inzwischen versuchsweise den regionalen Mittelstand: 1963 den Maschinenpark der Kies- und Sandbaggerei Merwar &
Werner in Oberhausen und den Materialeinkauf der Essener Elektromon-
tagefirma Bischoff & Greb KG.[326] Da der Immobilienhandel nicht genehmigt
wurde, blieb die Kreditvermittlung das Hauptbetätigungsfeld und wurde auf
größere Einzelhandelsgeschäfte der Region ausgedehnt. Im März 1971 eröffnete die Bank sogar eine eigene Zweigstelle im Möbelhaus «2M-Möbel im
Vielpark Dorsten». 1970 wurde das Wechseldiskontgeschäft genehmigt, ein
wichtiger Schritt weg vom Teilzahlungs-Betrieb. 1971 erfolgte eine Erhöhung
des Stammkapitals von zwei auf drei Millionen DM, und die Gallinat-Bank
erhielt vom Bundesaufsichtsamt die heißbegehrte Vollbanklizenz. Ausgerechnet in dieser Phase geriet die Bank jedoch in eine Schieflage: Einige Ban-

ken, bei denen Gallinat Kredit hatte, forderten ihre Gelder zurück, sodass Hans Gallinat mit der ihm immer noch verbundenen Privatbank Trinkaus & Burkhardt eine Zwischenfinanzierung vereinbaren musste. Noch stärker schlug wenig später der Konkurs der Kölner Herstatt-Bank ins Kontor: Im April 1975 gab Gallinat bekannt, dass liquide Mittel in Höhe von fünf Millionen DM aus privater Hand und weitere 7,5 Millionen DM von den Banken abgezogen worden waren. Gallinat überstand die Krise nur aufgrund einer angemessenen Einlagenstreuung sowie des Teilzahlungsgeschäfts, das zuverlässig jeden Monat Geld ins Bankgeschäft zurückbrachte.[327] Nach der Krise wurde das Leasingmodell, vor allem für Büromaschinen und Telekommunikationsanlagen sowie die Kälte- und Klimatechnik, aufgebaut. 1981 machte die Sparte der verleasten Anlagegüter bereits 5,5 Millionen DM aus. Nach dem Tod von Hans Gallinat im Jahr 1983 blieb die Familie zwar noch eine Zeit lang in der Bank vertreten, aber der Strukturwandel im Ruhrgebiet forderte seinen Tribut. Seit 1991 zog sich die Gallinat-Bank aus dem Kleinkreditgeschäft, in dem sie nicht mehr konkurrenzfähig war, immer mehr zurück und konzentrierte sich auf Leasinggeschäfte mit mittelständischen Firmen. Die Gallinat-Leasing GmbH und die Gallinat-Leasing Berlin GmbH für die Finanzierung von Immobilien in den fünf neuen Bundesländern, eine Gallinat-Service GmbH für das Immobiliengeschäft und eine 1997 eröffnete Niederlassung der Gallinat Leasing GmbH in München deuteten eine Erholung an. Ende 1998 wurde die Gallinat-Bank, wie schon seit einiger Zeit ventiliert worden war, in eine Aktiengesellschaft umgewandelt. Seit der Jahrtausendwende zeichnete sich die Abwendung vom Leasinggeschäft und die Hinwendung zum Private Banking ab, für das 2001 eine eigene Abteilung geschaffen und ein Manager von der HypoVereinsbank Essen in den Vorstand geholt wurde. 2009 beteiligte sich die auf mittelständische Kunden fokussierte Hamburger Albis Leasing AG mit 48,8 Prozent an der Gallinat AG, um ihr Leasinggeschäft zu refinanzieren. Sie übernahm die Essener Bank schließlich im Jahr 2010 vollständig; die bisherigen Aktionäre schieden im Zug dieser Entwicklung aus. Die Gallinat Bank mit ihren rund 70 Mitarbeitern und einer Bilanzsumme von 587 Millionen Euro wurde im Frühjahr 2014 von der niederländischen NIBC Bank NV übernommen und in NIBC Bank Deutschland AG mit Sitz in Frankfurt am Main umbenannt. Zum 31. Juli 2014 wurde das Einlagengeschäft mit den rund 3000 Privatkunden gänzlich eingestellt und die Filiale in der Lindenallee geschlossen.

Ebenfalls eine Essener Gründung war die 1969 ins Leben gerufene City-Teilzahlungsbank (CTB) Klaus Rolf KG. Unter ihren Geschäftsinhabern Klaus Rolf und Siegfried Thielert wurde die Bank, an der die Familie des Medienkonzerns Jahr beteiligt war, in City-Teilzahlungsbank Thielert & Rolf KG umbenannt; das Institut wies schon 1978 ein beachtliches Bilanzvolumen von über 150 Millionen DM auf.[328] Die Bank firmierte bis Ende September 2000 als CTB Bank von Essen GmbH. Anfang 2006 gingen alle Geschäftsanteile an die Fortis Bank, die wiederum 2009 von der PNB Paribas-Gruppe übernommen wurde. Heute hat die Bank mit ihrer Hauptverwaltung in der Huyssenallee eine Bilanzsumme von über 1,3 Milliarden Euro und weitere Standorte in Braunschweig, Stuttgart und in Berlin. 2016 wurde die Rechtsform geändert: Aus der Von Essen GmbH & Co. KG wurde die Von Essen Bank GmbH.

Das Teilzahlungskreditgeschäft fand in einer Situation scharfen Wettbewerbs statt. Die Sparkasse Essen, die am liebsten am Modell des altbewährten Kleindarlehens hatte festhalten wollen, sprang ebenfalls auf den Zug des Kleinkredits auf. Ihre Kleinkredite bezogen sich auf Beträge bis zu 600 DM, seit 1959 bis zu 2000 DM, für langlebige Gebrauchsgüter wie Möbel, die durch Bürgschaften bzw. Gehalts- und Lohnabtretungen gesichert waren. Im Jahr 1968 wurde ihren Kunden erstmals der «Dispokredit» eingeräumt,[329] 1971 ergänzt durch das «SB-Darlehen» («Selbstbedienungsdarlehen»). Selbst diejenigen, die von Privatbanken als die «armen Teufel» angesehen worden waren, wurden nun zu wertvollen Kunden:[330] Über die Hälfte aller Kredite – in der Regel Konsumenten-Kleinkredite bis zu 1000 DM – wurde an Arbeiter gewährt, und dieses Feld sollte nicht den Sparkassen und Teilzahlungsbanken überlassen werden. Die Großbanken, die bislang auf die industrielle Kundschaft abzielten, taten sich jedoch zunächst schwer mit den neuen Kunden. Insgeheim wurde gefragt, ob sich der ganze Aufwand wirklich lohne. Mit typischem Spott vermerkte der *Spiegel* im Mai 1959: «Die marmorverzierten Schalterhallen der drei westdeutschen Großbanken ‹Deutsche Bank›, ‹Dresdner Bank› und ‹Commerzbank› füllten sich zu Beginn der vergangenen Woche mit einer Spezies von Bankkunden, die bislang nur wenig Gelegenheit hatten, an die ehrwürdigen Kreditschalter der westdeutschen Großfinanz vorzudringen: mit Angestellten, Beamten und Arbeitern, die durchschnittlich über Monatseinkommen zwischen 600 und 900 Mark verfügen.»[331] Die Commerzbank Essen warb in den 1960er-Jahren um diejenigen, die sich eine «moderne Kücheneinrichtung oder die Musiktruhe oder das Farbfernsehgerät» anschaffen wollten. Hierfür standen Kleinkredite von 300 bis 2000 DM und Anschaffungsdarlehen zwischen 2200 und 20 000 DM zur Verfügung, die in bis zu 30 Monatsraten abgestottert werden konnten.[332] Mit den Massen und dem, was man gelegentlich «Kleingärtnergeschäft»[333] nannte, wollten vor allem die vornehmen Privatbanken allerdings nach wie vor nicht viel zu tun haben, wie der Privatbankier Johannes Zahn freimütig

*Das in den 1990er-Jahren be-
hutsam restaurierte Gebäude
der Deutschen Bank Essen.*

gestand: «Wenn ein kleiner Kunde kommt, dann nehme ich ihn an die Hand und führe ihn zur Kundenkreditbank.»[334]

Nur der Vollständigkeit halber sollen kleinere und auf Sonderaufgaben beschränkte Teilzahlungs-Bankgeschäfte erwähnt werden, die nur kurze Zeit existierten. Hierzu zählten die 1960 gegründete Dr. jur. Barth KG, eine Gesellschaft, die sich auf die Finanzierung von Kraftfahrzeugen spezialisiert hatte, sowie die Teilzahlungsbank Dr. jur. Wilhelm Kirschbaum & Co. Unter ferner liefen waren auch die Teilzahlungsbanken ABC-Bank GmbH aus Köln, die eng mit Autohäusern zusammenarbeitende Bankhaus Centrale Credit AG aus Mönchengladbach, die in Düsseldorf ansässige EFGEE Gesellschaft für Einkaufs-Finanzierung mbH, die Ford Credit AG, die Opel-Finanzierungs-Gesellschaft mbH und zwei Einrichtungen, die lediglich mit kleineren Repräsentanzen in Essen vertreten waren, nämlich die in Köln ansässige Einkaufs- und Verkaufs-Finanzierungs-GmbH & Co. KG und die in Kaiserslautern domizilierte Pfalz-Kreditbank GmbH & Co., die 1976 Pleite machte.

Nur eine untergeordnete Rolle spielten weitere Teilzahlungsbanken, die einmal in Essen mit einer Filiale vertreten waren wie etwa die heutige Norisbank. Dieses Nürnberger Institut gehörte zum HVB- bzw. Quelle-

Konzern und war mit einer Bilanzsumme von über drei Milliarden Euro und rund 1100 Mitarbeitern zeitweise die Nummer Drei unter den auf Konsumentenkredite spezialisierten Instituten, wurde 2003 für 180 Millionen Euro an die DZ Bank verkauft[335] und 2006 zu einem Verkaufspreis von 420 Millionen Euro von der Deutschen Bank erworben.[336] Die Angebote wurden unter dem Signum easyCredit in sogenannten easyCreditShops in bundesweit rund 90 Filialen vertrieben. Ihre vergleichsweise aggressiv beworbenen Dienstleistungen richteten sich vor allem an diejenigen Kunden, «die sich nicht unmittelbar von klassischen Kreditinstituten angesprochen» fühlten.[337] 2012 schloss die Noris Bank alle Filialen, um sich ganz auf das Direktbank-Geschäft zu konzentrieren. Den Kunden wurde angeboten, zur Deutschen Postbank AG zu wechseln. In diesem Zusammenhang wurde auch die Essener Filiale der Norisbank Geschichte.

Im Dezember 1959 wurde eine neue Möglichkeit des Erwerbs geschaffen: die Ausgabe von Aktien einiger Betriebe, die sich – ein Erbe staatlicher Beteiligungen Preußens und des Deutschen Reiches – im Bundesbesitz befanden und nach intensiven Vorarbeiten teilprivatisiert wurden. Den erfolgreichen Anfang machte 1959 die Preussag mit ihren zahlreichen Bergbau- und Hüttenwerken, 1960 folgte das Volkswagenwerk. Die Westdeutschen, bei Aktiengeschäften bis dahin eher unerfahren, wurden mit einem Mal zu Lesern des Kursteils der Zeitungen. Für die Emission galten Regelungen, die diejenigen bevorzugten, die diese Anlageform bislang nicht kannten: Zeichnungsberechtigt waren Ledige mit einem Jahreseinkommen unter 8000 DM sowie Verheiratete mit einem Jahreseinkommen unter 16 000 DM. Die günstigen Emissionskurse führten oft zur Überzeichnung. Zahlreiche Käufer richteten Wertpapierdepots ein, wohl nicht zuletzt dank einer Klausel, die den Verkauf der Aktie vor dem Ablauf einer Frist von zwei Jahren mit einem deftigen Strafabzug sanktionierte.

In Essen galt der Verkauf der hierfür auf den Markt gebrachten «Volksaktien» als wichtiger Schritt auf dem Weg zur Popularisierung neuer Anlageformen. Er führte den Kreditinstituten eine neue Klientel zu, die mit dem Wertpapiergeschäft bislang nicht vertraut gewesen war.[338] Fast alle Banken waren mit von der Partie. Die Entdeckung der Börsenpapiere durch die Kleinsparer war ein willkommenes Zubrot für die Bankinstitute. Die National-Bank nahm die Geschäfte, die durch die Teilprivatisierung von VW gemacht wurden, sogar zum Anlass einer Kapitalerhöhung, die sich mit den gestiegenen Bilanzsummen auch sonst gut begründen ließ. Mit der «Volksaktie» begann auch für die Sparkasse Essen ein neues Kapitel.[339] Sie rührte besonders heftig die Werbetrommel, selbst wenn sie prinzipiell

COMMERZBANK

VW AKTIONÄR

können auch Sie werden,

denn zur Zeit wird die Ausgabe der

Volkswagenwerk-Aktien

vorbereitet. Die Bundesregierung wird insgesamt 3 600 000 Aktien zu je DM 100,— Nennwert zum Kauf anbieten.

Damit ist wieder — wie schon bei der Preußag-Privatisierung im vergangenen Jahr — eine Gelegenheit gegeben, sich an einem wohlfundierten und in der ganzen Welt bekannten Unternehmen zu beteiligen.

Sie können sich schon jetzt bei uns vormerken lassen,

wenn Sie am Erwerb von VW-Aktien interessiert sind. Wir werden Ihnen voraussichtlich Anfang Dezember den ausführlichen Verkaufsprospekt zustellen, damit Sie uns dann den darin enthaltenen verbindlichen Kaufantrag einsenden können.

Die «Volksaktien» kurbeln in den 1960er-Jahren das Geschäft an und erschließen neue Kundschaft.

weiterhin vergleichsweise konservativen Anlageformen verpflichtet blieb. Obwohl die Zahl der Depotinhaber rasant zunahm, machten noch in den 1980er-Jahren Spareinlagen rund 80 Prozent des gesamten Spargeschäfts aus, ein selbst im Vergleich mit Schwestereinrichtungen hoher Anteil.[340] Die Sparkasse Essen berichtete im Jahr 1961, dass rund 85 Prozent der Käufer von VW-Aktien diese noch im Depot und viele von ihnen weitere Wertpapiere hinzugekauft hatten.[341] Damit stand die Sparkasse Essen ganz im Einklang mit dem Trend bei den anderen Sparkassen der Region. Allein diejenigen «Volksaktien», die die rheinischen Sparkassen bei der Teilprivatisierung der VEBA im Jahr 1965 auf den Markt brachten, machten gut ein Viertel aller ihrer Wertpapierkäufe aus,[342] ein großer Erfolg, obwohl heute bekannt ist, dass durch die «Volksaktie» allein noch keine dauerhafte deutsche Aktienkultur entstand.[343]

Strukturwandel und Wirtschaftskrisen

Das Ruhrgebiet war in den 1960er-Jahren immer noch das größte Zentrum der westeuropäischen Schwerindustrie. Die Hälfte der Steinkohlenförderung und ein Drittel der Rohstahlerzeugung in der Montanunion entfielen auf das Ruhrgebiet, in dem weiterhin jeder zweite Industriearbeiter im Montanbereich tätig war. Die inzwischen einsetzende sogenannte erste Kohlekrise[344] war Folge des wachsenden Imports von Kohle und Erdöl sowie der staatlichen Förderung der Atomindustrie. Die billige Importkohle und die günstigen Mineralölpreise führten dazu, dass die Kunden weniger für leichtes Heizöl zahlen mussten. Die Gaswerke nahmen entsprechend weniger Steinkohle ab. Neben Lohnkürzungen gab es Ende 1958 bereits die ersten Entlassungen und sogar Zechenstilllegungen. Zugleich wuchsen in Essen die Kohle- und Kokshalden allein im Jahr 1961 um 17,3 bzw. 18,3 Prozent. Bezahlte Feierschichten und Exportsubventionen konnten die Auswirkungen nur lindern. In Essen wurde ebenso zutreffend wie nüchtern festgestellt, dass die Schwierigkeiten im Steinkohlenbergbau «weniger konjunkturell als strukturell» bedingt waren.[345] Wie folgenschwer diese Prognose war, zeigt der Blick auf die Zahl der Bergbauarbeiter im Steinkohlenbergbaubezirk Ruhr. Die Zahl der in dieser Branche beschäftigten Arbeiter ging von 1958 bis 1970 von rund 443 000 auf etwa 167 000 zurück.[346]

Dass die Entwicklung in Essen langfristig nicht rabenschwarz war, hing zumindest zum Teil damit zusammen, dass die Monostruktur der Region langsam korrigiert wurde und es der Stadt vergleichsweise früh gelang, auf den stillgelegten Zechengeländen neue Betriebe aus dem Bereich der Dienstleistungen und des Handels anzusiedeln. Die Stadt wuchs vor allem im sogenannten tertiären Sektor von Handel, Banken und Versicherungen. Dessen Anteil vergrößerte sich von 37 Prozent im Jahr 1950 auf 50 Prozent im Jahr 1970[347] und wurde zu einem zweiten Standbein der örtlichen Wirtschaft. In den 1980er-Jahren hatten schließlich zwölf der 120 größten Einzelhandelsketten der Bundesrepublik ihren Sitz in Essen.[348]

Das Kreditgewerbe in Essen machte ebenfalls einen Sprung. 1953 waren rund 3500 Mitarbeiter in diesem Sektor beschäftigt; im Jahr 1963 stieg diese Zahl bereits auf 6900. Damit waren im Kreditgewerbe inzwischen mehr Menschen beschäftigt als in der Essener Textilindustrie und der Holzverarbeitung. Selbst die Eisen- und Stahlgießerei konnte hier nicht mehr mithalten.[349] Eine Darstellung aus dem Jahr 1965 brachte den grundlegenden Wandel auf den Punkt: «Das ‹Herz des Reviers› ist nicht mehr ohne weite-

Der Strukturwandel machte Essen zu schaffen. Die Altenessener Straße mit dem RWE-Kraftwerk in den 1960er-Jahren.

res die Kohle und auch nicht unbedingt der Stahl. Beide werden noch auf lange Zeit hinaus eine wichtige Rolle spielen. Ausschließlich herrschen können sie nicht mehr. Damit verliert das Revier etwas von seiner einzigartigen Struktur; zugleich aber passt es sich der modernen Wirtschafts-

struktur an, wird krisenfester und vielgliedriger. Wenn eines Tages der
‹blaue Himmel› tatsächlich wieder über einem sichtbar sein wird, so werden nicht nur die Anstrengungen der Techniker dafür verantwortlich sein,
die bessere Methoden der Luftreinhaltung erproben, sondern auch dieser
Strukturwandel mit seiner Schwerpunktverlagerung zur Weiterverarbei-
tung und den Dienstleistungen. Er mag manchen Mann von Kohle und
Eisen wehmütig stimmen, aber – nüchtern betrachtet – fördert und ver-
bessert er doch die Wirtschaftsstruktur des Bezirks.»[350] Vor allem die
Kennzahlen im Kohlenbergbau und der Stahlindustrie gaben indessen zu
Pessimismus Anlass. 1957/58 hatte die erste Kohlekrise das Ruhrgebiet in
Mitleidenschaft gezogen, weil billige Importkohle und die steigenden Erd-
ölimporte die Steinkohlenförderung in Bedrängnis gebracht hatten – der Beginn einer stetigen Abwärtsspirale, die das Revier über Jahrzehnte nicht zur
Ruhe kommen lassen sollte. Erhebliche Absatzstockungen, Feierschichten
im Bergbau und ständig wachsende Kohlehalden, Stilllegungen und Entlassungen waren die Folge des dramatischen Absatzrückgangs, der bald zu
einem unerbittlichen Zechensterben führen sollte. Von 1957 bis 1969 sank
der Anteil der Steinkohle am Primärenergieverbrauch der Bundesrepublik
von 69,8 auf 32,3 Prozent[351] – und dies trotz aller Versuche des Unter-
nehmensverbands des Ruhrbergbaus, des Steinkohlenbergbauvereins und
der 1956 in Essen gegründeten Ruhrkohlenkontor GmbH, den Absatz des
«schwarzen Golds» zu koordinieren, verlässliche Absatzprognosen zu er-
stellen und damit die Entwicklung abzumildern. In Essen bestehe die «Son-
dersituation», so die IHK im Jahr 1966, dass eine klare Energiepolitik fehle
und die «immer bedrohlicher werdenden Folgen der Kohlekrise und die
eklatanten Schwierigkeiten in der Stahl- und Eisenindustrie besondere
Schatten werfen».[352]

Von den ehemals 23 Essener Zechen waren 1968 noch fünf in Betrieb.
Die Sanierungen verliefen mittels staatlicher Hilfe; eine Neuordnung erfolgte schließlich auch durch die Gründung der Ruhrkohle AG im Novem-
ber 1957 mit Sitz in Essen, die als Konsolidierungsunternehmen den koor-
dinierten Abbau der Förderkapazitäten und der Belegschaft zu einer ihrer
Hauptaufgaben zählte. Kurz nach ihrer Gründung wurde ihr zusätzlich ein
Bar- und Diskontkreditrahmen der National-Bank in Höhe von bis zu zehn
Millionen DM gewährt.[353] Letztlich war diese Rettungsaktion allerdings
eine Fehlentscheidung, da sie in der Illusion getroffen wurde, die überlebten
Leitindustrien noch retten zu können, was in der Praxis einer «Erhaltung
unrentabler Branchen durch öffentliche Beihilfen» gleichkam.[354] Von den
über 20 Schachtanlagen im Jahr 1957 waren 1980 nur noch zwei in Betrieb –

die Zeche Zollverein in Essen, die Ende 1986 endgültig stillgelegt wurde und die in Oberhausen befindliche Schachtanlage Osterfeld. Die Thyssen Niederrhein AG blies am 1. September 1979 den letzten Hochofen aus.

Essen verwandelte sich im Laufe der 1960er-Jahre endgültig von einer «Stadt der Henkelmänner» zu einer «Stadt der Aktentaschen». Zugleich wetteiferte man mit Düsseldorf um den Ruf als «Schreibtisch des Ruhrgebiets», zumal die Ruhrgas AG, RWE und die WAZ-Zeitungsgruppe ihren Sitz in Essen hatten. Auf zahlreiche weitere Verwaltungssitze wurde ebenfalls verwiesen: der Siedlungsverband Ruhrkohlenbezirk, die Emschergenossenschaft, der Ruhrverband und andere öffentliche Institutionen. Der Einzelhandel trug erheblich zu diesem neuen Charakter einer Angestellten- und Dienstleistungsstadt bei: Im Jahr 1959 wurden bereits 33 Prozent der Groß- und Einzelhandelsumsätze des Ruhrgebiets in Essen getätigt.[355]

Mitte der 1960er-Jahre wurde deutlich, dass sich die andauernde wirtschaftliche Blütezeit mit durchschnittlichen Wachstumsraten von jährlich acht Prozent nicht unbegrenzt fortsetzen würde. Bundeskanzler Erhard sprach sich weiterhin gegen jegliches Eingreifen des Staates in die Wirtschaftsentwicklung aus, auch wenn die «Fünf Weisen», der seit 1964 bestehende unabhängige «Sachverständigenrat zur Begutachtung der gesamtwirtschaftlichen Entwicklung», eine Abkehr von dieser Politik forderten. 1966 wuchs das Bruttosozialprodukt nur noch um magere 2,8 Prozent, im folgenden Jahr sank es schließlich sogar um 0,2 Prozent. Die Arbeitslosenzahl vervierfachte sich innerhalb eines Jahres – von 100 000 im Sommer 1966 auf 400 000 im Sommer 1967. Dies wirkte vermutlich vor allem deshalb alarmierend, weil die Deutschen durch die Zeit des Wirtschaftswunders verwöhnt waren. Seit 1965 machte nun das Wort von der «wirtschaftlichen Rezession» die Runde, und in die allgemein positive Stimmung mischten sich in Essen die ersten sorgenvollen Zwischentöne, wenn es etwa hieß, dass «die Höhe des Aufschwungs bereits deutlich hinter uns» liege.[356] Aus heutiger Sicht mögen die wirtschaftlichen Rahmendaten wenig beunruhigend wirken. Seinerzeit aber standen die Deutschen noch ganz unter dem Eindruck der zwei dramatischen Inflationen nach dem Ersten und Zweiten Weltkrieg und reagierten geradezu allergisch auf derartige Geldentwertungen. Überängstlich befürchteten sie ähnliche Verhältnisse wie 1923 und 1948.

1966, als sich Konjunktur und Börsenkurse noch einmal verschlechterten und den Essener Banken das Wertpapiergeschäft verhagelten, wurde in Essen geunkt, man sei an einem Zeitpunkt angelangt, «der später vielleicht einmal als Wendepunkt in der wirtschaftlichen Entwicklung der Bundes-

republik angesehen werden muss».[357] 1967 betrug die Arbeitslosigkeit in
Essen 3,5 Prozent, vergleichsweise wenig, aber für die damaligen Zeitgenossen beunruhigend, weil der rückläufige Trend im Bergbausektor und der
Eisenverarbeitung anhielt. Die KKB Essen berichtete düster, inzwischen
seien angesichts der steigenden Arbeitslosenzahlen sogar schon Kredite
über 100 DM gefragt.[358] Um nicht ganz der Panik zu verfallen, versicherte
die Essener IHK, man wolle sich keineswegs «der großen Schar jener modernen volkswirtschaftlichen Astrologen und Wahrsager zugesellen, die
unsere Zukunft nach Bedarf erhellen oder verdunkeln».[359] Diese pessimis-
tische Prognose erwies sich, zumindest was das Gesamtbild angeht, als
falsch, aber es war unübersehbar, dass die Rezessionserscheinungen in
Essen deutlicher zu spüren waren als in den anderen Industriegebieten.

Trotz Strukturwandels und Zechenschließungen sah es in Essen günstig aus. Hier war die Arbeitslosenquote mit 0,7 Prozent im Jahr 1970 rekord-
verdächtig niedrig,[360] obwohl traditionelle Säulen der Essener Industrie ins
Wanken geraten waren. Krupp, seit Längerem ertragsschwach, war in eine
«existenzielle Liquiditätskrise» gerutscht und hatte 1967/68 durch Bundes-
und Landesbürgschaften sowie Großkredite gerettet werden müssen. Der
Konzern wurde in eine GmbH umgebildet, in dem fortan die Deutsche
Bank das Sagen hatte.[361] Diese Entwicklung deutete einmal mehr an, dass
die Großbanken, die in den 1950er-Jahren erheblich Federn hatten lassen
müssen, auf dem Weg waren, wieder an Macht zu gewinnen.

Bei den Essener Kreditinstituten war die Lage rosig, obwohl die Gewinne im Verhältnis zur Bilanzsumme seit einigen Jahren kontinuierlich
abgenommen hatten. Aber weder die «Minikrise» 1967 noch die Strukturanpassungskrise in den gebeutelten Wirtschaftsbereichen der Region hatten
ihr Wachstum gehemmt. Die Aufhebung der Zinsbindung hatte ebenso be-
freiend und geschäftsfördernd gewirkt wie der Verzicht auf die Bedürfnisprüfung aus dem Jahr 1958.[362] Die lokale Wirtschaft frohlockte, das örtliche
Bankgeschäft stehe «ständig im Zeichen der Hochkonjunktur». Trotzdem
sprach man eine Warnung aus: «Die Hauptsorge gilt den steigenden Kosten – vor allem im Personalbereich –, den steigenden Preisen und der Frage,
wie lange die deutsche Industrie auf dem Weltmarkt wettbewerbsfähig bleiben wird. Gerade an der Ruhr weiß man, dass ein erfolgreicher Export für
die Bundesrepublik eine Lebensfrage ist.»[363]

Die zeittypische «Modernisierungsideologie», getragen von Fortschritts-
euphorie und Zukunftsoptimismus, machte auch vor Essen nicht halt. In
Sachverständigengutachten einer von der Landesregierung eingesetzten
Kommission war davon die Rede, dass es im Ruhrgebiet «zu viele Dörfer»

gebe und diese «innere Zersiedelung» beendet werden sollte. Hiervon profitierten Handelsmetropolen und Verkehrsmittelpunkte wie Essen als unbestritten «leistungsfähige Verwaltungseinheiten» und «Oberzentren».[364]
Die Gebietsreform der Jahre 1967 bis 1970 führte zu Eingemeindungen und
vergrößerte dadurch das Einzugsgebiet zahlreicher Banken und Sparkassen.
Eine Neugliederung unter dem Namen «Nordrhein-Westfalen-Programm
1975» sorgte für weitere Einschnitte. Die Schaffung finanzkräftiger Groß-
gemeinden führte zur Reduzierung der Zahl kreisfreier Städte. 1975 wurde
Kettwig nach Essen eingemeindet. Die Bürgerinitiativen, die vehement
dagegen protestierten, dass das «grüne Kettwig» ein «grauer Vorort» von
Essen werde,[365] hatten das Nachsehen.

Auch andere Projekte waren Ausdruck der zeittypischen Planungseu-
phorie: Das Mammutvorhaben eines Rathausneubaus, der Ausbau der 1967
im ersten Abschnitt eröffneten U-Bahn und die grundlegende Sanierung von
Stadtteilen wie Steele, Borbeck und Werden waren ebenso ehrgeizig wie
teuer. Das Gleiche galt für das zunächst von der «Neuen Heimat» als Bau-
träger verantwortete «City-Center», dessen Fertigstellung sich durch Finanz-
probleme verzögerte. Für die Infrastruktur dieser Neubauten und Sanie-
rungsvorhaben war die Heranziehung des Essener Handwerks unabdingbar,
und hier war es wiederum die National-Bank, die ihre Hauptklientel finanziell unterstützen konnte.

Die günstige Wirtschaftslage bot der sozialliberalen Koalition unter
Bundeskanzler Willy Brandt im Jahr des «Machtwechsels» 1969 eine solide
Grundlage, um das angekündigte Reformprogramm einer angemessenen
Umverteilung des Wohlstands umzusetzen. Haushaltsdisziplin schien zweitrangig, weil die ökonomischen Rahmendaten den Eindruck hinterließen,
man könne nun aus dem Vollen schöpfen. Angesichts voller Kassen waren
erhebliche Lohn- und Gehaltssteigerungen an der Tagesordnung; zudem
wurde der Sozialstaat ausgebaut und der Kreis der Leistungsempfänger
etwa im Bereich von Renten, Krankenversicherung, Kindergeld und Wohn-
geld ausgeweitet. Die staatlichen Sozialausgaben stiegen dramatisch an –
von 17 Milliarden DM im Jahr 1970 auf 355 Milliarden DM im Jahr 1976.
Neben die Verschuldung der öffentlichen Haushalte[366] trat die sich seit Ende
1971 ankündigende Abschwächung der Konjunktur. Die starke Inflation der
in Vietnam kriegerisch verwickelten USA wirkte sich auch auf Europa aus.
Das Währungssystem von Bretton Woods, das seit 1944 die Weltwirt-
schaftsordnung mit festen Währungskursen bestimmt hatte, befand sich in
einer schweren Krise. Die Bundesrepublik wertete 1969 die DM erneut auf
und ließ sie seit 1971 gegenüber dem US-Dollar floaten; die USA verkünde-

ten im gleichen Jahr die Suspendierung der Konvertibilität des Dollars in Gold. Ende des Jahres wurde vorübergehend eine Neuordnung der Währungsparitäten gefunden, die mit größeren Kursschwankungsbreiten und neuen Wechselkursen operierte. Damit war die Krise jedoch nur verschoben. Der amerikanische Anspruch, den Dollar als Leitwährung von Abwertungen auszunehmen, musste aufgegeben werden; das System von Bretton Woods fand ein Ende.[367] Im März 1973 wurden die Devisenbörsen für mehrere Wochen geschlossen: Das System der Weltwirtschaft kollabierte, noch bevor Nahostkrise und explodierende Rohölpreise den Westen vor neue Herausforderungen stellten.[368] Als die Bundesregierung schließlich 1973 angesichts einer auf sieben Prozent zusteuernden Inflation auf die konjunkturpolitische Bremse trat, kam dies «genau zum falschen Zeitpunkt».[369] Der Ölpreisschock markierte das endgültige Ende der Nachkriegszeit und ging mit einer «großen Ernüchterung»[370] einher: «Dauerarbeitslosigkeit, staatliche Haushaltsdefizite und ein geschärftes Bewusstsein für die Endlichkeit der Ressourcen lösten die saturierte Prosperität der Wirtschaftswunderjahre ab. Auch verebbte die Reformeuphorie der Ära Brandt, während der von Schmidt verkörperte Pragmatismus gut in eine Zeit zu passen schien, die immer weniger Hoffnung in die Geltung staatlicher oder wissenschaftlicher Autorität setzte» – so ist dieser Umbruch zu einer «Sorgen- und Schwermutsepoche» charakterisiert worden.[371] Letztlich markierte das Jahr 1973 das Ende einer Sonderkonjunktur, die mit dem wirtschaftlichen «catching up» nach 1945 eng verbunden gewesen war. Die Erwartungen eines endlosen Aufschwungs zerstoben: «An die Stelle einer vermeintlich immerwährenden Prosperität trat die Wiederkehr der Konjunktur- und Krisenzyklen, ein Prozess, der bis heute anhält.»[372]

Die 1972 als Maßnahme gegen die Strukturkrise an der Ruhr gegründete Gesamthochschule Essen trug zur weiteren Akademisierung bei, auch wenn sie noch lange unter dem Ruf zu leiden hatte, keine vollwertige Universität zu sein. Insgesamt kam Essen noch glimpflich davon, auch wenn andere Wirtschaftsregionen Nordrhein-Westfalens wie etwa die «Rheinschiene» zwischen Düsseldorf, Leverkusen, Köln und Bonn erfolgreicher waren: «Das industrielle Potential konzentrierte sich zusehends nicht mehr zwischen Duisburg und Dortmund, sondern zwischen Düsseldorf und Köln/Bonn, im Siegerland, im westlichen Münsterland und in Bielefeld und im rheinischen Braunkohlerevier.»[373]

Angesichts der zweiten Ölkrise, wachsender außenpolitischer Ungleichgewichte, hoher Inflation, zunehmender Arbeitslosigkeit, die sich von 1980 bis 1982 auf mehr als zwei Millionen Erwerbslose verdoppelte, standen fortan Konsolidierung und Zurückschrauben der hohen Erwartungen vor allem der Gewerkschaften auf der Tagesordnung. Die Forderung an die neue Bundesregierung Helmut Kohl lautete, dass sich der Staat langfristig auf die Herstellung günstiger Rahmenbedingungen für Investitionen beschränken, sich aber ansonsten aus der Wirtschaft weitgehend zurückhalten solle.[374] In seiner Amtszeit wurden sozialpolitische Einschnitte fortgeführt, unter scharfen Protesten gegen eine vermeintlich neokonservative «Wende», obwohl es beim «Abschied vom Provisorium»[375] gar nicht zu einem grundsätzlichen Umbau des sozialen Sicherungssystems kam.[376] Faktisch blieb es bei eher «halbherzigen Maßnahmen» zur Begrenzung der Staatsaufgaben und zur Deregulierung der Wirtschaftsbereiche von Post und Telekommunikation.[377] Im Rahmen der Theorie der «supply-side economics» wurde jedoch die Ertragskraft der Unternehmen gestärkt und die Investitionsneigung gefördert. Das «Modell Deutschland»[378] wurde zum europäischen Vorbild, so wie später auf ganz ähnliche Weise die «Deutschland AG» zum Aushängeschild geriet. Aber zugleich zeigte sich, ganz anders als das Schlagwort von der «Macht der Banken» zu suggerieren schien, dass die Banken ihre hohen Kapitalbeteiligungen an Nichtbankunternehmen weiter abbauten.[379]

Die Mitte der 1980er-Jahre waren durch sinkende Energiepreise und einen bundesweiten Wirtschaftsaufschwung gekennzeichnet. Die Investitionsbereitschaft nahm aufgrund maßvoller Tarifabschlüsse, einer ausgewogenen Leistungsbilanz, relativer Preisstabilität, nachlassendem Kostendruck und Steuererleichterungen zu. Die Bundesbank mit ihrer auf Preisstabilität ausgerichteten Geldpolitik vermied Zinssenkungen, sodass die Inflationsraten die niedrigsten unter den Industrieländern blieben. Der Export, die Ausrüstungs- und Bauinvestitionen erwiesen sich als Hauptantriebskräfte. Ende der 1980er-Jahre sank die Staatsquote, die zu Beginn des Jahrzehnts auf fast 50 Prozent geschnellt war, auf ein erträglicheres Maß von 44,5 Prozent, und die Arbeitslosenzahl ging auf 1,8 Millionen zurück. Erstmals seit Ende der 1960er-Jahre wurde wieder eine Kapazitätsauslastung von nahezu 90 Prozent erreicht. Der Massenwohlstand bedeutete «die ökonomisch beste Zeit der alten Bundesrepublik».[380]

Die Deregulierung der globalen Finanzmärkte setzte sich ungebremst fort. Die Zahl der transnational tätigen Unternehmen nahm ständig zu; in den USA durften seit 1982 selbst regionale Sparkassen Warenkredite vergeben und Geldmarktgeschäfte ausführen. Seit 1989 gab es den elektronischen Börsenhandel, seit 1991 wurde keine Börsenumsatzsteuer mehr erhoben, 1992 entstand die Deutsche Börse AG, 1994 wurden regionale Beschränkungen aufgehoben, 1997 wurde der «Neue Markt» etabliert und 1999 die Trennung zwischen Geschäfts- und Investmentbanken aufgegeben. Diese Deregulierungen, in Großbritannien unter Margaret Thatcher durch Privatisierungsoffensiven flankiert, beeinflussten das deutsche Bankensystem unmittelbar. Der Optionshandel, die weltweit getätigten Termingeschäfte, die jetzt möglichen «Leerverkäufe»[381] «schuf[en] wirtschaftliche Chancen ungeahnten Ausmaßes, erleichterte[n] aber auch spekulativen Übertreibungen das Geschäft; das eine war ohne das andere nicht zu haben».[382]

Während sich Derivathandel und Umlaufgeschwindigkeiten des Kapitals beschleunigten und Fremdkapital das Eigenkapital der Banken ergänzte, wurden Hedgefonds, Kapitalbeteiligungsgesellschaften und sogenannte Schattenbanken zu Mitspielern auf dem globalen Kapitalmarkt. Dem glaubte sich auch manche regional tätige Bank nicht entziehen zu können. Kluges Management und die Jagd nach lukrativen, aber risikoreichen Geschäften ließ sich in manchen Fällen nicht mehr voneinander trennen, eine Entwicklung, die gerade in Zeiten des Spekulationsfiebers mit den Schlagworten von Börsenzockerei und «Kasino-Kapitalismus» versehen wurde.[383] Symptome dieser atemberaubenden Veränderungen waren eine tiefgreifende Reorganisation der Banken, eine effizientere Führung der Filialnetze, die Einrichtung innovativer Abteilungen für Presse- und Öffentlichkeitsarbeit, häufig auch die Schaffung eines neuen Images – ein Abschied vom Bild altbackener Händler- und Wertpapierbanken und die Propagierung des Ideals zeitgemäßer Bankinstitute, die sich im Idealfall sogar als «global player» auf der Weltbühne behaupten konnten.[384] Damit verbunden war das Denken in Kategorien des «shareholder value». Die Finanzierung der Unternehmen durch Kredite, die sie von ihren meist langjährigen und gut vertrauten Banken als Geschäftspartner erhielten, gehörte zum bewährten deutschen Erfolgsmodell. Nun jedoch konnten sich die Unternehmer über die Kapitalmärkte bisweilen einfacher finanzieren als über langfristige Kredite. Sie kamen damit ihren Anteilseignern entgegen, die auf den Börsenwert, die Dividenden und kurzfristige Gewinne schauten; die «Bankiers» wurden zunehmend zu «Bankern» und gingen bisweilen hochspekulative Geschäfte ein, vor denen sie zuvor zurückgeschreckt waren. Die Beseitigung der bisherigen Barrieren ermöglichte es neuen Akteuren, den Markt zu betreten. Manche Institute öffneten sich den ungeahnten Möglichkeiten, die sich jetzt auftaten, die häufig jedoch noch nicht erprobt waren und auch zu manchen zweifelhaften Geschäften führten. Das eigentliche Problem waren aber weniger die Marktreformen und Deregulierungen an sich, sondern die fehlende «ordnungspolitische Nachsteuerung» und die mangelnde Einhegung der kaum noch kontrollierbaren dynamischen Kräfte, die durch spezielle Finanzinstrumente, die Interessen institutioneller Anleger sowie komplexe Verschuldungsketten entstanden.[385] «Mergers & Acquisitions» wurden in den 1990er-Jahren vor allem für Großbanken interessant, wie das Beispiel der versuchten Übernahme des Thyssen-Konzerns durch die kleinere Friedr. Krupp AG im Jahr 1997 und die Zusammenlegung der Stahlbereiche der ThyssenKrupp Stahl AG zeigt, bei der die Deutsche Bank involviert war.

Diese Expansionstendenzen zeigten sich sogar bei den öffentlich-rechtlichen Banken, sodass das klassische deutsche Drei-Säulen-Modell in eine Schräglage zu geraten schien. Weil sich die Landesbanken ebenfalls global aufstellten, kritisierten die Privatbanken schon bald, dass diese zu molochartigen und intransparenten halbstaatlichen Einrichtungen geworden seien. Die Sparkasse Essen bot inzwischen eigene Inhaberschuldverschreibungen mit Laufzeiten von fünf bzw. zehn Jahren und einer Nominalverzinsung von 6 bzw. 6,5 Prozent an. Diese verbanden im Vergleich zu Sparkassenbriefen und -obligationen eine einfachere Übertragbarkeit mit einer größeren Liquidität und dienten der Sparkasse zugleich zur Absicherung der eigenen Geschäfte und der Refinanzierung. Dass nun börsenfähige Wertpapiere emittiert wurden, hatte auch damit zu tun, dass die Sparkasse Essen seit 1981 an der Börse in Düsseldorf mit eigenen Händlern vertreten war.[386] Die bislang unbekannte Expansion von Sparkassen und Landesbanken, so lautete der Vorwurf, beruhe «auf einer ungerechtfertigten und letztlich für den Wettbewerb schädlichen Sonderbehandlung».[387] Die Großbanken standen zwar in der Öffentlichkeit unter dem Vorwurf der «Allmacht» und «Omnipotenz», aber auch die öffentlich-rechtlichen Institute mussten sich zunehmend kritische Fragen zu ihrer Geschäftspolitik gefallen lassen.

Die Region Essen spürte sowohl die Globalisierungstendenzen des Finanzsektors als auch die strukturellen Veränderungen im Bergbau- und Stahlsektor. Die europaweite Stahlkrise setzte zwar etwas später ein als die Kohlekrise, aber ihre Folgen waren nicht weniger dramatisch. Gegenüber den günstigen ausländischen Anbietern war der heimische Stahl hoffnungslos unterlegen. Selbst die milliardenschweren Staatssubventionen konnten den Abwärtstrend nicht stoppen. Krupp geriet 1983 erneut in Schwierigkeiten. Die Probleme der Grundstoffindustrie blieben eine fortwährende Belastung. Die Zahl der im Ruhrgebiet in der Stahlbranche Beschäftigten ging allein zwischen 1978 und 1986 von rund 90 000 auf 75 000 zurück. Wie stark Essen unter der Doppelkrise litt, ließ sich auch demografisch belegen. Die Einwohnerzahl war seit 1962 ständig zurückgegangen und betrug 1987 nur noch 613 500.[388] Während in Essen 1970 mit 0,7 Prozent Arbeitslosen noch faktisch Vollbeschäftigung geherrscht hatte, stieg die Quote in den 1980er-Jahren bis in den zweistelligen Bereich.[389] Schleppende Auftragseingänge, eine deutlich verschlechterte Kapazitätsauslastung, Einbrüche bei den Erträgen, ein impulsloser Handel sowie ein «Arbeitsmarkt voller Probleme» prägten 1981 die Entwicklung der Stadt, deren Wirtschaft sich auf einem «weiteren Marsch auf der Talsohle» befand.[390] Zu der «katastrophalen Pleitenwelle» bei Essener Firmen kamen die fallenden Ordereingänge, die «erschreckend negativ» wirkten.[391] Hierzu traten hausgemachte Probleme wie das Missmanagement des sogenannten Gildehof-Centers, jenes großen Projekts eines städtischen Verwaltungskomplexes mit angeschlossenem Hotel und anderen Einrichtungen, das 1983 scheiterte. Auch der von der Stadt durchgesetzte Bau eines Freizeit- und Spaßbades erwies sich als kommerzielles Desaster.[392] Von geradezu symbolischer Bedeutung für den Wandel war die Schließung der letzten verbliebenen Zeche Zollverein im Dezember 1986. Ende der 1980er-Jahre befand sich auch das Kaufhaus Loosen in einer Phase des Niedergangs. Seine Schulden alleine bei der National-Bank beliefen sich auf fünf Millionen DM, mit weiteren 8,4 Millionen DM stand man beim Pensionsversicherungsverein in der Kreide. Ende 1987 verkauften die Eigentümer das Unternehmen an eine Briefkasten-Firma in New Jersey. Die anonym bleibenden neuen Besitzer waren nicht bereit, Bankgarantien für die Schulden zu geben. Da auch kein schlüssiges Sanierungskonzept vorgelegt werden konnte, musste im Januar 1988 ein Konkursantrag gestellt werden.[393] Für die 340 Loosen-Mitarbeiter blieb das obskure Verhalten der amerikanischen Gesellschaft unverständlich. Der Essener Oberbürgermeister Peter Reuschenbach (SPD) sprach zwar von einem «Skandal» und «Wildwest-Methoden», ohne den Beschäftigten jedoch Hoffnung auf eine Weiterbeschäftigung machen zu können.[394] Der Konkurs konnte nur mit einem erheblichen Verlust für die National-Bank vorerst abgewendet werden. In Gesprächen zwischen National-Bank, der Stadt Essen und dem Loosen-Betriebsrat kam es zu Verhandlungen mit der Kaufhauskette Peek & Cloppenburg, die eine Einstellung von etwa 100 ehemaligen Loosen-Mitarbeitern in Aussicht stellte. Schließlich eröffnete Peek & Cloppenburg im Jahr 1989 mit erweiterter Verkaufsfläche im ehemaligen Loosen-Kaufhaus ein eigenes Geschäft.

Obwohl ganze Industriezweige verschwanden und die Arbeitslosigkeit im Ruhrgebiet im zweistelligen Bereich blieb, kam der Bankplatz Essen selbst in dieser Krisenphase einigermaßen ungeschoren davon. Der kontinuierlich wachsende tertiäre Sektor erwies sich als sprichwörtlich sichere Bank. In der Dienstleistungsstadt Essen stieg der Anteil von Handel, Banken und Verkehr[395] von 1976 bis 1991 von knapp 50 auf fast 60 Prozent und trug zur positiven Sonderentwicklung der Finanzbranche bei.[396] Die IHK Essen konstatierte stolz die Erfolge des Anpassungsprozesses: «Kohle und Stahl bilden bereits seit Jahren nicht mehr die beiden Fundamente der (örtlichen) Wirtschaft. Heute findet man hier eine relativ günstige Mischung von warenproduzierendem Gewerbe und dem Dienstleistungsbereich vor.» Industrie und Handwerk hatten sich inzwischen «zunehmend vom Montanbereich gelöst».[397]

Selbst der Kurssturz an der Wall Street im Herbst 1987, der den größten Börsenkrach seit 1929 einleitete und auf den deutschen Aktienmärkten den Verlust von rund einem Drittel der Werte zur Folge hatte, erwies sich als beherrschbar. Der Crash, der durch die Effekte des zunehmend automatisierten Terminhandels noch verstärkt wurde, war die Folge einer spekulativen amerikanischen Hausse, die geradezu nach einer Korrektur und Konsolidierung gerufen hatte.

Die Geldmarktsteuerung der Bundesbank wirkte sich rasch positiv aus. 1988 galt das bundesdeutsche Wachstum mit über drei Prozent wieder als solide. Weit über 80 Prozent der Essener Firmen bezeichneten die Geschäftslage als «gut» oder «befriedigend» – eine Beurteilung, die das letzte Mal Anfang des Jahrzehnts so positiv ausgefallen war.[398] Autos, Möbel, Reisen – alles wurde gekauft, und auch das Ausland orderte kräftig. Selbst die immer wieder gebeutelte Stahlindustrie und deren Zulieferer berichteten von hoher Nachfrage und Auftragseingängen, was den Großbankenfilialen und der National-Bank Auftrieb verschaffte. Die günstigen Zinsen wurden insbesondere von mittelständischen Unternehmen zur Finanzierung von größeren Investitionsvorhaben, zur Erweiterung der Produktionskapazitäten oder für Umschuldungen genutzt. Die Essener Wirtschaft behielt 1989 im inzwischen siebten Aufschwungsjahr «ihren klaren Expansionskurs» bei.[399]

Der Wandel der Arbeitswelt und neue Geschäftsfelder: Der Abschied von den «Lohnzetteln» und der Einzug des Computers

Lohnzettel und Lohntüte, die den deutschen Arbeitsalltag für viele Jahrzehnte mitbestimmt hatten, wurden Ende der 1950er-Jahre obsolet. Das System der wöchentlichen Bargeldauszahlung hatte zwar gewisse praktische

Vorteile. Aber die geldgefüllten Umschläge hatten an den Zahltagen immer wieder zu Überfällen auf die Kassenschalter verlockt. Zudem hatten in den Städten im Revier die überwiegend männlichen Empfänger der «Lohntüte» es in der Hand, zu Hause zu verraten – oder auch zu verschweigen –, wie viel Geld sie denn eigentlich verdienten.[400]

In den USA war es seit Längerem üblich, Löhne in Form von Schecks auszuzahlen, was von den deutschen Banken abgelehnt wurde. Löhne sollten auf ein Bankkonto überwiesen werden; dem Lohnempfänger sollte die Wahl des Kreditinstituts überlassen bleiben. Bei dieser Gelegenheit sollten die Arbeitnehmer auch daran gewöhnt werden, bei wiederkehrenden Aufwendungen wie Miete und Krankenversicherungen sowie den Beträgen für Strom, Wasser und Gas bargeldlos zu überweisen. Bei bargeldlosen Zahlungen im Handelsverkehr sollten Schecks verwendet werden – was vor allem in der Geschäftswelt zunächst Skepsis und Misstrauen hervorrief, weil dort die Sorge groß war, auf ungedeckten Schecks sitzenzubleiben. Daher stellten einige Bankinstitute «Bankausweise» aus, die den Käufer legitimierten. Mit diesen «Ausweiskarten» war allerdings keinerlei Garantie für Ausfälle verbunden. Die Einzelhändler sollten lediglich erkennen können, dass sich der Kunde bei seiner Bank durch Unterschrift verpflichtet hatte, Schecks nur im Rahmen seines Guthabens auszustellen.[401]

Der zusätzliche Verwaltungsaufwand wurde durch die Mehreinnahmen an Gebühren kompensiert, sodass es zu keinen größeren Schwierigkeiten bei der Umstellung kam. Für die Sparkassen wurde die bargeldlose Lohnzahlung «zur Rentabilitätsbasis für spätere Zeiten». Mit ihrem großen Kundenstamm profitierten sie am stärksten von der «Popularisierung des Giroverkehrs»,[402] weil sie als öffentlich-rechtliche Institute dazu verpflichtet waren, jedem Bürger ein Konto anzubieten, während die Großbanken diese Entwicklung zunächst eher lustlos verfolgten. Der Blick auf die privaten Spareinlagen zeigt, wie schnell sich die bargeldlose Zahlungsweise durchsetzte: 1963 betreute die Sparkasse Essen bereits über 71 000 Konten; zehn Jahre später, 1973, als der Prozess der Einführung von Lohn- und Gehaltskonten langsam an sein Ende geriet, war diese Zahl auf 201 000 gestiegen.[403]

Für diejenigen Kunden, die noch an alten Traditionen festhielten und sich nicht mit dem bargeldlosen Verkehr anfreunden wollten, wurde in Anzeigen der Sparkasse Essen Mitte der 1960er-Jahre darauf aufmerksam gemacht, dass die «Zeit der Postkutsche [...] auch im Zahlungsverkehr» vorbei sei.[404]

Für die Banken war die Umstellung auf den bargeldlosen Zahlungsverkehr, zunächst nur für Angestellte und Beamte, dann auch für Arbeiter, ein

Maschinenbuchhaltung in den 1930er-Jahren, hier bei der National-Bank.

wichtiger Schritt zur Rationalisierung und Automatisierung der Arbeits-
prozesse. Diese angesichts der dramatischen Veränderungen der Informa-
tionstechniken und der Mikroelektronik unaufhaltsame Entwicklung schuf
im Bankgewerbe, das traditionell eine personalintensive Branche war, einen
ganz neuen Beschäftigungstypus.[405] «Vom Bankbeamten zum Verkäufer» –
so ist dieser nachhaltige Wandlungsprozess[406] in der ausdifferenzierten
bundesrepublikanischen Dienstleistungsgesellschaft bezeichnet worden.
Für den neuen Typus des Bankangestellten waren kommunikative Fähigkeiten – im «Team» ebenso wie gegenüber dem Kunden – wichtiger denn je.
Die Zahl derjenigen, die im klassischen Sinn nach ihrer Banklehre bei der
Bank die Karriereleiter erklommen, ging zurück. Für Banklehrlinge wurde
jetzt – zumindest unausgesprochen – das Abitur zur Zugangsvorausset-
zung für höhere Positionen. Die Professionalisierung der Bankbeamten
ging mit der Ausweitung der Geschäftsbereiche und der Zweigstellen sowie
dem Wandel zur digitalen Gesellschaft einher. Diese vollzog sich eher evo-
lutionär als revolutionär.

Die Zeiten, in denen Buchungsvorgänge noch mit der Hand vorgenommen wurden, waren inzwischen vorbei: Schon Anfang der 1930er-Jahre
hatte Krupp in Zusammenarbeit mit der Sparkasse Essen eine Saldierma-

Die Schalterhalle der Zweigstelle Borbeck der Sparkasse Essen im Jahr 1933.

schine, eine elektrisch betriebene Registrierkasse, konstruiert und erfolgreich in den Bankabteilungen eingesetzt.[407] 1937 hatte die Sparkasse Essen als regionaler Pionier auf diesem Gebiet eine «Bürogeräteausstellung» mitorganisiert und erste Versuche mit dem «Hollerith-Verfahren» gewagt. Bei diesem vom Deutschamerikaner Hermann Hollerith im Jahr 1889 patentierten Verfahren dienten normierte und formatierte Kartons mit ausgestanzten Feldern statt der bisherigen Beschriftung als Auswertungsmedium. Damit hielt die «Automation» in Essen Einzug, wie stolz berichtet wurde: «Seit Anfang des Jahres 1938 wird bei der Hauptstelle die Kontrolle für die Buchhaltung des Sparverkehrs nach dem Hollerith-Verfahren vorgenommen. Außer der Kontrolle für die Kapitalbewegungen ist in diesem Verfahren auch die Zinsenrechnung und die Zinsenkontrolle für den Sparverkehr eingeschlossen.»[408] Auch in anderer Hinsicht wurden neue Wege beschritten. Eine «Elektropostanlage» war an eine Fernsprecheinrichtung gekoppelt, die unabhängig vom Telefonnetz die einzelnen Abteilungen der Hauptstelle mit den Filialen verband. Innovativ war auch ein Nachttresor, der die Geldeinlieferung rund um die Uhr ermöglichte. Die Sparkasse Essen hatte also eine technologische Vorreiterposition eingenommen. Der Zweite Weltkrieg behinderte zwar die flächendeckende Umsetzung der

Verfahren, aber in der Bundesrepublik wurde mit den beständig verbesserten Buchungsautomaten, basierend auf dem Lochkartensystem, gearbeitet.[409] Die Deutsche Bank führte diese Technik in Essen im Jahr 1958 ein. Die Sparda-Bank Essen schaffte im gleichen Jahr ihre Walzenbuchhaltungsautomaten ab und stellte ihr Buchungsgeschäft sukzessive auf elektronische Anlagen um.[410]

Bei allen Beteiligten setzte sich die Erkenntnis durch, dass sie ohne die elektronische Datenverarbeitung die ständig steigende Zahl der Buchungsposten und die auf die Kreditinstitute zukommende Welle an Renten-, Lohn- und Gehaltskonten sowie die rasante Entwicklung des bargeldlosen Zahlungsverkehrs mit seinen vielen Dienstleistungen nicht mehr mit herkömmlichen Mitteln bewältigen konnten. Allein bei der Sparkasse Essen stieg die Zahl der Buchungsposten im Spargiroverkehr von 1953 bis 1963 von rund 1,4 Millionen auf 6,1 Millionen.[411] Aber die elektronische Rationalisierung war gerade anfangs teuer und rentierte sich nur bei großvolumigen Transaktionen. Die Sparkasse Essen und vor allem die kleineren Essener Institute wie die Volks- und Genossenschaftsbanken standen unter Druck: Bei ihren Kundengruppen waren die Volumina gering, sodass sie bei der Einführung der kostenintensiven Verfahren zögerten, zumal sie auch mit Blick auf die steigenden Lohnkosten und die Fünf-Tage-Woche am Ende der 1950er-Jahre an ihre Grenzen stießen. Dem «Modernisierungszwang»[412] konnten sie sich dennoch nicht entziehen. Deshalb wurden Sparkassen-Buchungsgemeinschaften für kleinere und mittlere Institute gebildet, an denen sich 1968 bereits zwei Drittel aller Sparkassen beteiligten.[413] Die Großbanken hatten andere Probleme: Ihre Niederlassungen und Filialen vertrauten noch bis in die 1960er-Jahre unterschiedlichen Systemen und Herstellern, was den Verrechnungs- und Buchungsverkehr angesichts mangelnder Kompatibilität zunehmend erschwerte, bis schließlich eine einheitliche Systementwicklung durchgeführt wurde.[414] 1960 führte die Bundesbank mit den Spitzenverbänden des Kreditgewerbes eine Arbeitsgruppe «Automation» ein, die sich mit allen entsprechenden Fragen beschäftigte.[415] In diesem Jahr nahm bereits rund ein Viertel der Essener Beschäftigten am bargeldlosen Verfahren teil. Die Kreditinstitute brauchten Spezialisten für die immer komplexer werdende Datenverarbeitung, die die technisch hierfür nicht ausgebildeten Bankfachleute kaum mehr beherrschten. In der Erwartung eines weiter steigenden Buchungsanfalls und für die Planung eines zentralen Verbuchungssystems führte die IHK Essen im Jahr 1960 rund 110 Kreditinstitute und Firmen zu einem «Erfahrungsaustausch» zusammen, um über die Chancen und Probleme der bargeldlosen Lohnzahlung zu diskutieren.[416]

Die Umstellung auf die elektronische Datenverarbeitung führte, anders als von manchen vorhergesagt, zunächst nicht zu den befürchteten Entlassungen. Sie vollzog sich seit den 1950er-Jahren vielmehr reibungslos, weil sich die Banken über längere Zeit darauf vorbereitet hatten und das Projekt in Etappen umsetzten. Ob der Verdienst der Bankmitarbeiter damit immer Schritt hielt, war umstritten. Die Gehälter im Bankgewerbe, so kritisierte die Deutsche Angestelltengewerkschaft 1962, seien erheblich niedriger als in der Industrie. Man vertröste die Bankmitarbeiter damit, dass die Banken erst wieder ein «ausreichendes Fettpolster» ansetzen müssten. Als die DAG den Tarifvertrag kündigte und mit Flugblattaktionen und Protestversammlungen auf sich aufmerksam machte, war dieser «tariflose Zustand bei den Banken»[417] ein Indiz der sich wandelnden Arbeitsbedingungen. Für Mitarbeiter, die durch die automatisierten Buchungsverfahren nicht mehr voll ausgelastet waren, wurde Teilzeitarbeit eingeführt, ein Angebot, das vor allem die weiblichen Angestellten annahmen, die Berufs- und Hausarbeit miteinander verbinden wollten. Andere wurden umgeschult und erhielten in manchen Fällen sogar eine höher dotierte Position in den neu gebildeten EDV-Bereichen. Grundlegende Änderungen in der betrieblichen Mitbestimmung vollzogen sich erst in den 1970er-Jahren. SPD und Gewerkschaften forderten eine «paritätische», also gleichberechtigte Mitbestimmung der Arbeitnehmer in den Betriebsräten, was, von wenigen Ausnahmen abgesehen, nicht üblich gewesen war. Die Arbeitgeber wehrten sich mit Händen und Füßen dagegen, und auch in der sozialliberalen Koalition gab es darüber Differenzen, weil die SPD auf ihren Koalitionspartner FDP Rücksicht nehmen musste, der – wie die Opposition – den Einfluss der Gewerkschaften begrenzen wollte. Das neue Betriebsverfassungsgesetz, das schließlich am 19. Januar 1972 in Kraft trat und das alte Gesetz von 1952 ablöste, stellte einen Kompromiss dar, der in einigen Bereichen die von den Gewerkschaften postulierte Mitbestimmung zu einer beratenden Funktion abschwächte. Die Bank-Angestellten forderten zwar inzwischen, stärker an den Entscheidungen der Personal- und Kreditausschüsse beteiligt zu werden, konnten dies aber nicht durchsetzen, weil das durch das Betriebsverfassungsgesetz nicht gedeckt war. Das 1976 verabschiedete Mitbestimmungsgesetz wiederum galt nur für Unternehmen mit mehr als 2000 Beschäftigten. Zwar waren fortan bei Aktiengesellschaften im Aufsichtsrat die Vertreter von «Arbeit» und «Kapital» im gleichen Zahlenverhältnis vertreten. Die eigentlich zur Arbeitgeberseite gehörenden leitenden Angestellten zählten aber auf der Arbeitnehmerseite mit, und der Aufsichtsratsvorsitzende hatte im Zweifelsfall zwei Stimmen.

Die EDV und die Computer-Arbeitsplätze halten in den 1970er-Jahren Einzug in den Banken.

Als seit den 1960er-Jahren die Inhaber von Girokonten vergleichsweise unbürokratisch Kredit eingeräumt bekamen und ihre Konten bald auch überziehen durften, mussten diese für das Massengeschäft untauglichen Verfahren ebenfalls vereinfacht und formalisiert werden. In den 1960er-Jahren ersetzte das Magnetband die bisherige elektromechanische Lochkarten-Praxis. Für die Essener Banken war hilfreich, dass 1961 einheitliche Überweisungsvordrucke eingeführt wurden.

Vor allem die amerikanische Firma IBM wurde zum Vorreiter dieser neuen Technologie, die schnelleren Datenzugriff mit verbesserter Speicherkapazität verband. In einer Übergangszeit verbanden zunächst noch hybride Geräte die neue Technik mit der Lochkartentechnologie. Die Essener Sparkasse installierte ihre erste Rechenanlage im Jahr 1964, eine IBM 1401:[418] ein bereits seit einigen Jahren auf dem Markt befindlicher Bestseller, ein heute klobig wirkendes Gerät aus einer Lochkarteneinheit, einer Zentraleinheit und einem Schnelldrucker. Die Maschine war jedoch effektiv und verarbeitete z. B. in fünf Minuten Giro- und Kontokorrentbuchungen, für die Kassiererinnen einen ganzen Tag benötigten. Die Deutsche Bank vertraute auf die Systeme IBM 370 und Siemens 4004, um zu Anfang der 1980er-Jahre die «durchgehende Terminalisierung des Geschäfts bis hin zum Schalter» zu ermöglichen.[419] Die Commerzbank trumpfte mit der Installierung eines «Kurs-

Funkgeräts» des Vereinigten Wirtschaftsdiensts auf, das die Notierungen von Aktien und festverzinslichen Titeln live übertrug.[420] Bei Burkhardt & Co. wurden im Zuge einer umfassenden Modernisierung 1970 neue Telefonanlagen und ein schusssicherer Kassenraum eingebaut, dazu eine für den Privatbankenbereich einzigartige rechnergestützte Datenverarbeitungsanlage angeschafft.[421] Die Privatbank gründete hierfür eine Tochterfirma, die Gesellschaft für Unternehmensberatung und Datenverarbeitung e. V. (GUD), die eine IBM 360/30-Anlage betrieb und über dieses System das Kontokorrent-Geschäft und die Hauptbuchhaltung abwickelte. Die GUD beschäftigte 70 Mitarbeiter und bot ihre Dienste auch anderen als Drittgeschäft an. Das von ihr entwickelte Integrierte Banksystem (IBS), eine Mischung aus Verarbeitungs- und Informationssystem, war komplex und störanfällig, was sich als Manko erwies, als nach der Fusion mit der Düsseldorfer Bank Trinkaus die EDV zusammengelegt wurde.[422]

Für Werbung wurden immer größere Summen bereitgestellt; ihre seit der Weltwirtschaftskrise branchenübliche vornehme Zurückhaltung gaben die Banken auf. Bei den Erweiterungen und Modernisierungen der Geschäftsstellen und Filialen legten sie Wert auf ein einheitliches Erscheinungsbild. Die bewusste Schaffung und Pflege der «corporate identity» wurde elementarer Bestandteil der Professionalisierungsprozesse. Geschäftsbanken und Sparkassen schalteten in den 1960er-Jahren vermehrt Anzeigen, sodass sogar von einem «allgemeinen Werbefrühling der Kreditinstitute» die Rede war. Die Sparkasse Essen ließ am Weltspartag 1969 einen PKW-Konvoi durchführen, bei dem «nette Hostessen […] kleine Aufmerksamkeiten verteilten» und holte den Schlagerstar Howard Carpendale für eine Autogrammstunde in die Halle der Sparkasse.[423] Außerdem wurde in der Hauptstelle an der Rathenaustraße ein «Spätschalter» eingerichtet, der bis 19 Uhr mit Sachbearbeitern besetzt war, die zu Kleinkrediten und Anschaffungsdarlehen Auskunft gaben.[424] Die Deutsche Bank ließ in ihren Inseraten inzwischen sogar «eine sonnenbadende Bikini-Dame und eine schlafende Bett-Schönheit» für das «Geheimnis des Investmentsparens» werben. Burkhardt & Co. blieben bei diesen Aktionen allerdings merklich reserviert, wie Gotthard von Falkenhausen bekannte: «Wir haben es nicht nötig, uns kennt man.»[425] Das Verteilen von bunten Prospekten in hoher Auflage galt nicht länger als unseriös, während Fernsehwerbung noch bis in die 1970er-Jahre tabu blieb.[426]

Angesichts der in den 1960er-Jahren angepriesenen Vorteile der «autogerechten Stadt» und der aus den USA übernommenen Mode von «Drive-ins» wollten manche Essener Banken nicht zurückstehen. Die Dresdner

Bank führte einen Autoschalter ein, und prompt zog die Commerzbank nach. Sie pries 1968 unter dem Motto «Einfach im Vorüberfahren» ihren neuen «Autoschalter Selmastraße» an,[427] obwohl das Verfahren aus heutiger Sicht komplex anmutet: «Autoschalter und kontoführende Stelle im Hauptgebäude werden durch eine Fernsehanlage zum Kontoführer übertragen, der Unterschrift und Guthabenhöhe prüft und die Ordnungsmäßigkeit durch ein optisches Signal dem Angestellten am Autoschalter bestätigt.»[428] Auch die Volksbank Essen führte 1968 in ihrer neuen Zentrale einen Autoschalter ein, der mit schusssicherem Panzerglas ausgestattet wurde.[429] Andere Banken fanden die Autoschalter-Novität – die sich im Übrigen nicht durchsetzte und stillschweigend wieder eingestellt wurde – übertrieben. Sie setzten auf ein anderes Modell. In den 1970er-Jahren waren «fahrbare Zweigstellen» als Kundenservice en vogue. Die Sparda-Bank Essen fuhr mit einem «Bankbus» und einem festgelegten Fahrplan Essener Standorte in Steele, Kray, Kettwig, Dellwig, Borbeck und Kupferdreh an, um ihren Kunden das Erledigen ihrer Bankgeschäfte zu erleichtern,[430] die beiden Busse der Sparkasse Essen hatten ebenfalls feste Routen.[431]

Die Deutsche Bank Essen führte 1969 eine «Tele-Scheck-Anlage» sowie einen sogenannten Stockmaster ein, der «in Sekundenschnelle» die Börsenkurse aus New York, Toronto, Montreal und Paris übertrug,[432] die Commerzbank installierte ein ähnliches System.[433] Damit einher ging die Einrichtung eines elektronischen Überweisungssystems (EZÜ). Dieses galt zunächst nur für den inländischen Zahlungsverkehr, wurde aber im Mai 1977 unter dem Namen SWIFT auch für das Ausland eingeführt. In den 1970er-Jahren hatten die Lochkarten endgültig ausgedient – eine erhebliche Erleichterung, hatten diese doch zur Speicherung, Archivierung und Auswertung stets in ein Rechenzentrum gebracht werden müssen. Der beleglose Zahlungsverkehr mittels des Datenträgeraustauschverfahrens – über Magnetbänder – wurde flächendeckend eingeführt und gehörte gegen Ende des Jahrzehnts zum Standard. Daten wurden im Sinne einer «intelligenten Bankautomation» in ein zentrales Rechnersystem eingespeist. Bei der Sparkasse war dieser Automatisierungsprozess im Jahr 1980 bereits so weit fortgeschritten, dass etwa die Hälfte aller Zahlungsposten, d. h. Überweisungen, Schecks und Lastschriften, auf elektronischem Weg verarbeitet und ausgetauscht wurden.[434] Angaben zum Zahlungsverkehr lasen die Bankberater inzwischen in der Schalterhalle auf dem Bildschirm ab. Terminals im heutigen Sinne wurden allerdings erst in den 1980er-Jahren eingeführt.

Zug um Zug wurden die Banken mit Bildschirmterminals und automatischen Kassentresoren ausgestattet. Bei der Spar- und Darlehnskasse Essen

Geldgeschäft am Autofenster
Durchfahrt-Schalter ab 1. Oktober bei Commerzbank

Die Wünsche der motorisierten Kundschaft der Commerzbank werden erfüllt: Seit 1. Oktober gibt es einen Autoschalter, an dem die Kunden ihre Geldgeschäfte erledigen können, ohne auch nur den Wagen verlassen zu müssen. An zwei Schalterboxen können Ein- und Auszahlungen schnell vorgenommen werden.

Schalter und kontoführende Stelle im Hauptgebäude sind mit einer Fernsehanlage verbunden, durch die die vorgelegten Schecks dem Kontoführer per Draht vorgelegt werden können. Er prüft Unterschrift und Guthabenhöhe und gibt dem Beamten am Schalter ein optisches Zeichen für die Ordnungsmäßigkeit des Schecks. Abhebungen vom Sparkonto sind auf die gleiche Art möglich.

Der Autoschalter liegt an der Selmastraße, die von der Hachestraße wie auch von der Lindenallee über die Maxstraße erreichbar ist.

Bequemer geht's nicht. Kunden der Commerzbank können jetzt am Autoschalter an der Selmastraße ihre Geldgeschäfte erledigen, ohne das Fahrzeug verlassen zu müssen.

Der «Autoschalter» der Commerzbank schaffte es sogar in die Tageszeitung.

konnten die Kontoauszüge seit 1981 an einem «SB Kontoauszugsdrucker» ausgedruckt werden. Geldausgabeautomaten und ein SB-Terminal ergänzten diesen Service. Die Bank war kontinuierlich mit einem Rechenzentrum in Münster verbunden, das diese Vorgänge steuerte.[435] Die Möglichkeit, Geschäfte via Bildschirmtext (BTX) zu tätigen, wurde bundesweit für alle Banken im Jahr 1983 eingeführt. Zugleich setzte sich der Trend zum Cash-Management fort, weil die Kunden ihre Kontoinformationen zunehmend selbst abrufen wollten. Bei der Deutschen Bank fiel der Startschuss zu diesem international verwendbaren Cash-Management-System unter dem Namen «db-direkt» im Jahr 1984 und mit Systemen von Nixdorf, Siemens und IBM, die zwischen Frankfurter Zentrale und den Hauptfilialen kompatibel waren.

Vor allem kleinere Institute waren jedoch weniger üppig ausgestattet. Der Filialleiter der Essener Bank für Sozialwirtschaft erinnerte sich an den Beginn seiner Tätigkeit im Jahr 1991: «Als wir anfingen, war es noch ‹State of the Art›, dass eine Bank eine Kasse haben musste. Da wir mit unserer Geschäftsstelle am Kennedyplatz in der 8. Etage angesiedelt waren, hielten sich die Besuche von Kunden, die Bargeldtransfers wünschten, aber in Grenzen. Zehn Transaktionen am Tag waren schon viel. Und dann die Technik! Damals hatten wir gerade mal ein Faxgerät und eine Standleitung

Ein- und Auszahlungen wurden seit den 1970er-Jahren automatisiert.

für unsere PCs, die dann bei intensiver Nutzung öfters mal zusammenbrachen. Das Telefon war das Hauptkommunikationsmittel und alles, wirklich alles, wurde per Post zugestellt.»[436]

Diese Neuerungen ermöglichten es den Besuchern, die lästigen – und bei Banken wenig kundenfreundlichen – Öffnungszeiten zu umgehen. Manche Geschäfte ließen sich jetzt 24 Stunden am Tag, sieben Tage die Woche tätigen. Größere Beträge konnten bargeldlos überwiesen und Daueraufträge für regelmäßige Zahlungen wie Mieten eingerichtet werden. Ein Besuch bei der Bank war von nun an gleichsam auf dem Weg nach Hause oder beim Einkaufsbummel möglich. Die dazu benötigte Banksoftware wurde kostenlos zur Verfügung gestellt. Durch die Anbindung an internationale Datenbanken und die Einführung neuer Technik wurden auch Kundenabrechnungen im expandierenden Bereich der Wertpapiergeschäfte problemloser abgewickelt.

Bei der Sparkasse Essen konnten im Jahr 1968 erstmals Schecks per Scheckkarte eingelöst werden – zunächst jedoch nur mit einer Deckungsgarantie bis zum Betrag von 200 DM.[437] Die Scheckkarten etablierten sich allerdings erst in den späten 1970er-Jahren vollends am Markt. Parallel wurden die ersten Geldautomaten eingerichtet, die aber vorerst meist nur Abhebungen vom Konto des eigenen Instituts vorsahen; die Scheckkarten

Der bargeldlose Zahlungsverkehr hält Einzug: Auch bei den Essener Banken wurden seit den 1970er-Jahren die Eurocheque-Karte und die Eurocard zu ihren Pionieren.

waren in den seltensten Fällen mit den Automaten anderer Bankinstitute kompatibel.

Seit 1968 entwickelten europäische Kreditinstitute und Verbände aus zunächst 15 Ländern das «Eurocheque»-System, eine Antwort auf die zunehmende grenzüberschreitende Reiselust, die gerade für die Westdeutschen als «Reiseweltmeister» eine willkommene Vereinfachung bedeutete. 1970 einigten sich die Spitzenverbände der deutschen Kreditwirtschaft auf einheitliche automatengerechte und maschinenlesbare Zahlungsvordrucke, womit die Schaffung einer achtstelligen Bankleitzahl (BLZ) einherging.[438] Seit 1972 konnten die Kunden dank der einheitlichen Scheckkartengarantie mit ihrer EC-Karte in allen Mitgliedsländern Abhebungen vornehmen.

1979 entschloss sich das deutsche Kreditgewerbe, ein institutsübergreifendes Geldautomaten-System einzuführen, das mit der vom jeweiligen Bankinstitut ausgegebenen Eurocheque-Karte zu bedienen war. So gut wie alle Kreditinstitute beteiligten sich an diesem System, denn eine Verweigerung hätte massive Wettbewerbsnachteile bedeutet. Noch im gleichen Jahr wurden die ersten Geräte installiert: Die nagelneuen Geldautomaten der Sparkasse Essen beispielsweise wurden 1979 in Borbeck und Kettwig aufgestellt.[439] Allerdings bekam noch nicht jeder die begehrte Karte, denn die Voraussetzung war Bonität, ein geregeltes und angemessenes Einkommen. Wer diese Hürde nicht überklimmen konnte, wie es bei vielen Sparkassen-Kunden der Fall war, konnte die «S-Card» beantragen, mit der beim kontoführenden Institut Geld abgehoben werden konnte, nicht aber bei anderen Banken und im Ausland.

Kreditkarten, die zunächst in den USA – mit der Diners Card ab 1949, der MasterCard ab 1951 und der American Express Card sowie der Visa Card ab 1958 – en vogue waren, boten die Sparkassen seit 1977 im Verbund

Natürlich blieben auch die Essener Banken von Betrügereien und Raubzügen nicht verschont: Die Szene nach einem Überfall auf die Filiale der Sparkasse in Rüttenscheid im Jahr 1970.

mit der Gesellschaft Mastercard als «Eurocard» an, eine Marke, die zuerst 1964 von der schwedischen Bankdynastie Wallenberg in Europa eingeführt worden war. Der Absatz der Kreditkarten Eurocard und Eurocard Gold boomte seit den späten 1980er-Jahren. Diese wurden beispielsweise bei der Sparkasse Essen erstmals 1989 vorgestellt. Das System «Electronic Cash» wurde zugleich bei zahlreichen Einzelhändlern installiert. Die Zahl der ausgegebenen EC-Karten stieg ebenfalls stark an, weil das neue Zahlungssystem zunehmend auch von Tankstellen akzeptiert wurde. Damit verbunden war eine verstärkte Ausgabe von EC-Karten an Privatkunden.

Seit den 1990er-Jahren wurde das Telefon-Banking eingeführt. Per Telefon konnten rund um die Uhr Kontostand und Kontobewegungen abgefragt sowie – mit einer Geheimzahl geschützt – Aufträge erteilt werden. Bei der Deutschen Bank war die Essener Niederlassung hierfür das Versuchskaninchen, um 1994 das neue Angebot dann bundesweit vorzustellen. Die Commerzbank führte das System im gleichen Jahr unter dem hauseigenen Namen «Comphone» ein.[440]

Kundenberatung und Kundenselbstbedienung ergänzten sich von nun an. Noch vor der Jahrtausendwende begann für die Essener Bankenwelt die Zeit des World Wide Web: Eine eigene Homepage, der Auftritt im Internet und, ein paar Jahre später, Kunden- und Aktionärsportale als Serviceleistung wurden nun zum Standard. Die Digitalisierung und die Möglichkeit, Bankgeschäfte von zu Hause aus zu tätigen, so segensreich sie sind, haben aber auch ihre Schattenseiten. Geldautomaten, Kontoauszugsdrucker und automatisierte Transaktionen machen manches Kundengeschäft obsolet und damit auch manche Mitarbeiter überflüssig – Langzeiteffekte, die in den ersten beiden Jahrzehnten des 21. Jahrhunderts massive Auswirkungen auf die gesamte Branche zeitigen.

Spektakuläre Banküberfälle und Betrügereien gehören zu jeder Bankgeschichte, können an dieser Stelle aber nicht systematisch behandelt werden. Einem Essener Direktor von Trinkaus & Burkhardt gelang es beispielsweise über einen Zeitraum von 19 Jahren, Gelder von Privatkunden auf sein eigenes Konto umzulenken, bis die Sache im Jahr 1981 aufflog. Zu diesem Zeitpunkt fehlten allein der Essener Filiale rund vier Millionen DM.[441] Bemerkenswert war im Jahr 1977 ein Überfall auf die Filiale der National-Bank in Rüttenscheid, bei der die terroristische Rote-Armee-Fraktion (RAF) unter dem Kommando von Angelika Speitel über 200 000 DM erbeutete.[442] Heute geht der Trend eher in Richtung Sprengung von Geldautomaten, ein für Banden recht einträgliches Geschäft, gegen das bisher noch keine wirkliche Antwort gefunden wurde.

Episoden in den Zeiten der Privatbank-Krisen: Der Niedergang des Bankhaus Carl Chr. Gossenberg & Co. KG und die Fusion von Burkhardt & Co. mit C. G. Trinkaus

Die Nachkriegszeit blieb durch einen kontinuierlichen Konzentrationsprozess bei den Privatbanken gezeichnet, die sich darum bemühten, keine Opfer des «Bankensterbens» zu werden. Die Zahl der rechtlich selbstständigen deutschen Kreditinstitute war mit rund 8000 im internationalen Vergleich zwar immer noch «ungewöhnlich hoch»,[443] aber der Trend sprach gegen die Pluralität: Vor allem die Bonität der Privatbankiers wurde zunehmend angezweifelt. Manche Essener Privatbanken gaben bezeichnenderweise in den 1960er-Jahren sogar gemeinsame Inserate mit Konkurrenten in den örtlichen Zeitungen auf. Burkhardt & Co., Deutsche Bank, Deutsche Bau- und Bodenbank, Dresdner Bank, Carl Chr. Gossenberg & Co., National-Bank sowie Waldthausen & Co. KG schalteten Werbung unter dem Motto «Fortschrittlich sparen – mehrgleisig sparen».[444] Aber den Trend konnten diese Aktionen nicht bremsen. Allein von 1966 bis 1970 schlossen 28 Privatbanken in Deutschland ihre Schalter. Zu Anfang der 1970er-Jahre gab es nur noch 163 private Bankhäuser, ein dramatischer Rückgang im Vergleich zum Jahr 1948, als es noch 309 Privatbankiers gegeben hatte. Auch in der Region kam es zum «Bankiersterben».[445] In Düsseldorf schlossen das Bankhaus Georg Egly (1953), die Effekten- und Kreditbank (1966) und das Bankhaus Günter Horbach (1967) für immer ihre Schalter, in Köln wurde 1966 das Bankhaus Mertins liquidiert. In Essen hielt das 1936 gegründete Bankgeschäft Mathias Lambrecht in der Semperstraße nur bis 1961 durch. Das kleine Essener Bankhaus Fritz Schlett KG wurde 1966 liquidiert.[446] Auch andere Zahlen vermittelten diese unerbittliche Entwicklung: Von den im Jahr 1971 dem Bundeskartellamt angezeigten 250 Fusionen betrafen mehr als ein Fünftel, nämlich 53, Zusammenlegungen aus dem Kreditgewerbe.[447] Durch Fusionen, Übernahmen und Insolvenzen infolge des verschärften Wettbewerbs ging die Zahl der Privatbanken kontinuierlich von 245 Instituten im Jahr 1957 auf nur noch 65 im Jahr 1995 zurück.[448]

Das 1922 gegründete Essener Bankhaus Carl Chr. Gossenberg & Co. KG an der Ecke Hindenburgstraße/Maxstraße lebte nicht zuletzt von seiner geradezu charismatischen Führungsgestalt Carl Gossenberg, der von der Essener Credit-Anstalt gekommen war und sich dann selbstständig gemacht hatte.[449] In der Weltwirtschaftskrise erfolgte ein jäher Absturz, denn das Bankhaus beschäftigte neben dem Inhaber 1934 nur noch zwei weitere Angestellte und einen Banklehrling. Die Firma wurde im April 1938 in eine Einzelfirma umgewandelt.[450] Ein Bombenangriff im Jahr 1944, bei dem auch Gossenbergs Frau ihr Leben verlor, bereitete dem Geschäft ein Ende.

Nach 1945 führte Gossenberg, der wie im Ersten Weltkrieg auch im Zweiten Weltkrieg als Offizier gedient hatte,[451] sein Geschäft zunächst im kleinen Rahmen von seiner Privatwohnung aus. In den 1950er-Jahren wurde der Bankier, inzwischen im achten Lebensjahrzehnt stehend, immer noch als «ein Muster an Aktivität und Vielseitigkeit» geschildert, «gepaart mit beneidenswerter Ruhe und einer daraus resultierenden Leutseligkeit». Die Bank zog 1950 ins Hansahaus und verlegte die Büro- und Kassenräume zwei Jahre später in die Hindenburgstraße, wo Gossenbergs Name «in goldenen Lettern über den breiten Schaufenstern des neueingerichteten Bankhauses» stand, wie eine Essener Wochenzeitschrift bekundete.[452] Im Mai 1954 erfolgte ein weiterer Umzug ins Van-Eupen-Haus. Die Bank wurde Ende 1954 in eine KG umgewandelt und mit Krupp-Kapital über zunächst drei Millionen DM ausgestattet. Das Bankhaus, seit 1957 mit Sitz in der Lindenallee, war damit gleichermaßen «Bank der Firma Fried. Krupp» geworden. Dies zeigte sich am Kreis der Kommanditisten: In der Mitte der 1960er-Jahre hielt allein Arndt von Bohlen und Halbach drei Millionen DM des Gossenberg-Kapitals in

Höhe von acht Millionen DM, weitere 1,5 Millionen DM waren in der Hand von Berthold Beitz, dem Generalbevollmächtigten von Alfried Krupp von Bohlen und Halbach. Die restlichen 3,5 Millionen DM hielt die in Essen ansässige Beteiligungs- und Patentverwaltungsgesellschaft mbH, die vollständig im Besitz der Firma Friedr. Krupp war.[453] Gossenberg schied mit 76 Jahren aus dem Bankgeschäft aus und starb 1964. Zu diesem Zeitpunkt befand sich die bei den Banken hochverschuldete Gesellschaft Friedr. Krupp durch Osteuropageschäfte in schweren Turbulenzen und konnte nur durch Bundes- und Landesbürgschaften sowie die Umbildung der bisherigen Einzelfirma in eine GmbH und Stiftung vor dem Kollaps gerettet werden. 1975, als sich die Gossenberg-Bilanzsumme auf 70 Millionen DM und die Spareinlagen auf 20 Millionen beliefen, schied Krupp als Hauptgesellschafter aus, was mit der «Bereinigung der Konzernstruktur» bei Krupp begründet wurde.[454] Als die Schalter der Privatbank geschlossen wurden, hieß sie nur noch «Carl Chr. Gossenberg & Co. i. L.»

Das im Jahr 1971 vollzogene Zusammengehen des Privatbankhauses Burkhardt & Co. mit der Düsseldorfer Privatbank C. G. Trinkaus – nach Sal. Oppenheimer Jr. & Cie. aus Köln die zweitgrößte Privatbank Deutschlands – ist für die Essener Bankgeschichte so bedeutend, dass es eine ausführlichere Behandlung verdient. Beide Banken hatten seit langer Zeit im Geschäft mit Industriekrediten zusammengearbeitet und waren durch das gemeinsame Engagement bei der KKB miteinander vertraut. Erste Fusionsgespräche zwischen Trinkaus und Burkhardt im Jahre 1967 waren ergebnislos geblieben.[455] An und für sich konnte Burkhardt & Co., zu diesem Zeitpunkt mit seinen 304 Mitarbeitern gut im Geschäft, über die Entwicklung unbesorgt sein: Die vorherigen Jahre waren durch geradezu stürmisches Wachstum gekennzeichnet gewesen, und die Ergebnisse 1969 waren mit einer Bilanzsumme von 750 Millionen DM erfreulich. Um mit dem wachsenden Geschäft Schritt zu halten, wurde das Kapital jetzt um 15 Millionen DM erhöht.[456]

Hauptmotiv für die Fusion war der Wunsch der viertgrößten deutschen Privatbank, sich zum Branchenprimus aufzuschwingen, wie der Burkhardt-Partner Karl-Wilhelm Graf Finck von Finckenstein zu erkennen gab.[457] Auch die hohen Personalkosten glaubte man durch eine Fusion in den Griff zu bekommen. Und ganz grundsätzlich bestand die Sorge, alleine zu schwach zu sein. Die ungebrochene Konzentrationswelle der Privatbanken, die beschränkte Kapitaldecke und das vergleichsweise geringe Eigenkapital legten daher eine Fusion nahe. Gleichsam entschuldigend meinte der Privatbankier und persönlich haftende Gesellschafter bei C. G. Trinkaus, Johannes C. D. Zahn, man dürfe nicht zu den «Zwergen» gehören, sonst sei man «vom

Fenster weg». Und er ergänzte: «Sehen Sie sich an, wie die Thyssen-Hütte, wie das RWE, die Veba oder Bayer gewachsen sind, diese Entwicklung auf der gewerblichen Seite hat entsprechende Folgen für die Geldseite.»[458]

Bei Burkhardt & Co. gab es zwar durchaus Bedenken, von C. G. Trinkaus, der zweitgrößten deutschen Privatbank, geschluckt zu werden. Die Kommanditisten von Hirschland Inc. beispielsweise begleiteten das Fusionsvorhaben bestenfalls halbherzig, aber in Essen hoffte man, trotz der unterschiedlichen Firmenkultur unter einem gemeinsamen Dach besser voranzukommen: Burkhardt & Co. war bekanntlich eine dynamisch und forsch, geradezu hemdsärmelig arbeitende Bank, während Trinkaus eher für seinen «patriarchalischen Führungsstil»[459] bekannt war. Die Unternehmenskulturen hätten unterschiedlicher nicht sein können: «Während Trinkaus konservativer und klar hierarchisch geführt war, vertrat Burkhardt eine dynamischere Geschäftspolitik. Trinkaus-Mitarbeiter werteten dies als ‹arrogant›, während wiederum Burkhardt-Leute den Trinkaus-Stil als ‹verschlafen› und ‹risikoscheu› empfanden.»[460]

Auch Deutsche Bank und Dresdner Bank hätten sich gerne bei den Düsseldorfern eingekauft,[461] diesen erschien jedoch Burkhardt & Co. mit einem Kundenkreis im Ruhrgebiet, der die im Raum Düsseldorf und auch international gut aufgestellte C. G. Trinkaus gut zu ergänzen schien, attraktiver. Für die gemeinsame Zukunft brachte Zahn die Pläne auf die Formel: «Zwanzig plus zehn muss 35 ergeben, wenn sich die Fusion lohnen soll.»[462]

Auf Initiative von Finckensteins wurden Anfang 1971 streng geheime Fusionsgespräche geführt. Burkhardt & Co. hatte eine Bilanzsumme von rund einer Milliarde DM, C. G. Trinkaus etwa das Doppelte. Bei den Mitarbeitern war das Verhältnis ähnlich: Die Essener Bank zählte zu diesem Zeitpunkt 314 Köpfe, bei der Düsseldorfer Bank waren es 737. Allerdings war die Eigenkapitalausstattung mit 47,5 Millionen DM bei Burkhardt & Co. etwas großzügiger. Die Verhandlungen, bei denen die Kennziffern, die Kunden und die Konsortialquoten gegenseitig offengelegt wurden, fanden auf Schloss Hugenpoet statt – einer idyllisch gelegenen Burganlage auf dem Gebiet von Kettwig, aber ungefähr auf dem halben Weg zwischen Düsseldorf und Essen. Das Ergebnis war ein anderthalb Seiten umfassender Grundsatzbeschluss. Die sich als «gleichberechtigte Partner» bezeichnenden Bankiers vereinbarten die Zusammenlegung der Geschäftsleitungen. Diese wurde über das ganze Jahr 1971 hinweg ausgearbeitet und mit Wirkung zum 1. Januar 1972 vollzogen. Das Fusionsverhältnis betrug 1,8421 zu 1, eine für die Essener günstige Bewertung. Die Fusionspartner stellten eine paritätische Zahl an persönlich haftenden Gesellschaftern.[463] Auf Essener

Seite blieben der Burkhardt-Seniorpartner Fritz Meyer-Struckmann und Werner Kehl Gesellschafter, daneben Otto Schoeppler, der 1968 von der New Yorker Chase Manhattan Bank gekommen war, sowie Wolfgang von Waldthausen, der 1971 eingetreten war. Karl Wilhelm Finck von Finckenstein wurde Sprecher der Bank. Im Verwaltungsrat übernahm Joachim Zahn den Vorsitz, Stellvertreter seitens Burkhardt & Co. wurden Kurt Grunebaum und Gotthard von Falkenhausen.

Die Geschäftsleitungen sollten ebenfalls gleichberechtigt von Essen und Düsseldorf aus operieren, wo für 80 Millionen DM ein Neubau hochgezogen wurde. Die Fusion sicherte der Bank, die eine Bilanzsumme von über drei Milliarden DM auswies und mit einem um 153 Millionen DM aufgestockten Eigenkapital aufwartete, den «unangefochtenen Spitzenplatz unter den bundesdeutschen Privatbanken».[464] Die «Anfangseuphorie» des neuen Instituts, das seit 1974 offiziell als C. G. Trinkaus & Burkhardt firmierte, war in Düsseldorf größer als in Essen und verflog schnell. Kritische Zeitungsberichte, die auf Insiderwissen beruhten, sprachen von einem «dilettantisch vorbereiteten und laienhaft durchgeführten» Zusammenschluss. Auch von Finckenstein gab zu, dass man bei der Fusion «die Komplexität der Vorgänge unterschätzt» habe.[465] Nach Ansicht der vornehmen Düsseldorfer wüteten die Burkhardt-Leute an der Kö «wie einst die Normannen in Hastings».[466] Diese Entwicklung verstärkte die Animositäten der formal gleichberechtigt in Essen und Düsseldorf vertretenen Banken, zumal das deutliche «Übergewicht» der Burkhardt-Bankiers auch in der Öffentlichkeit diskutiert wurde.[467] Zwar wurden Neubaupläne an der Düsseldorfer Königsallee mit großer Energie verfolgt, aber besonders beim Konsortialgeschäft, auf das man große Hoffnungen gesetzt hatte, unterbreiteten die konsortialführenden Banken nur zweitklassige Quoten und Konditionen.[468] Auch über die strategische Ausrichtung herrschte Uneinigkeit: Sollte man sich als traditionelle Universalbank oder, wie die Männer von Burkhardt & Co. es bevorzugten, als Investment- und Merchant Bank für reiche Privatkunden und institutionelle Anleger positionieren? Der Kurs, sich zukünftig stärker um Großkunden und den Mittelstand zu kümmern, ließ sich nicht so einfach umsetzen, denn dies erforderte, Personal abzubauen und das auf den Massenmarkt ausgerichtete Trinkaus-Niederlassungsnetz – allein 13 im Düsseldorfer Raum – auszudünnen, was bis 1973 mit der Schließung von sechs Filialen nur schleppend umgesetzt wurde. Scheinbar nebensächliche technische Probleme traten hinzu: Burkhardt & Co. verfügte über die modernere EDV, aber die Umstellung auf ein gemeinsames System hakte immer wieder.[469] Bei Burkhardt & Co. waren, aus der bereits erwähnten Sorge, vom größeren Partner C. G. Trinkaus übervorteilt zu werden, noch vor der Fusion zahlreiche Mitarbeiter befördert worden, was dazu geführt hatte, dass in den Stabstellen häufig Essener Manager saßen. Einige verärgerte Trinkaus-Mitarbeiter nahmen daraufhin ihren Hut. Die Erwartung der Essener, dass sich im Alltag nichts Wesentliches ändern werde, trog: Faktisch war «der Sog des größeren Partners übermächtig». Die ersten Führungskräfte und zahlreiche Abteilungen wechselten 1972 nach Düsseldorf. Von der vertraglich vereinbarten gleichberechtigten Geschäftsleitung in Essen konnte «kaum mehr die Rede sein».[470] Führungschaos und Doppelbesetzungen an der Spitze des mit über 880 Mitarbeitern überdimensionierten fusionierten Instituts führten dazu, dass Essener Bankiers wie Kehl und Schoeppler verärgert das Bankinstitut verließen.

Zu allem Überfluss brachte im Sommer 1973 die Pleite der Kun-Gruppe, eines großen niederrheinischen Bauunternehmens, das von C. G. Trinkaus betreut und in die gemeinsame Bank eingebracht worden war, die Privatbank in eine empfindliche Schieflage. C. G. Trinkaus hatte die Vorhaben des aus kleinen Verhältnissen zum Baulöwen aufgestiegenen Josef Kun über die Düsseldorfer Bau-Kredit-Bank AG finanziert, die nun ebenfalls in den Abgrund gerissen wurde – ein erheblicher Reputationsverlust für Trinkaus & Burkhardt, die am Ende über 80 Millionen DM und damit über die Hälfte des Eigenkapitals verloren. Die Auflösung stiller Reserven löste das Liquiditätsproblem nicht.

Die First National City Bank of New York (FNCB), die spätere Citibank, die zunächst als Bank für amerikanische Militärangehörige nach Westdeutschland expandiert war, wurde zum Retter. Nach Gesprächen, die Graf Finckenstein mit dem schottischen Bankier Robert F. B. Logan, der den bezeichnenden Spitznamen «The Hun» trug,[471] eingefädelt hatte, beteiligte sich die FNCB im Sommer 1973 mit 15 Prozent an Trinkaus & Burkhardt. Für die Amerikaner noch wichtiger war, dass sie für 320 Millionen DM rund 59 Prozent der lukrativen KKB-Anteile erwarben, die Burkhardt & Co. zu 51 Prozent und Trinkaus zu acht Prozent in die fusionierte Bank eingebracht hatten. Die FNCB stockte in den folgenden Jahren ihren KKB-Anteil, der für das Mengengeschäft wichtig war, weiter auf.

Nach der Herstatt-Pleite,[472] die allen Privatbanken einen erheblichen Reputationsverlust bescherte, galt Trinkaus & Burkhardt erst recht als angeschlagen. Schon 1973 war keine Dividende gezahlt worden, und vom hehren Ziel einer Universalbank war man weit entfernt. Mitarbeiter berichteten, die Sparkassen hätten dem Institut sämtliche Kreditlinien abgeschnitten und erinnerten sich später an die Sorge, die Kunden hätten davon Wind bekommen können: «Die Angst vor einem Bank-Run ging um. Wir hatten Liquiditätsabzüge, das war der helle Wahnsinn.»[473] Im Juli 1974 verlor Trinkaus & Burkhardt an manchen Tagen mehr als 50 Millionen DM an Einlagen. An einer Stützung führte kein Weg mehr vorbei. Zu den zahlreichen Rettern der Privatbank, die nicht zuletzt Wolfgang von Waldthausen mobilisieren konnte, zählten die Brüder Theo und Karl Albrecht, die seit den späten 1940er-Jahren Burkhardt & Co. eng verbunden gewesen waren und nach unbestätigten Angaben der ins Schlingern geratenen Privatbank mit insgesamt 300 Millionen DM unter die Arme griffen.[474]

Die weitere Geschichte von Trinkaus & Burkhardt berührt Essen nur noch am Rande. Die FNCB erhöhte ihre Beteiligung im September 1974 auf 51 Prozent. Weitere Besitzer waren – zum Teil als Reminiszenz an die Essener Tradition – die schweizerische Holdinggesellschaft Amiantus AG, die holländische Van-Vlissingen-Gruppe, die in Zürich ansässige Handelsbank, die französische Banque de Suez sowie Simon Hirschland Inc.

Vom Mengengeschäft – und damit von vielen Zweigstellen – trennte sich die Bank ebenso wie von einigen Abteilungen, die aus Kostengründen wegfielen. Die Zentrale der Bank befand sich seit dem Sommer 1975, als das neue Hauptquartier an der Königsallee eingeweiht wurde, faktisch in Düsseldorf. Otto Schoeppler verließ die Bank, weil ihm die amerikanischen Management-Methoden nicht zusagten, Wolfgang von Waldthausen hingegen blieb bis 1990 persönlich haftender Gesellschafter und wechselte danach in den Aufsichtsrat.

Die Zeit der Citibank bei der inzwischen wieder profitablen Privatbank Trinkaus & Burkhardt blieb ein Intermezzo: 1980 verkaufte sie ihre Trinkaus & Burkhardt-Anteile mit einem angemessenen Profit und konzentrierte sich auf die ertragsschwächere KKB – eine Entscheidung, die rückblickend als ein strategischer Fehler angesehen wird.[475]

Neuer Mehrheitseigentümer wurde die britische Midland Bank. Seit 1992 gehörte die Bank zur Londoner HSBC-Bankengruppe, seit Mai 2006 als Aktiengesellschaft, an der die HSBC rund vier Fünftel der Aktien hält. Während die HSBC Trinkaus & Burkhardt AG neben ihrem Hauptsitz in Düsseldorf in elf anderen deutschen Städten Niederlassungen unterhält, wurde die Filiale Essen im Zuge des Aufkaufs geschlossen. Das Gebäude, der ehemalige Sitz des Bankhauses Hirschland, wurde Ende der 1990er-Jahre zu einem Bürohaus umgebaut. An die Vergangenheit der Bank erinnert heute nur noch die Fassade.

Umbrüche: Die Essener Banken von der Wiedervereinigung bis zur Griechenlandkrise 2010/11

Seit den 1970er und 1980er-Jahren hatten sich besonders die Großbanken im Zeichen der «Deutschland AG» an Industrieunternehmen beteiligt. Bei positiven wirtschaftlichen Rahmenbedingungen, die sich auch in steigenden Kursen an den Wertpapiermärkten bis zum Oktober 1989 niederschlugen, läutete der Fall der Berliner Mauer das Ende des Kalten Krieges ein. Im März 1990 konstatierte das Nachrichtenmagazin *Der Spiegel* auf einem Titelbild das «Ende der Bundesrepublik». Damals war zwar noch nicht klar, ob und wann die Bundesrepublik ein wiedervereinigter souveräner Staat sein würde, aber im gleichen Atemzug wurde bereits die «Weltmacht Deutschland» ausgerufen. Der Kollaps des Kommunismus im Osten mit Migrationsbewegungen aus den Ländern des ehemaligen sowjetischen Bündnisses, die Intensivierung der europäischen Integration mit dem Vertrag von Maastricht, die Globalisierung eines freiheitlich gestalteten Handels und die deutsche Wiedervereinigung mit Rechts- und Währungsunion sowie der Verlegung des Regierungssitzes von Bonn nach Berlin schufen allerdings auch Unruhe, bisweilen sogar Verunsicherung.

Die Jahre um 1990 markieren daher eine mannigfache Zäsur: der Beitritt der DDR zur Bundesrepublik und der Wandel zu einer vollends souveränen Nation, die neue internationale Bedeutung des mächtiger gewordenen vereinigten Deutschland, das besonders in europäische Institutionen eingebunden werden wollte und sollte, aber auch die neue Zugänglichkeit und wachsende Bedeutung bisher verschlossener Weltteile. Die steigende Bedeutung des Welthandels verschob die Machtverhältnisse und führte überall zu einem großen Anpassungsdruck. Unter grundlegend veränderten Bedingungen wurden ungeahnte Hoffnungen erfüllt, neue Chancen eröffneten sich, aber es wurden auch neue wirtschaftliche Herausforderungen sichtbar. Der zunehmend globaler agierende Kapitalismus, der sich in den immer stärker miteinander vernetzten Finanzmärkten zeigte, schien nach dem Untergang des vollkommen diskreditierten sozialistischen Gegenmodells Moskauer Prägung als geradezu alternativlos.[476]

In London war die Aufhebung der Trennung von Brokern und Eigenhändlern zum Fanal einer Liberalisierung der Kapitalmarktvorschriften geworden.[477] Diese erhielt mit dem deregulierenden «Big Bang» an der London Stock Exchange am 27. Oktober 1986 ein symbolisches Datum.[478] Die Welle des lukrativ erscheinenden Kapitalmarktgeschäfts erreichte bald auch die

westdeutsche Bankenwelt. Das Investmentbanking und der computerge-
stützte Handel mit hochkomplexen Finanzprodukten, wie er in New York
und London bereits üblich war, bedeutete den allmählichen Abschied von
der «Deutschland AG» hin zu einem globaleren Marktmodell. Ad acta gelegt
wurde es, nachdem unter Gerhard Schröder als Bundeskanzler nach 1997 die
Veräußerungsgewinne der Beteiligungen nicht nur von Banken steuerfrei gestellt wurden. Dies bewegte insbesondere die Großbanken, sich von ihren
umfangreichen Beteiligungen zu trennen und die daraus generierten Erlöse
insbesondere in den Aufbau des Investmentbanking einzubringen. Insofern
war es naheliegend, sich «der anglo-amerikanischen Kapitalmarktlogik an-
zupassen».[479] Dresdner Bank, Commerzbank und Deutsche Bank, aber auch
zahlreiche Landesbanken bauten den Investmentbereich sukzessive aus, an
erster Stelle die Deutsche Bank, deren Ertragsstärke zu Beginn des neuen
Jahrtausends alle anderen Mitspieler übertraf.

Für den Bankplatz Essen waren diese Trends fast ebenso bedeutend wie
die Öffnung der europäischen Grenzen nach dem Fall der Mauer im November 1989. Im territorialen Bankgefüge der Bundesrepublik änderte sich
wenig: Das durch die Teilung deindustrialisierte Berlin hatte keine Chance,
an seine frühere Bedeutung als Finanzplatz anzuknüpfen, sodass Frankfurt
das unangefochtene deutsche Finanzzentrum blieb. Essen behauptete seine
Stellung als regionales Bankenzentrum, auch wenn die Mahnungen zum
«Lean Banking» nicht verstummten und gelegentlich die Filialdichte und
Überkapazitäten im Bankgewerbe beklagt wurden. Besonders der Automarkt
und die Bauwirtschaft waren in Bewegung. Dank des Nachfrageschubs aus
den neuen Bundesländern und der «konjunkturellen Hochform» ging die
Essener Wirtschaft «gut gerüstet in das erste ‹gesamtdeutsche› Jahr sowie in
die nächste Phase des europäischen Integrationsprozesses».[480] Selbst der
Golfkrieg von 1990, dessen wirtschaftliche Auswirkungen alle westlichen Industriestaaten trafen, konnte die Stimmung nur kurzzeitig eintrüben. Die
Essener Wirtschaft befand sich angesichts der fehlenden Investitionen und
der spürbaren Konjunkturdelle zwar in «ruhigeren Bahnen»,[481] aber 1994
wurde angesichts gut ausgelasteter Betriebe eine «Wende zum Besseren» ausgemacht.[482] Der Wohnungsbau wurde eine wesentliche Stütze der Konjunktur,[483] ebenso der Export, der von sinkenden Geld- und Kapitalmarktzinsen
profitierte. Die Konsolidierung der Stahlbranche – mit Großdemonstratio-
nen nicht nur im Ruhrgebiet – war für Essen eine einschneidende Phase.

Auf die Schaffung eines europäischen Binnenmarkts für mehr als
370 Millionen Menschen und die Einführung des Euro wurden die Kunden
durch individuelle Beratung und Vorträge vorbereitet. Die Banken hatten

angesichts der als mangelhaft eingeschätzten staatlichen Informationspolitik einiges an Überzeugungsarbeit zu leisten und richteten sogar Sonderstäbe ein. Die Erfüllung der Maastricht-Kriterien wurde von ihnen zum Teil als ein Faktor gewertet, der sich unter Umständen negativ auf das Wirtschaftswachstum auswirken könnte. Die mangelnde Bereitschaft mancher europäischer Staaten, eine konsequente Geldpolitik zur Wahrung der Paritäten im Europäischen Währungssystem (EWS) durchzusetzen, tat ein Übriges: Alles floh aus den Weichwährungen in den stabilen Hafen der D-Mark. Das EWS blieb 1992/93 trotz aller Versuche, eine Konvergenz der Volkswirtschaften zu erreichen, in einer Dauerkrise, noch akzentuiert durch den Austritt Großbitanniens. Auch der harte Wettbewerb der Banken untereinander war eine große Herausforderung. Allerdings nahm der Automatismus der vereinbarten Währungsunion seinen Lauf. Das 1994 geschaffene Europäische Währungsinstitut in Frankfurt, ein Vorläufer der Europäischen Zentralbank, sowie weitere Einrichtungen wie der Rat «Wirtschaft und Finanzen» (Ecofin) waren Wegbereiter für die neue Gemeinschaftswährung, deren Name auf einem EU-Gipfeltreffen in Madrid im Dezember 1995 gefunden wurde.

Seit 1999 wurden stufenweise der Euro eingeführt und die Europäische Zentralbank (EZB) gegründet. In diesem Jahr stellten die Essener Kreditinstitute ihre Bilanzen erstmals in Euro vor, zu einer Zeit, in der der Neue Markt, der vom Technologieboom der Telekommunikations- und Biotechnik-Unternehmen der New Economy getrieben war, von einem Rekord zum anderen kletterte. Im Zuge des Börsenfiebers, das die Platzierung der Aktien der Deutschen Telekom an der Börse im Herbst 1996 auslöste, wagten nun selbst mittelständisch geprägte Unternehmen den Gang an die Börse, und die Deutschen, die bislang dem Aktienmarkt eher ferngeblieben waren, wurden zum Leser des Kursteils der Zeitungen – eine Entwicklung, die weit mehr Kapital bewegte als die Ausgabe der «Volksaktien» in den frühen 1960er-Jahren. Der Hype um die New Economy führte zu Zuwächsen bei den Banken und Investmentgesellschaften und sorgte für eine wahre Goldgräberstimmung. Nur notorische Skeptiker sprachen bereits von einer Milchmädchen-Hausse.

Als diese Aktienblase schließlich zu Beginn des neuen Jahrtausends platzte, war dies mehr als eine rein technische Reaktion auf das zu schnelle Wachstum und die damit verbundenen Spekulationsbewegungen. Denn der Boom hatte überdeckt, dass der Standort Deutschland durch hohe Lohn- und Lohnnebenkosten in seiner Wettbewerbsfähigkeit inzwischen gefährdet war. Angesichts der Überreglementierung machte das Wort vom

«Reformstau» die Runde. Vom «Abstieg eines Superstars» war bald die Rede.[484] Auch in Essen ließen die Banken Federn, was sich in einer zunehmenden Ausdünnung des Filialnetzes zeigte, das seit den späten 1950er-Jahren aufgebaut worden war. Eine wahre Welle von Schließungen fand im Jahr 2000 statt: Die Deutsche Bank und Dresdener Bank schlossen in Essen jeweils fünf Filialen, die Commerzbank folgte mit ebenfalls fünf Zweigstellen bis 2001, die National-Bank schloss ihre Filiale in Stoppenberg. Die Sparkasse mit ihrem üppigen Netz von 63 Geschäftsstellen wollte keine «Bestandsgarantie» geben. Die Ausdünnung des Filialnetzes führte dazu, dass die Geschäftsbanken weniger präsent waren: «Wie soll ich denn jetzt auf Krücken zur Zentrale kommen?», hieß es in einem Protestschreiben einer 80-Jährigen an die Essener Hauptzentrale ihrer Bank.[485]

Im Zusammenhang der weltweit immer stärker miteinander verwobenen Finanzbranche, aber auch der konjunkturellen Krisenerscheinungen, war inzwischen das Bewusstsein gewachsen, dass es nationenübergreifende Regelungen für das Eigenkapital der europäischen Banken geben müsse. Die G 10-Länder gelangten zu der Ansicht, es sei notwendig, die aufgrund des Konkurrenzdrucks und des als ungesund angesehenen Verdrängungswettbewerbs stetig gesunkene Eigenkapitalquote der Banken zu erhöhen. In der deutschen Bankenwelt wurde allerdings durchaus Unwillen über den europäischen Harmonisierungsdruck laut.

Unter dem Stichwort «Basel I» beschloss der Basler Ausschuss für Bankenaufsicht, eine am Sitz der Bank für Internationalen Zahlungsausgleich angesiedelte Institution, die von den Zentralbanken und Bankenaufsichtsbehörden der G 10-Staaten eingerichtet worden war, im Jahr 1988 weitgehende Regeln. Sie sahen vor, dass Banken im Verhältnis zu ihren Aktiva mindestens acht Prozent Eigenkapital vorweisen mussten. Diese Vereinbarungen wurden in den folgenden Jahren immer wieder modifiziert und unter dem Terminus «Basel II» im Jahr 2004 weitgehend neu gefasst. Das geforderte angemessene Risikomanagement galt seit 2007 für alle Kredit- und Finanzdienstleistungsinstitute in der Europäischen Union und wurde in der Bundesrepublik durch das Kreditwesengesetz sowie die Solvabilitätsverordnung umgesetzt. Der Druck auf die Kreditmargen blieb unverändert hoch. Die wesentlichen Prüfungskriterien fanden – in unterschiedlicher Ausprägung – bei allen Banken Anwendung. Im Allgemeinen versteht man unter «harten» Kriterien die finanziellen Verhältnisse, wie sie sich aus Jahresabschlüssen und Plandaten ergeben. «Weiche» Kriterien sind zum Beispiel die Managementqualität und die Erfahrungen aufgrund der bestehenden Geschäftsbeziehungen.

Ende 2006 zeichnete sich in den Vereinigten Staaten eine dramatische Entwicklung ab, die als Sub-Prime-Krise bekannt geworden ist und eine tiefgreifende Erschütterung der internationalen Finanzmärkte zur Folge hatte. Die US-amerikanische Wirtschaft hatte seit dem durch die Anschläge am 11. September 2001 ausgelösten Börsencrash eine scheinbar fulminante Aufwärtsentwicklung genommen. In der Amtszeit von George W. Bush war durch ein historisch niedriges Zinsniveau mit einem Leitzins von nur noch 6,5 Prozent und durch steuerliche Anreize ein stimulierendes Umfeld für den privaten Wohnungsbau mit dem sozialpolitischen Ziel der Altersvorsorge geschaffen worden. In der Folge hatten sich selbst viele, die es sich nicht hätten leisten können, den Traum eines eigenen Hauses erfüllt. Die Immobilienpreise waren durch die Nachfrage teilweise atemberaubend in die Höhe geschossen. Das hypothekarische Finanzierungsgeschäft beim Immobilienkredit war zugleich im Subprime-Segment auch auf schlechtere Bonitäten ausgeweitet worden, was dadurch erleichtert wurde, dass genügend Liquidität aus Volkswirtschaften im arabischen Raum und dem Fernen Osten zur Verfügung stand.[486] In den USA kamen jetzt sogar «Piggy backs» in Mode, also Huckepackkredite, bei denen die Verschuldung bei Kreditkarten- und Konsumkrediten auf ein und demselben Objekt basierte.[487] Private Haushalte, aber auch amerikanische Banken wurden immer risikobereiter und sorgloser: Bonitätsprüfungen wurden unzureichend durchgeführt oder ganz unterlassen. Bis 2008 stieg die Zahl der verbrieften – aber zu einem großen Teil von den Banken, Versicherungen und Rating-Agenturen nicht mehr genügend überprüften – Hypotheken auf über 60 Prozent. Die an die Kapitalmärkte weitergegebenen Kredite, die von der Commerzbank, der Hypo Real Estate sowie der IKB teilweise als «Collateralized Debt Obligations» (CDO) auf den Markt kamen, wurden auf diese Weise auch in die «vermeintlich sicheren Wertpapierkörbe» etwa von Geldmarktfonds aufgenommen und in Deutschland beispielsweise gerne von Landesbanken erworben.[488] Insgesamt entstand eine «Kaskade von ineinander verschachtelten Ansprüchen, die häufig nicht einmal mehr der cleverste Investmentbanker durchschaute».[489] Als im Zuge zurückgehender Immobilienpreise in den USA die Zahlungsfähigkeit der Kreditnehmer stark nachließ, hatte dies eine Vertrauenskrise zur Folge, die sofort auf die Banken zurückschlug. Die Gewinnwarnungen häuften sich; zudem mussten im Sommer 2007 in den USA zwei Hedgefonds der Investmentbank Bear Sterns schließen, die schließlich 2008 vom Konkurrenten JP Morgan Chase & Co. übernommen wurde.

Als die internationalen Märkte auf die Blasenbildung reagierten, hatte dies nachhaltige Konsequenzen für Deutschland: Vor allem die Landesbanken Bayern LB, Nord LB, LBBW, Sachsen LB und West LB, die durch eine aggressive Kreditvergabe bzw. den massiven Erwerb verbriefter Kredite aufgefallen waren, gerieten in eine Schieflage und bedurften substanzieller Unterstützung ihrer Eigentümer. Vor dem öffentlich-rechtlichen Hintergrund handelte es sich um Staatshilfen. Als Folge dessen wurde die Sachsen LB von der LBBW übernommen und die West LB abgewickelt.

Die Unsicherheiten und die undurchschaubar erscheinenden wechselseitigen Abhängigkeiten der international über die Kapitalmärkte miteinander verknüpften Banken hatten auch massive Auswirkungen auf den Finanzplatz Essen. Ende Juli 2007 kam es zum für viele unerwarteten Beinahe-Zusammenbruch der IKB, die bekanntlich auf mittel- und langfristige Industrie-Finanzierungen, nicht zuletzt im Ruhrgebiet, spezialisiert war. Das Institut hatte sich ebenfalls bei amerikanischen Immobilienkrediten verspekuliert. Damit war offenkundig, dass sich die Krise nicht außerhalb der Region würde eindämmen lassen. Nun wurde bekannt, dass die Bundesanstalt für Finanzdienstleistungsaufsicht der traditionsreichen und einst als mündelsicher geltenden Mittelstandsbank – die viele Jahrzehnte lang der größte Aktionär der National-Bank gewesen war – mit einem Moratorium drohte, falls die IKB keine weitere Kapitalspritze erhalte. Das Institut konnte nur durch umfangreiche Staatshilfe sowie eine milliardenschwere Kapitalhilfe ihres Großaktionärs, der staatlichen Förderbank KfW, gerettet werden und wurde schließlich von diesem für einen Betrag von geschätzten 137 Millionen Euro an den amerikanischen Finanzinvestor Lone Star verkauft, der noch heute – 2017 – Mehrheitsaktionär ist.

Die konzertierte Rettung der IKB, gleichsam in einer Wochenendaktion, erschütterte das Vertrauen in die Kreditwirtschaft massiv. Im Verlauf des Jahres 2008 spitzte sich die Krise weiter zu. Finanzinstitute, vor allem in den USA und Europa, gerieten ins Wanken. In den USA wurden zwar mit massiven Finanzspritzen einige Institute durch staatliche Unterstützung gerettet, andere jedoch nicht, was zu weiterer Verunsicherung führte. Den Höhepunkt der Finanzkrise markierte der 15. September 2008, als die US-amerikanische Investmentbank Lehman Brothers zusammenbrach. In Deutschland hatten viele Bankmanager darauf vertraut, dass Washington die Pleite eines renommierten Traditionsunternehmens nicht zulassen werde. Diese Hoffnung trog und verstärkte die Marktturbulenzen. Nur dem beherzten Eingreifen der Zentralbanken, die die Märkte mit Liquidität fluteten, sowie den sich anschließenden gesetzlichen Initiativen der Regierungen der USA und Europas war es zu verdanken, dass das globale Finanzsystem nicht zusammenbrach. In Deutschland hielten die gesetzgebenden Körperschaften mit dem Finanzmarktstabilisierungsgesetz den Schaden in Grenzen. Für die HypoRealEstate wurden beispielsweise insgesamt 100 Milliarden staatliche Hilfe zur Verfügung gestellt, ein deutliches Zeichen, dass der Staat sich gezwungen sah, «von einer Einzel- zu einer Systemhilfe» überzugehen.[490] Die Commerzbank musste gleich zweimal Staatshilfe in Anspruch nehmen. Die Bundesregierung sah sich sogar gezwungen, in einer Pressekonferenz die Spareinlagen für «sicher» zu erklären, was die Dramatik der Lage ein weiteres Mal unterstrich.

Im Herbst 2009 erhielten die deutschen Spareinlagen eine Staatsgarantie; zur Stabilisierung ihrer Refinanzierung konnten die Banken seit Mitte Oktober 2009 beim Sonderfonds Finanzmarktstabilisierung (SoFFin) Anträge auf die Bereitstellung von Eigenkapital und Garantien zur Emission von Schuldverschreibungen stellen. Inzwischen mussten nach den neuen Regeln der bereits erwähnten Solvabilitätsverordnung, die 2007 in Kraft getreten waren, die Institute der Bundesbank und der Bundesanstalt für Finanzdienstleistungsaufsicht (BaFin) monatlich die Angaben für die Überprüfung der angemessenen Eigenkapitalausstattung melden. Allein bis 2012 summierten sich die von Bund und Ländern gewährten Kapitalhilfen auf eine Nettohilfe von rund 30 Milliarden Euro, nicht eingerechnet der Betrag von über 220 Milliarden Euro, der als Garantie- bzw. Haftungszusagen für die Bad Banks der WestLB und der Hypo Real Estate gegeben wurde. Unausweichlich wurde der Staatshaushalt in Mitleidenschaft gezogen: Die Neuverschuldung des Bundes betrug allein 2010 rund 50 Milliarden Euro, das Budgetdefizit stieg auf 3,5 Prozent und die Schuldenquote auf etwa 85 Prozent des Bruttoinlandsprodukts. Die in Maastricht festgelegten Grenzen von drei Prozent respektive 60 Prozent wurden damit deutlich überschritten.

Wie stark die internationale Finanzkrise auch auf Essen durchschlug, zeigen nicht nur die Vorgänge bei den Großbanken und ihren Ruhrgebiets-Filialen. Auch der Blick auf die wichtigste Regionalbank lässt erkennen, wie schwierig es war, sich gegen äußere Einflüsse abzuschotten. Nachfolger Henner Puppels als Vorstandssprecher der National-Bank wurde im Jahr 2007 Dr. Thomas A. Lange, zu dieser Zeit Mitglied der Geschäftsleitung der Deutschen Bank, der die Region gut kannte, weil er 1992 seine berufliche Laufbahn bei der Deutschen Bank in Essen begonnen hatte. Ihm, der gerade erst an den Theaterplatz gekommen war, fiel die komplexe Aufgabe zu, die Bank neu auszurichten und zukunftsfähig zu machen, weil sich sowohl an den Finanzmärkten als auch am US-amerikanischen Immobilienmarkt erste Fehlentwicklungen zeigten, die auch die Engagements der National-Bank betrafen.

Lange sah zwar ebenso wie sein Vorgänger den Mittelstand und die gehobenen Privatkunden als die wichtigste Klientel an. Dennoch vertrat er auf verschiedenen Gebieten andere Ansichten. Hierzu gehörte u. a. die Auffassung,
dass die Abhängigkeit der Bank vom Zinsgeschäft – relativ zu ihrer Größe –
zu hoch sei. Insofern gelte es, das provisionstragende und damit das nicht
eigenkapitalbindende Geschäft auszubauen. Eine überwiegend auf das Kreditgeschäft ausgerichtete Wachstumsstrategie hielt Lange nicht für richtig. Er
sah den Kredit als «Anker für eine Kundenverbindung», im Rahmen derer
auch weitere Finanzlösungen anzubieten seien.[491]

Unter Puppel hatte sich die National-Bank im Jahr 2001 allerdings in
Investments von Papieren begeben, die heute landläufig «toxisch» genannt
werden. Zum Zeitpunkt der Stabsübergabe an Lange belief sich dieses
Alternative Kreditportfolio auf 198 Millionen Euro und sollte sogar noch
weiter erhöht werden, was von Lange umgehend gestoppt wurde, weil sich
die Krise für die Sub-Prime-Investments 2007 auch auf andere verbriefte
Kreditforderungen ausdehnte. Im Rückblick stellte sich heraus, dass weder
eine Einzeldurchsicht auf die jeweils verbrieften Einzelkredite noch Überschneidungen mit dem originären Kreditportfolio der Bank berücksichtigt
worden waren.

Zwar wuchs die Bank im Geschäft mit Privatkunden, wirtschaftlich
Selbstständigen und Firmenkunden, aber die guten Ergebnisse wurden
durch Abschreibungen in Höhe von 15 Millionen Euro auf das Alternative
Kreditportfolio und Wertberichtigungen im Kreditgeschäft belastet, wo
zwei größere Unternehmensinsolvenzen das Ergebnis verhagelten. Die National-Bank verkaufte unter anderem ein Immobilienteilportfolio an die
IMMRUHR GmbH & Co. KG, eine Vermögensverwaltungsgesellschaft, an
der sie mehrheitlich beteiligt war. Darüber hinaus verkaufte sie die Beteiligung an der Altstadt-Baugesellschaft mbH & Co. KG. Lange entschied
sich dafür, die Bewertung der Forderungen im Alternativen Kreditportfolio
nach dem strengen Niederstwertprinzip beizubehalten, obwohl eine Bewertung zum gemilderten Niederstwertprinzip durchaus möglich gewesen
wäre. Diese Entscheidung Langes war in Vorstand und Aufsichtsrat nicht
unumstritten. Er blieb jedoch bei der Entscheidung, weil er für die National-Bank als nicht börsennotiertes Institut und damit in ganz besonderer
Weise vom Vertrauen der Aktionäre abhängiges Haus keine tragfähige
Alternative sah. Hinsichtlich des Alternativen Kreditportfolios folgte die
Bank einer gezielten Desinvestitionsstrategie und schloss den Erwerb entsprechender Papiere zukünftig aus. Für «Mezzanine»- oder Private Equity-
Finanzierungen hatte die National-Bank ihre Kunden häufig an die 2000 in

Essen gegründete und auf den Mittelstand ausgerichtete Conpair AG verwiesen, an der sie gemeinsam mit dem Privatbankhaus Merck Finck & Co. beteiligt war. Die Conpair musste in der Finanzkrise ihr Geschäftsmodell jedoch restrukturieren, weil die Verbriefung von Mezzanine-Finanzierungen Verluste gebracht hatte, die auch bei der National-Bank durchgeschlagen waren. Angesichts weiterer imponderabler Perspektiven der Geschäftsentwicklung trennte sie sich 2011 von der Beteiligung.

2008 kursierten Pressemeldungen über ein Interesse der Commerzbank an der National-Bank,[492] was Lange und die Signal Iduna Gruppe mit einem «knallharten Dementi»[493] konterten. Auch Klaus-Peter Müller, der langjährige Vorstandssprecher der Commerzbank, mit dem Lange gemeinsam im Vorstand des Bundesverbands deutscher Banken saß, versicherte seinerzeit, keine Übernahmeabsichten zu verfolgen.

Das Geschäft mit vermögenden Privatkunden wurde durch den Aufbau eines Wealth Management sowie die Errichtung eines Family Office neu positioniert und das Private Banking enger mit dem Firmenkundengeschäft verzahnt. 2009 wurde das Grundkapital um rund 20 Prozent auf knapp 38 Millionen Euro erhöht, die bislang umfangreichste Kapitalerhöhung in der Geschichte des Essener Bankhauses, die mit dem Ziel eines zukünftig ausschließlich kundengetragenen Geschäftsmodells in Verbindung stand. Mit dieser substanziellen Eigenmittelzufuhr wurden die aufsichtsrechtlichen Anforderungen, die später unter der Überschrift Basel III zusammengefasst wurden, bereits vorweggenommen.

2009 war die National-Bank bei der Vorfinanzierung von Insolvenzgeldern bei der bis dahin größten Konzerninsolvenz der Wirtschaftsgeschichte der Bundesrepublik Deutschland beteiligt. In enger Zusammenarbeit mit dem Insolvenzverwalter und der Bundesagentur für Arbeit stellte ein durch die National-Bank geführtes Konsortium mit einem Zusagevolumen von 220 Millionen Euro die Löhne und Gehälter von mehr als 43 000 Beschäftigten der illiquiden Arcandor AG bereit. 2010 beteiligte sich die National-Bank als Co-Bookrunner an der Kapitalerhöhung von HSBC Trinkaus über 150 Millionen Euro.

Eigenkapital wurde und wird als die Grundlage der Haftung und als eine Schlüsselziffer eines funktionierenden Bankgeschäfts eingeschätzt. Vor der Wirtschafts- und Finanzkrise hatte die National-Bank eine Eigenkapitalrendite von 20 Prozent vor Steuern angestrebt – ein ehrgeiziges Ziel, das mit 17 Prozent fast erreicht worden war, als die Krise der Bank einen Strich durch die Rechnung machte. Angesichts der Entwicklung an den Kapitalmärkten sollte eine Kapitalquote von etwa zehn Prozent angestrebt werden. 2015 betrug die Eigenkapitalrendite 9,4 Prozent. Die Bank legte 2009/2010 Rekordergebnisse vor, obwohl weitere Wertkorrekturen auf das Alternative Kreditportfolio notwendig waren. Dies führte zu einer deutlich gestiegenen Nachfrage von Aktien der Bank. 2015 war das Alternative Kreditportfolio weitgehend erledigt. Lange wurde 2011 zum Vorsitzenden des Vorstands ernannt. Damit hatte die Bank zum ersten Mal in ihrer Geschichte einen Vorstandsvorsitzenden. Für die *Börsen-Zeitung* war dies eine Art Dank für seine «Sanierertätigkeit».[494]

Wie stark die Grenzen zwischen den herkömmlichen Geschäftsbereichen von Banken im Lauf der Zeit verschwimmen können, zeigen die traurigen Vorgänge um die Kaufhauskette Karstadt AG. Deren Geschichte gehört seit 1950, als der Zentraleinkauf dieses großen Warenhauses von Berlin nach Essen verlegt wurde, untrennbar zur Stadtgeschichte. In den folgenden Jahrzehnten spielte der Karstadt-Konzern, der 1977 die Mehrheit der Neckermann Versand AG und 1994 die Hertie Waren- und Kaufhaus GmbH übernahm, in der «Einkaufsstadt» Essen eine zentrale Rolle. Bei der Fusion von Karstadt mit der Quelle Schickedanz AG & Co. zur Karstadt-Quelle AG im Jahr 2001 wurde die Karstadt Hypothekenbank AG geschaffen, eine Tochtergesellschaft der Karstadt Immobilien Beteiligungs AG, die wiederum im Besitz der inzwischen hochverschuldeten KarstadtQuelle AG war. Zur Refinanzierung ihrer Hypothekenbankgeschäfte dienten Pfandbriefe, die an der Düsseldorfer Börse ausgegeben wurden und erheblich günstiger waren als z. B. Bankkredite.[495] Weil jedoch ein Großteil der Immobilien der KarstadtQuelle AG zur Sicherung von Pensionsansprüchen der Mitarbeiter diente, wuchsen die Geschäfte der Karstadt Hypothekenbank AG nicht mehr im erwarteten Rahmen. Sie sah sich im Jahr 2004 gezwungen, Kredite über 3,5 Milliarden Euro zu reduzieren, die sie einer niederländischen Finanzeinrichtung der KarstadtQuelle AG gewährt hatte. Zur gleichen Zeit brachen bei der Karstadt Immobilien Beteiligungs GmbH die Verkäufe ein. Die KarstadtQuelle AG versuchte, Teile ihres Immobilienbesitzes zu veräußern, um zu Geld zu kommen, was jedoch den strategischen Zielen der Karstadt Hypothekenbank AG entgegenstand. Der Versuch, ihre Tochtergesellschaft abzustoßen, scheiterte an rechtlichen Bedenken. 2005 wurde der bisherige Aufsichtsratsvorsitzende Thomas Middelhoff zum Vorstandsvorsitzenden bestellt. Er sollte die Bankschulden verringern, weitere Immobilien verkaufen und das Versandgeschäft mit den bekannten Ikonen Quelle und Neckermann ankurbeln. Neue Möglichkeiten schienen sich aufzutun, als im gleichen Jahr das Pfandbriefgesetz an die Stelle des Hypothekenbankgesetzes trat und ehemalige

Pfandbriefinstitute fortan Bankgeschäfte tätigen durften, die bislang unzulässig gewesen waren. Ende 2005 übernahm der KarstadtQuelle Mitarbeitertrust e. V., der die Pensionsansprüche der Mitarbeiter verwaltete, die KarstadtQuelle AG; der Verkauf brachte rund eine Milliarde Euro. Im Zuge dieses Revirements und der Umbenennung der KarstadtQuelle AG in die (heute in Liquidation befindliche) Arcandor AG wurde die Karstadt Hypothekenbank AG im Jahr 2006 in Valovis Bank AG umbenannt, die ihren Sitz ebenfalls in Essen hatte.

Das neue Institut beging den strategischen Fehler, sich in Bonds und Verpflichtungen aus den sogenannten PIIGS-Ländern (Portugal, Irland, Italien, Griechenland, Spanien) über 150 Millionen Euro zu engagieren. Infolge der Finanzmarktkrise des Jahres 2008 verzeichnete die Valovis-Tochtergesellschaft Valovis Commercial Bank AG hohe Verluste. Ein Betrug durch Kreditkartenfälscher in Spanien vergrößerte die Misere. Die Valovis Bank erwarb für einen hohen zweistelligen Millionenbetrag die KarstadtQuelle Bank AG, aber mit der Pleite der Arcandor AG im Juni 2009 fiel ein zentraler Geschäftspartner weg. Wenige Monate später musste das Versandgeschäft mit der Quelle AG aufgegeben werden.

Im Herbst 2011 wurde die Valovis Commercial Bank AG rückwirkend zum Jahresanfang auf die Valovis Bank AG verschmolzen. Inzwischen hatte die Verschuldung infolge der PIIGS-Geschäfte dramatisch zugenommen. Die Valovis Bank musste Ende 2011 eine Garantie in Höhe von 100 Millionen Euro des «Feuerwehrfonds» genannten Einlagensicherungsfonds des Bundesverbandes deutscher Banken e. V. in Anspruch nehmen, um eine Schieflage abzuwenden, die durch die Abschreibung griechischer Staatsanleihen entstanden wäre. Im Gegenzug verpflichtete sich der KarstadtQuelle Mitarbeiter Trust e. V. (KQMT) als Eigentümerin, die Bank zu verkaufen. Dies erfolgte vor allem auch deshalb, weil die Fähigkeit, eine substanzielle Kapitalerhöhung vorzunehmen, nicht mehr gegeben war. Unter Einschaltung verschiedener Berater wurde händeringend nach einem Erwerber gesucht, jedoch bestand an dem letztlich nicht tragfähigen Geschäftsmodell einschließlich seiner Risiken kein Interesse. Im Februar 2012 ersuchte die griechische Regierung um einen Schuldenschnitt, der die Anleihen privater Gläubiger de facto um rund 74 Prozent entwertete. Die Valovis Bank entschloss sich notgedrungen, den «Haircut» anzunehmen. 2012 verzeichnete sie einen Verlust von 74 Millionen Euro, nachdem mit der Insolvenz des Versandhändlers Neckermann ein weiterer Kunde weggebrochen war. Nachdem es dem KQMT nicht gelungen war, einen Erwerber für die Bank zu finden, wurden ihre Aktien Ende Oktober 2012 durch die Resba

Beteiligungsgesellschaft mbH, eine Zweckgesellschaft des Einlagensicherungsfonds des Bundesverbandes deutscher Banken e. V., übernommen. Thomas A. Lange, der neben seiner Rolle als Chef der National-Bank bereits seit dem 31. Dezember 2011 als Mitglied des Vorstandes des Bundesverbandes deutscher Banken e. V. die Interessen des Einlagensicherungsfonds im Aufsichtsrat der Valovis Bank vertrat, wurde zum Vorsitzenden des Kontrollgremiums mit dem Ziel berufen, die Bank einem geordneten Rückbau zuzuführen. Lange hatte bereits auf dem Höhepunkt der Finanzkrise in einer vergleichbaren Aufgabe Erfahrungen gesammelt und sich durch den Erfolg jener Tätigkeit für die Spitze des Aufsichtsrates empfohlen. So war er von 2008 bis 2010 ebenfalls Vorsitzender des Aufsichtsrates der seinerzeit fallierten Düsseldorfer Hypothekenbank. Bei der Valovis Bank tauschte Lange unverzüglich den Vorstand aus. Bereits Anfang Oktober 2012 hatte er sich in Erwartung der zwischenzeitlich eingetretenen Entwicklung mit Dr. Elke König, der damaligen Präsidentin der Bundesanstalt für Finanzdienstleistungsaufsicht, am Rande der Tagungen des International Institute of Finance (IIF), dem Internationalen Bankenverband, in Tokio auf Dr. Axel Wieandt als neuen Vorstandschef und Gerrit Raupach als Risikovorstand verständigt. Thorsten Drescher, Leiter des Risikocontrolling der Bank, wurde ebenfalls in den Vorstand berufen. Wieandt und sein Team setzten eine Vielzahl von Maßnahmen um, um die Bank zu stabilisieren und den Rückbau zu initiieren. Von zentraler Bedeutung war der Verkauf der ertragreichen Kreditkarten-Sparte. Ende 2013 übernahm die Düsseldorfer Targobank & Co. KGaA, hervorgegangen aus der früheren Citibank und inzwischen zur französischen Crédit Mutuel gehörend, für einen zweistelligen Millionenbetrag einen Großteil des Privatkundengeschäfts der Valovis Bank, besonders das Kreditkartengeschäft mit rund 800 000 MasterCard-Kunden. Die notleidenden Kredite der Valovis Bank wurden von einer Inkassofirma der GFKL-Gruppe übernommen. Die Valovis Bank erhielt noch Ende 2015 eine Kapitalstärkungsmaßnahme durch den Einlagensicherungsfonds, um ihre Großrisiken abzuschirmen.

Die Targobank wurde durch den Zukauf zum deutschlandweit drittgrößten Anbieter von Kreditkarten und gehört mittlerweile neben der Santander Consumer Bank und der Postbank zu den größten Essener Instituten im Privatkundengeschäft. Von ihren deutschlandweit über 300 Filialen befinden sich mehrere in Essen: Neben einem Vermögenscenter am Kennedyplatz werden Zweigstellen in Altenessen, Borbeck, Steele, Rüttenscheid und Frohnhausen unterhalten. Die Integration des Valovis-Kreditkartengeschäfts in die Targobank wurde 2016 abgeschlossen.

Ein Ausblick:
Von der Finanzkrise des Jahres 2008 bis heute

Die Bankenaufsicht wird in Deutschland durch die EZB, die BaFin und die Bundesbank ausgeübt. Mit dem 2010 veröffentlichten Regelwerk des Baseler Ausschusses an der Bank für Internationalen Zahlungsausgleich wurden unter dem Stichwort «Basel III» (A Global Regulatory Framework for more Resilient Banks and Banking Systems) verbindliche Richtlinien für das Eigenkapital und die Liquidität der Banken ausgearbeitet, die zumindest zum Teil eine Konsequenz der Finanzkrise waren. Die Eigenkapitalrendite wird auch in dieser Hinsicht als eine Schlüsselziffer eines funktionierenden Bankgeschäfts angesehen; Eigenkapital gilt als die Grundlage der Haftung, umso mehr, als das in den Vereinbarungen von Basel II geforderte angemessene Risikomanagement nicht genügend befolgt worden war. Seit 2013 ersetzten die neuen Vorschriften von Basel III schrittweise die Vereinbarungen des Vorgängers Basel II. Im Zentrum stand vor allem das Kernkapital: Die Untergrenze der Quote dieses «common equity» wurde von vier auf sechs Prozent der risikogewichteten Aktiva erhöht. Zwar wurde die bisherige Mindestkapitalquote von acht Prozent beibehalten, aber verschiedene Bestimmungen veränderten und verschärften die Zusammensetzung dieses Kernkapitals. Auch eine Verschuldungsgrenze wurde eingeführt. Diese «Leverage ratio» soll vor einer unverantwortlichen Verschuldung bewahren. Von 2016 an müssen Banken zudem aus ihrem Kernkapital einen Kapitalerhaltungspuffer von 2,5 Prozent aufbauen, daneben – als Vorbereitung für eventuelle Krisen – eine antizyklische Kapitalsicherung.[1] Wer diese Kriterien nicht erfüllt, wird mit harten Sanktionen bis zum Verlust der Banklizenz bestraft. Banken, die als «systemrelevant» eingeschätzt werden, müssen noch härtere Bedingungen erfüllen.

Die deutsche Wirtschaft überwand die Finanzkrise dank zahlreicher bereits eingeleiteter Reformen besser als viele Nachbarn. Dieser Erfolg zeigt sich auch beim Blick auf Essen, das mit rund 575 000 Einwohnern die viertgrößte Stadt Nordrhein-Westfalens ist. Obwohl sie nicht mehr die Stadt von Kohle und Eisen, sondern in erster Linie eine Metropole des Dienstleistungssektors ist, ist die Vergangenheit des Ruhrbergbaus immer noch präsent. Konzerne wie die RAG und die RWE prägen die Stadt, und traditionell gehört der Verwaltungssitz der Hochtief AG hierhin. Industrie-Fusionen wie diejenige im Jahr 2009 von Friedrich Krupp AG Hoesch-Krupp und der Thyssen AG beeinflussen naturgemäß auch die Essener Finanzlandschaft: Mit der ThyssenKrupp AG entstand ein Industrie- und Rüstungskonzern mit weltweit über 150 000 Mitarbeitern, der seinen Verwaltungssitz im Juni 2010 von Düsseldorf nach Essen verlegte – eine Rückkehr zu den Wurzeln des Stammhauses Krupp. Es ist kein Zufall, dass das Hauptquartier dort auf dem Gelände der Gussstahlfabrik in der Altendorfer Straße angesiedelt ist, wo die Firma Krupp in der ersten Hälfte des 19. Jahrhunderts ihren Anfang nahm. Die Auswirkungen der im Herbst 2017 beschlossenen Fusion der Stahlsparte mit dem indischen Tata-Konzern sind noch ungewiss. E.ON mit Sitz in Düsseldorf vollzog im Jahr 2016 den gleichen Schritt und verlegte die Hauptverwaltung nach Essen, was die Bedeutung der Industriestadt noch weiter stärkte. Aldi Nord ist Essen ebenfalls treu geblieben. 2016 kündigte der Discounter an, am Standort Essen eine neue Konzernzentrale zu bauen und dort ab 2020 etwa 800 Mitarbeiter zu beschäftigen.

Neun der hundert umsatzstärksten respektive 20 der 500 umsatzstärksten deutschen Unternehmen haben hier ihren Hauptsitz. RWE, deren neue Ökostrom-Tochtergesellschaft Innogy, Hochtief, Schenker, Evonik Industries, RWE Power, der Pharmagroßhändler Noweda, Europas größter Schuhhändler, die Deichmann-Gruppe, die sich in einem umfassenden Sanierungsprogramm befindliche Karstadt Warenhaus, Evonik Steag, die Ferrostaal und schließlich der Elektronikkonzern Medion sind in Essen zu Hause. Daneben existieren zahlreiche weitere mittelständische Unternehmen und über 5000 Handwerksbetriebe, die auf Finanzierungsmöglichkeiten angewiesen sind. Mit diesen Unternehmen ist Essen eine Kapitalmarktstelle mit einer Bilanzsumme, die durchaus mit Finanzmärkten wie München und Frankfurt am Main mithalten kann, eine Art «hidden champion» mitten im Ruhrgebiet. Nimmt man noch die Gebiete Westfalen-Lippe und entlang der Rheinschiene hinzu, wird deutlich, wie zentral die Essener Kreditinstitute für das Bundesland Nordrhein-Westfalen mit seinen rund 750 000 Unternehmen ist.

Von den Banken, die in Essen ihren Sitz haben oder eine Zweigstelle unterhalten, ist die Sparkasse Essen – mit einer Bilanzsumme von über 8,1 Milliarden Euro, rund 1470 Mitarbeitern und 300 000 Kunden (2016) – die sechstgrößte Sparkasse in Nordrhein-Westfalen und die größte Bank Essens, seit die EssenHyp von der Commerzbank übernommen worden ist. Ihr folgen die National-Bank mit einer Bilanzsumme von 4,3 Milliarden Euro und 780 Beschäftigten, die Bank im Bistum Essen eG (Bilanzsumme 4,8 Milliarden Euro, 120 Mitarbeiter) sowie die Von Essen Bank GmbH (Bilanzsumme knapp 1,7 Milliarden Euro, 395 Mitarbeiter in deutschlandweit fünf Filialen). Die Geschäfte der Valovis Bank AG (Bilanzsumme inzwischen nur noch 875 Millionen Euro und 47 Mitarbeiter) sind auf den kontinuierlichen Abbau der Risikoaktiva und die Rückführung von Passivmitteln ausgerichtet, was 2019 abgeschlossen sein soll. Neugeschäfte werden nicht getätigt. Nicht aufgeführt sind die privaten Großbanken und andere Institute, die mit mehreren oder einer Filiale in der Stadt präsent sind.

Die Hauptverwaltung der Deutschen Bundesbank unterhält in Essen eine Filiale (die frühere «Hauptstelle» der Landeszentralbank als Zweiganstalt der Deutschen Bundesbank) in der Moltkestraße.[2] Sie untersteht wie die übrigen sechs nordrhein-westfälischen Filialen der regionalen Hauptverwaltung in Düsseldorf, die wiederum im Rahmen der Bankenaufsicht die Kreditinstitute der Region überwacht, gegebenenfalls refinanziert und für Kunden wie die Banken und Werttransportunternehmen u. a. den Bargeldverkehr sicherstellt. Allerdings sind die Tage der Bundesbank-Filiale Essen gezählt. Diese hatte in den Vorjahren bereits die Bundesbank-Filialen Oberhausen und Mülheim an der Ruhr übernommen. Seit 2012 ist sie auch für die Bargeldgeschäfte der Filiale Duisburg zuständig, die ihre Pforten schloss. Die Bundesbank vereinbarte bereits im Jahr 2009, im Rahmen einer bundesweiten Konsolidierungsstrategie, eine neue gemeinsame Filiale für den Großraum Rhein-Ruhr zu errichten. Diese soll ihren Standort in Dortmund haben und wird bei Fertigstellung im Jahr 2019 mit voraussichtlich rund 200 Beschäftigten die größte Filiale der Bundesbank sein. Hier soll der Geschäftsbetrieb der bisherigen Zweigstellen Bochum, Dortmund, Düsseldorf, Essen und Hagen zusammengeführt werden.

Die Großbanken sind insgesamt schlechter durch die Finanzkrise gekommen als die zahlreichen Sparkassen und Genossenschaftsbanken, deren Renditen im Vergleich überdurchschnittlich sind. Vor allem das Investmentbanking erscheint rückblickend als ein Krisenfaktor; der Strukturwandel der 1990er-Jahre hat besonders die privaten Großbanken auf Felder gelockt, die risikobehafteter sind als die traditionellen anderen Sektoren des Bankensys-

Die Filialen der Essener Banken schossen seit den späten 1950er-Jahren wie Pilze aus dem Boden. Hier ein Prospekt der Commerzbank aus den 1970er-Jahren.

tems. Das zu geringe Eigenkapital macht diese Banken anfällig, und es ist fraglich, ob sich die seit 2007 diskutierte «Too big to fail»-Einstellung auf Dauer halten wird, vor allem wenn die mangelnde Profitabilität kein Ende findet und neue Geschäftsmodelle nicht überzeugend implementiert werden.[3]

Die Essener Filialen mussten passiv mitansehen, welche Strategien ihre jeweiligen Zentralen verfolgten. Das gilt für die Dresdner Bank, die sich in ihrer Expansionsstrategie letztlich überbürdete, im frühen 21. Jahrhundert nach einem quälend langen Verschmelzungsprozess in der Commerzbank aufging und ihre Eigenständigkeit verlor. Auch für die aktuelle Krise der Deutschen Bank mit Strafzahlungen in Milliardenhöhe, die sich in einem schmerzhaften Umbildungs- und Schrumpfungsprozess befindet, war die Essener Filiale nicht verantwortlich. Durch die aktuelle Krise der Großbanken wurden die Niederlassungen und Filialen ebenfalls in Haftung genommen, obwohl sie an und für sich für die Entscheidungen der jeweiligen Bankzentrale keine Verantwortung tragen. Die Deutsche Bank kündigte 2016 im Rahmen ihres Sparkurses an, bundesweit 188 ihrer 723 Filialen zu schließen, zumal das Online-Banking generell den Sinn von Filialen infrage stellt: Rund 90 Prozent der Transaktionen im einfachen Zahlungsverkehr werden inzwischen online oder mobil abgewickelt, und 43 Prozent ihrer Kunden kamen nur noch einmal pro Jahr in ihre Filiale. Selbst komplexere Vorgänge wie der Wertpapierhandel oder Baufinanzierungen werden inzwischen weitgehend über das Internet abgewickelt. In Essen wurde die Filiale in Kettwig aufgegeben und deren Geschäft durch die Filiale in Bredeney übernommen. Die Filiale Wohnstift Augustinum wurde aufgelöst und das Geschäft auf die nahe gelegene Filiale Heisingen übertragen. Ob die gegenwärtige Krise der Deutschen Bank, die in zahlreiche Rechtsstreitigkeiten mit den USA wegen verschiedener Hypothekengeschäfte aus den Zeiten der Finanzkrise 2008 verwickelt ist, weitere Folgen für den Standort Essen haben wird, bleibt abzuwarten.

Das «Sterben der Bankfilialen» führte dazu, dass bis 2015 die Zahl der Bankstellen deutschlandweit auf 34 000 zurückgegangen ist, nachdem sie, bedingt durch die Wiedervereinigung, einmal 45 000 betragen hatte. Der Konzentrationsprozess, der Großbanken, Sparkassen und Genossenschaftsbanken vor dem Hintergrund des Abbaus von Überkapazitäten und geringer Renditen gleichermaßen betrifft, bettet sich im Übrigen in den Rückgang der selbstständigen Kreditinstitute ein, deren Zahl von 8000 in den frühen 1970er-Jahren auf heute unter 2000 gesunken ist.

Die Commerzbank reduzierte nach der Übernahme der Dresdner Bank im Jahr 2009 das Filialnetz von zusammen mehr als 1500 erheblich. In Essen gab sie im Jahr 2012 das ehemalige Gebäude der Dresdner Bank in der Lindenallee 4 auf. Die Essener Geschäftsaktivitäten der zweitgrößten deutschen Bank wurden am Standort Lindenallee 17–23 gebündelt. Im Zuge der Fusion wurden sieben der örtlichen 17 Filialen geschlossen, auch wenn die Geschäftsleitung auf Entlassungen verzichtete und beteuerte, keine Kundenverluste zu verzeichnen. 2012 waren in den zehn verbliebenen Essener Filialen 205 Mitarbeiter beschäftigt, die 99 000 Kunden betreuten.[4] Für die Essener Innenstadt war es dennoch ein schwerer Schlag, wie die WAZ kommentierte: «Schon seit längerer Zeit quält sich die untere Essener Innenstadt-Region mit zunehmenden Leerständen von Ladenlokalen herum.»[5] Welche Auswirkungen der weiter betriebene radikale Umbau und der harte Sparkurs der Commerzbank, die noch immer zu 15 Prozent im staatlichen Besitz ist, auf Essen haben werden, ist hingegen noch nicht abzusehen. Im Herbst 2016 unterhielt sie zwar immer noch bundesweit etwa 1050 Filialen und damit weit mehr als die Deutsche Bank, kündigte aber im Rahmen des massiven Stellenabbaus an, weitere Zweigstellen zu schließen.

Der Trend zur Reduzierung von Filialen hält angesichts der Zinsflaute weiter an. Manche Beratungsagenturen erwarten einen weiteren Rückgang der Bankstellen bis zum Jahr 2025 auf weniger als 20 000.[6] Neben den oben genannten Gründen spielten auch andere Themen eine Rolle. In den teuren

Innenstadtlagen rentiert sich eine Filiale nur dann, wenn sie über ein hohes Kundenaufkommen verfügt. Michael Bockelmann, der Präsident des Genossenschaftsverbands, brachte diese Erkenntnis auf den Punkt, als er im Jahr 2016 die Ergebnisse einer Volksbanken-Studie präsentierte: «Es wird niemand in einem Ort eine Filiale aufrechterhalten können, die alle Bereiche abdeckt, wenn am Tag nur zehn Kunden kommen.»[7] Die National-Bank schloss 2016 ihre Schalter in Gladbeck und Recklinghausen. Diese Niederlassungen waren viele Jahrzehnte zuvor in der Expansionsphase eröffnet worden, diejenige in Gladbeck beispielsweise 1969. Die Filiale in Hattingen wurde 2016 mit dem Geschäft in Bochum zusammengezogen. Auch die Stadtfilialen in Kray und Frohnhausen wurden aufgegeben. Im November 2008 – eine Woche nach dem Zusammenbruch von Lehman Brothers – wurde in der Bankstraße in Wuppertal eine große Niederlassung eröffnet. Dafür hatte die National-Bank das ehemalige Gebäude der Reichs- bzw. Bundesbank bezogen und betreute von hier aus nunmehr ihre Kunden im Bergischen Land, das die Städte Remscheid, Solingen und Wuppertal umfasst. 2014 eröffnete sie im Zuge ihrer unveränderten Expansionsstrategie und der damit verbundenen Konzentration auf attraktive Regionen eine weitere Niederlassung in Münster. In der Königsstraße residiert sie heute in einem Gebäude, in dem früher die Commerzbank und über Jahrzehnte zuvor die Dresdner Bank beheimatet gewesen war. Die Sparkasse Essen kündigte im Sommer 2016 an, bis 2020 14 ihrer 59 Geschäftsstellen zu schließen und von diesen neun in «Selbstbedienungs-Filialen» umzuwandeln. 11 der 14 zu schließenden Standorte standen im Sommer 2016 bereits fest: Klarastraße, Baumstraße, Huttrop, Kettwig vor der Brücke, Margarethenhöhe, Viehofer Platz, Isinger Feld, Bergmannsfeld, Vogelheim, Bäuminghausstraße und Frillendorf.

Die Geno-Bank, die nach eigenen Angaben 40 000 Kunden hat, bündelte 2016 zehn ihrer Geschäftsstellen in «Tandemfilialen», was bedeutete, dass ein Team der Geno-Bank fortan zwei Filialen an unterschiedlichen Tagen betreut und dadurch die Tandemfilialen nicht mehr an allen Werktagen geöffnet sind.[8] Ob und in welche Richtung diese Entwicklung weitergehen wird, ist noch nicht abzusehen. Die Essener Banken konnten bisher Entlassungen vermeiden und haben für die Mitarbeiter sozialverträgliche Lösungen gefunden. Und selbst wenn Filialbesuche abnehmen und dadurch die Zahl der Bankangestellten in absoluten Zahlen zurückgeht: Die Bankkunden wünschen und erwarten, wie zahlreiche Umfragen deutlich machen, trotz des digitalen Wandels die persönliche Beratung in ihren Filialen. Etwa jeder zehnte Befragte gab an, die Bank wechseln zu wollen, wenn die Zweigstelle in seiner Nähe geschlossen werde.

In Essen hatte es schon seit dem Beginn der Moderne ein montanindustrielles und bürgerliches Mäzenatentum gegeben. Einrichtungen wie der Stifterverband für die Deutsche Wissenschaft boten in der jungen Bundesrepublik den Banken und der Industrie die Möglichkeit, Wissenschaftsförderung und eigene unternehmerische Interessen sinnvoll miteinander zu verbinden, wofür nicht zuletzt die Bankiers der Deutschen Bank Hermann Josef Abs, Franz Heinrich Ulrich und Alfred Herrhausen beispielgebend waren.[9] Essen gab sich im Zuge des Strukturwandels ein neues Image als Stadt der Industriekultur, das nicht nur eine «Wirtschaftsmetropole», sondern auch eine «geistige Metropole für das Ruhrgebiet» sein wollte.[10] Auch andere kulturelle Kooperationen zwischen Banken und öffentlicher Hand zeigen, dass Kultursponsoring, Public Private Partnership, Stiftungen und Bildungsarbeit erfolgreiche Beispiele der Zusammenarbeit zwischen Unternehmen und der Kommune sein können, ein Geben und Nehmen, weil alle Akteure ein Interesse haben, den Standort Ruhrgebiet und Essen zu stärken.[11] Die Villa Hügel ist ebenso ein Publikumsmagnet wie das Aalto-Theater, die Kunstausstellungen des überregional ausstrahlenden Museums Folkwang werden durch einen Stiftungsfonds der National-Bank gefördert. Die Bank unterstützt auch Museen wie die Kunstsammlung Nordrhein-Westfalen sowie das Museum Kunstpalast in Düsseldorf und das MKM Museum Küppersmühle für Moderne Kunst in Duisburg. Die Sparkasse Essen unterstützt nicht nur die Philharmonie-Stiftung, sondern auch zahlreiche andere sportliche, kulturelle, wissenschaftliche und soziale Veranstaltungen, allein im Jahr 2013 mit rund 4,5 Millionen Euro, weil die Stadt die Sparkassengewinne jahrzehntelang unangetastet ließ. Inzwischen kassierte die Stadt aber jeweils 3 Millionen Euro für die Haushalte 2015 und 2016. Für 2017 wurde dieser Betrag auf 2,3 Millionen Euro abgesenkt.[12]

Zahlreiche Banken sind Mitglied im «Initiativkreis Ruhr», dem größten europäischen regionalen Wirtschaftsbündnis. Commerzbank, Deutsche Bank, DZ Bank, Helaba, National-Bank und die NRW.Bank sind im Initiativkreis tätig. Das 1989 durch Rudolf von Benningsen-Foerder, dem damaligen Vorstandsvorsitzenden der VEBA AG, sowie Dr. Alfred Herrhausen begründete Wirtschaftsbündnis umfasst mehr als 70 Mitgliedsunternehmen und steht für einen kumulierten Umsatz von 630 Milliarden Euro sowie 2,3 Millionen Mitarbeiterinnen und Mitarbeiter seiner Mitgliedsunternehmen. Der Initiativkreis wird durch zwei Moderatoren jeweils ehrenamtlich geführt. Die National-Bank ist dem Initiativkreis in besonderer Weise verbunden. So fungierten der Vorsitzende des Aufsichtsrates, Reinhold Schulte, sowie der stellvertretende Vorsitzende des Aufsichtsrates, Prof. Dr. Dr. E. h.

Hans-Peter Keitel, von 2011 bis 2013 bzw. von 2002 bis 2004 als Moderatoren. Auch die Vorstandschefs der Bank haben sich engagiert. So amtierten Dr. Henner Puppel von 2000 bis 2002 und Dr. Lange seit 2015 als Moderatoren. Der Initiativkreis konzentriert sich auf die Förderung von Wirtschaft, Bildung und Kultur. Als Kooperationspartner ist er gegenüber der Politik von Bund und Land von Gewicht. Auch wenn es dabei nicht nur um Essen, sondern ebenso um Städte wie Bottrop, Duisburg oder Oberhausen, die besonders stark vom strukturellen Wandel der letzten Jahrzehnte betroffen sind, geht, ist der Sitz des Initiativkreises Essen. Wie groß das Engagement des Initiativkreises ist, zeigt sich darin, dass es Anfang 2017 gelungen ist, einen mit 30 Millionen Euro dotierten «Gründerfonds Ruhr» aufzulegen. Ziel ist es, jungen Unternehmen mit neuen Geschäftsideen und Produkten das notwendige Kapital zur Verfügung zu stellen. Maßgebliche Investoren dieses neuen Fonds sind von Seiten der Finanzwirtschaft, die NRW.Bank, die Helaba sowie die National-Bank, in deren Zentrale am Theaterplatz der Fonds anfangs domizilierte.

Banken fördern auch das Klavier-Festival Ruhr, das sich mit zahlreichen Konzerten sogar zum größten Pianistentreffen der Welt entwickeln konnte und 2011 in eine selbständige Stiftung überführt wurde. Ergänzt wird dieses Engagement durch eine enge Zusammenarbeit mit dem Theater und der Philharmonie Essen sowie mit der Klassik-Gala des Stadtfestivals Essen. Die 2004 von der National-Bank gegründete Ruhrstiftung «Bildung und Erziehung» ist in der Bildungsförderung – von der Vorschule bis zur Hochschule – engagiert und fördert ausschließlich projektbezogen, zum Beispiel bei der Ausstattung von Gymnasien oder bei der Schulung ehrenamtlicher Helfer für die Hausaufgabenbetreuung. Auch mit der Universität Duisburg-Essen besteht seit vielen Jahren eine intensive Zusammenarbeit.

Dieses Engagement passt zum Bild Essens als einer Stadt der Industriekultur. Angestoßen von der Internationalen Bauausstellung Emscher Park (IBA) wurde das alte Symbol der Bergwerkstadt Essen, die stillgelegte Zeche «Zollverein», zum Ausgangspunkt eines neuen Stadtverständnisses. Hier wurde das denkmalgeschützte ehemalige Kesselhaus zum Mittelpunkt des «Designzentrums Nordrhein-Westfalen». Mit seinem von Sir Norman Foster geschaffenen Innenraum und zahlreichen Ausstellungen ist es heute ein Anziehungspunkt von überregionaler Bedeutung und dient mit seinen Geschäften, Werkstätten und angeschlossenen Einrichtungen als Modell für erfolgreiche wirtschaftliche Konversion. Die gemeinsam von Land und Stadt getragene «Stiftung Zollverein» dient als Ausdruck dieser Industriekultur. Das Industriedenkmal «Zollverein» wurde im Jahr 2001 in die

Unesco-Liste des Weltkulturerbes aufgenommen. Dies kam ganz dem langgehegten Wunsch der Stadt entgegen, urbane Kulturmetropole und «weltoffene Großstadt» zu sein.[13] Allerdings blieb Kritik nicht aus. Die Tageszeitung *Die Welt* monierte 2011 die «Kirchturmpolitik», mit der Essen in kultureller Hinsicht und als Handelsstadt hinter Städte wie Köln und Düsseldorf zurückfalle: «Die Metropole des Reviers galt als Einkaufsmagnet für das weite Umland ‹Ruhrgebiet›. Tempi passati. Extravaganz hat die City längst verlassen. Öder Alltag im Handel. Edle Gastronomie? Man kann sie vergessen. Der einst so feine Kennedyplatz geriet zum Trödelmarkt.»[14]

Die Banken erleben aktuell turbulente Zeiten. Während Deutsche Bank und Commerzbank bundesweit im Filialgeschäft Federn lassen mussten, bereitet die lockere Geldpolitik und die Niedrigzinspolitik der EZB – deren Ende momentan nicht abzusehen ist – allen Banken zunehmend Probleme. Auf null Prozent abgesenkte Leitzinsen und negative Einlagenzinsen stellen ein Novum in der Geschichte der Bundesrepublik dar und kommen zugleich einer schleichenden Enteignung der Sparer gleich. Negative Renditen auf die meisten Bundes- und Länderanleihen, eine zunehmend überbordende Regulierung, die nach wie vor ungelösten Probleme der europäischen Staatsschuldenkrise, schließlich die Herausforderungen durch die Digitalisierung sind für das Geschäftsklima der Essener Banken ebenfalls nicht hilfreich. Der National-Bank wurde vor der Eröffnung ihrer Niederlassung in Münster ein Erwerb der Münsterländischen Bank Thie & Co. KG nachgesagt. Auch war sie am Erwerb des Bankhauses Neelmeyer AG in Bremen interessiert. Zuletzt kamen 2016 Spekulationen über ein mögliches Zusammengehen von Deutscher Bank und Commerzbank auf. 2017 wurde zunächst der BNP Paribas sowie später dem Crédit Agricole ein Interesse des Erwerbs der Commerzbank zugeordnet. Auch wenn das Bundesfinanzministerium als Großaktionär der Commerzbank seinerseits ein Verkaufsinteresse dementierte und damit die Frage offenbleiben kann, ob dies realistisch ist oder nicht, werden solche Gedanken in der Bankenwelt ernst genommen. Dies dürfte auch mit der Zinsentwicklung zusammenhängen, die, darüber ist sich die Branche einig, das Vorkrisenniveau von 2007/08 nicht erreichen wird. Welche langfristigen Auswirkungen dies auf den Bankenstandort Essen haben wird, ist noch nicht abzusehen. Historiker sind «rückwärtsgewandte Propheten» und sehr viel versierter, wenn es um die Analyse vergangener Entwicklungen geht. Prognosen für zukünftige Trends sind ihre Sache nicht. Trotzdem lassen sich, gerade im Vergleich zu früheren Entwicklungen, einige Tendenzen erkennen. Neben dem bereits erwähnten «Filialsterben» bleiben Fusionsgerüchte an der Tagesordnung.

Auf einer Tagung zum Thema «Banken im Umbruch», die vom *Handelsblatt* im August 2016 veranstaltet wurde, warb der Deutsche-Bank-Chef John Cryan offen für Fusionen in der Finanzbranche: «Wir brauchen weitere Zusammenschlüsse – auf nationaler Ebene – aber eben auch über die Landesgrenzen hinweg.» Gerade in Deutschland, so sein Credo, gebe es «schlicht zu viele Banken».[15] Solche Aussagen, die als ein versteckter Hinweis auf die große Zahl von Sparkassen und Genossenschaftsbanken verstanden werden können, erinnern zwangsläufig an das Lamento der frühen 1930er-Jahre des 20. Jahrhunderts, als die Mahnungen vor einer weiteren «Übersetzung» des Bankgewerbes unüberhörbar waren. Inwiefern gerade die Großbanken mit ihren komplexen Strukturen und kaum noch zu entwirrenden Organisationsproblemen Opfer ihrer eigenen früheren Erfolge sind, steht auf einem anderen Blatt. In Essen stehen zwar auch die Regionalbanken vor den Herausforderungen der Niedrigzinsen, aber ihre Ausrichtung auf eine Klientel, die sie gut kennen, ist offenbar ein wirksames Element, um Krisen zu überstehen. Anders als John Cryan vertritt Thomas A. Lange, Vorstandsvorsitzender der National-Bank, die Ansicht, dass die Größe eines Unternehmens kein Wert an sich ist. Die Entwicklung vieler systemrelevanter Insitute stelle dies unter Beweis. Trotz zum Teil deutlicher Schrumpfungsprozesse sei das Vertrauen vieler Investoren verspielt. Manch eine Aktie sei ohne die zwischenzeitlich erfolgte Zusammenlegung von Anteilsscheinen ein Pennystock. Das Verhältnis von Marktwert zu Buchwert frage nicht nur nach der Tragfähigkeit eines Geschäftsmodells, sondern es beantworte sie auch. Vielleicht auch deshalb seien regional tätige, mittelständisch geprägte und vor allem nicht systemrelevante Institute wieder en vogue. Ihre tiefe Verwurzelung im Markt, die profunde Kenntnis ihrer Kunden – kurz: die sogenannte Beziehungsintensität – lasse die im Bankengeschäft immanenten Risiken beherrschbar erscheinen. Auch die Aufsichtsbehörden scheinen dieser Erkenntnis zunehmend folgen zu wollen. Aber auch aus Sicht der Kunden werde die Regionalität und die damit verbundene Nachvollziehbarkeit der Geschäftätigkeit gegenüber der eines international handelnden Institutes bevorzugt. Natürlich werde die Digitalisierung vieles infrage stellen. Dennoch, es sei anders gekommen, als von vielen Prognostikern erwartet. Die Abwicklung der West LB in Düsseldorf sowie die endgültige Schließung des Bankhauses Sal. Oppenheim in Köln stünden stellvertretend dafür.

Bei den Sparkassen sowie den Volks- und Raiffeisenkassen wird durch die ausbleibenden Zinsüberschüsse, die man an und für sich für eigene Geldanlagen benötigt, das Geschäftsmodell grundsätzlich infrage gestellt. Die

Essener Banken beklagen zudem unisono – offen oder eher diskret – die weiter zunehmenden Regulierungsauflagen, die die Brüsseler Kommissare gar als Schreckgespenst erscheinen lassen. Auch hier sind es eher die kleineren Institute, die hohe Aufwendungen schultern müssen, um die aufsichtsrechtlichen Hürden zu meistern. Zahlreiche Regularien galt und gilt es zu beachten: die European Market Infrastructure Regulation, die Markets in Financial Instruments Directive, das Gesetz über Einlagensicherungssysteme, die Marktmissbrauchsverordnung, die erweiterten Meldepflichten gemäß Financial Reporting und viele andere.

Ein neuer Player, der das klassische Bankgeschäft ebenfalls ins Visier nimmt, hat unmittelbar mit der zunehmenden Digitalisierung des Bankengeschäfts zu tun. Die Banken hatten für geraume Zeit vom immer stärker online abgewickelten Bankgeschäft profitiert. Die Kunden erledigen ihre Bankgeschäfte überwiegend am eigenen PC und lassen sich ihre Kontoauszüge am eigenen Computer ausdrucken. Bei manchen Banken können Kunden das Girokonto sogar per Video-Legitimation mittels ihres Smartphones eröffnen.

Zur digitalen Transformation gehören allerdings nicht nur die bereits seit Längerem am Markt operierenden Direktbanken mit ihren kompetitiven Konditionen im Wettbewerb. Auch die sogenannten FinTechs wirbeln in jüngster Zeit die Bankenwelt weiter durcheinander. Sie bieten Geldtransfers über das Internet, über Smartphone-Apps und über Facebook an, mit denen Handykonten eröffnet werden und beispielsweise Auslandsüberweisungen vorgenommen werden können. Diese Anbieter, die zum Teil ihren Sitz im Ausland haben, verweisen sogar auf «Robo-Berater» bzw. «Robo Advisor», automatisierte Vermögensverwalter, was besonders junge Leute und die wachsende Generation der «Digital Natives» ansprechen soll, für die der bargeldlose Zahlungsverkehr per Mobiltelefon inzwischen zum Alltag gehört. Inwieweit sich die Banken in das kontaktlose Bezahlen (über die sogenannten NFC-Chips auf den Bezahlkarten) einschalten, ist ebenso offen wie die Rolle, die Systeme wie Google Pay und Apple Pay zukünftig einnehmen werden. Eine Hürde für Start-ups und andere neue Anbieter ist, dass sie häufig gar keine richtige Bank sind, also nicht über eine Banklizenz verfügen, die zwingend bei der BaFin beantragt werden muss. Sie sind daher auf die Hilfe und Unterstützung anderer Zahlungsanbieter angewiesen, die eine solche Lizenz besitzen und sich als Partner zur Verfügung stellen, sodass die FinTechs nicht als Vollbank auftreten müssen und sich dadurch die kraft- und ressourcenraubende Regulierungsbürokratie der EU-Richtlinien ersparen. Dem Digital Banking wird eine große Zukunft vorausgesagt, wobei noch offen ist, wie sich die Kooperationen der FinTechs mit ihren Partnern entwickeln und auf welche Weise die klassischen Geldhäuser auf die Herausforderungen dieser Neulinge reagieren. En vogue sind Digitalfabriken, «Digital Labs» und innovative IT-Plattformen. Auch die Blockchain-Technologie wird eventuell die Verwaltungsvorgänge bei Kontoführung und Verträgen spürbar revolutionieren und die Kosten reduzieren. Ob jedoch das schon lange totgesagte Bargeld wirklich der Vergangenheit angehört, ist noch keineswegs ausgemacht. Allerdings lassen die Zahlen keinen Zweifel, dass alternative digitale Bezahlmethoden auf dem Vormarsch sind. Kredit- und Girokarten sind als Bezahlmittel nicht nur praktisch, sondern auch deshalb attraktiv, weil viele Sparer in Zeiten von Niedrigzinsen Bargeld horten, anstatt es zur Bank zu bringen. Dieser negative Effekt spielt eine geringere Rolle, wenn die Finanzinstitute in den digitalen Zahlungsverkehr eingebunden bleiben. Hinzu kommt die eingangs erwähnte «Virtualisierung» von Bankgeschäften, also die Verlagerung von Back Offices und Call-Centern außerhalb Europas, was einen Bankplatz potenziell gefährden kann.

All diese Veränderungen, die zur Normalität des lebendigen und dynamischen Marktes mit seinen Krisen und Konjunkturen gehören, haben dem Bankplatz Essen bisher nicht geschadet, zumal der persönliche Kontakt und das Vertrauen in den Geschäftspartner Faktoren sind, die nicht einfach in digitale Währung umgewandelt werden können. Essen hat auf diese Weise in der deutschen Wirtschaftslandschaft seinen festen Platz gefunden, neben dem unbestrittenen Branchenprimus Frankfurt, aber auch neben Düsseldorf, das in jüngster Zeit eine Art Metropole des Private Banking zu werden scheint. Strukturwandel des Bankgewerbes und Finanzmarktkrisen haben den Bankplatz Essen also offenbar nur weiter gestärkt.

Danksagung

Essen hat nicht nur eine lange und ehrwürdige Geschichte, sondern auch eine facettenreiche Historie als Bank- und Börsenplatz. Das ist zwar bekannt, aber erstaunlicherweise noch niemals ausführlich dargestellt worden. Als uns der Vorsitzende des Vorstands der National-Bank AG, Dr. Thomas A. Lange, im Sommer 2013 den Vorschlag machte, diese Geschichte doch einmal aktengestützt auf wissenschaftlicher Grundlage zu schreiben, haben wir nicht lange gezögert. Schon nach kurzer Zeit haben wir gemerkt, wie erstaunlich vielfältig und wandlungsfähig die Bankenlandschaft Essen in den letzten Jahrhunderten war. So manches kleinere Bankgeschäft, das mit einem oder gar keinem Angestellten auskam, steht neben wichtigen Großbanken, die den Vergleich mit anderen Akteuren in der deutschen Bankenlandschaft nicht scheuen müssen. Wir hoffen, dass die bislang noch weitgehend unterbelichtete, ja zu weiten Teilen sogar ganz unbekannte Geschichte des Bank- und Börsenplatzes Essen Anlass bietet, sich auch weiterhin mit dieser Branche auseinanderzusetzen, die wichtiger Teil unserer Gesellschaft ist – in Zeichen politischer und wirtschaftlicher Umbrüche ebenso wie in Phasen ökonomischer Prosperität.

Sowohl für die Erforschung als auch die Dokumentation dieser Geschichte war unsere Unabhängigkeit eine conditio sine qua non. Unser Dank gilt Herrn Dr. Thomas A. Lange, dem geschichtskundigen Initiator, der für uns als Gesprächspartner immer zur Verfügung stand, uns aber alle wissenschaftlichen Freiheiten ließ, die für ein solches Projekt notwendig sind. Dies gilt auch für seinen verstorbenen Kollegen Uwe Lindner, der das Vorhaben im Vorstand stets nachdrücklich unterstützt hat. Am Institut für Geschichtswissenschaft der Universität Bonn konnten wir uns auf bewährte Mitstreiter verlassen: Als wissenschaftliche und studentische Mitarbeiter waren Philipp

Anzulewicz, Janina Clement, Nils Kleine M. A., Nina Schnutz M. A., Dr. Tania Rusca und Valentin Wutke beteiligt. Nicht zu vergessen ist auch Herr Axel Kantelberg von der National-Bank in Essen, der bei der Beschaffung aussagekräftiger Bilder eine große Hilfe war. Beim C.H.-Beck-Verlag war Dr. Sebastian Ullrich unser professioneller Ansprechpartner, mit dem zusammenzuarbeiten eine Freude war. Daran, dass ihm mit Frau Dr. Angelika Königseder eine Historikerin als Lektorin zur Seite stand, die viele wertvolle Hinweise gab, merkt man erneut, dass der C.H.-Beck-Verlag – Gott sei Dank – noch zu den Verlagen gehört, die auf ein eigenes und professionelles Lektorat Wert legen. Beim Verlag in München hat erneut Frau Carola Samlowsky M. A. einen großen Verdienst daran, dass aus Manuskript und Bildmaterial schließlich das vorliegende Buch wurde.

Patrick Bormann M. A.   *Prof. Dr. Joachim Scholtyseck*

Anhang

Anmerkungen

Einleitung – Die Geschichte des Bank- und Börsenplatzes Essen

1 Einige grundlegende Systematisierungshinweise bei Harrschar-Ehrnborg, Finanz-platzstrukturen in Europa, bes. S. 21–38.

2 Wagner-Braun, Münchens Finanzgewerbe, S. 42.

3 Vgl. Jones, International financial centres, S. 405.

4 Merki, Einleitung, S. 9.

5 Vgl. Ferguson, The Evolution of Financial Services; ders., The Ascent of Money.

6 Vgl. Kindleberger, The Formation of Financial Centers, S. 6–9.

7 Vgl. Roberts, Introduction, bes. S. XIII.

8 Vgl. Merki, Einleitung, S. 11.

9 Vgl. Wagner-Braun, Münchens Finanzgewerbe, S. 42.

10 Vgl. Davis, Concepts and Typologies, S. 1–27.

11 Vgl. Häuser u. a., Frankfurts Wettbewerbslage, S. 6–9; Holtfrerich, Finanzplatz Frankfurt, S. 20–22.

12 Vgl. Duncan u. a., Metropolis and Region, S. 106.

13 Vgl. von Bethmann (Hrsg.), Bankiers sind auch Menschen.

14 Weber, Bankplatz Berlin, S. 4.

15 Vgl. Kindleberger, The Formation of Financial Centers, S. 9.

16 Vgl. hierzu Reed, The Preeminence of international Financial centers, S. 2.

17 Vgl. Kindleberger, The Formation of Financial Centers, S. 1.

18 Linhardt, Rezension zu Erwin Hellauer, Internationale Finanzplätze, S. 510 f.

19 Breuer, Der Finanzplatz Deutschland, S. 145.

20 Schmidt/Grote, Was ist und braucht ein bedeutender Finanzplatz?, S. 2.

21 Vgl. Reed, The Preeminence of international Financial centers, S. 1.

22 Kratz, Kreditinstitute im Ruhrgebiet, S. 9.

23 Möller, Regionalbanken im Dritten Reich, S. 14.

24 Eickholt, Management operationeller Risiken bei Regionalbanken, S. 57. Der Ver-fasser geht pragmatisch von Regionalbanken als Instituten aus, deren Bilanzsum-men zwischen 500 Millionen Euro und 6,5 Milliarden Euro liegen. Ebenda, S. 58.

25 Merki, Einleitung, S. 11.

26 Thomas Nipperdey, Deutsche Geschichte 1866–1918, Bd. 2: Machtstaat vor der Demokratie, München 1992³, S. 363.

27 Vgl. Schmidt/Grote, Was ist und braucht ein bedeutender Finanzplatz?

28 Däbritz, Denkschrift.

29 Ahrens, Kreditwirtschaft im «Wirtschaftswunder», S. 137.

Die Anfänge der Essener Finanzwirtschaft

1 Vgl. Dupke, Kohle, Krupp und Kommunalentwicklung, S. 277.

2 Zitiert nach 100 Jahre Essener Sparkassenarbeit, S. 27.

3 Vgl. Dupke, Kohle, Krupp und Kommunalentwicklung, S. 267–276; zur Wirtschaftsentwicklung in der napoleonischen Zeit Vollmer, Handel, Industrie und Gewerbe.

4 Vgl. Soénius, Wirtschaftsbürgertum, S. 49 f.; [Mews], Wilh. & Conr. Waldthausen, S. 3. Für Werden und Kettwig Fest, Die Entwicklung der Tuch-Manufaktur.

5 Vgl. Tenfelde, 1850–1873, S. 66; Dupke, Kohle, Krupp und Kommunalentwicklung, S. 277.

6 Vgl. Schröder, Die Essener Handelskammer, S. 10.

7 Zitiert nach Meisenburg, Die Begründung der Essener Handelskammer, S. 231. Zur Gründung der Handelskammer zudem Eyll, Die Geschichte einer Handelskammer, S. 53–57.

8 Vgl. Schröder, Die Essener Handelskammer, S. 13.

9 Vgl. Tenfelde, 1850–1873, S. 68.

10 Zitiert nach Fischer, Herz des Reviers, S. 13.

11 Vgl. Tenfelde, 1850–1873, S. 80.

12 Vgl. Przigoda, Friedrich Hammacher.

13 Vgl. Pierenkemper, Die westfälischen Schwerindustriellen, S. 104.

14 Jahresbericht der Handelskammer für Essen, Werden und Kettwig pro 1853, Essen 1854, S. 15, WWA Dortmund, S 6–891.

15 Vgl. Fischer, Herz des Reviers, S. 175.

16 Jahresbericht der Handelskammer für Essen, Werden und Kettwig pro 1863, Essen 1864, S. 49, WWA Dortmund, S 6–891.

17 Vgl. Fischer, Herz des Reviers, S. 168 f.

18 Vgl. zur Eisenbahnfinanzierung Breitfeld, Von der Privat- zur Staatsbahn; Fremdling, Eisenbahnen und deutsches Wirtschaftswachstum; Tilly, German Banking, S. 118 f.

19 Vgl. Jachmich, Die Anfänge des Privatbankwesens, S. 51 f.

20 Vgl. Kluitmann, Der gewerbliche Geld- und Kapitalverkehr, S. 26.

21 Vgl. Schröder, Essener Handelskammer, S. 9.

22 Gläubigerübersicht 1838, StA Essen, Rep. 102 III, Nr. 8.

23 100 Jahre Simon Hirschland, S. 9.

24 Vgl. Däbritz, Denkschrift, S. 39; Waldthausen, Die Banken, S. 108.

25 Vgl. Däbritz, Alte Essener Handelshäuser, S. 21 f.

26 Krawehl, Die Essener Wollhandlung, S. 101 f.; [Mews], Wilhelm & Conrad Waldthausen, S. 4; Waldthausen, Beiträge zur Geschichte, S. 135.

27 Vgl. Krawehl, Die Essener Wollhandlung, S. 102 f.; [Mews], Wilhelm & Conrad Waldthausen, S. 7.

28 Vgl. Fischer, Herz des Reviers, S. 16.

29 Gläubigerübersicht 1838, StA Essen, Rep. 102 III, Nr. 8.

30 Vgl. [Mews], Wilhelm & Conrad Waldthausen, S. 14.

31 Vgl. ebenda, S. 15–18.

32 Vgl. Krawehl, Die Essener Wollhandlung, S. 103 f.

33 Vgl. Kluitmann, Der gewerbliche Geld- und Kapitalverkehr, S. 27 f.

34 Vgl. zur frühen Unternehmensgeschichte Bähr u. a., Die MAN, S. 15–95.

35 Vgl. Krawehl, Die Essener Wollhandlung, S. 127 f. Zu Heinrich Huyssen mit hagiografischen Zügen Mews, Heinrich Arnold Huyssen.

36 Vgl. Fischer, Herz des Reviers, S. 172.

37 Zitiert nach Krawehl, Die Essener Wollhandlung, S. 133.

38 Z. B. Wilhelm & Conrad Waldthausen an Jacobi, Haniel & Huyssen vom 30. August 1929, RWWA Köln, Bestand Waldthausen, Nr. 118/2/3.

39 Vgl. [Mews], Wilhelm & Conrad Waldthausen, S. 26.

40 Vgl. Kluitmann, Der gewerbliche Geld- und Kapitalverkehr, S. 55.

41 Vgl. Brandi, Essener Arbeitsjahre, S. 17.

42 Vgl. Essener Köpfe, S. 356; Däbritz, Denkschrift, S. 40.

43 Vgl. [Mews], Wilhelm & Conrad Waldthausen, S. 29 f.

44 Vgl. James, Krupp, S. 73 f.; auch [Mews], Wilhelm & Conrad Waldthausen, S. 27; Mews, Ernst Waldthausen, S. 47.

45 Vgl. [Mews], Wilhelm & Conrad Waldthausen, S. 27.

46 Eyll, Ernst Waldthausen, S. 21.

47 Vgl. [Mews], Wilhelm & Conrad Waldthausen, S. 31.

48 Vgl. Dascher, Die Arenberg-Zechen, S. 840.

49 Vgl. [Mews], Wilhelm & Conrad Waldthausen, S. 28.

50 Vgl. zur Bedeutung jüdischer Bankiers bei der Finanzierung der Industrie im Ruhrgebiet Ulrich, Jüdische Privatbankiers. Zu Sal. Oppenheim jr. & Cie. Stürmer/Teichmann/Treue, Wägen und Wiegen.

51 Vgl. Ulrich, Jüdische Privatbankiers, S. 422.

52 Vgl. 100 Jahre Simon Hirschland, S. 4.

53 Vgl. Schröter, Die Familie Hirschland in Essen, S. 97 f.

54 Vgl. 100 Jahre Simon Hirschland, S. 11. Eine Eintragung in das Handelsregister erfolgte erst 1862, Königliches Kreisgericht Essen an Simon Hirschland vom 20. März 1862, Alte Synagoge Essen, AR.7086.

55 Zitiert nach 100 Jahre Simon Hirschland, S. 6.

56 N. N., Wilhelm Girardet und Simon Hirschland. Zeitungsverleger und Verlagsgründer – Ein Privatbankier in Essen, in: Westdeutsche Allgemeine vom 14. Januar 1959.

57 Vgl. 100 Jahre Simon Hirschland, S. 10; Wisskirchen, Burkhardt & Co., S. 230. Kopien einzelner Wechsel in Alte Synagoge Essen, AR.7087.

58 Vgl. Wisskirchen, Burkhardt & Co., S. 230.

59 Vgl. 100 Jahre Simon Hirschland, S. 17.

60 Vgl. Wisskirchen, Burkhardt & Co., S. 230.

61 Vgl. ebenda, S. 232.

62 Vgl. 100 Jahre Simon Hirschland, S. 17.

63 Vgl. ebenda, S. 21.

64 Vgl. ebenda, S. 32.

65 Vgl. ebenda, S. 9.

66 Simon Hirschland an die Kölner Privatbank vom 8. März 1857, zitiert nach ebenda, S. 18.

67 Simon Hirschland an die Gebr. Molenaar vom 11. September 1862, zitiert nach ebenda.

68 Simon Hirschland Bankhaus Essen, in: Historisch-biographische Blätter. Industrie, Handel und Gewerbe, 1912, Alte Synagoge Essen, AR.10578.

69 Vgl. Däbritz, Denkschrift, S. 51 f.

70 Vgl. Vier Essener Privatbanken, S. 5; Kratz, Das Ruhrgebiet, S. 52.

71 Moritz Beer an Oberbürgermeister Hache vom 30. Juli 1881, StA Essen, Rep. 102 III, Nr. 198.

72 Vgl. Vier Essener Privatbanken, S. 5. Manfred Pohl gab an, das Bankhaus sei 1903 von Rebling & Rehn übernommen worden [Pohl, Der Eintritt der Deutschen Bank, S. 24], was jedoch nicht stimmen kann, da diese Privatbank ihrerseits 1898 im Essener Bankverein aufgegangen war.

73 Jahresbericht der Essener Börse für 1903, StA Essen, Rep. 102, III, Nr. 302.

74 Vgl. [Brandi], Essener Arbeitsjahre, S. 17.

75 Chronik der Stadt Essen über das Jahr 1904, S. 11; auch Nachruf zum Tod von Moritz Beer vom 28. Juli 1903, Alte Synagoge Essen, AR.1266.

76 Ebenda.

77 Protokoll der zweiten Gläubiger-Versammlung im Konkursfall Gustav Adolf Waldthausen vom 23. Dezember 1873, HADB, K 1/581.

78 Vgl. Däbritz, Denkschrift, S. 164.

79 Siehe hierzu die Angaben in Berliner Börsen-Zeitung, Deutsches Bankier-Buch (1909), S. 332.

80 Protokoll der Aufsichtsratssitzung der Essener Credit-Anstalt vom 17. Oktober 1900, HADB, K 3/44.

81 Vgl. Clemens/Reupke, Kreditvergabe im 19. Jahrhundert, S. 212.

82 Vgl. Kluitmann, Der gewerbliche Geld- und Kapitalverkehr, S. 35.

83 Vgl. Bracht, Geldlose Zeiten, S. 150–155.

84 Vgl. zur frühen Sparkassengeschichte Wehber, Das preußische Sparkassenreglement, S. 90–96; Trende, Geschichte der deutschen Sparkassen, S. 3–77.

85 Vgl. Wehber, Das preußische Sparkassenreglement, S. 93; Egenolf, Die Anfänge des Sparkassenwesens, S. 58; Wysocki, Untersuchungen zur Wirtschafts- und Sozialgeschichte, S. 61; Ashauer, Die ökonomische und soziale Bedeutung, S. 57 u. S. 69.

86 Zitiert nach Wehber, Das preußische Sparkassenreglement, S. 97.

87 Vgl. Wehber, Das preußische Sparkassenreglement; Trende, Geschichte der deutschen Sparkassen, S. 103–111.

88 Vgl. zur Gründungsgeschichte der Sparkasse Werden Wysocki, Essener Sparkassengeschichte, S. 20–25; 100 Jahre Essener Sparkassenarbeit, S. 88–94.

89 Vgl. Wysocki, Essener Sparkassengeschichte, S. 25–27; 100 Jahre Essener Sparkassenarbeit, S. 35. Zum Rendanten Lotterer, Sparkassenrendanten im nördlichen Ruhrgebiet.

90 Vgl. 100 Jahre Essener Sparkassenarbeit, S. 42.

91 Ebenda, S. 39.

92 Vgl. Wysocki, Essener Sparkassengeschichte, S. 27.

93 Vgl. ebenda; Kappe-Hardenberg, Ein Jahrhundert, S. 83–85.

94 Vgl. Wysocki, Essener Sparkassengeschichte, S. 35–41; Kappe-Hardenberg, Ein Jahrhundert, S. 85–87.

95 Vgl. Egenolf, Die Anfänge des Sparkassenwesens, S. 60.

96 Vgl. N. N., Die Anfänge der städtischen Sparkasse in Essen, in: Essener Stadtanzeiger vom 30. Januar 1921, StA Essen, Rep. 102 I, Nr. 552, fol. 256.

97 Zitiert nach 100 Jahre Essener Sparkassenarbeit, S. 36. Das Fehlen der besonders hervorgehobenen Zielgruppe der untersten Einkommensschichten war allgemein zu beobachten, vgl. Wysocki, Untersuchungen zur Wirtschafts- und Sozialgeschichte, S. 76–80; Ashauer, Die ökonomische und soziale Bedeutung der preußischen Sparkassen, S. 70 f.

98 Vgl. Wysocki, Untersuchungen zur Wirtschafts- und Sozialgeschichte, S. 45–63.

99 Vgl. Feldhege, Die Sparkasse in Essen, S. 24.

100 Vgl. Wehber, Das preußische Sparkassenreglement, S. 95 f.; Egenolf, Die Anfänge des Sparkassenwesens, S. 73.

101 Vgl. 100 Jahre Essener Sparkassenarbeit, S. 63; Wysocki, Essener Sparkassengeschichte, S. 34 f.

102 Vgl. 100 Jahre Essener Sparkassenarbeit, S. 43.

103 Vgl. Wysocki, Essener Sparkassengeschichte, S. 41–44.

104 Vgl. 100 Jahre Essener Sparkassenarbeit, S. 65; Feldhege, Die Sparkasse in Essen, S. 25; mit Blick auf Gesamtpreußen Ashauer, Die ökonomische und soziale Bedeutung der preußischen Sparkassen, S. 76.

Die Essener Finanzwirtschaft im Deutschen Kaiserreich 1871–1914

1 Vgl. Wehling, 1896 – Essen wird Großstadt, S. 92; Wisotzky, Wie Essen grösser wurde, S. 182 f.

2 Vgl. Wehling, 1896 – Essen wird Großstadt, S. 98; zur Eingemeindungspolitik im Kaiserreich Wisotzky, Wie Essen grösser wurde.

3 Vgl. Schröter, Essener Kommerzienräte, S. 66.

4 Wehling, 1896 – Essen wird Großstadt, S. 98.

5 Vgl. Luther, Zusammenbruch, S. 11–14.

6 Wehling, 1896 – Essen wird Großstadt, S. 100.

7 Ebenda, S. 102.

8 Vgl. Wehler, Deutsche Gesellschaftsgeschichte III, S. 97–99; Burhop, Die Kreditbanken, S. 24.

9 Vgl. Wehler, Deutsche Gesellschaftsgeschichte III, S. 100–105; Burhop/Wolff, A Compromise Estimate, stellten die These auf, dass etablierte Deutungsmuster von einem Gründerzeitboom und einer Gründerzeitdepression – mit Ausnahme des Finanzmarktes – nicht bestätigt werden könnten. Diese These wurde aber in der Literatur weitgehend zurückgewiesen, vgl. Grabas, Die Gründerkrise, S. 74–78.

10 Zitiert nach James, Krupp, S. 76.

11 Vgl. ebenda, S. 73-77, Briefzitat nach S. 76; Gall, Krupp, S. 164–185.

12 Vgl. Grabas, Die Gründerkrise von 1873/79, S. 87.

13 Vgl. Herzfeld, Rechtsanwalt, S. 142–145.

14 Vgl. McCreary, Essen 1860–1914, S. 10–12; zur Entwicklung im Reich Born, Geld und Banken, S. 321–335.

15 Vgl. S. 47.

16 Weber, Die rheinisch-westfälischen Provinzialbanken, S. 357; Däbritz, Denkschrift, S. 164.

17 [Brandi], Essener Arbeitsjahre, S. 69 f.

18 Vgl. 100 Jahre Simon Hirschland, S. 36.

19 Protokoll der Aufsichtsratssitzung der Essener Credit-Anstalt vom 28. November 1890, HADB, K 3/44.

20 Vgl. Brandi, Essener Arbeitsjahre, S. 10.

21 Denkmalliste der Stadt Essen, https://geo.essen.de/webdaten/sta61/Denkmaeler/Foto_Htm_und_pdf/AK1_Lfd_Nr_7.pdf.

22 Vgl. [Brandi], Essener Arbeitsjahre, S. 71.

23 Vgl. ebenda, S. 48; Chronik der Stadt Essen über das Jahr 1910, S. 61.

24 Vgl. bspw. die Tabelle 28 über die Aufnahme und Tilgung kurzfristiger Bankkredite durch Krupp in Lindenlau, Die Finanzierung des Aufstiegs von Krupp, S. 89; zudem ebenda, S. 90, Anm. 136.

25 Vgl. Feldenkirchen, Kölner Banken; Born, Geld und Banken, S. 100 f.

26 Vgl. Däbritz, Denkschrift, S. 186.

27 Vgl. ebenda, S. 184.

28 Vgl. Poppelreuter/Witzel, Barmer Bank-Verein, S. 123 und S. 129.

29 Vgl. Marx, Deutsche Provinzbörsen, S. 37–39.

30 Zur Gesellschaftsform der Gewerkschaft Giebel, Finanzierung der Kaliindustrie, S. 32–48; Schichtel, Die Essen-Düsseldorfer Börse, S. 6–10.

31 Vgl. Wisskirchen, Burkhardt & Co., S. 231.

32 Vgl. Fischer, Herz des Reviers, S. 178; Joetten, Zur Geschichte der Essener Börse, S. 17.

33 Jahresbericht der Handelskammer Essen, 1865, WWA-Dortmund, S 6–891, S. 71; vgl. Eyll, Ernst Waldthausen, S. 29 f.

34 Vgl. Mews, Ernst Waldthausen, S. 51.

35 Müllmann, Statistik des Regierungs-Bezirkes Düsseldorf, S. 641.

36 Jahresbericht der Handelskammer Essen, 1865, WWA-Dortmund, S 6–891, S. 71; zur Gründung auch Bruckmann, Die Börsen zu Essen und Düsseldorf, S. 22 f.

37 Jahresbericht der Handelskammer Essen, 1865, WWA-Dortmund, S 6–891, S. 71; Bruckmann und Joetten geben lediglich 116 Teilnehmer an, allerdings ist deren Quelle nicht nachvollziehbar, vgl. Bruckmann, Die Börsen zu Essen und Düsseldorf, S. 22; Joetten, Zur Geschichte der Essener Börse, S. 19.

38 Vgl. Marx, Deutsche Provinzbörsen, S. 39.

39 Vgl. Däbritz, Denkschrift, S. 75.

40 Vgl. Marx, Deutsche Provinzbörsen, S. 52 f.; Bruckmann, Die Börsen zu Essen und Düsseldorf, S. 30 f.; Gömmel, Entstehung und Entwicklung; Schichtel, Die Essen-Düsseldorfer Börse, S. 11.

41 Vgl. Bruckmann, Die Börsen zu Essen und Düsseldorf, S. 24.

42 Vgl. ebenda, S. 25. Vgl. zur Gründung der Düsseldorfer Börse Rosch, Die Entstehung und Entwicklung des Bankenplatzes Düsseldorf, S. 144–146.

43 Vgl. Marx, Deutsche Provinzbörsen, S. 55; Lutze, Geld-, Bank- und Börsenwesen, S. 576.

44 Vgl. Struck, Die Entfaltung, S. 37.
45 Vgl. Bruckmann, Die Börsen zu Essen und Düsseldorf, S. 36 und S. 106. Über den Verein ist heute leider nichts mehr in Erfahrung zu bringen.
46 Vgl. Marx, Deutsche Provinzbörsen, S. 44 f.
47 Vgl. ebenda, S. 57.
48 Vgl. Bruckmann, Die Börsen zu Essen und Düsseldorf, S. 97.
49 Vgl. ebenda, S. 29.
50 Vgl. Marx, Deutsche Provinzbörsen, S. 55.
51 Vgl. Däbritz, Denkschrift, S. 152; Joetten, Zur Geschichte der Essener Börse, S. 48. Ausführlich zu Grillo unten S. 71–73.
52 Vgl. Däbritz, Denkschrift, S. 153.
53 Vgl. Joetten, Zur Geschichte der Essener Börse, S. 48 f.; Benner, Entwicklung, S. 96.
54 Vgl. Bormann, August Rosterg, S. 163 f.
55 Vgl. Blaich, Ökonomische und politische Hintergründe, S. 191 f.; Giebel, Finanzierung der Kaliindustrie, S. 20.
56 Vgl. Blaich, Ökonomische und politische Hintergründe, S. 193 f.; Geschäftsbericht der Essener Credit-Anstalt für das Jahr 1909, Stadtbibliothek Bochum.
57 Geschäftsbericht des Essener Bankvereins für das Jahr 1908, S. 5, HADB, S 3938; Geschäftsbericht des Essener Bankvereins für das Jahr 1909, S. 5, HADB, S 3938.
58 Geschäftsbericht des Essener Bankvereins für das Jahr 1910, S. 5 f., HADB, S 3938.
59 Geschäftsbericht der Essener Credit-Anstalt für das Jahr 1910, Stadtbibliothek Bochum.
60 Vgl. Gehlen, «Manipulierende Händler».
61 Vgl. Giebel, Finanzierung der Kaliindustrie, S. 24.
62 Geschäftsbericht des Essener Bankvereins für das Jahr 1908, S. 5, HADB, S 3938.
63 Vgl. Giebel, Finanzierung der Kaliindustrie, S. 23 f.; Mette, Kali-Industrie, S. 59.
64 Vgl. Karlsch/Stokes, Faktor Öl, S. 64; Giebel, Finanzierung der Kaliindustrie, S. 27 f.
65 Direktion der Disconto-Gesellschaft an Georg Solmssen vom 29. Dezember 1916, in: [Solmssen], Georg Solmssen, S. 100.
66 Einen Überblick über die Geschichte der Bergwerksgesellschaft Westphalen bietet http://www.archive.nrw.de/LAV_NRW/jsp/bestand.jsp?archivNr=421&tektId= 68&expandId=18 (Bestand 157; zuletzt besucht am 15. September 2017).
67 Vgl. für diesen Prozess Ulrich, Aufstieg und Fall, S. 16–19.
68 Vgl. Tilly, German Banking, S. 113 f.
69 Jahresbericht der Handelskammer für Essen, Werden und Kettwig pro 1860, Essen 1861, S. 1, WWA-Dortmund, S 6–891.
70 Vgl. Däbritz, Denkschrift, S. 54.
71 Vgl. Poprawa, Friedrich Grillo, S. 26; Wilden, Gründer und Gestalter der Rhein-Ruhr-Industrie, S. 179.
72 Vgl. Poprawa, Friedrich Grillo, S. 26.
73 Vgl. Jüchen, Friedrich Grillo, S. 208.
74 Vgl. Däbritz, Friedrich Grillo als Wirtschaftsführer; Wilden, Gründer und Gestalter der Rhein-Ruhr-Industrie, S. 179.
75 Vgl. Däbritz, Friedrich Grillo als Wirtschaftsführer, S. 17.
76 Vgl. Poprawa, Friedrich Grillo, S. 27.

77 Däbritz, Denkschrift, S. 53.

78 Zitiert nach ebenda, S. 69.

79 Zitiert nach ebenda, S. 74.

80 Vgl. ebenda, S. 53; Burhop, Kreditbanken, S. 102.

81 Vgl. ebenda.

82 Vgl. Däbritz, Denkschrift, S. 54. Das Haus wurde später von dem Bankhaus Simon Hirschland genutzt.

83 Da in den letzten beiden Jahren die Kreditoren direkt von den Debitoren abgezogen wurden, lässt sich die Bilanzsumme nur unzureichend vergleichen.

84 Vgl. Däbritz, Denkschrift, S. 55 f.

85 Ebenda, S. 57.

86 Vgl. ebenda. Eltzbacher kooperierte bei verschiedenen Unternehmensgründungen mit Grillo.

87 Vgl. Burhop, Die Kreditbanken, S. 102.

88 Vgl. Däbritz, Denkschrift, S. 58 f.

89 Vgl. ebenda, S. 63.

90 Vgl. ebenda, S. 61; Fischer, Herz des Reviers, S. 179.

91 Vgl. Däbritz, Denkschrift, S. 60.

92 Vgl. ebenda, S. 65.

93 Protokoll der Aufsichtsratssitzung der Essener Kreditanstalt vom 28. November 1872, HADB, K 3/44; vgl. Däbritz, Denkschrift, S. 69 f.

94 Vgl. Däbritz, Denkschrift, S. 70; Struck, Die Entfaltung, S. 45, der allerdings fälschlicherweise von einem völligen Fehlen der Kreditoren ausgeht.

95 Vgl. Fischer, Herz des Reviers, S. 180.

96 Protokoll der Aufsichtsratssitzung der Essener Kreditanstalt vom 28. November 1872, HADB, K 3/44.

97 Vgl. Däbritz, Denkschrift, S. 71 f. und S. 83.

98 Fischer, Herz des Reviers, S. 180.

99 Protokoll der Aufsichtsratssitzung der Essener Kreditanstalt vom 13. Dezember 1873, HADB, K 3/44.

100 Vgl. Däbritz, Denkschrift, S. 76.

101 Vgl. ebenda, S. 82 f. und S. 86.

102 Ebenda, S. 85. Vgl. Fischer, Herz des Reviers, S. 181.

103 Vgl. Pohl, Konzentration, S. 120.

104 Vgl. zum Gründungsprozess [Cramm], Bergbau ist nicht eines Mannes Sache, S. 26–28. Allerdings geht Cramm nicht auf die geldgebende Rolle der Essener Credit-Anstalt ein.

105 Vgl. Engl, Erträge aus Investmentvermögen, S. 33, Anm. 38; Henning, Deutsche Wirtschafts- und Sozialgeschichte, S. 1031; ders., Die Stadterweiterung, S. 321 f. Henning sieht in der Rheinisch-Westfälischen Industrie AG eher eine klassische Bank.

106 Aufsichtsratsprotokoll der Essener Credit-Anstalt vom 13. August 1880, HADB, K 3/44.

107 Die Protokolle finden sich alle in dem Protokollbuch HADB, K 3/44.

108 Aufsichtsratsprotokoll der Essener Credit-Anstalt vom 3. August 1877, HADB, K 3/44.

109 Essener Köpfe, S. 111.

110 Konkret handelte es sich um die 1872 gegründete Zeche Graf Schwerin. Aufsichts-ratsprotokoll der Essener Credit-Anstalt vom 4. Januar 1878, HADB, K 3/44.

111 Aufsichtsratsprotokolle der Essener Credit-Anstalt, HADB, K 3/44; vgl. Burhop, Banken, Aufsichtsräte und Corporate Governance, S. 2 f; ders., Kreditbanken, S. 37; Reich, Auswirkungen der deutschen Aktienrechtsreform, S. 265–268.

112 Protokoll der Aufsichtsratssitzung der Essener Kreditanstalt vom 8. April 1874, HADB, K 3/44. Offiziell begründeten beide den Rücktritt mit gesundheitlichen Gründen. Selbst der Grillo-freundliche Däbritz sah in den wirtschaftlichen Vor-würfen gegen die beiden die ausschlaggebenden Gründe für den Rücktritt. Vgl. Däbritz, Denkschrift, S. 79.

113 1888 trat an die Stelle von Wilhelm mit Julius Grillo ein weiterer Bruder.

114 Vgl. Gall, Die Deutsche Bank, S. 22 f.

115 Protokoll der Aufsichtsratssitzung der Essener Kreditanstalt vom 12. April 1876, HADB, K 3/44.

116 Vgl. [Brandi], Essener Arbeitsjahre, S. 16.

117 Vgl. Däbritz, Denkschrift, S. 85.

118 Vgl. ebenda, S. 88 f.

119 Aufsichtsratsprotokoll der Essener Credit-Anstalt vom 3. August 1877, HADB, K 3/44.

120 Aufsichtsratsprotokoll der Essener Credit-Anstalt vom 28. November 1877, HADB, K 3/44.

121 Vgl. Däbritz, Denkschrift, S. 102 f.

122 Aufsichtsratsprotokoll der Essener Credit-Anstalt vom 22. Mai 1874 und vom 25. November 1874, HADB, K 3/44. Vgl. Däbritz, Denkschrift, S. 116.

123 Aus dem nicht mehr erhaltenen Geschäftsbericht für das Jahr 1873 zitierend Däbritz, Denkschrift, S. 77.

124 Vgl. Struck, Die Entfaltung, S. 52.

125 Vgl. Müller-Jabusch, Oscar Schlitter, S. 19; Däbritz, Denkschrift, S. 110.

126 Vgl. ebenda, S. 96 f.

127 Vgl. [Brandi], Essener Arbeitsjahre, S. 18.

128 Vgl. Müller-Jabusch, Oscar Schlitter, S. 16 f.

129 Vgl. Wixforth, Industriekredit, S. 22–24.

130 Vgl. Müller-Jabusch, Oscar Schlitter, S. 42.

131 Vgl. ebenda, S. 19; Däbritz, Denkschrift, S. 111.

132 Vgl. Gall, Die Deutsche Bank, S. 44 f.; Lenz, Klönne, S. 109; Däbritz, Denkschrift, S. 172; Müller-Jabusch, Oscar Schlitter, S. 22–24. Zur Tätigkeit Klönnes beim A. Schaaffhausen'schen Bankverein Hilgermann, Das Werden und Vergehen, S. 25–30.

133 Däbritz, Denkschrift, S. 156.

134 Zahlen entnommen der Anlage 6 mit einer Übersicht der Bilanzzahlen der Esse-ner Credit-Anstalt in Däbritz, Denkschrift.

135 Siehe dazu HADB, S 3948.

136 Vgl. Däbritz, Denkschrift, S. 168.

137 Vgl. ebenda, S. 170.

138 Vgl. ebenda, S. 152 f.

139 Protokoll der Aufsichtsratssitzung der Essener Credit-Anstalt vom 6. Juli 1890, HADB, K 3/44.

140 Vgl. Däbritz, Denkschrift, S. 157 f., Zitat S. 157.

141 Protokolle der Aufsichtsratssitzungen der Essener Credit-Anstalt vom 17. September, 8. Oktober und 29. November 1887, HADB, K 3/44.

142 Protokoll der Aufsichtsratssitzung der Essener Credit-Anstalt vom 11. Juni 1890, HADB, K 3/44.

143 Protokoll der Aufsichtsratssitzung der Essener Credit-Anstalt vom 23. April 1896, HADB, K 3/44.

144 Vgl. Däbritz, Denkschrift, S. 141 f.

145 Geschäftsbericht der Essener Credit-Anstalt für das Jahr 1901, Stadtbibliothek Bochum.

146 Vgl. Däbritz, Denkschrift, S. 165; Protokoll der Aufsichtsratssitzung der Essener Credit-Anstalt vom 17. Oktober 1900, HADB, K 3/44.

147 Vgl. Däbritz, Denkschrift, S. 189 f.

148 Vgl. ebenda, S. 191 f.

149 Vgl. ebenda, S. 203–205.

150 Müller an Klönne vom 29. November 1903, HADB, S 3939; Klönne an Müller vom 30. November 1903, HADB, S 3939; Müller an Klönne vom 1. Dezember 1903, HADB, S 3939.

151 Vgl. Däbritz, Denkschrift, S. 198 f.

152 Vgl. Däbritz, Die Großbanken, S. 295.

153 Vgl. Däbritz, Denkschrift, S. 219 f.

154 Vgl. ebenda, S. 231.

155 Vgl. ebenda, S. 220.

156 Vgl. ebenda, S. 200 f.; ferner Wellhöner, Großbanken, S. 136.

157 Vgl. Däbritz, Denkschrift, S. 201.

158 Biographische Aufzeichnungen von Wilhelm von Waldthausen, 1934, S. 2, StA Essen, 850/355.

159 Vgl. Müller-Jabusch, Oscar Schlitter, S. 11.

160 Vgl. ebenda, S. 21.

161 Vgl. ebenda, S. 25 f.

162 Reichshandbuch der deutschen Gesellschaft, Bd. 1, S. 357; O. V., Er hatte viele Freunde. Essener Bankier Carl Gossenberg starb mit 86 Jahren, in: Essener Woche 14 (1964), Heft 44, S. 32.

163 Essener Köpfe, S. 111.

164 Schröter, Essener Kommerzienräte, S. 64 f.

165 Vgl. Kratz, Das Ruhrgebiet, S. 38; Waldthausen, Die Banken, S. 110 f.

166 Vgl. Däbritz, Denkschrift, S. 207.

167 Notiz des Berliner Börsen-Couriers vom 20. März 1909, HADB, S 3938.

168 Geschäftsbericht des Essener Bankvereins für das Jahr 1908, S. 6, HADB, S 3938.

169 Ebenda.

170 Geschäftsbericht des Essener Bankvereins für das Jahr 1911, S. 6, HADB, S 3938; Übersicht Consortialbeteiligungen, ohne Datum [wohl 1912], HADB, S 3938.

171 Schlitter an Klönne vom 26. April 1905, HADB, S 3939.

172 Vgl. Däbritz, Denkschrift, S. 206.

173 Notiz des Berliner Börsen-Couriers vom 20. März 1909, HADB, S 3938.

174 Vgl. Mankiewitz an Klönne vom 9. Mai 1905, HADB, S 3939.

175 Schlitter an Klönne vom 26. April 1905, HADB, S 3939.

176 Schreiben an Carl Funke vom 30. Mai 1906, HADB, S 3939; vgl. Däbritz, Denkschrift, S. 185.

177 Die Deutsche Bank an den Essener Bankverein vom 4. Mai 1907, HADB, S 3938.

178 Geschäftsbericht des Essener Bankvereins für das Jahr 1908, S. 6, HADB, S 3938.

179 Bilanz des Essener Bankvereins für das Jahr 1908, HADB, S 3938.

180 Notiz des Berliner Börsen-Couriers vom 26. Februar 1909, HADB, S 3938.

181 Geschäftsbericht des Essener Bankvereins für das Jahr 1911, S. 6, HADB, S 3938.

182 Ebenda; Notiz der Frankfurter Zeitung vom 27. Februar 1912, HADB, S 3938.

183 Zeitungsbericht vom 25. September 1912, HADB, S 3938.

184 Rechtsgutachten, Deutsche Bank, aus dem Mai 1913 über die Rechtmäßigkeit der Angaben im Prospekt für die Kapitalerhöhung des Essener Bankvereins 1913, HADB, S 3944.

185 Ebenda.

186 Vgl. Essener Credit-Anstalt – Essener Bankverein, in: Frankfurter Zeitung vom 14. Dezember 1912, HADB, S 3938.

187 Vgl. Interessengemeinschaft Essener Credit-Anstalt – Essener Bankverein, in: Frankfurter Zeitung vom 14. Dezember 1912, HADB, S 3938.

188 Protokoll der Versammlung von Vertretern der Essener Credit-Anstalt und des Essener Bankvereins in Düsseldorf am 10. Dezember 1912, HADB, S 3943.

189 Essener Credit-Anstalt an Deutsche Bank vom 7. Dezember 1912, HADB, S 3943; Deutsche Bank an Essener Credit-Anstalt vom 16. Dezember 1912, HADB, S 3943.

190 Notiz, Deutsche Bank, vom 25. Februar 1913, HADB, S 3944. Vgl. zudem die Abrechnungen in HADB, S 3943.

191 Vgl. Die Fusion im Konzern der Deutschen Bank, in: Berliner Tageblatt vom 26. Februar 1913, HADB, S. 3938; Millionenverluste des Essener Bankvereins, in: BZ am Mittag vom 25. Februar 1913, HADB, S 3938; Essener Credit-Anstalt – Essener Bankverein, in: Frankfurter Zeitung vom 26. Februar 1913, HADB, S 3938.

192 Bürgschaftserklärung der Aktionäre des Essener Bankvereins vom 25. Februar 1913, HADB, S 3944.

193 Z. B. Sitzung der Bürgen des Essener Bankvereins am 17. September 1913 oder 12. Februar 1914, HADB, S 3945.

194 Mitteilung der Essener Credit-Anstalt vom Mai 1913, HADB, S 3944.

195 Einen knappen Überblick zur Entwicklung der Rheinischen Bank bis 1905 bietet Kaufhold, An den Unternehmen aller Gewerbezweige beteiligt; vgl. zur Krise und Sanierung Däbritz, Denkschrift, S. 186.

196 Fear, Organizing Control, S. 346.

197 Vgl. Wixforth, Eine Konzernbank entsteht, S. 301.

198 Vgl. Ulrich, Aufstieg und Fall, S. 21.

199 Vgl. ebenda, S. 26 f.; Wixforth/Ziegler, The Niche, S. 101.

200 Vgl. Ulrich, Aufstieg und Fall, S. 24.

201 Vgl. Vier Essener Privatbanken, S. 9–15.

202 Vgl. oben S. 87 f.

203 Däbritz, Denkschrift, S. 148.

204 Vgl. die Notiz in der Berliner Börsen-Zeitung vom 1. Februar 1913.

205 Notiz der Frankfurter Zeitung vom 23. April 1924.

206 Vgl. Bruckmann, Die Börsen zu Essen und Düsseldorf, S. 244 f. .

207 Vgl. ebenda, S. 247 f.

208 Brandi, Essener Arbeitsjahre, S. 94.

209 Vgl. [Mews], Wilhelm & Conrad Waldthausen, S. 20.

210 Vgl. ebenda, S. 31.

211 Vgl. [Cramm], Bergbau ist nicht eines Mannes Sache, S. 29.

212 Vgl. [Mews], Wilhelm & Conrad Waldthausen, S. 31 f. Zur unübersichtlichen Gründungsgeschichte der Gewerkschaft Victor [Cramm], Bergbau ist nicht eines Mannes Sache, S. 26–28.

213 Vgl. dazu unten S. 216–221.

214 Vgl. 100 Jahre Simon Hirschland, S. 17.

215 Ausbildungszeugnis Isaak Hirschland bei S. H. Prag vom 8. April 1864, Alte Synagoge Essen, AR.7091.

216 Vgl. 100 Jahre Simon Hirschland, S. 20.

217 Vgl. ebenda, S. 36.

218 Vgl. ebenda, S. 32.

219 Vgl. Ulrich, Von Simon Hirschland zu Burkhardt & Co., S. 340.

220 Nationaler Verein für den Reichstagswahlkreis Essen an die Stadtverordneten des Vereins vom 4. Januar 1911, StA Essen, 852/47.

221 Vgl. Saalmann, Die Einweihung, S. 459.

222 Vgl. Ulrich, Von Simon Hirschland zu Burkhardt & Co., S. 340.

223 Simon Hirschland Bankhaus Essen, in: Historisch-biographische Blätter. Industrie, Handel und Gewerbe, 1912, Alte Synagoge Essen, AR.10578.

224 Holle an Henriette Hirschland vom 5. Juni 1912, Alte Synagoge Essen, AR.9505.

225 Vgl. Wysocki, Essener Sparkassengeschichte, S. 29 f.

226 Vgl. Kappe-Hardenberg, Ein Jahrhundert, S. 87 f.

227 Vgl. Wysocki, Essener Sparkassengeschichte, S. 56 f.

228 Mews, Städtische Sparkasse Essen, S. 101 f.

229 Vgl. Wysocki, Essener Sparkassengeschichte, S. 59 f.

230 Vgl. Wisotzky, Wie Essen grösser wurde, S. 193 f., Zitat S. 194.

231 Vgl. ebenda, S. 200 f., Zitat S. 200.

232 Geschäfts-Anweisung für die Zweigstelle I der städtischen Sparkasse zu Essen, StA Essen, Rep. 102 I, Nr. 552, fol. 3–4. Siehe auch die Geschäfts-Anweisung für die Städtische Sparkasse zu Essen nebst Nebenstellen, Essen 1905, StA Essen, Rep. 102 I, Nr. 552, fol. 1.

233 Städtische Sparkasse an Oberbürgermeister von Essen vom 18. September 1902, StA Essen, Rep. 102 I, Nr. 552, fol. 13.

234 Vgl. Jesse, Die Kreissparkasse Essen.

235 Bericht des Essener Oberbürgermeisters vom 29. Oktober 1877, zitiert nach Wysocki, Essener Sparkassengeschichte, S. 56 f.

236 Alle Zahlen entnommen aus der Tabelle 3 im Anhang von ebenda, S. 142 f.

237 Ebenda.

238 Vgl. Ashauer, Die ökonomische und soziale Bedeutung der preußischen Sparkassen, S. 58.

239 Vgl. zur Bedeutung der Einführung des Scheckverkehrs für die Sparkassen Dirninger, Der bargeldlose Zahlungsverkehr.

240 Vgl. Wysocki, Essener Sparkassengeschichte, S. 80–83.

241 Ashauer, Von der Ersparungscasse, S. 136; vgl. Pohl, Die rheinischen Sparkassen, S. 77.

242 Zitiert nach Wysocki, Essener Sparkassengeschichte, S. 83.

243 Rundschreiben des Regierungspräsidenten an die Bürgermeister vom 4. Januar 1909, StA Essen, Rep. 102 I, Nr. 552, fol. 143.

244 N. N., Verbesserung der Spargelegenheit bei den Kommunalkassen, in: Rheinisch-Westfälischer Anzeiger vom 19. Januar 1909, StA Essen, Rep. 102 I, Nr. 552, fol. 147.

245 Auszug aus dem Beschlussbuch der Stadtverordneten-Versammlung Essen vom 29. November 1909, StA Essen, Rep. 102 I, Nr. 552, fol. 149.

246 Sparkassenvorstand an Holle vom 17. Dezember 1909, StA Essen, Rep. 102 I, Nr. 552, fol. 149; Sparkassenvorstand an Holle vom 9. Dezember 1909, StA Essen, Rep. 102 I, Nr. 552, fol. 153.

247 Sparkassenvorstand an Holle vom 27. Juni 1911, StA Essen, Rep. 102 I, Nr. 552, fol. 199; Sparkassenvorstand an Holle vom 27. Mai 1911, StA Essen, Rep. 102 I, Nr. 552, fol. 200.

248 Geschäftsanweisung für die Annahmestellen der städtischen Sparkassen vom 17. August 1911, StA Essen, Rep. 102 I, Nr. 552, fol. 202.

249 Rath an Holle vom 27. Mai 1911, StA Essen, Rep. 102 I, Nr. 552, fol. 272.

250 Vgl Aufzeichnung Holle vom 4. Mai 1911, Stadtarchiv Essen, Rep. 102 III, Nr. 309, fol. 196 f.; Geschäftsbericht der Städtischen Sparkasse in Essen (Ruhr) für das Rechnungsjahr 1911, S. 3, Stadtarchiv Essen, Rep. 102 III, Nr. 309, fol. 213.

251 Geschäftsbericht der Städtischen Sparkasse in Essen (Ruhr) für das Rechnungsjahr 1911, S. 3, Stadtarchiv Essen, Rep. 102 III, Nr. 309, fol. 213.

252 Sparkasse Essen an Holle vom 2. März 1909, StA Essen, Rep. 102 I, Nr. 552, fol. 136.

253 Stellungnahme Funkes zum Antrag der Sparkasse Essen vom 2. März 1909, 19. April 1909, StA Essen, Rep. 102 I, Nr. 552, fol. 137. Gustav Hilgenberg stimmte diesen Ausführungen in einer Randbemerkung zu. Auszug aus dem Beschlussbuch der Stadtverordneten-Versammlung vom 29. November 1909, StA Essen, Rep. 102 I, Nr. 552, fol. 139.

254 Vgl. Wysocki, Essener Sparkassengeschichte, S. 69 f.

255 Vgl. ebenda, S. 71–75; 100 Jahre Essener Sparkassenarbeit, S. 66.

256 Vgl. Wysocki, Essener Sparkassengeschichte, S. 75–77.

257 Vgl. Wisotzky, Wie Essen grösser wurde, S. 271.

258 Vgl. Wysocki, Essener Sparkassengeschichte, S. 78; Jubiläum der Städtischen Sparkasse in Essen, in: Essener Volks-Zeitung vom 30. Januar 1916.

259 Geschäftsbericht der städtischen Sparkasse Essen (Ruhr) für das Rechnungsjahr 1907, StA Essen, Rep. 102 III, Nr. 309, fol. 153; für das Rechnungsjahr 1909, StA Essen, Rep. 102 III, Nr. 309, fol. 181.

260 Vgl. soweit nicht anders angegeben Trende, Geschichte der deutschen Sparkassen, S. 333–345; Hoffmann, Deutsche Sparkasseneinheit, S. 28–36; Ashauer, Von der Ersparungscasse, S. 164–174; 100 Jahre Essener Sparkassenarbeit, S. 69 f.

261 So Trende, Geschichte der deutschen Sparkassen, S. 334. Nach der Festschrift 100 Jahre Essener Sparkassenarbeit, S. 69, waren es lediglich 56 Teilnehmer.

262 Protokoll der Außerordentlichen General-Versammlung des Verbandes der Sparkassen in Westdeutschland, in: Die Sparkasse Nr. 51 (1884), S. 1.

263 Z. B. Heyden, Die Verbreitung des Sparmarken-Systems. Vgl. Unverzagt, Die Stadt Essen, S. 340.

264 Jedenfalls war er der Referent der Kommission auf der Versammlung im Juli 1886, vgl. Verhandlungen des deutschen Sparkassen-Verbandes am 15. Juli 1886, Beilage in: Die Sparkasse Nr. 105 (1886), S. 10–16.

265 Ebenda, S. 9 f., Zitat S. 9.

266 Ebenda, S. 11–13.

267 Notiz «Central-Stelle», in: Die Sparkasse Nr. 121 (1887), S. 1.

268 Vgl. Fischer, Herz des Reviers, S. 188; Kratz, Das Ruhrgebiet, S. 66.

269 N. N., Das neue Heim der Essener Bank. Die Entwicklung dieser Mittelstands-bank. Ein Stück Essener Geschichte, in: Essener Volkszeitung vom 15. Juni 1930; Geschäftsbericht der Essener Bank für das Jahr 1922, BArch, R 907/5839.

270 Satzung der Spar- und Darlehnskasse der Communalbeamten der Stadt Essen, StA Essen, Rep. 102 III, 367 b.

271 Vgl. 75 Jahre Sparda-Bank, S. 7 f. und S. 11. 1979 wurde die Bank auch offiziell in «Sparda-Bank» umbenannt.

272 Vgl. ebenda, S. 12.

273 Vgl. Vor 75 Jahren Dorfkasse, S. 33–36.

274 Vgl. Conrads, Vom Credit-Verein zu Werden, S. 215 f., Zitat S. 216.

275 Vgl. Nützenadel, Städtischer Immobilienmarkt und Finanzkrisen, insb. S. 108–111.

276 Vgl. Kanther, Zur Geschichte der Wohnungswirtschaft des Krupp-Konzerns.

277 Vgl. Bajohr, Zwischen Krupp und Kommune, S. 127.

278 Vgl. Wisotzky, Wie Essen grösser wurde, S. 184.

279 Niklaß, «Wenn die Gewaltigen klug sind …», S. 194.

280 Bericht des Polizei-Kommissars Darmstädter über den Spar- und Bauverein Essen-Altendorf, StA Essen, Rep. 102 I, Nr. 822, fol. 7.

281 Geschäfts-Bericht des «Eintracht» Bau- und Sparvereins für Beamte und Arbeiter in Essen für das Jahr 1900, StA Essen, Rep. 102 I, Nr. 822, fol. 227.

282 Geschäfts-Bericht des Spar- und Bau-Vereins Altendorf für das Jahr 1900, StA Essen, Rep. 102 I, Nr. 822, fol. 191.

283 Vgl. Enke, Private, genossenschaftliche und städtische Wohnungspolitik, S. 40 f.

284 Spar-Bau-Gesellschaft Essen-Altendorf, in: Allgemeiner Beobachter vom 19. Juli 1898, StA Essen, Rep. 102 I, Nr. 822, fol. 5.

285 Satzung des Essener Spar- und Bauvereins von 1898, StA Essen, Rep. 102 I, Nr. 822, fol. 38; der Aufsichtsrat des Essener Spar- und Bauvereins an den Oberbürger-meister Zweigert vom 12. Juni 1899, StA Essen, Rep. 102 I, Nr. 822, fol. 53 f.; vgl. Enke, Private, genossenschaftliche und städtische Wohnungspolitik, S. 45.

286 Statut des Essener Spar- und Bauvereins von 1898, StA Essen, Rep. 102 I, Nr. 822, fol. 38.

287 Jahresbericht des Essener Spar- und Bauvereins eGmbH für das Geschäftsjahr 1899, StA Essen, Rep. 102 I, Nr. 822, fol. 149–150.

288 Vorstand der Spar- und Baugesellschaft «Grundstein» zu Essen GmbH an Ober-bürgermeister Zweigert aus dem April 1899, StA Essen, Rep. 102 I, Nr. 822, fol. 40.

289 Vgl. Enke, Private, genossenschaftliche und städtische Wohnungspolitik, S. 54–56.

290 Jahresbericht des Spar- und Bau-Vereins Altendorf, StA Essen, Rep. 102 I, Nr. 822, fol. 120; Zeitungsnotiz im Allgemeinen Beobachter vom 26. Juli 1898, StA Essen, Rep. 102 I, Nr. 822, fol. 11; Zeitungsnotiz im Allgemeinen Beobachter vom 25. Januar 1899, StA Essen, Rep. 102 I, Nr. 822, fol. 35.

291 § 2 des Statuts des Spar- und Bau-Vereins Altendorf, StA Essen, Rep. 102 I, Nr. 822, fol. 104.

292 Jahresbericht des Spar- und Bau-Vereins Altendorf, StA Essen, Rep. 102 I, Nr. 822, fol. 120–122; kurzer Bericht über die diesjährige Thätigkeit [des Spar- und Bau-Vereins Altendorf], ohne Datum [1899], StA Essen, Rep. 102 I, Nr. 822, fol. 106. Vgl. Enke, Private, genossenschaftliche und städtische Wohnungspolitik, S. 47 f.

293 Vgl. ebenda, S. 45 f.

294 Jahresbericht des Essener Spar- und Bauvereins eGmbH für das Geschäftsjahr 1899, StA Essen, Rep. 102 I, Nr. 822, fol. 149–150.

295 Schreiben des Vorstands des Essener Spar- und Bauvereins vom 26. November 1900, StA Essen, Rep. 102 I, Nr. 822, fol. 164. Ein Adressat wird nicht namentlich genannt, aber der Inhalt legt nahe, dass das Schreiben an Oberbürgermeister Zweigert ging.

296 Vorstand des Essener Spar- und Bauvereins an den Oberbürgermeister Zweigert vom 16. November 1900, StA Essen, Rep. 102 I, Nr. 822, fol. 145–147. Zum städtischen Verhältnis zu den drei Baugenossenschaften Niklaß, «Wenn die Gewaltigen klug sind …», S. 115–125.

297 Vgl. das Protokoll einer Sitzung verschiedener Kommunalvertreter im Essener Rathaus unter dem Vorsitz von Zweigert vom 7. Dezember 1900, StA Essen, Rep. 102 I, Nr. 822, fol. 167–169; der Vorstand der Landes-Versicherungsanstalt Rheinprovinz an den Vorstand des Essener Spar- und Bauvereins vom 1. Februar 1901, StA Essen, Rep. 102 I, Nr. 822, fol. 182; Auszug aus dem Sitzungsprotokoll der Stadtverordneten vom 1. März 1901, StA Essen, Rep. 102 I, Nr. 822, fol. 187.

298 Essener Spar- und Bauverein an Oberbürgermeister Zweigert vom 20. Juni 1901, StA Essen, Rep. 102 I, Nr. 822, fol. 206.

299 Protokoll der gemeinsamen Sitzung der Vorstände der Spar- und Baugesellschaft «Grundstein» und des Essener Spar- und Bau-Vereins am 20. Juni 1901, StA Essen, Rep. 102 I, Nr. 828, fol. 11.

300 Die Spar- und Baugesellschaft «Grundstein» an den Oberbürgermeister Zwickert vom 12. Juli 1901, StA Essen, Rep. 102 I, Nr. 828, fol. 12 f.

301 Vgl. Enke, Private, genossenschaftliche und städtische Wohnungspolitik, S. 58 f.

302 Geschäftsbericht der Vereinigten Spar- und Baugenossenschaft für das Jahr 1904, StA Essen, Rep. 102 I, Nr. 828, fol. 85 f.

303 Geschäftsbericht der Vereinigten Spar- und Baugenossenschaft für das Jahr 1908, StA Essen, Rep. 102 I, Nr. 828, fol. 180.

304 § 2 der Satzung des Spar- und Bauvereins Rüttenscheid, StA Essen, Rep. 122, Bürgermeisterei Rüttenscheid, Nr. 82, fol. 2.

305 Geschäftsbericht des Spar- und Bauvereins Rüttenscheid für das Jahr 1904, StA Essen, Rep. 122, Bürgermeisterei Rüttenscheid, Nr. 82, fol. 53.

306 Geschäftsbericht des Spar- und Bauvereins Rüttenscheid für das Geschäftsjahr 1901, StA Essen, Rep. 122, Bürgermeisterei Rüttenscheid, Nr. 82, fol. 30.

307 Bilanz des Spar- und Bauvereins Rüttenscheid vom 31. Dezember 1901, StA Essen, Rep. 122, Bürgermeisterei Rüttenscheid, Nr. 82, fol. 31; Bilanz des Spar- und Bauvereins Rüttenscheid vom 31. Dezember 1904, StA Essen, Rep. 122, Bürgermeisterei Rüttenscheid, Nr. 82, fol. 54.

308 Vgl. Enke, Private, genossenschaftliche und städtische Wohnungspolitik, S. 68.

309 Geschäfts-Bericht des «Eintracht» Bau- und Sparvereins für Beamte und Arbeiter in Essen für das Jahr 1900, StA Essen, Rep. 102 I, Nr. 822, fol. 227; der Vorstand der «Eintracht» an Oberbürgermeister Zweigert vom 3. Mai 1901, StA Essen, Rep. 102 I,

Nr. 822, fol. 223; Geschäfts-Bericht des «Eintracht» Bau- und Sparvereins für Beamte und Arbeiter in Essen für das Jahr 1908, StA Essen, Rep. 102 I, Nr. 828, fol. 171.

310 Vgl. die Übersicht in Enke, Private, genossenschaftliche und städtische Wohnungspolitik, S. 77.

311 Der Vorstand der «Eintracht» an Oberbürgermeister Zweigert vom 3. Mai 1901, StA Essen, Rep. 102 I, Nr. 822, fol. 223 f.; Auszug aus dem Sitzungsprotokoll der Stadtverordneten vom 31. Mai 1901, StA Essen, Rep. 102 I, Nr. 822, fol. 230.

312 Vgl. Revisionsbericht im Geschäfts-Bericht des «Eintracht» Bau- und Sparvereins für Beamte und Arbeiter in Essen für das Jahr 1908, StA Essen, Rep. 102 I, Nr. 828, fol. 171.

313 Geschäfts-Bericht des «Eintracht» Bau- und Sparvereins für Beamte und Arbeiter in Essen für das Jahr 1910, StA Essen, Rep. 102 I, Nr. 828, fol. 237–240.

314 Vgl. zu diesen Genossenschaften Enke, Private, genossenschaftliche und städtische Wohnungspolitik, S. 76–110; Baugenossenschaften Niklaß, «Wenn die Gewaltigen klug sind ...», S. 125–131.

315 Undatierte Aufzeichnung von Schick, StA Essen, Rep. 102 III, Nr. 356, fol. 1.

316 Rath an den Oberbürgermeister in Düsseldorf, Entwurf vom 5. März 1909, StA Essen, Rep. 102 III, Nr. 356, fol. 1.

317 Rath an Brandi vom 6. März (1909), StA Essen, Rep. 102 III, Nr. 356, fol. 3.

318 Memorandum Schick vom 19. September 1910, StA Essen, Rep. 102 III, Nr. 356, fol. 51–53.

319 Ebenda.

320 Vgl. dazu bspw. das Protokoll der Kommissionssitzung über die Frage der Geldbeschaffung für den Kleinwohnungsbau am 2. März 1911, StA Essen, Rep. 102 III, Nr. 356, fol. 149 f.

321 Stellungnahme der Sparkassen zum Bau kleiner Wohnungen von Rath, o. D. [1911], StA Essen, Rep. 102 III, Nr. 356, fol. 162–164.

322 Vorstand des Haus- und Grundbesitzer-Vereins für Essen und Umgegend vom 17. Juli 1909, StA Essen, Rep 102 III, Nr. 356, fol. 4 f.

323 Ebenda.

324 Vorlage für den Oberbürgermeister von Essen vom 27. September 1913, StA Essen, Rep. 102 III, Nr. 357, fol. 8. Die Baufinanzierung von gewerblichen Anlagen oder größeren Objekten lehnte die Sparkasse ohnehin ab. Geschäftsbericht der Städtischen Sparkasse in Essen (Ruhr) für das Rechnungsjahr 1913, S. 3, StA Essen, Rep. 102 III, Nr. 309, fol. 237.

325 Vorlage für den Oberbürgermeister von Essen vom 27. September 1913, StA Essen, Rep. 102 III, Nr. 357, fol. 8 f., Zitat fol. 9.

326 Notiz der Frankfurter Zeitung vom 14. März 1913, HADB, S 3938.

327 Vgl. Geschäftsbericht der Westdeutschen Terrain- und Baubank AG für das Jahr 1920, WWA-Dortmund, S 7–300/5.

328 Jahresbericht der Handelskammer Essen, 1907, WWA-Dortmund, S 6–891, S. 40.

329 Jahresbericht der Handelskammer Essen, 1909, WWA-Dortmund, S 6–891, S. 45.

330 Geschäftsbericht der Rheinisch-Westfälischen Bank für Grundbesitz für das Jahr 1921, WWA-Dortmund, S 7–300/3.

331 Siehe die Geschäftsberichte der Westdeutschen Terrain- und Baubank AG für die Jahre 1925 bis 1932 in WWA-Dortmund, S 7–300/5. Zum schlechten Ergebnis trug auch die Auftragslage bei der der Bank gehörenden Rüttenscheider Ziegelei bei.

332 Vgl. Dupke, Die Unternehmerfamilie Baedeker, S. 121–125; Dupke, Kohle, Krupp und Kommunalentwicklung, S. 279 f.

333 Vgl. Die Gesellschaft «Verein», zwischen S. 5 und S. 7.

334 Vgl. Dupke, Die Unternehmerfamilie Baedeker, S. 122.

335 Vgl. Die Gesellschaft «Verein», S. 97–120.

336 Vgl. Dupke, Die Unternehmerfamilie Baedeker, S. 125.

337 Vgl. Brandi, Essener Arbeitsjahre, S. 17.

338 Vgl. Dupke, Die Unternehmerfamilie Baedeker, S. 128.

339 Vgl. Tenfelde, 1850–1873, S. 70.

340 Jahres-Bericht des Deutschen Flotten-Vereins e. V. 1903–1907, Berlin.

341 Aufruf der Essener Geschäftsstelle des Deutschen Flotten-Vereins aus dem Februar 1899, StA Essen, Rep. 102 I, Nr. 823.

342 Vgl. Plumpe, Duisberg, S. 441–443.

343 Pohl, Entstehung und Entwicklung, S. 27.

344 Vgl. Bruckmann, Die Börsen zu Essen und Düsseldorf, S. 33.

345 [Brandi], Essener Arbeitsjahre, S. 66.

346 Biographische Aufzeichnungen von Wilhelm von Waldthausen, 1934, S. 6, StA Essen, 850/355.

347 5. Sitzung des Preußischen Landtages, III. Wahlperiode, vom 13. Juni 1928, Sp. 248.

348 Haushalt der Berg-, Hütten- und Salinenverwaltung, 80. Sitzung des Preußischen Landtages, I. Wahlperiode, vom 9. Dezember 1921, Sp. 5552.

349 Biographische Aufzeichnungen von Wilhelm von Waldthausen, 1934, S. 5, StA Essen, 850/355.

350 Vgl. Zimmermann, Zur Geschichte der Essener Juden, S. 29.

351 Essener Köpfe, S. 356; Chronik der Stadt Essen über das Jahr 1904, hrsg. von der Verwaltung der Stadt Essen, Essen 1906, S. 11.

352 Vgl. Schröter, Essener Kommerzienräte, S. 65; Essener Köpfe, S. 111.

353 Protokoll der Aufsichtsratsitzung der Essener Credit-Anstalt vom 1. Juni 1898, HADB, K 3/44.

354 Vgl. Luther, Zusammenbruch, S. 107–113; Zimmermann, Zur Geschichte der Essener Juden, S. 39; Bode, Von kunstfreundlichen Bürgern, S. 147–151; einen knappen Überblick über die Geschichte des Museums bietet https://www.museum-folkwang.de/de/ueber-uns/geschichtearchitektur/geschichte.html.

355 Vgl. Luther, Zusammenbruch, S. 8–10.

356 Vgl. Schröter, Die Juden in Essen, S. 26 f.

357 Vgl. ebenda, S. 39; Zimmermann, Zur Geschichte der Essener Juden, S. 8–13.

358 Verzeichnis der Mitglieder der Synagogengemeinde Essen, 1910, in: Schröter, Geschichte und Schicksal, S. 312 f.

359 Ernesto Schartenberg im Gespräch mit der Alten Synagoge, zitiert nach Zimmermann, Zur Geschichte der Essener Juden, S. 12.

360 Schröter, Die Familie Hirschland in Essen, S. 97.

361 Vgl. Revidiertes Statut für die Synagogen-Gemeinde Essen von 1887, Alte Synagoge Essen, AR.8938:1, fol. 19.

362 Zimmermann, Zur Geschichte der Essener Juden, S. 15.

363 Vgl. Saalmann, Die Einweihung, S. 478; zu Salomon Samuel vgl. Kaufmann,

Moderne und Judentum, S. 308–312; Zimmermann, Zur Geschichte der Essener Juden, S. 17–20.

364 Vgl. Herzfeld, Lebenserinnerungen, S. 377.

365 Vgl. Zimmermann, Zur Geschichte der Essener Juden, S. 22 f.

366 Vgl. Schumann, Erwiderung, S. 688 f.

367 Vgl. Saalmann, Die Einweihung, S. 469–471. Zur Architektur Hammer-Schenk, Synagogen in Deutschland, S. 480–487; Gemmecke, Die «Alte Synagoge» in Essen (1913), S. 77–84.

368 Vgl. Saalmann, Die Einweihung, S. 474.

369 Vgl. ebenda, S. 484; Zimmermann, Zur Geschichte der Essener Juden, S. 24–29.

370 Vgl. ebenda, S. 49.

371 Vgl. ebenda, S. 57.

Der Essener Bank- und Börsenplatz im Ersten Weltkrieg und während der Inflationszeit 1914–1923

1 Biographische Aufzeichnungen von Wilhelm von Waldthausen, 1934, S. 3 f., StA Essen, 850/355.

2 Grundlegend Verhey, Der «Geist von 1914».

3 Chronik der Stadt Essen über das Jahr 1914, StA Essen. Vgl. Palberg, Begeisterung oder Entschlossenheit?

4 Zitiert nach Wisotzky, Die Jahre der Gewalt, S. 369.

5 Vgl. ebenda, S. 369–371.

6 Vgl. ebenda, S. 373–381.

7 Vgl. Büttner, Weimar, S. 137–143.

8 Vgl. Winkler, Weimar, S. 125 f. und S. 131–136; Wisotzky, Die Jahre der Gewalt, S. 381–384.

9 Luther, Politiker ohne Partei, S. 80.

10 Vgl. Wisotzky, Die Jahre der Gewalt, S. 384.

11 Vgl. Winkler, Weimar, S. 186 f.

12 Vgl. Scholtyseck, Geschichte der National-Bank, S. 62.

13 Vgl. Lampe, Der Bankbetrieb, S. 42.

14 Vgl. Luther, Zusammenbruch, S. 128 f.

15 Vgl. Conze, Bracht, S. 502 f.

16 Vgl. Wisotzky, Die Jahre der Gewalt, S. 387.

17 Vgl. James, Krupp, S. 168.

18 Vgl. 75 Jahre Sparda-Bank, S. 13.

19 Übersicht «Der Wirtschaftsrat des Handelskammerbezirks Essen», ohne Datum, Landeshauptstaatsarchiv Koblenz, 403/14952, fol. 39–43.

20 Niederschrift über die Sitzung des Ausschusses für Geld- und Kreditangelegenheiten des Wirtschaftsrats vom 29. November 1923, StA Essen, Rep. 102 III, Nr. 431, fol. 167.

21 Vgl. Wisotzky, Die Jahre der Gewalt, S. 389.

22 Vgl. Wysocki, Essener Sparkassengeschichte, S. 87 f.; ferner Pohl, Die rheinischen Sparkassen, S. 117–119.

23 Vgl. Däbritz, Denkschrift, S. 246.

24 Geschäftsbericht der Essener Credit-Anstalt für das Jahr 1915, Stadtbibliothek Bochum.

25 Vgl. Bruckmann, Die Börsen zu Essen und Düsseldorf, S. 129–132.

26 Ebenda, S. 74.

27 Vgl. ebenda, S. 98–101; Däbritz, Denkschrift, S. 261–264.

28 Vgl. Bruckmann, Die Börsen zu Essen und Düsseldorf, S. 121.

29 Vgl. 100 Jahre Simon Hirschland, S. 38 f.

30 Vgl. Wysocki, Essener Sparkassengeschichte, S. 88. Das Verhalten der Essener Sparkasse war vollkommen typisch, vgl. Pohl, Die rheinischen Sparkassen, S. 121–123.

31 Vgl. Däbritz, Denkschrift, S. 261.

32 Ewald Piekenbrock, Geschichte der Familie Piekenbrock in Essen und der ihr verwandten Familien Oberembt, Collegge–Paas, Kersebaum und Hilberg, Essen 1940, S. 87–89, StA Essen, 850/379. Während Ewald Piekenbrock die Gründung auf das Jahr 1911 legt, wird die Gründung im Deutschen Bankierbuch von 1914 mit dem Jahr 1910 angegeben.

33 Geschäftsbericht der Essener Credit-Anstalt für das Jahr 1914, Stadtbibliothek Bochum.

34 Geschäftsbericht der Essener Credit-Anstalt für das Jahr 1915, Stadtbibliothek Bochum.

35 Geschäftsbericht der Essener Credit-Anstalt für das Jahr 1918, Stadtbibliothek Bochum.

36 Protest der Handelskammer Essen, in: Berliner Börsenzeitung vom 26. Januar 1923.

37 Das Flugblatt befindet sich in HAC, 1/169/1.

38 Börsennotiz in der Berliner Börsenzeitung vom 23. Januar 1923.

39 Beschluss der Vereinigung von Berliner Banken und Bankiers über die Maßnahmen gegen Franzosen und Belgier vom 17. Februar 1923, BArch, R 3101/701.

40 Auszug aus dem Beschlussbuch der Stadtverordneten-Versammlung Essen am 30. März 1917, StA Essen, Rep. 102 III, Nr. 427, fol. 13.

41 Vgl. Kaleschke, «Der Ruf nach Zahlmitteln …», S. 164 f.

42 Eingabe an den Regierungspräsidenten in Arnsberg vom 19. Februar 1919, StA Essen, Rep. 102 III, Nr. 427, fol. 193.

43 Sparkasse Essen an den Essener Oberbürgermeister vom 28. November 1918, StA Essen, Rep. 102 III, Nr. 428, fol. 150; Verfügung an die Städte und Landkreise der Notgeldvereinigung vom 30. November 1918, StA Essen, Rep. 102 III, Nr. 428, fol. 154.

44 Siehe hierzu den ausführlichen Schriftwechsel in StA Essen, Rep. 102 III, Nr. 429.

45 Der Essener Oberbürgermeister an das Reichsbankdirektorium vom 22. März 1920, StA Essen, Rep. 102 III, Nr. 428, fol. 194; das Reichsbankdirektorium an den Essener Oberbürgermeister vom 29. März 1920, StA Essen, Rep. 102 III, Nr. 428, fol. 209.

46 Vgl. Kaleschke, «Der Ruf nach Zahlmitteln …», S. 163.

47 Bericht an die Stadtverordnetenversammlung vom 22. September 1922, StA Essen, Rep. 102 III, Nr. 430, fol. 5.

48 Stadt Essen an Rechnungsdirektor Rabsahl und Stadtamtmann Freytag vom 14. Oktober 1922, StA Essen, Rep. 102 III, Nr. 430, fol. 58.

49 Bericht für den Finanzausschuss der Stadtverordnetenversammlung über die Abrechnung des Notgeldkontos 1923 vom 22. November 1924, StA Essen, Rep. 102 III, Nr. 430, fol. 152.

50 Der Gelsenkirchener Oberbürgermeister an den Essener Magistrat vom 6. September 1923, StA Essen, Rep. 102 III, Nr. 431, fol. 76.

51 Postscheckamt Essen an Simon Hirschland vom 3. Oktober 1923, Alte Synagoge Essen, AR.10579.

52 Mitteilung der Essener Handelskammer, Reichsbank und Notgeld, in: Essener Anzeiger vom 23. November 1923, StA Essen, Rep. 102 III, Nr. 431, fol. 152.

53 N. N., Die Notgeldannahme verlängert, in: Essener Anzeiger vom 24. November 1923, StA Essen, Rep. 102 III, Nr. 431, fol. 154.

54 Niederschrift über die Sitzung des Ausschusses für Geld- und Kreditangelegenheiten des Wirtschaftsrats vom 29. November 1923, StA Essen, Rep. 102 III, Nr. 431, fol. 167.

55 Vgl. Haffner, Geschichte eines Deutschen, S. 54–59.

56 Vgl. [Brandi], Essener Arbeitsjahre, S. 87 f.

57 Vgl. Däbritz, Denkschrift, S. 313.

58 Vgl. 100 Jahre Simon Hirschland, S. 56.

59 Vgl. Ulrich, Aufstieg und Fall, S. 57 f.

60 Vgl. ebenda, S. 53.

61 Tagebuch der Wirtschaft, in: Das Tage-Buch 5 (1924), S. 606.

62 Notiz der Frankfurter Zeitung vom 23. April 1924; Eduard Noelle an Centralverband des Deutschen Bank- und Bankiergewerbes vom 21. August 1940, BArch, R 13 XVIII 58.

Zwischen den Krisen –
Die Weimarer Konjunktur 1924–1929

1 Vgl. Holtfrerich, Die große Inflation, S. 235 f.

2 Solmssen, Die Beschaffung von Krediten im Auslande, S. 502. Vgl. Gehlen, «Avantgarde», S. 67.

3 Vgl. Wixforth, Banken und Schwerindustrie, S. 64.

4 Vgl. James, Deutschland in der Weltwirtschaftskrise, S. 124 f.; Wixforth, Banken und Schwerindustrie, S. 66 f.

5 Vgl. Runkel, Rheinisch-westfälische Bankenkonzentration, S. 176.

6 Vgl. Pohl, Entstehung und Entwicklung, S. 86 f.; ders., Konzentration, S. 338–357 und S. 382–388.

7 Vgl. Lampe, Der Bankbetrieb, S. 55; Ulrich, Aufstieg und Fall, S. 61.

8 Vgl. Die Disconto-Gesellschaft 1851–1901, S. 221.

9 [Brandi], Essener Arbeitsjahre, S. 63.

10 Vgl. ebenda, S. 65.

11 Ebenda, S. 66 f., Zitate S. 66.

12 Ebenda, S. 69.

13 Ebenda, S. 68.

14 Vgl. Wellhöner, Großbanken, S. 174.

15 [Brandi], Essener Arbeitsjahre, S. 78 f.

16 A. Schaaffhausen'scher Bankverein an die Direction der Disconto-Gesellschaft, Filiale Essen vom 18. Februar 1927, HADB, K 2–233.

17 Vgl. [Brandi], Essener Arbeitsjahre, S. 77 f.

18 Ebenda, S. 78.

19 Ebenda, S. 82.

20 Vgl. Thomes, Die «Fusion der Elefanten».

21 [Brandi], Essener Arbeitsjahre, S. 100.

22 Vgl. Jüdell, Erfahrung, S. 166 f.

23 Vgl. ebenda, S. 169–191; Feldenkirchen, Kölner Banken, S. 101 f.

24 Bericht der Deutschen Revisions- und Treuhand-Aktiengesellschaft Berlin über die bei der Dresdner Bank Filiale Essen vorgenommene Zwischenprüfung vom 10.-17. Oktober 1934, BArch, R 8135/2379, fol. 5 f.

25 Vgl. Kratz, Das Ruhrgebiet, S. 45.

26 Vgl. ebenda, S. 48.

27 Vgl. Müller-Jabusch, Oscar Schlitter, S. 24 f.; Protokoll der Aufsichtsratssitzung der Essener Credit-Anstalt vom 31. Januar 1900, HADB, K 3/44.

28 Essener Credit-Anstalt an die Deutsche Bank vom 21. November 1903, HADB, S 3939; Essener Credit-Anstalt an die Deutsche Bank vom 11. Dezember 1903, HADB, S 3939; Deutsche Bank an Essener Credit-Anstalt vom 12. Dezember 1903, HADB, S 3939. Vgl. auch Wellhöner, Großbanken, S. 162 f.

29 Vgl. Pohl, Eintritt der Deutschen Bank, S. 26; Essener Credit-Anstalt an Deutsche Bank vom 4. April 1914, HADB, S 3939; Deutsche Bank an Essener Kreditanstalt vom 6. April 1914, HADB, S 3939.

30 Notiz im Berliner Börsen-Courier vom 6. April 1914, HADB, S 3940.

31 Notiz im Berliner Börsen-Courier vom 7. April 1914, HADB, S 3940.

32 Vgl. Däbritz, Denkschrift, S. 287.

33 Protokoll der Besprechung zwischen der Essener Credit-Anstalt und der Deutschen Bank vom 1. Oktober 1920, HADB, S 3940.

34 Vgl. Däbritz, Denkschrift, S. 287–290.

35 Protokoll der Besprechung zwischen der Essener Credit-Anstalt und der Deutschen Bank vom 1. Oktober 1920, HADB, S 3940.

36 Vgl. Däbritz, Denkschrift, S. 292–295; Struck, Die Entfaltung, S. 112 f.; Protokoll der Besprechung zwischen der Essener Credit-Anstalt und der Deutschen Bank vom 1. Oktober 1920, HADB, S 3940.

37 Notiz im Berliner Börsen-Courier vom 16. Februar 1921, HADB, S 3940.

38 Koch an Schlitter vom 6. Oktober 1920, HADB, S 3940.

39 Mankiewitz an Jötten vom 22. Oktober 1921, HADB, S 3940.

40 Biographische Aufzeichnungen von Wilhelm von Waldthausen, 1934, S. 8, StA Essen, 850/355; Die Essener Credit-Anstalt im Ruhrkampf, in: Berliner Börsen-Courier vom 20. November 1924, HADB, S 3940.

41 Vgl. Waldthausen, Die Banken, S. 111; Pohl, Der Eintritt der Deutschen Bank, S. 25 f.

42 Notiz im Berliner Börsen-Courier vom 14. März 1925, HADB, S 3940.

43 Johann Wilhelm Scheidt, Niederschrift über mein Schaffen und Leben als Arbeiter in den Fabriken, als Soldat und als Deutscher, 1941, S. 29 f., RWWA Köln, FAS 31/4.

44 Antrag auf Zulassung der Kettwiger Bank vom 14. Dezember 1928, StA Essen,

129/1480; Regierungspräsident Düsseldorf an den Kettwiger Bürgermeister vom 5. April 1929, Anlage, StA Essen, 129/1480.

45 Antrag auf Zulassung der Kettwiger Bank vom 14. Dezember 1928, StA Essen, 129/1480; Bericht der Handelskammer an den Düsseldorfer Regierungspräsidenten, zitiert in einer Notiz vom 22. Februar 1929, StA Essen, 129/1480.

46 Industrie- und Handelskammer für die Kreise Essen, Mülheim und Oberhausen an den Preußischen Minister für Handel u. Gewerbe vom 26. Januar 1929, StA Essen, 129/1480; zur führenden Rolle der Firma Scheidt auch Hopmann an den Regierungspräsidenten in Düsseldorf vom 15. März 1929, StA Essen, 129/1480.

47 Bürgermeister Hopmann an den Regierungspräsidenten in Düsseldorf vom 15. Januar 1929, StA Essen, 129/1480.

48 Hopmann an den Vorstand der Kettwiger Bank vom 17. Dezember 1929, StA Essen, 129/1480; Kettwiger Bank an Bürgermeister Hopmann vom 27. Dezember 1929, StA Essen, 129/1480; Wilhelm Klemm an Bürgermeister Hopmann vom 6. Januar 1930, StA Essen, 129/1480.

49 Kettwiger Bank an Bürgermeister Hopmann vom 27. Dezember 1929, StA Essen, 129/1480.

50 Johann Wilhelm Scheidt, «Niederschrift über mein Schaffen und Leben als Arbeiter in den Fabriken, als Soldat und als Deutscher» von 1941, S. 29–30, RWWA Köln, FAS 31/4, S. 30.

51 Vgl. Wixforth/Ziegler, The Niche; Ulrich, Aufstieg und Fall.

52 Vgl. Lampe, Der Bankbetrieb, S. 189–364.

53 Vgl. Wixforth/Ziegler, The Niche, S. 115 f.

54 Vgl. Berliner Börsen-Zeitung, Deutsches Bankier-Handbuch 1909, S. 332 und 1920, S. 489.

55 Zeugnis für Klara Rennecke, 8. Februar 1930, Alte Synagoge Essen, AR.775.

56 Die Ernennungsurkunde ist abgedruckt in http://www.alemannia-judaica. de/images/Images%20383/Alexander%20Kann%20Ehrenbuergerukunde%2002. jpg; auch Alte Synagoge Essen, AR.0256; Hahn, Erinnerungen und Zeugnisse, S. 478.

57 Zeitungsannonce Alexander Kann (nach 1918), Alte Synagoge Essen, AR.0255.

58 Das Bankhaus wurde letztmals im Bankier-Handbuch von 1924 genannt, es findet sich jedoch auch noch auf der Liste der zur Essener Börse zugelassenen Unternehmen des Jahres 1928, WWA-Dortmund, F 35, Nr. 3688. Eine nicht immer zuverlässige Bankenliste des Stadtarchivs gibt das Ende der Existenz mit 1932/33 an, Banken in Essen, StA Essen, 850/211.

59 Vgl. Ulrich, Von Simon Hirschland zu Burkhardt & Co., S. 342.

60 Vgl. 100 Jahre Simon Hirschland, S. 38.

61 Vgl. hierzu die Geschäftsunterlagen in StA Essen, Rep. 102 III, Nr. 405.

62 Vgl. 100 Jahre Simon Hirschland, S. 49; Ulrich, Aufstieg und Fall, S. 135.

63 Vgl. 100 Jahre Simon Hirschland, S. 51.

64 Vgl. Ulrich, Von Simon Hirschland zu Burkhardt & Co., S. 340 f.

65 Oberbürgermeister der Stadt Essen an die Basler Handelsbank vom 15. Juni 1917, StA Essen, Rep. 102 III, Nr. 256, fol. 3 sowie die weiteren Schreiben der Akte.

66 Vgl. Ulrich, Aufstieg und Fall, S. 54.

67 Vgl. Ulrich, Von Simon Hirschland zu Burkhardt & Co., S. 341.

68 Vgl. James, Krupp, S. 169.

69 Vgl. Wixforth, Banken und Schwerindustrie, S. 117–119.

70 Vgl. ebenda, S. 101–110.

71 Ulrich, Von Simon Hirschland zu Burkhardt & Co., S. 341 f.; ders., Jüdische Privatbankiers, S. 431 f.; ders., Aufstieg und Fall, S. 160.

72 Vgl. Ulrich, Aufstieg und Fall, S. 117.

73 Comptoir d'Escompte de Genève an Simon Hirschland vom 19. November 1930, BArch, 8122/186.

74 Vgl. dazu die Dokumente in BArch, R 8122/191.

75 Bspw. Simon Hirschland an M. Samuel & Co. Limited vom 16. Februar 1931, BArch, 8122/186; Simon Hirschland an S. Japhet & Co. Ltd. vom 16. Februar 1931, BArch, 8122/186.

76 Übersicht Kredit Hirschland, ohne Datum, BArch, R 8122/188.

77 Vgl. Ulrich, Aufstieg und Fall, S. 117–120.

78 Vgl. ebenda, S. 128, S. 143 und S. 147.

79 Vgl. ebenda, S. 168.

80 Vgl. Wixforth, Banken und Schwerindustrie, S. 280.

81 Vgl. Wisskirchen, Burkhardt & Co., S. 235.

82 Vgl. Pohl, Entstehung und Entwicklung, S. 69.

83 Vgl. Wysocki, Essener Sparkassengeschichte, S. 90–93.

84 Zahlen nach ebenda, S. 148.

85 N. N., Geschäftsbericht 1927 der Städtischen Sparkasse, in: Essener Volkszeitung vom 13. März 1928.

86 Vgl. Wysocki, Essener Sparkassengeschichte, S. 94–96.

87 Vgl. unten S. 214.

88 Wysocki, Essener Sparkassengeschichte, S. 97 und S. 120.

89 100 Jahre Essener Sparkassenarbeit, S. 116; N. N., Kommunale Betrachtungen. Zur Eröffnung des neuen Sparkassengebäudes am Montag, in: Essener Allgemeine Zeitung vom 23. Februar 1930.

90 N. N., Eröffnung des Sparkassen-Neubaues in Essen West, in: Essener Allgemeine Zeitung vom 3. Februar 1929.

91 Geschäftsbericht der Essener Bank für das Jahr 1922, BArch, R 907/5839.

92 Geschäftsbericht der Essener Bank für das Jahr 1925, BArch, R 907/5839.

93 Geschäftsbericht der Essener Bank für das Jahr 1924, BArch, R 907/5839.

94 Geschäftsbericht der Essener Bank für das Jahr 1925, BArch, R 907/5839.

95 Rheinisch-Westfälische Zeitung vom 15. Februar 1927, BArch, R 8127/12102; Essener Bank, eG.m.b.H., in: Essener Allgemeine Zeitung vom 15. Februar 1927.

96 Zur Geschichte der Deutschen Volksbank, der heutigen National-Bank Scholtyseck, Geschichte der National-Bank, für die hier behandelten Weimarer Jahre insbesondere S. 21–119. Die folgende Darstellung beruht, soweit nicht anders angegeben, auf dieser Studie.

97 Vgl. Hoffmann, Zur Geschichte der europäischen Arbeitnehmerbanken.

98 Zur Biografie Forster, Adam Stegerwald.

99 Adam Stegerwald, Zusammenbruch und Wiederaufbau, Berlin 1922, S. 36.

100 Adam Stegerwald, Aus meinem Leben, S. 20.

101 Vgl. Scholtyseck, Geschichte der National-Bank, S. 45.

102 Vgl. Comprix, Die Arbeitnehmerbanken, S. 15.

103 Richter, NB-Chronik, Archiv der National-Bank, S. 68.

104 Ebenda, S. 65.

105 Ebenda, S. 69; vgl. Scholtyseck, Geschichte der National-Bank, S. 71.

106 Vgl. Scholtyseck, Geschichte der National-Bank, S. 47 f.

107 Vgl. Comprix, Die Arbeitnehmerbanken, S. 40 f.; Stegerwald, Deutsche Volksbank Aktien-Gesellschaft (1931/1932), S. 345 f.

108 Stegerwald, Deutsche Volksbank-Aktien-Gesellschaft (1918), S. 61 f.

109 Geschäftsbericht der Deutschen Volksbank für das Jahr 1927, BArch, R 907/393; ähnlich auch im Folgejahr, Geschäftsbericht der Deutschen Volksbank für das Jahr 1928, BArch, R 907/393.

110 Geschäftsbericht der Deutschen Volksbank für das Jahr 1930, BArch, R 907/393.

111 Vgl. Scholtyseck, Geschichte der National-Bank, S. 53–55.

112 Vgl. ebenda, S. 66.

113 Geschäftsbericht der Deutschen Volksbank für das Jahr 1923, BArch, R 907/7876; vgl. Scholtyseck, Geschichte der National-Bank, S. 69 f.

114 Vgl. ebenda, S. 79–81.

115 So hieß es im Geschäftsbericht von 1927: «Den uns nahestehenden Unternehmungen werden wir, wie im abgelaufenen Geschäftsjahre, auch weiterhin unserer finanzielle Unterstützung in erhöhtem Maße angedeihen lassen.» Geschäftsbericht der Deutschen Volksbank für das Jahr 1927, BArch, R 907/393.

116 Meyer, Die «Krise» der amerikanischen Arbeiterbanken, S. 607; vgl. Scholtyseck, Geschichte der National-Bank, S. 82 f.

117 Scholtyseck, Geschichte der National-Bank, S. 84.

118 Vgl. zur Kursentwicklung 1918 Bruckmann, Die Börsen zu Essen und Düsseldorf, S. 147–150 und S. 206.

119 Müller an Trinkaus vom 21. Oktober 1918, HADB, K 02/1301.

120 Gold an A. Schaaffhausen'scher Bankverein vom 23. Oktober 1918, HADB, K 02/1301; A. Schaaffhausen'scher Bankverein an Gold vom 24. Oktober 1918, HADB, K 02/1301.

121 Syndikatsvertrag 25. Oktober 1918, HADB, K 02/1301; vgl. Bruckmann, Die Börsen zu Essen und Düsseldorf, S. 109 f.

122 Vgl. ebenda, S. 167.

123 A. Schaaffhausen'scher Bankverein, Filiale Düsseldorf, an die Direktion des A. Schaaffhausen'schen Bankvereins vom 15. Februar 1924, HADB, K 2/924.

124 Protokoll der Baukommission des Börsenhauses vom 17. Februar 1925, StA Essen, 144/1407; vgl. Pankoke, Der Essener Architekt, S. 80 f.

125 Abschrift des Eintrags ins Notariatsregister vom 23. August 1921, StA Essen, 144/1411.

126 Vgl. Brandi, Essener Arbeitsjahre, S. 95. Brandi benennt Waldthausen als Vertreter der Deutschen Bank, doch zu diesem Zeitpunkt war die Übernahme der Essener Credit-Anstalt durch die Deutsche Bank noch nicht vollzogen.

127 Vgl. Pankoke, Der Essener Architekt, S. 80–88.

128 Vgl. ebenda, S. 82 f.

129 Vgl. N. N., Die rheinisch-westfälischen Börsen, in: Deutsche Bergwerkszeitung vom 23. Dezember 1928.

130 Vgl. Bormann, August Rosterg, S. 163 f. und S. 167 f.

131 A. Schaaffhausen'scher Bankverein an Disconto-Gesellschaft vom 11. Januar 1929,

HADB, K 2/875; Disconto-Gesellschaft an A. Schaaffhausen'scher Bankverein vom 18. Januar 1929, HADB, K 2/875.

132 Deutsche Bergwerkszeitung vom 23. Dezember 1928, zitiert in A. Schaaffhausen'scher Bankverein an Disconto-Gesellschaft vom 11. Januar 1929, HADB, K 2/875.

133 Direction der Disconto-Gesellschaft an die Filiale in Essen vom 18. Januar 1929, HADB, K 2/875.

134 Schichtel, Die Essen-Düsseldorfer Börse, S. 92–95.

135 Vgl. Brandi, Essener Arbeitsjahre, S. 96.

136 Der Börsen-Verein an die Börsenhaus-Gesellschaft vom 11. Mai 1932, StA Essen, 144/1411. Zu den ursprünglichen Mietverhandlungen das Protokoll der Baukommission des Börsenhauses vom 17. Februar 1925, StA Essen, 144/1407.

137 Mietvertrag zwischen der Stadtgemeinde Essen und dem Börsen-Verein vom 10. April 1933, StA Essen, 144/1411.

Die Essener Banken während der Weltwirtschafts- und Bankenkrise

1 Zitiert nach Wisotzky, Die Jahre der Gewalt, S. 414.

2 Ebenda, S. 415.

3 Vgl. Weiß, Rheinische Großstädte während der Weltwirtschaftskrise, S. 197.

4 Ebenda, S. 211.

5 Zitiert nach Wisotzky, Die Jahre der Gewalt, S. 417.

6 Zum Verlauf der Bankenkrise Bähr, Bankenkrise, S. 15–30.

7 Bericht über die bei der Altendorfer Kreditbank eGmbH zu Essen-Ruhr vorgenommene Sonder-Revision vom 26. September 1931, S. 16, BArch, R 3101/11172.

8 Essener Oberbürgermeister an den Präsidenten des Siedlungsverbandes Ruhrkohlenbezirk vom 31. März 1932, StA Essen, 102/418.

9 Gilden Bausparkasse an die Stadtverwaltung Essen vom Januar 1932, StA Essen, 102/418.

10 Auszug aus der Zeitschrift Rheinische Blätter für Wohnungswesen und Bauberatung 27 (1931), StA Essen, 102/418.

11 Der Verbandspräsident des Siedlungsverbandes Ruhrkohlenbezirk an den Essener Oberbürgermeister vom 10. März 1932, StA Essen, 102/418.

12 Notiz der Essener Allgemeinen Zeitung vom 4. April 1932, StA Essen, 102/418.

13 Reichsverband der Wohnungsfürsorge-Gesellschaften an den Verbandspräsidenten des Siedlungsverbandes Ruhrkohlenbezirk, StA Essen, 102/418.

14 Vgl. hierzu den detaillierten Schriftwechsel in StA Essen, 102/418.

15 N. N., Eine nette Wirtschaft, in: Essener Volkswacht vom 24. April 1932, StA Essen, 102/418.

16 Alle Zitate nach Scholtyseck, Geschichte der National-Bank, S. 108.

17 Der Essener Polizeipräsident an den Essener Oberbürgermeister vom 26. Januar 1933, StA Essen, 102/418.

18 Bennet an den Oberregierungspräsidenten der Rheinprovinz vom 21. August 1932, StA Essen, 102/418.

19 Zentralstelle zur Bekämpfung der Schwindelfirmen an die Industrie- und Handelskammer Essen vom 12. Januar 1933, StA Essen, 102/418.

20 Zeitungsartikel «Wie die ‹Selbsthilfe› aussieht», StA Essen, 102/418.

21 N. N., Das neue Heim der Essener Bank. Die Entwicklung dieser Mittelstandsbank. Ein Stück Essener Geschichte, in: Essener Volkszeitung vom 15. Juni 1930.

22 Geschäftsbericht der Essener Bank von 1930, BArch, R 907/5084.

23 Jahresabschlüsse der Essener Bank und der Altendorfer Kreditbank für das Jahr
1931, BArch, R 907/5086.

24 Reichsbank-Direktorium an den Reichswirtschaftsminister vom 1. Dezember
1931, BArch, R 3101/11172.

25 Bericht über die bei der Altendorfer Kreditbank eGmbH zu Essen-Ruhr vorgenommene Sonder-Revision vom 26. September 1931, S. 24, BArch, R 3101/11172.

26 Essener Bank und Altendorfer Kreditbank an das Direktorium der Preußischen
Zentralgenossenschaftskasse über das Direktorium der Rheinischen Genossenschaftsbank eGmbH vom 22. Oktober 1931, BArch, R 3101/11172.

27 Das Direktorium der Rheinischen Genossenschaftsbank eGmbH an das Direktorium der Preußischen Zentralgenossenschaftskasse vom 22. Oktober 1931, BArch,
R 3101/11172.

28 Der stellvertretende Präsident der Preußischen Zentralgenossenschaftskasse Hu-
esmann an Reichswirtschaftsminister Warmbold vom 11. Dezember 1931, BArch,
R 3101/11172; Reichsminister der Finanzen an den Präsidenten der Preußischen
Zentralgenossenschaftskasse vom 25. Januar 1932, BArch, R 3101/11172.

29 Rheinische Genossenschaftsbank eGmbH an das Direktorium der Preußischen
Genossenschaftskasse vom 15. Dezember 1931, BArch, R 3101/11172.

30 Der Präsident der Preußischen Zentralgenossenschaftskasse an den Reichswirtschaftsminister vom 6. Januar 1932, BArch, R 3101/11172; Reichsminister der Finanzen an den Präsidenten der Preußischen Zentralgenossenschaftskasse vom
25. Januar 1932, BArch, R 3101/11172; Jahresabschlüsse der Essener Bank und der
Altendorfer Kreditbank für das Jahr 1931, BArch, R 907/5086; N. N., Essener Banken in Nöten, in: Volkswacht vom 23. Februar 1932.

31 Direktion der Preußischen Zentralgenossenschaftskasse an das Reichsbank-Direktorium vom 2. Februar 1932, BArch, R 3101/11172.

32 Vermerk im Reichswirtschaftsministerium vom 16. Februar 1932, BArch, R 3101/
11172; auch in der Öffentlichkeit wurde nun die Fehlwirtschaft der Essener Bank
offen diskutiert. N. N., Die Sanierung der Essener Genossenschaftsbanken, in:
Rheinisch-Westfälische Zeitung vom 22. Februar 1932, BArch, R 8127/12102.

33 N. N., Das Ende der Tragödie, in: Volkswacht vom 2. April 1932.

34 N. N., Ruf nach dem Staatsanwalt, in: Volkswacht vom 21. Dezember 1932.

35 Vermerk im Reichswirtschaftsministerium vom 16. Februar 1932, BArch,
R 3101/11172; Präsident der Preußischen Zentralgenossenschaftskasse an den
Reichswirtschaftsminister vom 10. März 1932, BArch, R 3101/11172.

36 N. N., Essener Banken in Nöten, in: Volkswacht vom 23. Februar 1932.

37 N. N., Die neue Grundlage der Essener Bank, in: Essener Volkszeitung vom
30. März 1932; N. N., Das Ende der Tragödie, in: Volkswacht vom 2. April 1932;
Prollius an den Ministerialrat im Reichswirtschaftsministerium Hoppe vom
5. April 1932, BArch, R 3101/11172.

38 Vorlage für den Reichswirtschaftsminister und seinen Staatssekretär vom 9. November 1932, BArch, R 3101/11172.

39 N. N., Zahlungseinstellung der Essener Bank!, in: Essener Volkszeitung vom
12. November 1932.

40 Alle Zitate aus N. N., Die Essener Bank muß erhalten bleiben, in: Essener Allgemeine Zeitung vom 13. November 1932, BArch, R 3101/11172; ähnlich N. N., Wer hilft dem Essener Mittelstand?, in: Essener Volkszeitung vom 15. November 1932.

41 Vgl. Wixforth, Hans Helferich, S. 255; Bormann u. a., Die kreditgenossenschaftlichen Zentralinstitute, S. 225–229.

42 N. N., Bemühungen ergebnislos, in: Essener Allgemeine Zeitung vom 18. November 1932, BArch, R 3101/11172; N. N., Um die Essener Bank, in: Volkswacht vom 18. November 1932; Oberbürgermeister Schaefer an den Reichswirtschaftsminister vom 18. Dezember 1932, BArch, R 3101/11172. Siehe zum Vergleichsverfahren auch die Artikel in BArch, R 8127/12102.

43 N. N., Die Zahlungseinstellung der Werdener Bank, in: Essener Allgemeine Zeitung vom 15. November 1932.

44 Vgl. Conrads, Vom Credit-Verein zu Werden, S. 216 f.

45 Bericht über die vom 1.-3. Juli 1931 vorgenommene gesetzliche Revision der Altessener Credit-Anstalt vom 11. Juli 1931, BArch, R 3101/11021.

46 Rheinische Genossenschaftsbank an das Direktorium der Preußischen Zentralgenossenschaftskasse vom 10. Februar 1932, BArch, R 3101/11021.

47 Der Präsident der Preußischen Zentralgenossenschaftskasse an den Reichsfinanzminister vom 31. März 1932, BArch, R 3101/11021; Bürgschaftserklärung des Reichsfinanzministeriums vom 16. April 1932, BArch, R 3101/11021.

48 Rheinische Genossenschaftsbank an das Direktorium der Preußischen Zentralgenossenschaftskasse vom 13. Mai 1932, BArch, R 3101/11021; auch Rheinische Genossenschaftsbank an das Direktorium der Preußischen Zentralgenossenschaftskasse vom 21. Juni 1932, BArch, R 3101/11021.

49 Der Präsident der Preußischen Zentralgenossenschaftskasse an den Reichsfinanzminister vom 28. November 1932, BArch, R 3101/11021; Reichsfinanzminister an den Reichswirtschaftsminister vom 8. Dezember 1932, BArch, R 3101/11021.

50 Rheinische Genossenschaftsbank an das Direktorium der Deutschen Zentralgenossenschaftskasse vom 11. April 1933, BArch, R 3101/11021.

51 Deutsche Zentralgenossenschaftskasse an den Reichswirtschaftsminister vom 14. November 1933, BArch, R 3101/11021.

52 Zitiert nach Wisskirchen, Burkhardt & Co., S. 236.

53 Vgl. Ulrich, Aufstieg und Fall, S. 195 f.

54 Vgl. 100 Jahre Simon Hirschland, S. 42 f.; Ulrich, Aufstieg und Fall, S. 162 f.; vgl. dazu die Unterlagen in BArch, R 11/247.

55 Aktenvermerk der Deutschen Bank und Disconto Gesellschaft vom 3. September 1931, HADB, S 313.

56 Solmssen an Kimmich vom 3. Oktober 1931, in: [Solmssen], Georg Solmssen, S. 319.

57 Kimmich an Solmssen vom 7. November 1931, HADB, S 313.

58 Notiz Kimmichs vom 17. August 1931, HADB, S 313.

59 Becker an Solmssen vom 19. August 1931, HADB, S 313.

60 Waldthausen an Schlitter vom 28. September 1931, HADB, S 313.

61 Solmssen an Becker vom 21. September 1931, HADB, S 313.

62 Solmssen an Becker vom 3. Oktober 1931, HADB, S 313.

63 Mojert an Solmssen vom 24. Oktober 1931, HADB, S 313.

64 Deutsche Bank Zentrale an Becker vom 7. November 1931, HADB, S 313.

65 Kimmich an Solmssen vom 4. April 1932, HADB, S 315.

66 Niederschrift der Besprechung über die Reorganisation der Gewerkschaften Ewald – König Ludwig am 11. November 1931, HADB, S 313; Entwurf eines Reorganisationsplanes Ewald/König Ludwig, ohne Datum [wohl November 1931], HADB, S 314.

67 Kimmich an Solmssen vom 20. November 1932, HADB, S 313.

68 Mojert an Kimmich vom 4. Dezember 1931, HADB, S 314.

69 Niederschrift der Besprechung über die Reorganisation der Gewerkschaften Ewald – König Ludwig am 24. November 1931, HADB, S 314.

70 Solmssen an Kimmich vom 2. Februar 1932, HADB, S 314; Aktenvermerk Mojerts vom 1. April 1932, HADB, S 315.

71 Die einzelnen Schritte der aufgrund der Vielzahl der involvierten Parteien, die allesamt mit den Auswirkungen der Wirtschaftskrise zu kämpfen hatten, recht verworrenen Sanierung sind hier nicht von tieferem Interesse. Sie lassen sich in den ausführlichen Schriftwechseln in HADB, S 313-S 321 a nachvollziehen.

72 Zitiert nach Lenz, Karstadt, S. 97.

73 Zur Entwicklung bei Karstadt vgl. Lenz, Karstadt, S. 93–147; zu Hirschland Ulrich, Aufstieg und Fall, S. 231.

74 Vgl. 100 Jahre Simon Hirschland, S. 41.

75 Handbuch der Deutschen Aktiengesellschaften 1932 (Bd. 2), Berlin/Leipzig 1932, S. 1706.

76 Vgl. zur Krise der Deutschen Volksbank, soweit nicht anders angegeben, Scholtyseck, Geschichte der National-Bank, S. 88–119.

77 Ministerbesprechung vom 24. November 1931, Akten der Reichskanzlei. Weimarer Republik. Online, Die Kabinette Brüning I/II, Nr. 569: http://www.bundesarchiv.de/aktenreichskanzlei/1919–1933/0001/bru/bru3p/kap1_1/kap2_55/para3_2.html.

Der Bankplatz Essen im «Dritten Reich»

1 Wisotzky, Die Jahre der Gewalt, S. 419.

2 Kershaw, Hitler 1889–1936, S. 552.

3 Zitiert nach Wisotzky, Die Jahre der Gewalt, S. 424.

4 Vgl. die Berichterstattung in ACDP, NL Stegerwald, I-206–011/1, Nr. 1173.

5 Vgl. die Berichterstattung im Berliner Börsen-Courier vom 22. Februar 1932.

6 Vgl. Jahn, Essener Geschichte, S. 540.

7 Vgl. John, Mobilisierung als Charakteristikum des NS-Systems?

8 Vgl. Wisotzky, Josef Terboven, S. 254; ders., Die Jahre der Gewalt, S. 419.

9 Wisotzky, Josef Terboven, S. 269–273.

10 Paul Hoffmann, «Deutschland, ein Reich der Ehre, der Freiheit und der Arbeit!», in: Ruhr und Rhein Wirtschaftszeitung vom 12. Mai 1933.

11 Vgl. Stremmel, Paul Hoffmann, S. 94, Anm. 14; auch Lodemann (Hrsg.), Der große Irrtum, bes. S. 50; StA Essen, Archiv Ernst Schmidt (Erinnerungen von Friedrich Lodemann, 19–887).

12 Das wichtigste Problem: Arbeitsbeschaffung! Gauwirtschaftsreferent Pg. Hoffmann spricht, in: National-Zeitung vom 23. April 1932.

13 Paul Hoffmann, Die Aufgaben der Kommission für Wirtschaftspolitik. Die Stellung der Gauwirtschaftsberater in Partei und Staat, in: National-Zeitung vom 3. August 1935.

14 Vgl. Stremmel, Paul Hoffmann, S. 106.

15 Zitiert nach ebenda, S. 102 f.

16 Vgl. ebenda, S. 122. Daneben die Kurzbiografie in Essener Köpfe, S. 157; James, Die Deutsche Bank, S. 78.

17 Vgl. Landesarchiv NRW, Abteilung Rheinland, Regierung Düsseldorf Nr. 44 974 I.

18 Stremmel, Paul Hoffmann, S. 103. Die Akten zur «Gleichschaltung» der IHK Essen müssen als verloren gelten. Vgl. jedoch Essener Allgemeine Zeitung vom 28. April 1933.

19 Vgl. Teschemaker (Hrsg.), Handbuch des Aufbaus der gewerblichen Wirtschaft, S. 213–215.

20 Vgl. Wisotzky, Die Jahre der Gewalt, S. 430.

21 Vgl. Mews, 100 Jahre Essener Sparkassenarbeit, S. 145. Zu Hahn vgl. Essener Köpfe, S. 130.

22 Vgl. Pohl, Die rheinischen Sparkassen, S. 180. Zu Schaefer Wieneke, Heinrich Schaefer, S. 267 f.

23 Vgl. Frech, Wegbereiter Hitlers?

24 Aufzeichnungen von Theodor Reismann-Grone aus der Oberbürgermeisterzeit (Juli 1933), StA Essen, 652/150, Bl. 57 und 102.

25 Vgl. Frech, Wegbereiter Hitlers?, S. 344.

26 Spoerer, Von Scheingewinnen zum Rüstungsboom, S. 170. Vgl. Plumpe, Unternehmen im Nationalsozialismus, S. 249; grundsätzlich Turner, Die Großunternehmer und der Aufstieg Hitlers; für Essen: Wisotzky, Die Jahre der Gewalt, S. 436 f.

27 Die wichtigsten Informationen finden sich in Pohl/Siekmann, Hochtief und seine Geschichte, S. 83 und passim. Vgl. daneben N. N., Dr.-Ing. h. c. Eugen Vögler, früher bei Hochtief, starb im Alter von 72 Jahren, in: Westdeutsche Allgemeine Zeitung vom 24./25. Januar 1956, in: Zeitungsausschnittsammlung zur Geschichte im Raume der Stadt Essen 1956, S. 76–78; vgl. Pudor, Eugen Vögler, S. 93–95.

28 Vögler an das Wehrbezirkskommando I (Essen) vom 28. April 1942, zitiert nach Scholtyseck, Die Geschichte der National-Bank, S. 150.

29 Pohl/Siekmann, Hochtief und seine Geschichte, S. 129.

30 Vgl. ebenda., S. 131.

31 Vgl. zu Thyssen Brakelmann, Zwischen Mitschuld und Widerstand, bes. S. 82; vgl. daneben Buchstab, Fritz Thyssen; Eglau, Fritz Thyssen.

32 Niederschrift über die 7. Aufsichtsratssitzung der National-Bank AG am Donnerstag, den 28. Februar 1935, Hotel Kaiserhof Essen, Archiv der National-Bank.

33 Eglau, Fritz Thyssen, S. 179–188.

34 Vgl. Buchstab, Fritz Thyssen, S. 125.

35 Vgl. Wisotzky, Die Jahre der Gewalt, S. 428 f.

36 Vgl. Scholtyseck, Verbandsarbeit unterm Hakenkreuz.

37 Pohl, Sparkassen und Kreditgenossenschaften, S. 188. Vgl. auch Wandel, Banken und Versicherungen, S. 28 f.

38 Vgl. ebenda, S. 83.

39 So zeitgenössisch der Bericht des Vorsitzenden des Untersuchungsausschusses für das Bankwesen an den Führer und Reichskanzler, abgedruckt in Pröhl, Reichs-gesetz für das Kreditwesen, S. 7. Vgl. hierzu auch Bähre, Der Zusammenhang zwi-schen wirtschaftlicher Entwicklung und Bankenaufsicht, S. 26.

40 Beckers, Kapitalmarktpolitik, S. 46–48; vgl. James, Strukturwandel in Kriegs- und Krisenzeiten, S. 188.

41 Die Commerzbank im Spiegel ihrer Anzeigen, Teil 1, S. 17, in: HAC, S 6 (Essen).

42 Vgl. Wandel, Banken und Versicherungen, S. 34–36, sowie Ullmann, Der deut-sche Steuerstaat, S. 172.

43 Beckers, Kapitalmarktpolitik, S. 48.

44 Vgl. ten Haaf, Kreditgenossenschaften im «Dritten Reich», S. 468 f.

45 Zitiert nach «So machen es Millionäre», in: Der Spiegel 19/1967 vom 1. Mai 1967, S. 76.

46 Vgl. Tooze, Ökonomie der Zerstörung; Herbst, Die nationalsozialistische Wirt-schaftspolitik im internationalen Vergleich; Overy, The Nazi Economic Recovery.

47 Tooze, Ökonomie der Zerstörung, S. 756 f. Vgl. Buchheim, Unternehmen in Deutschland, S. 356; Scherner, Anreiz statt Zwang.

48 Vgl. Steiner, Der Reichskommissar für die Preisbildung; ders., Von der Preisüber-wachung zur staatlichen Preisbildung, S. 50–58; Diehl, Von der Marktwirtschaft zur nationalsozialistischen Kriegswirtschaft, S. 58 f.; Dichgans, Zur Geschichte des Reichskommissars für die Preisbildung.

49 Tooze, Ökonomie der Zerstörung, S. 137 f. Hervorhebung im Original.

50 Zitiert nach Fischer, Herz des Reviers, S. 355.

51 Ebenda, S. 358.

52 Vgl. Wisotzky, Terboven, S. 265 f.

53 Vgl. hierzu die Übersichten bei Kwon, Deutsche Arbeitsbeschaffungs- und Kon-junkturpolitik, S. 328–336.

54 Vgl. Schulz, Kontinuitäten und Brüche in der Wohnungspolitik, S. 154–156; Golla, Nationalsozialistische Arbeitsbeschaffung, S. 249 f. Vgl. ähnlich Kwon, Deutsche Arbeitsbeschaffungs- und Konjunkturpolitik, S. 291; Haerendel, Kommunale Wohnungspolitik; Kornemann, Gesetze; Schildt, Wohnungspolitik, S. 157.

55 Witt, Inflation, Wohnungszwangswirtschaft und Hauszinssteuer, S. 400.

56 Hoffacker, Geschichte des Allgemeinen Bauvereins Essen AG.

57 Handbuch der Deutschen Aktiengesellschaften 1935, S. 8508.

58 Vgl. die Aufstellungen bei Kwon, Deutsche Arbeitsbeschaffungs- und Konjunk-turpolitik, S. 330–336.

59 Pohl/Siekmann, Hochtief und seine Geschichte, S. 86.

60 Raphael, Le Roi de la Ruhr.

61 Vgl. Wisotzky, Die Jahre der Gewalt, S. 438, S. 440 und S. 446.

62 Vgl. Donges, Die Vereinigte Stahlwerke AG im Nationalsozialismus, bes. S. 34–54.

63 Vgl. Wisotzky, Die Jahre der Gewalt, S. 438 f.

64 Ebenda, S. 441.

65 Spethmann, Ein Rückblick, S. 328; Von Waldthausen, Die Banken, S. 116.

66 Henning, Börsenkrisen und Börsengesetzgebung, bes. S. 274–277; Schichtel, Die Essen-Düsseldorfer Börse.

67 Vgl. Lehmann-Hasemeyer/Burhop, Geografie.

68 Vgl. Merkt, Zur Entwicklung des deutschen Börsenrechts, bes. S. 100–104, Zitat S. 102.

69 Bremer, Grundzüge des deutschen und ausländischen Börsenrechts, S. 41.

70 Deutscher Reichsanzeiger und Preußischer Staatsanzeiger vom 5. Dezember 1934. Vgl. Schließung der Essener Börse, in: Essener Anzeiger vom 7. Dezember 1934; Die Essener Börse geschlossen, in: Essener Volks-Zeitung vom 3. Januar 1935; vgl. Beer, Der Funktionswandel der deutschen Wertpapierbörsen in der Zwischenkriegszeit, S. 307. Lediglich Zahlenmaterial ohne die Aufschlüsselung in einzelne Institute findet sich in: Deutsche Bundesbank (Hrsg.), Deutsches Geld- und Bankwesen in Zahlen 1876–1975; Henning, Börsenkrisen und Börsengesetzgebung. Vgl. auch die Bestände in StA Essen, 102 III 302 und 305 (Die Essener Börse 1865–1935 bzw. Kursberichte der Essener Börse) sowie N. N., Milliardenwerte in Bewegung. Sonderdruck der Rheinisch-Westfälischen Zeitung vom 26. April 1934. Einige Materialien zu Grundstücksangelegenheiten auch in StA Essen 144/1409 und 1410.

71 Wisotzky, Vom Kaiserbesuch zum Euro-Gipfel, S. 142.

72 Chronik der Stadt Essen für das Jahr 1934, StA Essen.

73 Vermerk vom 4. März 1935, StA Essen, Rep. 102 III, Nr. 302.

74 James, Die Rolle der Banken im Nationalsozialismus, S. 26. Vgl. Kopper, Bankiers unterm Hakenkreuz.

75 Hirche, Die Wirtschaftsunternehmen der Gewerkschaften, S. 68–70.

76 Vgl. Novy/Prinz, Illustrierte Geschichte der Gemeinwirtschaft, S. 228.

77 Reichardt/Seibel, Radikalität und Stabilität, S. 22.

78 Hachtmann (Hrsg.), Ein Koloss auf tönernen Füßen.

79 Kreutzmüller/Loose, Die Bank der Deutschen Arbeit, S. 13.

80 Vgl. Hachtmann, Chaos und Indifferenz in der Deutschen Arbeitsfront.

81 Zitiert nach ebenda, S. 68 f.

82 Kreutzmüller/Loose, Die Bank der Deutschen Arbeit, S. 5.

83 Waldthausen, Die Banken, S. 114.

84 Wisotzky, Die Jahre der Gewalt, S. 421.

85 Nationale Revolution und christliche Gewerkschaften, in: Zentralblatt der christlichen Gewerkschaften Deutschlands vom 1. April 1933.

86 Roder, Der christlich-nationale Deutsche Gewerkschaftsbund, S. 537.

87 Vgl. Schäfer, Heinrich Imbusch, bes. S. 60 f.; ders., Heinrich Imbusch, S. 255.

88 Die Tagebücher von Joseph Goebbels. Sämtliche Fragmente, Teil 1, Band 2. Aufzeichnungen 1924–1941, München 1987, S. 406.

89 Essener-Lokal-Post vom 30. April 1933.

90 Zum Ende der freien Gewerkschaften vgl. Potthoff, Freie Gewerkschaften 1918–1933, S. 303–323; vgl. Schumann, Nationalsozialismus und Gewerkschaftsbewegung, S. 61–75; Winkler, Der lange Weg nach Westen, S. 926–929.

91 Scholtyseck, Geschichte der National-Bank, S. 138.

92 Zitiert nach Schäfer, Heinrich Imbusch, S. 72. Imbusch übersiedelte ins Saarland und floh 1935 nach Luxemburg, von dort 1940 nach Belgien und Frankreich. Seit 1937 ausgebürgert, kehrte er 1942 heimlich nach Essen zurück und versteckte sich bei seiner Familie, wo er schließlich im Januar 1945 starb.

93 Vgl. Steinberg, Widerstand und Verfolgung in Essen, S. 55.

94 Geschäftspolitik der Niederlassung Essen, HAC 1/169/1.

95 Vgl. Lansburgh, Filial-Großbanken oder Regional-Banken?, S. 1649.

96 Vgl. Kopper, Zwischen Marktwirtschaft und Dirigismus, S. 94–98.

97 Zitiert nach James, Strukturwandel in Kriegs- und Krisenzeiten, S. 186.

98 Vgl. den Artikel von Karl Rasche in der Kölnischen Zeitung vom 13. Mai 1933; daneben «Geschäftspolitik der Niederlassung Essen», HAC 1/169/1.

99 Kopper, Zwischen Marktwirtschaft und Dirigismus, S. 96.

100 Boelcke, Zum Gesetz über Staatsbanken, S. 64.

101 Zitiert nach ebenda, S. 66.

102 Vgl. Scholtyseck, Geschichte der National-Bank, S. 139.

103 Ebenda, S. 156.

104 Ebenda, S. 162.

105 Vgl. Cassier, Biographie einer Unternehmerbank, S. 121 und S. 129; Gehlen, Hilfe zur Selbsthilfe.

106 Vgl. Scholtyseck, Die Geschichte der National-Bank, S. 154.

107 Zur Gleichschaltung der freien Gewerkschaften, in: National-Zeitung vom 3. Mai 1933.

108 Pohl, Die Sparkassen vom Ausgang des 19. Jahrhunderts bis zum Ende des Zweiten Weltkriegs, S. 154.

109 «Geschäftspolitik der Niederlassung Essen», HAC 1/169/1.

110 Reimann, Öffentliche Banken, S. 92, sowie Fischer, Die Landesbank der Rheinprovinz, S. 433, S. 441, S. 469 f. und S. 512; vgl. Butschkau, Erinnerungen, S. 28.

111 Vgl. Reimann, Öffentliche Banken, S. 98–100, sowie die Unterlagen und Revisionsberichte in: BArch, R 8135/1.

112 Vgl. die Statistik in Wysocki, Essener Sparkassengeschichte, S. 144.

113 Bessen/Wick, 175 Jahre Sparkasse Essen, S. 31.

114 Ebenda, S. 99. Zur personellen Zusammensetzung vgl. Mews, 100 Jahre Essener Sparkassenarbeit, Anhang 4.

115 Seikel, Der Kampf um die öffentlich-rechtlichen Banken, S. 96; Deeg, Financial Capitalism, S. 42.

116 Vgl. Perdelwitz/Fabricius/Kleiner, Das preußische Sparkassenrecht, S. 178 f.

117 Vgl. Wysocki, Essener Sparkassengeschichte, S. 118.

118 Vgl. Thomsen, Die Sparkasse, S. 118 f.

119 Vgl. Mews, 100 Jahre Essener Sparkassenarbeit, S. 132 f.

120 Thomsen, Die Sparkasse, S. 118.

121 Vgl. Mews, 100 Jahre Essener Sparkassenarbeit, S. 67.

122 Reimann, Öffentliche Banken, S. 112.

123 Vgl. Achterberg, Fünfzig Jahre, S. 50 f.

124 Vgl. Jahn, Essener Geschichte, S. 541 f.

125 Kopper, Zwischen Marktwirtschaft und Dirigismus, S. 151.

126 Vgl. Reimann, Öffentliche Banken, S. 116.

127 Vgl. Achterberg, Fünfzig Jahre, S. 50.

128 Vgl. Reimann, Öffentliche Banken, S. 117.

129 Vgl Mews, 100 Jahre Essener Sparkassenarbeit, S. 133.

130 Heinrich Theodor Grütter, 175 Jahre Sparkasse Essen – Eine große Geschichte, in: Bessen/Wick, 175 Jahre Sparkasse Essen, S. 5–11, hier S. 9.

131 Vgl. Thomsen, Die Sparkasse, S. 118.

132 Vgl. Spethmann, Ein Rückblick, S. 328; Mews, 100 Jahre Essener Sparkassenarbeit, S. 135.

133 Als neuester Überblick Wixforth, Kreditgenossenschaften nach der Krise.

134 Der Erhalt der Selbstständigkeit rechtfertigte sich, denn der Umsatz stieg 1936 auf einen Rekordwert von sechs Millionen RM. Vgl. Vor 75 Jahren Dorfkasse, S. 36.

135 Geschäftsbericht für das Geschäftsjahr 1942, WWA Dortmund, S 7, Nr. 295/6.

136 Geschäftsbericht für das Geschäftsjahr 1941, WWA Dortmund, S 7, Nr. 295/6. Der Vorstand wurde geleitet von Karl Thal. Vgl. auch den Geschäftsbericht aus dem Jahr 1943, BArch, R 907/1728.

137 Die Beamtenbank bezieht ihr neues Haus in der Selmastraße, in: Essener Anzeiger vom 21. März 1937.

138 Vgl. Bjelicic, Geschichte der DVB Bank, S. 10–34.

139 Vgl. Waldthausen, Die Banken, S. 114.

140 Vgl. Bormann/Scholtyseck/Wixforth, Die kreditgenossenschaftlichen Zentralinstitute, S. 246 f.

141 Hans Rummel von der Deutschen Bank, zitiert nach Weihe, Die Personalpolitik der Filialgroßbanken, S. 28.

142 Vgl. Kopper, Zwischen Marktwirtschaft und Dirigismus, S. 30; Bähre, Der Zusammenhang zwischen wirtschaftlicher Entwicklung und Bankenaufsicht, S. 25.

143 Spethmann, Ein Rückblick, S. 328.

144 Zitiert nach Weihe, Die Personalpolitik der Filialgroßbanken, S. 46.

145 Ebenda, S. 68.

146 «Geschäftspolitik der Niederlassung Essen», HAC 1/169/1.

147 Ebenda.

148 Von Waldthausen, Die Banken, in: Spethmann, Die Stadt Essen, S. 107–116, hier S. 111.

149 Vgl. die Unterlagen in BArch, R 8136/2133.

150 Vgl. Scholtyseck, Robert Bosch, S. 522.

151 «Geschäftspolitik der Niederlassung Essen», HAC 1/169/1.

152 Bericht der Deutschen Revisions- und Treuhand-Aktiengesellschaft über die bei der Dresdner Bank Filiale Essen vorgenommene Zwischenprüfung (1939), BArch R 8135/2379.

153 Vier Essener Privatbanken, S. 5.

154 Vgl. Waldthausen, Die Banken, S. 113; vgl. die Aufstellungen der Niederlassung Essen der Commerzbank, HAC 1/169/1.

155 Bericht der Deutschen Revisions- und Treuhand-Aktiengesellschaft über die bei der Commerz- und Privatbank AG, Filiale Essen, vorgenommene Zwischenprüfung (1939), BArch, R 8135/1294.

156 Paulsen, Das «Gesetz der dritten Generation», S. 273.

157 Vgl. die Unterlagen in BArch, R 13 XVIII 129.

158 Centralverband des Deutschen Bank- und Bankiergewerbes an den Reichskommissar für das Kreditwesen vom 25. Juli 1936, BArch, R 13 XVIII 129.

159 Vgl. die Unterlagen in BArch, R 13 XVIII 120 bzw. die Aufzeichnung des Reichsaufsichtsamts für das Kreditwesen vom 22. Dezember 1942, BArch, R 2/13557.

160 Vgl. die Unterlagen in BArch, R 13 XVIII 80.

161 Handbuch der Deutschen Aktiengesellschaften 1933, S. 4402.

162 Vgl. die Unterlagen in BArch, R 13 XVIII 89.

163 Handbuch der Deutschen Aktiengesellschaften 1934, S. 1241; Handbuch der Deutschen Aktiengesellschaften 1937, S. 2073.

164 Tagesordnung und Geschäftsbericht der ordentlichen Generalversammlung der

Westdeutschen Terrain- und Bodenbank vom März 1935, WWA Dortmund,
S 7–300/5; Tagesordnung und Geschäftsbericht der ordentlichen Generalver-
sammlung der Westdeutschen Terrain- und Bodenbank vom März 1939, WWA
Dortmund, S 7–300/5; Handbuch der Deutschen Aktiengesellschaften 1938, S. 1874;
Handbuch der Deutschen Aktiengesellschaften 1939, S. 1915; Handbuch der Deut-
schen Aktiengesellschaften 1941, S. 1714.

165 Handbuch der Deutschen Aktiengesellschaften 1950/51, S. 5188.

166 Vgl. die Unterlagen in BArch, R 13 XVIII 120.

167 Vgl. Pudor, Fritz von Waldthausen, S. 133.

168 Vgl. James, Verbandspolitik im Nationalsozialismus, S. 265.

169 Vgl. Scholtyseck, Der Aufstieg der Quandts, S. 202; daneben Waldthausen, Die
Banken, in: Spethmann (Hrsg.), Die Stadt Essen, S. 115.

170 Die Firma wurde 1941 aus dem Handelsregister beim Amtsgericht Essen gelöscht.
Vgl. die Unterlagen in BArch, R 13 XVIII 142.

171 Unterlagen in BArch, R 13 XVIII 134.

172 Vgl. die Unterlagen in BArch, R 13 XVIII 57.

173 Kratz, Kreditinstitute im Ruhrgebiet, S. 112.

174 Vgl. Soénius, Wirtschaftsbürgertum.

175 Geschäftsbericht der Kettwiger Bank AG über das 7. Geschäftsjahr 1935, StA Essen.

176 Wilhelm Scheidt über die Gründung der Kettwiger Bank AG, RWWA Köln, FAS
31/4; vgl. die Unterlagen in BArch, R 13 XVIII 57.

177 «Erstes Ergebnis der Kettwiger Notspende» (1948), StA Essen, 910/2.028.

178 Vgl. Soénius, Wirtschaftsbürgertum, S. 588, Anm. 209.

179 Vgl. Bormann/Scholtyseck, 1933–1944, S. 35–51.

180 Bericht des Rechnungshofes des Deutschen Reichs vom 1. März 1939, BArch,
R 2/19273.

181 Vgl. Blumenroth, 100 Jahre deutsche Wohnungspolitik, S. 353–357; Kirchhoff,
Zielwandel bei öffentlichen Unternehmen; Pergande, Die Gesetzgebung auf dem
Gebiete des Wohnungswesens, S. 92.

182 Vgl. Blumenroth, 100 Jahre deutsche Wohnungspolitik, S. 355 f.

183 Vgl. Schulz, Kontinuitäten und Brüche, S. 156.

184 Zahlreiche Zusammenstellungen und Übersichten über Anträge, Vorbescheide
und Bescheide der DBB finden sich in BArch, R 2/19169. Vgl. auch Kwon, Deutsche Arbeitsbeschaffungs- und Konjunkturpolitik, S. 117.

185 Bericht der Deutschen Revisions- und Treuhand AG über die bei den Zweigniederlassungen der Deutschen Bau- und Bodenbank AG vorgenommenen Zwi-
schenprüfungen zum 30. Juni 1934, BArch, R 8135/2048.

186 Vgl. Führer, Anspruch und Realität, S. 241.

187 Vgl. Mai, Die Nationalsozialistische Betriebszellen-Organisation; Weihe, Die Personalpolitik der Filialgroßbanken, S. 231.

188 Verfügung des Führers der Deutschen Arbeitsfront vom 22. Juni 1933, in: Michae-
lis/Schraepler (Hrsg.), Ursachen und Folgen, S. 643.

189 Lochner, Die Mächtigen und der Tyrann, S. 207.

190 Vgl. Grüttner, Das Dritte Reich, S. 326–335; Bajohr/Wildt (Hrsg.), Volksgemeinschaft; Schmiechen-Ackermann (Hrsg.), «Volksgemeinschaft»; Schneider, In der
Kriegsgesellschaft, bes. S. 887–889.

191 Vgl. Luks, Der Betrieb als Ort der Moderne, S. 162–179.

192 Bracher, Die deutsche Diktatur, S. 367.

193 Vgl. Kranig, Lockung und Zwang; Mason, Die Bändigung der Arbeiterklasse, bes. S. 18.

194 «Geschäftspolitik der Niederlassung Essen», HAC 1/169/1.

195 Scholtyseck, Geschichte der National-Bank, S. 179.

196 Vgl. Hansen, Wohlfahrtspolitik im NS-Staat; Sachße/Tennstadt, Der Wohlfahrtsstaat im Nationalsozialismus.

197 Arnhold, Der Deutsche Betrieb, S. 7. Vgl. ders., Der Betriebsführer und sein Betrieb; Seeliger, Der Unternehmer in der gelenkten Wirtschaft; Schier, Der nationalsozialistische Unternehmertyp.

198 Kranig, Arbeitnehmer, Arbeitsbeziehungen und Sozialpolitik, S. 141.

199 Ley fordert nationalsozialistische Gemeinschaften in den Wirtschaftsbetrieben. Aus einem Aufruf vom 9. Dezember 1934, in: Schraepler (Hrsg.), Ursachen und Folgen, S. 656.

200 Zitiert nach Mason, Sozialpolitik im Dritten Reich, S. 249.

201 Vgl. Reulecke, Die Fahne mit dem goldenen Zahnrad, S. 251 f.; Frese, Vom «NS-Musterbetrieb» zum «Kriegs-Musterbetrieb», bes. S. 390–392.

202 Vgl. Scholtyseck, Geschichte der National-Bank, S. 183.

203 Essener Heimatkalender 1941, S. 187.

204 Zitiert nach Scholtyseck, Geschichte der National-Bank, S. 183.

205 «Geschäftspolitik der Niederlassung Essen», HAC 1/169/1.

206 Vgl. Weihe, Die Personalpolitik der Filialgroßbanken, S. 84 f.

207 Vgl. ebenda, S. 233.

208 Bericht der National-Bank AG, Essen vom 1. März 1940, in: Essener Heimatkalender 1941, S. 190.

209 «Betriebsausflug der Filiale Essen», Auszug aus dem Betriebs-Echo 1943, Folge 7/8, HAC 500/S 6 Essen.

210 Vgl. grundlegend Genschel, Die Verdrängung der Juden aus der Wirtschaft im «Dritten Reich»; Barkai, Vom Boykott zur «Entjudung»; Stiefel (Hrsg.), Die politische Ökonomie des Holocaust; Kenkmann, The Looting of Jewish Property; Drecoll, Der Fiskus als Verfolger; Friedenberger, Fiskalische Ausplünderung; Kuller, Bürokratie und Verbrechen.

211 Bajohr, Arisierung als gesellschaftlicher Prozeß, S. 15.

212 Kopper, Wer waren die Hauptprofiteure der «Arisierungen»?, S. 309.

213 Vgl. Köhler, Werten und Bewerten, S. 317.

214 Vgl. Ziegler, Erosion der Kaufmannsmoral, S. 156–168.

215 Banken, Kurzfristiger Boom oder langfristiger Forschungsschwerpunkt?, S. 188. Zu den Essener Zahlen vgl. Wisotzky, Die Jahre der Gewalt, S. 455.

216 Banken, Kurzfristiger Boom oder langfristiger Forschungsschwerpunkt?, S. 188.

217 Buchheim, Unternehmen in Deutschland, S. 376 f.

218 Kopper, Wer waren die Hauptprofiteure der «Arisierungen»?, S. 309.

219 Vgl. Herbst, Banker in einem prekären Geschäft.

220 Abgedruckt in Möller, Regionalbanken, S. 246.

221 Köhler, Werten und Bewerten, S. 320.

222 Verband deutscher öffentlich-rechtlicher Kreditinstitute an die Mitgliedsanstalten vom 5. September 1938, HStA Dresden 11814, Nr. 513.

223 Verband deutscher öffentlich-rechtlicher Kreditinstitute an Sächsische Staatsbank vom 20. Januar 1938, HStA Dresden, 11814.

224 Vgl. Meinl/Zwilling, Legalisierter Raub, S. 57.

225 Bajohr, «Arisierung» in Hamburg, S. 316.

226 Rundschreiben der Wirtschaftsgruppe Privates Bankgewerbe vom 23. November 1938, HStA Dresden 13142, Nr. 55.

227 Verband deutscher öffentlich-rechtlicher Kreditinstitute an die Mitgliedsanstalten vom 24. November 1938, HStA Dresden 13142, Nr. 55.

228 Verband deutscher öffentlich-rechtlicher Kreditinstitute an die Mitgliedsanstalten vom 7. Dezember 1938; Verband deutscher öffentlich-rechtlicher Kreditinstitute an die Mitgliedsanstalten vom 5. September 1938, HStA Dresden, 11814.

229 Weihe, Die Personalpolitik der Filialgroßbanken, S. 116–143.

230 «Geschäftspolitik der Niederlassung Essen», HAC 1/169/1. Vgl. Ahrens, Hundert Jahre im Westen, S. 44.

231 Aussage Hoffmann im Entnazifizierungsverfahren, 1947, Landesarchiv NRW, Abteilung Rheinland, NW 1005-G 42–734.

232 Hegemann, 100 Jahre Spar- und Darlehnskasse Essen eG, S. 26.

233 Tagung der Großen Arbeitsgemeinschaft des Gauwirtschaftsberaters Essen am 10. Oktober 1935, Historisches Archiv Krupp, WA 77/1819.

234 Centralverband des Deutschen Bank- und Bankiergewerbes an Meyer & Windmüller vom 5. November 1938, BArch, R 13 XVIII 135.

235 Centralverband des Deutschen Bank- und Bankiergewerbes an den Reichskommissar für das Kreditwesen vom 2. Juni 1936, BArch, R 13 XVIII 164.

236 Kurt Poensgen an Centralverband des Deutschen Bank- und Bankiergewerbes an den Reichskommissar für das Kreditwesen vom 27. Mai 1936, BArch, R 13 XVIII 164.

237 Moritz Schwarz an den Centralverband des Deutschen Bank- und Bankiergewerbes vom 29. Mai 1936, BArch, R 13 XVIII 164.

238 Vgl. die Unterlagen in BArch, R 13 XVIII 134.

239 Stolpersteine in der Von-Einem-Straße und Von-Seeckt-Straße in Essen-Süd, hrsg. von der Bürgerinitiative Stolpersteine in Essen-Süd, Essen 2015. Die Gestapo-Akte liegt im Landesarchiv NRW, Abteilung Rheinland.

240 Brocke/Zimmermann, Stationen jüdischen Lebens, S. 152. Archivmaterial, u. a. ein Brief und ein Interview des Sohnes von Paul Windmüller findet sich in den Sammlungen der Stadt Essen «Alte Synagoge Essen». Gestapo-Akte im Landesarchiv NRW, Abteilung Rheinland.

241 Eugenie Heumann an emigrierte Verwandte vom 3. Juli 1936, Alte Synagoge Essen, AR.0220.

242 Vgl. die Unterlagen in BArch, R 13 XVIII 135.

243 Reichskommissar für das Kreditwesen an Bankgeschäft Levi Hirschland vom 3. November 1938, BArch, R 13 XVIII 110.

244 Vgl. die Unterlagen in BArch, R 13 XVIII 110.

245 Dokumentation Margot Panowsky, in: Alte Synagoge Essen, BR 430.

246 Vgl. Ulrich, Das Privatbankhaus Simon Hirschland im Nationalsozialismus; ders, Von Simon Hirschland zu Burkhardt & Co.; Pritzkoleit, Burkhardt & Co.; Wisskirchen, Burkhardt & Co.; Krebs, 125 Jahre Simon Hirschland. Zur Rolle der National-Bank vgl. Scholtyseck, Geschichte der National-Bank, S. 186–206.

247 Zum Gesamtvorgang vgl. James, Die Deutsche Bank und die «Arisierung», S. 77–81.

248 Wixforth, Ein «stiller Teilhaber», S. 64.

249 Vgl. Born, Vom Beginn des Ersten Weltkrieges, S. 126–128.

250 100 Jahre Simon Hirschland, S. 42.

251 Vgl. ebenda, S. 43. Vgl. auch zu diversen entsprechenden Verhandlungen in den Jahren 1931 bis 1938 die Unterlagen in BArch, R 8122/191.

252 100 Jahre Simon Hirschland, S. 55.

253 Kurt Grunebaum wird zitiert nach Dreesbach/Kamp/Neumann, Meyer-Struckmann, S. 124.

254 Vgl. hierzu grundlegend Köhler, Zwischen marktwirtschaftlicher Marginalisierung und politischer Verdrängung.

255 Vgl. Ulrich, Das Privatbankhaus Simon Hirschland, S. 132.

256 Vgl. 100 Jahre Simon Hirschland (Anhang).

257 Ebenda, S. 58 f.

258 Ebenda, S. 61 f.

259 Schreiben der Außenstelle Essen an die Staatspolizeistelle Düsseldorf vom 15. Oktober 1937, zitiert nach Ulrich, Aufstieg und Fall der Privatbankiers, S. 343. Vgl. daneben auch Köhler, Die «Arisierung» der Privatbanken, S. 374.

260 Vgl. Wisskirchen, Burkhardt & Co., S. 236.

261 Zitiert nach Dreesbach/Kamp/Neumann, Meyer-Struckmann, S. 125.

262 Vgl. Ulrich, Aufstieg und Fall, S. 343, Anm. 196; ders., Das Privatbankhaus Simon Hirschland, S. 136.

263 Gall, Der Bankier, S. 51 f.

264 Vgl. Ulrich, Aufstieg und Fall, S. 343.

265 Aktennotiz über die Vorgänge betreffend Überleitung der Firma Simon Hirschland, Essen, in arische Hände, vom 31. Juli 1938, BArch, R 3101/15515.

266 Vgl. Wixforth, Ein «stiller Teilhaber», S. 66.

267 Vgl. ebenda, S. 69–71; Ulrich, Aufstieg und Fall, S. 343. Die näheren Umstände dieses «Interesses» sind nicht bekannt. Im Historischen Archiv der Dresdner Bank ist der Vorgang nicht quellenmäßig überliefert. Vgl. hierzu auch Ziegler, Die Dresdner Bank und die deutschen Juden, S. 162, Anm. 122. Zu Ratzmann vgl. Wixforth, Ein Bankier vor und nach dem Holocaust, S. 272–275.

268 Aktennotiz von Oberregierungsrat Kohler vom 19. Juli 1938, BArch, R 3101/15515.

269 Ebenda.

270 Ernst geriet im NS-Getriebe später immer stärker ins Abseits und wurde im Zuge des Umsturzversuchs des 20. Juli 1944 verhaftet. Vgl. Gloe, Planung für die deutsche Einheit, S. 71.

271 Aktennotiz des Anwalts der Hirschlands, Fritz Fenthol, vom 31. Juli 1938, BArch, R 3101/15515.

272 Vgl. hierzu Ulrich, Aufstieg und Fall, S. 344; vgl. ders., Das Privatbankhaus Simon Hirschland, S. 137.

273 Vgl. Wixforth, Ein «stiller Teilhaber», S. 67, Anm. 18.

274 Vgl. Plumpe/Lesczenski, Die Thyssens; Eglau, Fritz Thyssen.

275 Vgl. Ulrich, Das Privatbankhaus Simon Hirschland, S. 135.

276 Vgl. Wixforth, Ein «stiller Teilhaber», S. 68.

277 Vgl. ebenda, S. 70; Überleitungsentwurf vom 11. Juli 1938, BArch, R 3101/15515 beziehungsweise das Schreiben des Reichskommissars für das Kreditwesen an

Friedrich Flick samt Vertragsentwurf für die Gründung der neuen Bankfirma Burkhardt & Co. vom 29. August 1938, BArch, R 8122/6.

278 Vgl. Scholtyseck, Geschichte der National-Bank, S. 195 f., sowie James, Die Deutsche Bank und die «Arisierung», S. 78.

279 Zitiert nach Scholtyseck, Geschichte der National-Bank, S. 195 f.

280 «Über die heutige Verhandlung mit dem Gauwirtschaftsberater Hoffmann NSDAP Essen» (20. Juli 1938), BArch, R 3101/15515.

281 Aktennotiz Fritz Fenthol vom 31. Juli 1938, in: BArch, R 3101/15515.

282 Ebenda.

283 Vgl. Wixforth, Ein «stiller Teilhaber», S. 69, auf der Grundlage der Akten aus dem Historischen Archiv der Dresdner Bank, Bestand 87, Konsortialabteilung, Akte 31151–2001.BE, Diverse, Aktennotiz von André vom 26. Juli 1938; Aktennotiz von André vom 27. Juli 1938; Aktennotiz von Max Bardroff vom 5. August 1938.

284 Vermerk des RWM über die Besprechung am 2. August 1938, BArch R 3101/15515.

285 Vgl. hierzu Wixforth, Ein «stiller Teilhaber», S. 70. Vgl. auch die Aktennotiz von Max Bardroff vom 28. August 1938, Historisches Archiv der Dresdner Bank, Bestand 87, Konsortialabteilung, Akte 31151–2001.BE.

286 Vgl. zu dieser Bestimmung vom 26. April 1938 Bajohr, «Arisierung» in Hamburg, S. 236.

287 Vgl. grundsätzlich zu dieser Problematik Köhler, Werten und Bewerten.

288 Vgl. auch Westdeutschland Wirtschaftsprüfungs-AG Essen, Sonderbericht über die Entwicklung und die rechtlichen und wirtschaftlichen Grundlagen, in: Scholtyseck, Geschichte der National-Bank, S. 202.

289 Ulrich, Aufstieg und Fall, S. 346.

290 Zitiert nach Scholtyseck, Geschichte der National-Bank, S. 200.

291 Vgl. grundsätzlich zu diesem Dilemma Süß, Leistung, Aufstieg und Vernichtung, S. 466.

292 Ziegler, Geschäftliche Spezialisierungen deutscher Privatbankiers, S. 42.

293 Bajohr, «Arisierung» in Hamburg, S. 315–319.

294 Vgl. ausführlich James, Die Deutsche Bank und die «Arisierung», S. 79 f.

295 Vgl. zu diesem Vorgang die Unterlagen in StA Essen, 144/336 und 144/380.

296 Fenthol an Schultze-Schlutius vom 1. Juli 1938, BArch, R 3101/15515.

297 Auswanderungsbestätigungen vom 8. Dezember 1938 bzw. die Rückkehrbescheinigung des Polizeipräsidenten Essen für Georg Hirschland, in: Krebs, 125 Jahre Simon Hirschland, S. 138 f.; vgl. Schröter, Die Familie Hirschland in Essen, S. 178.

298 Vgl. Ulrich, Das Privatbankhaus Simon Hirschland, S. 142.

299 Die kommende Nationalisierung des Bankwesens. Die Liquidation der jüdischen Bankhäuser bleibt die volkswirtschaftliche Ideallösung, in: Essener National-Zeitung, 6. Oktober 1938.

300 Vgl. Scholtyseck, Geschichte der National-Bank, S. 205 f.

301 Vgl. Wisskirchen, Burkhardt & Co., S. 236.

302 Oberfinanzpräsident Düsseldorf (Devisenstelle) an Burkhardt & Co. vom 20. September 1939, BArch, R 3101–34407; Wirtschaftsgruppe Privates Bankgewerbe an Burkhardt & Co. vom 31. Oktober 1939, BArch, R 3101–34407.

303 Blaich, Wirtschaft und Rüstung, S. 34.

304 Erker, Industrie-Eliten in der NS-Zeit, S. 19. Vgl. Tooze, Ökonomie der Zerstörung, S. 44 f.

305 Vgl. Bähr, «Bankenrationalisierung» und Großbankenfrage, S. 88 f.

306 Vgl. Wysocki, Essener Sparkassengeschichte, S. 99.

307 Ebenda.

308 Verband deutscher öffentlich-rechtlicher Kreditinstitute an die Mitgliedsanstalten vom 2. Juni 1942, HStA Dresden 11814–160.

309 Geschäftsbericht für das Geschäftsjahr 1941, WWA Dortmund, S 7, Nr. 295/6. Vgl. auch den Geschäftsbericht aus dem Jahr 1943, BArch, R 907/1728.

310 Vgl. Harlander, Kleinsiedlung, Volkswohnung, sozialer Wohnungsbau, S. 82.

311 Erlass zur Vorbereitung des deutschen Wohnungsbaues für die Zeit nach dem Kriege, als Faksimile abgedruckt in Harlander/Fehl, Hitlers Sozialer Wohnungsbau, S. 131 f. Zur Einordnung Schildt, Wohnungspolitik, S. 165 f. Vgl. Pergande, Die Gesetzgebung, S. 122.

312 Heiden, Von der Kleinsiedlung zum Behelfsheim, S. 368.

313 Aktenvermerk der Parteikanzlei vom 11. Januar 1945, zitiert nach Führer, Anspruch und Realität, S. 255.

314 Zitiert nach Wysocki, Essener Sparkassengeschichte, S. 101.

315 Vgl. hierzu Kopper, Zwischen Marktwirtschaft und Dirigismus, S. 349–362; Bähr, «Bankenrationalisierung» und Großbankenfrage, S. 82.

316 Holtfrerich, Die Deutsche Bank, S. 413; vgl. Kopper, Zwischen Marktwirtschaft und Dirigismus, S. 349–353. Zu Lange vgl. ebenda., S. 215.

317 Gauwirtschaftsberater Paul Hoffmann, M.d.R, Essen, Reorganisation der Banken, in: Partei-Kanzlei – III B –, Nationalsozialistische Wirtschaftspolitik, Jahrgang 1941, Folge 14, S. 221–223.

318 Es sei ratsam, so ließ van Ackeren wissen, «von der Übernahme von Aktien einer uns fern stehenden Unternehmung doch lieber abzusehen». Van Ackeren an Schröder vom 14. Februar 1943, zitiert nach Scholtyseck, Geschichte der National-Bank, S. 211.

319 Dabei wurden, wie nach Kriegsende von den westdeutschen Landesfinanzbehörden festgestellt wurde, verdeckte Gewinne an die Aktionäre des DBV ausgeschüttet. Diese erhielten für ihre mit 90 Prozent bewerteten Aktien die mit 120 Prozent erheblich höher bewerteten Aktien der National-Bank. Vgl. Scholtyseck, Geschichte der National-Bank, S. 214.

320 James, Die Rolle der Banken im Nationalsozialismus, S. 35.

321 Schreiben des Leiters der Partei-Kanzlei an den RWM vom 8. August 1942, in: Bähr, «Bankenrationalisierung» und Großbankenfrage, S. 80 f.

322 Zitiert nach Möller, Regionalbanken im Dritten Reich, S. 185.

323 Reichsbank-Direktorium an Reichsfinanzministerium vom 15. August 1942, BArch, R 2/13557.

324 Aufzeichnung des Reichsaufsichtsamts für das Kreditwesen vom 22. Dezember 1942, BArch, R 2/13557.

325 Frankfurter Zeitung vom 28. September 1942.

326 Vgl. Kopper, Zwischen Marktwirtschaft und Dirigismus, S. 35.

327 Gauwirtschaftsberater Hoffmann an RWM vom 6. Mai 1943, BArch R 2/13557.

328 Gauwirtschaftsberater Hoffmann an RWM vom 5. März 1943, BArch R 2/13557.

329 Gauwirtschaftsberater Hoffmann an RWM vom 6. Mai 1943, BArch R 2/13557.

330 Ebenda.

331 Zitiert nach Scholtyseck, Geschichte der National-Bank, S. 210.

332 Vgl. Achterberg/Preusker, Berliner Banken im Wandel der Zeit, S. 90.

333 Vögler an Gauleitung Mark Brandenburg vom 10. Juni 1943, BArch, R 2/13557; Paul Hoffmann an Max Küppers vom 3. Juni 1943, HAC S 3/A 76.

334 Hermann van Ackeren an Paul Hoffmann vom 28. Januar 1943, HAC S 3/A 76.

335 Paul Hoffmann an Niederrheinische Bank AG vom 28. Januar 1943, HAC S 3/A 76.

336 Hermann van Ackeren an Max Küppers vom 6. Juli 1943, HAC S 3/A 76.

337 Hermann van Ackeren an Schröder vom 14. Februar 1943, zitiert nach Scholtyseck, Geschichte der National-Bank, S. 210.

338 Zur Niederrheinischen Bank vgl. Etzel, Die Niederrheinische Bank.

339 Vgl. Scholtyseck, Geschichte der National-Bank, S. 210.

340 Vgl. Wysocki, Essener Sparkassengeschichte, S. 118.

341 Vgl. Blank, Ruhrschlacht; Jahn, Essener Geschichte, S. 544; Alte Synagoge Essen (Hrsg.), Essen unter Bomben.

342 Vgl. Fischer, Herz des Reviers, S. 363.

343 Vgl. Scholtyseck, Die Geschichte der National-Bank, S. 248.

344 Vgl. die Unterlagen in BArch, R 13 XVIII 64.

345 Vgl. Kreis der Banken rundet sich. Sonderbeilage der Westdeutschen Allgemeinen: Zehn Jahre nach den Bomben, in: Westdeutsche Allgemeine vom 11. März 1955.

346 Wysocki, Essener Sparkassengeschichte, S. 102 f.

Die Essener Banken seit 1945

1 Parlamentarischer Rat. Stenographische Berichte über die Plenarsitzungen 1948/49, S. 210.

2 Joseph Goebbels, Eintrag vom 23. September 1943, in: Fröhlich (Hrsg.), Die Tagebücher von Joseph Goebbels, Teil II: Diktate 1941–1945, Band 9: Juli-September 1943, München u. a. 1993, S. 577.

3 Loth, 1945 – Essens Wiederaufbau nach dem Krieg, S. 113.

4 Vgl. Dupke, Vom Wiederaufbau zum Strukturwandel, S. 471.

5 Städtische Sparkasse Essen, Geschäftsbericht 1945, StA Essen, 1001/30.

6 Vgl. Horstmann, Die Alliierten und die deutschen Großbanken, S. 216 f.

7 Vgl. Pohl, Die rheinischen Sparkassen, S. 192.

8 Vgl. Wißkirchen, Burkhardt & Co., S. 241; Ulrich, Von Simon Hirschland zu Burkhardt & Co., S. 346.

9 Vgl. Ahrens, Die Dresdner Bank, S. 24 f.

10 Wysocki, Essener Sparkassengeschichte, S. 103.

11 Köpp, 75 Jahre Sparda-Bank Essen eG, S. 29 f.

12 Vgl. Dreesbach/Kamp/Neumann, Fritz Meyer-Struckmann, S. 126.

13 Pohl, Die rheinischen Sparkassen, S. 192.

14 Ansprache bei der Eröffnungsfeier der neuen Filiale am 27. Juni 1950, HAC, S 6 (Essen).

15 Wir sind auf dem Weg zu einer neuen Struktur, in: Essener Allgemeine Zeitung vom 28. Juni 1950.

16 Städtische Sparkasse Essen, Geschäftsbericht 1945, in: StA Essen, 1001/30.

17 Vgl. Ullmann, Der deutsche Steuerstaat, S. 173.

18 Vgl. Scholtyseck, Die Geschichte der National-Bank, S. 254.

19 Die Bankenaufsichtsbehörden erlaubten es ausdrücklich, die Reichsschuldtitel in den Bilanzen zum Nennwert als «Vermögenswerte» zu deklarieren. Vgl. Holtfrerich, Das Elend der Mark, S. 177.

20 Grundsätzlich Gimbel, The American Occupation of Germany; Peterson, The American Occupation of Germany; Henke, Die amerikanische Besetzung Deutschlands; Moltmann, Zur Formulierung der amerikanischen Besatzungspolitik.

21 Wandel, Banken und Versicherungen, S. 105.

22 Vgl. Holtfrerich, Die Deutsche Bank, bes. S. 450–469.

23 Vgl. die abgewogene Beurteilung bei Wandel, Der OMGUS-Bericht, S. 51–56.

24 James, Die Deutsche Bank und die Diktatur, S. 322.

25 Scholtyseck, Die USA vs. «The Big Six».

26 Gall, Der Bankier, S. 123.

27 Allied Forces, Financial and Property Control Technical Manual (1944), S. 16, zitiert nach Holtfrerich, Deutsche Bank, S. 450.

28 Zitiert nach Horstmann, Die Angst vor dem finanziellen Kollaps, S. 215.

29 Zitiert nach ebenda, S. 216.

30 Vgl. grundsätzlich Lange (Hrsg.), Entnazifizierung in Nordrhein-Westfalen.

31 Vgl. Horstmann, Die Angst vor dem finanziellen Kollaps, S. 228, Anm. 6.

32 Vgl. ebenda., S. 217.

33 Bekanntmachung der Militärregierung vom 26. Juni 1945, StA Essen.

34 Pohl, Die rheinischen Sparkassen, S. 192 f.

35 Städtische Sparkasse Essen, Geschäftsbericht 1945, StA Essen, 1001/30.

36 Scholtyseck, Geschichte der National-Bank, S. 240.

37 Seeling, Karl Hitzbleck, S. 168 f.

38 Um nur ein Beispiel zu geben: In der Nachbargemeinde Altendorf war beim dortigen Spar- und Darlehnskassenverein eGmbH das Vorstandsmitglied Heinrich Ellinghaus von 1910 bis 1947 im Amt, Heinrich Lüninghaus von 1902 bis 1959 und der Rendant Heinz Küsters von 1931 bis 1953. Vgl. Vor 75 Jahren Dorfkasse, S. 40.

39 Vgl. Scholtyseck, Die Geschichte der National-Bank, S. 236.

40 Vgl. Dupke, Vom Wiederaufbau zum Strukturwandel, S. 474.

41 Vgl. Scholtyseck, Die Geschichte der National-Bank, S. 234 f.

42 Plumpe, Politische Zäsur und funktionale Kontinuität, S. 12.

43 Adenauer, Teegespräche 1950–1954, S. 245.

44 Stolleis, Geschichte des öffentlichen Rechts in Deutschland, S. 31.

45 Vgl. Dickhoff, Die Entnazifizierung und Entmilitarisierung der Straßennamen.

46 Vgl. Scholtyseck, Geschichte der National-Bank, S. 240–245.

47 Vgl. Leisner, Von Entrechteten zu Berechtigten?, bes. S. 88 f.

48 Vgl. Nietzel, Verfolgung, Beraubung und der Kampf um die Erinnerung, bes. S. 83 f.

49 OMGUS. Ermittlungen gegen die Deutsche Bank 1946/1947, S. 76 f.

50 Dreesbach/Kamp/Neumann, Fritz Meyer-Struckmann, S. 118.

51 Vgl. Ulrich, Aufstieg und Fall, S. 348; Kopper, Zwischen Marktwirtschaft und Dirigismus, S. 271, Anm. 981.

52 Vgl. Dreesbach/Kamp/Neumann, Fritz Meyer-Struckmann, S. 131.

53 Vgl. Scholtyseck, Geschichte der National-Bank, S. 246 f.

54 Vgl. James, Die Deutsche Bank und die «Arisierung», S. 81 f.

55 Jahresbericht der IHK Essen 1946, WWA Dortmund, S 6–891/6 (1946).

56 Zitiert nach Fischer, Herz des Reviers, S. 368.

57 Vgl. Kleßmann/Friedemann, Streiks und Hungermärsche im Ruhrgebiet.

58 Zitiert nach Dupke, Vom Wiederaufbau zum Strukturwandel, S. 482 f.

59 Schulz, Baedeker im Westen, S. 124.

60 Dupke, Vom Wiederaufbau zum Strukturwandel, S. 487.

61 Vgl. Heistermann, Demontage und Wiederaufbau.

62 IHK Essen, Jahresbericht 1947, WWA Dortmund, S 6–891/6 (1947).

63 Vgl. Scholtyseck, Geschichte der National-Bank, S. 286 f.

64 IHK Essen, Jahresbericht 1947, WWA Dortmund, S 6–891/6 (1947).

65 Ebenda.

66 Zitiert nach Fischer, Herz des Reviers, S. 377.

67 Reichsbankleitstelle Hamburg: «Domicile of the central note-issuing Bank for the Western Zones», Bank of England Archive, OV 34/90.

68 Vgl. Rudersdorf, Der Wiederbeginn des Bankengeschäfts, S. 271 f.

69 Vgl. hierzu inzwischen die Beiträge in: 100 Jahre Bundesverband Öffentlicher Banken.

70 Abelshauser, Deutsche Wirtschaftsgeschichte seit 1945, S. 122; vgl. Holtfrerich, Das Elend der Mark, S. 183. Die Debatten um die Bedeutung der Währungsreform können an dieser Stelle nicht weiterverfolgt werden. Vgl. hierzu Buchheim, Zur Kontroverse über den Stellenwert der Währungsreform.

71 Vgl. Wandel, Banken und Versicherungen, S. 37.

72 Vgl. Kratz, Kreditinstitute im Ruhrgebiet, S. 87.

73 Jahresbericht der IHK Essen 1948, WWA Dortmund S 6–891/6 (1948).

74 Vgl. Abelshauser, Deutsche Wirtschaftsgeschichte, S. 406.

75 Wysocki, Essener Sparkassengeschichte, S. 104.

76 Jahresbericht der IHK Essen 1948, WWA Dortmund S 6–891/6 (1948).

77 Zitiert nach Pohl, Die rheinischen Sparkassen, S. 198.

78 Jahresbericht der IHK Essen 1948, WWA Dortmund S 6–891/6 (1948).

79 Vgl. Dupke, Vom Wiederaufbau zum Strukturwandel, S. 484.

80 Zitiert nach Ulrich, Von Simon Hirschland zu Burkhardt & Co., S. 349.

81 Vgl. grundsätzlich Köchling, Demontagepolitik und Wiederaufbau, S. 313–316.

82 Zitiert nach Fischer, Herz des Reviers, S. 391.

83 Vgl. Abelshauser, Deutsche Wirtschaftsgeschichte, S. 127.

84 Plumpe, Industrieland Deutschland, S. 392 f.

85 Vgl. Spoerer, Wohlstand für alle?

86 Zur ökonomischen Bedeutung des Marshallplans Borchardt/Buchheim, Die Wirkung der Marshallplan-Hilfe. Die Bedeutung des Marshallplans in wirtschaftlicher Hinsicht und als Motor für das «Wirtschaftswunder» wird hingegen von Werner Abelshauser als überbewertet betrachtet: Abelshauser, Hilfe zur Selbsthilfe. Vgl. daneben Spagnolo, Reinterpreting the Marshall Plan; Hogan, The Marshall Plan; Hardach, Der Marshall-Plan; Lehmann, Der Marshallplan und das neue Deutschland.

87 Vgl. Hockerts/Schulz, Einleitung, S. 9 f.; daneben Gilgen/Kopper/Leutzsch (Hrsg.), Deutschland als Modell?

88 Zu dem vom französischen Ökonomen Michel Albert geprägten Begriff vgl. Albert, Kapitalismus contra Kapitalismus; Hall/Soskice (Hrsg.), Varieties of Capitalism; de Goey, European Varieties of Capitalism; Berghahn, Das deutsche Kapitalismus-Modell.

89 Albert, Kapitalismus contra Kapitalismus, S. 110 f.; Ahrens, Kreditwirtschaft im «Wirtschaftswunder», S. 121.

90 Vgl. Vitols, Das «deutsche Modell».

91 Vgl. Spangenberger (Hrsg.), Rheinischer Kapitalismus.

92 Müller-Armack, Soziale Marktwirtschaft, S. 392.

93 Vgl. Spicka, Selling the Economic Miracle.

94 Vgl. Rombeck-Jaschinski, Das Londoner Schuldenabkommen; Scholtyseck, Das Londoner Schuldenabkommen 1953; Wolffsohn, Globalentschädigung für Israel und die Juden?

95 Wandel, Banken und Versicherungen, S. 38.

96 Vgl. Lindlar, Das mißverstandene Wirtschaftswunder.

97 Dupke, Vom Wiederaufbau zum Strukturwandel, S. 488.

98 Jahresbericht der IHK Essen 1950, WWA Dortmund S 6–891/6 (1950).

99 Fischer, Herz des Reviers, S. 376.

100 Dupke, Vom Wiederaufbau zum Strukturwandel, S. 489.

101 Holtfrerich, Geldpolitik bei festen Wechselkursen, S. 365.

102 Vgl. Sattler, Unternehmensfinanzierung im «Rheinischen Kapitalismus», S. 145.

103 Jahresbericht der IHK Essen 1950, WWA Dortmund S 6–891/6 (1950).

104 Jahresbericht der IHK Essen 1951, WWA Dortmund, S 6–891/6 (1951).

105 Jahresbericht der IHK Essen 1949, WWA Dortmund S 6–891/6 (1949).

106 Vgl. zeitgenössisch Strathus, Der Kapitalmarkt in Westdeutschland; Irmler, Währungsreform und reglementierter Kapitalmarkt; Gehlen, Aufbaujahre, S. 162.

107 Jahresbericht der IHK Essen 1952, WWA Dortmund, S 6–891/6 (1952).

108 Jahresbericht der IHK Essen 1954, WWA Dortmund, S 6–891/6 (1954).

109 Vgl. Sattler, Unternehmensfinanzierung im «Rheinischen Kapitalismus», S. 146–160.

110 Jahresbericht der IHK Essen 1955, WWA Dortmund S 6–891/6 (1955).

111 Jahresbericht der IHK Essen 1956, WWA Dortmund, S 6–891/6 (1956).

112 Jahresbericht der IHK Essen 1960, WWA Dortmund, S 6–891/6 (1960).

113 Jahresbericht der IHK Essen 1957, WWA Dortmund, S 6–891/6 (1957).

114 Jahresbericht der IHK Essen 1958, WWA Dortmund, S 6–891/6 (1958).

115 Vocke, Memoiren, S. 164.

116 Götz, Weil alle besser leben wollen, S. 113.

117 Vgl. Berger, Konjunkturpolitik im Wirtschaftswunder; Dickhaus, Die Bundesbank im westeuropäischen Aufbau; Sattler, Unternehmensfinanzierung im «Rheinischen Kapitalismus», S. 159.

118 Vgl. Kratz, Kreditinstitute im Ruhrgebiet, S. 77 und S. 86.

119 Zitiert nach Fischer, Herz des Reviers, S. 380.

120 Vgl. Sattler, Unternehmensfinanzierung im «Rheinischen Kapitalismus», S. 154; Durth, Zur Kontinuität städtebaulicher Leitbilder.

121 Vgl. Pohl, Wiederaufbau; Grünbacher, Reconstruction and Cold War; Harries, Wiederaufbau.

122 Vgl. Schulz, Wiederaufbau in Deutschland, S. 193 f.; Harlander, Kleinsiedlung, Volkswohnung, sozialer Wohnungsbau, S. 87; daneben Schulz, Die Diskussion über Grundlinien einer Nachkriegssozialpolitik.

123 Vgl. Aareal Bank AG – 90 Jahre, S. 62–71; Ein solide-elegantes Bankhaus. Neues

Gebäude der Deutschen Bau- und Bodenbank wurde eingeweiht – Prominente Ehrengäste, in: Essener Allgemeine Zeitung vom 25. Juli 1952.

124 Vgl. die Akten «Angelegenheiten der Preußischen Landespfandbriefanstalt» in StA Essen, 100/137.

125 Ebenda.

126 Vgl. Pohl, Die rheinischen Sparkassen, S. 219.

127 Vgl. ebenda, S. 221 f.

128 Vgl. Dupke, Vom Wiederaufbau zum Strukturwandel, S. 509.

129 Wolfrum, Die geglückte Demokratie, S. 147.

130 Vgl. Schulz, Wiederaufbau in Deutschland, S. 211–254.

131 Geschäftsbericht 1952 der Sparkasse Essen, StA Essen, 1000/147.

132 Feldhege, Die Sparkasse in Essen, S. 29.

133 Wang, Renovierung und Neubau der Deutschen Bank Essen, S. 17.

134 Dem Ruhm der Stadt zu dienen. Das neue Haus des Bankvereins Westdeutschland, in: Essener Allgemeine Zeitung vom 27. Juni 1950.

135 Zitiert nach Scholtyseck, Geschichte der National-Bank, S. 290.

136 Bankenzentrum des Ruhrgebiets: Essens Bankenviertel entsteht in alter Schönheit, in: Die Welt vom 14. Juli 1951.

137 Vgl. Bergmann/Brdenk (Hrsg.), Architektur in Essen.

138 Keine Lücke mehr im wiederaufgebauten Essener Bankenviertel, in: Essener Wirtschaft 4 (1954), Heft 37, S. 6.

139 Kreis der Banken rundet sich. Sonderbeilage der Westdeutschen Allgemeinen Zeitung: Zehn Jahre nach den Bomben, in: Westdeutsche Allgemeine Zeitung vom 11. März 1955.

140 Bergmann/Brdenk (Hrsg.), Architektur in Essen, S. 45.

141 Paul Sattler, Essen liegt nicht am Mississippi. Stadtplaner gebärden sich «amerikanisch» auf Kosten der Tradition, in: Essener Revue 2 (1961), Heft 1, S. 24.

142 Handbuch der Deutschen Aktiengesellschaften 1958/59, S. 2465.

143 Vgl. Hoffacker, Geschichte des Allgemeinen Bauvereins Essen AG, S. 76.

144 Vgl. Dupke, Vom Wiederaufbau zum Strukturwandel, S. 509 f.

145 Vgl. ebenda, S. 494.

146 Vgl. ebenda, S. 509 f.; Briesen, Vom Durchbruch der Wohlstandsgesellschaft, S. 231.

147 Vgl. Führer, Die Stadt, das Geld und der Markt, bes. S. 326–336.

148 Pohl, Die rheinischen Sparkassen, S. 278–280.

149 Die Bayerische Handelsbank wurde gemeinsam mit anderen Instituten 2001 zur HVB Real Estate Bank AG fusioniert.

150 Geschäftsbericht 1987 der Hypothekenbank in Essen, WWA Dortmund, S 71034/6.

151 Geschäftsbericht 1988 der Hypothekenbank in Essen, WWA Dortmund, S 71034/6. Vgl. Hypothekenbank in Essen AG baut Hochhaus am Gildehof, in: WAZ vom 27. April 1997.

152 Geschäftsbericht 1992 der Hypothekenbank in Essen, WWA Dortmund, S 71034/6.

153 Wertpapiere laufen in Essen am besten. Commerzbank: Ruhrgebiets-Filiale ist Spitze, in: WAZ vom 15. März 1995.

154 Geschäftsbericht 1999 der Hypothekenbank in Essen, WWA Dortmund, S 71034/6.

155 Die Party ist vorbei, in: Neue Ruhr Zeitung vom 1. Februar 2008.

156 Zum Abschied die Aufrechnung, in: WAZ vom 22. März 2007.

157 Keinen Fehler ausgelassen – Das Drama der Eurohypo, in: Die Welt vom 1. März 2012.

158 Q&A Integration EssenHyp (2008), in: Commerz-Bank Archiv, Ordner Essen-Hyp.

159 Ebenda.

160 Die Party ist vorbei, in: Neue Ruhr Zeitung vom 1. Februar 2008.

161 OB Reiniger: «Eine bittere Nachricht», in: Neue Ruhr Zeitung vom 1. Februar 2008.

162 Wir hatten null Chancen, in: WAZ vom 1. Februar 2008.

163 BHF-Bank setzt in Essen auf vermögende Kunden, in: WAZ vom 1. September 2009.

164 «Die Sparkassenorganisation in der Britischen Zone» (August 1946), in: StA Essen, 1001/30.

165 Mura, Entwicklungslinien der deutschen Sparkassengeschichte I, S. 116.

166 Städtische Sparkasse Essen, Geschäftsbericht 1945, StA Essen, 1001/30.

167 Seikel, Der Kampf um öffentlich-rechtliche Banken, S. 97.

168 Zu den Auswirkungen dieser strukturellen Wandlungsprozesse Stützel, Banken, Kapital und Kredit.

169 Pohl, Die rheinischen Sparkassen, S. 209.

170 Vgl. ebenda, S. 189.

171 Geschäftsbericht 1952 der Sparkasse Essen, StA Essen, 1000/147.

172 WAZ vom 27. Januar 1962.

173 Vgl. Däbritz, Banken – Schrittmacher der Wirtschaft, S. 59.

174 Jahresbericht der IHK Essen 1989, WWA Dortmund, S 6–891/6 (1989).

175 Pohl, Die rheinischen Sparkassen, S. 202.

176 Ebenda, S. 239.

177 Satzung für die Stadtsparkasse Essen, StA Essen, 833/536.

178 WAZ vom 27. Januar 1962.

179 Gonser, Der Kapitalismus entdeckt das Volk, S. 80.

180 Vgl. Pöppinghaus, Die Sparkasse Rüttenscheid, S. 163–166.

181 Vgl. Pohl, Die rheinischen Sparkassen, S. 243.

182 Lediglich die Zweigstelle Mintard wurde bei dieser Gelegenheit der Sparkasse Mülheim zugeordnet. Vgl. Wysocki, Essener Sparkassengeschichte, S. 119, sowie Winkelmann, 125 Jahre im Dienst der Heimat.

183 Feldhege, Die Sparkasse in Essen, S. 29.

184 Vgl. die Statistik bei Wysocki, Essener Sparkassengeschichte, S. 149 f.

185 Stadtsparkasse Essen, Kurz-Geschäftsbericht 1975, StA Essen, 1048/703.

186 Vgl. Pohl, Die rheinischen Sparkassen, S. 248 f.

187 Ebenda, S. 258.

188 Vgl. Pohl, Die rheinischen Sparkassen, S. 211.

189 Vgl. Feldhege, Die Sparkasse in Essen, S. 30.

190 Wysocki, Essener Sparkassengeschichte, S. 109 f.; vgl. Wisotzky, Vom Kaiserbesuch zum Euro-Gipfel, S. 320. Zum Neubau auch «Dokumentation Neubau. Public Relations-Informationen. Essens neue Sparkasse. Mitten in der Stadt» (1975), StA Essen, 834/1281. Vgl. auch Bessen/Wick, 175 Jahre Sparkasse Essen, S. 70–73.

191 Löcher im Kanzlersessel, in: FAZ vom 23. September 2016.

192 Zitiert nach Hillen, «Opas Sparkasse ist tot», S. 141.

193 Pohl/Jachmich, Verschärfung des Wettbewerbs, S. 215 f.

194 Borchardt, Handel, Kreditwesen, Versicherung, Verkehr, S. 854.

195 Vgl. Kramper, Die ungeliebte Verwandtschaft.

196 Zu diesem Defizit vgl. für die Bonner Region Konrads, Die Mittelstandsförderung der Sparkassenorganisation; daneben Kayser, Mittelstandsfinanzierung in der Bundesrepublik.

197 Vgl. das Material – hauptsächlich Presseberichte – in StA Essen, 1001/183–204 sowie 1002/115–120. Daneben Butschkau, Erinnerungen, S. 63.

198 Banken – pulsierendes Herz der Wirtschaft, S. 58; Kratz, Kreditinstitute im Ruhrgebiet, S. 129.

199 Die Omnipotenten, in: Der Spiegel 4/1971 vom 18. Januar 1971, S. 52.

200 Eine Bank für große Geschäfte. WestLB seit 25 Jahren in Essen, in: Neue Ruhr Zeitung vom 31. Oktober 1987.

201 Vgl. Seikel, Der Kampf um öffentlich-rechtliche Banken, S. 115.

202 Ebenda, S. 103.

203 Poullain, Tätigkeitsbericht, S. 296.

204 Seikel, Der Kampf um öffentlich-rechtliche Banken, S. 119–123, Zitat S. 123.

205 Im Grunde war ich viel zu billig, in: Der Spiegel 1/1978 vom 2. Januar 1978.

206 Pohl, Die rheinischen Sparkassen, S. 153.

207 Vgl. Kollar, Sparkassenorganisationen und Wertpapiergeschäft, S. 74 f.; Pohl, Die rheinischen Sparkassen, S. 293.

208 Vgl. Burghof, Das Auslaufen der Gewährträgerhaftung, bes. S. 464 f.

209 Sparkasse Essen redet Klartext in Sachen WestLB, in: WAZ vom 25. Januar 2008.

210 Gröschel, Geschäftspolitik der Sparkassen, S. 117.

211 Bessen/Wick, 175 Jahre Sparkasse Essen, S. 94 f.

212 Blick in das Essener Bankenviertel. Die Banken und die Stadtsparkasse erfüllen bedeutsame volkswirtschaftliche Funktionen, in: Essener Tageblatt vom 8. Mai 1955.

213 Martin, All Honorable Men, S. 291. Vgl. ders., Germany's Cartels.

214 John Kellam, Mitglied der Banking Section der britischen Militärregierung, zit. nach Bower, Blind Eye to Murder, S. 326.

215 Vgl. Ahrens, Die Rezentralisierung der Großbanken.

216 Vgl. Ahrens, Kreditwirtschaft im «Wirtschaftswunder», S. 123. Daneben Mülhaupt, Strukturwandlungen im westdeutschen Bankwesen.

217 Däbritz, Banken – Schrittmacher der Wirtschaft, S. 59. Konkrete Zahlen liegen kaum vor, weil die Bilanzen der drei Essener Großbankenfilialen in die Gesamtbilanz ihrer Hauptinstitute eingingen.

218 Vgl. Mülhaupt, Strukturwandlungen, S. 13.

219 Vgl. exemplarisch für die Deutsche Bank Büschgen, Die Deutsche Bank.

220 «Kreis der Banken rundet sich.» Sonderbeilage der Westdeutschen Allgemeinen: Zehn Jahre nach den Bomben, in: Westdeutsche Allgemeine vom 11. März 1955.

221 Vgl. Gall, Der Bankier, S. 317.

222 Zitiert nach Büschgen, Die Deutsche Bank, S. 597.

223 Die Bank kommt zu ihren Kunden, in: Essener Revue 9 (1968), Heft 6, S. 25.

224 Die Konkurrenten blieben auf der Strecke, in: Der Spiegel 20/1981 vom 11. Mai 1981, S. 54–60.

225 Vgl. Wang, Renovierung und Neubau, S. 15.

226 Kunstwerk symbolisiert geschäftspolitische Maxime. Nach längerer Bauzeit präsentiert sich der ehemalige «Bankvatikan» im neuen Gewande, in: Essener Ruhrzeitung 18/1977, Nr. 5, S. 12. Vgl. Bergmann/Brdenk (Hrsg.), Architektur in Essen, S. 58.

227 Büschgen, Die Deutsche Bank, S. 825.

228 Platthaus, Alfred Herrhausen, S. 89–96.

229 Essener Revue 33 (1992), Heft 2, S. 44.

230 «Kreis der Banken rundet sich.» Sonderbeilage der Westdeutschen Allgemeinen: Zehn Jahre nach den Bomben, in: Westdeutsche Allgemeine vom 11. März 1955.

231 «Werdegang der Dresdner Bank in Essen», HAC-500/S 6 Essen.

232 Vgl. die Unterlagen in HAC-500/S 6 Essen; daneben Für einen großen Kundenkreis. Neue Depositenkasse der Dresdner Bank in Holsterhausen, in: Essener Woche 9 (1959), Heft 46, S. 18 f.

233 Neue Ruhrzeitung Essen vom 12. September 1959, zitiert nach Gonser, Der Kapitalismus entdeckt das Volk, S. 81. Vgl. Neue Depositenkasse der Dresdner Bank in Holsterhausen, in: Essener Woche 9 (1959), Heft 46, S. 18 f.

234 Dresdner Bank nun auch in Frohnhausen. Eröffnung einer neuen Zweigstelle am Gervinusplatz, in: Essener Woche 10 (1960), Heft 31, S. 23.

235 Dresdner Bank jetzt auch am «Rüttenscheider Stern». Zehnte Geschäftsstelle in Essen eröffnet, in: Essener Woche 15 (1965), Heft 30, S. 18.

236 Dresdner Bank jetzt auch in Altenessen, in: Essener Revue 8 (1967), Heft 3, S. 14.

237 Neue Dominante am Kettwiger Tor. Dresdner Bank errichtet Hochhaus an der Rathenaustraße, in: Essener Woche 15 (1965), Heft 29, S. 13; Neubau der Dresdner Bank. Markanter Blickpunkt im Stadtbild, in: Essener Revue 8 (1967), Heft 3, S. 14; Neubau der Dresdner Bank erfüllt höchste Ansprüche, in: Essener Revue 9 (1968), Heft 6, S. 10 f.; Bankpalast modernster Prägung. Die Dresdner Bank AG Essen in ihrem neuen Heim Ecke Lindenallee und Rathenaustraße, in: Essener Woche 18 (1968) Heft 43, S. 54 f.; Ein Haus für die Welt von morgen. Der Neubau der Dresdner Bank AG wurde feierlich seiner Bestimmung übergeben, in: Essener Woche 18 (1968), Heft 44, S. 16 f. sowie die Unterlagen in StA Essen, 143/6774.

238 Bankverein Westdeutschland im neuen Gebäude, in: Essener Allgemeine Zeitung vom 27. Juni 1950.

239 Commerzbank im neuen Gewand. Technische Einrichtungen/Atmosphäre betont persönlich, in: Essener Stadtanzeiger vom 6. September 1969. Vgl. Ahrens, Hundert Jahre im Westen, S. 89 f.

240 Commerzbank-Ausbau voll im Zeitplan, in: WAZ vom 13. Januar 1990.

241 Die starke Filiale Standbein Essen, in: WAZ vom 27. November 2007.

242 Wertpapiere laufen in Essen am besten. Commerzbank: Ruhrgebiets-Filiale ist Spitze, in: WAZ vom 15. März 1995.

243 Vgl. HSBC Trinkaus (Hrsg.), Den Werten verpflichtet, S. 169; Dreesbach/Kamp/Neumann, Meyer-Struckmann, S. 134.

244 Vgl. Dreesbach/Kamp/Neumann, Fritz Meyer-Struckmann, S. 86.

245 Vgl. Wißkirchen, Burkhardt & Co., S. 243 f.

246 Vgl. Scholtyseck, Die Geschichte der National-Bank, S. 247, sowie Hohe Rücklagen, in: Die Zeit vom 4. April 1957.

247 Vgl. Dreesbach/Kamp/Neumann, Meyer-Struckmann, S. 135.

248 Vgl. ebenda, S. 138.

249 Vgl. ebenda, S. 163; auch Das Geheimnis der Aldi-Brüder, in: Handelsblatt vom 22. Juli 2014.

250 Nach dem Tod des Gründers der Versicherungsgruppe, Robert Gerling, waren Erbstreitigkeiten unter den drei Brüdern Hans, Robert und Walter an der Tagesordnung. Der Streit um den Konzern endete erst 1957 mit einem Vergleich. Vgl. Barth, Der Gerling-Konzern als Familienunternehmen; Dreesbach/Kamp/Neumann, Meyer-Struckmann, S. 132 f.

251 Vgl. Bähr, Die Errichtung von Investmentgesellschaften, bes. S. 365.

252 Vgl. Dreesbach/Kamp/Neumann, Meyer-Struckmann, S. 138.

253 Morner/Wilhelm, Missmanagement, S. 46.

254 Dreesbach/Kamp/Neumann, Meyer-Struckmann, S. 139.

255 Zitiert nach ebenda, S. 139 f.

256 Zitiert nach ebenda, S. 139.

257 Essener Revue 10 (1969), Heft 1, S. 16.

258 Ansprache des Vorsitzenden des Vorstandes der Rheinischen Stahlwerke Werner Söhngen anlässlich der Beisetzung von Dr. Ernst von Waldthausen am 18. Juni 1956 in Essen-Bredeney, StA Essen, 834/90.

259 Lücke im Bankviertel schloß sich, in: Westdeutsche Allgemeine vom 11. Januar 1961; Bankhaus Waldthausen in neuen Räumen. Ein Essener Familienunternehmen voller Initiative, in: Essener Woche 11 (1961), Heft 2, S. 10; ebenda, Heft 20, S. 57. Vgl. Pudor, Fritz von Waldthausen, S. 14.

260 Vgl. Kratz, Kreditinstitute im Ruhrgebiet, S. 113; In Essen gaben sich die Weizsäckers das Ja-Wort, in: WAZ vom 3. Februar 2015.

261 Handelsblatt vom 13. Juli 1966.

262 Sloman Bank erwarb Waldthausen-Mehrheit, in: Hamburger Abendblatt vom 29. Juli 1971.

263 Vgl. Gall, Der Bankier, S. 165.

264 Vgl. Scholtyseck, Die Geschichte der National-Bank, S. 260.

265 Vgl. ebenda, S. 321.

266 Zitiert nach ebenda, S. 326.

267 Geschäftsbericht der National-Bank für das Geschäftsjahr 1976, zitiert nach Scholtyseck, Geschichte der National-Bank, S. 340.

268 Brief Günter Ehlen vom 11. Dezember 2009, zitiert nach Scholtyseck, Geschichte der National-Bank, S. 339.

269 Zeitzeugengespräch Dr. Henner Puppel vom 15. Juni 2010, zitiert nach ebenda, S. 339.

270 Zeitzeugengespräch Dr. Hans Braun vom 9. Mai 2010, zitiert nach ebenda, S. 339.

271 Vgl. ebenda, S. 370–372.

272 Ebenda, S. 372.

273 Wandel, Banken und Versicherungen, S. 43.

274 Die Welt vom 24. April 2005.

275 Vgl. Frankfurter Allgemeine Zeitung vom 23. Dezember 2009.

276 Die Welt vom 24. April 2005.

277 Vgl. Schmidt, Die Fusion.

278 Vgl. Kratz, Kreditinstitute im Ruhrgebiet, S. 141.

279 Kubista, Die Neuordnung, S. 387.

280 Vgl. Sonnemann, Jahrgang 1900, S. 376.

281 Kubista, Die Neuordnung, S. 392.

282 Vgl. Vor 75 Jahren Dorfkasse, S. 37.

283 Vgl. Hegemann, 100 Jahre Spar- und Darlehnskasse Essen eG, S. 36–48.

284 Vgl. Conrads, Vom Credit-Verein zu Werden zur Volksbank Werden, bes. S. 216 f.

285 Service für eilige Kunden, in: Essener Revue 9 (1968), Heft 2, S. 10. Vgl. Volksbank Essen eGmbH bezog ihr neues Domizil an der Ecke Hache- und Hindenburg-straße, in: Essener Woche 18 (1968), Heft 11, S. 10 f.; Bilanzsumme erhöhte sich auf über 42 Millionen DM, in: Essener Revue 9 (1968), Heft 4, S. 27.

286 Volksbank Essen eG: Mitglieder können wieder zufrieden sein, in: Essener Revue 21 (1980), Heft 3, S. 10.

287 Zwei Vorstände legen ihr Amt nieder. Volksbank Essen will bald über Unternehmensbewertung informieren, in: FAZ vom 24. September 1998.

288 Die Genossenschaftsbank Essen eG hatte eine lange Tradition, wenn auch die Namensgebung verwirrend war: von Spar- und Darlehnskasse Altendorf Ruhr über Spar- und Darlehnskasse Essen zur Essener Genossenschafts-Bank eG (1990) und zwei Jahre später zur Genossenschaftsbank Essen eG.

289 Vgl. Sonnenschein, Die Entwicklung der Bank im Bistum Essen; Bettecken, Eine Bank für Kirche und Caritas.

290 Viel mehr als eine Zahl, S. 12.

291 Köpp, 75 Jahre Sparda-Bank Essen eG, S. 29 f.

292 Vgl. Bjelicic, Geschichte der DVB Bank, S. 56 f.; Olten, 100 Jahre Verband der Sparda-Banken e. V., S. 133–143.

293 Vgl. Werner, 60 Jahre Postscheckamt Essen, S. 1346.

294 «Kreis der Banken rundet sich.» Sonderbeilage der Westdeutschen Allgemeinen: Zehn Jahre nach den Bomben, in: Westdeutsche Allgemeine vom 11. März 1955.

295 Vgl. Nagel, Die Transformation der Bank für Gemeinwirtschaft, S. 135 f.; Peter, Die Bank für Gemeinwirtschaft, S. 34–40.

296 Vierte Großbank wächst rasch heran, in: Handelsblatt vom 18. Januar 1964.

297 Zu diesen Diskussionen Wixforth, Die Macht der Banken; Esser, Bank Power in Germany Revisited; Tanner, «Bankenmacht».

298 Vgl. Otto, Der Coop-Skandal; Kunz, Die Akte Neue Heimat.

299 Vgl. grundlegend Gonser, Der Kapitalismus entdeckt das Volk. Aus der älteren Literatur immer noch Leopold, Wandlungstendenzen in der Geschäftsstruktur der deutschen Großbanken.

300 Jahresbericht der IHK Essen 1953, WWA Dortmund, S 6–891/6 (1953).

301 Zitiert nach Ashauer, Die Entwicklung des Konsumentenkredits, S. 69.

302 Jahresbericht der IHK Essen 1951, WWA Dortmund, S 6–891/6 (1951).

303 Zitiert nach Pohl, Die rheinischen Sparkassen, S. 218.

304 Zitiert nach ebenda, S. 261.

305 Ebenda, S. 206.

306 Bähr, Die Einrichtung von Investmentgesellschaften, S. 368.

307 Schulden ohne Pfand, in: Der Spiegel vom 13. Mai 1959.

308 Vgl. Scholtyseck, Die Geschichte der National-Bank, S. 268.

309 Jahresbericht der IHK Essen 1961, WWA Dortmund, S 6–891/6 (1961).

310 Jahresbericht der IHK Essen 1960, WWA Dortmund, S 6–891/6 (1960).

311 Scholtyseck, Geschichte der National-Bank, S. 172; daneben Kratz, Kreditinstitute im Ruhrgebiet, S. 72.

312 Tagesordnung und Geschäftsbericht der ordentlichen Hauptversammlung der Waren-Kredit-Gesellschaft mbH vom März 1962, WWA Dortmund S 7–290/9; Tagesordnung und Geschäftsbericht der ordentlichen Hauptversammlung der Waren-Kredit-Gesellschaft mbH vom März 1963, WWA Dortmund S 7–290/9.

313 Vgl. die Geschäftsberichte der Waren-Kredit-Gesellschaft mbH 1963 bis 1965, WWA Dortmund S 7–290/9.

314 Essener Revue 9 (1968), Heft 5, S. 36.

315 Jahresbericht der IHK Essen 1952, WWA Dortmund, S 6–891/6 (1952).

316 Essener Revue 8 (1967), Heft 3, S. 15.

317 Vgl. Zimmermann, Kundenkreditbank KGaA, S. 70 und S. 138.

318 Vgl. Kaminsky, Über die Arbeit der Essener Kundenkreditbank, S. 11–14; Kundenkreditbank, in: Essener Revue 8 (1967), Heft 3, S. 29.

319 Zitiert nach Dreesbach/Kamp/Neumann, Meyer-Struckmann, S. 145.

320 Kundenkredit – belebendes Element der Wirtschaft. Die Kundenkreditbank (KKB) mit ihrer bedeutenden Niederlassung in Essen ist in hohem Umfang an einer wichtigen volkswirtschaftlichen Funktion beteiligt, in: Essener Woche 12 (1962), Heft 42, S. 14.

321 Bedarfsfinanzierung – starker Impuls für das Wirtschaftsleben. Eine Betrachtung zum zehnjährigen Bestehen der Kundenkreditbank in ihrer jetzigen Rechtsform, in: Essener Woche 11 (1961), Heft 42, S. 50.

322 Vgl. Dupke, Vom Wiederaufbau zum Strukturwandel, S. 495.

323 Miele-Haus am Flachsmarkt eröffnet, in: Essener Woche 29 (1963), S. 32.

324 Vgl. Zimmermann, Kundenkreditbank KGaA, S. 70 und S. 138.

325 Essener Revue 20 (1979), Heft 5, S. 33.

326 Vgl. 50 Jahre Gallinat Bank, S. 64.

327 Vgl. ebenda, S. 46.

328 Geschäftsbericht: CTB-Bank weiterhin im Aufwind, in: Essener Revue 20 (1979), Heft 2, S. 22. A. Augstein hielt 25 Prozent der Anteile, H. Richter 23 Prozent, die Jahr-Beteiligungsgesellschaft mbH & Co. in Hamburg 19 Prozent. Der Rest bestand aus stillen Beteiligungen. Vgl. Meeder, Die Bedeutung des deutschen Privatbankiers, S. 278. Beide Geschäftsinhaber waren auch an einer Merkur Kreditbankbeteiligungs-GmbH beteiligt, die 1986 ihren Sitz nach Essen verlegte.

329 Wysocki, Essener Sparkassengeschichte, S. 113.

330 Seikel, Der Kampf um öffentlich-rechtliche Banken, S. 102; Mura, Entwicklungslinien, S. 85.

331 Schulden ohne Pfand, in: Der Spiegel 20/1959 vom 13. Mai 1959, S. 23.

332 Essener Revue 10 (1969), Heft 3, S. 5.

333 Frost, Wünsche werden Wirklichkeit, S. 158.

334 Chef kocht selbst, in: Der Spiegel 1–2/1972 vom 3. Januar 1972, S. 47.

335 Vgl. Paul/Theuerl, Das genossenschaftliche Zentralbankwesen, S. 420.

336 Frost, Wünsche werden Wirklichkeit, S. 128.

337 Ebenda, S. 424.

338 Jahresbericht der IHK Essen 1961, WWA Dortmund, S 6–891/6 (1961).

339 Vgl. Wysocki, Essener Sparkassengeschichte, S. 116.

340 Vgl. Pohl, Die rheinischen Sparkassen, S. 258.

341 Vgl. Wysocki, Essener Sparkassengeschichte, S. 116.

342 Vgl. Pohl, Die rheinischen Sparkassen, S. 291.

343 Vgl. Gonser, Der Kapitalismus entdeckt das Volk, S. 149.

344 Vgl. grundlegend Nonn, Die Ruhrbergbaukrise; Plumpe, Krisen in der Stahl-industrie.

345 Jahresbericht der IHK Essen 1961, WWA Dortmund, S 6–891/6 (1961).

346 Statistisches Bundesamt (Hrsg.), Statistisches Jahrbuch für die Bundesrepublik Deutschland 1959, S. 457; Statistisches Bundesamt (Hrsg.), Statistisches Jahrbuch für die Bundesrepublik Deutschland 1971, S. 463.

347 Vgl. Dupke, Vom Wiederaufbau zum Strukturwandel, S. 506.

348 Jahresbericht der IHK Essen 1987, WWA Dortmund, S 6–891/8 (1987).

349 Vgl. Fischer, Herz des Reviers, S. 392.

350 Zitiert nach ebenda, S. 395.

351 Vgl. Dupke, Vom Wiederaufbau zum Strukturwandel, S. 505; Fischer, Herz des Reviers, S. 378.

352 Jahresbericht der IHK Essen 1966, WWA Dortmund, S 6–891/6 (1966).

353 Vgl. Scholtyseck, Geschichte der National-Bank, S. 324.

354 Abelshauser, Markt und Staat, hier S. 138.

355 Vgl. Dupke, Vom Wiederaufbau zum Strukturwandel, S. 506.

356 Jahresbericht der IHK Essen 1965, WWA Dortmund, S 6–891/6 (1965).

357 Jahresbericht der IHK Essen 1966, WWA Dortmund, S 6–891/6 (1966).

358 Banken spüren den Pulsschlag der Wirtschaft, in: Essener Revue 8 (1967), Heft 1, S. 25.

359 Jahresbericht der IHK Essen 1967, WWA Dortmund, S 6–891/6 (1967).

360 Vgl. Dupke, Vom Wiederaufbau zum Strukturwandel, S. 531.

361 Ahrens, Kreditwirtschaft im «Wirtschaftswunder», S. 136; vgl. Gall, Von der Ent-lassung.

362 Paul, Die Aufhebung der Zinsverordnung 1967.

363 Jahresbericht der IHK Essen 1970, WWA Dortmund, S 6–891/6 (1970).

364 Vgl. Mecking, Bürgerwille und Gebietsreform, S. 98 f.

365 Mecking, Bürgerwille und Gebietsreform, S. 154.

366 Vgl. Bökenkamp, Das Ende des Wirtschaftswunders, S. 27 f.

367 Vgl. Alecke, Deutsche Geldpolitik in der Ära Bretton Woods.

368 Vgl. grundsätzlich Göbel, Die Ölpreiskrisen der 1970er Jahre; James, Rambouillet; ders., International Monetary Cooperation.

369 Plumpe, Industriestandort Deutschland, S. 398.

370 Schanetzky, Die große Ernüchterung.

371 Ders., Ölpreisschock 1973, S. 68.

372 Plumpe, Wirtschaftskrisen, S. 93.

373 Pohl, Die rheinischen Sparkassen, S. 236, beruhend auf Petzina, Wirtschaft und Arbeit, S. 125 f.

374 Vgl. Abelshauser, Markt und Staat, S. 135.

375 Wirsching, Abschied vom Provisorium.

376 Vgl. grundsätzlich Schmidt (Hrsg.), Geschichte der Sozialpolitik in Deutschland; daneben Plickert, Wandlungen des Neoliberalismus; Harvey, A Short History of Neoliberalism.

377 Plumpe, Industrieland Deutschland, S. 401. Vgl. auch Schulz, Die Entwicklung der Sozialen Marktwirtschaft.

378 Rödder, Das «Modell Deutschland».

379 Vgl. Ahrens, Bankenmacht im Aufsichtsrat?, S. 217; Deeg, Finance Capitalism Unveiled, S. 96–99.

380 Rödder, 21.0, S. 52.

381 Vgl. Schmidt, Die Entstehung der Deutschen Terminbörse.

382 Plumpe, Wirtschaftskrisen, S. 101.

383 Strange, Casino Capitalism; vgl. Sinn, Kasino-Kapitalismus.

384 Vgl. Lütz, Von der Infrastruktur zum Markt.

385 Rödder, 21.0, S. 53.

386 Vgl. Wysocki, Essener Sparkassengeschichte, S. 117.

387 Seikel, Der Kampf um öffentlich-rechtliche Banken, S. 126.

388 Jahresbericht der IHK Essen 1987, WWA Dortmund, S 6–891/8 (1987).

389 Vgl. Dupke, Vom Wiederaufbau zum Strukturwandel, S. 531.

390 Jahresbericht der IHK Essen 1981, WWA Dortmund, S 6–891/8 (1981).

391 Jahresbericht der IHK Essen 1987, WWA Dortmund, S 6–891/8 (1987).

392 Vgl. Wisotzky, Vom Kaiserbesuch zum Euro-Gipfel, S. 352 f.

393 Vgl. Neue Rhein Zeitung vom 22. Januar 1988.

394 Westdeutsche Allgemeine Zeitung vom 26. Januar 1988.

395 Vgl. Abelshauser, Deutsche Wirtschaftsgeschichte, S. 311.

396 Jahresbericht der IHK Essen 1993, WWA Dortmund, S 6–891/8 (1993).

397 Jahresbericht der IHK Essen 1987, WWA Dortmund, S 6–891/8 (1987).

398 Jahresbericht der IHK Essen 1988, WWA Dortmund, S 6 891/8 (1988).

399 Jahresbericht der IHK Essen 1989, WWA Dortmund, S 6–891/8 (1989).

400 Vgl. Wysocki, Essener Sparkassengeschichte, S. 111.

401 Bankausweis bürgt für Geld. Bargeldlose Lohn- und Gehaltszahlung setzt sich endlich durch, in: WAZ vom 1. September 1962.

402 Pohl, Die rheinischen Sparkassen, S. 259.

403 Vgl. Wysocki, Essener Sparkassengeschichte, S. 112.

404 Essener Revue 8 (1967), Heft 3, S. 27.

405 Vgl. Kleinschmidt, Technik und Wirtschaft im 19. und 20. Jahrhundert, S. 70.

406 Vgl. Schulz, Vom Bankbeamten zum Verkäufer.

407 Mura, Sparkassenorganisation und technischer Fortschritt, S. 114. Zur Rationalisierung und Mechanisierung im Bankgewerbe der 1930er-Jahre vgl. auch Weihe, Die Personalpolitik der Filialgroßbanken, S. 33–45.

408 Zitiert nach Wysocki, Essener Sparkassengeschichte, S. 121.

409 Geschäftsbericht 1952 der Sparkasse Essen, StA Essen, 1000/147.

410 Vgl. Köpp, 75 Jahre Sparda-Bank Essen eG, S. 30.

411 Vgl. Wysocki, Essener Sparkassengeschichte, S. 123.

412 Pohl, Die rheinischen Sparkassen, S. 287.

413 Vgl. ebenda, S. 288.

414 Vgl. Büschgen, Die Deutsche Bank, S. 597 f.

415 Vgl. Harmsen/Weiß/Georgieff, Automation im Geldverkehr, S. 50 f.

416 Jahresbericht der IHK Essen 1960, WWA Dortmund, S 6–891/6 (1960).

417 Tarifloser Zustand bei den Banken, in: WAZ vom 13. November 1962.

418 Vgl. Wysocki, Essener Sparkassengeschichte, S. 124.

419 Büschgen, Die Deutsche Bank, S. 600.

420 Aktuelle Börsendaten per Funk, in: Essener Revue 9 (1968), Heft 4, S. 38.

421 Vgl. Dreesbach/Kamp/Neumann, Meyer-Struckmann, S. 145 f.

422 Morner/Wilhelm, Missmanagement, S. 52.

423 Essener Revue 10 (1969), Heft 7, S. 25.

424 Essener Revue 9 (1968), Heft 3, S. 23.

425 So machen es Millionäre, in: Der Spiegel 19/1967 vom 1. Mai 1967. S. 76.

426 Vgl. Weiss, Betrachtung des Privatkunden in der Zeit nach 1959, S. 25; Bähr, Die Errichtung von Investmentgesellschaften, S. 370.

427 Essener Revue 9 (1968), Heft 6, S. 15.

428 Ebenda, S. 40.

429 Essener Revue 9 (1968), Heft 2, S. 10.

430 Köpp, 75 Jahre Sparda-Bank Essen eG, S. 32.

431 Bessen/Wick, 175 Jahre Sparkasse Essen, S. 77.

432 Essener Revue 10 (1969), Heft 1, S. 17.

433 Commerzbank im neuen Gewand. Technische Einrichtungen/Atmosphäre betont persönlich, in: Essener Stadtanzeiger vom 6. September 1969.

434 Vgl. Pohl, Die rheinischen Sparkassen, S. 288.

435 Vgl. Hegemann, 100 Jahre Spar- und Dahrlehnskasse Essen eG, S. 52 f.

436 Seit 25 Jahren für die Sozialwirtschaft im Ruhrgebiet. Interview mit Alfred Vesper, Leiter der Geschäftsstelle Essen der Bank für Sozialwirtschaft, www.sozialbank.de.

437 Vgl. Wysocki, Essener Sparkassengeschichte, S. 114.

438 Vgl. Harmsen/Weiß/Georgieff, Automation im Geldverkehr, S. 51.

439 Vgl. Wysocki, Essener Sparkassengeschichte, S. 125.

440 Essener Revue 35 (1994), Heft 1, S. 70.

441 Bank in der Bank, in: Der Spiegel vom 27. Juli 1981.

442 Vgl. Wisotzky, Vom Kaiserbesuch zum Euro-Gipfel, S. 325 f. Vgl. die Beispiele von Überfällen auf die Sparkasse Essen bei Bessen/Wick, 175 Jahre Sparkasse Essen, S. 82 f.

443 Paul, Die Aufhebung der Zinsverordnung, S. 379.

444 Essener Woche 11 (1961), Nr. 43, S. 15.

445 Meeder, Die Bedeutung des deutschen Privatbankiers, S. 5.

446 Vgl. Kratz, Kreditinstitute im Ruhrgebiet, S. 141. Kommanditist war mit 500 000 DM Pius Denk aus dem Vorstand der Bau- und Handelsbank AG.

447 Chef kocht selbst, in: Der Spiegel 1–2/1972, S. 46 f.

448 Vgl. Wandel, Banken und Versicherungen, S. 43.

449 Er hatte viele Freunde. Essener Bankier Carl Gossenberg starb mit 86 Jahren, in: Essener Woche, Jg. 14 (1964) Heft 44, S. 32.

450 Vgl. die Unterlagen in BArch, R 13 XVIII 32.

451 Carl Gossenberg. Immer im Brennpunkt. Bekannte Essener Persönlichkeit wird heute 80 Jahre, in: Neue Ruhr Zeitung, Jg. 15 (1958) Heft 161.

452 Bankhaus Gossenberg in neuen Räumen, in: Essener Woche. Die Zeitschrift der Ruhrmetropole Band 22 (1954), S. 12.

453 Vgl. Kratz, Kreditinstitute im Ruhrgebiet, S. 112; Pritzkoleit, Männer – Mächte – Monopole, S. 193.

454 Krupp gibt Gossenberg auf, in: Zeitschrift für das gesamte Kreditwesen 28 (1975), S. 368.

455 HSBC Trinkaus (Hrsg.), Den Werten verpflichtet, S. 155.

456 Vgl. Dreesbach/Kamp/Neumann, Meyer-Struckmann, S. 146 f.

457 Vgl. Morner/Wilhelm, Missmanagement, S. 46.

458 Chef kocht selbst, in: Der Spiegel 1–2/1972 vom 3. Januar 1972, S. 46 f.

459 Morner/Wilhelm, Missmanagement, S. 46.

460 HSBC Trinkaus (Hrsg.), Den Werten verpflichtet, S. 172 f.

461 Vgl. ebenda, S. 161.

462 Zitiert nach ebenda, S. 170.

463 Vgl. ebenda, S. 171 f.

464 Ebenda, S. 172.

465 Morner/Wilhelm, Missmanagement, S. 44 f.

466 Ebenda, S. 50.

467 Fünf zu drei für Essen, in: Wirtschaftswoche vom 1. Juni 1973.

468 Vgl. HSBC Trinkaus (Hrsg.), Den Werten verpflichtet, S. 172.

469 Vgl. Morner/Wilhelm, Missmanagement, S. 52.

470 HSBC Trinkaus (Hrsg.), Den Werten verpflichtet, S. 173.

471 Vgl. Zweig, Wriston, S. 362 f.

472 Vgl. Rudolph, Der Bankrott der Herstatt-Bank; daneben Knüwer, Iwan David Herrstatt.

473 HSBC Trinkaus (Hrsg.), Den Werten verpflichtet, S. 183.

474 Das Geheimnis der Aldi-Brüder, in: Handelsblatt vom 22. Juli 2014.

475 Zweig, Wriston, S. 667 f.

476 Vgl. Krippner, Capitalizing on Crisis; Epstein (Hrsg.), Financialization and the World Economy; auch Berend, Europe Since 1980, S. 3.

477 Vgl. Michie, The London Stock Exchange, bes. S. 495–501. Zu neueren Interpretationen vgl. Heinemann, Aktien für alle?

478 Vgl. Bellringer/Michie, Big Bang in the City of London.

479 Gehlen, Die Öffnung des Wettbewerbs, S. 179. Grundsätzlich Kopper, Der langsame Abschied; Lütz, Von der Infrastruktur zum Markt?; Beyer (Hrsg.), Vom Zukunfts- zum Auslaufmodell?; Streeck/Höpner (Hrsg.), Alle Macht dem Markt?; Berghahn/Vitols (Hrsg.), Endspiel des kooperativen Kapitalismus?; Streeck, Re-Forming Capitalism.

480 Jahresbericht der IHK Essen 1990, WWA Dortmund, S 6–891/8 (1990).

481 Jahresbericht der IHK Essen 1991, WWA Dortmund, S 6–891/8 (1991).

482 Jahresbericht der IHK Essen 1994, WWA Dortmund, S 6–891/8 (1994).

483 Vgl. Paqué, Die Bilanz.

484 Vgl. Steingart, Deutschland – Abstieg eines Superstars.

485 Banken dünnen ihr Filialnetz aus. Erste Welle abgeschlossen, in: WAZ vom 16. August 2001.

486 Vgl. Paul/Kösters, Die Bankenkrise als Kern der weltweiten Finanz- und Wirtschaftskrise; übergreifend Roubini/Mihm, Das Ende der Weltwirtschaft; Illing, Deutschland in der Finanzkrise; Kiehling, Die Weltfinanzkrisen 1929 und 2008 im Vergleich.

487 Vgl. Paul/Theuerl, Das genossenschaftliche Zentralbankwesen, S. 410.

488 Ebenda, S. 410 f.

489 Sinn, Kasino-Kapitalismus, S. 173.

490 Paul/Theuerl, Das genossenschaftliche Zentralbankwesen, S. 412.

491 Handelsblatt vom 15. Mai 2007.

492 WAZ vom 5. März 2008.

493 Börsen-Zeitung vom 6. März 2008.

494 Börsen-Zeitung vom 15. Februar 2011.

495 Die folgenden Ausführungen beruhen im Wesentlichen auf der an der Frankfurt School of Finance and Management entstandenen Masterarbeit von Clemens Michael Marckhoff, The Crisis of Valovis Bank – Causes, Resolution and Lessons Learned (August 2013). Wir danken dem Verfasser für die Überlassung eines Exemplars seiner Arbeit.

Ein Ausblick: Von der Finanzkrise des Jahres 2008 bis heute

1 Vgl. Paul/Theuerl, Das genossenschaftliche Zentralbankwesen, S. 414 f.

2 Die Bundesbank unterhielt sogar in Essen-Werden eine Zweigstelle, die der Hauptstelle Essen unterstand, aber Ende 1959 geschlossen wurde. Vgl. den Geschäftsbericht der Deutschen Bundesbank für das Jahr 1959 vom 19. März 1960, S. 101.

3 Vgl. Pflock, Europäische Bankenregulierung und das «Too big to fail»-Dilemma.

4 Commerzbank bündelt Standort Lindenallee, in: WAZ vom 15. Oktober 2012.

5 Noch ein Schlag fürs Zentrum: Dredner Bank zieht aus, in: WAZ vom 16. April 2010.

6 Banken in der Zwickmühle, in: FAZ vom 20. Juli 2016; Banken beschleunigen Filialsterben, in: FAZ vom 12. Mai 2017.

7 Ebenda.

8 Geno Bank baut ihr Filial-Konzept um, in: WAZ vom 2. Juni 2016.

9 Vgl. Sattler, Wissenschaftsförderung aus dem Geist der Gesellschaftspolitik.

10 Dupke, Vom Wiederaufbau zum Strukturwandel, S. 541.

11 Vgl. Mundt, Kulturkooperationen im Ruhrgebiet, bes. S. 171.

12 Sparkasse Essen stellt ihr Sponsoring auf den Prüfstand, in: WAZ vom 5. Januar 2016.

13 Kritisch zum Verhältnis von Image und Mythos Dupke, Vom Wiederaufbau zum Strukturwandel, S. 541–547.

14 Essen, die «Perle des Reviers», verliert ihren Glanz, in: Die Welt vom 17. November 2011.

15 Vage Fusionsfantasie treibt Bankaktien, in: Frankfurter Allgemeine Zeitung vom 31. August 2016. Vgl. dagegen Thomas A. Lange, Aufspaltung als strategische Alternative zur Fusion, in: Börsen-Zeitung Nr. 67 vom 5. April 2017; ders., Geld, Glaube und «das rechte Maß», in: Börsen-Zeitung Nr. 208 vom 28. Oktober 2017.

Archivverzeichnis

Alte Synagoge Essen
Archiv für Christlich-Demokratische Politik, St. Augustin (ACDP)
Bundesarchiv Berlin (BArch)
Hauptstaatsarchiv Dresden (HStA Dresden)
Historisches Archiv der Commerzbank, Frankfurt (HAC)
Historisches Archiv der Deutschen Bank, Frankfurt (HADB)
Historisches Archiv der Dresdner Bank
Historisches Archiv Krupp
Landesarchiv NRW, Abteilung Rheinland, Duisburg
Landeshauptstaatsarchiv Koblenz
Rheinisch-Westfälisches Wirtschaftsarchiv Köln (RWWA)
Stadtarchiv Essen (StA Essen)
Westfälisches Wirtschaftsarchiv Dortmund (WWA Dortmund)

Literaturverzeichnis

50 Jahre Gallinat Bank, Bochum 2010.

75 Jahre Sparda-Bank Essen eG 1905–1980, hrsg. v. Vorstand der Sparda-Bank Essen, Essen 1980.

100 Jahre Essener Sparkassenarbeit im Spiegel der Heimatgeschichte 1841–1941, Essen 1941.

100 Jahre Simon Hirschland, unveröffentlichtes Manuskript, Essen 1941.

Abelshauser, Werner, Hilfe zur Selbsthilfe: Zur Funktion des Marshallplans beim westdeutschen Wiederaufbau, in: Vierteljahrshefte für Zeitgeschichte 37 (1989), S. 85–113.

Ders., Markt und Staat. Deutsche Wirtschaftspolitik im «langen 20. Jahrhundert», in: Reinhard Spree (Hrsg.), Geschichte der deutschen Wirtschaft im 20. Jahrhundert, München 2001, S. 117–140.

Ders., Deutsche Wirtschaftsgeschichte seit 1945, Bonn 2004.

Achterberg, Erich, 1916–1966. Fünfzig Jahre Verband öffentlich-rechtlicher Kreditanstalten e. V. Ein Rückblick, Bonn 1966.

Ders./Preusker, Victor Emanuel, Berliner Banken im Wandel der Zeit. Eine Schrift zum 75jährigen Bestehen des Bankhauses Hardy & Co. GmbH Frankfurt–Berlin, Darmstadt 1956.

Ahrens, Ralf, Die Dresdner Bank 1945–1957. Konsequenzen und Kontinuitäten nach dem Ende des NS-Regimes, München 2007.

Ders., Bankenmacht im Aufsichtsrat? Der Bankier Jürgen Ponto und die Kontrolle deutscher Großunternehmen in den 1970er Jahren, in: Ders./Boris Gehlen/Alfred Reckendrees (Hrsg.), Die «Deutschland AG». Historische Annäherungen an den bundesdeutschen Kapitalismus, Essen 2013, S. 195–220.

Ders., Die Rezentralisierung der Großbanken 1957/58. Bankenmacht-Debatte und Strukturwandel der Kreditwirtschaft in der Bundesrepublik, in: Carsten Burhop/Dieter Lindenlaub/Joachim Scholtyseck (Hrsg.), Schlüsselereignisse der deutschen Bankengeschichte, Stuttgart 2013, S. 349–361.

Ders., Hundert Jahre im Westen. Commerzbank und Dresdner Bank im Ruhrgebiet und in Düsseldorf 1917–2017, Frankfurt am Main 2017.

Ders., Kreditwirtschaft im «Wirtschaftswunder» – Strukturen und Verflechtungen, in:

Hans Günter Hockerts/Günther Schulz (Hrsg.), Der «Rheinische Kapitalismus» in der Ära Adenauer, Paderborn 2016, S. 121–142.

Albert, Michel, Kapitalismus contra Kapitalismus, Frankfurt a. M. 1992.

Alecke, Björn, Deutsche Geldpolitik in der Ära Bretton Woods, Münster 1999.

Alte Synagoge Essen (Hrsg.), Essen unter Bomben. Märztage 1943, Essen 1984.

Arnhold, Karl, Der Betriebsführer und sein Betrieb. Gedanken zum nationalsozialistischen Musterbetrieb, Leipzig 1942.

Ders., Der Deutsche Betrieb. Aufgaben und Ziele nationalsozialistischer Betriebsführung, Leipzig 1942.

Ashauer, Günter, Die Entwicklung des Konsumentenkredits von den Anfängen bis zur Gegenwart, in: Sparkassenhistorisches Symposium 1988. Entwicklungslinien im Personalkreditgeschäft der Sparkassen, Stuttgart 1989, S. 62–77.

Ders., Von der Ersparungscasse zur Sparkassen-Finanzgruppe. Die deutsche Sparkassenorganisation in Geschichte und Gegenwart, Stuttgart 1991.

Ders., Die ökonomische und soziale Bedeutung der preußischen Sparkassen im 19. Jahrhundert, in: Bankhistorisches Archiv 24 (1998), S. 55–86.

Bähr, Johannes, «Bankenrationalisierung» und Großbankfrage. Der Konflikt um die Ordnung des deutschen Kreditgewerbes während des Zweiten Weltkrieges, in: Harald Wixforth (Hrsg.), Finanzinstitutionen in Mitteleuropa während des Nationalsozialismus, Stuttgart 2001, S. 71–94.

Ders., Die Errichtung von Investmentgesellschaften und die Einführung des persönlichen Kleinkredits 1956/59, in: Carsten Burhop/Dieter Lindenlaub/Joachim Scholtyseck (Hrsg.), Schlüsselereignisse der deutschen Bankengeschichte, Stuttgart 2013, S. 362–386.

Ders./Banken, Ralf/Flemming, Thomas, Die MAN. Eine deutsche Industriegeschichte, München 2008.

Bähre, Lore, Der Zusammenhang zwischen wirtschaftlicher Entwicklung und Bankenaufsicht von 1934 bis zur Gegenwart, in: Der Zusammenhang zwischen wirtschaftlicher Entwicklung und Bankengesetzgebung (Bankhistorisches Archiv, Beiheft 8), Frankfurt a. M. 1982, S. 23–35.

Bajohr, Frank, Zwischen Krupp und Kommune. Sozialdemokratie, Arbeiterschaft und Stadtverwaltung in Essen vor dem 1. Weltkrieg, Essen 1988.

Ders., Arisierung als gesellschaftlicher Prozeß. Verhalten, Strategien und Handlungsspielräume jüdischer Eigentümer und «arischer» Erwerber, in: Irmtrud Wojak/Peter Hayes (Hrsg.), «Arisierung» im Nationalsozialismus. Volksgemeinschaft, Raub und Gedächtnis, Frankfurt a. M./New York 2000, S. 15–30.

Ders., «Arisierung» in Hamburg. Die Verdrängung der jüdischen Unternehmer 1933–1945, Hamburg 2003.

Ders./Wildt, Michael (Hrsg.), Volksgemeinschaft. Neue Forschungen zur Gesellschaft des Nationalsozialismus, Frankfurt a. M. 2009.

Banken, Ralf, Kurzfristiger Boom oder langfristiger Forschungsschwerpunkt? Die neuere deutsche Unternehmensgeschichte und die Zeit des Nationalsozialismus, in: Geschichte in Wissenschaft und Unterricht 56 (2005), S. 183–196.

Barkai, Avraham, Vom Boykott zur «Entjudung». Der wirtschaftliche Existenzkampf der Juden im Dritten Reich 1933–1943, Frankfurt a. M. 1988.

Barth, Boris, Der Gerling-Konzern als Familienunternehmen, in: Susanne Hilger/

Ulrich S. Soénius (Hrsg.), Familienunternehmen im Rheinland im 19. und 20. Jahrhundert. Netzwerke – Nachfolge – Soziales Kapital, Köln 2009.

Beckers, Thorsten, Kapitalmarktpolitik im Wiederaufbau. Der deutsche Wertpapiermarkt zwischen Staat und Wirtschaft 1945–1957, Stuttgart 2014.

Beer, Joachim, Der Funktionswandel der deutschen Wertpapierbörsen in der Zwischenkriegszeit (1924–1939), Frankfurt am Main u. a. 1997.

Bellringer, Christopher/Michie, Ranald C., Big Bang in the City of London. An internal revolution or an accident?, in: Financial History Review 21 (2014), S. 111–137.

Benner, L. Wilhelm, Entwicklung, finanzieller Aufbau und Finanzierungsmethoden der deutschen Kali-Industrie, Gießen 1930.

Berend, Ivan T., Europe Since 1980, Cambridge 2010.

Berger, Helge, Konjunkturpolitik im Wirtschaftswunder. Handlungsspielräume und Verhaltensmuster von Bundesbank und Regierung in den 50er Jahren, Tübingen 1997.

Berghahn, Ulrich/Vitols, Stefan (Hrsg.), Endspiel des kooperativen Kapitalismus?, Wiesbaden 2006.

Berghahn, Volker R., Das «deutsche Kapitalismus-Modell» in Geschichte und Geschichtswissenschaft, in: Ders./Sigurt Vitols (Hrsg.), Gibt es einen deutschen Kapitalismus? Tradition und globale Perspektiven der sozialen Marktwirtschaft, Frankfurt a. M. 2006, S. 25–43.

Bergmann, Berger/Brdenk, Peter (Hrsg.), Architektur in Essen 1900–1960, Essen 2012.

Dies., Architektur in Essen 1960–2013, Essen 2013.

Bericht der National-Bank AG, Essen vom 1. März 1940, in: Essener Heimatkalender 1941.

Berliner Börsen-Zeitung (Hrsg.), Deutsches Bankier-Buch. Deutsche Banken und Bankiers nach den Orten des Domizils der Firmen alphabetisch geordnet, Berlin 1888–1930.

Bernhard, Herbert, Die Stadt Essen, 3. überarb. Aufl., Essen 1983.

Bessen, Dorothee/Wick, Uwe, 175 Jahre Sparkasse Essen, Essen 2016.

Bethmann, Johann Philipp von (Hrsg.), Bankiers sind auch Menschen. 225 Jahre Bankhaus Gebrüder Bethmann, Frankfurt a. M. 1973.

Beyer, Jürgen (Hrsg.), Vom Zukunfts- zum Auslaufmodell? Die deutsche Wirtschaftsordnung im Wandel, Wiesbaden 2003.

Bjelicic, Borsilav, Geschichte der DVB Bank 1923–2013. Ereignisse – Entscheidungen – Erfahrungen, Frankfurt a. M. 2013.

Blaich, Fritz, Ökonomische und politische Hintergründe des «Gesetzes über den Absatz von Kalisalzen» vom 25. 5. 1910, in: Harald Winkel (Hrsg.), Vom Kleingewerbe zur Großindustrie. Quantitativ-regionale und politisch-rechtliche Aspekte zur Erforschung der Wirtschafts- und Gesellschaftsstruktur im 19. Jahrhundert, Berlin 1975, S. 189–201.

Ders., Wirtschaft und Rüstung im «Dritten Reich», Düsseldorf 1987.

Blank, Ralf, Ruhrschlacht. Das Ruhrgebiet im Kriegsjahr 1943, 2. Aufl., Essen 2013.

Blumenroth, Ulrich, 100 Jahre deutsche Wohnungspolitik. Aufgaben und Maßnahmen, in: Deutsche Bau- und Bodenbank (Hrsg.), Deutsche Bau- und Bodenbank Aktiengesellschaft 1923–1973. 50 Jahre im Dienste der Bau- und Wohnungswirtschaft, Frankfurt a. M. 1973, S. 211–411.

Bode, Ursula, Von kunstfreundlichen Bürgern. Sammler in Essen 1900–1945, in: Museum Folkwang (Hrsg.), «Das schönste Museum der Welt». Museum Folkwang bis 1933. Essays zur Geschichte des Museum Folkwang, Göttingen 2010, S. 141–156.

Boelcke, Willi A., Zum Gesetz über Staatsbanken vom 18. Oktober 1935, in: Zur Geschichte des Kreditgeschäftes. Notizen zu Finanzierungsproblemen vom 18. bis zum 20. Jahrhundert. Karl Erich Born zum 60. Geburtstag (Bankhistorisches Archiv, Beiheft 7), Frankfurt a. M. 1982, S. 63–70.

Borchardt, Knut, Handel, Kreditwesen, Versicherung, Verkehr 1914–1970, in: Hermann Aubin/Wolfgang Zorn (Hrsg.), Handbuch der deutschen Wirtschafts- und Sozialgeschichte, Bd. 2, Stuttgart 1976, S. 845–875.

Ders./Buchheim, Christoph, Die Wirkung der Marshallplan-Hilfe in Schlüsselbranchen der deutschen Wirtschaft, in: Hans-Jürgen Schröder (Hrsg.), Marshallplan und westdeutscher Wiederaufstieg: Positionen – Kontroversen, Stuttgart 1990, 119–149.

Borchardt, Paul, Die Gesellschaft «Verein» in Essen, Essen 1928.

Bormann, Patrick, August Rosterg (1870–1945), in: Ders./Judith Michel/Joachim Scholtyseck (Hrsg.), Unternehmer in der Weimarer Republik, Stuttgart 2016, S. 161–175.

Ders./Scholtyseck, Joachim, 1933–1944, in: Aareal Bank – 90 Jahre, Weinheim 2013, S. 35–51.

Ders./Scholtyseck, Joachim/Wixforth, Harald, Die kreditgenossenschaftlichen Zentralinstitute vom Beginn des Ersten Weltkriegs bis zur bedingungslosen Kapitulation des NS-Staats (1914–1945), in: Timothy W. Guinnane u. a., Die Geschichte der DZ Bank. Das genossenschaftliche Zentralbankwesen vom 19. Jahrhundert bis heute, München 2013, S. 145–294.

Born, Karl Erich, Geld und Banken im 19. und 20. Jahrhundert, Stuttgart 1976.

Ders., Vom Beginn des Ersten Weltkrieges bis zum Ende der Weimarer Republik (1914–1933), in: Wissenschaftlicher Beirat des Instituts für bankhistorische Forschung (Hrsg.), Deutsche Bankengeschichte, Bd. 3, Frankfurt a. M. 1983, S. 17–146.

Bower, Tom, Blind Eye to Murder. Britain, America and the Purging of Nazi Germany – A Pledge Betrayed, London u. a. 1983.

Bracher, Karl Dietrich, Die deutsche Diktatur. Entstehung, Struktur, Folgen des Nationalsozialismus, Frankfurt a. M./Berlin/Wien 1979.

Bracht, Johannes, Geldlose Zeiten und überfüllte Kassen – Vermögenstransaktionen westfälischer Bauern auf frühen Kapitalmärkten (1830–1866), Lüdenscheid 2009.

[Brandi, Paul], Essener Arbeitsjahre. Erinnerungen des Ersten Beigeordneten Paul Brandi. Abriß aus einer 1944 für die eigene Familie verfaßten Schrift «44 Jahre im Industriebezirk», in: Beiträge zur Geschichte von Stadt und Stift Essen 75 (1959), S. 7–111.

Brakelmann, Günter, Zwischen Mitschuld und Widerstand. Fritz Thyssen und der Nationalsozialismus, Hagen 2010.

Breitfeld, Bernd, Von der Privat- zur Staatsbahn. Zur Finanzierung der deutschen Eisenbahnen, in: Eisenbahnjahr Ausstellungsgesellschaft mbH (Hrsg.), Zug der Zeit – Zeit der Züge. Deutsche Eisenbahn 1835–1985 (Band 1), 2. Aufl., Berlin 1985, S. 185–192.

Bremer, Heinz, Grundzüge des deutschen und ausländischen Börsenrechts, Berlin u. a. 1969.

Breuer, Rolf-Ernst, Der Finanzplatz Deutschland im Wettbewerb, in: Hans E. Büschgen

(Hrsg.), Finanzplatz Deutschland an der Schwelle zum 21. Jahrhundert. Schlaglichter, Herausforderungen, Visionen, Frankfurt a. M. 1998, S. 145–157.

Briesen, Detlef, Vom Durchbruch der Wohlstandsgesellschaft und vom Ende des Wachstums 1955–1995, in: Ders. u. a. (Hrsg.), Gesellschafts- und Wirtschaftsgeschichte Rheinlands und Westfalens, Köln 1995, S. 202–241.

Brocke, Edna/Zimmermann, Michael, Stationen jüdischen Lebens. Von der Emanzipation bis zur Gegenwart. Katalogbuch zur Ausstellung «Stationen jüdischen Lebens» in der Alten Synagoge Essen, Bonn 1990.

Bruckmann, Walter, Die Börsen zu Essen und Düsseldorf und ihr Markt in der Kriegs- und Nachkriegszeit, Greifswald 1921.

Buchheim, Christoph, Zur Kontroverse über den Stellenwert der Währungsreform für die Wirtschaftsdynamik in der Bundesrepublik Deutschland, in: Peter Hampe (Hrsg.), Währungsreform und soziale Marktwirtschaft. Rückblicke und Ausblicke, München 1989, S. 86–100.

Ders., Unternehmen in Deutschland und NS-Regime. Versuch einer Synthese, in: Historische Zeitschrift 282 (2006), S. 351–390.

Buchstab, Günter, Fritz Thyssen (1873–1951), in: Jürgen Aretz/Rudolf Morsey/Anton Rauscher (Hrsg.), Zeitgeschichte in Lebensbildern. Band 9: Aus dem deutschen Katholizismus des 19. und 20. Jahrhunderts, Münster 1999, S. 115–132.

Büschgen, Hans E., Die Deutsche Bank von 1957 bis zur Gegenwart. Aufstieg zum internationalen Finanzdienstleistungskonzern, in: Lothar Gall u. a., Die Deutsche Bank 1870–1995, S. 579–877.

Burghof, Hans-Peter Das Auslaufen der Gewährträgerhaftung für Sparkassen und Landesbanken 2001/05, in: Dieter Lindenlaub/Carsten Burhop/Joachim Scholtyseck (Hrsg.), Schlüsselereignisse der deutschen Bankengeschichte, Stuttgart 2013, S. 464–477.

Burhop, Carsten, Die Kreditbanken in der Gründerzeit, Stuttgart 2004.

Ders./Wolff, Guntram B., A Compromise Estimate of the Net Product and its Implications for Growth and the Business Cycle in Germany, 1851–1913, in: Journal of Economic History 65 (2005), S. 613–657.

Butschkau, Fritz, Erinnerungen. Wenn's ums Geld geht…, Düsseldorf 1972.

Büttner, Ursula, Weimar. Die überforderte Republik 1918–1933. Leistung und Versagen in Staat, Gesellschaft, Wirtschaft und Kultur, Stuttgart 2008.

Cassier, Siegfried C., Biographie einer Unternehmerbank. Der Weg der Industriebank (Industriekreditbank AG – Deutsche Industriebank) und der langfristige Industriekredit in Deutschland, Frankfurt a. M. 1977.

Clemens, Gabriele B./Daniel Reupke, Kreditvergabe im 19. Jahrhundert zwischen privaten Netzwerken und institutioneller Geldleihe, in: Gabriele B. Clemens (Hrsg.), Schuldenlast und Schuldenwert. Kreditnetzwerke in der europäischen Geschichte 1300–1900, Trier 2008, S. 211–244.

Commerzbank AG (Hrsg.), Vier Essener Privatbanken: ein Beitrag zur Geschichte der Commerzbank Essen, Essen 1990.

Comprix, Hans, Die Arbeitnehmerbanken. Ihre Entwicklung und Bedeutung in wirtschaftlicher und sozialer Hinsicht, Halberstadt 1929.

Conrads, Rudolf, Vom Credit-Verein zu Werden zur Volksbank Werden, in: Geschichten aus der Werdener Geschichte 1 (2003), S. 215–217.

Conze, Werner, Bracht, Clemens Emil Franz, in: Neue Deutsche Biographie (NDB), Bd. 2, Berlin 1955, S. 502–503.

[Cramm, Tilo], Bergbau ist nicht eines Mannes Sache. Das Bergwerk Victor-Ickern in Castrop-Rauxel, bearbeitet von Tilo Cramm, Essen 2000.

Däbritz, Walther, Die Großbanken im rheinisch-westfälischen Industriebezirk, in: Wirtschaftsjahrbuch für den Ruhrbezirk 1 (1921), S. 290–296.

Ders., Banken – Schrittmacher der Wirtschaft. Das Essener Bankwesen 1951–1961, in: Essener Woche. Die Zeitschrift der Ruhrmetropole Band 11, Heft 20, S. 59.

Ders., Denkschrift zum fünfzigjährigen Bestehen der Essener Credit-Anstalt in Essen, Essen 1922.

Ders., Friedrich Grillo als Wirtschaftsführer. Vortrag, gehalten am 17. Januar 1926 aus Anlaß der Feier der hundertjährigen Wiederkehr seines Geburtstages, Essen 1926.

Ders., Friedrich Grillo, in: Der Scheinwerfer. Blätter der Städtischen Bühnen Essen, Jg. 1 (1927) 1, S. 17–19.

Ders., Alte Essener Handelshäuser und Bankiers, in: Wirtschaft und Leben in Essen, 1961, S. 21–24.

Dascher, Ottfried, Die Arenberg-Zechen im Ruhrgebiet – ihre Archive und deren Bedeutung für die Forschung, in: Johannes Mötsch (Hrsg.), Ein Eifler für Rheinland-Pfalz. Festschrift für Franz-Josef Heyden zum 75. Geburtstag am 2. Mai 2003, Teil 2, Mainz 2003, S. 835–846.

Davis, Philip, Concepts and Typologies, in: Richard Roberts (Hrsg.), International Financial Centres, Aldershot 1994, S. 1–27.

Deeg, Richard Edward, Financial Capitalism Unveiled. Banks and the German Political Economy, Ann Arbor 1999.

Denkschrift zur Erinnerung an das 50jährige Bestehen der Arenberg'schen Actien-Gesellschaft für Bergbau und Hüttenbetrieb zu Essen (Ruhr), Düsseldorf 1906.

Derix, Simone, Die Thyssens. Familie und Vermögen, Paderborn 2016.

Deutsche Bundesbank (Hrsg.), Deutsches Geld- und Bankwesen in Zahlen 1876–1975, Frankfurt a. M. 1976.

Deutsche Verkehrs-Kredit-Bank AG (Hrsg.): 40 Jahre Deutsche Verkehrs-Kredit-Bank Aktiengesellschaft 1923–1963, Darmstadt 1963.

Dichgans, Hans, Zur Geschichte des Reichskommissars für die Preisbildung, Düsseldorf 1977.

Dickhaus, Monika, Die Bundesbank im westeuropäischen Aufbau. Die internationale Währungspolitik der Bundesrepublik Deutschland 1948–1958, München 1996.

Dickhoff, Erwin, Die Entnazifizierung und Entmilitarisierung der Straßennamen. Ein Beitrag zur Geschichte der Straßenbenennung in Essen, in: Beiträge zur Geschichte von Stadt und Stift Essen 101 (1986/1987), S. 77–104.

Ders., Essener Köpfe, 2. Aufl., Essen 2015.

Diehl, Markus Albert, Von der Marktwirtschaft zur nationalsozialistischen Kriegswirtschaft. Die Transformation der deutschen Wirtschaftsordnung 1933–1945, Stuttgart 2005.

Dirninger, Christian, Der bargeldlose Zahlungsverkehr der Sparkassen 1908. Ein Finanzverbund entsteht, in: Dieter Lindenlaub/Carsten Burhop/Joachim Scholtyseck (Hrsg.), Schlüsselereignisse der deutschen Bankengeschichte, Stuttgart 2013, S. 216–228.

Disconto-Gesellschaft (Hrsg.), Die Disconto-Gesellschaft 1851 bis 1901. Denkschrift zum 50jährigen Jubiläum, Berlin 1901.

Donges, Alexander, Die Vereinigte Stahlwerke AG im Nationalsozialismus. Konzernpolitik zwischen Marktwirtschaft und Staatswirtschaft, Paderborn 2014.

Drecoll, Axel, Der Fiskus als Verfolger. Die steuerliche Diskriminierung der Juden in Bayern 1933–1941/42, München 2009.

Dreesbach, Anne/Kamp, Michael/Neumann, Florian, Fritz Meyer-Struckmann. Leben und Stiftung, München 2009.

Duncan, Otis D. u. a., Metropolis and Region, Baltimore 1960.

Dupke, Thomas, Die Unternehmerfamilie Baedeker und das Essener Bürgertum im 19. Jahrhundert, in: Dorothea Bessen/Klaus Wisotzky (Hrsg.), Buchkultur inmitten der Industrie: 225 G. D. Baedeker in Essen, Essen 2000, S. 114–148.

Ders., Kohle, Krupp und Kommunalentwicklung. Die Karriere eines Landstädtchens (1803–1914), in: Ulrich Borsdorf (Hrsg.), Essen. Geschichte einer Stadt, Bottrop/Essen 2002, S. 267–367.

Ders., Vom Wiederaufbau zum Strukturwandel – Essen 1945 bis 2000, in: Ulrich Borsdorf (Hrsg.), Essen. Geschichte einer Stadt, Bottrop/Essen 2002, S. 469–548.

Durth, Werner, Zur Kontinuität städtebaulicher Leitbilder zwischen 1940 und 1950, in: Everhard Holtmann (Hrsg.), Wie neu war der Neubeginn? Zum deutschen Kontinuitätsproblem nach 1945, Erlangen 1989, S. 20–49.

Egenolf, Kordula, Die Anfänge des Sparkassenwesens, in: Hans-Jürgen Teuteberg (Hrsg.), Westfalens Wirtschaft am Beginn des «Maschinenzeitalters», Dortmund 1988, S. 57–73.

Eglau, Hans Otto, Fritz Thyssen. Hitlers Gönner und Geisel, Berlin 2003.

Eickholt, Martin, Management operationeller Risiken bei Regionalbanken, Heidelberg 2012.

Engl, Dominik, Erträge aus Investmentvermögen. Verfassungs- und europarechtskonforme Besteuerung nach dem Transparenzprinzip, Baden-Baden 2009.

Enke, Erich, Private, genossenschaftliche und städtische Wohnungspolitik in Essen a/R. Vom Anfang des 19. Jahrhunderts bis zur Gegenwart, Stuttgart 1912.

Epstein, Gerard A. (Hrsg.) Financialization and the World Economy, Cheltenham/Northampton 2006.

Erker, Paul, Industrie-Eliten in der NS-Zeit. Anpassungsbereitschaft und Eigeninteresse von Unternehmen in der Rüstungs- und Kriegswirtschaft 1936–1945, Passau 1994.

Esser, Josef, Bank Power in Germany Revisited, in: West European Politics 3 (1990), S. 17–32.

Etzel, Frank, Die Niederrheinische Bank – eine Epoche in der Weseler Wirtschaftsgeschichte, in: Ders., Herrn Max Küppers aus Anlass seines 70. Geburtages gewidmet, Düsseldorf 1968, S. 27–47.

Eyll, Klara van, Die Geschichte einer Handelskammer. Dargestellt am Beispiel der Handelskammer Essen, 1840 bis 1910, Köln 1964.

Dies., Ernst Waldthausen, in: Rheinisch-westfälische Wirtschaftsbiographien 9 (1967), S. 14–38.

Fear, Jeffrey R., Organizing Control. August Thyssen and the Construction of German Corporate Management, Cambridge u. a. 2005.

Feldenkirchen, Wilfried, Kölner Banken und die Entwicklung des Ruhrgebiets, in: Zeitschrift für Unternehmensgeschichte 27 (1982), S. 81–106.

Feldhege, Hans-Georg, Die Sparkasse in Essen. Ihr Weg zum universalen Kreditinstitut, in: Jahrbuch. Die Heimatstadt Essen 21 (1970), S. 23–30.

Ferguson, Niall, The Evolution of Financial Services, London/New York 2007.

Ders., The Ascent of Money: A Financial History of the World, New York 2008.

Fest, Joachim, Hitler. Eine Biographie, Frankfurt a. M./Berlin 1973.

Fest, Gabriele, Die Entwicklung der Tuch-Manufaktur im Raume Werden-Kettwig während des 18. und 19. Jahrhunderts, in: Beiträge zur Geschichte von Stadt und Stift Essen 93 (1978), S. 128–214.

Festschrift zur Einweihung der Börse für die Stadt Essen, hrsg. vom Börsenvorstand, Essen 1925.

Fischer, Albert, Die Landesbank der Rheinprovinz. Aufstieg und Fall zwischen Wirtschaft und Politik, Weimar/Wien 1997.

Fischer, Wolfram, Herz des Reviers. 125 Jahre Wirtschaftsgeschichte des Industrie- und Handelskammerbezirks Essen – Mülheim – Oberhausen, Essen 1965.

Forster, Bernhard, Adam Stegerwald (1874–1945). Christlich-nationaler Gewerkschafter, Zentrumspolitiker, Mitbegründer der Unionsparteien, Düsseldorf 2003.

Frech, Stefan, Wegbereiter Hitlers? Theodor Reismann-Grone. Ein völkischer Nationalist (1863–1949), Paderborn u. a. 2009.

Fremdling, Rainer, Eisenbahnen und deutsches Wirtschaftswachstum 1840–1879. Ein Beitrag zur Entwicklungstheorie und zur Theorie der Infrastruktur, Dortmund 1975.

Frese, Matthias, Vom «NS-Musterbetrieb» zum «Kriegs-Musterbetrieb». Zum Verhältnis von Deutscher Arbeitsfront und Großindustrie, in: Wolfgang Michalka (Hrsg.), Der Zweite Weltkrieg. Analysen, Grundlagen, Forschungsbilanz, München 1989, S. 382–401.

Friedenberger, Martin, Fiskalische Ausplünderung. Die Berliner Steuer- und Finanzverwaltung und die jüdische Bevölkerung 1933–1945, Berlin 2008.

Fröhlich, Elke (Hrsg.), Die Tagebücher von Joseph Goebbels. Teil II: Diktate 1941–1945, Band 9: Juli–September 1943, München u. a. 1993.

Frost, Reinhard, Wünsche werden Wirklichkeit. Die Deutsche Bank und ihr Privatkundengeschäft, München 2009.

Führer, Karl Christian, Anspruch und Realität. Das Scheitern der nationalsozialistischen Wohnungspolitik 1933–1945, in: Vierteljahrshefte für Zeitgeschichte 45 (1997), S. 225–256.

Ders., Die Stadt, das Geld und der Markt. Immobilienspekulation in der Bundesrepublik 1960–1985, Berlin/Boston 2016.

Gall, Lothar, Die Deutsche Bank von ihrer Gründung bis zum Ersten Weltkrieg, in: Ders. u. a., Die Deutsche Bank 1870–1995, München 1995, S. 1–137.

Ders., Krupp. Der Aufstieg eines Industrieimperiums, Berlin 2000.

Ders., Von der Entlassung Alfried Krupp von Bohlen und Halbachs bis zur Errichtung seiner Stiftung 1951 bis 1967/68, in: Ders. (Hrsg.), Krupp im 20. Jahrhundert. Die Geschichte des Unternehmens vom Ersten Weltkrieg bis zur Gründung der Stiftung, Berlin 2002, S. 473–589.

Ders., (Hrsg.), Krupp im 20. Jahrhundert. Die Geschichte des Unternehmens vom Ersten Weltkrieg bis zur Gründung der Stiftung, Berlin 2002.

Ders., Der Bankier. Hermann Josef Abs. Eine Biographie, München 2004.

Gehlen, Boris, Hilfe zur Selbsthilfe. Paul Silverberg, der RDI und die Bank für deutsche Industrie-Obligationen 1929 bis 1933. Ein Beitrag zur Wirksamkeit persönlicher

Vernetzung, in: Vierteljahrschrift für Sozial- und Wirtschaftsgeschichte 94 (2007), S. 1–26.

Ders., Aufbaujahre. Die Neugründung des Verbandes, Kriegsfolgenbewältigung und der Beitrag öffentlicher Banken zum Wirtschaftsaufschwung (1945 bis 1967/73), in: Institut für Bank- und Finanzgeschichte (Hrsg.), 100 Jahre Bundesverband Öffentlicher Banken, Stuttgart 2016, S. 130–178.

Ders., «Avantgarde», «Establishment» und sozialer Komment in der Hochfinanz der Weimarer Zeit zwischen Inklusion und Exklusion, in: Bankhistorisches Archiv 36 (2010), S. 61–81.

Ders., «Manipulierende Händler» versus «dumme Agrarier»: Reale und symbolische Konflikte um das Börsengesetz von 1896, in: Bankhistorisches Archiv 39 (2013), S. 73–90.

Ders., Die Öffnung des Wettbewerbs und die Folgen der Internationalisierung (1960er- bis Ende der 1990er-Jahre), in: Institut für Bank- und Finanzgeschichte (Hrsg.), 100 Jahre Bundesverband Öffentlicher Banken, Berlin 2016, S. 179–214.

Gemmecke, Claudia, Die «Alte Synagoge» in Essen (1913), Essen 1990.

Genschel, Helmut, Die Verdrängung der Juden aus der Wirtschaft im «Dritten Reich», Göttingen 1966.

Giebel, Hilarius August, Die Finanzierung der Kaliindustrie, Karlsruhe 1912.

Gilgen, David/Kopper, Christopher/Leutzsch, Andreas (Hrsg.), Deutschland als Modell? Rheinischer Kapitalismus und Globalisierung seit dem 19. Jahrhundert, Bonn 2010.

Gimbel, John, The American Occupation of Germany, Stanford 1968.

Gloe, Markus, Planung für die deutsche Einheit. Der Forschungsbeirat für Fragen der Wiedervereinigung Deutschlands 1952–1975, Wiesbaden 2005.

Göbel, Stefan, Die Ölpreiskrisen der 1970er Jahre. Auswirkungen auf die Wirtschaft von Industriestaaten am Beispiel der Bundesrepublik Deutschland, der Vereinigten Staaten, Japans, Großbritanniens und Frankreichs, Berlin 2013.

Gömmel, Rainer, Entstehung und Entwicklung der Effektenbörse im 19. Jahrhundert bis 1914, in: Hans Pohl (Hrsg.), Deutsche Börsengeschichte, Frankfurt a. M. 1992, S. 135–207.

Götz, Hans Herbert, Weil alle besser leben wollen … Porträt der deutschen Wirtschaftspolitik, Düsseldorf/Wien 1963.

Goey, Ferry de, European Varieties of Capitalism, in: Jan-Otmar Hesse u. a. (Hrsg.), Perspectives on European Economic and Social History, Baden-Baden 2014, S. 73–100.

Golla, Guido, Nationalsozialistische Arbeitsbeschaffung in Theorie und Praxis 1933 bis 1936, Köln 1994.

Gonser, Simon, Der Kapitalismus entdeckt das Volk. Wie die deutschen Großbanken in den 1950er und 1960er Jahren zu ihrer privaten Kundschaft kamen, München 2014.

Grabas, Margrit, Die Gründerkrise von 1873/79 – Fiktion oder Realität? Einige Überlegungen im Kontext der Weltfinanz- und Wirtschaftskrise von 2008/2009, in: Jahrbuch für Wirtschaftsgeschichte 1/2011, S. 69–95.

Grünbacher, Armin, Reconstruction and Cold War in Germany. The Kreditanstalt für Wiederaufbau (1948–1961), Aldershot 2004.

Grüttner, Michael, Das Dritte Reich 1933–1939, Stuttgart 2014.

Haaf, Hermann-Josef ten, Kreditgenossenschaften im «Dritten Reich». Bankwirtschaftliche Selbsthilfe und demokratische Selbstverwaltung in der Diktatur, 2. Aufl., Ostfildern 2013.

Hachtmann, Rüdiger, Chaos und Indifferenz in der Deutschen Arbeitsfront. Ein Evaluierungsbericht aus dem Jahr 1936, in: Vierteljahrshefte für Zeitgeschichte 53 (2005), S. 43–78.

Ders. (Hrsg.), Ein Koloss auf tönernen Füßen. Das Gutachten des Wirtschaftsprüfers Karl Eicke über die Deutsche Arbeitsfront vom 31. Juli 1936, München 2006.

Haerendel, Ulrike, Kommunale Wohnungspolitik im Dritten Reich. Siedlungsideologie, Kleinhausbau und «Wohnraumarisierung» am Beispiel Münchens, München 1999.

Häuser, Karl, Wettbewerb und Kooperation deutscher Banken 1918–1945, in: Cooperation and Competition of European banks since the middle of the 19th Century. Siebtes Wissenschaftliches Kolloquium am 29. November 1993 im Hause der Banca di Roma (Bankhistorisches Archiv, Beiheft 26), Frankfurt a. M. 1997, S. 37–53.

Ders. u. a., Frankfurts Wettbewerbslage als europäisches Finanzzentrum, Frankfurt a. M. 1990.

Haffner, Sebastian, Geschichte eines Deutschen. Die Erinnerungen 1914–1933, 3. Aufl., München 2004.

Hahn, Joachim, Erinnerungen und Zeugnisse jüdischer Geschichte in Baden-Württemberg, Stuttgart 1988.

Hall, Peter A./Soskice, David (Hrsg.), Varieties of Capitalism. The Institutional Foundations of Comparative Advantage, Oxford 2001.

Hammer-Schenk, Harold, Synagogen in Deutschland. Geschichte einer Baugattung im 19. und 20. Jahrhundert, Hamburg 1981.

Handbuch der deutschen Aktiengesellschaften, Berlin 1933–1935, 1937–1939, 1950/51.

Hansen, Eckhardt, Wohlfahrtspolitik im NS-Staat. Motivationen, Konflikte und Machtstrukturen im «Sozialismus der Tat» des Dritten Reiches, Augsburg 1991.

Hardach, Gerd, Der Marshall-Plan. Auslandshilfe und Wiederaufbau in Westdeutschland 1948–1952, München 1994.

Harlander, Tilman, Kleinsiedlung, Volkswohnung, sozialer Wohnungsbau – Anmerkungen zur «Modernisierung» der Wohnungspolitik in der NS-Zeit, in: Klaus M. Schmals (Hrsg.), Vor 50 Jahren ... auch die Raumplanung hat eine Geschichte!, Dortmund 1997, S. 73–90.

Ders./Fehl, Gerhard, Hitlers sozialer Wohnungsbau – Aufsätze und Rechtsgrundlagen zur Wohnungspolitik, Baugestaltung und Siedlungsplanung aus der Zeitschrift «Der Soziale Wohnungsbau in Deutschland», Hamburg 1986.

Harmsen, Dirk-Michael/Weiß, Gerhard/Georgieff, Peter, Automation im Geldverkehr. Wirtschaftliche und soziale Auswirkungen, Opladen 1991.

Harries, Heinrich, Wiederaufbau. Welt und Wende. Die KfW – eine Bank mit öffentlichem Auftrag, Frankfurt a. M. 1998.

Harrschar-Ehrnborg, Sofia, Finanzplatzstrukturen in Europa. Die Entstehung und Entwicklung von Finanzzentren, Frankfurt a. M. u. a. 2002.

Harvey, David, A Short History of Neoliberalism, Oxford 2005.

Heiden, Detlev, Von der Kleinsiedlung zum Behelfsheim. Wohnen zwischen Volksgemeinschaft und Kriegsalltag, in: Ders./Gunther Mai (Hrsg.), Nationalsozialismus in Thüringen, Weimar/Köln/Wien 1995, S. 349–373.

Heinemann, Kieran, Aktien für alle? Kleinanleger und die Börse in der Ära Thatcher, in: Vierteljahrshefte für Zeitgeschichte 64 (2016), S. 637–663.

Heistermann, Marion, Demontage und Wiederaufbau. Industriepolitische Entwicklungen in der «Kruppstadt» Essen nach dem Zweiten Weltkrieg (1945–1956), Essen 2004.

Hegemann, Elisabeth, 100 Jahre Spar- und Darlehnskasse Essen eG, Essen 1986.

Henke, Klaus-Dietmar, Die amerikanische Besetzung Deutschlands, München 1995.

Henning, Friedrich-Wilhelm, Die Stadterweiterung unter dem Einfluss der Industrialisierung (1871 bis 1914), in: Hermann Kellenbenz/Klara van Eyll (Hrsg.), Zwei Jahrtausende Kölner Wirtschaft, Bd. 2, Köln 1975, S. 267–357.

Ders., Börsenkrisen und Börsengesetzgebung von 1914 bis 1945 in Deutschland, in: Hans Pohl (Hrsg.), Deutsche Börsengeschichte, Frankfurt a. M. 1992, S. 211–290.

Ders., Deutsche Wirtschafts- und Sozialgeschichte im 19. Jahrhundert, Paderborn u. a. 1996.

Herbst, Ludolf, Die nationalsozialistische Wirtschaftspolitik im internationalen Vergleich, in: Benz, Wolfgang/Auerbach, Hellmuth (Hrsg.), Der Nationalsozialismus. Studien zur Ideologie und Herrschaft, Frankfurt a. M. 1993, S. 153–176.

Ders., Banker in einem prekären Geschäft. Die Beteiligung der Commerzbank an der Vernichtung der jüdischen Gewerbetätigkeit im Altreich 1930–1940, in: Ders./Thomas Weihe (Hrsg.), Die Commerzbank und die Juden 1933–1945, München 2004, S. 74–81.

Herzfeld, Ernst, Lebenserinnerungen, in: Jüdisches Leben in Deutschland, Selbstzeugnisse zur Sozialgeschichte im Kaiserreich, hrsg. und eingeleitet von Monika Richarz, Stuttgart 1979, S. 370–388.

Herzfeld, Otta, Rechtsanwalt Dr. jur. Carl Cosmann, in: Hermann Schröter (Hrsg.), Geschichte und Schicksal der Essener Juden. Gedenkbuch für die jüdischen Mitbürger der Stadt Essen, Essen 1980, S. 142–147.

Heyden, Karl, Die Verbreitung des Sparkassen-Systems auf den Zechen und industriellen Werken, in: Die Sparkasse, Nr. 51 (1884), S. 4–7.

Hilgermann, Bernhard, Das Werden und Vergehen einer bedeutenden Provinzbank, Köln 1973/74.

Hillen, Barabara, «Opas Sparkasse ist tot» – oder wie ein Satz Karriere machte, in: Sparkasse, Heft 3/2002, S. 141.

Hirche, Kurt, Die Wirtschaftsunternehmen der Gewerkschaften, Düsseldorf/Wien 1966.

Hockerts, Hans Günter/Schulz, Günther, Einleitung, in: Dies. (Hrsg.), Der «Rheinische Kapitalismus» in der Ära Adenauer, Paderborn 2016, S. 9–28.

Hoffacker, Heinz F., Geschichte des Allgemeinen Bauvereins Essen AG, in: Jürgen Reulecke u. a. (Bearb.), Wohnen und Markt. Gemeinnützigkeit wieder modern, Essen 1994.

Hoffmann, Bernd, Zur Geschichte der europäischen Arbeitnehmerbanken, Köln 1931.

Ders., Zur Geschichte der europäischen Arbeitnehmerbanken. Eine sozial-historische Untersuchung, Düren 1934.

Hoffmann, Josef, Deutsche Sparkasseneinheit. Geschichte, Aufbau, Leistungen des zentralen Sparkassenverbandes. Vollständiger Nachdruck der Originalausgabe von 1931 mit einer Einführung von Helmut Keßler, Stuttgart 1991.

Hogan, Michael J., The Marshall Plan. America, Britain, and the Reconstruction of Western Europe, 1947–1952, Cambridge MA u. a. 1987.

Holtfrerich, Carl-Ludwig, Die Deutsche Bank vom Zweiten Weltkrieg über die Besatzungsherrschaft zur Rekonstruktion 1945–1957, in: Lothar Gall u. a., Die Deutsche Bank 1870–1995, München 1995, S. 409–578.

Ders., Geldpolitik bei festen Wechselkursen, in: Deutsche Bundesbank (Hrsg.), Fünfzig Jahre Deutsche Mark. Notenbank und Währung in Deutschland seit 1948, München 1998, S. 347–438.

Ders., Finanzplatz Frankfurt. Von der mittelalterlichen Messestadt zum europäischen Bankenzentrum, München 1999.

Ders., Das Elend der Mark im «Dreißigjährigen Krieg» 1914–1945, in: Ders./Harold James/Manfred Pohl, Requiem auf eine Währung. Die Mark 1873–2001, Stuttgart/München 2001, S. 109–190.

Ders., Die Große Inflation 1914–23. Ihre Wirkung auf die Struktur des deutschen Kreditgewerbes, in: Dieter Lindenlaub/Carsten Burhop/Joachim Scholtyseck (Hrsg.), Schlüsselereignisse der deutschen Bankengeschichte, Stuttgart 2013, S. 229–243.

Horstmann, Theo, Die Angst vor dem finanziellen Kollaps. Banken- und Kreditpolitik in der britischen Zone 1945–1948, in: Dietmar Petzina/Walter Euchner (Hrsg.), Wirtschaftspolitik im britischen Besatzungsgebiet 1945–1949, Düsseldorf 1984, S. 215–233.

Ders., Die Alliierten und die deutschen Großbanken. Bankenpolitik nach dem Zweiten Weltkrieg in Westdeutschland, Bonn 1991.

HSBC Trinkaus (Hrsg.), Den Werten verpflichtet. 225 Jahre HSBC Trinkaus 1785–2010, Köln 2010.

Illing, Falk, Deutschland in der Finanzkrise. Chronologie der deutschen Wirtschaftspolitik 2007–2012, Wiesbaden 2013.

Institut für Bank- und Finanzgeschichte (Hrsg.), 100 Jahre Bundesverband Öffentlicher Banken Deutschland 1916–2016, Stuttgart 2016.

Irmler, Heinrich, Währungsreform und reglementierter Kapitalmarkt, in: 30 Jahre Kapitalmarkt in der Bundesrepublik Deutschland, Frankfurt a. M. 1981.

Jachmich, Gabriele, Die Anfänge des Privatbankwesens in Berlin: Delbrück, Schickler & Co., in: Kristina Hübener (Hrsg.), Bankgeschäfte an Havel und Spree: Geschichte – Traditionen – Perspektiven, Potsdam 2000, S. 51–68.

Jahn, Robert, Essener Geschichte. Die geschichtliche Entwicklung im Raum der Großstadt Essen, Essen 1957.

James, Harold, Deutschland in der Weltwirtschaftskrise 1924–1936, Stuttgart 1988.

Ders., Die Deutsche Bank und die Diktatur, in: Lothar Gall u. a., Die Deutsche Bank 1870–1995, München 1995, S. 315–408.

Ders., International Monetary Cooperation since Bretton Woods, Washington D. C./New York/Oxford 1996.

Ders., Rambouillet, 15. November 1975. Die Globalisierung der Wirtschaft, München 1997.

Ders., Die Rolle der Banken im Nationalsozialismus, in: Lothar Gall/Manfred Pohl (Hrsg.), Unternehmen im Nationalsozialismus, München 1998, S. 25–36.

Ders., Krupp, Deutsche Legende und globales Unternehmen, München 2011.

Ders., Die Deutsche Bank und die «Arisierung», München 2001.

Ders., Verbandspolitik im Nationalsozialismus. Von der Interessenvertretung zur Wirtschaftsgruppe: der Centralverband des Deutschen Bank- und Bankiersgewerbes 1932–1945, München 2001.

Ders., Strukturwandel in Kriegs- und Krisenzeiten, in: Hans Pohl (Hrsg.), Die Geschichte des Finanzplatzes Berlin, Frankfurt a. M. 2002, S. 157–209.

Jesse, [Vorname unbekannt], Die Kreissparkasse Essen, in: Monographien Deutscher Landkreise, Bd. IV: Der Landkreis Essen, Berlin 1926, S. 44–49.

Joetten, Wilhelm, Zur Geschichte der Essener Börse, Erlangen 1919.

John, Jürgen, Mobilisierung als Charakteristikum des NS-Systems?, in: Oliver Werner (Hrsg.), Mobilisierung im Nationalsozialismus. Institutionen und Regionen in der Kriegswirtschaft und der Verwaltung des «Dritten Reiches» 1936 bis 1945, Paderborn 2013, S. 29-56.

Jones, Geoffrey, International financial centres in Asia, the Middle East and Australia: a historical perspective, in: Youssef Cassis (Hrsg.), Finance and financiers in European history (1880-1960), Cambridge 2008, S. 405-428.

Jüchen, Aurel von, Friedrich Grillo, in: Gustav Koepper (Hrsg.), In Schacht und Hütte. Die Industrie des Ruhrkohlen-Bezirks und benachbarter Gebiete, Reutlingen 1912, S. 207-209.

Jüdell, Felix, Erfahrung läßt sich nicht vererben. Dresdner Bank. Ihre Entwicklung von 1872 bis 1914. Mit einer Einleitung von Morten Reitmayer, Leipzig 2006.

Kaleschke, Christoph, «Der Ruf nach Zahlmitteln will nicht enden …». Zur Rolle der Sparkassen in der deutschen Inflation 1914-1923, in: Harald Wixforth (Hrsg.), Sparkassen in Mitteleuropa im 19. und 20. Jahrhundert, Wien 1998, S. 159-184.

Karlsch, Rainer/Stokes, Raymond G., Faktor Öl: die Mineralölwirtschaft in Deutschland 1859-1974, München 2003.

Kaufhold, Barbara, An den Unternehmen aller Gewerbezweige beteiligt: Das Bankhaus Hanau, in: Horst A. Wessel (Hrsg.), Pioniere der Wirtschaft. Unternehmergeschichte in der Stadt am Fluss seit dem Ende des 18. Jahrhunderts, 2. Aufl., Essen 2013, S. 349-359.

Kaufmann, Uri, Moderne und Judentum im Rheinland 1914. Zwei rheinische Rabbinerbiographien, in: Thomas Schleper (Hrsg.), Aggression und Avantgarde. Zum Vorabend des Ersten Weltkrieges, Essen 2014, S. 308-312.

Kayser, Gunter, Mittelstandsfinanzierung in der Bundesrepublik zwischen Bankkredit und öffentlichen Finanzierungshilfen. Eine aktuelle Bestandsaufnahme im Spiegel der Periode 1960-1990, in: Bankhistorisches Archiv 29 (2003), S. 99-117.

Kenkmann, Alfons, The Looting of Jewish Property and the German Financial Administration, in: Gerald D. Feldman/Wolfgang Seibel (Hrsg.), Networks of Nazi Persecution. Bureaucracy, Business and the Organization of the Holocaust, New York/Oxford 2005, S. 148-167.

Kershaw, Ian, Hitler 1889-1933, Stuttgart 1998.

Kiehling, Hartmut, Die Weltfinanzkrisen 1929 und 2008 im Vergleich, in: Rolf Walter (Hrsg.), Globalisierung in der Geschichte, Stuttgart 2011, S. 257-269.

Kindleberger, Charles P., The Formation of Financial Centers: A Study in Comparative Economic History, Princeton 1974.

Kirchhoff, Ulrich, Zielwandel bei öffentlichen Unternehmen, aufgezeigt am Beispiel der Banken, Berlin 1987.

Kleinschmidt, Christian, Technik und Wirtschaft im 19. und 20. Jahrhundert, München 2007.

Kleßmann, Christoph/Friedemann, Peter, Streiks und Hungermärsche im Ruhrgebiet 1946-1948, Frankfurt a. M. 1977.

Kluitmann, Leo, Der gewerbliche Geld- und Kapitalverkehr im Ruhrgebiet im 19 Jahrhundert, Bonn 1931.

Knüwer, Thomas, Iwan David Herrstatt (1913-1995), in: Hans Pohl (Hrsg.), Deutsche Bankiers des 20. Jahrhunderts, Stuttgart 2008, S. 227-239.

Köchling, Martina, Demontagepolitik und Wiederaufbau in Nordrhein-Westfalen, Essen 1995.

Köhler, Ingo, Die «Arisierung» der Privatbanken im Dritten Reich. Verdrängung, Ausschaltung und die Frage der Wiedergutmachung, München 2005.

Ders., Zwischen marktwirtschaftlicher Marginalisierung und politischer Verdrängung. Die Privatbankiers in Deutschland 1929–1935, in: Ders./Peter Eigner (Hrsg.), Privatbankiers in Mitteleuropa zwischen den Weltkriegen, Stuttgart 2005, S. 123–130.

Ders., Werten und Bewerten. Die «kalte» Technik der Arisierung, in: Hartmut Berghoff/Jürgen Kocka/Dieter Ziegler (Hrsg.), Wirtschaft im Zeitalter der Extreme, München 2010, S. 316–336.

Köpp, Heinz, 75 Jahre Sparda-Bank Essen eG, in: Die Heimatstadt Essen 30 (1980/81), S. 29–32.

Kollar, Axel, Sparkassenorganisationen und Wertpapiergeschäft von 1945 bis zur Gegenwart, in: Jürgen Mura (Hrsg.), Das Wertpapiergeschäft der Sparkassenorganisation – historische Entwicklung und Zukunftsperspektiven, Stuttgart 1997, S. 65–82.

Konrads, Oliver, Die Mittelstandsförderung der Sparkassenorganisation – Anspruch und Wirklichkeit. Eine Analyse der Jahre 1948–1963 unter Beachtung von Wettbewerbsaspekten, Frankfurt a. M. 2007.

Kopper, Christopher, Zwischen Marktwirtschaft und Dirigismus. Bankenpolitik im Dritten Reich, Bonn 1995.

Ders., Bankiers unterm Hakenkreuz, München/Wien 2005.

Ders., Wer waren die Hauptprofiteure der «Arisierungen»? Zur neuen Forschungsgeschichte einer alten Kontroverse, in: Hartmut Berghoff/Jürgen Kocka/Dieter Ziegler (Hrsg.), Wirtschaft im Zeitalter der Extreme, München 2010, S. 294–311.

Ders., Der langsame Abschied von der Deutschland AG? Die deutschen Banken und die Europäisierung des Kapitalmarkts in den 1980er Jahren, in: Archiv für Sozialgeschichte 52 (2012), S. 91–110.

Kornemann, Rolf, Gesetze, Gesetze… Die amtliche Wohnungspolitik in der Zeit von 1918 bis 1945 in Gesetzen, Verordnungen und Erlassen, in: Gert Kähler (Hrsg.), Geschichte des Wohnens. Band 4: 1918–1945. Reform, Reaktion, Zerstörung, Stuttgart 1986, S. 599–723.

Kramper, Peter, Die ungeliebte Verwandtschaft. Gewerkschaftliche Unternehmen und die Deutschland AG 1960–1990, in: Ralf Ahrens/Boris Gehlen/Alfred Reckendrees (Hrsg.), Die «Deutschland AG». Historische Annäherungen an den bundesdeutschen Kapitalismus, S. 227–295.

Kranig, Andreas, Lockung und Zwang. Zur Arbeitsverfassung im Dritten Reich, Stuttgart 1983.

Ders., Arbeitnehmer, Arbeitsbeziehungen und Sozialpolitik unter dem Nationalsozialismus, in: Karl Dietrich Bracher/Manfred Funke/Hans-Adolf Jacobsen (Hrsg.), Deutschland 1933–1945. Neue Studien zur nationalsozialistischen Herrschaft, Bonn 1992, S. 135–152.

Kratz, Karl-Peter, Das Ruhrgebiet. Struktur seiner Wirtschaft, Teil 5: Kreditinstitute, Wetter 1968.

Krawehl, Otto-Ernst, Die Essener Wollhandlung Wilhelm & Conrad Waldthausen unter ihrem ersten Inhaber Johann Conrad Waldthausen (1820–1836), in: Essener Beiträge 116 (2004), S. 99–147.

Krebs, Margarete, 125 Jahre Simon Hirschland – Burkhardt & Co., 1841–1966 (Manuskript).

Kreutzmüller, Christoph/Loose, Ingo, Die Bank der Deutschen Arbeit 1933–1945 – eine nationalsozialistische «Superbank»?, in: Bankhistorisches Archiv 31 (2005), S. 1–32.

Krippner, Greta R., Capitalizing on Crisis. The Political Origins on the Rise of Finance, Cambridge/London 2011.

Kubista, Bernd, Die Neuordnung der Genossenschaftsverbände 1972. Voraussetzung für die Konsolidierung und Modernisierung der genossenschaftlichen Bankengruppe, in: Dieter Lindenlaub/Carsten Burhop/Joachim Scholtyseck (Hrsg.), Schlüsselereignisse der deutschen Bankengeschichte, Stuttgart 2013, S. 387–401.

Kücker, Wilhelm/Flagge, Ingeborg (Hrsg.), Deutsche Bank Essen, Tübingen/Berlin 1998.

Küsters, Hanns Jürgen (Bearb.), Adenauer, Teegespräche 1950–1954, Berlin 1985.

Kuller, Christiane, Bürokratie und Verbrechen. Antisemitische Finanzpolitik und Verwaltungspraxis im nationalsozialistischen Deutschland, München 2013.

Kunz, Andreas, Die Akte Neue Heimat. Krise und Abwicklung des größten Wohnungsbaukonzerns Europas 1982–1998, Frankfurt a. M. 2002.

Kwon, Hyeoung-Jin, Deutsche Arbeitsbeschaffungs- und Konjunkturpolitik in der Weltwirtschaftskrise. Die «Deutsche Gesellschaft für öffentliche Arbeiten (Öffa)» als Instrument der Konjunkturpolitik von 1930 bis 1937, Osnabrück 2001.

Lampe, Winfried, Der Bankbetrieb in Krieg und Inflation. Deutsche Großbanken in den Jahren 1814 bis 1923, Stuttgart 2012.

Lange, Irmgard (Hrsg.), Entnazifizierung in Nordrhein-Westfalen, Siegburg 1976.

Lansburgh, Alfred, Filial-Großbanken oder Regional-Banken?, in: Die Bank 26 (1933), S. 1644–1651.

Lehmann, Axel, Der Marshallplan und das neue Deutschland. Die Folgen amerikanischer Besatzungspolitik in den Westzonen, Münster u. a. 2000.

Lehmann-Hasemeyer, Sibylle/Burkop, Carsten, Die Geographie der deutschen Börsen im Wandel (1913–1937), in: Bankhistorisches Archiv 40 (2014), S. 23–37.

Leisner, Lars-Dieter, Von Entrechteten zu Berechtigten? Die Restitution des Juden in Bremen entzogenen Umzugsguts aus der Perspektive der Opfer, in: Jörg Osterloh/Harald Wixforth (Hrsg.), Unternehmer und NS-Verbrechen. Wirtschaftseliten im «Dritten Reich» und in der Bundesrepublik Deutschland, Frankfurt a. M. 2014, S. 88–107.

Lenz, Rudolf, Klönne, Carl, in: Neue Deutsche Biographie, Bd. 12, Berlin 1980, S. 109–110.

Ders., Karstadt, Ein deutscher Warenhauskonzern 1920–1950, Stuttgart 1995.

Leopold, Günter, Wandlungstendenzen in der Geschäftsstruktur der deutschen Großbanken. Bankbetriebliche Bedeutung und Problematik der Einführung von Kleinkrediten, Anschaffungsdarlehen und Lohn- und Gehaltskonten durch die deutschen Großbanken, Diss. Hamburg 1966.

Lindenlaub, Jürgen, Die Finanzierung des Aufstiegs von Krupp. Die Personengesellschaft Krupp im Vergleich zu den Kapitalgesellschaften Bochumer Verein, Hoerder Verein und Phoenix 1850 bis 1880, Essen 2006.

Lindlar, Ludger, Das mißverstandene Wirtschaftswunder. Westdeutschland und die westeuropäische Nachkriegsprosperität, Tübingen 1998.

Linhardt, Hanns, Rezension zu Erwin Hellauer, Internationale Finanzplätze. Ihr Wesen und ihre Entstehung unter besonderer Berücksichtigung Amsterdams, in: Jahrbücher für Nationalökonomie und Statistik 146 (1936), S. 509 – 511.

Lochner, Louis P., Die Mächtigen und der Tyrann. Die deutsche Industrie von Hitler bis Adenauer, Darmstadt 1955.

Lodemann, Jürgen (Hrsg.), Der große Irrtum. Die Erinnerungen des NSDAP-Mannes Friedrich Lodemann, Berlin 2009.

Loth, Wilfried, 1945 – Essens Wiederaufbau nach dem Krieg, in: Ulrich Borsdorf/Heinrich Theodor Grütter/Oliver Scheytt (Hrsg.), Gründerjahre. 1150 Jahre Stift und Stadt Essen, Essen 2005, S. 89 –111.

Lotterer, Jürgen, Sparkassenrendanten im nördlichen Ruhrgebiet vor 1914, in: Harald Wixforth (Hrsg.), Sparkassen in Mitteleuropa im 19. und 20. Jahrhundert, Wien 1998.

Luks, Timo, Der Betrieb als Ort der Moderne. Zur Geschichte von Industriearbeit. Ordnungsdenken und Social Engineering im 20. Jahrhundert, Bielefeld 2010.

Luther, Hans, Zusammenbruch und Jahre nach dem ersten Krieg in Essen, Essen 1958.

Ders., Politiker ohne Partei, Erinnerungen, Stuttgart 1960.

Lütz, Susanne, Von der Infrastruktur zum Markt. Der deutsche Finanzsektor zwischen Deregulierung und Regulierung, in: Paul Windolf (Hrsg.), Finanzmarkt-Kapitalismus. Analysen zum Wandel von Produktionsregimen, Wiesbaden 2005, S. 294 – 315.

Lutze, Arthur, Geld-, Bank- und Börsenwesen, in: Otto Most/Bruno Kuske/Heinrich Weber (Hrsg.), Wirtschaftskunde für Rheinland und Westfalen, Berlin 1931, S. 561 – 576.

Mai, Gunther, Die Nationalsozialistische Betriebszellen-Organisation. Zum Verhältnis von Arbeiterschaft und Nationalsozialismus, in: Vierteljahrshefte für Zeitgeschichte 31 (1983), S. 573 - 613.

Marckhoff, Clemens Michael, The Crisis of Valovis Bank – Causes, Reseolution and Lessons Learned, Frankfurt 2013 (Masterarbeit, nicht veröffentlicht).

Martin, James Stewart, All Honorable Men. The Story of the Men on Both Sides of the Atlantic Who Successfully Thwarted Plans to Dismantle the Nazi Cartel System, Boston 1950.

Marx, Erich, Deutsche Provinzbörsen, Essen 1912.

Mason, Timothy, Sozialpolitik im Dritten Reich. Arbeiterklasse und Volksgemeinschaft, Opladen 1977.

Ders., Die Bändigung der Arbeiterklasse in Deutschland: Eine Einleitung, in: Carola Sachse u. a. (Hrsg.), Angst, Belohnung, Zucht und Ordnung. Herrschaftsmechanismen im Nationalsozialismus, Opladen 1982, S. 11– 53.

McCreary, Eugene, Essen 1860 –1914. A Case Study of the Impact of Industrialization on German Community Life, Ann Arbor 1977.

Mecking, Sabine, Bürgerwille und Gebietsreform. Demokratieentwicklung und Neuordnung von Staat und Gesellschaft in Nordrhein-Westfalen 1965 – 2000, München 2012.

Meeder, Christian, Die Bedeutung des deutschen Privatbankiers und seine Zukunftsaussichten, Frankfurt a. M. u. a. 1989.

Meinl, Susanne/Zwilling, Jutta, Legalisierter Raub. Die Ausplünderung der Juden im Nationalsozialismus durch die Reichsfinanzverwaltung in Hessen, Frankfurt a. M./New York 2004, S. 48 – 57.

Meisenburg, Friedrich, Die Begründung der Essener Handelskammer, in: Heimatkalender für Stadt- und Landkreis Essen 1939, S. 229 – 233.

Merki, Christoph Maria, Einleitung: Wo das Herz des Kapitalismus schlägt, in: Ders. (Hrsg.), Europas Finanzzentren. Geschichte und Bedeutung im 20. Jahrhundert, Frankfurt/New York 2005, S. 9–20.

Merkt, Hanno, Zur Entwicklung des deutschen Börsenrechts von den Anfängen bis zum Zweiten Finanzmarktförderungsgesetz, in: Klaus J. Hopt u. a. (Hrsg.), Börsenreform. Eine ökonomische, rechtsvergleichende und rechtspolitische Untersuchung, Stuttgart 1997, S. 17–141

Mette, Tim, Kali-Industrie, Kali-Staat und Kali-Junker. Recht und Wirtschaft am Beispiel des Reichskaligesetzes vom 25. Mai 1910, St. Katharinen 1997.

Mews, Karl, Wilh. & Conr. Waldthausen. Essen-Ruhr. 1820–1920, Essen 1920.

Ders., Ernst Waldthausen (1811–1883). Ein Beitrag zur rheinisch-westfälischen Wirtschaftsgeschichte, in: Beiträge zur Geschichte von Stadt und Stift Essen 41 (1923), S. 40–52.

Ders., 100 Jahre Essener Sparkassenarbeit im Spiegel der Heimatgeschichte 1841–1941, Essen 1941.

Ders., Heinrich Arnold Huyssen (4. 7. 1779 – 6. 10. 1870), in: Beiträge zur Geschichte von Stadt und Stift Essen 85 (1970), S. 221–236.

Meyen, Hans G., 120 Jahre Dresdner Bank. Unternehmenschronik 1872 bis 1992, Frankfurt a. M. 1992.

Meyer, Bern, Die «Krise» der amerikanischen Arbeiterbanken und die deutsche Arbeiterbank, in: Die Arbeit. Zeitschrift für Gewerkschaftspolitik und Wirtschaftskunde 4 (1927), S. 598–609.

Michaelis, Herbert/Schraepler, Ernst (Hrsg.), Ursachen und Folgen. Vom deutschen Zusammenbruch 1918 und 1945 bis zur staatlichen Neuordnung Deutschlands in der Gegenwart. Eine Urkunden- und Dokumentensammlung zur Zeitgeschichte, Band 9: Das Dritte Reich. Die Zertrümmerung des Parteienstaates und die Grundlegung der Diktatur, Berlin 1964.

Michie, Ranald C., The London Stock Exchange. A History, Oxford 2001.

Möller, Horst, Regionalbanken im Dritten Reich. Bayerische Hypotheken- und Wechsel-Bank, Bayerische Vereinsbank, Vereinsbank in Hamburg, Bayerische Staatsbank 1933 bis 1945, Berlin 2015.

Moltmann, Günter, Zur Formulierung der amerikanischen Besatzungspolitik in Deutschland am Ende des Zweiten Weltkrieges, in: Vierteljahrshefte für Zeitgeschichte 15 (1967), S. 299–322.

Morner, Peter/Wilhelm, Winfried, Missmanagement. Fusion Trinkaus & Burkhardt. Per Saldo ein Minus, in: ManagerMagazin 10/1974, S. 44–55.

Mülhaupt, Ludwig, Strukturwandlungen im westdeutschen Bankwesen, Wiesbaden 1971.

Müller-Armack, Alfred, Soziale Marktwirtschaft, in: Handwörterbuch der Sozialwissenschaften, Bd. 9, Stuttgart 1956, S. 390–392.

Müllmann, Otto von, Statistik des Regierungs-Bezirkes Düsseldorf, Düsseldorf 1867.

Mundt, Julia-Katharina, Kulturkooperationen im Ruhrgebiet: Ziele – Projekte – Erträge, Diss. Münster 2007.

Mura, Jürgen, Entwicklungslinien der deutschen Sparkassengeschichte I, 2. Aufl., Stuttgart 1994.

Ders., Sparkassenorganisation und technischer Fortschritt. Die Phase der Mechanisierung, in: Sparkasse 101 (1984), Heft 3, S. 111–118.

Nagel, Rolf W., Die Transformation der Bank für Gemeinwirtschaft (BfG) als morphologisch-typologisches Problem. Die Entstehung und Entwicklung eines Kreditinstituts, Berlin 1972.

Nietzel, Benno, Verfolgung, Beraubung und der Kampf um die Erinnerung, in: Jörg Osterloh/Harald Wixforth (Hrsg.), Unternehmer und NS-Verbrechen. Wirtschaftseliten im «Dritten Reich» und in der Bundesrepublik Deutschland, Frankfurt a. M. 2014, S. 65–85.

Niklaß, Anja, «Wenn die Gewaltigen klug sind …». Die Essener Wohnung- und Bodenpolitik 1885–1915, Marburg 2000.

Nonn, Christoph, Die Ruhrbergbaukrise. Entindustrialisierung und Politik 1958–1969, Göttingen 2001.

Novy, Klaus/Prinz, Michael, Illustrierte Geschichte der Gemeinwirtschaft. Wirtschaftliche Selbsthilfe in der Arbeiterbewegung von den Anfängen bis 1945, Berlin/Bonn 1985.

Nützenadel, Alexander, Städtischer Immobilienmarkt und Finanzkrisen im späten 19. Jahrhundert, in: Jahrbuch für Wirtschaftsgeschichte 1/2011, S. 97–114.

Olten, Rainer, 100 Jahre Verband der Sparda-Banken e. V. Zeitreise 1906–2006, Frankfurt a. M. 2006.

OMGUS. Ermittlungen gegen die Deutsche Bank 1946/1947. Übersetzt und bearbeitet von der Dokumentenstelle zur NS-Sozialpolitik, Nördlingen 1985.

Otto, Bernd, Der Coop-Skandal. Ein Lehrstück aus der deutschen Wirtschaft, Frankfurt a. M. 1996.

Otto, Frank, Die Entstehung eines nationalen Geldes. Integrationsprozesse der deutschen Währungen im 19. Jahrhundert, Berlin 2002.

Overy, Richard J., The Nazi Economic Recovery 1932–1938, Cambridge 1996.

Pahlberg, Kyra, Begeisterung oder Entschlossenheit? Die Kriegsbereitschaft der Essener Bevölkerung im August 1914, in: Frank Becker (Hrsg.), Der Erste Weltkrieg und die Städte. Studien zur Rhein-Ruhr-Region, Duisburg 2015, S. 84–109.

Paqué, Karl-Heinz, Die Bilanz. Eine wirtschaftliche Analyse der Deutschen Einheit, München 2009.

Paul, Stephan, Die Aufhebung der Zinsverordnung 1967, in: Dieter Lindenlaub/Carsten Burhop/Joachim Scholtyseck (Hrsg.), Schlüsselereignisse der deutschen Bankengeschichte, Stuttgart 2013, S. 375–386.

Ders./Theurl, Theresia, Das genossenschaftliche Zentralbankwesen auf dem Weg in die Zweistufigkeit (1945–2010), in: Timothy W. Guinnane u. a. (Hrsg.), Die Geschichte der DZ Bank. Das genossenschaftliche Zentralbankwesen vom 19. Jahrhundert bis heute, München 2013, S. 295–496.

Ders./Kösters, Wim, Die Bankenkrise als Kern der weltweiten Finanz- und Wirtschaftskrise, in: Politische Bildung 42 (2009), S. 41–62.

Paulsen, Andreas, Das Gesetz der dritten Generation. Erhaltung und Untergang von Familienunternehmungen, in: Der praktische Betriebswirt 21 (1941), Heft 5, S. 271–280.

Perdelwitz, Johannes/Fabricius, Paulus/Kleiner, Ernst Eberhard, Das preußische Sparkassenrecht, Berlin u. a. 1939 (unveränderter Neudruck 1955).

Pergande, Hans-Günther, Die Gesetzgebung auf dem Gebiete des Wohnungswesens und des Städtebaus, in: Deutsche Bau- und Bodenbank Aktiengesellschaft 1923–1973. 50 Jahre im Dienste der Bau- und Wohnungswirtschaft, Frankfurt a. M. 1973.

Peter, Armin, Die Bank für Gemeinwirtschaft, in: Genossenschaftliche Finanzeinrichtungen. Beiträge zur 4. Tagung zur Genossenschaftsgeschichte am 26./27. November 2009 in Berlin, hrsg. von der Heinrich-Kaufmann-Stiftung, Hamburg 2009, S. 34–40.

Peterson, Edward N., The American Occupation of Germany. Retreat to Victory, Detroit 1977.

Petzina, Dietmar, Wirtschaft und Arbeit, in: Peter Hüttenberger (Hrsg.), Vierzig Jahre. Historische Entwicklungen und Perspektiven des Landes Nordrhein-Westfalen, Düsseldorf 1986, S. 109–128.

Pflock, Thomas Martin, Europäische Bankenregulierung und das «Too big to fail»-Dilemma, Berlin 2016.

Phiebig, Albert I., 100 Jahre Simon Hirschland Essen-Hamburg, Essen 1938.

Pierenkemper, Toni, Die westfälischen Schwerindustriellen 1852–1913, Göttingen 1979.

Platthaus, Andreas, Alfred Herrhausen. Eine deutsche Karriere, Berlin 2006.

Plickert, Philip, Wandlungen des Neoliberalismus, Stuttgart 2008.

Plumpe, Werner, Politische Zäsur und funktionale Kontinuität: Industrielle Nachkriegsplanungen und der Übergang zur Friedenswirtschaft 1944–1946, in: 1999. Zeitschrift für Sozialgeschichte des 20. und 21. Jahrhunderts 7 (1992), Heft 4, S. 11–37.

Ders., Krisen in der Stahlindustrie der Bundesrepublik Deutschland, in: Friedrich-Wilhelm Henning (Hrsg.), Krisen und Krisenbewältigung vom 19. Jahrhundert bis heute, Frankfurt a. M. 1998, S. 70–91.

Ders., Unternehmen im Nationalsozialismus. Eine Zwischenbilanz, in: Werner Abelshauer u. a. (Hrsg.), Wirtschaftsordnung, Staat und Unternehmen. Neue Forschungen zur Wirtschaftsgeschichte des Nationalsozialismus. Festschrift für Dietmar Petzina zum 65. Geburtstag, Essen 2003, S. 243–266.

Ders., Industrieland Deutschland 1945 bis 2008, in: Hans-Peter Schwarz (Hrsg.), Die Bundesrepublik Deutschland. Eine Bilanz nach 60 Jahren, München 2008, S. 379–404.

Ders., Wirtschaftskrisen. Geschichte und Gegenwart, 4. Aufl., München 2013.

Ders., Carl Duisberg 1861–1935. Anatomie eines Industriellen, München 2016.

Ders./Lesczenski, Jörg, Die Thyssens, in: Volker Reinhardt (Hrsg.), Deutsche Familien. Historische Portraits von Bismarck bis Weizsäcker, München 2005, S. 208–243.

Pöppinghaus, Willi, Die Sparkasse Rüttenscheid – von Beginn bis heute, in: 1000 Jahre Rüttenscheid, hrsg. vom Bürger- und Verkehrsverein Essen-Rüttenscheid e. V., Essen 1970, S. 163–166.

Pohl, Hans, Die rheinischen Sparkassen. Entwicklung und Bedeutung für Wirtschaft und Gesellschaft von den Anfängen bis 1990, Stuttgart 2001.

Ders., Die Sparkassen vom Ausgang des 19. Jahrhunderts bis zum Ende des Zweiten Weltkriegs, in: Ders./Bernd Rudolph/Günther Schulz (Hrsg.), Wirtschafts- und Sozialgeschichte der Deutschen Sparkassen im 20. Jahrhundert, Stuttgart 2005, S. 21–248.

Ders., Der Eintritt der Deutschen Bank in das rheinisch-westfälische Industrierevier. Die Fusion der Deutschen Bank mit der Bergisch Märkischen Bank und der Essener Credit-Anstalt 1914/1925, in: Beiträge zu Wirtschafts- und Währungsfragen und zur Bankgeschichte 20 (1983), S. 15–27.

Ders., Die rheinischen Sparkassen. Entwicklung und Bedeutung für Wirtschaft und Gesellschaft von den Anfängen bis 1990, Stuttgart 2001.

Ders., Entstehung und Entwicklung des Universalbankensystems. Konzentration und Krise als wichtige Faktoren, Frankfurt a. M. 1983.

Ders./Jachmich, Gabriele, Verschärfung des Wettbewerbs (1966–1973), in: Hans Pohl (Hrsg.), Geschichte der deutschen Kreditwirtschaft seit 1945, Frankfurt a. M. 1988, S. 203–248.

Pohl, Manfred, Wiederaufbau. Kunst und Technik der Finanzierung 1947–1953. Die ersten Jahre der Kreditanstalt für Wiederaufbau, Frankfurt a. M. 1973.

Ders., Konzentration im deutschen Bankwesen (1848–1980), Frankfurt a. M. 1982.

Ders./Siekmann, Birgit, Hochtief und seine Geschichte. Von den Brüdern Helfmann bis ins 21. Jahrhundert, München/Zürich 2000.

Poppelreuter, Richard/Witzel, Georg, Barmer Bank-Verein Hinsberg, Fischer & Co. 1867 bis 1917. Denkschrift zum fünfzigjährigen Bestehen, Essen 1918.

Poprawa, Hans, Friedrich Grillo, der Begründer der Schalker Industrie, in: Beiträge zur Stadtgeschichte. Sonderausgabe Friedrich Grillo, Bd. 6 (1972), S. 23–43.

Potthoff, Heinrich, Freie Gewerkschaften 1918–1933. Der Allgemeine Deutsche Gewerkschaftsbund in der Weimarer Republik, Düsseldorf 1987, S. 303–323.

Poullain, Ludwig, Tätigkeitsbericht, Stuttgart 1979.

Pritzkoleit, Kurt, Burkhardt & Co. – das älteste Essener Bankhaus, in: Wirtschaftsberichte – Tüffers Auskunftei, Ausgabe Juni 1957, S. 3–8.

Ders., Männer – Mächte – Monopole. Hinter den Türen der westdeutschen Wirtschaft, 3. Aufl., Düsseldorf 1963.

Pröhl, Hans, Reichsgesetz über das Kreditwesen. Kommentar, 2. Aufl., Berlin 1939.

Przigoda, Stefan, Friedrich Hammacher und der Bergbau-Verein, in: Essener Beiträge. Beiträge zur Geschichte von Stadt und Stift Essen 116 (2004), S. 149–170.

Pudor, Fritz, Eugen Vögler. Regierungsbaudirektor a. D. und Generaldirektor in Essen 1884–1956, in: Schriften der Volkswirtschaftlichen Vereinigung im rheinisch-westfälischen Industriegebiete 21 (1960), S. 93–95.

Ders., Fritz von Waldthausen. Bankier und Industrieller in Essen, in: Lebensbilder aus dem rheinisch-westfälischen Industriegebiet. Schriften der Volks- und Betriebswirtschaftlichen Vereinigung im rheinisch-westfälischen Industriegebiet, N. F. Hauptreihe Heft 21, Düsseldorf 1960, S. 133 f.

Raphael, Gaston, Le Roi de la Ruhr. Hugo Stinnes. L'homme, son œuvre, son role, Paris 1924.

Reed, Curtis, The Preeminence of international Financial centers, New York 1981.

Reich, Norbert, Auswirkungen der deutschen Aktienrechtsreform von 1884 auf die Konzentration der deutschen Wirtschaft, in: Norbert Horn/Jürgen Kocka (Hrsg.), Recht und Entwicklung der Großunternehmen im 19. und 20. Jahrhundert, Göttingen 1979, S. 255–273.

Reichardt, Sven/Seibel, Wolfgang, Radikalität und Stabilität: Herrschen und Verwalten im Nationalsozialismus, in: Dies. (Hrsg.), Der prekäre Staat. Herrschen und Verwalten im Nationalsozialismus, Frankfurt a. M./New York 2011, S. 7–27.

Reichshandbuch der deutschen Gesellschaft, Bd. 1, hrsg. von Robert Volz, Berlin 1930.

Reimann, Winfried, Öffentliche Banken in der Zeit. Ein Verband wird fünfundsiebzig. Eine Nachlese, Bonn 1992.

Reulecke, Jürgen, Die Fahne mit dem goldenen Zahnrad. Der «Leistungskampf der deutschen Betriebe» 1937–1939, in: Ders./Detlev Peuckert, Die Reihen fast geschlossen. Beiträge zur Geschichte des Alltags unterm Nationalsozialismus, Wuppertal 1981, S. 245–269.

Ders., Metropolis Ruhr? Regionalgeschichtliche Aspekte der Ruhrgebietsentwicklung im 20. Jahrhundert, in: Die alte Stadt 8 (1981), S. 13–30.

Roberts, Richard, Introduction, in: Ders. (Hrsg.), International Financial Centres. Concepts, Development and Dynamics, Aldershot 1994, S. XIII ff.

Roder, Hartmut, Der christlich-nationale Deutsche Gewerkschaftsbund (DGB) im politisch-ökonomischen Kräftefeld der Weimarer Republik. Ein Beitrag zur Funktion und Praxis der bürgerlichen Arbeitnehmerbewegung vom Kaiserreich bis zur faschistischen Diktatur, Frankfurt a. M. u. a. 1986.

Rödder, Andreas, Das «Modell Deutschland» zwischen Erfolgsgeschichte und Verfallsdiagnose, in: Vierteljahrshefte für Zeitgeschichte 54 (2006), S. 345–363.

Ders., 21.0. Eine kurze Geschichte der Gegenwart, München 2015.

Rombeck-Jaschinski, Ursula, Das Londoner Schuldenabkommen. Die Regelung der deutschen Auslandsschulden nach 1945, München 2004.

Rosch, Axel, Die Entstehung und Entwicklung des Bankenplatzes Düsseldorf. Von Beginn der Industrialisierung bis zur Entindustrialisierung (1850–1961), Hamburg 2012.

Roubini, Nouriel/Mihm, Stephen, Das Ende der Weltwirtschaft und ihre Zukunft. Crisis Economics, Frankfurt a. M. 2010.

Rudersdorf, Markus, Der Wiederbeginn des Bankengeschäfts nach dem Zweiten Weltkrieg am Beispiel Kölner Institute, Köln 1996.

Rudolph, Bernd, Der Bankrott der Herstatt-Bank 1974. Ein Schlüsselereignis der nationalen und internationalen Bankenregulierung, in: Dieter Lindenlaub/Carsten Burhop/Joachim Scholtyseck (Hrsg.), Schlüsselereignisse der deutschen Bankengeschichte, Stuttgart 2013, S. 402–413.

Runkel, Fritz, Rheinisch-westfälische Bankenkonzentration, in: Bankwissenschaft 3 (1926), S. 176–183.

Saalmann, Timo, Die Einweihung der Synagoge am Steeler Tor 1913. Bürgerliche Festkultur und Lebensführung der Essener Juden, in: Essener Beiträge. Beiträge zur Geschichte von Stadt und Stift Essen 119 (2006), S. 457–498.

Sachße, Christoph/Tennstadt, Florian, Der Wohlfahrtsstaat im Nationalsozialismus, Stuttgart/Berlin/Köln 1992.

Sattler, Friederike, Unternehmensfinanzierung im «Rheinischen Kapitalismus» der Ära Adenauer, in: Hans Günter Hockerts/Günther Schulz (Hrsg.), Der «Rheinische Kapitalismus» in der Ära Adenauer, Paderborn 2016, S. 143–168.

Dies., Wissenschaftsförderung aus dem Geist der Gesellschaftspolitik. Alfred Herrhausen und der Stifterverband für die Deutsche Wissenschaft, in: Vierteljahrshefte für Zeitgeschichte 64 (2016), S. 597–635.

Sattler, Paul, Essen liegt nicht am Mississippi. Stadtplaner gebärden sich «amerikanisch» auf Kosten der Tradition, in: Essener Revue 2 (1961), Heft 1, S. 24.

Schäfer, Michael, Heinrich Imbusch, in: Zeitgeschichte in Lebensbildern 8 (1997), S. 57–76.

Schanetzky, Tim, Die große Ernüchterung. Wirtschaftspolitik, Expertise und Gesellschaft in der Bundesrepublik 1966 bis 1982, Berlin 2007.

Ders., Wendepunkt des wirtschaftspolitischen Denkens, in: Andreas Rödder/Wolfgang

Elz (Hrsg.), Deutschland in der Welt. Weichenstellungen in der Geschichte der Bundesrepublik, Göttingen 2010, S. 67–81.

Scherner, Jonas, Anreiz statt Zwang. Wirtschaftsordnung und Kriegswirtschaft im «Dritten Reich», in: Norbert Frei/Tim Schanetzky (Hrsg.), Unternehmen im Nationalsozialismus. Zur Historisierung einer Forschungskonjunktur, Göttingen 2010, S. 140–155.

Schichtel, Hans, Die Essen-Düsseldorfer Börse in der Nachkriegszeit, Diss. Münster 1928.

Schier, Waldemar, Der nationalsozialistische Unternehmertyp, Emsdetten 1938.

Schildt, Axel, Wohnungspolitik, in: Hans Günter Hockerts (Hrsg.), Drei Wege deutscher Sozialstaatlichkeit. NS-Diktatur, Bundesrepublik und DDR im Vergleich, München 1998, S. 151–189.

Schmidt, Hartmut, Die Entstehung der Deutschen Terminbörse und der Deutsche Börse AG 1992, in: Dieter Lindenlaub/Carsten Burhop/Joachim Scholtyseck (Hrsg.), Schlüsselereignisse der deutschen Bankengeschichte, Stuttgart 2013, S. 414–440.

Schmidt, Manfred (Hrsg.), Geschichte der Sozialpolitik in Deutschland seit 1945. Bd. 7: Bundesrepublik Deutschland 1982–1989. Finanzielle Konsolidierung und institutionelle Reform, Baden-Baden 2005.

Schmidt, Reinhard H./Grote, Michael H., Was ist und was braucht ein «bedeutender Finanzplatz»?, in: Europäische Finanzplätze im Wettbewerb. 27. Symposium des Instituts für bankhistorische Forschung e.V. am 16. Juni 2004 im Hause der Deutschen Bundesbank, Hauptverwaltung Frankfurt am Main (Bankhistorisches Archiv, Beiheft 45), Stuttgart 2006, S. 11–28.

Schmidt, Stefan, Die Fusion zwischen der HypoVereinsbank und der UniCredit Group 2005, in: Dieter Lindenlaub/Carsten Burhop/Joachim Scholtyseck (Hrsg.), Schlüsselereignisse der deutschen Bankengeschichte, Stuttgart 2013, S. 449–463.

Schmiechen-Ackermann, Detlef (Hrsg.), «Volksgemeinschaft»: Mythos, wirkungsmächtige soziale Verheißung oder soziale Realität im «Dritten Reich»? Zwischenbilanz einer kontroversen Debatte, Paderborn 2012.

Schneider, Michael, In der Kriegsgesellschaft. Arbeiter und Arbeiterbewegung 1939 bis 1945, Bonn 2014.

Scholtyseck, Joachim, Robert Bosch und der liberale Widerstand gegen Hitler 1933–1945, München 1999.

Ders., Die USA vs. «The Big Six». Der gescheiterte Bankenprozeß nach dem Zweiten Weltkrieg, in: Bankhistorisches Archiv 26 (2000), S. 27–53.

Ders., Der Aufstieg der Quandts. Eine deutsche Unternehmerdynastie, München 2011.

Ders., Die Geschichte der National-Bank 1921 bis 2011, 2. Aufl., Stuttgart 2011.

Ders., Das Londoner Schuldenabkommen 1953, in: Ders./Dieter Lindenlaub/Carsten Burhop (Hrsg.), Schlüsselereignisse der deutschen Bankengeschichte, Stuttgart 2013, S. 334–348.

Ders., Verbandsarbeit unterm Hakenkreuz. Vereinnahmung für einen nationalsozialistischen «öffentlichen Auftrag»? (1933 bis 1945), in: Institut für Bank- und Finanzgeschichte (Hrsg.), 100 Jahre Bundesverband Öffentlicher Banken 1916–2016, Stuttgart 2016, S. 84–129.

Schröder, Ernst, Die Essener Handelskammer. Ihre Entwicklung und ihr Kampf um die Führung im Ruhrrevier, 2. umgearbeitete und erweiterte Aufl., Neustadt/Aisch 1985.

Schröter, Hermann, Essener Kommerzienräte, in: Die Heimatstadt Essen, Jahrbuch 1959/60, S. 59–84.

Ders., Die Familie Hirschland in Essen, in: Das Münster am Hellweg 30 (1977), S. 97–121.

Ders. (Hrsg.), Geschichte und Schicksal der Essener Juden. Gedenkbuch für die jüdischen Mitbürger der Stadt Essen, Essen 1980.

Ders., Die Juden in Essen, in: Ders. (Hrsg.), Geschichte und Schicksal der Essener Juden. Gedenkbuch für die jüdischen Mitbürger der Stadt Essen, Essen 1980, S. 26–57.

Schulz, Eberhard, Baedeker im Westen, in: Klaus R. Scherpe (Hrsg.), In Deutschland unterwegs. Reportagen, Skizzen, Berichte 1945–1948, Stuttgart 1982, S. 114–126.

Schulz, Günther, Kontinuitäten und Brüche in der Wohnungspolitik von der Weimarer Zeit bis zur Bundesrepublik, in: Hans-Jürgen Teuteberg (Hrsg.), Stadtwachstum, Industrialisierung, Sozialer Wandel. Beiträge zur Erforschung der Urbanisierung im 19. und 20. Jahrhundert, Berlin 1986, S. 135–173.

Ders., Wiederaufbau in Deutschland. Die Wohnungsbaupolitik in den Westzonen und der Bundesrepublik von 1945 bis 1957, Düsseldorf 1994.

Ders., Die Diskussion über Grundlinien einer Nachkriegssozialpolitik im Nationalsozialismus: moderne versus traditionelle gesellschaftliche Leitbilder, in: Matthias Frese/Michael Prinz (Hrsg.), Politische Zäsuren und gesellschaftlicher Wandel im 20. Jahrhundert. Regionale und vergleichende Perspektiven, Paderborn 1996, S. 105–123.

Ders., Die Entwicklung der Sozialen Marktwirtschaft und der Regierungswechsel 1982. Eine Zäsur in der Wirtschaftspolitik?, in: Historisch-Politische Mitteilungen 8 (2001), S. 130–143.

Ders., Vom Bankbeamten zum Verkäufer. Neue Arbeitswelten bei Banken und Sparkassen, in: Haus der Geschichte Bonn (Hrsg.), Hauptsache Arbeit. Wandel der Arbeitswelt nach 1945, Bielefeld 2009, S. 115–121.

Schumann, Hans-Gerd, Nationalsozialismus und Gewerkschaftsbewegung. Die Vernichtung der Deutschen Gewerkschaften und der Aufbau der «Deutschen Arbeitsfront», Marburg 1958.

Schumann, Peter, Erwiderung, in: Geschichte in Wissenschaft und Unterricht 43 (1992), S. 688 f.

Seeliger, Karl, Der Unternehmer in der gelenkten Wirtschaft, Leipzig/Berlin 1941.

Seeling, August, Karl Hitzbleck. Ein Duisburger Bauunternehmer mit Gestaltungskraft, in: Wolfgang Burkhard (Hrsg.), Niederrheinische Unternehmer. 111 Persönlichkeiten und ihr Werk, Duisburg 1990, S. 168 f.

Seikel, Daniel, Der Kampf um öffentlich-rechtliche Banken. Wie die Europäische Kommission Liberalisierung durchsetzt, Frankfurt a. M. 2013.

Sinn, Hans-Werner, Kasino-Kapitalismus. Wie es zur Finanzkrise kam, und was jetzt zu tun ist, Berlin 2010.

Soénius, Ulrich S., Wirtschaftsbürgertum im 19. und frühen 20. Jahrhundert. Die Familie Scheidt in Kettwig 1848–1925, Köln 2000.

Solmssen, Georg, Die Beschaffung von Krediten im Auslande. Vortrag, gehalten in der Juristischen Gesellschaft zu Berlin am 14. März 1925, in: Ders., Beiträge zur Deutschen Politik und Wirtschaft 1900–1933. Gesammelte Aufsätze und Vorträge, München/Leipzig 1934, S. 484–505.

[Ders.], Georg Solmssen – ein deutscher Bankier. Briefe aus einem halben Jahrhundert 1900–1956, hrsg. von Harold James und Martin L. Müller, München 2012.

Sonnemann, Theodor, Jahrgang 1900. Auf und Ab im Strom der Zeit, Würzburg 1980.

Sonnenschein, Manfred, Die Entwicklung der Bank im Bistum Essen (BIB) mit einer kurzen Skizze der deutschen Kirchenbanken, in: Genossenschaftliche Finanzeinrichtungen. Beiträge zur 4. Tagung zur Genossenschaftsgeschichte am 26./27. November 2009 in Berlin, hrsg. von der Heinrich-Kaufmann-Stiftung, Hamburg 2009, S. 41–50.

Spagnolo, Carlo, Reinterpreting the Marshall Plan: The Impact of the European Recovery Program in Britain, France, Western Germany and Italy (1947–1952), in: Dominik Geppert (Hrsg.), The Postwar Challenge. Cultural, Social and Political Change in Western Europe, 1945–58, London 2003, S. 275–298.

Spangenberger, Michael (Hrsg.), Rheinischer Kapitalismus und seine Quellen in der Katholischen Soziallehre, Münster 2011.

Spethmann, Hans, Ein Rückblick: Essen als Mittelpunkt, in: Ders. (Hrsg.), Die Stadt Essen. Das Werden und Wirken einer Großstadt an der Ruhr, Berlin 1938, S. 325–334.

Ders., Das Ruhrgebiet im Wechselspiel von Land und Leuten, Wirtschaft, Technik und Politik. Erstveröffentlichung nachgelassener Manuskripte aus den Jahren 1935 bis 1940, hrsg. v. Gustav Ihde/Hans-Werner Wehling, Essen 2011.

Spicka, Mark E., Selling the Economic Miracle. Economic Reconstruction and Politics in West Germany 1949–1957, New York/Oxford 2007.

Spoerer, Mark, Von Scheingewinnen zum Rüstungsboom. Die Eigenkapitalrentabilität der deutschen Industrieaktiengesellschaften 1925–1941, Stuttgart 1996.

Ders., Wohlstand für alle? Soziale Marktwirtschaft, in: Thomas Hertfelder/Andreas Rödder (Hrsg.), Modell Deutschland. Erfolgsgeschichte oder Illusion?, Göttingen 2007, S. 28–43.

Stegerwald, Adam, Zusammenbruch und Wiederaufbau, Berlin 1922.

Ders., Aus meinem Leben, Berlin 1924.

Ders., Deutsche Volksbank Aktien-Gesellschaft, in: Ludwig Heyde (Hrsg.), Internationales Handwörterbuch des Gewerkschaftswesens, Bd. 1, Berlin 1931/1932, Neudruck Frankfurt a. M. 1992, S. 345.

Steinberg, Hans Josef, Widerstand und Verfolgung in Essen 1933–1945, Hannover 1969.

Steiner, André, Der Reichskommissar für die Preisbildung – «eine Art wirtschaftlicher Reichskanzler»?, in: Rüdiger Hachtmann (Hrsg.), Hitlers Kommissare. Sondergewalten in der nationalsozialistischen Diktatur, Göttingen 2006, S. 93–115.

Ders., Von der Preisüberwachung zur staatlichen Preisbildung. Verbraucherpreispolitik und ihre Konsequenzen für den Lebensstandard unter dem Nationalsozialismus in der Vorkriegszeit, in: Ders. (Hrsg.), Preispolitik und Lebensstandard. Nationalsozialismus, DDR und Bundesrepublik im Vergleich, Köln u. a. 2006, S. 23–85.

Steingart, Gabor, Deutschland – Abstieg eines Superstars, München 2004.

Stiefel, Dieter (Hrsg.), Die politische Ökonomie des Holocaust. Zur wirtschaftlichen Logik von Verfolgung und «Wiedergutmachung», München 2001.

Stolleis, Michael, Geschichte des öffentlichen Rechts in Deutschland, Vierter Band: 1945–1990, München 2012.

Strange, Susan, Casino Capitalism, Oxford 1986.

Strathus, Hans, Der Kapitalmarkt in Westdeutschland und die Probleme seines Wiederaufbaus, Bonn 1951.

Streeck, Wolfgang, Re-Forming Capitalism. Institutional Changes in the German Political Economy, Oxford 2009.

Ders./Höpner, Martin (Hrsg.), Alle Macht dem Markt? Fallstudien zur Abwicklung der Deutschland AG, Frankfurt a. M. 2003.

Stremmel, Ralf, Paul Hoffmann – Gauwirtschaftsberater der NSDAP. Spuren eines gewöhnlichen Parteifunktionärs, in: Geschichte im Westen 27 (2012), S. 91–123.

Struck, Erich, Die Entfaltung und Bedeutung der Banken, insbesondere der Essener Kreditanstalt, in der Entwicklung des rheinisch-westfälischen Industriebezirks, [ohne Ort] 1925.

Stürmer, Michael/Teichmann, Gabriele/Treue, Wilhelm, Wägen und Wiegen. Sal. Oppenheim jr. & Cie. Geschichte einer Bank und einer Familie, München 1989.

Stützel, Wolfgang, Banken, Kapital und Kredit in der zweiten Hälfte des 20. Jahrhunderts, in: Fritz Neumark (Hrsg.), Strukturwandlungen einer wachsenden Wirtschaft, Bd. 2, Berlin 1964, S. 527–575.

Süß, Dietmar, Leistung, Aufstieg und Vernichtung, in: Martina Steber u. a. (Hrsg.), Volksgemeinschaft und die Gesellschaftsgeschichte des NS-Regimes, in: Vierteljahrshefte für Zeitgeschichte 62 (2014), S. 463–467.

Tanner, Jakob, «Bankenmacht»: politischer Popanz, antisemitischer Stereotyp oder analytische Kategorie?, in: Zeitschrift für Unternehmensgeschichte 43 (1998), S. 19–34.

Tenfelde, Klaus, 1850–1873 – Essen wird Industriestadt, in: Ulrich Borsdorf/Heinrich Theodor Grütter/Oliver Scheytt (Hrsg.), Gründerjahre. 1150 Jahre Stift und Stadt Essen, Essen 2005, S. 65–87.

Teschemaker, Hermann (Hrsg.), Handbuch des Aufbaus der gewerblichen Wirtschaft, Leipzig 1937.

Thomes, Paul, Die «Fusion der Elefanten» 1929. Zur Konzentration von Kapital und Macht in der Weimarer Republik am Beispiel der Disconto-Gesellschaft und der Deutschen Bank, in: Dieter Lindenlaub/Carsten Burhop/Joachim Scholtyseck (Hrsg.), Schlüsselereignisse der deutschen Bankengeschichte, Stuttgart 2013, S. 244–256.

Thomsen, Johann, Die Sparkasse, in: Hans Spethmann (Hrsg.), Die Stadt Essen. Das Werden und Wirken einer Großstadt an der Ruhr, Berlin 1938, S. 116–119.

Tilly, Richard H., German Banking, 1850–1914: Development Assistance for the Strong, in: The Journal of European Economic History 15 (1986), S. 113–152.

Tooze, Adam, Ökonomie der Zerstörung. Die Geschichte der Wirtschaft im Nationalsozialismus, München 2007.

Trende, Adolf, Geschichte der deutschen Sparkassen bis zum Anfang des 20. Jahrhunderts. Vollständiger Nachdruck der Originalausgabe von 1957 mit einer Einführung von Josef Wysocki, Stuttgart 1993.

Turner, Henry Ashby, Die Großunternehmer und der Aufstieg Hitlers, Berlin 1985.

Ullmann, Hans-Peter, Der deutsche Steuerstaat. Eine Geschichte der öffentlichen Finanzen, München 2005.

Ulrich, Keith, Das Privatbankhaus Simon Hirschland im Nationalsozialismus, in: Ders./Manfred Köhler (Hrsg.), Banken, Konjunktur und Politik. Beiträge zur Geschichte deutscher Banken im 19. und 20. Jahrhundert, Essen 1995, S. 129–142.

Ders., Von Simon Hirschland zu Burkhardt & Co. Die Geschichte des traditionsreichsten Bankhauses des Ruhrgebiets, in: Jan-Pieter Barbian/Ludger Heid (Hrsg.), Die Entdeckung des Ruhrgebiets. Das Ruhrgebiet in Nordrhein-Westfalen 1946–1996, Essen 1997, S. 339–356.

Ders., Aufstieg und Fall der Privatbankiers. Die wirtschaftliche Bedeutung von 1918 bis 1938, Frankfurt a. M. 1998.

Ders., Jüdische Privatbankiers und die Finanzierung der Ruhrgebietsindustrie, in: Jan-Pieter Barbian/Michael Brocke/Ludger Heid (Hrsg.), Juden im Ruhrgebiet. Vom Zeitalter der Aufklärung bis in die Gegenwart, Essen 1999.

Unverzagt, Friedrich, Die Stadt Essen in der Geschichte der Sparkassenorganisation, in: Die Sparkasse 57 (1937), S. 339–343.

Verhey, Jeffrey, Der «Geist von 1914» und die Erfindung der Volksgemeinschaft, Hamburg 2000.

Viel mehr als eine Zahl: 50 Jahre BIB, in: 1966–2016. Auf dem Weg – 50 Jahre BIB, Essen 2016, S. 10–15.

Vitols, Sigurt, Das «deutsche Modell» in der politischen Ökonomie, in: Ders./Volker R. Berghahn (Hrsg.), Gibt es einen deutschen Kapitalismus? Tradition und globale Perspektiven der sozialen Marktwirtschaft, Frankfurt a. M. 2006, S. 44–59.

Vocke, Wilhelm, Memoiren, Stuttgart 1973.

Vollmer, Aloys Philipp, Handel, Industrie und Gewerbe in den ehemaligen Stiftsgebieten Essen und Werden, sowie in der Reichsstadt Essen zur Zeit der französischen Herrschaft (1806–1813). Ein Beitrag zur Wirtschaftsgeschichte des Großherzogtums Berg, in: Beiträge zur Geschichte von Stadt und Stift Essen 31 (1909), S. 101–314.

Vor 75 Jahren Dorfkasse – heute «Bank für Jedermann», in: Fünfundsiebzig Jahre Spar- und Darlehnskasse Altendorf/Ruhr eGmbH 1886–1961, [Münster] 1961, S. 33–39.

Wagner-Braun, Margarete, Kreditgenossenschaften und Sparkassen im Wettbewerb während der Weimarer Republik, in: Beiträge zur Genossenschaftsgeschichte (Teil 1), München 2003, S. 18–37.

Ders., Münchens Finanzgewerbe zwischen Staatswirtschaft und Industrialisierung, in: Hans Pohl (Hrsg.), Geschichte des Finanzplatzes München, München 2007, S. 41–89.

Waldthausen, Albert, Beiträge zur Geschichte der Familie Waldthausen, o. O. 1884.

Waldthausen, Wilhelm von, Die Banken, in: Hans Spethmann (Hrsg.), Die Stadt Essen. Das Werden und Wirken einer Großstadt an der Ruhr, Berlin 1938, S. 107–116.

Wandel, Eckard, Der OMGUS-Bericht über die Ermittlungen gegen die Deutsche Bank, in: Bankhistorisches Archiv 13 (1/1987), S. 51–56.

Ders., Banken und Versicherungen im 19. und 20. Jahrhundert. Enzyklopädie deutscher Geschichte, Bd. 45, München 1998.

Wang, Winfried, Renovierung und Neubau der Deutschen Bank Essen, 1993–1997, in: Wilhelm Kücker/Ingeborg Flagge (Hrsg.), Deutsche Bank Essen, Tübingen/Berlin 1998, S. 15–18.

Weber, Adolf, Die rheinisch-westfälischen Provinzialbanken und die Krisis, in: Die Störungen im deutschen Wirtschaftsleben während der Jahre 1900 ff., Band 6: Geldmarkt. Kreditbanken, hrsg. vom Verein für Socialpolitik, Leipzig 1903, S. 321–372.

Weber, Hanns, Bankplatz Berlin, Wiesbaden 1975.

Wehber, Thorsten, Das preußische Sparkassenreglement von 1838. Individuelle finanzielle Vorsorge in kommunaler Regie, in: Dieter Lindenlaub/Carsten Burhop/Joachim Scholtyseck (Hrsg.), Schlüsselereignisse der deutschen Bankengeschichte, Stuttgart 2013, S. 90–104.

Wehler, Hans Ulrich, Deutsche Gesellschaftsgeschichte, Band III: Von der Deutschen Doppelrevolution bis zum Beginn des Ersten Weltkrieges 1849–1914, München 2008.

Wehling, Hans-Werner, 1896 – Essen wird Großstadt, in: Ulrich Borsdorf/Heinrich Theodor Grütter/Oliver Scheytt (Hrsg.), Gründerjahre. 1150 Jahre Stift und Stadt Essen, Essen 2005, S. 89–111.

Weihe, Thomas, Die Personalpolitik der Filialgroßbanken 1919–1945. Interventionen, Anpassung, Ausweichbewegungen, Stuttgart 2006.

Weiss, Ulrich, Betrachtung des Privatkunden in der Zeit nach 1959, in: Der Privatkunde. 11. Symposium zur Bankengeschichte am 16. Oktober 1987 (Bankhistorisches Archiv, Beiheft 16), Frankfurt a. M., S. 22–31.

Weiß, Lothar, Rheinische Großstädte während der Weltwirtschaftskrise (1929–1933). Kommunale Finanz- und Sozialpolitik im Vergleich, Köln/Weimar/Wien 1999.

Wellhöner, Volker, Großbanken und Großindustrie im Kaiserreich, Göttingen 1989.

Werner, Klaus, 60 Jahre Postscheckamt Essen. Festvortrag anlässlich des 60jährigen Bestehens des Postscheckamts Essen am 7. Oktober 1980, Essen 1980.

Westphalen, Herbert, Essener Bilderbogen 1880–2007. Die Stadt Essen und ihre Geschichte – Erzählt in mehr als 1200 Ansichtskarten und Fotos, Essen 2008.

Wieneke, Heinrich, Heinrich Schaefer, Zwölf Jahre Bürgermeister und vier Monate Oberbürgermeister der Stadt Essen, in: Essener Beiträge. Beiträge zur Geschichte von Stadt und Stift Essen 120 (2007), S. 241–269.

Wilden, Josef, Gründer und Gestalter der Rhein-Ruhr-Industrie. Skizzen zur Geschichte des Unternehmertums, 2. Aufl., Düsseldorf 1951.

Winkelmann, Klaus, 125 Jahre im Dienst der Heimat 1842–1967. Stadtsparkasse Kettwig, Essen 1967.

Winkler, Heinrich-August, Weimar. 1918–1933. Die Geschichte der ersten deutschen Demokratie, München 1998.

Ders., Der lange Weg nach Westen. Band 2: Deutsche Geschichte vom «Dritten Reich» bis zur Wiedervereinigung, München 2001.

Wirsching, Andreas, Abschied vom Provisorium. 1982–1990, München 2006.

Wisskirchen, Wilhelm, Burkhardt & Co. Privatbankiers im Herzen des Ruhrgebiets, in Tradition 1 (1956), 229–246.

Wisotzky, Klaus, Vom Kaiserbesuch zum Euro-Gipfel. 100 Jahre Essener Geschichte im Überblick, Essen 1996.

Ders., Die Jahre der Gewalt – Essen 1914 bis 1945, in: Hermann Burghard/Ulrich Borsdorf (Hrsg.), Essen – Geschichte einer Stadt, Essen/Bottrop 2002, S. 368–467.

Ders., Josef Terboven (1898–1945). Die Karriere eines Nationalsozialisten, in: Benedikt Mauer (Hrsg.), Das Heute hat Geschichte: Forschungen zur Geschichte Düsseldorfs, des Rheinlands und darüber hinaus. Festschrift für Clemens von Looz-Corswarem, Essen 2012, S. 251–278.

Ders., Wie Essen grösser wurde. Die Eingemeindungspolitik der Stadt Essen im Kaiserreich, in: Essener Beiträge. Beiträge zur Geschichte von Stadt und Stift Essen 127 (2014), S. 181–317.

Witt, Peter-Christian, Inflation, Wohnungszwangswirtschaft und Hauszinssteuer., in:

Lutz Niethammer (Hrsg.), Wohnen im Wandel. Beiträge zur Geschichte des Alltags in der bürgerlichen Gesellschaft, Wuppertal 1979, S. 385–407.

Wixforth, Harald, Banken und Schwerindustrie in der Weimarer Republik, Köln/Weimar/Wien 1995.

Ders., Die Macht der Banken. Debatten, Untersuchungskonzepte, Ergebnisse, Frankfurt a. M. 1997.

Ders., Industriekredit und Kapitalmarktfinanzierung zwischen Reichsgründung und Weltwirtschaftskrise, in: Bankkredit und Kapitalmarkt: Alternativen der Industriefinanzierung in Deutschland. 24. Symposium am 7. Juni 2001 im Hause der IKB Deutsche Industriebank AG, Düsseldorf, Frankfurt a. M. 2002, S. 15–38.

Ders., Ein «stiller Teilhaber» – die «Arisierung» des Bankhauses Simon Hirschland und der Flick-Konzern, in: Bankhistorisches Archiv 33 (2007), S. 63–77.

Ders., «Global Players» im «Europäischen Haus»? Die Expansionsstrategie deutscher Großbanken nach 1945, in: Ders./Ralf Ahrens (Hrsg.), Strukturwandel und Internationalisierung im Bankwesen seit den 1950er Jahren, Stuttgart 2010, S. 97–118.

Ders., Eine Konzernbank entsteht: Gründung und Anfangsjahre der August Thyssen-Bank (1929–1932), in: Vierteljahrschrift für Sozial- und Wirtschaftsgeschichte 99 (2012), S. 300–322.

Ders., Kreditgenossenschaften nach der Krise. Die Diskussionen über die Struktur des Genossenschaftswesens nach der Banken- und Finanzkrise 1931, in: Bankhistorisches Archiv 40 (2014), S. 52–74.

Ders., Ein Bankier vor und nach dem Holocaust, in: Jörg Osterloh/Harald Wixforth (Hrsg.), Unternehmer und NS-Verbrechen. Wirtschaftseliten im «Dritten Reich» und in der Bundesrepublik, Frankfurt a. M./New York 2014, S. 269–297.

Ders., Instrumente der Kriegswirtschaft oder der wirtschaftlichen Selbsthilfe – Die Kriegskreditbanken 1914–1918, in: Jahrbuch für Wirtschaftsgeschichte 56/2 (2015), S. 389–419.

Ders., Hans Helfferich (1891–1945), in: Institut für bankhistorische Forschung (Hrsg.) Sozialreformer, Modernisierer, Bankmanager. Biografische Skizzen aus der Geschichte des Genossenschaftswesens, München 2016, S. 251–269.

Ders./Ziegler, Dieter, The Niche in the universal banking system: the role and significance of private bankers within German industry, 1900–1933, in: Financial History Review 1 (1994), S. 99–119.

Wolffsohn, Michael, Globalentschädigung für Israel und die Juden? Adenauer und die Opposition in der Bundesregierung, in: Ludolf Herbst/Constantin Goschler (Hrsg.), Wiedergutmachung in der Bundesrepublik Deutschland, München 1989, S. 161–190.

Wolfrum, Edgar, Die geglückte Demokratie. Geschichte der Bundesrepublik Deutschland von ihren Anfängen bis zur Gegenwart, Stuttgart 2006.

Wysocki, Josef, Untersuchungen zur Wirtschafts- und Sozialgeschichte der deutschen Sparkassen im 19. Jahrhundert, Stuttgart 1980.

Ders., Essener Sparkassengeschichte. Beispiel einer mikrohistorischen Analyse, Stuttgart 1993.

Ziegler, Dieter, Geschäftliche Spezialisierungen deutscher Privatbankiers in der Zwischenkriegszeit. Ein vergeblicher Überlebenskampf?, in: Der Privatbankier. Nischenstrategien in Geschichte und Gegenwart (Bankhistorisches Archiv, Beiheft 41), Stuttgart 2003, S. 27–47.

Ders., Die Dresdner Bank und die deutschen Juden, München 2006.

Ders., Erosion der Kaufmannsmoral. «Arisierung», Raub und Expansion, in: Norbert Frei/Tim Schanetzky (Hrsg.), Unternehmen im Nationalsozialismus, Göttingen 2010, S. 156–168.

Zimmermann, Michael, Zur Geschichte der Essener Juden im 19. und im ersten Drittel des 20. Jahrhunderts. Ein Überblick, in: Jüdisches Leben in Essen 1800–1933, hrsg. von der Alten Synagoge Essen, Essen 1993, S. 8–72.

Ders. u. a. (Hrsg.), Die Erfindung des Ruhrgebiets. Arbeit und Alltag um 1900. Katalog zur sozialhistorischen Dauerausstellung, Ruhrlandmuseum Essen, Essen/Bottrop 2000.

Zimmermann, Walter, Kundenkreditbank KGaA, Frankfurt a. M. 1963.

Zweig, Philip L., Walter Wriston, Citibank, and the Rise and Fall of American Financial Supremacy, New York 1995.

Bildnachweis

akg-images	S. 19, 62, 154, 157, 166, 168, 174,
alamy	S. 296
Archiv der National-Bank	S. 67, 150, 191, 255, 265, 353, 369
Archiv der Sparkasse Essen	S. 335, 345
Bundesarchiv	S. 140 (Plak 002–029–039, Fotograf/Ersteller: ohne Angabe), 193 (Plak 002–034–011, Fotograf/Ersteller: ohne Angabe) 204 (Plak 002–042–001, Fotograf/Ersteller: Hans Schweitzer)
Deutsche Bank AG, Historisches Institut	S. 85, 328, 342, 352, 355, 387, 389 (Abisag Tüllmann), 415 (Abisag Tüllmann), 418, 420
Fotoarchiv Ruhr Museum	S. 206 (Willy van Heekern), 211 (Willy van Heekern), 298 (Peter Kleu), 316 (Peter Kleu), 321 (Ernst Werner Packmohr), 324 (Peter Kleu), 412, 421 (Marga Kingler)
HdEG/Stadtarchiv	S. 40, 54, 57, 70, 72, 83, 94, 95, 97, 103, 109 (links), 110, 138, 143, 147, 148, 150, 153, 155, 163, 171, 189, 233, 240, 247, 418
Historisches Archiv der Commerzbank	S. 104, 262, 287, 330, 391, 397, 444
imago stock & people	S. 91, 124, 142, 199
Interfoto	S. 32
Landesarchiv NRW	S. 50 (Abteilung Rheinland – BR 7 Nr. 10062, fol. 13)
Montanhistorisches Dokumentationszentrum (montan.dok) beim Deutschen Bergbau-Museum Bochum	S. 79

Regionalverband Ruhr, Essen   S. 12 (unten)

Rheinisches Bildarchiv Köln   S. 74

Ruhrmuseum: Stadtarchiv Mühlheim   S. 30

RWWA Köln   S. 35

Sparkassenhistorisches Dokumentations-
zentrum des Deutschen Sparkassen- und
Giroverbandes, Bonn   S. 119, 120

Stadt Essen   S. 176

aus folgenden Publikationen entnommen:

Bernhard, Die Stadt Essen Essen, 1983   S. 12, 26, 29, 89, 106, 117, 151

Borchardt, Die Gesellschaft «Verein» in
Essen   S. 135

Denkschrift zur Erinnerung an das
50jährige Bestehen der Arenberg'schen
Actien-Gesellschaft für Bergbau und
Hüttenbetrieb zu Essen (Ruhr)   S. 38

Deutsche Verkehrs-Kredit-Bank AG
(Hrsg.): 40 Jahre Deutsche Verkehrs-
Kredit-Bank Aktiengesellschaft
1923–1963, Darmstadt 1963   S. 381

Festschrift zur Einweihung der Börse für
die Stadt Essen   S. 200

HSBC Trinkaus (Hrsg.),
Den Werten verpflichtet   S. 242, 284, 361, 363

100 Jahre Essener Sparkassenarbeit   S. 52

Kücker, Deutsche Bank Essen   S. 395

Meyen, 120 Jahre Dresdner Bank   S. 356

Scholtyseck, Geschichte der
National-Bank   S. 224, 331, 367, 411

Schröter, Die Familie Hirschland in
Essen, in: Das Münster am Hellweg 30   S. 41, 45, 109 (rechts). 183 – Fotos: Universi-
(1977)   täts- und Landesbibliothek (ULB) Bonn

Spethmann, Die Stadt Essen, Essen 1938   S. 28, 98, 264

Westphalen, Essener Bilderbogen
1880–2007   S. 201, 224, 322, 399

Personenverzeichnis

Banken- und Unternehmensverzeichnis